个体教育生活批判

Critique on Individual Education Life

王帅＼著

海峡出版发行集团 | 福建教育出版社

图书在版编目（CIP）数据

个体教育生活批判/王帅著. —福州：福建教育出版社，2025.1. —ISBN 978-7-5758-0110-2

Ⅰ.G40-03

中国国家版本馆CIP数据核字第202403DF35号

Geti Jiaoyu Shenghuo Pipan

个体教育生活批判

王帅　著

出版发行	福建教育出版社
	（福州市梦山路27号　邮编：350025　网址：www.fep.com.cn）
	编辑部电话：0591-83726908
	发行部电话：0591-83721876　87115073　010-62024258）
出 版 人	江金辉
印　　刷	福州印团网印刷有限公司
	（福州市仓山区建新镇十字亭路4号）
开　　本	710毫米×1000毫米　1/16
印　　张	33
字　　数	453千字
插　　页	1
版　　次	2025年1月第1版　2025年1月第1次印刷
书　　号	ISBN 978-7-5758-0110-2
定　　价	100.00元

如发现本书印装质量问题，请向本社出版科（电话：0591-83726019）调换。

目　录

绪论～1

第一章
接受与悖离：教育生活信念与行动失据～10
一、非知之惑与知之痛苦的吊诡～11
（一）多重局限与非知之惑～11
（二）启蒙精神与知之痛苦～17
（三）复杂思维与解构之道～21
二、直言求真与假装相信的混融～25
（一）假装相信与虚假表演～25
（二）明知为虚与模糊沉默～30
（三）是非之辨与观念差异～33
三、道德与利益之间的复杂捆绑～38

（一）既利他又利己的样貌～38
（二）边批评边参与的策略～40
（三）口言实身行虚的做派～42

四、正人与正己之间的荒诞悖反～45
（一）应然与实然趋于分裂～46
（二）表面与内里日益不一～49
（三）逆反与接受逐渐并存～53

五、复杂状况中犬儒理性的形成～57
（一）自觉批评也自觉接受～58
（二）主动抵制也主动同流～60
（三）有意建构也有意解构～62

第二章
进步主义：以竞争为核心的教育生活逻辑～66

一、以进步即道德为本体逻辑～67
（一）将积极视同于善～68
（二）努力被广泛崇尚～71
（三）执着地追求升华～74

二、偏于一端倾向的价值建构～78
（一）二元结构的盛行～78
（二）集体价值的凸显～82
（三）理性主义的膨胀～86

三、争胜话语主导的方法体系～89
（一）教育生活内卷化～90
（二）注重转变与改造～94
（三）谋求确证与成功～101

四、进步主义教育生活的塌缩~104
  （一）进步执念的迷误~104
  （二）价值逻辑的反噬~109
  （三）争胜思维的后果~115

第三章
变通之道：真相缺位与教育生活规范消解~120

一、变通对宏大教育逻辑的悖离~121
  （一）宏大教育叙事的缺位~122
  （二）宏大教育理论的退化~124
  （三）宏大教育理想的消解~127
  （四）宏大道德愿景的虚置~130

二、变通发生的多重复杂性机理~132
  （一）信念与规范之间的反差~133
  （二）话语精确性的迂回替代~135
  （三）受迫与无奈之后的适应~137
  （四）暂时性心态与面子关照~141

三、变通的解构性复杂效应辨析~142
  （一）规范的变换与转移成为常态~143
  （二）个体教育生活逻辑趋于复杂~145
  （三）体制化温和与隐晦表达并存~147

四、变通作为教育生活持存策略~149
  （一）注重温和折中与适度调和~150
  （二）善于交际并奉行机会主义~151
  （三）模糊性取舍与有意识掩饰~153
  （四）擅于欺蒙之术并苦心钻营~155

第四章
实利至上：基于自我持存的教育生活机理~158

一、价值单一性与教育生活多维性的融合~159

（一）私己作为教育生活基础性存在~160

（二）货币单一性对教育生活的改造~165

（三）崇高价值与实利思维相互伴生~172

二、德性表象背后的粗鄙化教育生活内核~177

（一）对错与利弊相互纠缠~177

（二）真诚与伪装彼此杂糅~180

（三）利他与利己复杂交织~183

三、未曾真正实现精致的教育生活伪精致~186

（一）公平使命中的伪公平~187

（二）抵制世俗时的伪抵制~189

（三）聪明生活中的聪明术~193

（四）谋求协同时的伪协同~198

第五章
消费中心：教育生活的改善与娱乐性沉溺~202

一、消费中德性与伪德性的杂糅~204

（一）消费作为意义编织结点~204

（二）绿色消费及其德性反思~210

（三）消费对个体德性的重塑~212

二、消费与教育生活逻辑的重组~218

（一）教育生活的虚浮特质~219

（二）崇高与世俗平顺合辙~221

（三）后福特时代的新逻辑～225
三、娱乐消费风靡及其复杂效应～229
（一）追求快感意义结构～230
（二）表达方式的娱乐化～234
（三）排异现实正统价值～236

第六章
玩世现象：犬儒趋向与教育生活责任缩减～239
一、追求纯粹德性与非认同性接受～240
（一）以非欲为基础追求德性～241
（二）无原则的德性相对逻辑～243
（三）异化的非本真生活样态～246
（四）非主流的价值揭示理路～251
二、反讽世俗与教育生活理想退场～254
（一）夹杂不甘的无奈与妥协～255
（二）融合幽默与荒诞的反讽～257
（三）崇高理想的转变与缺失～260
三、洞彻实质与教育生活责任缩减～264
（一）洞彻实质与反实质倾向～265
（二）责任缩减及其消极表现～267
（三）生活立场的反思性保护～269

第七章
怀疑泛化：教育生活问题制造与信任退化～272
一、教育生活中怀疑逻辑的形成～273
（一）认知的断裂与负性倾向～274

（二）现实的淡漠与虚拟假象~277
（三）管理的失范与组织不公~281
二、内蕴主体性反题的复杂主体~284
（一）主体对不再相信的确信~284
（二）反价值的主体价值建构~289
（三）无据自处的主体性自处~292
三、教育生活问题制造及其效应~295
（一）教育生活秩序趋于紊乱~295
（二）假装的真信与价值变异~298
（三）充满相对性的复杂怀疑~302
四、教育生活价值失调与信任退化~304
（一）公共价值体系趋于式微~305
（二）教育生活热情逐渐销蚀~306
（三）辨明伪善后消极地应对~308
（四）主体间基础性信任退化~311

第八章

虚无理念：非欲又有所指的教育生活取向~314

一、主体性虚无与无目的生活方式~315
（一）主体性能量与深度缺失~315
（二）主体性困苦与幻灭意识~319
（三）无目的主体性生活方式~323
二、选择不选择与非欲化生活倾向~327
（一）选择不刻意选择的生活~328
（二）寄托于不应再有所寄托~331
（三）创造性的非创造性存在~334

三、虚无与非欲化生活的意义所指～338
（一）揭橥现实教育生活状况～338
（二）教育生活亚文化的再认～342
（三）遣散物欲幻像观照自我～345
（四）相异个体生活逻辑共融～348

第九章
直言与持存：个体教育生活风格的证成～353
一、直言与笃行作为教育生活要义～354
（一）真生活的样态及其表征～355
（二）直言即真知发生的过程～362
（三）行动即揭橥生活的形式～369
二、在自觉地遵循本然中自我持存～376
（一）个体生活意义域的澄明～377
（二）关心自己作为应然前提～383
（三）遵循本然的自我持存术～389
三、从单向主体到复杂主体的转变～396
（一）宏大理想融入普通日常～397
（二）精于辨识兼顾机理调和～402
（三）多向度生活智性的涵养～407
（四）创生性生活主体的产生～411

第十章
维系与重构：个体教育生活管理术及其变革～416
一、变革取向与效应之间的复杂关联～417
（一）外在表演与内在真实的纠缠～418

（二）个体叙事与宏大叙事的杂糅～423

（三）要素主义及其复杂变革效应～429

二、简单管理术的复杂性检视与勘误～434

（一）通约取向的个体生活管理术～435

（二）与简单管理术相对的生活术～439

（三）个体生活管理术的复杂指向～444

（四）实务型管理术的实务性检视～448

三、教育生活规范的维系与实施限定～452

（一）规范的复杂证成与自我强化～453

（二）复杂情境分辨与规范的维系～458

（三）规范实施的限定性与复杂性～464

四、个体教育生活环境的营造与重构～470

（一）环境控制逻辑及其复杂效应～470

（二）环境营造逻辑及其多层维护～476

（三）环境变革逻辑及其深度重建～480

参考文献～488

后记～515

绪 论

这个时代的教育生活是复杂性教育生活。个体的需求和欲念是复杂性延续的源动力。从定量视角看，需求与欲念可以压缩到微乎其微、近乎于无，也能够膨胀到漫无边际、令人畏惧。从定性视角看，需求与欲念既是真、善、美的源动力，也是假、丑、恶的源动力。对教育生活中个体的需求与欲念进行反思，内在地要求反思者对进步主义、资本逻辑、消费主义、时髦文化、公共意识等进行深度拷问，对作为个人生活样态的中庸哲学、犬儒主义、佛系理念等进行严肃审视。

教育生活世界是一个神圣的生活世界，个中既舒适，又安全，满怀仁心、殚精育人，影响甚至能够波及千载。这种生活的典型特质在于通过科学性认识论、多元化方法论和人文性熏陶，使个体摆脱蒙昧、偏见与虚假。除了符合自然法则之外，这种生活还被要求符合人性法则、市场法则、公民法则等人为的法则。从教育者视角看，教育者通过他们所传授的知识与价值引导个体形成假设、做出评价并进行抉择。它要求教育者不仅拥有自己、愉悦自己、享受自己，自己的话语和行为还必须对他人产生帮助——在教育生活中，合格（qualified）的教育者必须实现自主性和有益性的统一。从受教育者视角看，教育生活是个体成长的基本。无论出身，无论资质，无论好恶，所有个体都必须接受教育。教育生活因此成为个体无可逃避、无从选择的生活，它对个体具有强大的导向力量，它敦促不成熟的个体通过受教育获得各种能力，即便是与生俱来的特质，也可以在教育的作用下加以改变。一些个体从教育生活中获取经验时，甚至不加分辨地全盘吸收——将这类个体放到他们所处时代的教育生活中进行审视，可以更清晰地把握他们的命运的内在实质。从形而上学的视角看，越来越多的应用哲学呼吁"回归"生活世界，"关照"生活世界，其实质都是关怀现实个体。受此鼓舞，向往美好生活成为个体内心的冲动，为此个体会自觉抵制导致自身生活困苦的诸多压制。为了将自我与美好生活之间的断裂重新融合，各种各样的异化遭到批判。针对个体遭遇的生活危机，各种各样的策略被开发出来。

教育生活场域是一个复杂的场域。从教育者视角看，尽管教育是一个"专业"、一门"学问"，但不是每一位教育者都必须是专家、学者，先学会基础表达，识得常用汉字，略通一点文体或数理逻辑，然后做一个顺从的传递者就能混迹其中。教育生活中的逻辑、原则、价值有的热烈流传，有的已经散佚，一些矛盾趋于尖锐、极端，另一些矛盾则随时代发展而缓和、湮灭，一些不利的因素在减少，另一些不利的因素在增多。教育生活的境界、思域、权利越偏狭，实利至上现象、反智行为、拜权主义、享乐主义、极端个人主义越盛行。从受教育者视角看，每一个体的教育生活都在各种因素的复杂作用下生成。"人能弘道，非道弘人。"[①] 随着社会流动性的快速提升，传统道德越来越不能约束个体的行为。犬儒主义、反理性主义、虚无主义等思潮兴起，教育生活特质出现变异，教育生活方式呈现出新走向。教育生活中个体的亚文化越来越具备后现代风格——在标榜新自由主义的时代，物种主义（speciesism）抬头，人类中心主义受到批判。

一般认为，生活世界具有预先给定性与恒常性，它是一切目标和理想的前置要素，它还是科学世界、童话世界、哲学世界等诸多世界的发源地。教育生活是一种"小"生活，在某种意义上，它是生活世界这一"大"生活的镜像，它时常表现出和社会生活同样的症候，因此并不是一

[①] 孔丘. 论语 [M]. 程昌明，译注. 太原：山西古籍出版社，1999：175.

种独立存在的生活，顶多具有相对独立性。大的社会氛围影响小的教育生活环境，每个时代都有与其相呼应的教育生活样态。个体的教育生活与社会生活时有重叠。一些经典教科书在界定"学校"时便认定"学校是有目的、有计划、有组织地向受教育者传授文化知识、劳动技能、价值观念、政治观点、社会规范，以培养符合一定社会要求的公民的机构，是一种特殊的社会组织"[①]。不少教育生活问题事实上也是社会生活问题，比如"靠关系"之类的现象，其滋生条件是不分畛域的。在同等的努力程度下，个体由于"没关系"而不能获得同等回报的可能性会显著增加。无论是在教育生活还是在社会生活中，都是如此。

教育生活还可以被解读为个体生活史的必要阶段。诸多个体既是教育生活的参与者，也是社会生活中的普通人，他们的教育生活困境与教育生活危机都承载着厚重的社会性内涵。他们所秉持的虚无主义的本体论、怀疑主义的认识论与功利主义的方法论，或多或少都受到过社会生活的浸染。多数学者认定，特定时代的教育生活一定是那个时代社会状况和物质条件的产物。随着新传统的确立，古典传统中的数、原子、宇宙理性等本体论逻辑会被扫除，生活世界存在的依据与解释逻辑会被重新建构。因此，情境性分析极为必要。一些教育生活问题本就来自社会生活领域，有些还是较为典型的社会生活问题。如果不顾及这一点，仅仅从教育生活的视角进行解读，其意涵将可能被歪曲，所提出的解决对策也可能南辕北辙。当然，从较为激进的视角看，教育生活并非社会生活的前奏或预备，也不存在所谓的螺旋式的从教育生活走向社会生活的发展进路。教育生活本身也是一种社会生活，至少也是一种特殊的社会生活。

无论教育生活被解读为什么，矛盾都是教育生活中的常态化存在。由于异质性因素不断浸入，传统教育生活价值日益式微，多元化、多变性、复杂性趋向日益明显。教育生活不再是单曲循环，而成为多声部的生活谱

---

① 陈万柏，张耀灿. 思想政治教育学原理［M］. 北京：高等教育出版社，2007：106.

系，有时甚至会显得散漫、嘈杂。原本的启蒙者而今变成了启蒙的对象。前现代、现代与后现代交错杂糅、边际模糊，个体日益获得了更多的声音，个体利益与个体价值日益得到确认。

"人是独居动物，一个人诞生，一个人思考，一个人死去。"① 个体普遍都有自立的渴望，这种渴望导致了众多"个体"的诞生。真正参与到教育生活中的永远都是"个人面目"。无论组织、集体多么具有影响力，真正在"过"教育生活的都是一个个的个体。教育生活的变迁由个体的言语和行为造成。所有类型的教育生活最终都会切入个体性的教育生活，教育生活环境的变化最终影响的也是个体的言行。个体谱写着转型期教育生活的变迁，在谱写过程中每一个体又表现出自己的独特面貌。由于普遍主义的影响，单一个体的教育生活时常显得混融、模糊，多数个体都是普普通通的在教育生活中努力度日的"小人物"——在衣食、学习、游戏、睡眠的循环中，时而快乐，时而忧郁，时而活泼，时而机械。在教育生活与个体生活共同作用下，个体必定要经历各类复杂因素的影响——好强、自尊、从众、顺从、畏惧、抗拒、仿效、认同。当所有这些因素融为一体，共同发生效应时，个体就会成为被熔炼的对象。

群体性的消解也导致了个体性的突显，"个人从群众中回到了家，变成单独的个人"②。个体性因素日益突显，个体的自我意识获得了长足发展，但他们的生活依旧介乎本能生活与成熟生活之间，个体"已经不是一个粗野的肉食兽，只想活动筋骨了，但还没有成为书房和客厅里的纯粹的头脑，只会运用推理和语言。他兼有两种性质：有野蛮人的强烈与持久的幻想，也有文明人的尖锐而细致的好奇心。他像野蛮人一样用形象思索，像文明人一样懂得布置与配合。像野蛮人一样，他追求感官的快乐，像文

---

① [日] 橘玲.（日本人）：括号里的日本人 [M]. 周以量，译. 北京：中信出版社，2013：317.
② [丹麦] 索伦·克尔凯郭尔."那个个人" [A]. [美] W. 考夫曼. 存在主义 [M]. 陈鼓应，译. 北京：商务印书馆，1987：93.

明人一样，他要求比粗俗的快乐高一级的快乐"[①]。

在教育生活诸众之间，消费主义、相对主义日益盛行，越来越多的关于奉献、公义、博爱、创造和自由的教育信仰正在被利己主义吞噬。在功利思潮、工具主义、拼搏精神、苦学主义、谦虚理念之外，教育生活中开始蔓延实利思维、顽世主义、佛系理念、虚无思想、颓废做派。这些无不与教育生活变迁中理性信念、价值体系、真理标准的更替紧密相关。气势宏大、范畴高远的元叙事体系被逐渐解构。经典的教育生活整体逻辑逐渐被消解，诸多传统教育生活价值观受到质疑，面临合法化危机，原本高贵的，而今世俗了，原本世俗的，而今被理想化了，原本被拉平的，而今被认为内蕴着不平，原本不平的，而今反而被视为合于情理，原本被视为不能容忍的，而今也开始变得可接受。教育生活在一些层面上进步巨大，显著改观，在另一些层面上不进而退，距离正统的信念和经典的理想越来越远。教育生活的主导性价值依然坚挺，但也受到怀疑。几乎没有个体只依据主导性价值单维度地看待教育生活，改写那些价值成为可能。

教育生活成为考察当代教育转型表征机制与内在实质的理想维度之一。现实教育生活中新现象不断出现，新问题的表现形式更加隐蔽，刺激了关于教育生活的新研究。"大一统"的教育生活中，推动教育生活的动力是粗放的。随着这种教育生活被打破，历史性的宏大叙事淡出，个体性的叙事上演，英雄事迹与专业行为并存，制度逻辑与价值逻辑叠加，集体精神被自我服务理念部分替代。主体自身发生了分化，本真状态的自我、丧失本真状态的非我、超脱本真状态的超我并存。在自我、非我、超我的复杂融合中，个体成为拥有特定价值认知和行动逻辑的"教育人"，继而成为拥有特定处世态度和行事方式的"社会人"。当下一个重要的研究方向，就是诠释个体教育生活的形成与教育生活中的新景观，描摹个体的言

[①] [法]伊波利特·丹纳. 艺术哲学[M]. 傅雷，译. 合肥：安徽文艺出版社，1998：48.

说方式与行为逻辑，并深究其本质。

新元素的引入正悄声无息地改变着教育生活的结构，教育生活的裂变在悄然上演。教育生活中多元性交织，呈现出前所未有的新景观。去中心、碎片化、混沌等理念流行，个体存在时常被其他存在所关涉，个体生活的不确定性显著增加，个体人生的不可预测性显著增强。个体教育生活状态呈现出多变性，个体间的交往形式日新月异，突然发生的转化、较为明显的冲击、持续性的创新需求，以及长时间的不稳定性成为常态。无论是在理念层面还是在实践层面，都显现出复杂性。无论是教育者还是受教育者，都显得富有生机，对新事物接受快，对新元素兴趣浓。由于信息化水平提高，许多原有的教育生活界限被打破。面对多变的环境，个体需要更高的适应性。在数字化、智能化背景下，各种意识和思潮借助新兴媒体不断涌现，道德的、反道德的，理智的、反智的，人文主义的、科学主义的，现代的、后现代的……无论持什么论调，事实上都在试图巩固什么。

在信息化时代，数字化技术和移动互联终端迅速普及，教育生活中确立起新的空间隔离逻辑，面对面教育的滞后性愈发明显，对个体进行导向的难度提升。个体与群体既相依又相对。在市场理念、商品化趋势、线上交易平台、信息化新媒体的加持下，个体的高度主体性与原子化特征越发突显，"大众传媒不仅彻底破坏了人与人直接交往和理性对话的传统机制，而且还把大众变成千人一面、相互隔绝的原子聚合大众"[①]。个体多元化的教育生活理念因此获得了生发的土壤。基于"二次元""宅""萌"等要素，不断生出教育生活新形态。自媒体文化迅速发展，粉丝、网红、同人、嘻哈等亚文化中，不乏一些被正统文化认定为无益的因子。信息技术带来了便利，但也被不恰当地使用，其教育价值和真实潜能受到管理规范、个体喜好、应用水平等诸多因素的限制。

尽管教育生活管理术中充满了统制性话语，但网游、萌宠、表情包等

[①] 徐贲. 通往尊严的公共生活：全球正义和公民认同[M]. 北京：新星出版社，2009：186.

新兴生活元素依然无可阻挡地发展了起来。即便没有成为主导性力量，教育生活中这些非主流理念依然呈现出增长态势，可谓越遏越生，主导性力量反而时常受其影响。在制度化的同时，地域化、民间化也在形成。受此影响，教育生活中的道德、习俗、管理等发生改变，主流教育生活方式与非主流教育生活方式时常自发地混融在一起。那些孤立的、陈旧的教育生活方式趋于消亡，不同于以往的倾向性逐渐显露出来。自由、权利、名誉、利益等个体崇尚的本质并无本质性改变，但崇尚的具体形象早与以往大有不同。工业化、功利思想、消费主义带来的巨大变化早已深入教育生活的机理。对统一的强求依然存在，但没有以往那么严厉了。对立价值之间的位置发生转化，支撑教育生活的管理规范、伦理信条不断演变，诸多权威的光环日渐暗淡，诸多神圣相继"脱冕"。

对于教育者和受教育者表现出的诸多新特征，不宜简单地从伦理道德的视角进行一番评判，而应在相当程度上从他们自己的视角去审视新特征产生的缘由。对终极价值或最高意义的探寻过程，理应成为个体不断将自在世界转变为为我世界，不断走向完美生活，不断进行自我肯定的过程。然而，试图探求个体教育生活的彻底性，执着于个体教育生活的完整性，致力于统摄个体教育生活世界的逻辑路向并不可取，试图抛弃物质生产逻辑，用理念教育生活取代现实教育生活的思辨取向也有不足。逃避现实教育生活世界，用观念体系取代实践体系，用意识世界、现象世界、语言世界、话语世界取代实体世界，难免蹈入闭门造车的窠臼。

在经济发展、体制构建、价值信仰、独立人格等因素的综合效应下，宏大叙事趋于解构，主流教育生活观念对个体的引导作用有所弱化，数个或数十个个体化或小团体式的叙事开始挤占教育生活时空。教育生活日益成为混杂着各种叙事因素的复合体，个中的复杂性已不是绝对化、一元论的知识框架和道德理想主义所能概括的了。单一的主流教育生活叙事已经不能涵盖教育生活的各个方面，个体们对异质性、多元化被破坏的现象越来越不能容忍。个体既是作为"受教育者"的个体，也是作为"网民"

"消费者""被管理者"的个体。面对诸多教育生活细节，高度同质化的各类宏大叙事难以指引个体的信念与行动。传统的主流教育生活价值发生效用的形式，在现实教育生活中越来越不适用。如果说传统的主流教育生活叙事发生效用的形式是宏大的、集中的、指令的，那么现实教育生活的效用逻辑则是弥散的、渗透的、浸入的、商谈的。没有绝对性真理，只有相对性知识。大一统的价值标准已经难以衡量、评判。价值判断的权力从一个至高无上的神圣源泉下放到了每一个个体手中，人人都能理直气壮地选择自己的生活样式，并为之辩解[①]。

在个体教育生活中，简单的叠加并不多见，多因素混杂才更接近于本真。个体教育生活的实际状态，无论是语言游戏、认知范式还是交往特质、群体氛围，都远比"培养人"复杂。除了"培养人"这一基本特质之外，个体教育生活还表现出诸多其他非本质属性。诸多个体教育生活问题不仅应从生活术的实践中探寻，而且需要到教育生活之外深究。忽视因复杂性而导致的模糊性与混沌性，试图化繁为简或干脆一刀切，可能导致毁灭性的结果。当然，这也许并不意味着教育生活的基础正在发生质变，更像是个体迫于各种需求与压力做出的适应性改变——个体的各种适应性改变让教育生活变得更加复杂化了。

从个体的视角看，个体在做什么？个体此在的教育生活究竟从何而来？个体以何种方式，在何种层面存在于教育生活中？个体如何将自身安顿于现实教育生活？个体通过什么方式建构了自己？他们的"主体"以及"主体地位"是如何被建构起来的？个体们又该怎样度过、如何对待他们的教育生活？从教育的视角看，现实的教育生活究竟在助长什么？究竟要教给个体什么？怎样教才能产生最好的效果？什么才是个体教育生活真正必不可少的？个体教育生活秩序究竟在靠什么维系？究竟是什么让个体教育生活充满生气？真正的知识是如何被吞没的？犬儒、佛系为何在教育生

---

① 刘小枫. 沉重的肉身——现代性伦理的叙事纬语[M]. 上海：上海人民出版社，1999：140.

活中如此"有市场"？利益与价值如何才能在教育生活中和谐相融？那些宝贵的生活精神为何无法在个体教育生活中生成？面对这些问题，如果不能与时俱进，认知、立场必然会随着个体教育生活样态的变迁而变得陈腐，进而形成各种各样的隔膜，导致各种各样的陌生。

第一章
接受与悖离：教育生活信念与行动失据

对于个体成长而言，教育是一种基本力。个体的命运之旅在教育生活场域开始，并逐渐向其他场域伸展。所谓的复杂性，通常意味着关于教育的理论架构并不能通过直接的因果关系或逻辑机理来完成。在有形的教育设施和教育建筑深处，无形的教育生活也在不断延伸。个体并不以简单的知识形式存在，而是以复杂的生活样态存在。从构成来看，教育生活不是单一平面，也不是彼此分明的双螺旋或三维立体结构，而是模糊的混沌体。在这个混沌体中，是与非、智与愚、善与恶、美与丑常常纠结、缠绕在一起。个体既自我立法、自我救赎，也追求快感、自我放纵——它们不是相互对立的，它们统一在个体的自我确证与自我主张过程之中。

所谓的复杂性，还意味着教育生活并不单纯，并不总能保持澄澈，个体们总也难免遭受复杂价值和混沌思想的纠缠。个体们有时会对教育生活感到失望，会在教育生活中茫然无措，陷入悖反情境或选择困境。"日常生活的本质特性之中内含了丰富的矛盾性。当其成为哲学的目标时，它又内在地具有非哲学性；当其传达出一种稳定性和永恒性的意象时，它又是短暂的和不确定的；……当其被技术理性和资本逻辑所控制时，它又具有僭越的能力。"[①] 他们接触到了普适性的教育信条，受到了那些信条的熏

---

① Lefebvre H. Everyday Life in the Modern World. New York: Harperand Row, 1971: 21-22.

陶，在较高或较低的程度上对信条中的理念予以认同。然而，这并不意味着他们的实际行动必然会与那些信条相契合。他们的实际行动与他们所认同的理念相悖离。这类情形究竟该如何进行解释？是他们的行动出现了偏误还是他们原本就不认同那些理念？又或者，他们是否只是在浅层或中层程度上认同那些理念而非深度认同？还是说，他们是否受制于某些更为宏大的背景、条件、环境，才导致所言非所行？

一、非知之惑与知之痛苦的吊诡

现实的教育生活处处充满着生机，尽管知行合一向来被视为基本的教育生活原则，但价值的多元性充分包容了个体们各式各样的理想。教育生活中有传统性旧元素，也有从旧元素中演变而出的新元素，还有域外元素的浸入。它们纠缠在一起，既非串联，也非并列，而是呈现为混沌状态。教育生活过程始终伴随着令人向往的美好、难以描述的空白与复杂难解的悖论，其中有表层现象，也有深入骨髓的深层机制，有潜藏着的机会，也有显而易见的危机。教育生活帮助不同圈层的个体突显身份，但也让这些个体因被贴上标签而固化、封闭；帮助个体通过独特的话语完成更有效的沟通，但也让这些个体因接触到的话语过于单一而陷入信息茧房；有助于凝聚共识，又可能消解更大范围内的群体共识；有助于个性化表达，又可能泯灭个性化表达；有助于个体走向自由，又可能让个体变得更加不自由。

（一）多重局限与非知之惑

如今，生命意识早已成为教育生活的中心意识。个体们致力于通过"知"让自己的人生不再被摆布。然而，无论表面上多么生机勃勃，承认无知这一本真才有助于解放头脑。无论是教育者还是受教育者，无论如何求知，未知始终存在。由于教育生活的阶段性、差异性与流动性，个体不可能认识教育生活的总体，因此教育生活总会存在这样那样的不可把握性。有时，教育生活的局部可能是正确的，但整体却存在偏离。面对整体，个体往往难以做到细致入微的描述，只能轮廓式地泛泛而谈。即便具备正常身心功能，他们的身体也可能是盲动的，意识也可能是迷糊的，更可能被教育生活的局部所迷惑。正是那些局部，限制了他们对生活和世界的认知——与行动的改变相比，认知层面的改变有时更加艰难。

在社会层面，社会转型，尤其是社会经济转型会促成新思潮、新理念的诞生，进而对个体的价值观产生冲击。社会转型过程中的区域分化、阶层固化、价值割裂与教育生活相互影响，不同地区的教育生活样态甚至存在发展阶段上的差异。发展分化、阶层固化通常导向个体身份固化。多元化是事实，但多元化也是有限的。面对原本可以憧憬的未来，有时个体自身努力逊于社会复杂因素所造成的制约，纵然充满创造力，也不一定能实现合理的社会流动。当个体愈发意识到难以凭借自身努力改变阶层身份时，难免产生无助、无力、无奈之感。长此以往，个体可能会否定教育与受教育的价值，拒斥教育生活所宣扬的理想；个体也可能会向固化的现实低头，疲于应付零碎的事务，沉浸于其中而不自知，原本充满创造力的灵魂转而变得逆来顺受。

在前沿科学领域，社会知识生产的确定性早已受到怀疑，然而在教育生活中这种确定性依然不容置疑。由于身处教育生活"之中"，部分个体不明就里，意识不到自身受制于更为复杂的社会巨系统，以为自身仅仅是教育者或被教育者并局限于这种认知，甚至用坚强意志来掩饰非理性行动，几乎没有想过超越这种身份认识自我。面对有意识地说教，不仅接受，而且还生出了孺慕之情，以致强制因素已经渗入了基因之中。面对信息汪洋，只能在经历层层过滤后获取信息，因此难免被似是而非所误导。个体不知道自己究竟知道多少，知道的程度多深，在知道的取向上有没有偏差。个体的自我意识不清，对自身究竟需要什么时常无法正确感知，只是遵循既有的习俗选择相信，茫然地接受，被动地认同，来不及回头。个体很可能已经相信了什么，却对此一无所知。

个体信仰某种主义，并将之视为真理，然而信仰并不源自个体对这种主义的历史事实与完整文献的全面掌握。例如，个体是尼采主义的信仰者，并不是因为全面理解了尼采，而是自认为全面理解了尼采，而之所以自认为全面理解了尼采，不过是因为始终以尼采主义的信仰者自居。个体预设了尼采是真理的持有者，先在地认定尼采主义能够揭橥生活的真相——当个体已然沐浴在自己预设的价值氛围中时，繁琐的论证和严肃的审视便不再那么重要了，只管相信就好。"我们必须服从律令，这倒不是因为它公正、优秀，甚至有益于人，而是因为它是律令。我们必须服从律令，因为它是律令，这个同义反复展现了律令的权威（Law's authority）的恶性循环，展示了下列事实——律令权威的最终根基源于它的阐明过程（process of enunciation）。"① 正因为如此，即便个体再聪明、再有专业能力，也不可能真正"知"、真正"懂"。

特定的社会生活理念有时被奉为颠扑不破的真理，它们便于言传，也十分明确，被置于至高无上的地位，它们内蕴着"一种表达无限的企图"，"而在现象领域里又找不到一个恰好能表达无限的对象"②。它们敦促所有个体向它们看齐，试图催生所有个体的向往，又让所有个体都觉得触手可及——真正的崇高反而受到怀疑与讥讽。例如，在教育生活中，以"网红""小鲜肉"为代表的流行文化不断取代正统文化。无论是俊男靓女还是"娘炮""钱奴"，谁更有"人气"谁就更加重要，谁更有"颜值"谁就更有才华，谁流行谁就有价值，谁"走红"谁就是意义追求的对象，科学精神、求知使命等正统价值反而被悬置。

在个体层面，个体之间没有太复杂的血缘或地缘关系，对于人性、事实、场域的认知能力和接受能力存在差异。个体之间形式上平等，然而实质上并不平等，由此而生出的种种不知不觉或浅知浅觉，直接影响着个体的教育生活行动。面对复杂、艰深，一些个体缺乏认知厚度，对教育实践

---

① [斯洛文尼亚] 斯拉沃热·齐泽克. 意识形态的崇高客体 [M]. 季广茂, 译. 北京：中央编译出版社，2017：38.
② [德] 黑格尔. 美学·第2卷 [M]. 朱光潜, 译. 北京：商务印书馆，1979：79.

的背后意义鲜有关注和探究，惯于无反思地遵循，容易被浅薄的诱惑俘获。一些个体虽然知之甚少甚至一无所知，却依然勤勉为之，时而弄巧成拙，时而弄拙成巧，误打误撞地误事，又误打误撞地成事。他们声称自己致力于追求幸福，却又不能深刻懂得什么才是真正的幸福，所谓的幸福支撑来自于不确定的外在因素。他们也会担心自己的幸福被耽误，这种担心尽管必要，但所担心的幸福本身是畸形、荒诞的，他们却难以自知自觉。他们的教育生活叙事没有实验性质，却可能成为一篇成不了正稿的草稿。

缺乏个性的"诸众"才是构成现实教育生活的基础，教育法律和教育体制便建基于此。在"诸众"之中，个体往往是匿名的，被夹在点名册或一堆学号编码之中，个体的任务只是接受召唤。所谓的主体性通常是一种普遍主体性，并不直接落实于甲个体或者乙个体。一个个体遇见了另一个个体，完全可以以"同学""老师"互称，丝毫不影响信息与意义的交流。不少个体的成长轨迹同途同归。即便表面不同，也一定存在节点性重复，具备深层共性。为了摆脱模糊不定的"诸众"状态，诸多陷于非知情境的个体会自觉地为自己强加规则。为了界定自己的存在，他们不得不依附知识、技术或管理方面的权威，在"知"的误解的基础上表现出"行"的服从；为了证明没有迷失自我，他们时常冒用其他个体的个性。他们没有超脱的愿望，转而陷于日常的营生中，功利至上，"他们的消遣就是他们最为执着的习惯"[①]。

在教育生活整体浅薄氛围的带动下，不自知状态下的个体性迎合行为变多，集体性自发的迎合行为也在变多。它制造出一种封闭状态，其影响从内到外，从个体到群体。独立的个体（或部分）不存在，个体（或部分）不得不依赖影响更大的某个整体，规训理念高蹈，服从因此成为无可选择、不可逃避的责任。个体必须控制自我、养成定力，不能表现出异常行为。个体的生活空间貌似宽广，但在各式规范的严控之下，犹如一个封

[①] Chevillard E. Au Plafond. Paris：Les Editions de Minuit, 1997：117.

闭的"茧房"。各种无形的准入标准与表达规约调节着这个"茧房"的知识来源、知识发布和知识传递。除了极特殊的情形，这种生活没有危在旦夕的紧迫感，也没有生死存亡的现实问题。尽管主体性面临消解，但个体依然时不时反思自我与现实、社会与个人的关系。个体掌握了准入与表达的技术，但不关心技术背后的高层次目标，会很多技能，却对自己的灵魂置之不理。如此一来，方法与智慧被割裂，个体连精神上的越轨都不敢，知识灌输便成为了可能。

在教育层面，基于个体的非知，教育生活中营造出诸多辩证结构。这种结构不仅被宣称为审视事实的标准，它本身就是事实。在基于这种结构构建的现代性教育生活场景中，个体依据道德律令生活，行动的依据来自责任的界定，只允许循规，不允许出矩，只提倡建设性理智，不容许破坏性冲动，藐视世俗的精神气质受到藐视，追求离奇的游戏品性被认为非常离奇，暴力现象已经没有了，但仍然保留了某些暴力特征。个体们被广泛告诫最好不要太张扬，不要太尖锐。有时候，辩证结构中的逻辑机理似是而非，表面看是一种严密的阐释，内里却是非理智的。之所以似是而非还依然宣称，是为了框定意义，避免个体涉猎逸出意义框架之外的无意义知识。个体成为被禁锢、需进取的存在，集体也必须要纯正、纯洁。所谓"师傅领进门，修行在个人"，教育者水平再高，受教育者无动于衷、拒绝努力也不会有好的教育效果。一切都是那么坚实，层次清晰、结构分明。个体不可对不可解释之维展开想象，这意味着，如果不能被纳入正规的辩证结构体系，就会成为被批判的对象。尽管没有那么多惊世骇俗，也少有大丑大恶，但由于欠缺复杂性思维，个体时常非此即彼、立场分明，他们清楚是非标准，但就是没办法将它们成功地付诸实践。

比辩证结构更进一步，沉重的形而上学体系在教育生活中被先哲们的大脑构想出来，犹如"大脑被一小撮头发提着伸向天空"，"我们又聋又瞎，双脚已不能见证任何东西。人们陷于一个抑郁、强硬、暴力的梦中，他以为就是现实本身，人们认为所谓的大自然就是从瓶子里升起的一股烟雾，一切都是人编造的"①。灵魂是与肉体相分离的存在，思辨的道路与实践的道路是相分离的道路。以语言文字为表征的书写文明塑造出异常复杂的意义体系，建构起各种关于人的符号化象征，界定着教育者和受教育者的存在。有时候，教育者或受教育者会被这种体系所异化，导致自身从真实、可感的教育生活中脱离出来，陷入话语所营造的抽象之网——这张网十分精致、层层堆叠、丝丝入扣，显示出极高的艺术性，然而与真实的现实生活相距甚远。

在形而上学那里，表象必然指示某种意义，难以言传时，寓言便会产生，难以解释时，象征便会流行。即便象征有些嘈杂、荒诞，只要本质还是好的，教育生活就依然在稳定、可控的范畴之内。而且，作为故事里的故事，象征还时常取代经验世界里个体自我感知到的人。教育者们和受教育者们从象征出发规约自己，逐渐失去了自然、质朴的样子，逐渐转变为惯于遮掩、矫饰的人。他们不是智者，也不昏庸，善于依据象征派发的既定规则行事，不愿也不敢超越规则追求更大程度的自由。在将自己的教育生活囿于既定范畴的同时，还自觉维护既定范畴，以免受到不守规矩者的破坏。对不同于自己的生活样态的个体持排异态度，不以为然甚至嗤之以鼻，随时准备付诸行动予以驱逐。由于过度服务于象征，他们还表现出一种"忘我"精神，"当众人看着我时，我感觉不再属于我自己，抽空了本质，我属于这些如同光束一般的眼光，它们汇聚在一起，是唯一见证我存在的证明：这些置于我身上的目光是我身上唯一鲜活的肉体，我的意识甚至融化在他人的印象和判断中"②。个体沦为附庸性角色，并非天性使然，很可能是习惯了被动地接受设定，缺乏清晰的价值辨析。个体并非没有追问、反思的能力，而是无暇，继而也就不愿再去寻根究底。

在教育生活中，"孤岛"式的个体并不存在。每一个体都无法规避他者，更无法规避自身所处的场域。个体的自我认知和自我评价，常常需要

---

① Chevillard E. Au Plafond. Paris：Les Editions de Minuit，1997：45-46.
② Chevillard E. Au Plafond. Paris：Les Editions de Minuit，1997：10.

他者来塑造完成。塑造原本就是教育的重要功能，没有谁能在受教育过程中免于塑造。无论是内心倾向还是外在行为，都可能因塑造被导向。为了追寻主体性意义，个体们时常需要自己证明自己，自己教育自己。至于什么需要证明，怎样才能证明，却常常不能自己决定，只能接受外部塑造。总体来看，塑造式的教育生活无不注重对基础性宏大叙事的认知。为此，它时常敦促个体熟知某些事物变化的规律性，知晓社会存在、发展的必然趋势，让个体着力学习各式各样的客观陈述。个体被告知，某些文化或传统是历史悠久的，因此也是需要继承的。类此基础性的教育，始终在引导个体努力建构，却较少将个体引入批判的范畴。从最终效果来看，这些基础性的宏大叙事一定程度上阻碍了教育者们向受教育者们呈现更加全面、更为深刻的内容，因而导致受教育者们在宏大叙事中尽管形成了共情，却时常流于浅薄的形式与宽泛的所指。

（二）启蒙精神与知之痛苦

从非知到知，需要启蒙精神的贯注。自启蒙精神普及以来，关注真理发生的精神启发者与人的解放者不断出现，个体们一无所知的情形获得了极大改观。没有启蒙精神，很难出现如此丰富、多元的生活世界。而所谓启蒙精神，就是"在一切事情上都有公开运用自己理性的自由"[①]。这就是说，在知的过程中，理性具有主导地位，甚至拥有自足性特征，理性意志成为求知的核心要素。这还意味着，感性怀疑的价值弱于理性怀疑，一线教育者们的抱怨不如教育理论家们充满思想性的批判。

很多时候，个体都被要求超越表象。为了突破表象，哲学家们和实践家们试图用一种或数种清晰的本质来替换表象。为了求得本质，他们甚至不愿相信他们看见、听见的一切。那些有头脑的个体总会意识到，在普遍性生活原则和一派祥和之中，依然隐藏着复杂的特殊利益。所谓的普遍性与平静祥和时常只是"面具"，这种"面具"与真实的教育生活存在深深

---

① [德]康德. 历史理性批判文集[C]. 何兆武，译. 北京：商务印书馆，2009：25.

的疏离。然而，面对曾经无可置疑的"面具"，如果他们彻悟，可能在情感上接受不了。他们越试图挣脱，就越撕裂自身。于是，对突破表象或确立本质的过程进行干预成为一种需要。由于这种需要，自由在教育生活中的合法性问题不断显现，为避免纠缠不清或无意中碰壁，一些哲学家和实践家干脆不再探讨自由问题。

"我们所发现的这个世界是一切已知的和未知的实在的东西的世界。……我们本身生活在这个世界之中，我们的人的身体的存有方式是与这个世界相适应的。"① 一旦个体真正"知"，真正"懂"，看到了比自身所处的生活世界更广阔的世界，随之而来的往往是与"知""懂"相适应的更多的困惑、更多的"不懂"。个体对自我和世界的把握越来越自信的同时也越来越不自信。单一、淳朴的教育生活方式与它的消解方式并存。这种吊诡着实让人痛苦。"知""懂"既是个体的资本，也是个体的负担。"我们处于一种痛苦的困惑状态中。纯粹现实主义的文化剥夺了生活的一切意义；回到旧的生活方式又不可能，而放弃一切寻求生活意义与价值的努力也同样做不到，我们自己的时代尤其难以泰然接受这样一种局面。"② 无论是真的还是自以为是的"世人皆醉我独醒"，最终的滋味都不那么好受。强调自主自然没错，但很多目标、愿景也非一己之认知所能及。

更复杂的是，无知者有无知者的快乐。一旦因智商提高而知道太多，就再也回不去了。"知""懂"这类认识论要素具有高度恒定性，一旦养成顶多只能伴装无知，很难再真正祛除。个体可能成为他者的批判性存在，但不能成为自我的批判性存在。无论多么冠冕堂皇、耳熟能详，虚假都是"已知"的。一旦真正"知"，真正"懂"，就不能自我欺蒙，就会获得专属性痛苦。之所以说它是专属，是因为"不知"者没有这种痛苦。有时

---

① [德] 胡塞尔. 欧洲科学危机和超验现象学 [M]. 张庆熊, 译. 上海：上海译文出版社, 2005：66.

② [德] 鲁道夫·奥伊肯. 生活的意义与价值 [M]. 万以, 译. 上海：上海译文出版社, 1997：47.

候,面对那些"不知"者,"知"者都懒得和他们描述这种痛苦,因为即便描述了他们也可能听不太懂。

作为以育人为己任的教育者,很难以无为换取思想上的自由。他们知道更多,因此感到骄傲,也因此感到痛苦;他们时常需要面对可知性与合理性之间的复杂纠缠,大体公正,但也会顾及名分与感情;他们不是不知道,而是不愿意,看透了花里胡哨的包装,意识到了包装背后的真实意图,并不认同,却无力改变,也无法拒绝,"知道者"的郁闷,莫过于此。他们是一群有教养或希望自己有教养的人,极少放浪形骸,也不肆意癫狂,即便内心有太多疑惑,觉得憋屈,难以解脱,也得学会向受教育者们答疑解惑,做他们的摆渡人,告诉他们坚守价值、尊崇德性、向往光明、谋求幸福,号召他们进行世界观、人生观改造。即便已然完全识破,依然只能被迫接受——一个无力改变也无法拒绝的教育者,很容易异化为知识传递的工具。"工具意义上存在的教师完全不需要思考和反思,他们需要做的仅仅是运用层出不穷的教学技能,将业已规定好的课程和内容输送给学生而已。"[①]

作为一位智者,多数个体的内心其实很清楚自身的存在状态,也能大致预知自己的未来。他们并非头脑简单的被启蒙者,只是在"明知"的前提下,经过理性的计算,依然表现出"行"的服从。他们知道教育生活的弊端与虚伪,但受制于权威话语或利益诱惑,仍然选择曲意迎合。他们重复着上一代个体们的教育生活,现在就可以想象到自己几十年后的样子,想起来都觉得没劲、无聊,来这个世界走一遭,然后又回去了。重复是他们教育生活的主旋律,这使人厌倦,却又不得不持续性面对。重复性的教育日常生活构成了一种"镜像"。每一个体都在"镜"中看到了自己当前或将来的"像",每一个体都有完善或改善"像"的冲动。他们"知道"他们似乎不可能成为教育理想中描绘的理想形象。既然不可能,而又不能

[①] 李长伟,宋以国. 现时代教育中的犬儒主义批判[J]. 教育理论与实践,2019(1):3-8.

改变场域通行的形塑法则，那只能改变自我。如果无法与这样的生活和解，便无法与自我和解，日日如此将一事无成。然而，类似的看透并不代表甘愿安于现状，面对不尽如人意的现状，他们总还在指望能有改善自身教育生活的可能。

由于专业成长的非特定化、未成熟性等特质，教育者们的专业素质始终都有待提高。何况，形势或时代的发展很快，教育者的直接影响减弱，分内之职却日益增多。为避免课堂缺乏生机，教育者们一方面时常被要求勤于更新学科知识，另一方面则要熟悉教理发展的流行趋势以便更好地担负释惑之责，否则就会被评价为呆板。有时，受教育者们缺乏求知的兴趣，也被认为与教育者们专业素质不高、知识不新有关。

无奈的选择也还是一种有意识的选择，比这更高级的教化之道是让选择成为无意识的、理所当然的，抱着教化众生的理想，从身奴进化为心奴，即便明知在追求幻象也依然乐此不疲。这也许就是轻度的斯德哥尔摩综合征（Stockholm syndrome）——对伤害者产生情感，反过来帮助伤害者，甚至崇拜和依赖伤害者。明知什么是虚假，什么是真实，明知虚假与真实之间的差距，却以一种自我催眠的心态支持虚假，偶尔还借机反讽真实。他们并不是没有觉悟到被役使的状态，对于自己所处的异化处境，也不是不自知，更从没以为"就只有自己懂"。他们也许有点茫然，但并不盲目。他们知道自己在教育生活中的目的，只是对于达成目的感到无奈，转而或多或少选择了逆来顺受。

作为以学习为己任的受教育者，教育生活过程归根结底是自我价值追问与探寻的过程。他们不断地审视着教育生活，时刻关心自身能否适应教育生活，希望能够在教育生活中创造新我。多数情况下，他们都足够聪明，对自己的受教育过程保持着清醒认知。教育者话语中的多数道理他们其实也都懂。他们清醒地认识到了教育生活中的虚假，但也仅仅是认识到了而已。有时，明知是"洗脑"，但还是告诫自己不要多想，只管熟记，毕竟拿到高分才最重要。有时，"还是太年轻"，"读书读傻了"，如果曾在社会上遭受过"毒打",可能就不会有这种或那种认识了。有时,知道真相,心存不满,但也只能依据规定的游戏规则玩下去,"只能奉行,不许言议;评论固然不可,妄自颂扬也不可,这就是'思不出其位'"①。教育生活中不乏快乐与活泼,但也充斥着无形的压抑感。个体避无可避,对于跳脱这种生活近乎绝望,于是被迫顺从、迎合。顺从意味着自主性的衰减,其结果是无据与失范。他们致力于应试,并不意味着他们不知道应试对成长的危害。他们掌握了诸多关于教育的专业知识,甚至拥有丰富的教育生活阅历,也能够运用知识和阅历分辨真假与优劣。他们知道自己面对的是怎样的他者,以及如何认知自己面对的他者,然而他们时常没有方向感,没有责任感,因此依然选择与之共舞。道理他们都懂,因此说理已经不能产生什么实质性效用。

总体来看,现代教育生活既以主体性的确立为基础,也建立在对主体性的破坏的基础上。个体们看似自由,实则常被奴役。个体们被要求一定要把握时代大潮,结果却在把握时代大潮的过程中成了欲望的俘虏、他人的传声筒、丧失自主性的木偶。不少个体会问,但点到为止,缺乏追问精神,无暇顾及问题背后的问题,有时他们也想追求深度,但却没有精力。一些个体则不得不就范,一步步地放弃了高调的信仰,无奈地努力去适应教育生活中的破坏力量。

(三)复杂思维与解构之道

个体所处的教育文明本身意义丰富,然而教育文明也有它的双面性,那些被烙上的所谓的文明印记其实并不一定真的文明,过于精致的教育文明常常悖离自然,反而会消磨意义本身,尤其当教育文明开始引起诸多个体的不适时,医治所谓的教育文明便不可或缺。例如,公共性、民主性、制度化长期被视为教育文明的象征。它们的效用原本在于矫正个体本性中不完美的方面,使之合乎教育生活所宣称的规则或法则。然而,一旦付诸

---

① 鲁迅. 朝花夕拾 [M]. 北京:中国言实出版社,2016:115.

实践运用，情形立刻便显得复杂起来。问题在于，究竟什么才是不完美？不完美到什么程度才需要被矫正？教育生活规则或教育生活法则本身是完美的吗？问题还在于，由于对不完美的界定流于主观经验，矫正的过程最终走向了完美的对立面。有时候，连个体还算完美的方面也随着不完美的方面一起被矫正了。

教育生活的突出属性之一便是模糊，在模糊中，个体唯一能够把握的便是无把握。现实的教育生活进程时常违背教育理论家们最初设计的愿景。教育理论家们一直致力于确立个体的主体性，然而最终却不得不面对主体消解的教育生活现实。教育理论家们"形而上"的普遍化抽象原则并不能有效指引"形"的演进与变迁。面对"形而上"的宣称，个体们有的将信将疑，有的嗤之以鼻，有的则假装认可。在教育理论家们的宣称中，个体们都是主体，但实际上都被视为改造的对象，个体们只有被纳入主流教育生活叙事时才能获得承认，独立精神不存，自由人格不彰，所谓的主体性顶多只是一种被抽空的主体性。

教育理论家们经历了太久的本质性探寻之后，最终制造的只是一个抽象的生活世界，在这种生活世界中个体反而失去了本质，走向了空虚。教育理论家们始终都在追求秩序，然而最终却不得不面对各式各样的失序。他们显得满腹经纶却不知所云，所宣称的教育口号既典型又特殊，时常会自相矛盾。从这些矛盾中，很容易识破某些口号的虚假性。一些个体自觉意识到口号与现实的悖反之后，可能会趋向非主流、反主流，主动探寻被主流边缘化的因素。实用主义、人文主义、科学主义、存在主义……都在被解构。无论是归纳还是演绎，都不那么容易成立，共识越来越难以达成，教育生活基础存在被掏空的风险。在教育生活中，每一个体都会以自己的方式去理解，然后"破解"，以致这些主义早已与教育理论家们的表意相距甚远。

事实上，仅从"知"的层面引导个体的教育生活是不够的。要想弄懂个体真正遵循的教育生活逻辑，还必须深入现实本身或个体的具体行动层面。对于教育生活中的种种面具，个体们并不无知，并没有误解，也能意识到某些信息的干扰性和诱导性。这意味着，规训逻辑不是建立在个体对"知"的误解上，而是建立在个体对"行"的服从上。面对具体的教育生活情境，如果依然延续"知"的逻辑，致力于通过"知"揭示面具的虚假性，就难免会屡屡受挫，因为面具的虚假性几乎众所周知，本就无需费尽心力去揭示。而且，"面具并不只是用来掩饰事物的本质状态，而是已经融进了现实的本质之中"，既已如此，"面具对于我们来说，就不再是那个需要摆脱的外在物，而是我们的存在本身"[1]。何况，揭示面具的过程必然是认真、严肃地审视的过程，由于面具本身便是揭示者们的存在本身，因此一旦揭示者们认真、严肃地审视起来，面具也便不复存在了。"一旦我们审视它'本来的样子'，这种存在就会化为乌有，或者更确切地说，一旦我们审视它'本来的样子'，这种存在就会变成另一种现实。"[2] 个体"对现实的这种一无所知（non-knowledge），正是现实的本质的一部分"[3]，如果个体看穿了现实，变得有所知或知之甚多，现实就会趋于消解。

　　传统上被认可的原则与新兴的、时髦的、现代化的生活习惯常常产生抵牾。在"将伟大的事业传递给下一代"的宏伟愿景中，作为下一代的受教育个体们被认为是"充满希望的一代"，对伟大精神与崇高意义的追求被视为个体的天然趋向。只要循着前辈们的脚印继续向前走，人生的理想就一定能够实现。然而，在继承伟大事业的鼓动中，有些受教育个体似乎没有从他们的前辈手中接过火炬。由于同质化教育生活模式的倾覆，仅仅依靠经典话语进行说教，越来越不能产生传递宏伟愿景的教育作用。虚拟空间的话语表达更为安全、便捷。裂变式的传播不仅让话语的扩散性与传

---

[1] 唐正东. 齐泽克的犬儒主义意识形态观批判[J]. 江西社会科学，2015（11）：5-10.

[2] ［斯洛文尼亚］斯拉沃热·齐泽克. 意识形态的崇高客体[M]. 季广茂，译. 北京：中央编译出版社，2017：27.

[3] ［斯洛文尼亚］斯拉沃热·齐泽克. 意识形态的崇高客体[M]. 季广茂，译. 北京：中央编译出版社，2017：16.

染性更强，还能放大情绪化表达。理性批判并未缺失，个体们也没有陷入不自知，只是个体们的表达都太充分了，反而有些模糊、混乱。犬儒思维、佛系理念与理想主义并存，不同教育因素间的激荡让他们屡屡陷入困惑。真正拥有生活乐趣并体现出主体性的个体依然不好找。虚拟空间的意义更多情况下是矛盾的而非协调的，是碎片化的而非统整性的，个中充满了风险、混乱与动荡不安。个体的禀赋在施展，但施展的方向各异，或是公共利益，或是精致利己，又或是其他什么。最好的可能是存在的，但最孬的可能也存在。

一般认为，角色模糊或角色冲突会使个体无所适从，进而无所事事；在特定场域，个体之所以没能发挥积极效用，往往是因为角色认知不够清晰①。为此，个体时常被赋予建构者或参与者角色，据此享有现代教育制度赋予他们的权利，并担负行使权利的责任。事实上，他们也具备扮演角色所需的专业素质和参与能力。当教育生活秩序出现紊乱时，他们也能意识到问题所在，也有资格、有能力提出批评。然而如今，原本被排除在外的因素反而在教育生活中获得了合理的位置。个体们早已习惯于角色混搭，而且没有违和感。可以选择某种教育生活，自然也意味着可以放弃某种教育生活，一些个体视为教育生活基础，另一些个体却视为权宜之举，没有谁敢担保某种样态的教育生活永恒不朽。对于早已高度复杂化的个体而言，即便是相互冲突的角色，也不会觉得混搭有什么不妥。与此相反，长期将自身定位于单一、纯粹的角色才是反常。毕竟，太过单一、太纯粹，很难应对教育生活的复杂性。

启蒙精神弘扬的理性也有可解构之处。通过理性清除独断主义与教条主义之后，理性自身反而变得愈发独断、教条。理性让个体不迷信、不盲从，却极为大度地容许个体迷信、盲从理性本身，进而容许个体因迷信、盲从理性本身而陷入愚昧。个体享有不错的自由度，但没有真正的主体地

---

① Meyerson D. E. Uncovering Socially Undesirable Emotions Experiences of Ambiguity in Organizations. American Behavioral Scientist, 1990, 33 (3): 296-307.

位。由于自我被标榜为主体,自我总是需要面对一个客体性的对立物。个体的理性认知能力与理性批判能力最终都还是会服务于资本逻辑或市场秩序。个体获得了知识,甚至享有了相当程度的选择权,但却在知识与利益的裹挟中迷茫了。个体的努力反而走向了最初愿景的反面。

在基于启蒙精神而发出的教育生活宣言鼓舞下,个体致力于通过知识挖掘潜能、提升能力,然而"'拥有能力'意味着拥有缺失。潜能不是逻辑上必然的本质,而是这种缺失的存在模式"①。由于缺失,个体并不完全所知,却还要秉持理性原则,这无异于要求个体在非理性生活状态下做出理性行动。个体时常与启蒙精神相生又相克,固有的内隐性特质让更为科学的统计与测量变得艰难。尽管充满了自觉的规划和设计,个体们却常常在不知不觉间活成了他们不想成为的样子。

二、直言求真与假装相信的混融

在教育生活中,"真"原本是起码的准则,也是最基础的德性,为求真而直言原本是根本要义,也是增长智慧的重要前提。然而,教育生活中实际发生的情形却充满了复杂性。为了躲避教育生活带来的挤压,个体有时宁愿放弃"真实"。放弃"真实"也便意味着放弃希望,而没有了希望又很容易自甘平庸。教育生活中的主体意识、权利意识、平等理念逐渐确立的同时,理想虚无主义、玩世不恭的心态、滑稽搞笑的调侃、佯装顺从的参与等现象也开始出现,它们让教育生活呈现出假面化特征,并且有日益蔓延之势,影响越来越不容小觑。此起彼伏的教育生活的赞歌中,似乎也蕴含着难以察觉的危机。

(一)假装相信与虚假表演

教育生活中某些关于知识、道德、信仰的说辞并不苍白,只是选择相

---

① [意]吉奥乔·阿甘本. 论潜能[A]. 邱谨,译. 汪民安. 生产·第2辑[C]. 桂林:广西师范大学出版社,2005:272.

信的个体越来越少。如果施以刚性强迫，个体就会假装相信。如果并不认同且不能拒绝，个体就会假装贯彻。当虚假遮蔽真实成为事实时，个体们的爱与恨都会不可避免地融入虚假成分，表演性就会成为教育生活的重要属性。个体们都在一本正经地表演，假装相信自己不太相信的知识理念与道德信条，不断重复自己不太相信的定论与表达。表面上，只要个体们依然在假装相信，表演性的教育生活就会延续下去；实质上，诸多说辞随着时代的进步很难再有强大的精神感化力量，无论包装得多好、多巧妙，都终究是陈词滥调了，在教育生活体系中淘汰它们势所必然。

真相信才会真践行，假装相信则只会虚假表演。教育生活旋律是多声部的，其中既有"谐音"，也有"对位音"。基于相信的教育生活因素不断整合的同时，基于假装的教育生活对立因素也在不断整合，它们共同构建了新的教育生活现实场景。有时个体即便内心困惑，也不轻易表示不相信，而是"假装成很相信的样子，集体心照不宣地打左灯向右转、说一套做一套"[①]；有时个体明知是虚假的，却假装认真对待，以顺从的姿态被动接受，甚至在付诸行动时表现得义无反顾；有时信念体系本身是真的，个体接受了它们，然而却并不真正信奉，因此它们对于个体而言又成了虚假的。有时个体在教育生活中被要求饱含情感，这要求却与他某天或某一时刻的真实情感相冲突，于是只能假装，努力套用假面化了的情感逻辑。在这一过程中，自我无疑受到了压迫。

个体知道其他个体也一样不相信，只是不表现出不相信而已。其他个体只是装傻，并不真傻，只是理性地、有意识地虚假。这种"装"并不是简简单单的"装"，而是深思熟虑地"装"，是为了避免成为傻瓜而装傻，实质是太聪明，看得太透，以至于各种口号式的鼓吹，各类别有用心的诱导，各式深藏不露的规训都失去了教育效力。个体们都心知肚明，但又看穿不说穿。"这一套""那一套"已然唬不住新时代的教育生活家们。个体

---

① 刘宇. 朱丹论现代社会生存状态的犬儒主义倾向[J]. 教学与研究，2014(5)：14-21.

表面上体面，内心却在假装。个体过着一种"客观性"假面教育生活——在虚假地宣称、虚假地行动之后，遮遮掩掩地表明自己对教育生活的个人意见，如履薄冰地叙述自己在教育生活中的个人遭遇，高声附和着高大上的论调，然后回到现实继续过自己的现实生活。个体使用的是虚假的词语，讨论的是虚假的命题，并不注重切合实际，反而有可能是为了遮蔽实际，自己标榜特定的教育生活口号，再成为那些教育生活口号的奴隶。对于个体而言，教育生活是一种虚假生活，它被个体接受，却未被个体内化，个体会复述它、评价它，但不一定认可它、信仰它。

进一步而论，个体的虚假是有意识地、自我反思之后的虚假。个体在清醒地思考之后决定假装糊涂，在聪明地审视之后决定理性地假装，在一番严谨地计算之后最终选择了附和。"他们对自己的所作所为一清二楚，但他们仍然坦然为之"[1]。明知虚假，依然乐此不疲，明知虚幻，依然义无反顾，教育生活的假面化样态由此形成。他们清晰地感受到了面具的存在，但却乐意接受甚至维护它的存在，清醒地意识到了面具与真实之间的距离或差别，却不选择卸下"面具"。知道其虚假性，却不便与之断绝关系，甚至有意识地参与其中，看穿之后，依然选择配合表演，尽管厌恶，依然选择趋附。个体做出非正式的表达或反教育的行为，不是因为无知，而是基于自知的故意，不是受缚于"看不见的手"的盲目，而是直观、明了地"自指着面具而前行"[2]。个体有意识地假装，目的在于追求心目中所谓的幸福生活。如果扪心自问，个体自己都不一定相信自己所宣称的原则——那些宣称与个体的教育生活体验严重脱节。个体之所以那样讲授或那样接受，也许是出于维护身份的动机，又或者是试图为压制怀疑者提供充分的理据。

---

[1] [斯洛文尼亚]斯拉沃热·齐泽克. 意识形态的崇高客体[M]. 季广茂, 译. 北京：中央编译出版社, 2017：28.

[2] 张一兵. 肯定的犬儒主义与意识形态幻觉——齐泽克《意识形态的崇高对象》解读[J]. 马克思主义与现实, 2004 (4)：94-101.

尽管多数个体都能认识到"面具"的存在，都知道它只是表面，是虚假的现象，却依然试图寻找理由来保留它；明知充斥了虚假，却仍然要在其中砥砺前行，而且总是能够找到认可虚假的理由。这有点类似于"否定之否定"，这是一种受到启蒙洗礼的虚假意识，是现代化过程中的一种不幸意识。在具备这种意识的个体身上，启蒙既成功又不成功。个体在启蒙中学到了一些理念，但是却不相信那些理念，于是在现实教育生活中假意逢迎。个体没有在现实教育生活中非常露骨地反其道而行之，知道那样不被承认、不得人心，于是便开始了一幕幕虚假表演。个体不管表现得多么积极，对最终的问题解决而言都是消极的，最终的结果就是问题扩大，后果不断蔓延并趋于严重。在此起彼伏的外在认同与附和之声中，内在的结构性破坏却在悄然发生。与直言者所导致的不和谐比起来，这才是对教育生活秩序真正的颠覆——戴着面具的虚假比昭然若揭的虚假更加危险。

"出于信念的服从不是真正的服从，因为这样的服从已经经过了我们的主体性（our subjectivity）的'调停'。这就是说，出于信念而服从时，我们并没有真正服从权威，而只是紧跟我们的判断力。"① 既然不能在教育生活中直言，那就"要我怎么说我就怎么说"，"他们表面上有所信仰，实质上却什么都不信。然而正因为什么都不信，所以可以装作什么都可以信。""他们言论上永远是一套正确的说辞，即你让我说什么我就会说什么，不让我说什么我就不说什么。""说一些正确的套话、废话，以此掩盖内心真实的想法。"② 既然"不想这么说也得这么说"，那就无所谓想说或不想说什么了。尽管"这么说"不一定能给自己带来什么好处，但"不这么说"十有八九会惹上这样那样的麻烦。个体知道，就算他"这么说"也未必会被认可，但如果"不这么说"，十有八九会被扣上"不负责任""境

---

① ［斯洛文尼亚］斯拉沃热·齐泽克. 意识形态的崇高客体［M］. 季广茂，译. 北京：中央编译出版社，2017：38.
② 章道德. 当代青年犬儒主义倾向及消解对策［J］. 华北水利水电大学学报（社会科学版），2018（1）：49-52.

界不高""不当回事"之类的说辞。个体知道,有时候其实并不是真正需要"这么说",而只是需要摆出一副"这么说"的样子。有时候只要表现出相信或者深信即可,没有必要在是否需要真信上空费心思。既然只是样子,也就没必要在"到底该怎么说"之类的问题上多费心思。

何况,看破却选择迎合、维护、假装的"知道者"本来就不在少数。装装样子,也算是标识了一种外观,表达了一种姿态。包装、面具这类东西,几乎对所有文明的教育生活样态都具有重要性,尽管"维持面具与真理的一致(coincidence of mask and truth),是不可能的:这种一致不仅无法使我们'与同伴直接接触',而且使得情形不堪忍受;所有的交流都是不可能的,因为通过这一披露(disclosure),我们被完全孤立起来。成功交流的必要条件是,外表与外表隐藏的背面(hidden rear)保持最小的距离"[1]。然而,"在一个人人都在寻找掩藏在面具下面的真实面孔的世界里,引导别人误入歧途的最佳方式,就是戴上真理的面具(wear the mask of truth)"[2]。

既然不便批评、不能改变,那就接受、拥抱。至于人家同不同意我接受,愿不愿意被拥抱,就先不管那么多了,反正都得生活下去。"不便批评的接受"典型表现就是言行分裂,将顺从与批评合为一体,具体可分为批评性顺从或顺从性批评。过一种假面教育生活,戴上自己亲手缝制的假面,顺从地在教育生活中表演,心知肚明,却揣着明白装糊涂。假装顺从,并用这种顺从掩盖怀疑,"明明在心里不相信,但却还公开做出相信的样子。"[3] 这实际是一种软弱、退让。很多时候,软弱、退让反而会表现为过度的意志坚强。这类坚强引导个体致力于非理性的追求,一旦求而不得,结果就是更具复杂性的软弱、退让。

---

[1] [斯洛文尼亚] 斯拉沃热·齐泽克. 意识形态的崇高客体 [M]. 季广茂, 译. 北京:中央编译出版社, 2017:46.
[2] [斯洛文尼亚] 斯拉沃热·齐泽克. 意识形态的崇高客体 [M]. 季广茂, 译. 北京:中央编译出版社, 2017:46.
[3] 徐贲. 颓废与沉默:透视犬儒文化 [M]. 北京:东方出版社, 2015:9.

（二）明知为虚与模糊沉默

当直言因压力而遇阻时，在接受、拥抱之外，个体也可能选择不支持，也不反对，不在明面上质疑，也不表态。鉴于只是说了点自己的看法就被"穿小鞋"的案例时有出现，在提出不同的意见之前，总需要先掂量一下这样做的风险。"'皇帝的新衣'这一现象在管理实践中普遍存在：尽管员工可能发现了组织中存在的问题，却因为种种原因，他们没有说出真相，而是选择了保持沉默。"[①] 放一点"烟雾"，或许是因为难以说清，或许是因为有意讳莫如深，让态度或取向更模糊，或许对自己更有利。即便个体意识到了问题所在，也并不太乐于扮演批评者的角色。也许个体有意见，但宁可将意见烂在肚子里也不愿表达出来。当需要集思广益时，个体奉行假装，习惯性地"装睡"。在深思熟虑、综合考量之后，选择依附现存体系，只不过依附中夹杂了消极与冷漠。为了依附，他们仍然有参与意识，只是意识有些淡薄，他们依然会随声附和，只是附合少了热情。有时候，即便觉察出缺失与片面，也懒得给出建议了，言多必失，不如沉默。接受与拒绝，都是难题。于是只能口是心非，只能知行不一。由于理由太充分、太坚定，个体只能那样做。个体知道他不得不那样做，也知道不能找理由来论证自己其实不一定非得那样做。

虚假日益成为个体观念体系的顽固属性，"人们迄今总是为自己造出关于自己本身、关于自己是何物或应当成为何物的种种虚假观念"[②]。从这个角度看，虚假的反面不是真实，而是虚假自身。在教育生活中，虚假者的不幸来源于对虚假的忧虑与恐惧，不断地用一个虚假应付另一个虚假，时间一久就会疲于应付。面对既无奈又无助的教育生活现实，与几无尊严地顺从相较，更为明智的做法或许是揣着清醒装糊涂，将自身对教育生活

---

① 王永跃，叶佳佳. 工具主义伦理气氛对员工沉默行为的影响 [J]. 心理科学，2015 (3)：686-692.

② 中共中央马克思恩格斯列宁斯大林著作编译局. 德意志意识形态 [M]. 马克思恩格斯全集·第 3 卷 [C]. 北京：人民出版社，1979：15.

的意见隐藏起来，进行了大量的琢磨却拒绝表达，学会在不同的教育情境中表演，或者为了打消这样那样的猜疑，干脆以一副没心没肺的面孔示人。一个上佳的借口是，"佯"生活是为了避免疲于应付，为自己谋得一块安全的教育生活空间，纵然人格内外二重化，纵然内心教育生活憧憬与外在教育生活现实严重分裂，也无所谓了。

灰色现实与美好画面交杂共生，二者之间并不存在明确的分野，也不存在天堂与地狱般的落差。从启蒙精神中获得教益，但又背离了启蒙精神的基本要义，知道真相，但依然遵循游戏规则，在明白无误中自觉地带着面具加入教育生活，这并不奇怪。崇高的也可以是低贱的，自由术也可以是规训术，纵然崇高和自由有制度保障，总也具有幻想性质。作为教育者，即便这样还是应对教育生活保持眷恋，始终如一地在乎自身专业发展，因为不这样何以维系自己的施教资格，何以让受教育者们心甘情愿地相信？如果世界的复杂变幻没有潜隐部分，没有一个个隐喻，全都真实显现，如果教育生活中诸众的复杂命运一览无遗，教育者很可能会感叹自己与"刍狗"无异。

在教育生活中，每个个体都是有意识与无意识的混合体，有时坦率，有时隐晦。"即便你没有作伪之动机，想要准确地说出真相也十分困难"，"当你确实有着某种动机时，那就会更加困难"[①]。作为混合体，个体通常"知道他们所做的事情，但是他们这样做是因为客观强制以及自我保存的驱使，以短视的眼界说着同样的语言，并对他们说，事情必须这样"[②]。"只能如此""不得不这样"常被他们用来安慰自己。这意味着，他们看清了事物或事务的本来面目，却由于客观条件的限制或自我持存的需要不得不违反自己的本意。他们知道自己的生活观被功利所主导，但依然矢志不

---

① [美]苏珊·哈克. 理性地捍卫科学——在科学主义与犬儒主义之间[M]. 曾国屏，袁航，等译. 北京：中国人民大学出版社，2008：前言 3.

② Sloterdijk P. Kritik der zynischen Vernunft. Frankfurt am Main: Suhrkamp Verlag, 1983: 37.

移地践行自己的生活观。他们时常自以为掩盖得很好，或者只需要象征性地掩盖一下就好。人人都如此，因此何必互相揭发。"我"知道"你"在掩盖，"你"也知道"我"知道"你"在掩盖，总之彼此知道就好，又何必非要说出来。个体并不真的相信，每一个体都在内心的最底与被要求相信的对象保持着距离，每一个体也都知道其他个体也不是真的相信，"假装"由此成为一种教育生活风气，甚至演变为时髦的"装傻卖萌"。

无论是被人称赞还是自我标榜，无非是些耳熟能详的庸常的陈词滥调。不少陈词滥调属于众所周知、心照不宣、无伤大雅的谎言，过于高亢、统一、不容置疑的谎言式陈词滥调弥漫于教育生活公共话语体系，成为个体们普遍采用的掩饰、遮蔽技巧。在这样的教育生活中，谎言的效用取决于是否拥有足够的权威以及是否勇于进行厚颜式的表达，容忍某些谎言成为不成文的规范。

进一步而论，有些陈词滥调不仅属于谎言，还兼有蒙蔽策略的意蕴，"有些情况，保持沉默还不够，沉默可能被认为是主动招供，那时候就不应有丝毫犹豫，不仅要公开否认自己真正的观点，而且必须采取一切手段蒙蔽对手。那时候就得宣布一切能取悦对手的信条，参与所有被认为是最荒唐的仪式。""你表面上还在被你巧妙欺骗的强权者脚下颤抖，但你的眼睛却闪闪发亮。"① 有时还是有些固执，但已经不再麻木，至少在教育生活小事上，精明的眼神和精确的计算能力时不时会突显，不再相信信仰不朽、理想永恒，不再甘愿为了不切实际的目标义无反顾。

个体意识到了价值虚无与谎言弥漫，但又别无选择，只能继续沦陷于消极的生活姿态。由于时不时就会陷入受教育的恐惧，个体的教育生活是混乱的。个体时常来不及思考诸多言说到底是不是真相，就被要求接受它们，附着于它们，肯定它们，进而赞美它们。面对有意设计的操纵性氛围，越来越多的个体学会了隐藏自己的真实目的。个体也会收到意见，但

---

① [波兰] 切斯瓦夫·米沃什. 被禁锢的头脑 [M]. 乌兰，易丽君，译. 桂林：广西师范大学出版社，2013：67-68.

多是表面性意见。为了相互隐瞒虚无与谎言,个体们都开始学习表演,演技逐渐成为被追求的学习对象。个体没能被蒙蔽,却在清醒中假装被蒙蔽。个体知道这样的生活缺乏本真,但认定谁先说出来谁就是傻,谁先站出来批评谁肯定会倒霉,于是宁可闷声,即便因此被批评为麻木、冷漠也依然我行我素。不能说个体不相信组织承诺,但也谈不上有多么坚信,总还是有组织归属感,但也谈不上有多么强烈。

经过反思,个体认定在谎言与沉默的氛围中已经无法获得真正的知识,"它首先是一个笼子,被巧妙地改装,然而仍然是笼子,制造出来就是为了迫使我们听布道"①。于是,这种反思将个体保护起来,以避免进行无谓且损及自身利益的批判。换言之,经过反思,个体尽管内心并不认同,但至少表面上接受了这样的氛围——这最终导致个体陷入教育生活的虚假结构和虚假意识,在意义狭隘中变得畏惧释放,时常努力压抑自己,总是试图与既定安排和解,宁可接受意义之空也不愿被贴上意义不纯的标签。直言式的怨恨、愤怒与冲突是越来越少了,但提防、警惕、预备却逐渐成为教育生活常态。个体们的压力并没有降低,对关系或形势的负性判断也没有改变。

(三)是非之辨与观念差异

当一本正经地假正经泛滥起来,呈现真实、揭示真相开始成为问题。"在民主中真相无能为力当然不能归因于真话本身,因为真话本身千真万确;而应归因于民主本身的结构。"②"如果民主体制不能为说真话留出空间,让'直言'游戏正常运作,那是因为这些民主体制缺乏某种东西。"③只要将个体视为组织的一部分,个体就会被要求讲究次序。如果有个体试图超越、跳脱次序,就会为组织所不容。从这个角度看,个体学什么、怎

---

① Chevillard E. Au Plafond. Paris:Les Editions de Minuit,1997:52.
② [法]米歇尔·福柯. 说真话的勇气:治理自我与治理他者Ⅱ [M]. 钱翰,陈晓径,译. 上海:上海人民出版社,2018:51.
③ [法]米歇尔·福柯. 说真话的勇气:治理自我与治理他者Ⅱ [M]. 钱翰,陈晓径,译. 上海:上海人民出版社,2018:45.

么学实际上身不由己。即便个体被标榜为主体,也并不是中心,而只能环绕在中心周围。即便个体重要,也终究不是唯一,更何况"重要"究竟到了什么程度还时常不能说清楚。

基于组织原则(或集体原则、公共原则)建构教育生活次序的本意也许是好的,但实际上时常起着损害本意的作用。这是因为,它们并不从自然的、真实的个体本性出发理解教育生活,也不致力于引导个体摆脱功利、欲望的束缚。恰恰相反,它们将功利、欲望视为重要的教育生活驱力,它们的目标就是让个体褪去自然本色,充分利用"保护色"来实现所谓的幸福生活。它们发端于教育生活,却指向教育生活的终结,它们既是教育成效的初步体现,也导致教育生活逐步走向异化的泥潭,最终成为教育目标达成的障碍。

在个体教育生活中,最常纠结的问题莫过于是非问题。有时候,为了更好地提升辨别是非的能力,连"三观"问题也会被忽视。多数是非问题有明确定论,是与非之间没有灰色地带或模糊地带。个体时常需要耗费时间和精力辨认谁才是掌握真理者,以及在掌握真理者中,谁才是说真话者。然而,从更广阔的生活视野来看,只具备是非属性的个体通常缺乏完整的信仰演绎逻辑,对某些观念保持着顽固的厌恶。沉迷于是非问题的个体一旦将自己的倾向、意图代入到问题情境,是非问题便不再是单纯的是非问题。一些个体频频改变生活目标,这能够映射出他们对教育生活价值的反复求索,也能映射出他们经历各种遭遇后对教育生活现状的复杂态度,远非简单的是非定性所能概括。种种关涉现实的虚假表演,并不一定是对现实的误解或误判,而是有意为之。对于有意为之的虚假表演,仅仅进行是非批判而不关照具体的生发土壤,并不足以致其消解。何况,不少关涉现实的虚假表演具有非典型性,鲜有非常明显的负性态度,它们在现实教育生活中表现为投机,但又不能与经济学、政治学意义上的投机同日而语。

事实上,个体人生中遭遇最多的并不是为数众多的是非问题,而是

"三观"问题。个体之间最大的差异并非外表，而是有意无意地表达出来的"三观"。不同个体对事物的价值取向不同，得出的结论自然也会存在差异。源于"三观"的认识都具有主观性，并无统一的标准。个体总是先确立信仰再确立证据，"我们肯定要寻找合理的理由，以证明我们的信仰值得我们信仰，……我们之所以找到了证明我们信仰值得我们信仰的理由，那是因为我们早已确立了这样的信仰；我们信仰，不是因为我们找到了足够坚实的理由去信仰"[1]。正因为如此，"三观"不同的个体之间往往很难达成共识，甚至很难彼此嫁接。正是由于"三观"问题，个体与教育生活之间在知识立场、价值取向等方面才会出现紧张。既然"三观"不同，多说又有何益？久而久之，连沟通与交流也懒得进行了。

在拉康（J. Lacan）那里，镜像的形成过程意指"真我"被"假我"的替代过程，正如儿童在照镜子时时常用镜中的自己取代真实的自己[2]。作为教育者，不仅需要时常关心一个命题是否为真，并因此确定它是否属于应被教授的知识，而且还时常需要考虑它对受教育者，以及对社会的意义是什么。按理说，他们既要精通教育术，又要竭尽全力说真话，还要在自我实践中做到言行一致。而事实上，这样的完人式的教育者，在教育生活中几乎不存在。更为常见的情形是，教育者所说并不一定就是所想。听者想听到的，也并不一定就是教育者真正想说的。教育者嘴上说的，和实际做的也不统一。个别教育者为求得重视以便有机会登上大雅之堂，曲必求高、声必求宏，至于真实的实际状态如何，反而是次要的了。"什么都信、什么也都不信，信什么并不意味着做什么，在现实中完全可以信一套做一套。"[3] 何况，总体原则与具体事务之间总会存在缝隙，如果贸然表达，就可能面临破坏自身与听者之间的关系的风险。教育者直言，自然需要勇

---

[1] ［斯洛文尼亚］斯拉沃热·齐泽克. 意识形态的崇高客体 [M]. 季广茂, 译. 北京：中央编译出版社, 2017: 39.

[2] ［德］格尔达·帕格尔. 拉康 [M]. 李朝晖, 译. 北京：中国人民大学出版社, 2008: 31-32.

[3] 汪行福. 现代社会的道义逻辑 [M]. 上海：复旦大学出版社, 2013: 41.

第一章　接受与悖离：教育生活信念与行动失据

气，听者要想听到真言，也需要有听真话的勇气。

和谐与和睦只是"正确"表象，是有意营造出来的虚假的"真实"呈现，事实可能是新的教育设备无人问津，新的教学理念仅仅获得了口头上的迎合，新的实验只是表面参与。对于教育生活中宣称的知识价值、德行规范，表面上都是高声称"是"。诸多仪式越来越无聊了，教育者们说着虚幻、成套系的辞令，谁也不敢出格。每次都说很隆重，但除了间或出现的插科打诨，总也难逃千篇一律之感，主持仪式者拼力烘托气氛，参加者们却常常心不在焉，表面上以积极行动进行称许性响应，内心里却可能泛起反感与非议。个体们都学会了"以虚伪应对伪善、以假装对付谎言、以假面迎合伪装"①。必要的仪式感异化为充满形式化、制式化色彩的等级秩序排演，佯装的严肃较为常见，真正的高贵越发稀少。个体们有滋有味地玩着各式虚假游戏——有意识地虚假维系着共同生活的延续。

个体有获取真知的能力，却无表达真知的勇气，于是选择过一种姿态性生活，在需要表明是非时，用"姿态"进行有说服力的表演，为了获取更大的生存空间，信誓旦旦地作出自己也不太相信的表达。这实质也是一种"三观"变异。名气与水平并不呈现为正相关，气质与风度背后也不一定就是学识能力。主动虚假，自觉地视而不见，面对供给的知识，最佳定位不是明辨，而是义无反顾地表现出拥护与捍卫的"姿态"。即便知道有误，也认为心知肚明就好，不必据理力争。"他们的心理机制已经具备了足够的弹性，可以接纳对他们自身活动永久怀疑中的剩余因素。他们知道他们所做的，但是他们这样做是因为，在短时间内，环境的压力和自我保存的本能拥有共同的话语，他们告诉自己不得不这样做。否则的话，事情会变得更糟。因此，新的、首尾一贯的犬儒主义甚至对自己作为受害者和所做的牺牲有种可以理解的情感。……在这里，有某种对失落的天真的悲

---

① 徐贲. 颓废与沉默：透视犬儒文化[M]. 北京：东方出版社，2015：9.

悼，有对更好的知识的悲悼，而所有的行动和努力都是与这些悲悼相反的。"①

一些似是而非的陈旧教条与现实的教育生活严重脱节，只是出于生存考量不得不时常重复它们，但无论是重复的说者还是在场的听者，似乎早已不大相信。个体人云亦云，却未必相信所云，并不无知，但时常假装无知，是知是非的，但也是不诚实的。个体在行为方面不论是非，但在认知方面却不一定不知是非，行为并不是内心价值信奉的外化，知道自己应当不带幻想，然而又自觉地卷入追逐幻想的行动之中，充当传递或积极帮唱角色，"敢于在心里否定与嘲弄一切精神界的权威，却未必会触及现实中的敏感问题，小心地避免与权力的冲突"②。

如果说一套做一套的情形增多，个体间的信任裂缝就会不断扩大。个体之所以说一套做一套，也是因为不相信，认为冠冕堂皇的行为背后隐藏着欺蒙和伪善，义正辞严的价值背后掩盖着自私和卑鄙，提升计划与建设蓝图背后蕴含着忽悠和诡计。就连所谓的教育改革，口头宣称是为了更加美好的教育生活，实际却暗含着各种风险和折损。然而，尽管个体不相信，却不拒绝，个体依然会参与行为矫正、价值建构、提升计划、建设蓝图与改革热潮，并在参与的过程中抛开"是·非"二元辨析。有时候，纵然发布了事实，"可是看来没有人真正在意——就是说，人们继续假装好像皇帝不是裸体一样"③。个体呈现出假面，也是为了应对虚假的教育生活。所谓"真作假时真亦假，假作真时假亦真""踏踏实实走形式，认认真真走过场""真的没有假的真，假的没有真的假"，个体在真实与虚假之间逐渐陷入了迷失，明明子虚乌有，也可以言之凿凿。既然是非、真假时

---

① Sloterdijk P. Critique of Cynical Reason. Trans, Eldred M. Minneapolis: University of Minnesota Press, 1988: 5.

② 陶东风. 大话文学与消费文化语境中的经典命运 [J]. 天津社会科学，2005 (3): 89-94.

③ [斯洛文尼亚] 斯拉沃热·齐泽克，[德] 泰奥德·阿多尔诺，等. 图绘意识形态 [M]. 方杰，译. 南京：南京大学出版社，2002：24.

常颠倒，干脆就真戏假做或假戏真做，又或者干脆不再甄别是非、真假——"不存在某种规范性论断优于其他论断的价值立场——怎么都行"[①]，只要能对自己有利，也就都无所谓了。

三、道德与利益之间的复杂捆绑

在教育生活中，个体不仅时常被要求保持纯洁，而且自己也应主动保持纯洁。《教师法》明确规定了教师应当履行的数条义务，教育者们最常听到的词汇就是奉献。无论有没有意识到道德的伪善向度，只有无脑的教育主体才会为失德行为张目。尽管道德说教偏多，道德践行偏少，但正能量永远是主流。拥有最大教育意义的资源、权力居于中间，剩下的依次排向边缘。所有这些，当然合情合理，然而与这些同时共存的是，个体是原子式的，同时呈现出趋向道德和非道德的可能性。个体可能不认同现实教育生活中效用不佳的道德秩序，却可能认同利己主义的教育生活实践——在个体身上，知与行既是分裂的，也是融合的。

（一）既利他又利己的样貌

在教育生活中，无私利他的育人情形与自私利己的逐利情形并存，甚至在同一个体身上，这两种情形也能共存。一位教育者一遍遍地修改事关受教育者们人生基础的培养计划，却不是为了更好地培养，而是为了让课程设置、教学时空、评价取向等更好地向有利于管理的方面倾斜。或者更客观地讲，他既是为了更好地培养，也是为了更好地兑现管理利益。作为教育者，他一直试图在培养目标和私己利益之间求得某种平衡，哪怕这种平衡仅仅是他自认为的平衡。他既注重平等关系的构建，也注重仆从关系的构建。如果不这样，他就会觉得自己作为教育者所拥有的权利没能得到应有的表达。

[①] 曹东勃. 通向犬儒之路：人类价值系统的现代嬗变 [J]. 现代哲学，2012 (4)：14-21.

一些个体在利益面前竞相争夺,在道德面前趋于淡漠,口头上各种美好说辞,行动上试图纵情极欲,以道德的名义绑架,也以道德的名义被绑架。个体们有的沦为既定逻辑的传声筒,犹如歌颂奴仆制的奴仆,有的陷入娱乐至死的泥潭,有的则成为了讽刺家或批评家。个体知道孰对孰错、孰是孰非,但依然致力于自身利益最大化。个体的头脑无疑是日益发达了,德性却在日益萎缩;一面羞于谈利,一面唯利是图;不想做出牺牲,却可以接受他者做出的牺牲;信仰受到尊重,但也会遭受工具理性和利益至上逻辑的贬低;朴素情感受到弘扬,但总有一些个体并不钟情于朴素情感。个体温文、和蔼,大部分情况下都诚实、守信,最终的目的却可能是单纯利己的,与其交往,灵魂会在一团和气、自然而然中被欺蒙。个体的人格是混合的,既有点马基雅维利主义的影子,又有点神经质,还时不时表现出自恋,坚持自利且时常假意表现出慈悲。这和为了兑现私利时常说话不算数,动辄撕毁契约,甚至"一哭二闹三上吊",实质上并无二致。尽管如此,在现实教育生活中,个体还是会自觉不自觉地接受复杂性混合,排斥单一性冲动。

诸多教育价值是超世俗的,甚至是超自然的,而现实教育生活中诸多个体的信条却是实用主义的。"教""育"原本是为了明理、向善,而今更多却是为了比较。即便别人的成绩是正当的,只要自己在比较中变得相对较差,就会忿忿不平。每天和别人比较着人际、职级、钱物,敏于教育分层机制、教育结构调整,自然心累,哪里还有闲心真切感知教育生活的温度?利益扩张或欲望膨胀终究会解构道德,完全摒弃道德终究会让利益维系和欲望满足面临合法性质疑。稍显狂热的比较,明显过度的欲望,让个体逐渐不再那么自觉地反思自我。

诸多教育人物有着自以为是的大方与气派,也有着自卑、自轻的斤斤计较。没有评价者可以在评价他们时无视自己的出身、身份、专业、家族、人脉,真正做到了无牵挂,如果距离他们太近,难免以偏概全或先入为主。这大概就是为什么评价一位教育人物时,该人物距离当前的教育生活越遥远，评价越客观公正。

当前，教育生活中日益流行市场逻辑和怀疑主义，直接导致教育生活内部价值体系与外部价值体系不一致，继而导致"生活在其倾向性中，以被裹挟的方式出现，生活听任其世界的某种压力"[①]。在裹挟与压力下，适者生存的法则依然适用，只不过对"适者"的界定越来越多元，适宜的生存环境越来越多，适宜的生活方式也越来越多。市场解放了人性，怀疑精神则拓展了个体的视野与能力。真实的不一定就是被肯定的，虚假的也不一定就是被批评的。对"适宜"标准进行宰制的情形减少，无根的、偶然的、匿名的情形增多。安详、宁静的教育生活样态依然存在，但样态内里蕴含的竞争性、功利性和浮躁情绪也明显增多了。

（二）边批评边参与的策略

一些个体既向往自由，又攀附于权力秩序，笃信理想主义，但也拒绝离弃现行教育生活法权秩序，转而期冀通过抵制破坏教育生活的法则来表达教育立场和道德主张。他们厌恶专断性秩序，渴望身体上、精神上的独立自由，但又贪恋专断性秩序赋予自己的生活便利，于是只能在权力秩序的养护下享受着有限的"自由"。他们批评复杂的利益机制却参与其中，一面埋怨教育大环境，一面致力于成为教育大环境的受益者；一面满不在乎地对待世俗，一面又毫无顾忌地攫取世俗中的利益；一面批评教育生活中的潜规则，一面利用那些规则来为自身谋利益，不满这个场域的诸多弊端，又因能够从这些弊端中获益多多而不言；对教育生活中利用利益诱导进行价值标榜的行为嗤之以鼻，却孜孜不倦地执着于自身利益的最大化；批评自私做派，但也接受基于职位制约、资本运转、特殊权益维系而产生的建制性需求。有些批评针对管理权力，然而批评并不意味着一定痛恨，当自己有需要时，也能平顺地主动接纳、顺从——批评一旦关涉自身利益，立场可能截然相反。也许活得辛苦，却无心解脱，一开始有些反感，

---

① [德]海德格尔. 对亚里士多德的现象学解释[M]. 赵卫国，译. 北京：华夏出版社，2012：89.

不久后转变为一种无奈，又经历一段较长时期的自我调适，逐渐异化为主观自愿，不仅接受扭曲的教育生活，而且还为接受扭曲的教育生活找寻貌似高尚的理由。

　　一些个体会发现，人人平等常常只是理论上获得了承认。在现实教育生活中，优等生与后进生、高贵与低下、强势与弱势的差别并没有消失。他们既厌倦这种差别，又积极地参与到制造差别的活动中，与通常理解的自相矛盾、天人交战相反，他们总能较为平顺地完成自我说服。基于自我说服，既可以对教育生活进行嘲讽与批评，也可以热情、积极地在教育生活中获取实利，既可以表达生存隐忧，也能够进行道德反思，既可以适应强迫、利诱，也可以坦然地欲拒还迎。在已然自我说服的情况下，个体宁愿遵从实利主义，也不相信教育理论学说，即便释放善意、做出让步，依然可能收到得寸进尺、挑肥拣瘦之类的反馈。应该说，这既是个体对现实教育生活深思熟虑之后的理性选择，也是个体自认为深谙现实教育生活本质后的生存之道。教育生活因此带上了一些怪诞现实主义色彩，个体表面反功利、反世俗，实际却近功利、趋世俗。个体原有的一些理想逐渐变得世俗，原有的一些世俗逐渐变为理想，原有的一些高尚变得低俗，原有的一些低俗逐渐显得高尚——个体不介意这种转变，也拒绝为此承担道德责任。

　　一些个体习惯于执中，然而执中只是表面现象，背后的弯弯绕绕丰富多样。情绪发泄即便是有理由的，也不利于真正获益，自身的"进步"终究要直面无教养、无底线、不道德现象。即便不考虑这些负面因素，生活经验差异导致的思维取向与思维方式差异，对于试图相互融合的个体而言，也是一种无形的障碍。由于身处非自主状态，当无力改变差异时，也只能对自我言行进行调节。有时候，个体明知反原则的做法不好，也会选择主动适应，积极参与其中。有时候，个体对虚假性了然于胸，也深谙"高大上"的教育生活宣言背后复杂的利益纠缠，但依然对这种教育生活心生依赖，甚至有些依依不舍。在对习俗与潜规则的遵循中，一些个体日益远离真正的价值，毕竟"岂是想怎样就能怎样的""理想又不能当饭吃"。

掺杂了复杂因素和各式差异的教育生活改变了个体看待教育生活的方式，也改变了个体对于教育生活的观念。这种改变让个体获得了接受或拒绝教育生活样态的依据，不再坚持所谓的一以贯之。个体有思想性，有批判性，但也世故、世俗，认定多数规范、原则都是相对而言，是可协商的，即便理论上周延，在现实教育生活中也需要灵活变通，所谓的"原则上"实际上就是无原则。基于这种认知，个体为了维护私己利益，常常平滑、自然地打破自身言行的一致性，不仅言行不一，而且话语逻辑内部忽东忽西、颠来倒去，行动取向也表现出见机而为、自相矛盾的特质。个体内心明了什么是正义，却不愿从不道德的行动中抽离，于是将心存故意说成迫不得已，将冷眼旁观说成爱莫能助，将恩断义绝说成依然心怀感激，将暗度陈仓说成猝不及防。个体看到了割裂，也意识到了疏离，但基于自身利益考量的假装并不存在割裂与疏离。个体在知的层面上具备了反思意识、批判态度和正义思维，但在行的层面上则顺应现实利益需要，因此反思与批判只能算是一种姿态，当接到任务时，仍会勤勉为之。然而无论如何，"揣着明白装糊涂"客观上纵容了割裂与疏离的扩张，如果人人都持这种做派，整个教育生活群体就会担负一些堕落性代价。

也有一些个体试图摆脱求知窠臼，谋求新的求知逻辑和求知生活，但总"未能免俗，聊复尔耳"[①]，被各种成功标准所束缚，要么继续适应既有窠臼，要么成为现实教育生活中的零余者。大部分教育逻辑都以"好坏""优劣"甚至"善恶"划分效果，不允许出现模糊的中间地带，也不允许第三空间存在，求知过程终究还是成为了形成习得性反应的过程。

（三）口言实身行虚的做派

感官导致欲望，基于欲望满足的活动又产生世俗性。欲望得到满足就

---

① 刘义庆. 世说新语笺疏 [M]. 北京：中华书局，2011：633.

快乐，反之则陷入痛苦。为了从痛苦中解脱，又出现了鄙视、批判、顺乎自然、清心寡欲，以及诸如"吃不到葡萄说葡萄酸"之类的说辞。无论多么井然的秩序，都蕴含着失序、越轨的杂乱因子，仅仅是影响秩序的随机性因素就可能非常多，只是在秩序的规约下，随机性因素对秩序产生的效用不大。所谓的德行、礼貌，都有其虚伪性，表面看起来格调很高，实际上也可能只是看起来很高。一些个体一面高喊为各类教育主体增加福利，一面利用欠完善的制度设计谋取私利，在道德话语中拥有坚定的口吻，在教育生活中却屡屡做出背德的行为，道德活动异化为掩饰活动，道德生活扭曲为伪善生活，表面上的矛盾在他们那里实现了内在统一。"口言实，身行虚"事实上是在制造虚假平衡，对教育生活氛围具有毒化作用，也让"玩虚的"成了流行性人际准则。

务实与务虚的关联是复杂的。从教育制度化开始形成的那一刻起，个体就处在一个由外部要求制造的漩涡中，谁也不能置身其外。"要求就是用语言这个骗人的东西表达出来的需要。"[①] 在外部要求主导下，光明与晦暗、兴奋与抑郁、文雅与野蛮复杂交织，怀揣理想的个体也可能在其中处处碰壁，最终不得不选择独善其身，甚至陷入缺乏实质内在的生活状态。这并不是一种悲哀，也不宜简单界定为失败，这就是常态。个体不问荣辱、贫富，不辞辛苦，努力过合乎德性的生活，却不一定能成为芸芸众生中的智者，相反还可能会被认为是"书呆子""教书教傻了"。毕竟，付出与回报的关系错综复杂，当"通过奋斗获得成功"的生活理念与"拼爹"现象并行时，付出了无甚回报或是无甚付出却多有回报的情形难免发生——时常被宣扬的"付出与回报成正比"仅是其中的一种可能。

面对教育生活不公，个体时常无能为力。有时候，不公并没有涉及自己，自己也没有被剥夺什么，但看到其他个体因非能力原因所获甚多，因而产生被剥夺感。通过对不公的反思，个体清晰地感知到教育生活中诸多

---

① [法] 雅克·拉康. 拉康选集 [M]. 褚孝泉, 译. 上海：生活·读书·新知三联书店, 2001：624-625.

宣称的虚假性，也知道虚假性的效用在于掩饰晦暗与野蛮，但受制于教育生活压力，无力摆脱，有时还不得不保持紧密联系，甚至不得不勉力践行。在外部要求与自身需要之间的裂隙中，欲望开始生发。在较为极端的情况下，不少个体开始按照他人的欲望形成欲望，追求他人所追求的价值①。

　　一些教育者过上了让人羡慕的生活，拥有大房子，却在一大早的忧虑中不愿起床，开着轿车，却希望能慢一点到达工作现场。师道尊严的内涵在演变，师生关系也在发生变化。某位教育者如果被称为先生，便是莫大的尊重，大师就更不敢当。他们也不乏美好憧憬，却习惯用实用至上原则指导教育生活，在实用而世俗的生活情境中表达神圣与崇高；想表达有争议的意思时，就假借别人之口，试图透露一种"这并不是我个人的意思"之类的意思；哪怕只是做了一点分内小事，也不忘为自己的行动赋予新意义与新价值，以便获得能够标榜的身份或象征，满足自身所需的道德感；对一些原则、规范本身是拒绝的，但又担忧直接拒绝会遭受谴责，于是抱持犬儒主义态度，采取伪善的适应策略。显然，在教育生活中，这种伪善比直接不道德更为棘手，"它摧毁了人们对于'真诚生活态度'和'本真生存状态'的信念"②。

　　言行不一的效应并非静止的、单一的，而是链式的。慷慨激昂地讴歌完空洞的宗旨，终将需要面对现实；深感无奈、陷于麻木之后，往往伴随诸多逃避性表现。例如，对教育生活中的不公正装作漠不关心，推脱、敷衍应尽的义务，睁一只眼闭一只眼。如果不能解决问题，最好就不要指出问题。生存本就艰难，扭过脸去装作看不见或许对谁都有利。世界再怎么悲催，有自己的幸福生活就好。即使深刻感触到虚妄与荒唐，也不愿公开

---

　　① 张一兵. 伪"我要"：他者欲望的欲望——拉康哲学解读 [J]. 学习与探索, 2005 (3)：50-54.
　　② 魏传光, 胡旖旎. 道德教育视野下现代犬儒主义的批判与重构 [J]. 中国教育学刊, 2016 (9)：95-100.

挑战，这既是因为缺乏能力，也是因为缺少勇气。如果想获益最大，就得加入其中，并表现出接受、顺从甚至赞成。加入的个体多了，一场场集体性的假面游戏便会轮番上演。知识反思与道德批判纵然必需，也不宜泛化。面对压力，既想宣泄，又想隐匿，如果能够隐匿在集体之中，又能借众人之口得以宣泄，便再好不过——尽管班级、小组、团队等集体的向心力依然很高，但所谓的集体更多表现为个体数量上的叠加，并未形成真正的价值捍卫体系。

个体能够辨别正确与谬误、真理与假象、正义与不义，但始终停留于认知层面。在具体的实践行动中，个体依然难以与谬误、假象与不义断开关系——他们满不在乎、嘻嘘谈笑、贪图物质、追逐快感、纵情娱乐甚至放浪不羁。在摆脱了短缺式教育生活之后，又陷入了各式精神短缺。个体们追求美德，但举止粗鄙，做坏事不容易，做好事也变得不容易，嘴上说的是自主，实际上却沉溺于名利。禁欲式的教育生活遭到批判，纵欲却又成了教育生活的新问题。赤裸裸的暴力显著减少，隐性的处罚与欺凌却在增多。各式教育监督的确存在，但也存在局部性缺失。

在一些个体那里，道德理想主义与反道德主义并存，伟大颂歌与平庸生活并立，团结互助与麻木、冷漠共生，旨趣并不纯粹，实际心态比表面看起来的心态要复杂；在道德情感教育中，领会到的却是无情，表面是歌"德"派实际是道德虚无主义者；还没有清除旧式德育的毒素，便开始吸取其中的营养，既警惕旧式德育的浸淫，又自觉不自觉地成为它的尾闾；既顺服于体制压力，又迷恋于资本神话，无法在教育生活中安身立命。诸多有益的道德信条尽管藏于内心深处，但几乎没有自律效用可言。

四、正人与正己之间的荒诞悖反

一般而言，"我"实施的是××教育，所以也应该表现出××样态。然而，教育生活在不断流变，流变是有序的，也是扭曲的，其中有本真的表露，也有异化的怪象。原本完好的也会逐渐走向腐朽，以往被视为厚颜、戏谑的言行，而今已不以为意，表面上的肯定实际可能意味着否定。微言大义、义正辞严无人领会，践踏节操、粗俗不堪反而受到追捧。与其他诸多生活相较，教育生活应当成为一个更美好的地方。然而，与书本上的概念、理论不同，现实教育生活的复杂演化反复上演，以理想名义扼制理想、以理性名义抹杀理性的现象时有发生。至于个体们的具体言行，往往更难给出精准的意义界定。教育生活成功绵延的秘诀似乎在于，"正人"的矛盾与"正己"的矛盾始终混沌交织在一起，每一个体都是真实与虚假彼此混沌的结合体，最终却总不至于导致教育生活走向崩溃。

(一) 应然与实然趋于分裂

在长期实践中持守的教育主张，与经由辩证说理而提出的教育主张，通常并不是一回事。"应当如何看待"并不意味着"实际如何处理"，由"知"过渡到"行"，其间需要历经极为复杂的变换过程，那种认定二者必然同一的观点，未免失之简单。现实中的束手束脚并不一定就会影响教育理论家们激扬文字。在教育生活重重应然特质之外，还有重重实然特质。个别教育理论家纵论存在主义、自由主义、实用主义教育哲学，并非真的是要进行形而上的探索，而是为了完成故作高深的构境。他们拥有话语权，却时常不好好说话，善于利用话语权进行表演，或对话语本义进行倾向性加工。范式化、学派化潮流盛行，却并没有形成真正的范式或学派。他们在欠缺现实教育生活意义的学术领域制造虚假繁荣，所秉持的实际是一种拒绝进行实践性批判的实践逻辑，是一种拒绝反思自身行为的行为主义。

即便不考虑故作高深的构境，由辩证说理而构建的教育生活观也常常停留于自然想象或理论愁绪，将教育生活理解为包含每一个体在内的辩证发展的过程——倒退是暂时的，挫折是暂时的，错误也是暂时的，发展则是永恒的。与此相对，真实教育生活中发生的情形通常要复杂很多。不少个体一边谴责应试逻辑，一边严格地奉行分数至上的信条，"门儿清"却不讲理，清楚分数至上的非教育、反教育逻辑，却依然选择这样做；不是什么苦行主义者，却为了分数而鼓吹苦行主义。当被询问综合素质是否重要时，他们时常毫不犹豫地高度肯定它的重大价值，旗帜鲜明地表明自己坚定支持者的身份，但这并不意味着他们在现实教育生活中一定会这么做。这说明，在教育实践中，应然与实然存在自反性悖离或源自内心的深层次悖论，认同归认同，行动归行动，说是那样说，做还是要这样做。

在辩证说理逻辑的指引下，个体时常缺乏实操思维，只能在宏大原则中不由自主地行动。个体听到了无数的专业发展道理，却依然过不好自己的一生。个体的所思所想既是自觉的，也是自发的，无所谓有效，也无所谓无效，只是闪念而过，无暇深思熟虑。理论上很完美，实际执行起来往往有难度。行动与思想之间有时是分裂的，有时是一致的，有时是相关的，有时是无关的。不确定的期望、无法预知的委派、脆弱的专业身份、不太恰当的评价取向、快节奏变化的价值观……这其中有些体验是异化的体验，却时常被"辩证"为专业经验或专业素养的来源。个体凭借应试技巧在教育生活中扮演卓越者的角色，但同时又可能缺乏真正的素质与能力。个体努力地试图掌控现实，最终却处在现实的掌控之中。这既是教育生活的无奈，也是个体游戏人生的缘起。

一些教育者时常教导教育对象明辨是非，在现实生存逻辑中却尽力避免善恶分明。为了更好地适应情境的复杂性，知善而不善善、知恶而不恶恶成为实际遵循的普遍性原则。教导个体对种种伪善清醒地进行识别，然而教导者自身就可能是伪善的。在纸上谈兵时，时常自觉地批判，在现实生活中却时常不自觉地维护。表面是镇静的，致力于引导受教育者们实现教育目的，内心却在挣扎，因为他们自己也在人生目的方面陷入了迷茫；引导受教育者关怀、关心，自己在现实生活中也许不闻不问；价值反叛意味浓厚，却缺乏抵制行动，口号喊得积极，话语说得硬，却在具体的教育生活中表现出退缩与逃避。

个体们时常闻风，却并未行动——将口号变为现实的过程总是充满复杂性。他们拥有专业资格，但这并不意味着他们会身心投入地工作。他们非理性地表现出理性，口头上使用人性化、和谐、美好、未来等概念，却没有在具体实践中真正遵从其中的理念。他们既想拥有独特的教育生活风格，又不愿反思自己的体制性身份，这多少有点自相矛盾。书本上有圣人般的教育家，现实中却少有圣人般的教育者。那些圣人般的存在和个体们的教育生活到底有什么关系呢？那果真能代表个体们的生活理想吗？个体们真心信仰那些圣言圣语吗？更常见的情形似乎是，宣扬教育生活的清淡、淳朴、美好，却努力试图拥有享受奢侈生活的资本与能力。

一些个体既清高，又功利，既受到古代士人傲岸的精神追求的熏陶，也能举出各种例证证明货币的重要性。他们乐于主张自己的权利，对自身权利受到侵犯的情形容忍度较低，但头脑里却没有严肃的不应侵犯他者权利的认知，因袭乃至照抄照搬被说成借用，实施体罚被解释为"都是为了你好"，窥视隐私则被轻描淡写为"小孩子没什么隐私"。在智识层面，反思的确是有的，但并不是实质性的反思，因此而智识受损，但也不能算是单纯的受损者。很多成果是反思教育生活秩序的产物，反过来却削弱了教育生活的秩序性。在道德层面，爱岗敬业，但依然摆脱不了固有的内心无处皈依的困境，承载价值建构的使命，却没有多少建设性意愿。在实践层面，知道很多，行动却偏少，可设想的理想空间在扩大，实现理想的可能空间却趋于狭窄。

在虚拟空间，知识与信息壁垒相当程度上被消解。众多虚拟机构号称满足个体需求，实际却不怎么受个体需求支配。在博得名利的同时，名利背后的支撑结构却在变得羸弱。为了避免虚浮，需要源于现实生活，为了吸引眼球，又需要高于教育生活。面对流量与点击率的诱导，在虚拟空间发布的观点时常显得更为夸张，情绪表达更激烈，用语及用语透露出的倾向也更为极端。伴随复杂的认知表达与信息交流，有人一朝成名，随后又人设崩塌，有人一夜暴富，转眼又流落街头，有人瞬间走红，随后便寂寂无声——这些都让教育者们感受到了生活的变幻莫测。

个体拥有普遍怀疑的精神，却缺失矢志践行的勇气，于是只能委曲求全、得过且过，基于批判而生又终结于批判自身。由于不认同，个体的接受是表面上的接受，践行也是表面上的践行。思想与行动是分裂的、背离的，这给言行一致的教育生活原则造成了威胁。对于教育生活，看似维护，实则消解，看似钟情、亲近，实则无奈、伪善，不认为主流教育生活叙事能够提供精神支撑，之所以维护它只是因为它居于主流，没有执着的热情，没有甘愿趋近的教育生活目标。既然从内心深处看不上主流，又不能自成一"流"，也就只能在琐碎的教育生活片段中随波逐流。

人本教育管理理念从未被否定过，迫切需要的与现实缺失的形成了一对一的矛盾，解决矛盾的过程看起来异常完美，但人本教育管理理念是否得到了真正的施行却是值得怀疑的问题。有时候，个体并不是真正的主体，而是被宣称的主体，或者文本中是主体。个体时常既被指导，又被激发；既被要求服从，又被要求发挥主人翁精神；既要勇于革新，也要安分守己；既要谨守角色要旨，又要超越角色行为表现出更高境界；既被排斥在关键性管理决策之外，又被鼓励积极参与各项管理。个体应当被充分授权，实际却处于无权状态，应当鼓励个体创新，实际却直接或间接地示意不许挑战现有秩序或颠覆业已成型的成果。爱才者难免也会惧才，多做的反而不如少做的，"劣币驱逐良币"的现象时有发生。肉身早已不容责罚，主体地位却没能真正落实，个体实际处于伪主体状态，看起来或说起来具有主体性，实际上却没有什么具体性，因此常常连普通常人都有的权利也没有。个体常常感到匮乏，却又不知所从，时间就这么过去，闲适的心情也渐渐消失。生存空间日益自由，但也日益艰难，理想空间日益宽容，却也日益狭窄——表面上看选择的确是更多了，但实际上机遇依然较为有限，内卷依然较为严重，竞争依然较为酷烈。

（二）表面与内里日益不一

表面与内里不一典型表现为外在表达与内心信念的分裂。一些表达洋溢着热情，实际上并不热情地去执行，文采飞扬却无关痛痒，振振有词却于事无补。一些教育变革除了表面公认、显而易见的逻辑起点，还有讳莫如深的隐性起点。在这类表里逻辑影响下，个体通常既是玲珑的、世故的，也是清醒的、通达的，既是独立的、自由的，也是市侩的、圆滑的。所谓的排斥并不发自真心，最多不过是通过惺惺作态的批评表明自己对主流教育生活价值的维护，"大脑与心脏、理论与实践的分裂被有意识地保持着，头脑享受着批判和思考的乐趣，身体享受着利益和欲望满足的快乐"①。个体可能是多面派，是怀疑论者，是非暴力不合作者，是批评者，是建构者、自立主义者，深层的意识或态度是不满、抵制，表层显现出来的却是通情达理地认可、赞同。

一些个体很乐意呈现观念开放的个人风格，又很擅长掩饰自己的个人观点；表面上经常谈论理想，实际上并没有坚定的信仰；看起来非常浪漫，阳光开朗、乐于畅想、积极参与，实际上可能内心厌倦、反感，时时陷于焦虑；既批判传统又注意表现自身与传统的和谐关系，表面团结、和谐，背后消极、嘲讽；表面宣称孕育主体意识，标榜自主、自由，实际上惟命是从；即便教育生活秩序事实上处于瓦解的边缘，也依然在口头上信誓旦旦地维护；表面上从自身作为德性主体的立场出发，实际是从私己利益的立场出发；在口头表态时愤世嫉俗，有人道情怀，在具体行动中却披上高雅画皮，注重审美，但所崇之"美"并没有什么营养，又往往在不经意间露出低俗之态；为树立正派形象而对钻营嗤之以鼻，行动上却时常口是心非地恭维、有意识地投其所好。

一些教育者逐渐类同于口头恋世、行为欺世、无心救世的个人主义者。他们的教育生活表层热闹、多彩，深层却呈固化状态。即便言语上会斥责，心底里也不会有什么改变。他们冷静地接受教育生活中的一切，即便内心反感也选择坚忍，不积极也不懈怠地参加教育活动。在表达时，以少语为典型语体，不大声也不小声地为宏大元素唱赞歌，一本正经甚至正气凛然地讨论鸡毛蒜皮的问题，言语或行为中看不出明显的个人意图，嘲

---

① 汪行福. 理性的病变：对作为"启蒙的虚假意识"的犬儒主义的批判[J]. 现代哲学，2012（4）：2-6.

笑、挖苦、羞辱都极少发生，可谓言有所据。他们会刻苦努力，但努力也是为了满足特定的外在欲望。他们比较现实，但又抱有理想，注意保持谦虚，偶尔也会自视过高；表面看起来平和，正常参与团队活动，也能融入团队氛围，实际却不一定崇尚合作，口中的言辞中规中矩，内心却可能建构着壁垒。他们有理性，有批判精神，却只愿在浅表意义上运用它们，不深信，也不深行。

在进行主流教育生活叙事时，他们思路清晰、语言流畅、结构严谨、论证严密，然而那不是他们真正的内在需要，而是一种规定性的展示——不断进行违心叙事，不断放大虚假需要，甚至装着主动靠拢。不是典型的社会样态，但社会达尔文思想较为盛行。个体们心态平和而警惕，看似中立、客观，其实也难免选择性失明，都懂得适者生存的道理，都知道委婉表达、有意掩饰的重要性。不敢直言驳斥某个观点，但并不妨碍在肯定的过程中又否定所肯定的内容。即便无奈地接受了某个观点，内心其实依然有所保留，即便时常忍气吞声，内心其实依然抱有希望。

价值体系并未出现显著的缺失，只是接受度较低，抑或只是表面上被接受了而已。善成为一种姿态，为体现价值担当，就算讲授人或事的负性方面，也往往衬以温柔的底色；对于灰色现实逻辑，既不认同，也不否定，为了维持模糊状态，宁可若即若离、知行不一，态度既不会特别好，也不会特别坏，时常不好不坏。身处教育规制之中，却又宣扬解放逻辑；构建了足够多的共性因素，同时也导致了同样多的断裂。不能自由地在教育生活中穿梭，像一只只被困笼中的鸟儿，害怕风雨，畏惧权威，身处集体之中却没有真正的公共生活意识，一面积极响应政策性号召，一面热衷星座、手相。囿于分数、名次，被升职、升学所干扰，互相争夺、彼此防范，在利益冲突中习惯性迷失自我。作为芸芸众生中的一"生"，嘲笑他者，其实自己也可笑，悲天悯人，其实自己也可悲。

在个体的主观世界里，立场形成过程或行动建构过程渗透着光明与进取、失望与消极的复杂演绎，个体既要淡泊名利，又要形成荣耀观念，努力在二者之间反复权衡，试图实现平衡。有时候，个体所采取的人设或包装策略未必正确，这自然值得关注，但采取人设或包装策略背后的复杂因素显然更值得关注。事实上，正是基于利益、名誉、情境、压力、旨趣、管理、评价、自我价值倾向等诸多复杂因素，一些教育者在课堂上要求受教育者立场清晰、身体力行，但自己的所言所行自己内心都不一定认同。他们要求受教育者们"长大"，但又难以提供"真正的大人"的榜样。教育者启发性地发问，受教育者们流利地回答，看似一切正常，实际上问题早就已经被解决，交流只是形式上的，真正的交流并未发生。他们对这些"戴着面具的表演"心知肚明，但依然欲哭无泪、欲笑无声地戴着面具前行。为了符合既定人设，他们参与或创设的活动太多、太频繁，以至于疲于应付。他们在表达时装作立场前卫，内心挥舞的却可能是守旧大旗——在一番前卫的表达之后，该怎么做还怎么做。

粉饰多了，隐忧也会随之增多，个体的内心难免受到纠缠。个体知道自己的粉饰行为不是因为"应当这样"，而是因为"必须这样"。个体蔑视利益却又希望得到，我行我素却又试图明哲保身，一边嘲讽、批评，一边又不断努力融入其中，明知是在粉饰，却又不得不致力于粉饰，委身于自身并不认同的教育生活，自然不会真心呵护公共话语氛围，也难以养成真正的公共生活意识。这让他们陷入诸多教育生活困扰，即便面对类似的教育生活情境也可能表现出不同的态度，有时听之任之，懒得去剖析自己频繁犯错的机理，有时又极其敏感，在原本无过错之处反复纠结。由于时常不能对迥异态度和矛盾行为自圆其说，最终只能用似是而非的表达敷衍质疑者的质问。

一些教育变革举措一开始仅带有实验性质，后来则成为战略发展要点。一些教育变革蓝图努力地构建能够有助于个体重新认识教育生活现实的幻象。最终，幻象反而成了个体接受教育生活的支撑物，通过这种支撑物，个体才能将逻辑自洽赋予教育生活现实。"对于那些不堪重负的人来说，现实就是梦。'现实'是幻象建构（fantasy-construction），它使我们能够遮蔽我们的欲望这一实在界。"[①] 在幻象中个体才最接近梦想,"他建构了一个梦,建构了一个故事,以延长自己的睡眠,避免清醒过来,避免进入现实。他在梦中遇到了他的欲望之现实"[②]。

此起彼伏的教育变革时常让个体陷于悖论式的生活,表面所是与实际所是常常相反,表面的风光与背后的纷繁并生,表面的安宁与内心的煎熬共存。个体们在变革中善争、好斗又彬彬有礼,刻板、教条又随机善变,有时勇猛如虎,有时胆小如鼠,勇于尝试与因循守旧并立,而且都声称是为了保留价值。话语中不无真诚,行动上却显得漫无目的,因任性而显得离经叛道,其实并不太懂什么是真正的离经叛道。在变革中,自主性在不断增强,但也在不断消解,自我超越的意义突显,自我遮蔽的可能性也在增加,创造性被弘扬,却在丧失创造意识。个体时常缺少时代赋予的沧桑感,却也可能在教育生活中历尽沧桑。个体在教育生活中享受到了许多快乐,也遭受了不可磨灭的痛苦。

(三)逆反与接受逐渐并存

现实的言说与实践比心口不一更为复杂,即便外表并无相似,也可能神韵暗通。"心"与"手"的关系并不违心,融合与割裂相互交融,自己的言行有时是被强加的,有时是自愿的,自己的信息没有那么闭塞,也没有那么多样化。理解现实教育生活的不当之处,甚至能够精准看到痼疾的本质,但并不排斥,也不拒绝。头脑清醒,知道表象背后的逻辑,掌握某些后台信息,也明白逻辑和信息可能对自己不利并心存逆反,但并不付诸行动努力改变。面对于己不利的秩序和规则,并不认同,时常抱有微词,甚至偶尔公开抵制,但最终依然选择接受;批评却只能参与其中,反感却难以付诸行动加以改变,嗫嚅中表达着委屈,但仍选择委曲求全;对不良

---

① [斯洛文尼亚]斯拉沃热·齐泽克. 意识形态的崇高客体[M]. 季广茂,译. 北京:中央编译出版社,2017:50.

② [斯洛文尼亚]斯拉沃热·齐泽克. 意识形态的崇高客体[M]. 季广茂,译. 北京:中央编译出版社,2017:49-50.

现象心存不满，对虚假的表达反感并厌恶，却又参与到各种虚假的潮流中并试图同流，精明却表现出隐忍，蔑视但也能够接受。言行时常大相径庭却又相互映衬，有时对立有时又不对立，表现出顺从但也不是完全顺从，进行了抵制但也不是彻底的抵制，注重继承特定的知识、思想，同时又异化、背离了那些知识、思想。

个体通常既竞争，又在特定精神与规范的指引下协同行动，既注重保存自己的精神，也注重表现出悦纳外来之物的态度。个体会高喊教育口号，尽管有时不太情愿，但口号还是绑定了个体，否定就意味着失去教育生活基础。一些个体如此厌倦却又不得不表现出执着，激情澎湃地进行广泛的呼吁，真正践行时接受的却是另一套逻辑。随着职业生涯的延长，个体渐渐懂得，尽管"大力发展教育"并不一定真的会付出"大力"，也不一定真的带来"发展"，但只要呼吁了就行。这种教育生活逻辑导致个体尽管物质处境优越，精神世界却有个难以弥补的"洞"，"洞"中充斥着口号式的"假体"。有时候，个体也会怀疑自己的言说与行为，但这并不妨碍继续那样言说与行为。个体一边批评，一边享受，一边深深厌倦，一边服务其中，知道没有意义，但并不拒绝，否定快乐原则又时常追求快乐原则，"快乐、放纵、平凡、平庸；虚无、怯懦、自私、无聊；既拒绝着生命中不可承受之重量，也贪恋着生命中不可承受之盛宴，更面对着生命中不可承受之轻松"[①]。

其上崇申韩，其下尊佛老。无奈中也有接受现实的一面，之所以"不管"，可能是因为惹不起，也可能是因为不愿意，还可能这其中有什么旁人不可知的"猫腻"。总之，个体不是简单的个体。面对压制，非但不会抵制，反而还依赖于因压制而导致的外在强制，甚至将外在强制视为通向美好生活的保证。畏惧因采取冒失行动而招致不敢承担的后果，因习惯了指派性的选择而拒绝再去斟酌更加理性的判断。顺从服膺又圆滑世故，有

---

① 潘知常，林玮. 大众传媒与大众文化[M]. 上海：上海人民出版社，2002：258.

时甚至有点自我分裂，不但自己平庸，而且善于通过他人的平庸获得心理平衡；看到他人失落，从而不同程度地缓解了自身的失落——这多少有点"找补"的意味。

教育生活并不总是友好，"该做"的事依然得照做。面对"该做"的事，即便不积极融入，也不应明确拒绝融入。没有谁甘愿成为极少数，对于略微违反规范却可得实惠的事，几乎所有人都在做，但谁都不公开说明。谁说明谁就打破了沉默，谁先打破沉默谁就会被认为打破了规则。知道保持沉默是荒诞的，但依然选择沉默，甚至习惯成自然；淡化追求真知的正当性，与其借助真知揭穿虚假，不如默认暂时与己无关、于己无害的虚假。这颇有些难得糊涂的意味，然而鉴于有时候不公不义本就客观存在，这似乎也不能全部算作虚伪。

个体是消极的，但也是认同的，是被动的，但也是接纳的，自觉向上与消极的无力感时常相伴而生。由于在依附与逃避之间反复游移，个体逐渐具备了双重思想，无助感时而强烈，时而不那么强烈，一面畏惧，一面依赖，一面心存抵触，一面欲罢不能。以前会让个体产生激烈反应的因素，现在逐渐变得无动于衷，甚至被视为自然而然。越来越多的个体日益倾向不太消耗体力，也不太消耗精神的教育生活，变得顺从、隐忍，同时也圆滑、世故，兼具多重复杂情感，言行举止有时有悖于内在初心。个体形成了混沌的教育观，既抵制又妥协，既冒犯又合作，既微言大义、守正纠偏，又随机应变、逆来顺受，既放弃，又追求，不断地作践环境，也在不断地创造环境，警惕利益的浸淫又甘心成为利益收割的帮手。用批判手段攻讦对手，也用它捍卫正义，不满某些不反抗现象，自己也不反抗某些不满，批评委曲求全，自己也常常委曲求全。个体并没有走向他的教育生活的反面，而只是自然而然地蕴含着他的教育生活的反面，不和谐，也不冲突，不顺随，也不对立。这表面看似乎是持中无为、玩世不恭，实际上是迫于现实不得不模糊，不得不两可。

个体们生活于"事业单位"，对人和事常有自己的特殊理解——明白了期待并不会悉数实现，向往犹存，只是不再向往似乎无以实现的向往。意识到自身难以克服外在强制力量，转而开始接受外在强制力量对自身的同化——不接受又能怎样？于是逐渐习惯了随波逐流地顺从，习惯了附庸、迎合，甚至因此拒绝专业自主，不再追求独立生活。既明察秋毫，又热衷功利，既期待自我实现，又怯懦于显性或隐性的教育生活压力。诸多不尽合理的归因，夹杂着质疑、抱怨、愤世等，交织成种种貌似义正辞严的、宿命论的、无可奈何的复杂心态。在难以名状的复杂心态的作用下，敏感、活跃，但也脆弱、失落，时而自我焦虑，时而幸灾乐祸，时而自我恐惧，时而嘲笑他者，时而沉浸于小成即安的满足中，时而陷入不同程度的空虚中。教育生活逐步得到解放，陈旧意义已经消解，但教育生活的异化也在加深，个体依然价值迷茫，焦虑未来。

个别教育者迂腐地可笑，时常失语却心怀使命，关爱受教育者，为他们的成长而焦虑，并在焦虑中惊慌、畏惧，然而"触目"之后，并没有什么真正惊心之处，纵然常常因内在紧张而夜不成眠，但总也不至于惶惶不可终日——普遍的焦虑中总还孕育着希望。由于时常处于"温水"状态，他们的焦虑颇具小资意蕴，除非是在关注自己的子女，否则他们没有紧迫的成长烦恼。由于没有共同的生活，没有经历共同的理想、激情、无奈与伤痛，他们和他们所面对的受教育者们少有共鸣。受教育者成绩优异，常被归因为本身就是块学习的料，成绩不佳，则被归因为教得差，这不免让他们陷于低成就感。尽管依然在努力践行"有教无类"思想，但受教育者们还是要经历层层筛选，"类"被安装了栅栏——有些"类"被筛入栅栏之中，有些"类"则被筛到栅栏之外。

个体生活的自然性要求个体致力于自我持存，个体生活的社会性要求个体注重表达自我主张。只要主体与工具的关系始终存在，教育生活中的结构性对立就不可避免，像市场中"看不见的手"一样，教育生活中个体也时常受到"手"的规约。与传统教育生活绵延逻辑相较，当前教育生活在发生环境、演化方式、基础格调等方面都存在较大差异。网络文化的发展日新月异,"微时代"兴起,事物之间的悖论以及事物自身的悖论越来越多,选择权不断突显。在现实空间言行不一的个体,在虚拟空间却可以做到真实表达。一种言行举止被禁止,不过是另一种对禁止性规范有所规避的新的言行举止被创生的开始。矛盾的复合,复杂的自由,希望与失望交织,有规划但又混杂缺少规划,时常好坏参半但又充满生机,这原本就是教育生活的常态。就算个体们都忙忙碌碌,都陷入苟且之中,教育生活也可以延续,它的言行表达时空与复杂"权·利"时空总也需要填满——再多的规约或禁令都改变不了教育生活的复杂运行规则。

五、复杂状况中犬儒理性的形成

教育生活面临诸多复杂的悖谬,这种观点与繁荣的教育生活场景相悖,以至于很难用日常化教育表象进行把握。个体的教育生活充满活力,但也在日益失去活力。公平有时式微,但也不至于达到不分青红皂白的地步。犬儒主义于是成为教育生活的一种症候。"如今在我们的生活中居支配地位的是犬儒主义意识形态。上帝死了,人死了","神性没有了,真实的人之存在没有了"[1]。既然教育生活并不纯粹,不妨就以犬儒回应之。源自古希腊的贫困精神哲学和实践精神哲学的犬儒主义趋于消逝,作为启蒙理性变异的现代犬儒主义处世哲学和做人之道日益兴起。从启蒙的视角看,"启蒙理性与犬儒理性不过是同一种理性的两个不同面向。如果说,启蒙理性是自我对他者的同化,犬儒理性则自觉地接受了他者对自己的同化"[2]。犬儒理性习得了启蒙精神中的自我主体意识与理性主义思维,却通过理性主义思维消解了自我主体意识。

---

[1] 张一兵. 肯定的犬儒主义与意识形态幻觉——齐泽克《意识形态的崇高对象》解读 [J]. 马克思主义与现实, 2004 (4): 94-101.
[2] 汪行福. 理性的病变:对作为"启蒙的虚假意识"的犬儒主义的批判 [J]. 现代哲学, 2012 (4): 1-6.

（一）自觉批评也自觉接受

在教育生活中，已经没有谁会一味固守极端保守的理念。如果有谁宣扬极端保守理念，很快就会受到真实性和动机层面的怀疑。普遍的共识是，偏激性主张不值得严肃正视。然而，抛弃了保守、极端和偏激，并不能说明个体已经深深认同普遍化的教育生活原则，也不能说明个体已经过上了平静祥和的教育生活——自由实际上是平等承受教育负荷的自由，否定外在约束，只依据自己的价值观生活是不可能的。批判也许是否定旧教育生活所急需的，但批判却不一定能够促动新教育生活建制的产生。换个角度看，对教育生活虚假性的批判，恰恰是对它的正统性的默认。在实际情形中，抱怨现实教育生活与批判宏大叙事并不必然相合。更为常见的情形是，个体能够从容淡定地面对教科书世界里的美好、崇高与不尽如人意的现实教育生活之间的错位，表面宣称否认犬儒，实际行为却流露出犬儒意味。个体的言语与行为时常不相匹配，惯于批评，却难以秉持独立的批判理性，厌教，偶尔怠工，本质却依然善良，自负却又自惭，面对欺侮或不公，也有挺身而出的冲动，有时"明知"却依然不为，有时"明知"却依然为之，以不相信为信念，在得过且过中度过，试图通过委曲求全自我保全。

教育生活并不总是宁静、舒适。个别个体沉浸既久，对广泛宣扬的知识权威与高尚德行难免感到失望。一些教育者的失落感不仅源自对乏味的主流教育文化的失望，也源自"引渡"与"自渡"之间的复杂纠葛。在理想生活中，他们肩负着教育他者的神圣使命，在现实生活中，他们也要为父母、为子女忙碌，有时也会感慨有生命无脉动，有生命无生活。他们因常常无助而淡漠，即便微笑也很勉强，始终透露出令人心疼的紧张。他们既抵制，又妥协，既批判，又附魅，既有高贵的方面，也有世俗的方面，既笃信，又时常陷入虚无。在知识权威与高尚德行被解构的过程中，精神上表现出困惑与迷惘，在精英意识与自甘躺平之间摇摆。在参与教育生活时，他们也能表现得活力充沛，然而活力始终面临消耗殆尽的风险。在语言上、行动上他们做出了妥协，然而意识上责任感、使命感还在。

教育生活中身份和地位的分化在个体间制造出差距。由于评价机制和认定标准并不总是客观，差距中或多或少包含了不公。遭遇不公的个体，面对挫败时更加敏感。常见的轨迹是，个体敏感地意识到了机制或标准对自身教育生活的裹挟，也曾试图摆脱，但结果却陷于失望之中，于是选择逆来顺受。生活于裹挟之中，既没有可靠的条件逃离，也没有独立的思考空间，只能以犬儒态度待之，不再意气风发地想着改变命运，转而在否定与批评情境中学会了沉默，由此过上了一种相对安好的人本主义教育生活，不愿为权力意志发声，懒得怀疑，厌倦了锱铢必较与复杂纠葛，也不屑于再去笃行。

个体有主动思考，但主动思考的结论就是还是不要主动思考。个体通过理性地反思发觉了理性的局限性。随大流地接受，又随大流地拒绝，无论接受还是拒绝，都不过是一种表演，因此并不会对行动逻辑产生什么影响。由于主动思考，个体才变为犬儒，而一旦变为犬儒，个体便不再需要主动思考。批判是存在的条件，然而存在本身却又时常伤害到真正的批判。思考与批判反映到语言与行动之中，情况还会加倍复杂化。与格物致知的精神并行的是，有些人或事本身就不宜进行过多的思考与批判。头角峥嵘哪里经得起生活现实的不断敲击？凌云壮志也有被躺平意识裹挟的时候。"在短期内，环境的力量与他们自我保护的本能在说着同一种语言，它们在告诉他们，这事情必须得这样做。……由此，一种新的、整合了的犬儒主义便会产生把自己视为一种牺牲品或正在做出牺牲的感觉，这也就很容易让人理解了。在能干的、协作的、强硬的外表下面，掩藏着诸多令人生厌的不幸以及想哭泣的欲望。在这里，有必要对某种'失去的天真'进行哀悼，对某种更好的知识进行哀悼，人们的行动与劳作都是与它们背道而驰的。"[1]

---

[1] Sloterdijk P. Critique of Cynical Reason. Trans, Eldred M. Minneapolis: University of Minnesota Press, 1988: 5.

个体推诿、逃避，但也并非没有良知。"犬儒主义者知道理想与现实之间的矛盾，但他们停留在这种矛盾所产生的精神分裂状态之中……在犬儒主义者中，大脑与心脏、理论与实践的分裂被有意识地保持着。"① 个体并未完全遵从教科书赋予他们的自我价值，转而构建出教科书之外的另类自我价值。个体开始承认自己的失望，认可、认同自己的失望，继而放弃自我实现，走向了"身·心""理论·实践"的分裂。个体试图解构一切，最终也解构了自身，找不到精神生活的栖居之所，时而过度依恋，时而否定、叛逆、躲避世俗，但又脱离不了世俗，本想全盘否定，最终反而只能接受不尽如人意的现实。

（二）主动抵制也主动同流

在特殊情形下，个别个体也曾试图与不良运行逻辑争辩，以为自己可以触动那些逻辑，至少可以让它做出改变，最后发现不过是自己在和自己闹别扭。情绪被牵动时，也许想抗争，却不知该和谁抗争，向什么抗争，因为没有谁是流行影视剧中那样的标准的坏人，也没有十分明确的生活要素刻意针对谁。根本找不到具体的反对主体，甚至不知道该找谁争辩。所有人都挺好，极少歇斯底里，既彬彬有礼，又处处谦让，至少表面上看起来是这样。惩罚身体的情形早已极为鲜见，更不存在生死相搏，即便有冲突，也以至少表面上文明的方式进行。大家都很和气，对辩论行为都很支持，一致认为有利于工作的完善和事业的进步。至于争辩的具体所指，也都有一套自下而上、合情合理的处理程序，而且这套程序的制定过程也非常民主、无可挑剔。即便对于争辩者，公开的评价话语也都是平和、理性而客观的，有时甚至还带有褒扬。总之，鲜有争辩者的对立面，鲜有针锋相对的对手——直到争辩者开始怀疑自我，开始认识到自己才是自己的对手。

一些个体善于制造舆论，试图在非理性主导下理性地予以抵制，期待

---

① 汪行福. 理性的病变：对作为"启蒙的虚假意识"的犬儒主义的批判 [J]. 现代哲学，2012（4）：1-6.

自己的不利处境在舆论的声援中峰回路转。然而，所遭遇的不公通常非常隐晦，很难掌握确凿的证据。这类不公的显著特点就是人人都知道存在不公，但就是无法清楚、确切地表达出来。个体并没有什么真正的过错，似乎也都和周遭主体相处得不错，但其尊严和权利的确在遭受折损。表面看起来，教育生活方式早已高度柔性化，增加个体教学工作量或学习时长，让个体面对恶劣评价环境，非人道的薪酬制度等等都已经消失，鲜有个体陷入肉眼可见的不堪重负的困境。面对这种境况，选择抵制的个体越积极，越充满责任感，就越可能陷于矛盾、纠结与分裂之中。

更多的情形是，多数个体几乎从未勇敢地反叛，也从未真正地抵抗。符号背后都暗含着所指，但也没有什么惊世骇俗的事发生。只是，敷衍与苟且久了，就会缺少关怀、无处倾诉，追求本真的动机也会降低。面对纷繁复杂的教育生活的挤压，既无其他路径可选择，又无充分的力量去抵抗，于是只好学会认怂，有意识地将自己封闭起来，在自我孤独中体味教育生活的苦涩。长期的自我封闭与自我孤独又导致个体产生幻灭感，继而陷入习惯性犬儒生活逻辑——佝偻在教育生活的角落，却依然在琢磨深浅、猜度轻重，假装是自由的，私下里却较为困顿。即便脸上显得满不在乎，内心也很可能愤愤不平，几乎不守护什么，在值得怀疑的时候表示了怀疑，在需要相信的时候选择了相信，"习惯性犬儒丧失了判断犬儒何时适宜何时不适宜的能力。它是一种自动的犬儒，对善和恶之间灰色地带的细微变化完全没有感觉。习惯性犬儒不知道什么时候应该怀疑，什么时候应该信任，什么情况下可以怀疑，什么情况下要守护信念"[1]。

事实上，个体拥有无法磨灭的诚实、正直、勇敢等善的秉性，也拥有自私、嫉妒、贪婪等不可忽视的恶的因子。诸多崇高品质的确是可求的，但也往往是求而不得的。个体是如此复杂，几乎不可能通过计算而得出结论，也难以被彻底改造。正因为如此，有些勇气并不被推崇。与小心谨慎

---

[1] 徐贲. 颓废与沉默：透视犬儒文化 [M]. 北京：东方出版社，2015：22.

的正经格调相较，有些勇气通常被世俗逻辑认定为愚勇，不仅缺少生发空间，也没有合适的表现位置。在多数情况下，个体能够意识到教育生活中的错置与颠倒，但终究难以摆脱错置结构或颠倒逻辑的制约。"对于道德教育的虚假、腐败等敏感问题，作为普通百姓也只能以一种现代犬儒主义的态度对待，心里清楚，却只能冷漠对待，长此以往就衍生成为对待其他事物或整体社会生活的习惯。这不仅仅是因为现实生活中充斥着避无所避的虚假，而更是因为在这样的社会大环境下难以寻找解决此类不满的途径。"①

然而，如果结合更复杂的情境展开分析，就会发现，个体试图争辩的实质不过是被教育生活逻辑疏离却不安于这种疏离。所谓的愚勇也只是看上去与主流相悖，它们总是能够在主流营造的大氛围中持存，即便被主流精神从教育生活的中心排挤到了边缘，它们依然构成了教育生活的因素。这似乎意味着，它们实际上并不与主流完全相悖，或者说，真正与主流完全相悖的逻辑架构事实上并不存在。所谓的相悖只不过是一种主观定性，真正的悖反往往无以实现。无论主流、中心流还是支流、细流、末流，都混融于现实教育生活，彼此影响、相辅相生。

（三）有意建构也有意解构

教育生活的宏大叙事所衍生的总体性意识消解了教育生活本身。教育生活的使命是帮助个体超越束缚，然而最终教育生活自身反倒成为了束缚。个体有时自命超越了某种束缚，却转而陷入了新的束缚，在排斥错误与谎言的过程中，自己反而成了错误与谎言的生产者——在运用理性反思了教育生活之后，最终反思反而指向了理性自身。个体接受制度化的教育，也做抵制教育制度的事。个体以一种不接受的方式接受了教育生活现实，以一种否定的心态肯定了自己的教育生活心态。

个体腹有知识，但有时也会因想不通而心存不满，拥有特定的专业身

---

① [美]提摩太·贝维斯. 犬儒主义与后现代性[M]. 胡继华，译. 上海：上海人民出版社，2008：89.

份，又不得不在专断性专业秩序下接受役使。想要改变，却难以突破，不能接受现实中的自我，但又不知如何自拔。有时，接受了各种各样的引导，但已不太乐意融入。可以发出批判的声音，但往往被认定为无关紧要的声音，因而也就无从将批判作用于实践。各种隐性制约、人际规则、幕后操作等以难以察觉的方式无孔不入，塑造着教育生活中每一个体的生活。个体的命运一定程度上是不由自主的，不可确定，也无法自觉总计。个体也曾试图超越世俗，追求真正的善，结果却在世俗中屡屡碰壁。因遭受摆布而充满愤懑，又因缺乏展开抗争的能力与手段，最终只能选择逃避。高境界的逃避应该是隐遁，然而，作为教育生活主体，即便想要隐遁，也不能像隐士那样真正地践行。于是，逃避的可行手段便是采用精神胜利法，借着精神贵族的名号自我鼓吹，为自己的委曲行为进行正当性辩护。

总体来看，不抗争地愤世多少有点自我作践，个体需要较为强大的心理素质才能承受教育生活中存在的荒诞，否则很可能会长期端着一副教育者或受教育者的架子陷入习惯性的愤慨、批判。生发荒诞理念的土壤既可以在高调的教育理想憧憬中找到，也可以在日常化的教育口号中找到。越是高调的教育理想越苍白，越容易陷入抽象的宏大叙事，反而为犬儒主义的产生提供了空间。"'理想主义'与'犬儒主义'正构成这种辩证法的两个基本面向。'理想主义'本是'犬儒主义'的对立面，然而，'崇高'的'理想主义'的展开和深化，却成为了'犬儒主义'的推动力量；'理想主义'的极点，同时也是'犬儒主义'滥觞的起点。二者形成一种"自己反对自己"的、充满矛盾和张力的内在冲突结构。"[①] 在因教育日常化口号导致的荒诞情境中，个体往往处于不能进也不能退的夹缝之中，此时，维系个性化教育生活方式需要承受更大的压力。个体面对压力的情绪化表达，实质是自由本性被系统性、制度化侵夺后的价值迷茫——继续坚持，前景

---

① 贺来. 超越理想主义与犬儒主义的"辩证法"——对当代中国人精神生活的分析 [J]. 学术月刊, 2014 (1): 53-61.

渺茫，就此打住，又心有不甘。个体并非没有高贵信仰，只是表现出高贵信仰的缺失，并非不知道要过什么样的教育生活，只是在现实教育生活中走向了颓废。

　　一些知行分离是主动为之，另一些则实属无奈，能表达的时常只有苦笑，对于让自己感到不满的，只能在无奈中逆来顺受，于是不再追问怎样才能让现行的制度更好，转而致力于在不那么好的制度环境中独善其身。"今天犬儒已经成为大众形象。""在我们的文化中不满有了新的性质。它显现为一种普遍的、弥漫的犬儒主义。"① 作为犬儒主义者，这类个体在教育生活中愤世却不愿反抗，反感权力逻辑却无心付诸行动予以改变，"在态度行为上表现为顺从式的批判、怀疑后的接受、'理想'下的恶俗等"②，面对强势的现实力量，不自觉地表现出退缩，在力量营造的咄咄逼人的氛围中，越发活得窝囊，"没主见、没追求，亦没有对未来的真实憧憬，但他们共同的倾向是玩世不恭、甘愿如此，接受、认同和顺从现实生活"③。置身事外、默然旁观、无为无谓等生活之道开始流行。与上一代个体相较，新一代个体的公共意识、集体意识更为淡薄，参与热情需要更多的调动。他们的话语和行为并未违反教育规章制度，他们只是躲避、遁出。这种躲避或遁出既是教育生活的表现，又是对教育生活的否定，既是无奈的，也是自愿的，既是为了推卸责任，也是为了自我保存。

　　在教育生活中，自觉的后现代思维依然在生成之中，消极的后现代样态却已经在逐渐显现。个体在还未真正理解崇高内涵的年纪便开始躲避崇高。个体活得越来越自我了，为了让生活更多地属于自己，不再热衷于热闹的聚会，不再喜欢成群结队的活动，更多时候在独处，朋友很少，感情

---

　　① Sloterdijk P. Critique of Cynical Reason. Trans, Eldred M. Minneapolis：University of Minnesota Press, 1988：3-4.
　　② 李艳霞，梅燊. 现代犬儒主义概念解析：思想溯源、本质属性与行为特征[J]. 学习论坛，2021（1）：53-60.
　　③ 肖祥. 当代犬儒主义的现实样态及其伦理矫治[J]. 江西社会科学，2020（10）：5-13.

也很淡薄，不想按照世俗的定义委屈自己，不想假装合群无意义地讨好，不想将有限的生活时光消耗在纷繁复杂的交际中，只想关紧心门，以自认为最舒适的方式生活，最大程度地取悦自我。个体并没有人格缺失，只是爱好、想法、倾向、信条和前辈们有些不一样了。一开始被有意排斥在主流之外，后来开始有意地疏远主流。一开始理想或诉求遭到有意打击，后来主动消解了那些理想或诉求，转而开始谋求非主流的、独特性的、更能彰显自我的生活，试图在主流之外另行建构自身存在的意义。个体追求有趣的灵魂，拒绝被视为机器，同时也接受了自己的普通，甚至也能容忍自己变得庸碌。这既是一种淡漠，也是一种成熟，既是一种隐忍，也是一种苟且，既是对教育生活价值的悖离，也是对教育生活本真意义的追寻。个体看起来非常清醒，然而散发出来的荒诞感也来自于这种清醒。个体在意义批判中感受到了意义，通过湮灭希望来寻找希望，在解构信心的过程中积累信心。个体要寻找的，表面是与自己能够蜷缩互暖的精神共鸣者，实际是自我。

第二章
进步主义：以竞争为核心的教育生活逻辑

个体长期生活于某种情境，便会自觉不自觉地反映这种情境既定的底线。所谓的进步，即个体确信自己的言行高于既定的底线。当前，进步思维加速传播，进步理念渗透到了教育生活的每一个角落。基于启蒙理性、实证科学和现代化进程的"进步"支撑着整个教育生活架构，进步成为理解教育生活的关键之匙。教育生活是否合理，通常以是否崇拜进步理性、是否相信进步理念、是否有关于未来的美好蓝图为判断标准。诸多进步性宣称被制造出来，在教育生活中四处宣扬以利于个体为自己确立生活的依据。教育生活中最堪称奇观的现象，就是几乎所有的个体都成了不折不扣的进步主义者。在进步主义者们那里，进步的源泉似乎永不干涸。对教育的现状与未来的满满自信，对持续发展、持续增长的坚定笃信，导致个体对诸多实践行动和变革举措鲜有怀疑。

"进步"从原初的模糊性文明整体中分化出来，作为一种强大的语境被无条件地置于教育生活之中。文明初期古典人生哲学的创建者们践行的朴素、无为等生命美学式微，退步、消极多数时候不被容忍。从进步主义教育给个体们的种种许诺可以发现，似乎进步是永恒的、无限的。在各式各样的美好说辞包装下，进步的重要性无以复加。在很多教育生活情境中，连静止都会被认定为"不前"的表现。人人都追求进步，一切都被要求蓬勃向上。诸多进步、向上的理念融会贯通，形成一股股异常强劲、势不可当的前进洪流,教育生活的合理性被奠基于进步逻辑之中,诸多本质性教育问题也指望在进步的进程中妥善治理。"大进步时代"就这么被营造了起来。

总体来看,人人都获得了进步权利,人人都有机会拥有进步成果。个体以过上美好生活为宗旨,在纷繁复杂的"教育·受教育"生涯中寻找进步的方向。只是,"人有悲欢离合,月有阴晴圆缺",无论是人还是其他自然事物,都不可能永远"进步"。无知之幕永恒存在。也正是通过它,个体知晓了自身的渺小。与"大时代"的营造过程几乎混融,"小时代"的诸多特质竟也毫不羞涩地显现了出来。最好、最多、最快、最高、最大中总是孕育着最差、最坏、最慢、最低、最小;"外霸"横扫一切的过程中总能生发出"内痞"。面对势不可当的进步逻辑,本雅明(W. Benjamin)曾用"新天使"进行了隐喻,他写道:"从天堂吹来一阵风暴,它猛烈地吹击着天使的翅膀,以致他再也无法把它们收拢。这风暴无可抗拒地把天使刮向他背对着的未来,而他面前的残垣断壁却越堆越高直逼天际。这场风暴就是我们所称的进步。"① 在教育生活中,诸众的活力与诸众的惰性共生,最时髦的理念很可能也是最孬的理念,某种教育精神的弘扬同时意味着这种教育精神的衰退,诸多鼓吹开放性的教育变革最终带来更深层面的封闭。这似乎在告诉我们,尊重本性、复归本然才是教育生活正途。

一、以进步即道德为本体逻辑

按唯物论的观点,无论个体呈现为怎样的观念,都是对现实世界的反映。同理,无论教授什么知识或学科,都关涉对现实生活世界的认知,都需要为认知建构耗费心血。"教育"已经成为个体必须面对的漫长生活旅途。在这漫长的旅途中,一个堪称奇观的现象是,进步以及与之相关的提

---

① [德]瓦尔特·本雅明. 启迪:本雅明文选[M]. 张旭东,王斑,译. 北京:生活·读书·新知三联书店,2008:278.

高、升级、跨越、效率等字眼成为对现实教育生活的集中反映。"园丁"们几个月的"人工"据说抵得上大自然成千上万年的进化选择。进步意味着提高，进步意味着改善，进步意味着美好，进步观念迅速获得了广泛认同。知识体系或道德系统要想获得压倒性优势，必须遵循进步精神。个体们争相谋求体制化的进步，并在这种进步中确证生命的意义。进步为教育生活带来了正当性，教育生活则进一步为进步提供了保障。进步衍生出各种教育理由和公共教育法则，诸多教育理由和公共教育法则也都自然而然地遵循进步的逻辑线路。进步主义不仅是一种自然而然的教育生活方式，也是一种自然而然的教育思维方式。从教育现实主义到教育理想主义的谱系，无不渗入了进步的因子。如此一来，教育成为以进步为终极旨归的教育。

（一）将积极视同于善

所谓积极，即面对特定能力范畴或资源范围的教育生活要求，有意识地在认知与行动方面付出努力。当前，积极进步的信念支撑着近乎所有教育主体的生涯。积极不仅关乎当下的形象，而且关乎未来的前途，具有积极主动的态度和行动被视为成功的前提。个体普遍相信教育生活会改善，普遍对教育生活持积极正面心态，普遍崇尚主动、积极的教育生活模式，身上洋溢着正派的道德主义（moralistic）气息。个体将教育生活的重心放在进步上，追问进步的效率、程度与节律——你的进步让你具备了什么新技能或功能？产生了哪些有用或有益的作用？锐意进取写在校园的墙上，出现在各级各类教育文件中。惟有积极追求进步，才能为言说或行为奠定正当性。进步逻辑成为真理逻辑，从这个逻辑中才能生产出教育生活的合法性。这正是当前教育生活最独特的地方——教育生活由进步逻辑主导，否则还成什么教育生活？有死性尽管也是所有事物的必然属性，但通常并不允许有意加剧个体对有死性的敏感。

积极几乎等同于善。积极才能摆脱非知（non-recognition）或无知，才能成为令人满意、令人愉悦的存在，才能获得更多进步的可能性；积极才能不断发展认知与行为能力，进而提升生活空间拓展能力。即便进入了衰减期，也应当积极挖掘潜力。无论做出什么样的价值选择，目的都在于积极进步。教育生活充满机遇，人人都应奋起直追，在热烈的乐观主义信念支持下孜孜以求，不停歇、无休止，尽力成为一个在更宏大的范畴内"有用"的人。不思进取是没出息的重要表现，因而也是不善的。庸碌会招致惩罚，在失望中依然应当保持努力。琐碎的教育日常生活必得蕴含某种积极意义才有意义，消极迷失或意图不明通常不被允许。个体被要求克己、自励，时刻或大部分时刻都要保持向上心态。在滚滚向前的车轮声中，个体们陷入了近乎无可逃遁的宿命，稍一卸力就可能成为被无情碾压的小草。

无论是教育生活内部还是教育生活外部，竞争都客观存在，在有些情形中还较为激烈。为了获得更多的竞争优势，个体时常被反复告诫要始终拥有较高的成就动机，既要掌握策略、技能，又要实现精神层次的提升，为此时常需要表现出更高、更强、更热烈的主动性。主动性的增强被认为能够有效获取外部支持，降低发展前景的不确定性。在不违反进步原则的前提下，大多数主动性行为都受到赞赏，反之大多数被动性表现都受到批评。缺乏上进的动力被认为是成绩不佳、发展不良的主因。对于尚处于生涯发展初期的个体，其自身成事不足并不构成道德批评的范畴。然而，如果成事不足的原因被归结为不积极，则需另当别论。不肯学习意味着对自己不负责任，一些个体出现的消极情况，会以反面典型的方式被挑选出来警示其他个体。积极而低能往往被定性为"可以教育好"，消极而低能则会被认为"孺子不可教"。始终主动、始终积极似乎永远都是没错的，情绪最好始终保持在高昂状态，为此在教育生活中应当尽力抹除悲观、负面性存在。在拥有竞争优势的情况下，主动性的增强还意味着不断地扩张，不断地从胜利走向胜利，直至与自身的实力相称，甚至超出自身实力所掌控的范畴。

信仰、德性、真理，这些原本都为服务人而存在，而今个体却被告诚，任何情况下都一定要追求它们。只要充满进取心，就没有什么不能征服。亢奋状态常被视为上好的状态。在意识上，人人都应保持自觉，一切都围绕进步这一元叙事进行，甘于平凡会消解热情与诗意，因此是不能容忍的。在行动上，人人都应有自驱力，任何时候都不能放弃，有时牺牲生命也在所不惜。进步成了一种行动允诺，进步之外的其他行动议程被弃置一旁，逆进步而动的行动就是反动，因此是不可饶恕的。

积极性还被视为思想性的保证。个体被教导应当积极介入公共教育生活领域，参与建构宏伟蓝图或伟大意义。积极成了一种态度，保持蒸蒸日上就一定能对颠覆性力量起到抗衡作用。多多展现自己的热情更容易被接受。乐观主义最好洋溢在每一个体的周围。氛围活跃、热烈，能够从大局出发看问题才是积极的教育态度，主动接纳、迎合主流才意味着积极的受教育态度。基于遵守共同利益的逻辑和走向共同愿景的设想，在关于教育生活的理想化宣称中，教育者们为了受教育者们的命运和权益，积极过滤着知识，设计着教学，营造着氛围。教育者们心甘情愿地忍受，高高兴兴地整治自己，认真、积极地对自身的不足进行补救。他们中的先进分子时常受到正式激励——这意味着对他们的乐观意识、正面价值和积极迎合态度的认可。

教育手段越来越进步，现代化、信息化、数字化、无纸化、虚拟化，改变了人们对常规教育样态的认知。为了进步，更快速、更高效备受倡导，为了跟上知识与技术迭代的频率，个体最好始终"暴走"，最好还要有精品意识，以尽可能快的节奏，尽可能地向前进发，将所有规范允许范围内的，或所有以进步为目的的行为视为正常行为。个体所取得的成果如果不是进步性成果就会被无视。生活节奏史无前例地快，看到别人的匆忙，自己也不得不以更高的效率行动起来。忙碌是应该的，闲散即可耻，被抛在后面就是失败。时间弥足珍贵，个体们有时需要从循环往复式的时间观转变为直线前进的时间观。时间不可逆意识给个体制造了尽快进步的心理紧迫感，于是连缓慢成长也成了退步。退步者们都有共同的精神共相，他们被漠视、被剥夺甚至被抛弃，只能卑微地存在，几乎不被赏识。

（二）努力被广泛崇尚

从时代视角看，本土历史上长期落后的前启蒙处境为进步主义提供了合法逻辑。根深蒂固的"落后就要挨打"的观念敦促个体必须不断审视自身的位置，进而为进步主义的产生提供了恰当的时代契机。一个深入人心的观念是，务要摆脱偏见和无知，不能做失败者，务要让自己强大，跌倒了要时刻提醒自己站起来。进步的过程即通向胜利的过程，矢志进步才能赢得显赫地位，甘于平庸甚至甘于平凡都意味着罪过。即便是借鉴历史，也是为了更好地前进。

显著的经济增长助长了增长意识，甚至认为增长是必然的。个体普遍对未来充满希望，对进步表现出非同寻常的迷恋，进步信念坚定、纯洁，不乏感人之举。进步成为个体的主导意识。对进步信念的笃信让个体确信，生活在变好，每个人都将从进步中获益，最终谋得幸福。进步是中心，其他生活因素都应围绕着这一中心，可能波动，也可能偏移，但不可颠覆，也不可质疑，不然本体性生活逻辑便会产生危机——进步就像母体一般，繁衍出各级各类次级生活叙事与生活实践。

一方面，如果没有了"进步"，个体努力奋斗中的快乐与痛苦将无从解释，或辉煌或晦暗的生活故事便无从讲起，在时间与精力方面的牺牲也会变得毫无意义。进步让个体变得丰盈、博学、富有、幸福；进步是个体生活的皈依，是需要笃信、笃行的硬道理。唯有矢志进步才能让生活成为可堪忍受乃至值得热爱的存在。

另一方面，进步这一深入人心的倾向性会关涉个体意识，就个体意向而言，它是个体对现实发展的预想。既然进步是时代必然，那么每个个体只要关心自己、管好自己的事就行。于是，新的人际关系开始蔓延。这种蔓延又与市场逻辑、消费生活相辅相成，构成蔚为大观的进步主义生活景象。自我的观念深入人心，与此同时自我表现的积极性也在大幅提升。所谓的大众生活，就是同时代的个体们各自努力的生活。

从个体发展看，个体在进步过程中确证自身存在。绝对自然、全然本然的个体并不存在。个体的自然状态常常被视为蒙昧的，需要启蒙或开化。开化的目的在于控制野蛮生长。无论开化到何种程度，每一个体都依然可能背负"还不够好"的原罪。开化的见效周期较长，因此更多地依赖个人良心。个体的诸多能力或素质被认为有待形成。形成成为重要的教育生活术语，它与众多教育活动设计相关联，意味着按照某个目标，先行给予某些条件、因素，进而根据条件、因素达成符合目标的成果。进步的要义在于始终坚持不懈，坚信自己正在走的是"更进一步"的路。

为了进步，个体不仅被要求在现实教育生活中努力克服困苦，而且在未来可能面临的挑战中也要准备努力奋斗。这实际也在从侧面提示个体矢志前行。因为不进则退，所以要不停地进，正常的产出之后，还应咬牙努力坚持继续产出。个体被告诫，只有习惯于刻苦努力，将宏大使命内化为"己任"（也许并非真的属己），才能获得良好的发展前景。即便在心烦意乱的时候，个体也应知道自己最该做的是继续刻苦努力。

为了进步，诸多个体自愿被教育，就像被驯化的马自愿服务于马车那样。个体被告知，自己经历的"苦日子"都是对人生"有好处"的。饱经沧桑的身体形象被拿来赞颂，"从困苦中走出，进而取得不俗的成绩"成为受到普遍提倡的教育逻辑，吃苦与个体成就构成必然性的因果关系。吃苦被认为有益于德行的增进，吃苦者因此常被赋予诸多德行优越性。这个推演长期推行，以至于吃苦几乎成了教育生活目的本身。如果没有受苦的情形，有时还会强调个体"自苦"。这让个体即便在过"苦日子"时也能够安于被启发、被诱导。

为了进步，个体还时常被要求保持节制，甚至被要求禁欲。提倡节制和禁欲被认为有助于对个体的意志进行磨炼，有助于弥补个体的道德缺陷并做好个体的心灵净化工作。一些教育生活终极叙事的目的似乎是告诫个体必要时寄希望于教育生活的最远端或"彼岸"。当未来前景光明时，个体表现出较高的教育生活热情。尽管为了未来"彼岸"有时会损及短期福利，个体依然相信自己的发展状况依赖于总体发展状况。当未来生活前景黯淡时，个体依然对进步有一种执念，严格经历因贫乏、困境而导致的磨练，不因条件性因素拒绝在知识方面更进一步。

从道德视角看，个体教育生活样态的完善被归因于个体良知、良能的增长。为实现这种增长，个体应当尽可能多、尽可能深刻地进行道德自省，不断谦虚求知，不断勉力躬行，执着地信奉知行合一。即便身份是教育者，既然有不完善、不圆满之处，那也应当受教育。通过道德自省个体应当相信可以通过积极努力改变命运，也可以通过积极努力让自己身处其中的场域变得更好。通过努力改善自身命运的信念最好印刻在个体每一天的教育生活里。

"努力就能获得认可与奖励"被视为必然性逻辑。为了实现阶层跃迁，过上更好的生活，拥有更好的未来，拼搏写在个体的脸上，成为个体的执念。志向镌磨、苦苦追寻者受到各种现实性或鸡汤式的鼓励，屡屡停顿、浅尝辄止者被当成了教训，梦想成真者成为了榜样，被定性为完成了自我价值提升。个体最好具备"推土机精神"，有进取欲、征服欲，竭力而为，有不顾一切的决心。

从实践视角看，诸多教育实践基地被设立起来，随时提醒个体勿忘接受教育。积极参与被视为一种特殊的、至关重要的品格，参与的目的在于摆脱焦虑和犹疑不定，过上有意义的教育生活。教育生活中的多数引导性活动都是高参与性的，需要尽可能发挥教育者们和受教育者们的主观能动性。

由于教育生活中宣称的诸多优秀品质必须通过对肉体的刻苦磨练才能实现，无论是教育者还是受教育者，都被要求为克服目标障碍而忍耐，舒适、安逸、享受、狂欢遭到鄙夷。尽管严格的苦行主义并没有受到提倡，但是"鄙夷奢侈与一切人为的对感官快乐的追求"[1]却是事实。教育生活

---

[1] [英]伯特兰·罗素. 西方哲学史·上[M]. 何兆武，李约瑟，译. 北京：商务印书馆，1963：295.

因此常常与奉献、付出、牺牲相关联。寒窗苦读、秉烛夜读的典故被视为重要的教育资源。个体们个个都绷得很紧，不能闲散，有时还表现出超乎寻常的坚忍。

（三）执着地追求升华

为了标榜进步，不少个体在教育生活中均有不同程度的"升华"体验。意义一经"升华"，便顿感天通地通、疑问全无。在界定生活姿态时，推崇美学化的生活，谋求这样那样的世界性或国际化，在探讨生活方式时，推崇英雄式、史诗般的生活，奇迹般的实践、传奇式的榜样受到吹捧，伟大而感人的历史性进步被不遗余力地讴歌。矢志进步后的幸福样态用诗意的语言向个体展现。每一个个体都应向前，每时每刻都要心存美好，时时事事都要奔赴崇高。个人奋斗史弱化残酷的一面，强调梦想的力量。对于升华后的意义，不仅要牢记，还要坚信。与之相反，原始性、动物性被视为丑陋，被当成需要克服、压制、抛弃的因素，被认定为个体成长过程中的挑战。如果个体既不热衷壮观，也不追求壮烈，就会显得十分可疑，不仅需要忍受被排挤本身带来的痛苦，而且更得忍受因被排挤而生出的负面象征意义所带来的压力。很多时候，后者甚至比前者更令人生畏。

生命是朝向未来的种子。远大的理想支撑起坚定的信念、执着的坚守、奋斗的热情与积极的行动。在远大理想的指引下，个体们都有了这样那样的梦想。在关于远大理想的宣称中，似乎一切教育理想都能梦想成真。在知识层面，试图在自身的认识能力范围内，获得所有时代、所有地域的知识，竭尽全力追寻普遍适用性，既追逐自身之于外在客观世界的自由，也追逐自身内在主观世界的自由，甚至还常常怀有这样那样的解放人类的愿望。在知识增值赋予的无比自信中，热衷于追求超越性存在，超越的范畴涵盖自我、他者、时代、地域以及既有价值、秩序等。这导致对某些"非知"反而信以为真。在意义层面，受远大理想的烘托，几乎所有教育生活叙事都有终极意义所指。不少叙事是永生的、没有苦难的，即便体现出了命运无常，最终的结局也多是令人欣慰的。教科书把个体的生活描述得那么周延——失败了总是能够站起来，需要时总是能够获得帮助，似乎没有解决不了的困难，没有走不出的困境，方法最终都是有效的，结局最终都是可接受的，即便是悲剧，也一定是凄美的、令人怜悯的、能够引起久久回味的。没有真正的悲观主义，有也是负面的，被界定为批判的对象。个体总是试图躲开荒谬的、令人不快的教育事实，不愿提及它们，似乎不提及就能让它们不存在，似乎保持无视就能让它们导致的不良效用降至最低。

基于远大理想的生活架构无不带有进步主义色彩。一方面，个体被教授的文明都是灿烂的，个体被要求参加的仪式都是庄严的。引人入胜的主流教育生活叙事，知名专家学者们的美好呼吁，行政长官们签署的保障性法令……所有这些，都让个体对美好教育生活充满了憧憬。"对于你们，这肯定不是最糟糕的时代，而是最美好的时代；肯定不是愚昧的年头，而是智慧的年头；肯定既是充满怀疑的时期，更是满怀信仰的时期；肯定不是绝望的冬天，而是希望的春天；你们绝对不会一无所有，你们必将拥有一切。"[①] 理想是完美无缺的，而且最终一定能够实现，无悔地投入理想总是值得的。另一方面，在引人向往的同时，这类生活架构渗透的终极意义还试图让个体相信，自己是意义实现过程中很重要的一原子、一分子或一部分，是在为某项崇高、伟大的事业做贡献。如此一来，个体主体性的实现过程与教育生活的宏大蓝图相关联起来。这让个体主体性的实现过程更有意义，也更具理想主义色彩。当个体意识到自己竟然与教育生活宏大蓝图紧密相关时，往往会迸发极大热情。

个体成功地扮演起了"进步癖"的角色，甚至都有点对"升华"成瘾的感觉，都有点好高骛远、化蛹为蝶、凤凰涅槃的情怀。这大概是教育生活习惯使然，又或者是因为"升华"导致的开枝散叶效应激励了个体。很

---

① 曹卫东. 恪守良知，拒绝犬儒[J]. 北京教育·德育，2015 (Z1): 16-17.

多时候，个体尽管是在懵懵懂懂中自我建构，然而由于拥有意义"升华"的动力，多数个体既有知识上的优越感，又有经验上的优越感，视无知者为白板，惯于在无知的假设下显示"升华"姿态。基于某些进步性要素，在教育生活中人为树立榜样，把它们展示为具有崇高德性的存在，拔高到需要模仿或仿效的高度。以诸种高尚的名义对个体施加教育影响，惯用灌输式的话语，追寻日趋完美的精致化灌输逻辑，认定自己是在提升认知，是在塑造甚至拯救灵魂。

"升华"后幻象的效用不仅仅在于掩饰现实，更在于参与建构个体与现实的真实关系。在诸多教育学教材和专业发展文献中，个体都被描述为具有无限的创造性。众多个体被豪言壮语所感动并深深地将它们烙进了脑海中。在无限升华逻辑的鼓舞下，一些个体越来越细密、越来越"形而上"地建构现实。在他们那里，表征是非本质性的，因此可以轻视，把握某种不变（至少是短期内不变）的本质才有助于实现对外在表征的超越，于是矢志于追求生活世界的终极本质，试图通过本质探求构建合理的现实。诸多巨型话语因此演变为强势话语。积极但偏狭、积极而无境界是不能获得终极性肯定的，因此即便普普通通的日常活动，也会被冠以"传递正能量""感悟生活真谛""促进人生思考"等高尚的名义，活动的结果也必然是成绩斐然。表面看，个体是在鼓吹神圣的形而上追求，实际不过是通过美化与升华谋求确证与支撑。

名与节等有益于标识进步的生活要素受到重视。存在有损名与节的生活伎俩，它们肮脏、恶心，属于异己的、应当予以摒除的歪门邪道，因此最好不要提及。哪怕在生死存亡之际，试图对名与节进行渐进式的修正也不可行。反之，用进步掩饰有损名与节的生活伎俩倒有可能。名与节在几乎所有的维度上都意味着积极的增量要求，都意味着直面教育生活中的各种挑战，都意味着坚实的责任感。

知识体系和道德信条的生产法则对于进步有一种歇斯底里的情感，

"种种创作,苟若不感时忧国或呐喊彷徨,便被视为无足可观"[1]。话语要有历史高度,最好学会民族性、国家性的语言表达。无论多么详尽、精致的表达,总会以崇高意义的达成为终点。为了充分占有现实教育生活,即便使用过度的话语诠释也不为过。组织知识传递与教育实践应着重必然性话语,应努力发掘思想内涵,以便陶冶情操、提升修养。漂泊的、无根的意味着危险的,就算真的是失意者,在需要表达时也最好如英雄或大家般表达些积极意义。教育管理者们的重要职责之一就是按照已然预设好的链条式的意义轨迹,高高在上地进行宣讲。在宣讲时,话语里充满救世思想,意在培养宣讲对象们热爱、挽救之类的责任感。

教育生活的本义被界定为激励、净化与升华,为此甚至可以通过幻象制造力量,引领个体开心地朝着理想的目标前进。问题在于,当激励乏力,净化与升华效果不佳时,伪崇高往往在所难免。当无法拔高而又不得不拔高时,便会自欺。个体会在容貌方面自欺,也会在知识水平方面自欺,还会在人生志向方面自欺。一方面,由于升华了的意义逻辑惯性,一旦完完美美的生活愿望成为难以满足的愿望,个体便只能用想象弥补现实教育生活的平淡无奇,"正如镜像阶段的幼儿所玩的有无游戏,仅沉醉于镜像的出没中"[2]。个体还可能主观建构起某种也许不曾存在过的美好生活,进而借用这种美好生活批评现实生活困境。另一方面,自欺既久,个体明知不可能兑现那般伟大的高光时刻,也依然会心心念念、魂牵梦绕,在憧憬幻象的过程中变得神经质。哪怕只有短时间闪耀的可能,哪怕只是活成了某种体制样板或某个光辉形象的续集,也甘愿赌上一赌。这无疑是个问题,然而没有谁再去严肃地审视这一问题,因为整个教育生活都在"向前、向前、向前"的声声呐喊中前进得太过遥远了。

---

[1] 王德威. 被压抑的现代性——晚清小说新论 [M]. 北京:北京大学出版社,2005:10.

[2] 王钦峰. 现代主义小说论略 [M]. 北京:社会科学出版社,2001:218.

二、偏于一端倾向的价值建构

这个时代几乎所有的价值判断都暗合进步的逻辑。多数个体都以进步为尺度，在认知层面甄别价值，在情感层面取舍价值，在行动层面践行价值。个体在进步标准的引导下亦步亦趋，跟随语言的历史、经济的历史、娱乐的历史，了解这些历史的规则，理解这些历史的逻辑，并权衡规则和逻辑在教育生活中的位置。通过"进步"，"个体·时代·历史"的互文性被建构起来。市场的完善、消费的增长、资本的扩张都被视为进步。有时，就连规模的扩大都被视为重要的进步。受此影响，学校甚至开始和企业一样注重自身经济效益。学校更多负责的是"来料加工"，判断教育者们专业水平高低的则是加工质量，就如判断企业好坏的标准是产品质量那样。成绩优异的个体属于优质产品，成绩一般的只能算合格品。

"泰勒原理"（Tyler Theory）、"福特制"（Ford System）的影子不断浮现。教育者们普遍经历过长时期、高强度的应试训练，频繁经历过精疲力竭之感。然而对于受教育者们而言，教育者们并不那么可怜，在受教育者们眼里，教育者们更像是监工或操作工。一切都是为了"进步"，时间被精确到分与秒，主观感受并不重要，身体力行并不重要，是否真的进行了"教育"也不重要。为了"进步"，甚至可以有意制造二元对立，将受教育者们引入"致幻"逻辑。

保障个体的美好生活向来是教育的根本旨归，为此必须引导个体融入整个生活世界。然而，这既不意味着个体应当非此即彼，也不意味着个体应当在任何情况下都无条件地融入集体。在教育生活中，理性主义远非一种完美的主义，期待集体中的每一个个体都能够共同生活在一起"事实上"已不是教育的初衷，个体矢志追求的价值也可能只是为了对立而存在的价值。

（一）二元结构的盛行

所谓二元结构，即基于非"是"即"非"的二元定位，构建起关于教育生活的二元逻辑体系，价值被分为积极价值（正向价值）与消极价值（负向价值），除此之外的其他价值都难以存在，甚至不被允许笼统地归为中性价值。由此延展出的引申性意义，犹如血液渗入机体，释放出持久的作用力。

首先，基于二元结构，"好·孬""上等·下等""进步·退步"成为个体勾勒生活范式或生活架构的基础。人人都朝着关于争上游、学习好、品德好的价值目标迈进，即便落后了也要努力追赶——在好与孬、上与下、进与退之间没有第三空间。诸如"没有房的人根本没有生活，有的只是工作"之类的论断，直接使原本复杂交叠的范畴对垒起来。一些行为被定义为善、良，进而被公布出来受到宣扬，另一些行为则被定义为不良进而遭到否定，有那些不良行为的个体会被警告，进而被要求改过。每一种二分式的模式都有支撑它的话语，个体不断受到源自支撑话语的评价。总是存在对个体进行评价的"英雄·凡人"之类的二元标识，具备标识或遵循标识背后的原则被认定为"好"或"孬"的集中表现。

基于二元结构，教育生活中时常充满敌我式的情绪色彩，其价值逻辑是排他的，它不仅要求个体接受同一价值序列，而且要求个体在非此即彼的情况下做出相同的价值选择。质疑进步就是否定信仰，就是见不得美好，就是反对积极向上。本能冲动与精神追求对立，生命活力与生命惰性对立，冲动与惰性的本然地位被完全无视。如果个体时常宣称"没什么意思""没多大意义"，会被认为消极、被动、不思进取，或被认为没有坚守信仰，甚至可能被认为有动摇他人美好信仰的不良动机。"没意思"就是"反对意思"，"无意义"就是"反对意义"，不光明就是黑暗，不正确就是错误，没有第三空间，久而久之会导致肤浅地诠释教育生活的不良后果。

受二元结构熏染，教育生活中普遍存在重智轻仁的现象，对真与假、对与错的辨识被视为教育生活的重中之重。真假意识、对错意识从很小的年纪就开始被灌输，以至于个体普遍笃信学习那些东西是有意义的。为了更好地辨识真假、对错，内容开发务求新颖，以免学习过程乏味，方式设计务求多样，以免学习意义单一。真假二元结构成为个体求知的基础性架构，在这种结构的庇护下，形成了各种各样的生存智慧。无知的正向价值被无视，在教育生活中，没有什么比无知更加糟糕的了。维系道统的重要性不敌甄别真假的功利性。为了便于理解，将知识的延续和生存的依托进行简单化解释，只告知应当推崇什么、贬低什么，并不在乎真正需要的是什么。排异超验价值逻辑，专注分数、等级、名额、比率等可量化指标，告诫个体什么都不重要，只有成绩最重要。

由于二元框架始终是主要认识逻辑，个体间的同质性常常居于上风。为了"进步"，个体们无不致力于不断为晋级、升职增加筹码。为此，时刻敦促自己博闻强记，追求高成绩，对"排名第一"的热爱几乎渗入了人生基因。显然，这离不开他们对"排名第一"之后的各种美好想象。即便在所获甚多之后，也还想再获得更多。个体们普遍陷于一种热烈的"窖藏"（积聚）行为，并从这种行为中获得快乐。然而，几无所得者容易颓废，所得甚多者也容易颓废，因为它容易养成"得到即意味着一切"的价值观，而一旦一切都已达成，灵魂也就失去了意义。

其次，在二元结构的主导下，几乎所有的定性都可以辩证看待。给予较低的福利待遇也可以美其名曰让个体们学会吃苦。心酸与悲哀中也会渗入成就感、荣誉感。所谓的教育国际化，也不一定意味着本土的和域外的就应当是一样的，本土价值也可以优于域外价值。

就连成功的定义也可以辩证。很多时候，诸众口中的成功指的是商业性成功，与教育意义上的成功似乎有所不同。一些所谓的成功者，为了成功耗尽心神包装自己，时时注意推销自己，欺上瞒下以便有利于自己，最终换得的却是没有被真正认可的成功。他们所谓的成功，也只是让自己生活条件更优越。与之相对，失败者也不一定就是次要者、弱者，失败者也有值得认可的地方，只是提及这类认可时常显得不合时宜，所以也就不提；失败者其实也有贡献，只是这种贡献时常因对失败者的蔑视而被忽略。

受辩证思维鼓舞，一些个体自以为从事着"好"而"正确"的事业，并且不容忍这种"好"而"正确"被变革。这正如古代的儒生，出官入宦始终是他们认可的教育目的，即便屡试不第后被迫另谋人生出路，他们的理想依旧是衣锦还乡、飞黄腾达或登第拜相。他们追求的始终是属于少数个体的精英式生活，注重的是知识的高雅、高级与纯粹，体现出的是集中性、统治性取向。

再次，由于退步不被容忍，也没有第三空间，进步空间及其导致的进步性成为定义个体的核心标准。又因为个体自身是否进步常常由他人进行评价，"他人"由此成为个体确证自身的核心尺度。同事、家人、家长、管理者等"他人"的期望遮蔽了个体对真实自我的追求，个体不得不努力迎合"他人"的标准，在他者的审视中表现自我。为了存续自我，必须谋求足够的认同。个体努力的一个重要动机就是在知识、身份、信念等方面获得认同，"每一个认同都是通过与他者相差异，或通过对那些能保持一致性的他者的参照实现的"[①]。除了按他人意志言说、行事，个体最好成为"自适应"个体，随时依据他人的期望与行为调整自己的期望与行为。

由于评价的他者性，个体时常不得不过循规蹈矩的生活，陷入不真实的存在。个体被要求保持谦恭，一系列关于究竟何种行为才是谦恭行为的标准被成文或不成文地树立起来。个体观看、审视他者的命运，从中照见自我，继而确定自己的价值逻辑与成败标准。个体戴着面具对待教育生活，勉力以他者提倡的自律律令规约自我。尽力让自己看起来温顺又伶俐、可爱又乖巧、聪明又懂事。个体被"自述"，被描述成一个"××人"——当个体被他者定义，获得他者认可时，才算是真正地"存在"。一些被瞩目的奖励鼓励了虚伪，导致个体在乎虚名，不得不在教育生活中费力表演，努力取悦于人。个体努力提高业绩，在各类考评中争取各种荣誉，为了兑现分数、排名、升学、职位等现实利益，所谓的教规、道德都

[①] Sharpe M. Slavoj Žižek: A Little Piece of the Real. Burlington: Ashgate, 2004: 32.

可以违反——毕竟它们都是"非我"的。

用自己的脑子思考问题才能真正提升运思能力。个体对完美主义越清醒，就越不可能陷入荒诞的积极。然而，如果此时教育生活中的多数个体都致力于荒诞的积极，单一个体的不荒诞将是孤独的。此时，迷茫的反而不是多数个体，而是单一个体。这至少可以说明，集体对个体的定位也不一定符合客观的序列。集体在个体间制造的差异与差距，不过是因为个体的风格、目的、取向被非此即彼地归置而已。事实上，越来越多的个体正在教育生活中突破二元思维逻辑，早已不再迷信于教育生活中的一贯正确性。他们既承认担当社会责任的必要性，也秉持个人主义生活价值。他们的这种生活似乎可称之为担当社会责任的个人主义。他们发觉自己所观看的对象尽管充满了"意义"与"价值"，但似乎都被剪辑过了。他们依然信奉有关自由与使命的言说，但不再致力于讨人喜欢，开始倾向于认为自己认为的就是正确的。他们意识到每一个体都对幸福有不同的理解，因此并不存在什么普遍性的幸福果实。教科书中描绘的幸福是理想世界的幸福，不是他们的幸福。他们开始注重向内用力、服务于自我的学习标准。

（二）集体价值的凸显

在教育生活中，集体价值是处于中心地位的价值，集体身份是个体的重要身份。集体认同的才是主导性的，集体性的行为选择才能形成潮流。诸多宏大氛围依靠集体性表现进行烘托。个体性只有与集体性保持一致，才能在教育生活中被容忍，才不会被认定为"有问题"。为了避免被认定为孤立的一员，个体普遍有一种不自觉的从众意识。虔诚、驯顺、训练有素是个体被纳入集体后所应具备的特质。优异的表现不仅属于个人，还意味着对集体的贡献，人人都渴望成为一盏明灯，为集体生活供给曙光。以集体价值为基本，形成了教育生活中独特的荣誉文化。

集体进步理念以顺从性行动为基础，同时注重公平信念和对未来生活信心的建构。个体被要求恪守因被赋予的特定集体角色而产生的义务，被要求为集体的进步增添动力。个体的成长底色由个体在集体生活中的责任感与使命感决定。在表达对集体的看法时诉诸理性、进步与美好未来以肯定现在，如此才意味着外表和心灵都很美。个体首先不是在过自己的教育生活，而是在履行事先预设的各项集体性功能。必要时，个体甚至需要为公共大义而牺牲"小我"。"为天地""为生民""为往圣""为万世"，最后才能"为自己"。个体被视为需要在集体生活中加以塑造的对象性存在，只要是有助于个体"进步"的方法，均可用于塑造。特立独行向来不太受欢迎。个体是可驯化的，个体存在的意义，往往在于作为整体的一部分被用来证明整体是多么地成功。个体只是"某人"，不配有"名"，不需要被明确指出，只作为无人称的不定代指，或在被泛指时指出。个体不需要有独一无二的标识，自然也不被视为主体。个体甚至不允许有异议，就算有也时常会被描述为"有的人说""有的人认为"。个性在有意无意间受到压抑，个性时常成为一种名义。

集体价值通常具有主流教育生活叙事色彩，因而成为个体价值的重要基础和约束力量。有益于主流的衡量指标通过权重被突显出来，反之则逐渐淡出了教育生活。继承了主流的规矩，也便在不同程度上继承了主流的生活。个体从正统生活阅历或听闻的主流教育生活故事中吸取经验。人人都追求主流的肯定，在主流的肯定中才能树立自信，自我认同感才能建构起来。教育生活的意义就是为了实践共同价值，模式和模板由此获得了广泛应用，所谓代表性，其表现形式往往只有寥寥几种。统一性的公共话语套路被制定出来，写黄河，必然要写母亲，写石子，必然是默默无闻。非但如此，这种话语套路还时常通过正反鲜明的对照制造冲击性影响，通过质问良心的方式让被质问者认识到自己的不足。特立独行或独来独往的个体要么是"非人"，要么是"超人"，反正不是正常人。

主流教育生活叙事强调融入集体，并优先担负集体性责任。从集体需求出发的教育价值建构与意义生成备受重视，奇特的需求往往不被搭理。存在各种各样、表述各异的价值定见。定见方便了个体学习，也界定了主体性，"用一套惟一的'公共思维'模式，钳制师生丰富多元的精神方式、说话方式，压抑精神自由，禁绝个性语言，让全体师生都用一个模式思维、用一套话语说话；就是用伪神圣、假崇高的观点去看待'高尚''健康''先进''有意义'等真正的人文价值范畴，让师生的语言，远离真实的人生和真实的现实生活。"[1] 很多时候，个体害怕被踢出公共活动流程，担心成为不可归类的异物，因此不得不时常检视自我是否融入了定见。有极个别的个体会因为不堪忍受而进行抵制，然而，由于集体依然处于定见之中，并且多数个体因之而获益，抵制几乎不可能获得广泛性成功。个体被告诫，离开了集体根本没法生活下去，遵从与追随才会有益于自己。将自身融入集体，对异于自身者进行抵制，如此便可划清自身与异身之间的界限，确保自己不成为集体的对立面。

  教育生活强调行动符合集体规范。个体应当积极融入集体，既善于与人合作又勇于与人竞争，不合群的生活方式大多没有意义。尽管个体们个性各异，在对待集体知识、集体道德与集体荣誉的态度上最好如出一辙。出于集体进步的需要，形式要有序，审美也要统一。拔高自我、张扬自我通常不被赞赏，一系列的标杆被树立起来，然后要求个体们见贤思齐。这实际上是划定"进步"的标准，要求个体以优秀者的表现要求自己。每一个体都应向标杆看齐，最好能跟标杆一样。"看齐"成为教育生活准则，"一致"成为教育生活圭臬。一旦被给出"有违集体规范""偏离标准"的定性评价，个体便会受到劝诫，或者被要求思过。真正从集体中被驱逐出去的情形极少发生，然而始终存在与被驱逐几乎同等严厉的惩戒手段。

  集体的作用不仅在于同化个体的情感以便矫正其不良心理，让个体在教育生活中具备更多的一致性，而且在于将自然态的身体教化为集体性的身体。为此，身体被规定，被不断召唤，被要求不断调整——为了灵魂的升华，身体需要妥协，身体的服从由此构成个体德行的一部分。身体的展现更多是在体育活动中，但即便是体育活动也夹杂着智育和德育的目的。

---

[1] 韩军，周迪谦，任玲，李镇西. "伪圣"和"犬儒"——中国教育不能承受之重[J]. 教师之友，2002 (3)：8-15.

集体早已为身体预先设定了价值取向，集体性规范论断被预设为优于个体性规范论断。

当教育生活面临困境时，个体有时也会被允许参与针对集体的批评活动。激进的集体生活策略被反思，在智力、道德、经验、能力等维度，诸多强人所难的情形屡屡出现，甚至连教育管理者也会受到波及，目的却依然是要维持较高强度的一致或服从。总之，批评依然是为了更好地融入，批评只是为了给个体重新赋予集体目标，或是让他们重新理解团结的意义。无论对自己的批评智力多么自信，最终也得注重集体、淡化个人。集体所需要的，永远都是它的共构者或同谋者。良知（批评）与义务相互依赖又相互钳制，良知（批评）的内核是一种义务意识，义务意识则是获得集体声誉的重要因素。有时候，为了保证个体对集体秩序的服从，个体还会"被自愿"放弃自己的批评权。而且，变革后的集体仍会以客观性自诩，仍会不顾及个体的性格，基于顽固情结将诸多性格特征归结为单一性格表现，甚至曲解警句、谚语对原先离谱的迷误进行辩护。

个体被要求克制自身私域，致力于集体宏大蓝图的实施。这时常意味着，个体的主体性只有当集体的宏大蓝图兑现时才能实现。问题在于，集体的宏大蓝图尽管宏大，却并不总是清晰，面对模糊的蓝图，个体的热情可能不会那么高。由于无法在模糊中确证自身生活的意义，一些个体会自觉地选择放弃。何况，个体通常只是兑现宏大蓝图的工具或副产品，蓝图的兑现本身便以个体的身心压抑为条件，很多时候个体充其量也只能服务于宏大蓝图的阶段性目标，这意味着个体可能永远都等不到宏大蓝图的兑现，最终也只能简单地以"青春无悔"聊以自慰。问题还在于，教育生活中的集体也是一种可操纵、可塑造的集体。在这种集体中生活久了，多少都会消磨一些独立意识和单干勇气。个体尽管被视为必须服务于集体目的的教育生活实践者，却终究需要完成自我确证。为了完成自我确证，个体逐渐习惯于将分数、等级、荣誉等私利包装于集体宏大蓝图的崇高表象之下，在教育生活中制造出各种各样的冠冕堂皇的意义——这本不是他们的本意。除了争取一个好业绩，做一个令人欣赏的人等普遍价值探寻，个体更渴望以个性化的、富有自身气概的言说或行为获得个人尊严与人生意义。

（三）理性主义的膨胀

个体的教育生活实践具备普遍性进步要素。例如都依据人道的原则展开，又如求知是为生活做准备，再如个体需要告别"无知""非知"，揭开知识世界与教育生活中的种种掩饰，从附属性求知走向独立性求知。不难发现，这些普遍性进步要素都关涉理性这一基础性维度。

从效用的层面看，在教育生活中，理性是至为重要的属性，在知识准入与道德评价方面具有优先地位。理性的即正确的，理性的即道德的。理性被视为维系进步性的首要保障。认知必须合乎理性。理性能让个体清楚哪些符号更有价值。学会理性地判断是享有美好生活的前提。通过对众多理性模式的推崇，辅以必要的效率原则和人性化考量，科学的教育生活被建构起来。个体通过记忆、探求、预见、反思获取意义，依据意义取向把握自己的语言与行为，使之符合科学教育生活的准则。

理性逻辑通常最具说服力，基于理性的说服力更易于抢占思想领地。理性的说服者更容易在教育生活中呈现出公正追求者的形象。理性地说服强调精确，忽视随兴，对混沌与纷乱有一种强烈的抵制，致力于避免个体的教育生活单纯以本能冲动、主观意愿、兴趣爱好为基础。在理性逻辑那里，所有的"魅"都不可靠，个体最佳的成长之道是用理性武装自己，理性知识才是进步性知识，因此多多益善，最好能够用它"武装到牙齿"。个体的头脑被理性进驻，个体那些有违理性的观念，时常被称为守旧思想，秉持守旧思想的个体，则时常被视为守旧势力。

受工业革命影响，理性主义还时常倡导效率优先，注重面向高效产出的制度构建。较高的绩效意味着较高的报酬。情感抒发渠道尽管并不缺失，但仅具有形式意义。个体被反复教导运用理性逻辑、科学解释才能摆脱偏见或误认，瓦解灵异的神秘与愚昧的迷信，引导言说和行动与自身目的性逻辑相吻合。混不吝的个体并不拥有理性逻辑。作为教育者的个体们都被赋予了期望，专业生涯中随意的、偶然的因素被否定。作为受教育者的个体们如果不事先与自己的原初状态做些决裂，便难以进入被设定的期望程序。质询期望的权威性表面上是可以的，实际上可能意味着这样那样的风险。

从认知的层面看，在现实教育生活中，一些个体的勤勉是建立在"非知""无知""误知"基础上的勤勉。个体的行动过程借助肤浅的、虚假的认知来完成，推动个体进步的真正动力始终是个体所不知道的。尽管个体在"行"的层面是朴素的、真诚的，但在"知"的层面却是虚假、谬误或被诱导的。由于不明真相，个体所获得的行动动力不过是一种盲目的动力。正如马克思（K. Marx）所言："他们没有意识到这一点，但是他们这样做了。"[①]

即便身为教育者，依然需要摆脱"非知""无知""误知"，依然需要"成熟""高知化"，"成熟""高知化"的标志则是"懂"得更多、更深刻，看待问题更加"理性"。专业成长的目的之一就是养成理性的生活态度。一般认为，需要不应当沿着生物谱系的方向逐渐延伸，源于生理性的本能与冲动应当随着受教育时间的延长逐渐减弱。在教育生活中，为了尽可能地开发潜能，追求的广度和深度都应不断提升。为此，理应努力培育理性精神和理性能力。

稳定的叙事位置是"宣称"的资本。借助宏大叙事，理性被置于高位，通过它改造认知才能摆脱现实的奴役。理性试图让个体们相信，无论是知识演变还是人类发展都有其规律性和目的性。理性被视作必然的、普遍的，每一个体都有义务接受。只要遵循理性，咬定目的，就一定能摆脱束缚不断进步。通过理论思辨、学科教义与必要的动手实践，真相都是会"大白"的，真理最终都是会被"掌握"的。当某种规则被宣称为"普遍

[①] 中共中央马克思恩格斯列宁斯大林著作编译局. 资本论·第1卷 [M]. 北京：人民出版社，2004：91.

规律",当某种认知被宣布为"永恒真理"之时,这种规则或认知便具有了强烈的进步意义。尽管"普遍规律""永恒真理"学不学得会、领不领悟得好是件很难确定的事,但其中的确蕴含着个体的价值依靠。

个体被告知,要对真理进行标榜,要认真对待教育生活中的真理信条。不确定的信条需经历严格的审查后再决定是否进行普遍性的推广。存在严肃的真知、毋庸置疑的真理,存在救世者、至圣先师等真理的化身。在认识过程中,这类对象居于优先地位。任意的、偶然的被认定为无根据的、不科学的、非本质的。非理智的、下意识的、不加思考的,都不在"情""理"之中。据此,个体尽管避免了某些非真理性的强制和无意识偏见,却产生了新的强制与无意识偏见。对于个体而言,在教育生活中最重要的就是认识和认识后的转化。由于时常缺乏选择,给人一种时时处处都规范化、标准化的感觉,个体也以贯彻既定认知标准为己任,朝着给定的方向不懈追求。当然从另一个角度看,也可以说为个体提供的意义世界是稳定的,不太主张为不确定性而冒险。

从推论的层面看,在理性主义那里,基于进步性命题,只要推论的过程是正确的,那么最终所获得的结论也一定为真,对推论过程的掌握由此成为走向真理的重要能力。对于个体而言,推论能力的培养最初往往是受迫性的,随后个体逐渐意识到了它的重要性,转而开始在教育生活中有意识地自主建构这种能力。例如,规训约等于爱护,恨之切是因为爱之深,规训与恨因此便具有了道德合理性。这比真正的爱护逻辑有效多了。又如,高分数意味着好成绩。学校的名气和生源都通过好成绩赢得。好成绩则通过多频次的反复训练而获得,保证训练时间(压缩睡眠)和训练任务量(题海战术)因此成为学校的根本责任。

一个不靠谱的现象是,理性试图充任教育生活中全部推论的基础。这不仅导致教育生活陷入理性主义,还会导致关于知识准入和知识生产的话语霸权。基于诸多理性的意义提示,被广泛倡导的人本,屡屡被推论为人类中心;被着力追求的普遍性,实际上秉持的是科学知识中心。由于理性主义过度膨胀，个体总觉得通过推论一切都是可认识、可控制、可征服的，而实际上推论的过程中充满了假定。

个体崇尚逻辑推论，不想被认为处于主观的位置，不愿被贴上主观臆断的标签，羞于过多使用主观感知能力辨析教育生活世界。然而，个体有时颂扬榜样，有时又质疑榜样。声称呼声和愿望应当被尊重，却在具体实践中异化为应试机器。面对低绩效时本应产生羞耻感，然后"知耻而后勇"，然而却逐渐学会了狡辩、抵赖，转而在他者的低绩效面前挖苦、嘲笑。所有这些，显然不是因为他们真的有所反省，或者对象的信念和表现真的让他们发现了问题，而是因为关涉个人私己利益的获取。这似乎证明，因利益损益而生发的主观好恶也能成为推论的潜隐依据。

对超验性逻辑的信仰无疑是对个体生活世俗性的否定。现实教育生活中的理性主义不过是一种幻象，试图彻底弄清个体具体的神经机理总是困难重重，完美地将目标、方向甚至结局都预设好也几无可能，但这似乎并未阻碍理性主义成为教育生活的统治性逻辑。只是，过于理性的教育生活模式时常会导致一个个体的生活轨迹对另一个体的生活轨迹的重复，进而导致非理性的希望被寄托给"下一代"。"下一代"们驳杂而肤浅地学习各种正态与异态的知识，吸收各种实际上很可能相互矛盾的观点。现实教育生活所供非他们所需，他们也难以通过自主功能找到他们真正所需，他们只是个代码，被看重的是基于所供（而非所需）他们能实现多大的功能。完成了学业的欣慰掩盖了其实并没有获得真正生活意义的隐忧，只要能完成学业，是不是真的获得了知识，或者获得的知识究竟是不是真的，似乎都不那么重要了，重要的是完成了学业，继而又可以准备完成下一段学业了。

三、争胜话语主导的方法体系

总体来看，进步主义教育生活试图通过争胜话语对个体日常生活与身心结构产生影响，其善意的初衷在于改善个体的生活质量，使之更轻松、更惬意、更有效率，告诫个体及时学习各种新本领，以便可以迎接未来的各种挑战。个体既是阐释者，也是"被视者"。个体间结成的关系是友好的、互助的、同伴式的，但也是竞争的、攀比的、好战的。

在教育生活中，竞争领域不断分化，竞争法则越来越复杂。在争胜话语主导下，教育生活秩序纯粹、单一，包容性不佳。教育生活是被导向的，在教育者认为有必要的时候还会被转变。个体选择非主流，往往有扭曲、遁出教育生活秩序的嫌疑。个体过着一种注重竞争、时有对抗的生活。由于机会短缺，他人时常成为需要提防的对象。

无论是苦口规劝还是耐心论辩，抑或激烈的批判，实际都是在教育生活中参与各种语言游戏。它们型塑了个体的存在形态，改变了个体的态度、习惯等生活质料。个体牵涉的游戏任务普遍都围绕"成功""赢得""胜利"等教育生活根本性问题。

（一）教育生活内卷化

个体们创造力十足，想象力丰富，充满激情。在朴素层面，他们相互之间比奋斗精神、比责任担当、比自我成长。在专业层面，个体时常处于挑战的姿态，个体之间为了提升影响力而展开竞争。随着竞争的深入，个体与个体之间的分化日益明显，内卷成为教育生活世界里的阳谋。

运用理性的目的，是希望个体能够脱离自己加诸自己的不成熟状态，获得内在自由或自我解放。然而，理性的运用竟然也导致了内卷。个体对自己的认知权利高度敏感，陷入空前绝后的斗智状态，甚至借理性之名互相伤害。个体自然的、平凡的、常态化的认知表现时常得不到承认，必须展现出自己的不凡之处，如此才能获得优越性，为此每一个体都隐藏起自己的少知或无知，竭力展现自己优越的一面。

内卷化的教育生活节奏充满紧张感，在这种生活节奏中，感情、精力和兴趣更容易被蚀耗。待批改的大摞试卷，待挖掘的教辅书堆，频繁的作业布置、练习设计，紧张而充满倦容的脸……诸如此类的意象支撑起教育者心目中的教育生活景观。每天都在忙碌，被生活的重担压得不堪重负。

个体内化与涵泳的时间不断被压缩，已经没有办法再去付出更多。教育生活被统一化、标准化，并以可量化指标进行相对性评价。教育者们恨不得拿秒表计算时间。就连周末的时间也被填满，为教育者减负终究还是流于了形式。玩命地工作被认为有助于达成美好生活目标，这实际是通过蚀耗生命的长度提升生命的密度。为了提高专业效率，有必要学着利用心理暗示进行自我激励，在对自身过去与现在的比较中获得生活的动力。"卷"不仅成为常态，而且正从"常规卷"趋向"生死卷"，让人一度觉得似乎应当把120急救电话设置为手机紧急联系人。"卷"来"卷"去，最终胜出的被称为"卷王"，通过"卷王"，"卷"的强大基因就这么遗传了下去。

教育生活中流行的等级差异、排名比较、评先评优、贫富意识、未来发展等话题，对个体的教育生活施加了特殊的影响，不仅时常为个体制造紧急性压力，而且成为个体教育生活中稳定、持久的增压器。教育生活中的诸多规则被描述为个体必须具备的素质，继而产生各种关于这种素质的评比。个体普遍比较浮躁，不得不注重自己与他者的对比。在对比时，生怕自己有什么阙失，生怕自己有什么硬伤。每一个体的生命都成为一个焦灼的单元。面对人生的不确定性，就算认真地在主流教育生活叙事中搜寻依据，也会常常感到力不从心。更何况，多元的话语、混沌的观念、奇葩的行为也在教育生活中不断衍变，该树立何种教育生活价值观就更难抉择了。在这样的背景中，人人自危，甚至会因为自己说错了某个知识点而不安。这是一种锦标式的教育生活机制，即在规范所能容忍的底线之内——哪怕是以"打擦边球"的方式，来追求比他人更高的效率和更大的利益。为了达成胜者为王的梦想，热衷分类、竞赛、优秀率，为了在这些方面实现领先，甚至无所不用其极。争胜意识统治了教育生活机制，输掉或倒数无异于直接走向毁灭与消亡。

教育生活资源有限而个体的欲求近乎无限，为竞争有限资源而展开的角逐层出不穷。一有资源便立即趋附，呈蜂拥之状。不少卷入程度高的教育者为了胜出时常殚精竭虑地补课，运用不当惩戒激发求知动力，告诫受教育者可以增大字体来强撑篇幅，暗示后进生装病缺考以免他们拖全班的后腿。面对其他个体时，注意保密，隐瞒自己的真实状况，不愿无私地分享自己的成功经验。执着于教育生活中的短期目标甚至临时目标，时常缺乏充分思考的时间，从一开始就将很多"冲刺"视为一次性的冲刺。面对超载的任务，不得不延长劳作时间，没有闲暇思考深远价值导致视野狭窄、头脑萎缩，占有意识、领先意识、胜出意识、赢得意识替代了求知精神、向善意志与美好价值。

关怀只是偶尔，竞争却随时随地。较之以往的教育生活，当前教育生活中竞争的形式更为多样，竞争的程度更加激烈，竞争关涉的范畴更为广泛。竞争被过度扩大了，竞争的目的不仅在于争取能够抢先一步，不仅包括了有形之物，还更多集中于恩怨、名誉、优越感等无形之物。价值、品味和卓越等词，其背后的实际所指是数量、排名和等级。有时过于细致的品味也是为了内卷。通向美好生活的独木桥较为狭窄，想过桥的人却非常多，严酷的推拉、扯拽、挤压构成了一幕幕"他人就是地狱"的景观。个体之间因争胜而形成的挤出效应导致人人自危。这不仅使个体生存压力增加，还让个体生出各种心病。无休止的竞争始终让竞争处于临界水平，一些个体因此养成了"永不落于人后""时刻与他人相区隔"的特异心态。一些个体是如此敏感，以至于常常因为一个小细节没有处理好而反复纠结。

内卷是如此严重，每一个体都曾经历彷徨，都曾陷于苦闷。即便水平、能力相似，也不意味着竞争的消失。每一个体与其他个体之间都处于竞争状态，个体间的挑剔行为导致摩擦增多，由此导致的分裂让教育生活极难融为一个完整的整体。在进步的表象之下，人性实际上在倒退。个体间的纯洁友谊湮没于内卷性的竞争，"我不好你却好"，这让"我"陷入抑郁。工于心计既久，也会担忧单纯的同道之情将不会再有。高度的内卷导致个体时常质疑教育场域中的人和事，既不信任教育同仁，也不相信真正的专业互助真实存在。不信和质疑尽管不能摧毁理想和信仰的真实性，但在不同程度上起到了鼓噪效应,让原本内卷的氛围更加令人焦头烂额、疲于应对。

教育者们的内卷似乎也能向受教育者们传导。教育者们逐渐摒弃了"幼勿教,长自通"之类的古训,对受教育者的要求总会很高。除了课间休息,就是学习竞争,竞争的形式、内容都十分具体。受教育者们时不时地就要背诵全文,务求一字不差,就连文本作者的写作动机,也有标准说法,禁止随意发挥。体验的精密性被看重,体验的多元性则被看轻,吟味咀嚼、慢慢感悟、细细消化的教学原则尽管也在不断被倡导,但在竞争思维的裹挟下它们时常不被贯彻。教育者们设定了更愿接纳学习成绩良好者的取向,为此他们树立起一些标杆、榜样,以便每一个体都能全力追求。他们还会设置一些逆境场面,以便向受教育者们展示勇者与弱者面对痛苦、诘难、羞辱时的对待方式,告诫受教育者们要争"气"。同时宣称,这样的展示能让受教育者们在随后的人生道路上受益匪浅。

卷的维度不断细化,卷的范畴不断延展。基于与人为敌并试图"解放"自我的"战斗"精神,个别个体陷入"战士"的人设与奇葩逻辑,具备近乎永恒的"战斗"意识,誓与所有不利于己的对立面作战。有时候,这种对立面甚至是整个生活世界。个体由此过上了"撕辩"式、竞争主义的"战斗"生活。"撕辩"这种"口头肉搏",这种"战斗"行为,可能发生在任何时间、任何情境,其实质是对他人进行话语啃噬。当个体处于"战斗"状态时,总需要打败他人,以此确证自己的价值,啃噬由此成为持久的、不息的。"战胜"的理念必不可少,否则自己将丧失存在的理由。因"战胜"而获得控制权,又因控制权不断扩张而获得快感。平静而快乐的生活最多也是"战胜"之后才有。久而久之,个体彻底成为一名"战士",彻底养成了某种特殊的控制欲与快感获取方式。个体似乎获得了成功,但与此同时,片面、缺陷与恶习也已成型。个体总习惯于寻找"征服""战胜""超过"的对象,因嫉妒而试图使用不干净的手段,因陷入征服主义和暴力倾向而走向极端,自觉不自觉地养成了只有征服主义者才有的惯习。在通过更为丰富的知识和更加雄辩的话语"战胜"后，个体表面上赢了他人，实质上更像是赢得了对自己的控制。

显然，内卷源于个体间相互比较后的自我定位。"如果一种炫耀竞赛在发展，那么在其他竞赛者面前的选择，显然是要么把这种特别的行动作为一种无效的怪癖而予以忽视，听凭它去；要么竭力仿效它盖过它。一旦加入角逐，如果要保持人们的注意，就必须占有王牌来胜过那种对规范的特别背离，这就体现了情境逻辑。只要这些'胜人一筹的本事'的竞赛在一小部分人当中比试起来，而这些人除了互相超越以外，便别无好事可做，那么起伏波动便一定十分迅速。"[1] 如果整个教育生活中弥漫着争胜话语，不安就会绵绵来袭。有时，即便个体间节奏不同也可能导致冲突。个体不得不接受既定的评价规则。个体求知不是为了坚守良知，而是为了打败对手。"不能成为失败者"给每一个个体带去心理压力。在复杂的竞争氛围中，屡屡受挫成为常态，有时竭尽全力试图跟上节奏，最终也只能无奈地被越抛越远。

（二）注重转变与改造

个体的进步是教育生活的核心目标，为了达成这一目标，培养、协调、矫治、改善、提高成为必需。在相互关系层面，转变与改造通常是指将教育者们的力量留在受教育者们心目中。具体到单一个体，教育者和受教育者自身也会自觉地依据经验、图式认识价值，随后开始自觉地转变、改造自我以利于谋求美好生活。转变与改造的目的既在于有目的地刺激个体的知识建构，也在于提高个体的思想门槛以便阻碍不良影响的涉入。

在福柯（M. Foucault）那里，知识无不与特定的运转技术相关联，具体而言，这类技术包括生产技术（与科学知识相关联）、符号技术（与语

---

[1] ［美］E·H·贡布里希. 理想与偶像——价值在历史和艺术中的地位 [M]. 范景中，等译. 上海：上海人民美术出版社，1989：98-99.

言知识相关联)、权力技术与自我技术①。在福柯看来，经济知识、生物知识、医疗知识等，实质都是关于"自我"认识的表述。应当探究的不是这些知识究竟包括什么样的内容与主题，而是这些知识到底是如何形成的，在形成过程中遇到了哪些机缘，形成之后又是如何被认定为真理的。在回答这些问题时，福柯认为上述知识尽管被分门别类，但并未孤立地运转，它们"都与特定的技术相关联而成为了解自身的工具"。②在论及古希腊社会时，福柯认为，"希腊人普遍关心的问题不是自我技术，而是生活的技术，即如何生活的问题……他们并不关心死后生命，死后会怎么样，也不关心神存在与否……他们关心的是，为了如我所愿地生活，我必须采用哪一种技术？"③

按福柯的逻辑推理，教育生活中也存在诸多生活技术，这些技术是转变与改造个体的重要形式。

从教育者视角看，高超的应试技术有助于谋求满意的生活。关于掌握这类技术的训练不仅是机械的，而且是高频度的。训练的基本要旨是真实反映与准确再现。训练并非为了育人，而是为了"育分"。在保证高效的前提下，带动受教育者的方法越简单、越直白越好。教育者先展示自己如何主宰、如何控制，从而形成对受教育者的示范作用。如有必要，教育者还会将晦涩的知识包装成喜闻乐见的形式，以吸引力和趣味性来掩盖其中的灌输意味。出于应试的需要，指出受教育者不足或错误的技术成为教育者必须掌握的核心技术。教育者时常以傲慢的姿态讲解要领，致力于寻找

---

① Foucault M. "Technologies of the self" In Paul Rabinow (ed) Ethics: Subjectivity and Truth (Essential Works of Foucault, 1954—1984, Vol1). London: Penguin Books, 2000: 224-225.

② Foucault M. "Technologies of the self" In Paul Rabinow (ed) Ethics: Subjectivity and Truth (Essential Works of Foucault, 1954—1984, Vol1). London: Penguin Books, 2000: 224-225.

③ Foucault M. "On the Genealogy of Ethics" In Paul Rabinow (ed) Ethics: Subjectivity and Truth (Essential Works of Foucault, 1954—1984, Vol1). London: Penguin Books, 2000: 260.

受教育者们在练习、考试、平日里的错误，然后因他们的错误将他们矮化一番，继而将他们的生活过程认定为需要提高的过程。

指出不足或错误的情形在教育者之间也会发生。一部分教育者站在比另一部分教育者更优越的位置，被认为比另一部分教育者更"知道"，更"懂"。一些教育专家试图将教育者们训练成为"快思手"（fast-thinker）以便应对教育生活中的紧急性问题。一些教育专家注重强规定性表现能力的培养，对自私、自恋等进行及时矫正，教导教育者对公共性、使命性陈述负责以便陈述最大程度上被接受。在教导时，专家们总是期待教育者们能够醍醐灌顶般明了。专家们声称，当教育者陷入迷途时可以为他们指出走出迷途的出路。在这种声称中，教育者的个人偏好不时遭受贬抑，怪癖言行不时引发教育干预。总之，专家们以更专业、更博学自居，摆出一副高姿态，找借口进行挑剔，制造准入门槛，用权威语气压缩自由释读的空间，教育者则只能被安排、被纠正。

教育者们普遍受到注视，生活在无所不在的目光之下。在他们的专业历程中，这种注视既是有效的指引，也是成长水平的证明，既是一种外部控制，也有助于自律能力的养成。注视的常态化功能是规范言语与行为，它要求教育者们按照具体标准或约定俗成的方式进行沟通，违者将会受到批评，并因此名誉受损。注视的典型状态是日常化监督，具体的手法包括监理、敦促、指出、说服、通报、预警、测验等，具体的内容涵盖教育生活中大多数的倾向与动态。日常化监督通过精密的观察网络审视教育者对规范、秩序的服从状况，监督从上往下，始终居于俯视姿态，言语与行为表现出强势；由于形式上的宰制单调而缺少变化，时常畸变为对主体状态的压制，给人一种"不接受也得接受"的逼迫感——愿意接受自然好，如果实在不愿意接受，就算略略接受一点也得接受。

与注视相较，更佳的方式是通过无声的渗透与感染实现对教育者的改造。运用感染手段生发道德意识，能够非受迫性地传递知识与道德，乃至出现共情反应。如果所谓的劝善成为劝服，就难免厌听，进而"头疼"，感动也就无从谈起。要想真正感动,还得"潜移",还得"默化",以便在不知不觉中受到影响,表现出和榜样们同样的态度。

激发认知与情感才能影响态度与行为,诱导、激励因此成为常见的教育生活技术。一般认为,诱导与激励能提供精神支持,给主体灌注能量,调适主体心态,让他们保持积极、专注。然而,一些冠冕堂皇的诱导与激励既导致教育者沉迷于自我对他者的说服,也导致受教育者实际上处于被牵制的境地。一些挖空心思的诱导与激励初衷是帮助构建接受圈,实际却导致教育生活只能局限于界线之内。一些诱导与激励中渗透着浓厚的塑造意识和设计思维,尽管用心良苦却缺少真正的审美,稍给以提示便可谓受益匪浅,能引起喧闹笑声便可谓风格化,挽救的责任时常无从谈起。

从受教育者视角看,教育者们总是试图操控以便培养对象按照既定的节奏成长。作为受教育者,个体被纳入严格、周密的教育计划体系,教育者们以近乎"权威—支配"的形式敦促受教育者们努力完成每一天的每一项计划,并对他们的未来生活提供一定程度的保证。基于集中化、现代化原则,形成了强力的教导组织以便仔细考察受教育者的心智,将粗俗、卑鄙等缺少德性的表现驱逐出去,培养他们为现实服务的能力。"学霸"被定性为"读书的料","学渣"则时常面对"恨铁不成钢"的表达。个别教育者天真地以为每一个受教育者都可以被重塑,顶多只是完成重塑的时间会久一点。面对受教育者的不理解、不乐意、不服从,教育者会搬出各种类型的说服技术。如果依然不能奏效,教育者还会诉诸未来话语加以说服,这类话语的典型表达形式是"等你们长大了……"。为了化解个体们面临的两难选择、职业焦虑、应试困惑、心情抑郁等心理困惑,设置了专门的咨询机构。一些典型案例被收集在一起,以便教育者们掌握、熟悉受教育者们出现的较为普遍的"病理"。一些受教育者被认定需要矫正,关于言语、行为、习惯、教养的一些约束性、严禁式、指令性措施被制定出来,充当矫正的策略或象征,目的在于对受教育者不符合规范的方面进行改良。

除了以说教为方法的语言教训，惩罚也是一种常用的教育生活技术。运用惩罚可以拷问良心，没有犯错是不会畏惧惩罚的。如果真的有错，惩罚可以让受教育者软弱，坦白他的错误。如果没有过错，施加惩罚还可能让受教育者变得更加坚强。一些教育者将自己的生存恐惧传递给受教育者，继而奉行起"惩罚你是为了你好""为了你好我可以惩罚你"之类的颠倒性逻辑。一些教育者时常通过减轻或免除惩罚体现自己的宽宏大量，并因此获得自我满足感。显然，这些观点都充满了不确定性，在具体的教育生活实践中风险重重。很多时候，为了躲过惩罚带来的身心之苦，什么话不会说，什么事不会做呢？① 只要惩罚越来越严酷，能够坚守良心、坚持真理的情形就会越来越少，这几乎与德性无关，更多体现出的是生存本能。

教育生活中的自我持存技术则是转变与改造个体的另一重要形式。正确的判断与抉择是自我持存的前提。缺失判断与抉择能力显然不能照看自己。然而，即便判断正确，抉择也没有问题，现实教育生活中的无奈也会给个体们制造干扰。"明知……却只能……"的情形屡有发生，这让实际践行的教育生活价值取向变得更为复杂。一些受教育者拥有正确的判断思维与抉择能力，但他们会佯装相信自己反感的现实规约与理想信条，积极参与到践行规约和信条的活动中，在欺蒙和自欺中，"把自己提升到超越被蒙骗者之上，并持久获得比对手优越的地位"②。

分心、多变，行为幼稚、精怪，这些都需要改变，改变的趋向则是专注、一致、顺从以及学会做出各种规定性行为。为了实现行为引导，纠偏活动时常发生，其基本要义是通过控制资源、分配利益、制定标准、评价定向等干预受教育者的发展，制定出系列化的关于劝诫的逻辑，让受教育者信以为真，继而将外在的规范强制转变为内在的自我约束。在特殊情况下，纠偏活动也可以成为一种持续性的塑造。这种塑造导致受教育者生活

---

① 徐贲. 当代犬儒主义的良心与希望 [J]. 读书, 2014 (7): 29-37.
② 徐贲. 颓废与沉默：透视犬儒文化 [M]. 北京：东方出版社, 2015: 9.

在对知识、道德的"强制相信"的状态之中。出于自我持存的需要,受教育者不得不按"上面"的期望来预备知识,在外部施加的压力下降低休闲、娱乐的频度。

受教育者们都处于进步的过程之中,因此始终被置于不成熟地位。为了让他们更好地自我持存(进步),"不成熟"有时还会被视为性格缺陷而大力加以改造。为了更快地成熟起来,受教育者们都充满内省动力。只是,他们内省的目的多是为了争胜,内省的依据也不是什么崇高的教育哲学。教育无非就是"知道",那些所谓的精致的教育哲学又有什么价值?就算暂时不知,未来的人生生涯也还有机会"知道"。就算一生未曾"知道",也不一定就是什么坏事。毕竟,有时候"知道得太多"反倒不是什么好事。

"教育的目的是让学生摆脱现实的奴役,而现在的年轻人正竭力作着相反的努力——为了适应现实而改变自己。"[1] 诸多受教育者在顺从中没有了自我,转而认可了"接受情形多过独立思考情形"这一现实,成为外在观念、意见和舆论的接收器。为了自我持存,他们从被迫逐渐转变为自觉,开始立志成为背诵家、做题家。他们似乎接受了被模式化、标准化地培养,发展目标实际上异化为"努力成为流水线上的成品"——他们不仅被如此对待,而且似乎也自觉接受了被如此对待。为了自我持存,普遍追求可测量的指标。与德性、情感、人格、价值观等难以测量的指标相较,他们似乎更在意自己的作业量。他们最热衷的是应试,最推崇的是以"分"为本,以"优"为本,以"效"为本。为了排除"杂念"更好地实现进步,他们甚至有意识地改造自己对视觉与听觉的主观感知,很自然地接受"两耳不闻窗外事"的受教育信条,又很自然地任由时间被切割成条块。有时候,他们也做出了一些有益的改变,但改变不是自主、自觉的结果,顶多算是无意识的自我拯救行为。基于教育生活中的程序性复制或标

---

[1] [美]尼尔·波兹曼. 娱乐至死 [M]. 章艳,译. 桂林:广西师范大学出版社,2004:191.

准化再现体系，他们的主体化过程成为被教化、被暗示的过程——真我有时会丧失在这一过程中。

总体来看，转变与改造的过程是以效率为向度的辨识过程。转变与改造的效果以持久的可靠性为标准。

当前，教育生活中的辨识技术空前发达、急遽膨胀。就连自我持存技术也服膺于各类辨识技术。尽管单纯的"辨""识"并不能止恶，更不能消除内心的心魔，但在教育生活中，辨识被视为无可置疑的积极因素。"识"总是好的，即使是知行不一，那也是因为别的缘故，不是"识"本身的问题。辨识的目的自然是进行鉴别，以便于筛选或分类管理。辨识的重要向度是效率。面对追求效率的强制力量，个体不得不承受较之以往更为辛苦的负担，对指令式安排表现出服从。

前述的对比是一种常用的辨识技术。对比有助于个体积极构想、正确归因。通过对比制造的横向差距，个体能明确自己的位置，能看清自己的模样。在对比的过程中，不仅需要准确掌握辨识编码，而且时常需要自我否定，勇敢地质疑自己并毫不犹豫地努力改变自己。矫正错误成为中心任务，个体因此时常无情地自我反省。通过矫正与反省，个体的自我持存特质逐渐成为了讨喜的、合格的。

由于转变与改造的效果以持久的可靠性为评价标准，少数优异的个体被突显，平平的个体则成为沉默的大多数。落后个体的表达机会和活动范畴被减少，被敦促在几乎所有方面向其他个体看齐，这导致他们在教育生活中频频遭遇排挤，最终被汰出。显然，这种因表达受限和机会减少而形成的"自然状态"是人为导致的。失败很可能被挤出竞争轨道，继而意味着一直失败。有时个体会被有意无意地告知，所遭受的失败不可挽回，难有跌倒了再爬起来的机会。个体时常面临被放弃、被抛弃的风险，处于表面有效实际却并无意义的威胁氛围之中。相对弱势的地位让落后个体在教育生活中习惯了沉默。在极端情况下，没有希望的个体还会被边缘化。

通过转变与改造，即便不寄望个体得道升天，起码也希望个体改头换面。很多时候，个体只是表面上被鼓励显示独特性，个性化的存在在重复中被消解。每一个体都执着于立意崇高，习惯于按标准行动——不管内心深处是否坚信。"我们总喜欢面命耳提地引导十几岁的学生'要写有意义的事情''说崇高的话'"，"在课上也不敢跟学生说自己的真心话，只能把真实的自我隐藏起来，包裹起来；只为应付考试背一串教参上抄来的话，说一通不得不说的话。""如此这般日久天长地面命耳提，一节课一节课地训导熏染，我们的学生就学会了根据不同的公众场合、根据不同的人们的不同需要，说人们想听的话，而不是说自我真实体验的话。有时甚至说假话、套话。"[1] 个体的天真烂漫是被要求展现的天真烂漫，是展现出来"备看"的，个体被反复告诫的实际上是如何对付，而非如何正视。个体不断重复无意义的命题，以至于麻痹，重复得久了，最终也便相信了。

（三）谋求确证与成功

个体付出种种努力目的是实现自我确证。功成名就的境界即自我确证的最高境界。有了功名，必得通过一定的途径以一定的方式表达出来以确证自己的优越性。有时候，连姓名也可以成为"名"的重要特质，姓名的唯一性或专有性也能确证身份、突显差异。在博取功名的过程中，无论是排序之争还是失语现象，都与确证紧密相关。即便抛开功名从现实一点的角度看，好学校、好待遇等优质资源所能带来的好处也是显而易见的。唯有刻苦努力、领先他人、获得更佳的业绩才能争取到那些资源。因此，无论是应试指导还是人际维护，都旨在证明自己有资格享有特殊资源。教育生活的困境源于此，但乐趣也在于此。有成功的乐趣，对个体而言便不至于难以忍受。

市场竞争的目的在于占据份额，教育竞争的目的也在于此。个体的份额通过排名、等级、在集体中的影响等加以确定。在这种背景下，压力通常来自于攀比。时刻与别人比的生活逻辑让成功内涵的浅表化趋势日益明

---

[1] 韩军，周迪谦，任玲，李镇西."伪圣"和"犬儒"——中国教育不能承受之重 [J]. 教师之友，2002（3）：8-15.

显。有人上培优班自己也要上，有人择校自己也要择，有人周游世界自己也要游，如此等等。每一个体都有一个或数个攀比对象。攀比的基础性要义在于"别人怎样我也要怎样"，衍生性要义在于"别人过得好我就要过得更好"。无论是基础性要义还是衍生性要义，它们的共同特质都在于没能发现真实的自我，总以为美好的元素在别人的生活中。每个个体都在努力向他者证明自己，试图在他者的审视中获得通过，避免负性的恶名，以便被当做进步者或成功者对待。这实际是对他者的低级模仿，是缺失自我的表现。

　　无论什么形式的成功，都被视为进步的确证。"全力避免失败，务必追求成功"的信念掩盖了"挫折与失败是人生必经之路"的常识。就连试图从逆流而行中获得快感也被视为一种有益的争胜精神。为了成功，不少个体热衷于学习有效的套路或精明的谋略。堂堂正正的"PK"与阴柔"比坏"的竞争共存，一些个体为了分数、排名等核心利益最大化，可以不计其他代价，这让成功既有单纯的一面也有阴险的一面。由于自身是否进步时常由他者评价，不少个体时常无法在闭环式的自律中获得幸福，每天面临的任务是向评价者展示自己有多么优秀。所谓的确证既违反个体身心发展规律，也违反知识教授逻辑，有时甚至可以简化到对既有的知识与价值进行重复、重复、再重复。一些个体因重复得更好而受到肯定，于是便飘飘然，个中表现出的骄矜、傲慢，实际上是一种幼稚的优越意识。

　　在关于成功的标准中，成功和失败长期以来都被认为具有关键点，找到关键点便能掌握成功和失败的命脉。所有的尝试过程都是对所谓关键点的探寻，所有的勇气都是为了克服通往关键点过程中的困难，关键点于是成了人生价值的体现。这让成功标准难免渗入精英主义意识。不少个体认定所谓成功就是将自己的生活活成典范，即让自己的生活范式成为其他个体竞相模仿并矢志追逐的生活目标。这实际上暗含着将其他个体作为下位存在的意思，成功反而意味着等级化程度加深。不少个体成功后的炫耀非但没能让自己成为典范，反而促进了其他个体极化心理的萌发。陷于其中的个体要么采取漠视策略规避炫耀性竞争，要么顺从、仿效、追逐这种炫耀逻辑。

　　一种流行的观点认为，个体之所以失败是因为观念问题或素质问题，于是面对如何才能成功这类问题，甲专家呼吁应当培养自制力，乙专家提倡重视共享思维，丙专家则说最重要的还是要创新。这些自然有道理，只是不知专家们自己切身践行了吗？也许这是他们的重大研究成果，但时不时拿出来宣扬总给人试图争夺话语权之感。从更现实的视角看，一些个体之所以在教育生活中胜出不过是因为严谨地遵守了显在的与潜在的游戏规则。退一步讲，越来越多的个体早就承认自己是"躺平""失意"了，又何必总是拿观念或素质层面的所谓的成功之道恶心他们？实际上，所谓的成功学专家们在自己的圈子内部几乎从不分享成功之法。在他们眼里，还是失意者最容易被忽悠。业余"小白"们听不懂，自己才能装得更像。那些所谓的成功之道，实际不过是一些算计技巧。一旦缺少了失意者们的捧场，所谓的成功学专家根本不可能成功。换言之，成功学专家们的成功建立在不断消费失意者们的基础上。一旦消费不到失意者，他们也会活不下去，只能另寻自己的成功之道了。作为失意者和失败者，还要继续被利用以便助力他人成功，这实质是一种昧心收割。

　　经过年岁、阅历等方面的认定，一些老道的教育者获得了"教育""教导"年轻同行的资格，他们向同行传授"究竟该如何生活"的道理，告诫同行应该如何生活才会更成功。一些陈旧的告诫本身也许只是一种无意义的重复，但由于出自教导者之口，也会被赞美一番。而实际上，那些老道的教育者的成功很可能是自认为的成功。年岁增长、阅历增多被视为具备更多智慧的要素，这实际上可能是一种认识误区。这是因为，如果个体年轻时便没有什么真正的信仰，也不懂得什么是真正的知识，年老之后可能成为更为彻底的虚无主义者。如果在缺失信仰、认知扭曲的基础上增加阅历，最终具备的可能不是智慧，而是老奸巨猾。为了自我标榜而突显自我责任感，为了炫耀教养而努力提高自我修养，为了炫技而有意将任务复杂化，诸如此类的情形并不鲜见。而且，随着后喻时代的到来，年岁增长并不意味着知识、技术、文化层面的优越性，反而可能意味着越多的不自知。

事实上，多数理想主义者都认为自己知道人生的出路，并乐意将这种认知付诸实践。所谓的成功之道，实质是个体追求理想化信条、方案、蓝图的行动指南。由于教育者群体人数众多，又由于每一位教育者的具体专业情况复杂，诸多关于他们的教育评价实际上倾向于以偏概全、一概而论，其中包含着武断的成分。这多少意味着，即便个体遵照指南深度实践，得意于自己的成功，在存在位次的转换与确认过程中也可能遭遇不公。

四、进步主义教育生活的塌缩

教育生活中的现代性似乎已经不再匮乏。在现代教育生活逻辑中，居于统治地位的是以科学原则和效率原则为核心的进步主义。进步主义时常被定性为单纯领域，只需做单纯理解，它的实施、运转过程本身就是它的维系过程，就是在加强个体对它的服从程度。这固然便于教育，但也难以避免地导致了对进步本义的扭曲。剖析进步主义背后更多元的实质，是理解消费主义、功利主义、虚无主义、犬儒主义的基础。在剖析的基础上，为崇高、理想等重新确立正解实属必需。

现代教育生活已被高昂的进步热情、进步幻想遮蔽，教育生活中的一些平凡与琐碎成为被改造的对象。在现代教育生活中，个体有时比想象的要更加积极主动，追寻着似乎永无止境的目标，同时呈现出焦虑状态。个体既有控制的需要，也有摆脱控制的需要，既试图被认可，也试图疏远、逃避。

（一）进步执念的迷误

从思想史的演变来看，进步主义的出现是较为晚近的事情，时间大概在16世纪末期。按照约翰·伯瑞（J. Bury）的观点，在中世纪的宗教循环论之后,"开化了的欧洲国家耗时约 300 年,才从中世纪的思维气氛过渡到现代世界的思维气氛。这几个世纪是历史上显著进步的阶段之一,但当时的条件并不适合进步这一观念的出现,尽管当时的智力环境正在为这一观念的可能诞生做着准备。"① 从个体的整个生涯来看,持续不断的进步不过是每一个体的美好愿景。进步并不是永恒的,也不是所有的积极追求都意味着进步。在不断的追求与明智的保守之间才蕴含着真正的知识。在是与不是、确定与不定、知与不知的纠结中才蕴含着真理的真谛。

对进步的过度强调,使个体的教育生活产生了诸多隐患。"还有另一个非常时髦的错误,它如同魔鬼一样周旋于世,我唯恐避之不及,那就是'进步'的观念。……这种怪诞想法仰仗着'爱美'的名义,已经在现代社会的肥沃土壤上生根开花,它免去了每个人应当履行的职责,使灵魂失去了担当。"② 诸多"甘于献身""不惜一切代价""战胜自然"之类的进步要求尽管让直观绩效有所提升,却导致了各种形式的胡乱作为。个体不再真切、不再朴实,甚至拒绝生活化,转而热衷于拔高,甚至习惯于伪神圣、伪崇高。一些为教育生活奠基所做的准备被视为无用功。一些高尚的目标、响亮的口号,类似于精神外衣紧紧束缚着个体。"这个模糊不清的灯标……将一连串的混乱扔到了所有的知识对象之上;自由消散了,惩罚消失了。任何想要看清楚历史的人,必须首先扑灭这种貌似安全的光。"③

为了宣扬进步之需,往往过度美化理想,试图运用宏大叙事改造个体的认知、情感、动机与行为,像对待幼稚的奶娃一样对待被改造对象,并美其名曰更好地实现对个体的培养。在犹太格言中,"所谓理想主义者,就是乍闻蔷薇,为其香气所迷,即贸然断定能够做出比起甘蓝菜还要美味

---

① [英] 约翰·伯瑞. 进步的观念 [M]. 范祥涛,译. 上海:生活·读书·新知三联书店,2005:21.
② Baudelaire C. Charles Baudelaire: Selected Writings on Art and Literature. Trans, Charvet P. E. London: Penguin Books, 2006: 120-121.
③ [法] 夏尔·皮埃尔·波德莱尔. 1846 年的沙龙:波德莱尔美学论文选 [M]. 郭宏安,译. 桂林:广西师范大学出版社,2002:318.

可口的汤汁来的人。"① 然而，过度美化的理想弄不好就会成为诱导个体沉醉于其中的幻觉。光鲜亮丽可能仅仅是表象，哪有所描绘的理想状态那么好？陷入这种自欺，会让个体发展变得更糟。种种关于实现美好理想的行动指南被指定并被反复宣称，旨在实现进步，然而它不仅导致诸多争议和质疑，也导致个体普遍致力于满足功利性需求。人与社会的复杂性时常导致行动指南失灵，尤其是在具体的人群和"在地"情境中，指南极难具备完备性，它不仅无法顾及个体在意志层面的无限多样性，也较少考虑个体诡谲多端、好逸恶劳等特点。在场域秩序和场域规则的规训下，所谓的指南以诸多假定为基础，它本身就是一种幻想，即便抱以最美好的寄望，也只能保障基础性的教育生活秩序。

在进步意识和进步观念的养成中，个体越需要被启蒙，主体性便越微弱，"在一个启蒙的过程中，只有参与者。"② 在关于进步的启蒙过程中，升华倾向越大，遮蔽也就越大。进步的不确定因素越多，期望越容易产生效用。含有虚幻假设与众多歧义的进步观通常具有愚人属性，此时信念过于执着反而容易被异化。在进步理性主导下，启蒙的过程成为主观与客观、身体与心理、具体与抽象的分裂过程。在这一过程中，知识越多反而可能越压抑。在进步逻辑主导下，所有个体都像被"格式刷"刷过一样。个体的发展不是内生的，而是被格式化的，是在"对照模板""比照别人"中实现的。个体常常为了获得认可而尽力讨好，想方设法让自己受到关注，学最可能受到赏识的知识，做最可能受到肯定的选择，努力成为别人心目中的自己，希望自己能被重视。个体缺乏本真感受，多数时候都在为"非己"而生活。个体所付出的大部分时间、精力都要经历分等、排名的考验，这让个体承受着自我提升的压力，特别是在知识大爆炸这样的时代中。

---

① 郭东斌. 见解大辞典 [K]. 延吉：延边人民出版社，2002：410.
② [德] 尤尔根·哈贝马斯. 理论与实践 [M]. 郭官义，等译. 北京：社会科学文献出版社，2010：30.

"大概没有哪一个世纪像启蒙世纪那样自始至终地信奉理智的进步观点。但是如果我们仅仅从量上看问题,把理智的进步理解为知识的无限扩展,那我们就会误解它的本质。随着量的增长,必然会出现质的规定性。"[①] 事实上,知识并不具有自在属性,它总是与特定的生活样态相伴而生。在相当程度上,二者存在依赖关系。个体真正学到了什么,很多时候很难用一贯的进步理论加以概括,有时候甚至与自觉规划也无太大关联,不过是因缘际会,或偶然得到了指点。个体有时沉默,有时发声,有时陷入黑暗,有时寻找光明,这本是人生常态,无关任何主义。然而,进步却制造出种种理性氛围。出于进步需要,即便面对教育困境也要理性表态,即便因内心缺乏信心停止了行动也不能停止理性思考。表面上个体越来越理智,实际上却越来越抑郁,参与度也还可以,实际效果则始终是个问题。个体被表面上的冷静、客观夺走了灵魂,时常故作乐观地欢乐,故作感伤地悲伤,非本真的生活成为常态,非感性、受迫性的生活方式成为约定俗成的选择。个体只有自处时,才敢直面自己遭受的创伤。

以时间为基准的线性进步观必然更多地要求个体自律。当进步趋于极端或难以为继的时候,自律必然消解,颓废便会生发。不大起眼、难以引人关注的麻木会悄声无息地侵蚀善与美;不断宣传个体与个体之间、理想与现实之间的差距,也会直接强化个体的无力感。不少个体对于自己的教育生活并未真懂,前程远大、蓬勃上升之时,似乎自己无所不能,屡屡失意与无奈之后,转而开始觉得一切皆幻。对一些个体而言,这个时代是教育生活的黄金时代,对另一些个体而言,则是较为糟糕的时代。在时代进步的大背景下,一些个体的处境日益美好,另一些个体的处境却趋于糟糕。个体被动前进,被裹挟着进步,欢快中夹杂着彷徨,步履维艰地努力着,实际却可能希望渺茫。

"逆天"而行终究是对个体的损害与否定。教育生活中的多数痛苦,

---

① [德] E·卡西勒. 启蒙哲学 [M]. 顾伟铭,等译. 济南:山东人民出版社,1988:3.

都源于要求过高,不允许个体成为普通人。个体并没有优秀到不可或缺,并不具有不可替代性,多数个体的教育生活经历注定很难称得上辉煌史诗。为了能够生活下去,只有不断降低自身期望值,直至接受"自己就是个普通人"这一现实。刻苦努力后依然失意的个体不在少数,在失意中依然坚持不懈然而最终也没能成功的个体也不乏多有。个体总需要面对费尽心思之后了无成绩的境况。由于愿望不能实现,自然容易消极。

为了进步而解放思想,前提必然是有思想,否则解放的可能仅仅只是欲望。个体们充满欲望,却又不抱希望,追求人工甚于追求自然,追求效用甚于追求真知。个体们醉心成绩、皓首穷经,实际过的却是"无思"的生活;个体们殚精竭虑、追逐名利,实际过的却是"无虑"的生活。个体们被这个时代的教育驱赶着生活,无奈地进行非意向性的求知。"增长既没有使我们远离丰盛,也没有使我们接近它"[1],理想成为某种容易上当的过高的估计,某些匮乏似乎永远无法通过进步论的路径得到解决。个体于是开始忧郁、烦躁——个体因笃信进步而病。

相对于少数颓废主义者而言,多数个体还算是积极向上。他们既主动协同,也自主自立,具有这样那样的成就动机和自我完善目标,只是成就或目标并不那么轻易就能实现。处处讲求最高效率则容易忽视教育生活的自然节律,反而会导致普遍性的动力不足。"正义总是战胜邪恶""破碎最终都能团圆"原本就只是美好愿景,而今却作为既定的现实传授给个体。将教育生活希望达成的视作必然会实现的,结果导致忽视教育生活实然状态,自然也不可能教会个体如何在现实中生活。尤其是那些过于宏大、崇高、美好的愿景,几乎无法在现实教育生活中找到实现的途径,过度的求进欲往往在坚实的现实面前被撞成碎片。除此之外,一些激进的教育管理者还会将自己的既定愿景施加到个体身上,这让个体更加喘不过气来。作为教育者,他们付出了爱,较少考虑过回报,但不分白天与黑夜的生活难

---

[1] [法]让·波德里亚. 消费社会[M]. 刘成富,全志刚,译. 南京:南京大学出版社,2001:27.

免侵蚀身处教育生活的自豪感,忙碌中有意无意的情绪流露反映出客观现实与美好理想之间的复杂矛盾。在进步主义愿景的裹挟下,践行的实际是不可持续的教育生活逻辑。低水平的进步举措导致疲于奔命,为了应对这类低水平,往往被迫假勤奋。奔向相同或相似的目标,是自愿的但又是被迫无奈的。压力与焦虑并存,不得不更加努力,但更多的努力导致更深的困惑与迷茫。这种状况正如鲍曼(Z. Bauman)的隐喻:"和蝴蝶一样,当别针刺穿它们的身躯将它们固定一处时,它们是不能幸免于难的。"[1]

(二)价值逻辑的反噬

从生活意义的视角看,作为教育者,自己是一片苦心,受教育者们却不愿领悟,教育者难免为此感到苦涩。在美好的讲授话语中,教育者事实上和受教育者一样处于被型塑的境地。他们也知道被赐予的价值是不可持续的价值,强行赐予价值的行为属于反教育行为。由于与现实教育生活严重脱节,无论是说者(教育者)还是听者(受教育者),对强行赐予的价值其实都不大相信,但出于"生计"的考量,又不得不时常重复它们。通过不断重复所接受的价值只是用来装饰而已,不过是让无聊显得高级,让空虚显得深沉,获得更多的表演技能以便更好地投入非我角色中,拥有更多遮蔽自我的面具或迷惑性的幌子。作为教育者既不被当做真正的专业人员,少有机会享受专业权利,也不被当做非专业人员——他们在教育生活中的角色是模糊不清的。他们一旦意识到了这些,就容易对美好失去憧憬,尤其是当他们对所讲授的话语、所担负的角色进行质疑、抗争却遭到失败时,更容易心灰意冷,不再执着地热爱知识。

种种被制造出来的教育生活竞争镜像,根植于提升自身社会阶层的压力与焦虑,有时乐观多于担忧,有时担忧多于乐观,具体生发出的意义尚需在具体情境中加以辨别。无论如何,执着地过度攀比,积极参与异化的竞争,勉力激发扭曲的争胜欲望,这些都使教育生活变得不完整,缺少光

---

[1] [英]齐格蒙特·鲍曼. 现代性与矛盾性[M]. 邵迎生,译. 北京:商务印书馆,2013:8.

彩。个体总是显得不太成熟，有时还很软弱，不得不通过竞争、评比以及同伴对自己的态度认识自我，不得不重视自己本不认同的光鲜亮丽的装饰。当试图逃避时，个体会倾向于虚构，当面临匮乏时，个体会倾向于想象，然而虚构与想象的生活终究是虚假的生活。个体成长的环境终究比以往更恶劣了，生存的艰难性也比以往更高。个别个体甚至开始追求彼岸精神，宁可沉迷于对有死性的执拗反思也不愿再参与扭曲的竞争和虚假的表演。

进步与反进步的精神倾向往往混融，经典理想主义与有别于经典理想主义的另类理想主义往往呈伴生状态。个体压力与焦虑增加的另一个原因还在于，正统的教育生活价值对他们的希望与他们自身乐意追求的价值时常表现出显著差异。他们拒绝正统意义上的进步与经典理想主义取向，同时又被禁止向反进步和另类理想主义靠拢。一些个体于是开始应付课程、应付作业、应付考试，一直应付到结业，面对美好蓝图时的淡漠表情与凝视严峻现实时的苦楚并存。个体的精神饱满度不足，流于教育生活表面，仅仅关注当下的成就体验，缺乏宽广视野去审视自己的生活前景，对时间越来越缺乏耐心，信仰也常常由于耐力问题而衰弱。个别个体则更彻底地陷入价值虚无，不再努力、不再进取、不再奋斗，成为现代犬儒主义者。在他们那里，罪己感已经消失，畏惧感也不能让他们有所止，一些虚无性与否定性的标签已经贴进他们的心灵之中。在随后的生涯中，曾经经历过的教育生活在他们脑海中留下了深浅不一的灰影。对此，黑格尔（G. W. F. Hegel）曾警示道："儿童在道德和心情方面所能遭遇到的最坏的事情，莫过于把一向必须尊重的那个约束放松或者割断，把它变为怨恨、轻蔑和恶意。谁这样做了，谁就是损害了最重要的伦理。"[①]

从集体主义的视角看，无思、盲目的集体性最终也许只能通过描绘美好图景获得个体的认同。面对集体性要求，个体时常无法选择、无法拒

---

① ［德］黑格尔. 哲学史讲演录：第2卷 [M]. 贺麟，王太庆，等译. 北京：商务印书馆，1960：98.

绝，只能在不断进步中被集体化。即便个体接受了价值和意义，也不一定真正信仰它们。前卫性是被标榜的前卫性，叛逆性是被标榜的叛逆性。个体价值建构和意义生成的来源之一是长期性、重复性、一律性的集体化宣称，这让个体的反思空间受限，求知的深度也随之被削弱。价值和意义表面上还很繁荣，实际上却已被抽空。

个体的生活总是受先行意义影响，"生活从这个世界出发或为了这个世界而在其面前建造着，它在其先行对待或先行拥有了的意图的意义上安排着；它借助先行意图确保自身，以明确或不明确的考虑其意图的方式自行关涉，生活在其返照中同时就是事先建构的。"① "即使美是'旧'的，我们也必须保留它，拿它作为一个榜样，作为一个起点。"② 这固然有它的合理性，只是在经历数年或数十年的教育生活后，一旦多数人都形成了某种意义和审美，对于个体而言这种意义和审美便会具备先行意味，如果盲目接受，个体的头脑就会被禁锢起来，形成固定思维。在集体背景下，思维原本就常常是约定的，具有同一性。拥有固定思维的个体不仅缺失必要的思考能力，而且缺失基本的常识。这导致个体成为"一个连'自我'都不认识的人，一个没有真实的内心的人，一个蒙昧混沌的人，一个把假话说得慷慨激昂的人"③，除非发生深刻的教育变革，否则这种思维难以改变。

齐泽克（S. Žižek）认为，如果像有所信仰般地去行动，就会产生与行动相一致的信仰，"跪下，你就会相信你是因为信仰而跪下。"④ 为了集体

---

① [德] 海德格尔. 对亚里士多德的现象学解释 [M]. 赵卫国，译. 北京：华夏出版社，2012：104-105.
② [苏] 列宁. 列宁论文学与艺术 [M]. 曹葆华，译. 北京：人民文学出版社，1983：106.
③ 韩军，周迪谦，任玲，李镇西. "伪圣"和"犬儒"——中国教育不能承受之重 [J]. 教师之友，2002（3）：8-15.
④ [斯洛文尼亚] 斯拉沃热·齐泽克，[德] 泰奥德·阿多尔诺，等. 图绘意识形态 [M]. 方杰，译. 南京：南京大学出版社，2002：16.

目标过苦日子并没有什么不好，为了集体利益随时牺牲私己利益，为集体献身是无上光荣的，诸如此类的信条有时是为了让个体安于本分。基于这类信条的教育生活充满了恩威并施，个体往往因一些小恩小惠而感激涕零、心气昂扬，以至于误读了知识的价值和自己的命运。

一些个体过于在意集体对自己的看法，频频向集体表达认同意向，以有所依附为目的努力扮演接受者的角色，致力于获得各类评价者的赏识，因顾及集体而呈现出"非我"特质，在表达与行为上时常出现称许性偏差。在更深的意义上，个体实际是在饰演"集体"这一角色，并且饰演过程并不做作，甚至显得自然而然。个体的欲望实际是集体的目标，"有用"标准是集体的"有用"标准，安全感也是集体赋予的安全感。个体之所以这样或那样生活，不是因为没能意识到，而是因为意识到了却没能看透。换言之，个体没有彻悟自己究竟在相信什么，但还是相信了。这大概就是所谓的不成熟，"不成熟就是不经别人的引导就不能运用自己的理智。如果不成熟的原因不在于缺乏理智，而在于不经别人引导就缺乏运用自己理智的决心和勇气，那么这种不成熟就是自我招致的。"①

在美丽童话般的集体生活叙事中实施教育或接受教育，容易对现实形成不切实际的乌托邦幻象。价值观异常脆弱，极易被现实教育生活中的不公、不正消解。梦想与热情遭遇复杂的现实后，梦想有可能破灭，热情也有可能衰减。《麦田里的守望者》的主人公霍尔顿·考菲尔德（Holden Caulfield）讽刺读书只是为了"出人头地，以便将来可以买辆混账凯迪拉克"，他离开所在中学的最大原因是"四周围全都是伪君子。"② 快节奏、无趣味、攀比性的教育生活消解了对美好生活的信仰。在现实教育生活中，类似霍尔顿·考菲尔德这样的个体无法凭借高效表现或突出成绩获得

---

① ［美］詹姆斯·施密特. 启蒙运动与现代性［M］. 徐向东，卢华萍，译. 上海：上海人民出版社，2005：61.
② ［美］杰罗姆·大卫·塞林格. 麦田里的守望者［M］. 施咸荣，译. 桂林：漓江出版社，1983：17.

集体认可，又不愿在不被认可的情况下遵从集体性的规范与逻辑，他们逐渐聚集在一起，形成非正式、非主流的教育生活亚文化群体。虽然没有什么权利，但有许多充满快乐的事；虽然在主流教育生活中时常不受礼遇，但在亚文化活动中体会到了特殊的号召力与影响力。

从理性主义的视角看，在教育生活经典叙事中，造成理性主义的原因被归结为科学主义和工业资本主义的兴起。"科学的公式代替了诗意的光辉，机器的操作压倒了生命的涌动，随着科学向生活世界的渗入，人生观似乎变得漠视人本身了。"① 一些象征被征用，用以表征难以言传的逻辑、体系或意蕴。现实教育生活时常被抽象的科学主义和效率至上之类的进步话语遮蔽，个中的认知表面上令人自豪，实际上充满执见。个体过多地学习科学主义和工业资本叙事，时间一久便习惯于将它们视同于真理本身，以至于在思考时会不自觉地跨过现实，殚精竭虑地搜寻现实背后的所谓本质。

与前述先行意义对个体的影响类似，个体也会依赖前见获得认识或评价基准。"我们对现在的体验在很大程度上取决于我们有关过去的知识。我们在一个与过去的时间和事物有因果联系的脉络中体验现在的世界，从而，当我们体验现在的时候，会参照我们曾经体验的事件和事物。"② 这说明，个体的认识与评价并不总是纯理性的。正是因为前见的存在，没有哪种教育生活规范体系可以将理性全然转化为个体的内部存在。驯服之中常会暗含回返，逾矩的可能性始终存在，为了脱离禁锢，僭越时有发生。教育者批评受教育者的错误，受教育者则陈述着他的理由，教育者试图揭露受教育者的污点，受教育者则试图阐明污点中隐含的另类光亮。受教育者可以理性地接受给定的知识，也可以理性地接受规定的塑造，但也会因前见不被尊重而失去对教育生活的热情。

---

① 杨国荣. 科学的形上之维 [M]. 上海：上海人民出版社，1999：17.
② [美] 保罗·康纳顿. 社会如何记忆 [M]. 纳日碧力戈，译. 上海：上海人民出版社，2000：导论 2.

疏离主观而追求理性的个体不一定就是更好的主体。相对于浩瀚的宇宙和无尽的物质演化史,个体对伟大、永恒、真理的谈论总会显得渺小。基于对未知的敬畏才有助于产生信仰,"我心永恒""坚定不移"事实上极难达成,个中蕴含的与其说是一种尊重理性的态度,不如说是充盈了诗意的主观向往。一种较为常见的情形是,由于时常被迫表述、背诵,个体逐渐不再怀疑,逐渐将表述、背诵的内容当真,甚至对表述、背诵的内容建立起坚定不移的信任。个体在表述、背诵技巧的学习中非常理性,但在表述、背诵背后的根本性问题上却显得比较愚昧。与其如此,还不如摒弃某些坚定不移,自觉关心自我,多多历练自我,"在恶中求善;在丑中求美;在苦闷的人生中求兴趣;在忧愁的世界中求快活。"①

在理性主义的主导下,个体还往往沉溺于符号的再生产,试图通过符号所指实现对周遭生活世界的理智把握,而事实上"这种理智是单纯的才能,是可以训练和批量分配的。这种理智自身驯服于组织化的可能性之下,而与精神格格不入。"② 个体知道追求的是符号,也知道认识可能被误导,但依然我行我素。个体的创造潜能、丰富表情、复杂脾性、身体状况隐退,继而变得不那么重要。教育生活中蕴含着复杂的编码,个体则忙着解码。出于便捷、高效的考虑,就连个体自身也被赋予了抽象代码。个体的一部分被符码化、数字化,生活也依照符码或数字的逻辑,在甄别、淘汰、监测、评价中不断演化,既真诚又表现出明显的偏狭与局限。个体们一个个都养成了符号化的气质。他们对着教科书中贫苦而坚贞的形象留下热泪,却几乎不对现实生活中贫苦而坚贞的形象做实际行动。

崇尚理性主义导致教育生活的结构化程度不断提高。方式、需要、追求具有高度同质性,高低、优劣、好坏只是一种理性区分。这种理性的运用表面很有概括力,实际并未产生有益价值,有时还会因过度而充当扼杀

---

① 邵洵美. 火与肉 [M]. 上海:金屋书店,1928:19.
② [德] 海德格尔. 形而上学导论 [M]. 熊伟,王庆节,译. 北京:商务印书馆,1996:46.

个性的"刀斧手"。依据进化论原理，事物的发展一旦过度，就会演变为其他事物。过度精致地滥用理性，结果便是更多的潜在可能被消解，所学与所做更加难以在教育生活中有机融合。基于理性主义的自我约束一旦过度，就会异化为反教育的自我约束。神圣的理性价值外在于个体，因此需要先引入教育生活，继而要求个体务必消化、吸收，并在必要时付诸行动。这原本无可厚非，但当引入、消化、吸收、行动成为一种强制性力量进而试图扼杀本真时，反压制的反讽与抗拒就会产生。

（三）争胜思维的后果

在以"胜·负""成·败""输·赢"为核心的教育生活中，个体被视为主体，然而是被训练着的主体，并没有真正的自主。个体的精神自由时常被剥夺，在需要肯定或鼓励时时常受到忽视或打击。各种考核项目将个体束缚起来，主体性时常被机械性指标消解殆尽。只要能赢，无论将主体训练成专业工具、考分机器还是赚钱能手，都算成功。当个体没有激情时，也会被认定"本应"充满激情。个体之间性格不同，思维方式也有差异，但这并不意味着必然能够享受到专属于自己的独特的成长过程。于是，在现实教育生活中，缺乏独立思考者已不鲜见，乌合盲从、畏惧权威者也不少有，在真诚与虚伪的断裂处反复游走者，就更多了——只要能赢，这些也就没那么重要了。

在本体层面，教育生活中的竞争不仅涉及"相信"的问题，而且涉及"不得不相信"的问题。"不得不相信"的教育生活只具有功能性，缺少真正的竞争内涵，环绕在个体周围的是"做"出来的竞争情境，"做"出来的竞争氛围，"做"出来的竞争文化。为了最终胜出或赢得，个体们普遍具有了程度不同的自我强制属性，时常自勉，有意识地致力于立言、立功、立德或"高、大、亮、全"，努力地将"不得不相信"内化为"由衷地相信"。个体们时常身不由己地成为竞争主义者，矢志于雄心壮志的实现，并务求实现得彻底。

既要争胜，还要"育德"，结果可能导致道德伪善。一方面，个体们都在努力成为赢家,而只是表面装作真诚、善良。个体知识的积累不一定意味着道德水平的提高。在特定情形中,为了能赢,个体甚至会主动抛弃真诚、拒绝善良。另一方面,"道德伪善容易形成道德教育领域的'伪善教育',即选择性地告诉学生所谓'美好'的事物,甚至故意夸大和美化某些人物,给未成年人营造'美好的虚幻空间'。"[1] 抱持正面、美好心态朝向目标无疑是正确的,但在扭曲的氛围中始终坚持正面、美好则未见得明智。教育者有意遮蔽现实生活的真实性与复杂性,受教育者沉浸在美好中,浓厚的可爱、同情、怜悯氛围导致他们缺乏权利意识与自我保护观念。

教育生活中的竞争还时常与宏大叙事相结合。宏大叙事是教育生活之本,也是个体生活意义建构的根本问题。胜者或赢家无不在宏大叙事的话语陈述、意义建构方面表现卓越。只是,个体的卓越表现只是为了"赢"而表现出的认同,一旦出现了新的"赢"的逻辑,个体便会抛弃这种认同,继而可能如索尔·贝娄(S. Bellow)所言:"一个人一旦抛弃了旧的信仰,便一定会对它进行谴责,但求从此与它一刀两断。"[2] 退一步讲,总是意图在赢得竞争与宏大叙事之间维系联系也很可能需要付出自由、个性、创新等代价——个体可能被成就,与此同时个体的一些天性也会被湮灭。

更为复杂的是,在争胜氛围周边,还会产生众多关联因素。一些竞争场域会有意无意地构建资格、身份、派系等外在壁垒,人为地划分教育生活群体,对个体进行分类。一些竞争形式被制造出来,并不仅仅是出于纯洁的争胜——它既是为了胜利,也是为了现实利益。一些教育者争当管理干部,以不正当手段谋求高评价,通过买版面累积科研成果,通过疏通关

---

[1] 魏传光,胡旖旎. 道德教育视野下现代犬儒主义的批判与重构[J]. 中国教育学刊, 2016 (9): 95-100.
[2] [美] 索尔·贝娄. 更多的人死于心碎[M]. 索尔·贝娄全集·第8卷[C]. 姚暨荣,林珍珍,译. 石家庄:河北教育出版社, 1998: 205.

系评奖、评职称，和真正的专业竞争精神南辕北辙。一些受教育者过多参与各种人为组织的竞赛，正常学习节奏都受到冲击，时常在忙忙碌碌中陷于焦虑。摆脱焦虑于是成为教育生活现实需求，贩卖焦虑于是成为面向教育生活的营销手段。竞争到最后，并没有真正的胜者，最终只是被版面贩卖者、竞赛创办者和教辅书商们赚取了利润。

在个体层面，为了能赢，不少个体可谓争分夺秒、无所不用其极，陷于似乎无止境的紧张。勤勉的劳作果真获得了内心的充实吗？果真收获了成功后的慰藉吗？事实上，个体获得成功的过程时常是一步步放弃教育生活底线的过程。个体获得的所谓成功，不过是给自己找到了一个可供喘息之处。看起来学养不差，似乎很有知识，却不敢严肃思考自己的教育生活目标，不敢正视争胜生活的复杂动机。如果良心略有不安，就寻找些外在原因聊以自慰。除了对业绩敏感，对其他事物都不敏感，陷入太深，又过度抽离，也没什么冲动，于是只好打起精神，看准现实目的然后付诸行动，内心也许开始会有挣扎，但最终不再挣扎。因过度执着而日渐衰弱，因总是想赢而导致诸多弊病。对于个体自身而言，实现的目标是外在目标，对内心幸福感的影响并不显著，也不持久。

个体的成功是其个人的成功，失败也是其个人的失败，个体所归属的集体顶多只是受到这种成功或失败的一点影响。个体们犹如一叶叶孤舟，争相奔向盛装另一种生活的彼岸，有些个体历经挣扎后上岸，有些个体则困于旋涡之中始终不得要领。无论如何，他们可能始终不知道的是，在他们起航时便已确定成功者是少数，失败者是多数。由于集体共情效应，失败个体的不幸遭遇使集体中其他个体也产生不幸之感。个体们不得不背负着失意的压力咬牙生活，时刻保持紧张的竞争状态让他们精力透支，徒劳的竞争之后是更深的焦虑。每逢假期来临，便脱离学校、一哄而散，迫不及待地从疲倦的集体生活中逃离，到学校之外的其他空间释放压力去了。

个体是孤立的，个体教育生活的大部分时刻都在经历内卷式的竞争。短期来看，这种状况几乎无可超越，因此只能想办法适应，而适应的根本原则就是去人性化。高度内卷的竞争氛围有时不提供"出口"，还不允许"放手"，致使竞争空间拥挤不堪，呈现出畸形。为了引导个体更好地适应，受苦精神被广泛推崇，其本身含有贬抑个体"本身"的意味，试图通过贬抑对个体进行锤炼，谋求德行的崇高属性。而事实上，时常处于紧迫情境中的个体难以养成正常思维逻辑。推崇受苦的个体形象，尽管也有助于走向成功，但实际上更多是为了教育生活秩序的维系。更常见的情形是，以绩效为核心的内卷式教育生活结构，对个体的身体与头脑造成了严重挤压。个体的一些受苦形式已经持续了许多年，甚至形成了传统，这让个体的发展既不平衡，也不充分，"许多聪明的心灵被磨钝了锋芒，他们敏捷的思维遭到了毁坏。"[1]

事实上，每一个体都会基于自己的竞争经验，在表演、顺从、沉默与私欲的混融中规划教育生活。只要存在争胜逻辑，就意味着一部分个体被收买，一部分个体被抛弃。然而，即便被抛弃的个体也有他们心目中的英雄。只要和他们深度交流，就能知道谁真正入选了他们的英雄榜单。他们也有通过个人奋斗实现认识价值跃迁的愿望。他们只是不愿因平静而被视为消极的存在，不愿被定性为蒙昧、智障继而被视为需要启蒙的对象。他们也想摆脱倍感压抑且几无回报的教育生活，也希望拥有施展抱负、追求幸福的公平竞技场。

在实践层面，求知的本义自然不是为了争胜，"知识的正确目的是改善人类的生活，增加人们的幸福并减轻人们的痛苦。"[2] 在没有硝烟更无需记挂生死的教育生活中，真正的求知勇气并非奋不顾身地一往无前，而是具备生活韧性，能从不良的状态中迅速恢复。当陷入难以逆转的逆境时，一往无前反而容易坠入深渊，为了长久之计或更长远的成功，调整求知方

---

[1] [英]伯特兰·罗素. 罗素自选文集 [C]. 戴玉庆，译. 北京：商务印书馆，2006：99.

[2] [英]约翰·伯瑞. 进步的观念 [M]. 范祥涛，译. 上海：生活·读书·新知三联书店，2005：37.

向实属必须。知识只是人为罗织的秩序，抛开了主体及其存在，知识也就无所谓意义与价值。个体拥有强悍的认知能力，但这种认知能力可能是应试的、扭曲的，例如只"认"不"知"，又如片面局限于背诵或记忆，再如仅仅专注于"知识点""考点"。按应试逻辑被筛选的知识，总会优先服务于利益最大化以及被阉割后的精神，注重的是机械性积累与简单的数量增加，缺乏灵活运用机会，因此难以转化为实践智慧，也难以助力自我教化和心智成熟。如此求知之所以令人厌倦乃至心生畏惧，首先在于它无意义。当如此求知时，个体常常不得不违背常识。狭隘的求知逻辑即便能培养出社会性，培养出的也是狭隘的社会性。个体能够做的仅仅是对试卷上呈现的问题顺利求解，抑或在举步维艰的作文过程中努力避免平庸。

充斥争胜欲和利益动机的教育生活不是真正的教育生活。它只关注调整叙事结构，打磨表达方式，优化启发技巧。教科书上的知识与教导，只是胜利通关的口令。在惨烈的争胜氛围中，人人都自负、活跃，充满热情又善于纷争，没有谁会为他者付出的辛劳所感动。一些竞争以主体性的彰显为主要特质，却因个体过于在意赢得或胜利而感知质量不佳，甚至招致不幸。有时候，为了缓和严重内卷的争胜局面，教育管理者们花费了较大的代价，但实际上也仅仅是维持了和谐的表象。在和谐的表象背后，竞争与角逐依然残酷。而之所以仅仅维持了和谐表象还不得不继续花费较大代价，是因为如果连和谐的表象也被消解，整个教育生活逻辑将陷入土崩瓦解。

他人分享的自己的争胜经验，有时候真的和作为他人的自我无关。从经验里学习固然重要，但多数情况下，个体自己的问题最终需要依靠自己解决。个体自己在教育生活具体方面存在的不足，并非从他人那里获取简单的策略就能弥补，即便偶尔获得了弥补也属于意外之得。从某种意义上讲，聆听他人分享争胜经验实际上起到的是为他人的成功继续添砖加瓦的效用，自我此时不过是他人成功估值过程中的衬托。

第三章
变通之道：真相缺位与教育生活规范消解

　　人人都沉醉于攫取与进步，鲜有人致力于真正的教育生活。教育生活语言的使用失重，教育生活行为的评价紊乱，教育生活道具流行。教育生活不是系列化的规范展现，而成为随机应变、不断调整的形态建构过程。象征性伪主体被制造出来，钻制度、规范漏洞的现象时有发生。知识传授越来越被作为一种技术对待，探究的勇气只是在口头言说、文件文本和宣传报道中受到了鼓励，价值中立常常不那么可靠，价值宣称也不那么可信。个体们普遍被认定缺乏训练，没有什么方向感，被允许试错的次数也较为有限。各类教育生活的陈述者、议论者与倡导者，被盛行于教育生活的变通主义所熏染。他们的陈述、议论与倡导，有意撇开一些必要条件和特殊背景才能自圆其说。

　　构建和谐秩序被视为教育这一社会子系统的基础性功能，和谐的要义即保持中庸、及时变通。进入教育生活不意味着适应教育生活，过度总是不好的，适度被视为基本原则。基于这种理念，大多数个体都遵循多维度、复杂性的教育生活逻辑，言行介于谨守与逆反两种情形之间，既不那么坚定，也不会无底线地违背，既反思自我，也注重自身与生活世界的利益关联，"持中""顺变"的处世之道在日常哲学中居于核心地位。

　　教育生活由复杂面向组成，它不仅仅是对立又统一的矛盾体。有时候，一切看上去都挺好，但就是感觉有这样那样的不适。每一个体都有一套自我技术，都有自己关于认识论、价值观、情感态度和未来取向的生活哲学。个体间撕破脸皮的情形越来越少了，在一片祥和、一团和气的氛围中，生存境遇的复杂性却在不断增加。在竞争主导的教育生活情境中，每一个体都很客气，却依然需要提防。从来没有发生显著的失败，却在日积月累之后导致了难以挽回的失败。这其中的所作所为、条条框框、门门道道，一个在教育生活中不懂变通的个体几乎不能理解。

一、变通对宏大教育逻辑的悖离

在前现代教育生活中，套路还不那么盛行，知识的准入需要借助外在权威。宏大教育逻辑为处在不同身份的个体提供正式感知教育生活规范和理解他者角色的机会。教育生活的合理性源自个体对整体性教育生活逻辑的信奉，所供给的规范让各个教育生活构成部分顺理成章、各执其职，有较为正式的路径可循。

而今，个人主义思维与世界主义（全球化）思维并存。人与人之间的"共在"或"共同此在"构成了生活世界，"由于这种有共同性的在世之故，世界向来已经总是我和他人共同分有的世界。此在的世界是共同世界。'在之中'就是与他人共同存在。他人的世界之内的自在存在就是共同此在。"[①] 在教育生活中，"旧的二元对立，如左与右、进步与保守、理性与非理性等等，很大程度上已经失去解释力、道德感召力。"[②] 个体之间的复杂关系对他们彼此的成长发挥着重要作用。在宏大教育逻辑所规定的自然法则和文本法则之外，纷繁复杂的个体间约定俗成的变通法则，对个体能否过正直的教育生活产生着更为深刻的影响。

---

① [德]海德格尔. 存在与时间[M]. 陈嘉映，王庆节，译. 上海：生活·读书·新知三联书店，2014：138.
② Sloterdijk P. Critique of Cynical Reason. Trans, Eldred M. Minneapolis：University of Minnesota Press, 1988：10.

(一) 宏大教育叙事的缺位

在现实教育生活中，几乎所有的变通都是对宏大叙事产生歧义后复杂权衡、多重考量的结果。此外，基于宏大叙事的教育生活规范还需要与具体的特殊情况相结合，不成文规范的影响力同样不可小觑。

通过各式宣称或者"表功不表过"掩盖教育生活危机，通过对宏大叙事的突出性强调或选择性无视实现对教育生活的方向性掌控，通过隐晦的形式非正式地对教育生活施加影响，为了确立合作者、探究者身份在教育生活中刻意表现出合作、探究形象……所有这些，背后都蕴含着复杂权衡和多重考量，其中既有并列关系，也有因果关系，间或还暗含其他关系，具体表现为迎合帮唱、沉默遵从、背后反对、挖苦讽刺、调侃搞笑、愤世嫉俗、实利至上等复杂行为。在宏大叙事的背后，处理好各种关系才是美好教育生活的基本要义。

按诸多宏大叙事的逻辑，个体的生活方式最好在共同体决定的表达范畴之内，个体的权益表达最好与共同体的整体诉求相统一。然而，变通不仅广泛存在于个体的生活方式与表达方式中，还存在于这两者的关联过程中。这意味着，话语表达并不等同于现实生活实践。表达方式和生活方式之间总是存在或多或少的间离关系。与话语表达的效用相较，现实原则对个体生活方式的支配更为直接。以往，两者的冲突仅是偶然发生，而今却越来越频繁。

真还是假，这种划分并不至关重要，它们之间的界限本就是模糊的，"真实与虚假存在的搅混不明是处境之一，是当代主体迷宫意识的一个体现。"[①] 生活难以捉摸，没有那么多本该如是，就连货币都有其虚假性，都不过是一种逼真的伪存在。所谓的是非、知识、道德、权威，都具有情境性，依据动机的善恶判断是非并非全不可行。隐秘性、复杂性才是教育生活的本质属性，教育生活中并没有什么"最重要""最核心""最权威"的

---

① 王钦峰. 现代主义小说论略 [M]. 北京：社会科学出版社，2001：209.

人生智慧，就算有，也是针对个别或者少数特殊个体而言。公开蔑视核心与权威的情形减少，"内涵"、反讽、戏谑权威的情形显著增多，核心与权威的崇高形象和耀眼光环逐渐褪去。在更深层面，更为隐蔽的加工、分配知识的方式被开发出来，在经过深思熟虑之后，"降格"手法使关于权威的知识相对化，"升格"手法则使关于世俗的知识权威化。

符合管理逻辑的言说活跃在教育生活中，但这似乎并不妨碍教育生活中另一番景象的繁荣——一面是教育管理规范，一面是习惯性做法，一面提出原则，提倡按原则办事，一面违反原则，主张也不是完全不可以。一方面，普通个体的需要也获得了尊重，不为迎合管理术而开发的节目在教育生活中频频上演，管理的趣味日益被普通个体的趣味所取代。没有一所学校的管理规范是绝对公平的，没有哪个个体不嘟囔自己看不惯的人和事。另一方面，从教育管理者口中说出的，早已不是他们的真实想法。教育管理者口中的好不一定是真的好，"下不为例"很可能意味着"下次同样也可以"，"原则上"实际上可能是没原则，表述中的付出程度有时会达到夸张的地步，实际上却不一定。教育管理者出台的举措既包含对教育质量的严格要求，也包含基于隐性规则形成的惯例。对"外人"，通常敦促他们顶住压力奋力前行，对"自己人"，有时则会网开一面。个体在高扬主体性的宣称中被役使，主体地位的丧失被包装成个性化的解放，剥夺个体的选择权被解释为保障个体的选择权，用教育管理规范规训个体被说成个体行使执行教育管理规范的权利。

尽管规范制定者们已经学会了推演规范实施后的二阶或三阶效应以便确定规范背后的假设是否正确，但有时候，整个规范出台过程依然蕴含着虚伪。一些持论甚高的崇高的规范与个体的教育生活没有多大关系。教育生活中复杂的价值捆绑也许本已呈现破裂之状，却硬要箍起来装作完好——正常是演出来的。不符合规范的不一定就不合理。所谓的高明在于既没有明显地违背规范，又实现了个人私利。如果试图仗义"直言"，很可能会受到少管闲事的教导。系统性不平等正在不同程度上损害谨守规范的个体的利益。真诚并不总是能够受到肯定，允诺不一定真能够履行，虚假也并不总是会受到批评，理念不一定能实现，付出并不总是就有回报，"好人"也并不总是会有好评，标榜说的是那样，不一定真是那样。

针对不同的个体，规范的执行具有伸缩性，伸缩程度时常取决于个体与执行者之间的"关系"。个体的言说与行为主要基于"意图"，而非清晰、明确的制度，完全依规行事有可能遭到反对。个别个体试图通过公众、舆论制造压力，意图裹挟管理规范，尽力避免被怀疑动机不纯，实际就是动机不纯。不少个体意识到，既然谨守规范也不一定获益最多，不如秉持实用主义，巧妙回旋、妥协转圜、折冲樽俎，在需要谨守规范时装样子。名义上的、面子上的与实际上的相互杂糅。表演一而再、再而三地上演，讲真话反而需要付出代价，很傻、很天真地扮演"二货"反而能获得保全。认可规范也不是简单的认可，不过是默默接受，照例行事。

在"单位的事""公家的事"之外，个体们还各有心事，畅所欲言被视为另类，有意有所保留才是常态。表演就是教育生活本身。纵然假装从众，终究也还是一种从众。当面对共同遭遇时，变通是个体间的默契。当面对显著分歧时，变通既是和解的方式，也是彼此都能体面接受的传统，还是一种自然而然的存在状态。必要时，为实现最终的"团结"，个体们众口皆然，熟练地操作着几乎烂熟于心的普遍说辞和"套话"系统，修辞术与辩证法也可以混为一谈。明目张胆地疏离、分裂等偏离性行为事实上极少发生，在较为严重的时候，也只是对管理规范持冷淡态度，消极规避，对解决问题缺乏信心，听之任之。在很大程度上，个体只是在安全范围内戏谑，试图让教育生活趋于轻松、便利，寻找轻巧的策略替代不愿担负的重负。

（二）宏大教育理论的退化

教育技术在不断进化，但某些宏大教育理论却不可逆地退化了。宏大教育理论中的规范、制度，与个体为了维系教育生活而形成"规范""制度"日益形成对垒。在错综复杂的现实规则世界中，"那个真善美不可分离的著名理论不过是现代哲学胡说的臆造罢了。"① 在整体意义上，一些宏大教育理论严格遵守的宏观与微观、个性与共性也不一定对立，甚至不一定存在明显差异。

诸多宏大教育理论尽管也包括个体心理和教育生活两重基本因素，但二者时常相互矛盾，个别论说连逻辑自洽都成问题。理论性的教理能够发挥的效用十分薄弱。大部头的教育学著作热衷以宏大语言陈述教育生活，却无法真正呈现复杂暧昧的现实教育生活关系。服务于宏大叙事的条款繁琐，类目繁多，结果反而是执行力式微。关于教育生活的规范在理论中虽然被热情倡导，但只是空文而已。

不同的宏大教育理论演绎出纷繁复杂的规则，规则之间却经常相互否定。基于规则的所谓生活道义看似合理，实则相互抵牾。教育生活中的关系不断发生变化，中外历史上绵延下来的混乱的格言为关系转换起到了很好的佐证作用，并不纯然存在一种规范性论断优于另一种规范性论断的情况，悖论性的判定同时存在，且同时为真。熟练地运用它们之间的相互否定性，就能通过其他规范来批判既定规范，进而实现对宏大教育理论的解构。

说出淤泥而不染，又说近墨者黑；说兔子不吃窝边草，又说近水楼台先得月；一方面宣扬职业无贵贱，行行出状元，可是又说万般皆下品惟有读书高；说人不犯我我不犯人，又说先下手为强；说退一步海阔天空，又说狭路相逢勇者胜。人们一方面认为"威武不能屈"方是大丈夫、真英雄应有的气概；另一方面又认为韩信能忍受"胯下之辱"也不失能屈能伸的英雄本色。面对劝降的时候，坚持操守的说"宁为玉碎不做瓦全"，放弃坚守的说"良禽择木而栖""识时务者为俊杰"。宣扬"身体发肤受之父母"，司马迁甘就腐刑，视之为理想而

---

① [法]夏尔·皮埃尔·波德莱尔. 波德莱尔美学论文选[C]. 郭宏安，译. 北京：人民文学出版社，1987：73.

屈辱的生；屈原忧国忧民投身汨罗江则认为是舍生取义。①

上述这些悖论，蕴含着丰富的包容性与变通性，在普适程度或道义逻辑方面几乎不存在差别，它们本身便是一种生活智慧。无论个体做出何种生活选择，都能从中找到安身立命的依据。纵使沿着退路放弃，也可以从中求得合理依据，获得精神安慰。

个体所提倡的理论性约定和原则，时常是"左手拉右手"，既不一定客观，也不一定中立，甚至像修辞学的文字游戏一样不具有现实意义。一些约定和原则貌似难以相融，实则异相同质。一些炮制理论抵制精英主义的个体，自己就是精英。一旦在现实教育生活中碰到利害，就会突破约定、丧失原则、罔顾品行，转而以对自己最有利为原则进行取舍——规则原本具有的制约、导向等功能趋于衰弱，规则背后的身份、利益与地位问题突显。

个体的教育生活并不是纯粹、自然的，它常常伴随着与教育管理规范的纠葛。追求秩序井然、彬彬有礼当然不错，但在真实的教育生活中，井井有条的教育生活秩序，完全公平公正的教育生活规范，几乎不存在。诸多大部头教育著作中的规范总是试图将关于知识与德性的内涵固定下来，最终也仅成为了纯学术定义，在最好的时候也仅具有形式意义。抽象的教育管理规范终究只能停留在文本中，真要运作它们还是需要真实可感的教育管理者。教育生活中每天发生的事情的复杂性，比教育理论家们有限的描述要有意思得多，其中的逻辑或机理，也比教育理论家们所设想的要千奇百怪。

宏大教育理论中几乎所有的绝对性都只是一种理念。例如，现实教育生活中权力方面和利益方面的竞争客观存在，宏大教育理论所宣称的权力

---

① 章玉丽. 犬儒主义泛化的传统因素分析 [J]. 思想教育研究，2016（10）：67-71.

"主义"和功利"主义"则属于主观定性。毕竟，真正陷入权力主义和功利主义的教育主体几乎没有。又如，几乎所有的宏大教育理论都自负地认定教育生活中人人平等。而事实上，即便程序、规范都是严密、干净的，现实教育生活中的公允也常常是相对公允，现实教育生活中的恰当也是被多数个体认可的恰当，而非理论性的恰当。现实教育生活中的个体时常各自选择、各自信奉、各自生活，很难存在普遍适用的规范与真正统一的价值观。认识不到这些，就是认识不到位。

消解宏大教育理论的意义实质是贬低、否定其意义。只不过，贬低与否定在无涉利害时既不那么极端，也不那么激烈。更多时候，为了规避"原则性不强""站位不高"之类的批评，变通者们更乐意将理论化的教育规范视为中性存在。尽管理论意义上的规范均质化存在并不存在，但变通者们普遍认为规范依然需要遵守。变通者们甚至认为，有必要遵循教育生活中形成既久的规范，尽管"违反了规范也不会遭受惩罚"这种现象存在，却依然不能否定规范的一般效用。

（三）宏大教育理想的消解

诸多宏大的理想主义教育生活指引具有多向性，并因多向性而存在不确定的模糊地带。忠诚有可能被机会主义取代，倒置现象时有发生，教条早已被否定，绝对主义理想逻辑逐渐失效，一元论理想主义逐渐成为迂阔的教育生活精神，频频遭遇多元化个体的质疑与抵制。

理想主义越高调，便越抽象、越独断，在现实教育生活实践中越可能向其反面转化。"在煽情的伦理流行之时，人所共知的虚伪无所不在；因为照那些高调去生活，不是累死就是饿死——高调加虚伪才能构成一种可行的生活方式。"[①] 为了让教育生活方式更为"可行"，抑或为了缓解宏大理想主义生活指引带来的压力，个体时常主动消除道德，有意趋向娱乐化的调侃与解构，用诙谐、搞怪的方式颠覆经典教育生活中的崇高，用挪

---

① 王小波. 关于崇高 [A]. 王小波. 我的精神家园 [G]. 北京：文化艺术出版社，2002：223-225.

用、转换的方式戏说理性主义的本义。尽管不能简单地认定这类个体没有教育良心，但在他们那里，正价值与负价值的界限的确在变得日益模糊。

一些宏大的理想主义看似天经地义，实则不过是虚妄的说辞，遵从它们时常是名义上的，诸多以往被界定为崇高的价值被别出心裁地消解。有时被标榜的价值逻辑看似协调，但赞扬与批评、看轻与看重都是不确切的，被赞扬与被看重的也并不一定崇高。在华丽的外表之外，多数个体对教育生活现实有清醒认识，粉饰已然难以发挥鼓动效应。个体逐渐意识到，对于有益于理想实现的事情，也只能尽量去做，自身的贡献不过是绵薄之力，实质性变化要靠更多的个体提供更大的力量才可能发生。诸多理想主义说辞难以深入人心，个体高扬理想主义不一定是真的拥护理想主义，而是为自己着想。个体高喊流行的理想主义口号不一定是真心表达，而是认为那样可以让自己的处境更加安定一点。

在教育场景中，消解理想主义所蕴含的意义意味着躲避崇高。真知的缺失，精神的匮乏，辅之以各种形式的不公，让个体意识到断言式的真理并不可靠。主流教育生活叙事的隐性逻辑都是基于正义价值的，然而却仅具有表面上的有效性。不少规范的规范力有限，升旗仪式、例会之类的规范流于形式，薪酬、绩效等方面的规范时常执行失当。个体越来越将神圣价值与崇高理想看作遥不可及的想象，如果有谁时不时将它们挂在嘴边，就会有矫揉造作之嫌。

"我不知道还有哪个大型文明能够如此稳当地平衡在纯洁与堕落之间。"[①] 一些宏大的理想主义指引总是显得半真半假、忽轻忽重，时而是一种高贵的箴言，时而又像在玩一种语言文字游戏。在反复的纠结中，个体逐渐意识到教育生活本身无所谓高尚或"低尚"，时常被宣称的理想蓝图也有其虚假性。意义消解于是盛行，原本具有恒久意义的价值、信念与规范，反而成为反思与批评的对象。在反思与批评时，个体可能不止一次与

---

① [英] 艾伦·麦克法兰. 日本镜中行 [M]. 管可秾，译. 上海：生活·读书·新知三联书店，2010：51.

那些被广泛宣称的价值——诚实、善良、正直、公平等开了或大或小的玩笑。

被禁止的事情，做起来才更刺激。规范越世俗，所指代的身份、利益与地位越赤裸。一个现实的问题是，高度规范化的高绩效工作系统不一定能够兼顾个体利益、群体利益和社会效益，超越世俗规范，追求崇高意义也不一定能让自己成为"真正的人"。在现实教育生活情境中，没有人拥有特有的德行价值，每一个体都是肉身，都是俗人，都有七情六欲，都会生老病死。只有这样的个体才是真实的个体，只有这样的个体的生活才是真实的生活。在教育生活中，伤风败俗的事较为少见，转移风俗也不是教育生活的第一要义，因此并不总是需要持续性地进行宏大叙事。

在特殊情况下，一些不幸的教育生活经历往往粉碎个体诗意化的理想。在这类个体的教育生活中，对宏大理想主义的侵蚀常以悖反的方式进行。与英勇赴义相反，一些个体选择了卑微处事，陪着逢迎、陪着认同、陪着赞美——内心即便不太接受，演技也必须到位。与正义的冲动相反，不少个体更多表现出气血亏虚，日益走向圆滑世故，生活的装点必不可少，中庸思维得到广泛体现。与激情主义者相比，更加注重形式，以至于只要面子不要里子，更加迷恋于当下的安稳，只偶尔表露出些微的创造性意图。

更为普遍的情形是，所谓的主体与客体、理性与欲望之间并没有不可逾越的鸿沟，也不存在绝对恒定的价值。为了建构自我认同逻辑，个体时常有选择地确立现实；为了追求存在于"自然·社会""自我·他者"之中的同一性逻辑，对教育辩证法产生了盲目推崇，甚至认定高尚的谎言也属于生活智慧。个体在教育生活中既与物周游，又不为物役，既不简单地拒斥，也不一味地欢呼，既不追求高尚也不反感卑下，既能面对辉煌也能面对黯淡，既求真知，也务实利，既按市场规律生活，以诸多名义追逐货币，也没有忘记超然的理想本色——"这是一种大家都心知肚明，显得对大家都有好处，所以大家都坦然玩之的游戏。"① 功利价值与终极价值始终相互渗透，个体在教育生活中策略灵活、态度随和，不再抑制欲望，也不耻于计算利益。个体的话语逻辑都能自洽，尤其是当不说破成为共识时，形式也便具有了实质意义。

（四）宏大道德愿景的虚置

从个体自身来看，个体所遵循的道德信念与道德规范也开始悖离宏大的道德愿景。表面上什么都可以信，实际上什么都不信。个体一面恪守专业操守，高举载道的大旗谋求自我完善，一面趋向道德相对主义，在自圆其说中谋求功利。温情有时是真实的，有时则披着面纱，"德"并不意味着"得"，在努力和得到之间尚有诸多隐含规则。

当前众所公认的是人必须要有道德，然而道德不一定是当前教育生活中的这类道德。这类道德调门偏高，在具体实施时时常偏软，对个体的约束效力有限。既然无力坚守宏大的道德愿景，不如就此放弃，转而尊重现实。真正决定现实教育生活的，其实是掩映在道德背后的潜规则，它们不可言说，默默地发挥着无形的影响，履行着执行者的角色。个体的教育生活并没有多少内在价值，为了维系虚假的道德感，常常需要假戏真做。个体的所作所为仅仅是为了适应现实，所谓的道德不过是适应现实的工具。除了免受现实的伤害、增进现实的收益之外，道德似乎就没有其他意义了。

首先，"道德是人性向社会舆论的延伸和表现。"② 人性是复杂的，道德与非道德也是相对的，不存在严格的对错、好坏之分。道德不具有客观性，因此并不能反映真理，也难以维护公正秩序。并不存在绝对神圣、无懈可击的权威，对个体行为的道德性的判定并不是毫无分歧的。道德是个人的事情，不同生活境遇中的个体，所遵循的道德逻辑自然也会不同。个别个体甚至"把正直、诚实视为最高形式的欺诈，把品行端正视为最高形

---

① 徐贲. 当代犬儒主义的良心与希望 [J]. 读书, 2014 (7): 29-37.
② 曾钊新. 曾钊新文集：第 1 卷 [M]. 长沙：湖南人民出版社, 2003: 9.

式的放荡不羁,把真理视为最有效的谎言形式"①。个体的道德话语表达与道德实际行为不一致,这种不一致经过了精心粉饰,常常令人难以察觉。与认知的正确性相较,行为的顺从性更重要,因此应努力成为识时务者,即便遭受刁难依然需要保持道德姿态。

其次,"道德规范是构筑在人性王国基地上的。"② 一些个体看待道德规范时持相对主义态度,认为道德规范是可以解构的,为了谋得更高程度、更大范围内的自由,不愿受到道德规范的严格束缚。一些个体漠视既有的道德规范,批判统一性的道德标准,认为普遍性的道德规范和道德标准既不可能存在,也不应该存在,进而不承认道德规范和道德标准的教化效用。表面是文雅关系,内里是野蛮关系。"非法敛财不如合法敛财,非法抢劫不如合法抢劫,这样效率更高,还受法律保护。"③ 注重手段的精致性,时时声称严格遵守规则,实则屡屡突破规则。时时倡导集体利益,实则处心积虑假公济己。道德责任与道德义务被认为可有可无,履不履行全凭良知与良心,甚至连良知、良心都不过是空洞的说辞。并不是故意要势利,但将是非、善恶相对化之后,就只剩下了势利,一旦利益当前,规范与标准便形同虚设。

再次,用主观喜好确定生活价值取向,用利弊分析代替是非、善恶、美丑分析。对自身言行是否合乎德性持模糊态度。将精明的功利算计隐藏在表面的超脱姿态中,表面上是在讲规范,实际上是在为追求个人利益寻找借口。宣称会遵守,但在利益面前却较少遵守。试图超越经典道德规范所建构的羞耻逻辑,向非道德现象妥协,甚至主动迎合非道德现象。不再一味谴责非道德现象,转而抹去经典的道德界线,用实用主义观念审视教

---

① [斯洛文尼亚] 斯拉沃热·齐泽克. 意识形态的崇高客体 [M]. 季广茂, 译. 北京:中央编译出版社,2017:28-29.
② 曾钊新. 曾钊新文集:第1卷 [M]. 长沙:湖南人民出版社,2003:9.
③ [斯洛文尼亚] 斯拉沃热·齐泽克. 意识形态的崇高客体 [M]. 季广茂, 译. 北京:中央编译出版社,2017:29.

育生活中的一切。谁成功了谁就更有道德。不惜以非道德手段谋求个人成功，事后自我辩解一番即可——"我不是犬儒，我只是阅历丰富而已——难道这不恰好是同一件事吗！""不是犬儒怎能生活？"①

总体来看，一些关于道德信念与道德规范的变通是残缺的、审丑的，但也没有严重损及教育生活的基本操守，在谈不上什么道德品性追求的厚颜式生活深处，温柔淳厚、清净高洁的教育生活基底尚存，教育生活总也不至于千疮百孔。很多时候，个体只是对规范体系的公正性或有效性持怀疑态度，继而对"存在的就是合理的"这一理念进行了变通性实践。个体能够轻巧地绕过公认的良知与良心，但头脑依然清醒，良心依然健在。虽然时常在行动上闪转腾挪、有所偏颇，虽然心中盘算着实利，嘴上畅谈着理想，甚至或多或少染上了表里不一的习气，但违背名理与纲常的情形极少，个体实际上知道自己应当支持什么、鞭挞什么。

二、变通发生的多重复杂性机理

尽管所有的宏大叙事都从个人叙事中综合而来，但在教育生活中，普遍与特殊作为相对性存在，二者之间的界限时常并不那么明确。毕竟，每一个体都是复数性个体——作为知识传递者或知识接受者，作为赞颂者或批判者，作为个性化标志或社团、族群成员。个体身处教育生活之中，但又不完全从属于教育生活规范。个体有坚定的信仰，而且很聪明，却可能不那么诚实；个体既聪明又诚实，却可能没有坚定的信仰；如果个体相信宏大理想主义，又是一个诚实的人，那他就不能太聪明②。

在教育生活中，每一复数性个体都有其位置，作为相对独立的人，有其自在本性。在变通主义者那里，个体本性所谓的好坏，不过是从特定的

---

① Sloterdijk P. Critique of Cynical Reason. Trans, Eldred M. Minneapolis: University of Minnesota Press, 1988: 32.
② [斯洛文尼亚] 斯拉沃热·齐泽克. 欢迎来到实在界这个大荒漠 [M]. 季广茂, 译. 南京: 译林出版社, 2012: 145.

位置、立场来看而生出的问题，真善美三者并非总是纯然一体，真的并不一定就善，善的也不一定就美，它们在教育生活中的错位时有发生，因此无所谓好或不好，无所谓美或不美。在一种情境中形成的观念和立场，在另一种情境中不一定也能形成，因此观念和立场需要根据情境进行变通。

（一）信念与规范之间的反差

变通缘于价值信念与真实现实之间的反差。在同一教育生活场域，"可能"感受到的生活世界对每一个体都是平等的，"现实"感受到的生活世界则会千差万别，它与每一个体的知觉、情感、思维、理性等紧密相关。个体对规范的曲解使规范的意义与边界变得模糊，进而游走于模糊性之中。简明、洗练地传递知识与信念越发不可能，借助精细、复杂的技巧日益成为必需。

从个体视角看，为了更好地生活，个体需要照章办事，这实际上就是与规范相协调。一个常见的问题是，充斥在教育生活中的管理规范不能良好地协调个体的信念与行为，除了功利性的保障之外，不能为个体的生存、发展提供德性的、具有本体意义的保障。有时候，规范反倒成了一种羁绊。没有多少"非如此不可"，但又无法安然自得，无法纵情狂欢，无法沉寂于教育生活之外，于是只好变通。因此，变通发生的一个重要动机就是规避规范划定的禁忌，建构一种"隐喻"，较为圆熟地化解教育生活中碍事的因素，在比较安全的领域大力挖掘自身发展所需的资源。为了变通，个体可能积极介入、主动帮唱，阿谀逢迎又八面玲珑，也可能放弃对既定原则的恪守，开发出别样的路径。

从教育生活视角看，管理规范与日常教育生活并不总是处于协调状态，有时只是无规律地混杂在一起，暂时的误置、对隐性规范的认同、对强势逻辑的屈从都或多或少为变通的生产充当了依据。尽管通过全局性审视，规范的正当性总能得到有力的辩护，但教育生活并非完全基于规范而构建，它还受到各类观念和目的主导。将主导性的思维方式和观念体系赋予规范的建构，才是教育生活的内在实质。换言之，教育生活依据各类教育主体对规范的反应方式最终建构起来。教育生活规范的实质在于按照特定的观念指引进行言说或做出行为,进而形成良好的秩序。这又引发了新的问题,即规范究竟受到"谁"的观念、"谁"的目的的主导?与规范制定者相比,规范遵从者对此有不同认知。对于一些个体而言,规范是他者制定的,体现的是他者的需求和利益。基于这种认知,一些个体会在教育生活中秉持利己思维与怀疑态度,或者吵吵闹闹有意让规范所指含混不清,或者在冷嘲热讽中拒绝规范,或者以"打补丁"的方式对规范进行修正,口头大力支持,实际执行时敷衍、抵制。个体与规范之间关系的异化消解了规范的权威性,导致规范的公信力不佳,而规范的公信力不佳又反过来进一步导致了关系的异化。

在哈贝马斯(J. Habermas)那里,"规范的不确定性主要受制于规范所指向的社会的或事实的有效性与规范本身的有效性"[①]两方面。教育生活的模糊性,以及教育生活中诸多不确定地带,让个体对规范的有效性生疑——认为规范不具有可执行性,或认为执行过程会出现偏差。个体对自身与管理者之间或显性或隐性的契约感到悲观——认为管理者和他们出台的规范无法真正履行过美好教育生活的职能。当自我认同与外部规范相分离时,个体的教育生活会按照自认为正确的逻辑运行,或者个体表面上认同外部规范,实际依然按照自认为正确的逻辑运行。教育生活现实与自认为"是"的心态相融合,使得规范出现空转现象,规范对个体的导向功能失效,各自变通成为可能。

如果事实只是有意选择的事实,那么事实也就不一定胜于雄辩了。"事实究竟是怎样的"有时并不是最重要的,"希望事实是怎样的"才是最重要的。每个个体都在以自己的想象去想象事实,并且认为他者也在像自己一样想象。是与非并非总是泾渭分明,事实上的是非在具体践行时,或多或少都会产生偏差。教育生活总归需要基于"事实"进行规范,如果显

---

① [德]尤尔根·哈贝马斯. 在事实与规范之间——关于法律和民主治国的商谈理论[M]. 童世骏,译. 上海:生活·读书·新知三联书店,2014:35.

性的规范并未尊重"事实",那么隐性的规范就会开始流行。与规范的标准化生产过程不同,在涉及操作层面时,很难找到高度确定性的"事实"认定标准。受复杂因素影响,几乎所有不成文的规范都是"事实"博弈后所表现出的均衡结果。面对视角各异、众说纷纭的"事实",规范威慑力不足的情况真实存在。诸多规范在执行时似是而非,常随环境、时间、内部因素的变化而变化,经不起严谨的辨识。简单只是表现出来的简单,规范在这群个体身上适用,在那群个体身上则不一定,不明白这一点,很容易导致"事实"错置。加之权力或利益的掣肘,规范有时只是理论上、纸面上的规范,一旦面对"事实",变通成为必然性选择。

行为失范与信念扭曲互为因果。主流教育生活叙事所秉持的善、义并未完满地实现,主流教育生活叙事所秉持的规范也不是所有个体都在遵守。叙事和现实的断裂显而易见,无论个体怎么做,似乎都能找到合理性。既然如此,何不依据自身需求行事,从对自身最有利的规范出发对待教育生活呢?由于个体私欲的膨胀性,人人都有一种超越规范的冲动。一些个体利用了规范的漏洞,却精致地掩饰了利用的过程。个体意识到,规范并不具有完备性,即便基于相同价值逻辑的规范,规范之间也可能互斥。个体不再试图构建道德依凭,转而抱着"不被追究则无关道德""合则用,不和则弃"的信条到处试探越轨的现实性与可能性。长期的僭越冲动逐渐扭曲了信念,当僭越失败时,个体还可能认定靠奋斗不如有"背景","投胎"比努力更重要,即便刻苦也不一定能达成目标。

(二)话语精确性的迂回替代

除了正式的教育场合,在日常性的教育生活中并不特别强调话语的精确,这为变通的发生提供了余地。一旦日常性话语开始试图绕过教育生活基本原则,迂回替代性表达策略便会滋生。纵然坚持以科学的话语保持价值无涉的态度,结果也常常自相矛盾——时而以理智话语纠正经验话语,时而又用经验话语纠正理智话语,时而用实证话语证明价值,时而又用价值话语矫正实证。

在哈贝马斯看来，恰当的语言对话，比如遵循共同的范式标准，包含实情、人情和心情在内的语言学，以及不断规范和调整自身行为等，能够为人际间交往行动的合理化打下基础[①]。采取同类语言的人越多，以之为基的交往行动就越正确。反之，如果被采用的语言总是含混模糊、令人费解，各种形式的变通性解读就可能产生，一些个体的语言（话语）也会变得具有倾向性——有意识地搜索、吸收、消化特定类型的话语，而选择性地忽视与之相反的话语。在较为极端的情况下，个体只能奉行模糊性原则，或者热衷于重复已经经过多次检验的话语。这实际是对锋芒的变相回避——既可以回避话语被禁止的风险，又可以回避话语被审视时的不确定性。

大话西游较为流行，大话正统、戏谑权威就有一定风险。这或许是因为，诸多教育生活规范与正统、权威紧密相联。问题在于，当个体使用正统话语或权威话语时，会发现无法成功驳倒从"大话"立场进行同样价值宣称的个体。个体的生活因此时常是矛盾的，在话语立场、话语逻辑上充满悖论，始终难以进行一贯性解释。有时候，正统话语或权威话语表面上的宣称或标榜，只不过是特殊权利运作的虚假表现形式。对于个体而言，这种虚假表现形式即便在语义学层面已经十分清晰、了然于胸，不再具有迷惑性，在语用学层面也必须装着相信。与之相对，当个体使用"大话"时，无论是反话正说还是正话反说都可以对他者或秩序做出回应，越真诚反而越搞笑，直抒胸臆不仅不会冒犯、得罪，反而更加耐人寻味，话语修辞因此显得没那么重要。个体所认同的与个体所排斥的只是表面上归属不同话语领域，表面上拥有不同话语阐释逻辑，实际上则存在深层次的相关，因此难以施加准确的定性，无法执行露骨的禁令。在这种情况下，所谓的教育生活智慧实际上是指不要不识时务，不要逆权威特性而行，即便没有遭受外部压力，也应根据适宜性对自己的话语做出调整。

---

① ［德］尤尔根·哈贝马斯. 交往行动理论：第 2 卷 [M]. 洪佩郁，蔺青，译. 重庆：重庆出版社，1994：165.

变通通常由个体依据实际话语情境建立，并不遵循严格的逻辑，有时是个体对第一直觉进行反思的结果。在有意或无意中，个体感受到的话语情境总是个体选择感受到的话语情境。理解上的分歧导致多元。有时候，对于同一教育生活事件，话语更是多到令人眼花缭乱。话语中使用的概念只是名谓，无所谓对错，即便有对错，对或者错也无所谓。在此种情形下是对的，未必在其他情形下也行得通。有时候，辨别真假既不必要，也无可能。个体自以为自己的话语对方能够理解，对于对方的内心世界却都难以理解，也懒得理解。由于缺乏理解，双方处于不同生活频道，一些个体选择努力靠近，结果可能被推得更远，这不免让他们气馁。一方面，教育生活不要僵化的教育信条，不要一味地劝服，不要刻意地诱导，不要强制性灌输，不把"话语"定死，时刻保留余地、随机应变最好。另一方面，鉴于"观念·目的"的主导作用和理解上的分歧，通过施加各种非规范性的话语影响来规范教育生活成为可能。

在信息技术时代，个体们更乐于进行线上交往，以表情包为代表的交往符号更易于表情达意，能够显著提升人际互动效率，但与此同时，它也在一定程度上导致表达层次趋于浅表化，表达方式趋于碎片化。在这样的表达中，个体之间的黏性大为降低。个体发了很多表情包，却在现实教育生活中更加失语。无论是颜文字还是绘文字，其数量都较为有限，彼此间的排列组合更是受到局限。当成千上万的个体习惯了使用表情包时，所谓的个性化表达反而异化为模板化表达。现实生活中嘈嘈切切、众说纷纭的话语往往需要一对一予以答复，在虚拟交际空间却可以轻松地统一回复。在统一回复过程中，个性化与个别差异性被进一步淡化。长期的制式化交际衍生出新的复杂意义，导致表情包的表意日益趋于模糊。个体越来越不想直截了当地表达意义所指。"微笑"表情不一定表达真心微笑，反而时常意味着看破不说破。

（三）受迫与无奈之后的适应

个体简单地靠顾名思义进行定义，抑或直白地说出真相，会被认为违反公认的规则。动辄就说出口的全盘否定包含着教育生活概念的混淆和各式各样的主观认定，因此很容易受到宏大叙事的回击。这意味着，说出真相首先应顾及维护规则的统一性与权威性。直接对身体施加暴力早已不被容许，然而个体依然可能因总是违逆宏大叙事逻辑而遭到长期持续性的批评。个体于是开始变通。

个体既要兑现私利，又要依附于共同体；既要自我满足，又要谋求共同体中其他个体的认同。个体因而成为倾向独立性与谋求认同性的复杂存在。个体不再笃信崇高，但教育评价规则又要求表现出崇高，"伪崇高"于是应运而生。个体并不十分理解，也不真正深度认同，但迫于对象与自身生活利益的关联性又不得不表示理解与认同——如果并不发自内心，却依然需要加以顺从性言说，那就只能作秀。真或假，是或非，实际都是表演。既然并不真心认同，那么将相机而变作为教育生活原则也便没有什么不可了。当试图兑现私利时，为避免被认定为自私而遭到共同体排异，个体们普遍学会了假借宏大叙事进行隐晦表达。

体制性的宏大叙事一面鼓励大胆怀疑，一面有意识地磨灭怀疑，甚至封闭怀疑可能产生的时空。当体制性宏大叙事呈现在个体面前时，个体竟是如此地渺小。个体感受到了无能为力，能做的顶多也只是抱怨，能发挥的作用顶多也只是话语性的，于是只得遵守"现实"规则，承认"现实"才是理智选择。直言者通常不会有什么好下场，个体们普遍不敢公开表达怀疑。即便在反复怀疑中认识到了强制与欺蒙，也摆脱不了它的操弄。保持清醒的代价过于高昂，名哲保身、学会适应才是明智之举。个体们开始变得善于接受现实而无志于改造现实。既然无志于改造，那就学会适应，适时调整期望才能避免目标总是遥不可及。个体们逐渐意识到，既然属于"体制内"，服从它比怀疑它更加重要。怀疑如果过了度，有可能失去它供给的机遇，于是干脆"认认真真走形式，踏踏实实走过场""让怎么干就怎么干"，"想那么多干嘛""这是标准答案，记住就行"。个体们逐渐意识到，在这个艰深的生活场域，不顾颜面的直言不讳常常多有不妥，委婉、周全才能最终达成预期效果。与直接批评相较，幽默调侃常常能使表达效果翻倍；采用似有所指的非常规形式，反而更能实现深刻否定的目的。

一些个体有能力改变教育生活状况，但却保留了真正想表达的认知和感受，也没有做出改变行为。"有所保留"成为他们教育生活的基本面向。他们有信息、有观点、有主意，偶尔也发言、也交流，只是，每当处于要害节点或关键时刻，他们常会有意识地隐藏。他们这样做可能是因为：（1）教育生活气氛不佳。气氛压抑、不和谐，在具体决策时，个体们只顾自身利益，自利成为占主导地位的思维模式。指出问题或提出建议会被怀疑动机不纯。（2）教育生活实践中暗藏风险，有所保留似乎能更好地保护自己。因畏惧担责导致不愿真实表露自我，出于种种顾虑并未说出真相。尽管发现了问题但不愿主动报告问题，讨论问题时担心人际风险，所以讨论时时常以圆滑的形式示人。（3）缺乏共识。在是非、美丑以及怎样才是道德的等方面不能达成统一意见。意见不被重视，或被曲解为抱怨、挑刺或挑衅。提出意见可能导致所执行的事项搁浅或组织流程中断，因此可能受到消极对待。这不仅影响情绪，而且会降低安全感。如果因被消极对待而表达不满，就可能面临较大生活压力。为避免自身陷入窘境，减少心理承诺甚至保持沉默成为个体的习惯性选择。（4）个体现实生存需要与内心真实想法相冲突，拒绝否定，但也不愿肯定，于是只能使用含混不清的价值界定避免言行冒昧。

通过理性判断，个体自觉意识到了教育生活中的"弊""伪"，然而同样通过理性地深思熟虑之后，个体并没有抱着改变、革除或消灭的目的对其进行批判，反而非常理智地以默默遵从代替了批判。生存理性与生活意义可以不统一，"台上讲唯物，台下信鬼神"的情形不足为奇，也没有必要总是纠缠"老人摔倒扶还是不扶"之类的问题。保持无可无不可的圆熟立场才能多方讨好。更有一些个体，在潜移默化中受到传统处世哲学的复杂影响，信奉起"三省吾身""三缄其口""言多必失"之类的处世训言。此时，理性判断已然变通为理智算计，算计的背后可能是自我中心主义、功利主义，也可能是道德虚无主义，又或是其他什么主义。

个别管理者设定规则，却在规则的掩饰下奉行双重标准。这似乎说明，规则不过是用来约束普通个体的，是可以僭越的。依据明文规则，正式级别和努力付出是利益分配时的考量维度，然而，与管理者私下里秘而不宣的关系也是考量维度。为表示私忠，一些个体更乐意私下里为管理者做额外的付出。如果个体坚持这样做，就会在绩效认定、福利发放、资源辅助、晋升机会等方面获得额外优势。如此一来，看似公平的宣称性规则与令人失望的实践性规则之间出现断裂，从众成为无奈的选择，个体越来越有一种看穿的感觉，越来越对规范持口头重视、内心轻视的态度，个体的教育生活过程成为"明知……却……"的过程。

与无奈紧密相关的"不愿""不甘"几乎是所有变通行为产生的现实原因。有时候，规范发布的频次过多，关涉面太广，而且事无巨细，从日常行为到学习习惯，从备课要求到上课流程，从纪律检查到舆论监管，从仪容仪表到思想倾向，可谓无所不包。规范如此细致，反而显得苛刻。当感知到规范施加的结构性压力时，与其为无法摆脱而困扰，不如寻找犬儒式的应对智慧。既然不能摆脱与繁文缛节之间的纠葛，不如在事无巨细中保持礼貌性的微笑。既然讽刺与批评终归无用，也便懒得讽刺、批评，转而在行动上假装按要求去做，在态度上假装认真对待——教育生活开始演变为逢场作戏。个体逐渐被琐碎的、按部就班的、既有亮色调又有灰色调的教育生活所主导。即便不相信，也只能在规范的制约下假装相信；即便不愿假装相信，至少不应与相信对象发生正面冲突；因为从来没有严肃地相信，所以也就没有真正的个人信仰。

个体的变通经验建基于经历，只要个体之间存在着"裂缝"，便存在伦理。一些所谓的道德规范建基于个体与个体之间对痛苦关系的忍耐。由于没有人愿意维系痛苦的关系，由于"自我"被赋予了更多的存在价值，所谓的道德规范越来越不能约束个体的行为。尤其在关涉实质利益时，聪明的获益者通常都伪装性较强，道德时常起不到决定作用，日常生活中反复宣称的伦理价值逐渐失效了。面对现实，个体的失望情绪开始弥漫开来，现代犬儒主义观念开始萌生，个体从内心鄙夷规范，因为规范无力而且无效，从内心鄙夷道德，因为在关涉实质利益时，道德总会出丑。对于改善现实发生的教育生活而言，讨论特定道德问题似乎没有直接意义。人微言轻，面对强梁宰制，也只能逆来顺受。如果改变命运没有希望，不如至少在表面上表现出认命倾向。

（四）暂时性心态与面子关照

信息技术不断迭代，信息操作系统的升级变得永无止境，在这样的教育生活境遇中，个体很难获得稳定的、基础性的、可以长期遵循的逻辑。基于规范的教育生活依然必需，但一些旧的规范已经过时，新的规范需要建立。出人意料的建构视角不断出现，多种教育生活因素的混合成为常态，大胆的实验性实施受到关注。安分守己很可能意味着因循守旧，忠心遵从宏大叙事中宣称的规范反而会失去风口上难得的机遇。个体对教育生活现实的秩序性与稳定性逐渐不抱幻想，转而谋求超越僵化秩序与守旧规范之外的新式生活理念。有类型就有反类型，对教育生活中各种定式的挑战总在发生。迎合只是自保的基本操作，变通则常常属于创新之举。诸多教育生活样态可能只是暂时的，因此无需长时期地、坚持不懈地投入精力和情感，只需以过客心态表现出"瞬间效忠"（momentary allegiance）即可。

从正向效应来看，既然都是过客，也就不存在根深蒂固的怨或恨。从负向效应来看，过客心态导致个体规则意识和价值意识淡薄。规则可能是暂时性的，也可能是约定俗成的，继而是可变的。反正最后都要走，都会消逝，因此都不值得付出太多努力。无论过去还是现在，无论谁曾经做过或准备做什么，都没那么重要，"走一步看一步"就好。个体内心没有了"根"与"基"，无论什么根源，也无论什么基础，都可以放弃。

公共教育生活中尽量不要出现意见不一的现象，协调一致最好，即便不能做到协调一致，至少也不能出现公开反对。任何博弈都蕴含风险，自找麻烦往往会招来真正的麻烦，再怎么折腾，也得在这个圈子里讨生活，基本的生存法则是适可而止，因此"面子"还是要给的。为了"给面子"，尖酸刻薄、不留情面的场景实际上极少发生，就算介意强加于自己身上的一揽子形式，至少也会有意维系一种"给面子"的形象。基于"面子上"的考虑，可以以虚假敷衍教育生活中的双标，可以借助各种理由抵制异化，变通因此成为竞相展示高级虚假、竞相提出高级理由的过程。

表面看，面子这一教育生活因素很有意思，一旦有了，就不想再失去，一旦高起来，就不想再低下去，有失体面就更加要不得。实质上，诸多面子问题相对隐蔽但也并非全不可见（感），属于教育生活的灰色部分。面子上合情合理，实际执行的是另外一套规则。另外一套规则不过是根据面子上合情合理的需要量身设计的。在具体设计时，设计者会有意"看见"一些现象，对于另一些现象则故意视而不见，有时就连"看""见"的形式也是顾及脸面的。面对这种情形，个体其实知道其背后的利害冲突，于是也就见怪不怪了，有时还会默默认可。长期浸淫于"面子"与"里子"的背离，迟早能认识到对立性价值的复杂性转化，继而形成复杂的是非观。尽管诚信为本依然被广泛宣称，但内心的真诚仅仅是一种主观自我感觉，一旦涉及脸面，这种主观自我感觉常常不值一提，进而导致伪真诚的流行。

三、变通的解构性复杂效应辨析

教育生活中蕴含着复杂的言说方式与知识再生产过程。在浓厚的变通氛围中，不被管制的艺术日益发达，各式各样的虚假关系被掺入。关于教育生活的真实写照是相对意义上的真实写照，是写照者自认为真实的写照。所谓的全面的真实极难实现。尤其是在信息化时代，能够基于特定的伦理规约，愿意谨守公共性良心准则，并据此尽职尽责地谋求真实，已然是精神可嘉了。

(一) 规范的变换与转移成为常态

从规范的视角看，遵从规范是个体在教育生活中的必修课，异端及其导致的抵制活动常常是阻碍个体发展的重要因素。管理者们用心良苦，他们的限制与禁止，有时是为了保障安全发展。只是，由于变通主义的盛行，几乎没有规范能够被不折不扣地执行。

有公开的规范逻辑，也有私下里的规范逻辑。变换和转移成为常态，规范的执行难以形成惯例，教育生活的不稳定性、可变性增强，个体时常需要面对事实上无规所依的情形。"人们现在时常面对多种不同的'游戏'，它们的自明性和严肃性被解构，只是一个即时的自我确认场所——人们越是不出于任何幻觉，带着完美的暂时性意识来实施这一确认，它就越是蛮横和傲慢，越是愤世嫉俗。"① 个体过着即时性"非本真生活"(inauthentic life)，陷入这种生活并非生活经验贫乏所致，反而可能是生活经验过于复杂所致。个体一些合理的权利主张通过变换和转移的方式被消解。一些不合理的权利主张反而属于对规范的"合理运用"。有时候，个体原本是被侵权者，却在曲解性规范的解读下被定性为取闹者。

一些规范具有自明性，无需反思与批评。还有一些规范则是模糊的，个中原本就内蕴着变通。充分利用既定规范本无可厚非，问题在于表面宣称遵守既定规范而实际却在歪曲既定规范。这并非充分利用，而是假意借用、故意误用，甚至是肆意滥用，由此导致服从往往是表面上的服从，阳奉阴违的情形增多，真正的教育生活价值消失于无形。表面看起来，似乎人人都是自愿相信的。而实际上，个体表现出的坚持是一种基于强迫性的坚持。个体角色模糊、价值迷茫，表达或行动时有不安全感，担心给自己带来不利后果。

规范的目的就是将被管理者管成犬儒，而被管理者却盲目地以为只有他真正看透了规范。从管理的视角看，变通有助于施行"外儒内法"，表

---

① Virno P. & Hardt M. Radical Thought in Italy: A Potential Politics. Minneapolis: University of Minnesota Press, 1996: 15.

面是仁义的外衣，实则是刚性宰制，如此就能软硬兼施。从被管理的视角看，变通导致各种纷杂语义相互交融，教育生活的稳定性与持续性下降，个体的求知生涯、思想意识更加复杂化，个体间情感交流趋弱，防备之心增强。严肃的质问时常遭遇重重顾虑，幽默滑稽的反讽开始流行。"有权不用过期作废""能爽一会儿是一会儿"，个体在日常教育生活中默默地建构这些信念。基于这些信念，个体时常摆出顽世姿态。

与显性规范相较，变通导致教育生活中的隐规则更加模糊，这让它显得无处不在。个体对隐规则的认同感增加，只因它们能将越轨行为合理化。某些关涉仪式、礼节、入伙的隐规则具有极强的蔓延性，时常愈演愈烈。个体都在揣着明白装糊涂，被公开宣称的明规则流于形式，一些禁止性明规则更是形同虚设。拉关系现象导致各种走样，但避免不了，这就是现实，似乎谁也拿它没有办法。在知识问题之外，人际问题成为教育生活的核心支点，人际能力成为教育生活能力架构中越来越重要的构成。某些业绩评价、人脉互动、人情往来、权利承继、资格审核之类的隐规则，个体已然习以为常，默认为教育生活有机构成——如果隐规则已经被多数个体接受，体系中的很多显性规范已经失灵，"劣币驱逐良币"的情况也就不是什么不正常的情况了。也许正因为如此，一方面，个体的选择不再因常常缺乏理性而受到批评。人情与理性以极其复杂的形式混沌交织，共同主导个体的教育生活。如果说在关键事件中做出决断更多依靠理性，那么在日常生活中形成想法则更多取决于人情。在较为特殊的情况下，即便是关键事件的决断也可能掺杂较多的人情。另一方面，教育生活隐规则慢慢销蚀着主流教育生活叙事的根基。小团体、面子、人情关系、走后门等流行，有时还会发生"逆淘汰"的现象。教育生活中由显规则和隐规则构成的规则复杂体成为个体判断与取舍的依据。个体经历规则复杂体浸染的教育生活之后，不可避免地表现出老成化、世故化。一些个体有时抱怨，实际上是想在规则复杂体背景下为主流教育生活叙事设置更多保障。

个体间讲究形式、维护"面子"、注重表象、多方通融，最终都还是为了获取专业地位、职称职位、文凭学位、成绩等级等实利。然而，当人情、利益泛滥开来时，"专业"就会成为稀缺物。求真意志的丧失时常导致表面性表演多于实质性建构，一旦钻营、出身、奴性等能力之外的东西成为能起作用的"能力"，规范失灵导致的不公将久久不能在个体内心抹去。诸多狡猾的生存术总会悬置价值，在它们的逻辑中，既然是非曲直难以廓清，不如干脆泯灭是非曲直，于是厚黑风气滋长，一切都失去了规定性，彼此互为工具成为常态，几乎没有什么真正见不得人的活动。运气、人脉与背景名正言顺地被拿来辅助"成功"。资源被高成本地消耗，结果却是低水平的贡献。

（二）个体教育生活逻辑趋于复杂

从个体的视角看，变通让个体越来越生活于复杂性之中，就连一些关于人生、自我的基础性判断也可能需要改变。教育生活逻辑趋于模糊、碎片化，不再追求立场鲜明、意义完整。在浓厚的变通氛围熏染下，个体甚至觉得"做对"并不是关键，关键是态度。有时候，为了端正态度，坚守正确反而是一种阻碍。

随着变通适应能力的提升，个体的鲁棒性更强。个体的容忍度提升，所秉持的失格的标准趋于宽松。由于不成文的规范盛行，教育生活面貌也很驳杂，个体的谬误常常是对形象变异认识不彻底而产生的悖谬——个体的教育生活状况似乎并不像正统教育规训所指斥的那么糟糕。个体越来越反感"上价值"的说教，越来越习惯于直面不那么完美的真实。这似乎有助于个体在人际斡旋中始终保有求知热情和人性关怀，但也导致合理与不合理、正当与不正当之间的界限趋于模糊。

个体变通行为的背后蕴含着道德体系危机。既然每一个体都自以为看透，相互欺蒙便成了少数能够和谐共处的方式之一。拒绝道德理想主义成为常态，原有的道德共识被部分个体所抛弃，经典的道德原则一定程度上被消解，关于如何确立信仰的逻辑架构也时常被解构，取而代之的伪德性细密而隐匿，几乎不可逃遁，消解了个体践行价值规范的意愿与信念。一些个体有自己一套独特的非道德化道德逻辑，不相信高调的宣扬，不相信能够超越世俗，不相信还有人会节制物欲。为了迎合"上面"的品味，宁可放弃教育生活品位。价值荒漠化明显，个体时常搞不懂为什么要过无共识、无原则、无信仰的教育生活，搞不懂过无意义教育生活的意义是什么，甚至搞不懂过什么样的教育生活才是真正有意义的。

由于解构性因素过于杂多，一些解构行为时常刷新道德底线，真正的主体性难以实现；连教育生活的本义和常识都违反，即便面对类似的情况也能做出截然相反的结论，让人无所适从，难以再奢谈崇高的价值追求。个体普遍缺乏生活操守，每种行为都有其附加含义，冲动被视为勇敢，沉默意味着懦弱，狡猾等同于智慧，单纯无异于愚昧。淘汰竟然也可以是逆向的，这影响了个体的积极性。一些个体开始笃信相对主义，不持道德立场，也没有坚定的道德原则。他们通常拒绝正统道德体系，将非道德行为解释成迫于生存的无奈，抑或解释为作为体制人不得不为；认定自己也属于弱者，进而认定弱者有权使用非正常手段自我保护。这实际是以非道德的生活方式应对非道德的生活方式，结果便是每一个体都将承受非道德生活之苦。

面对变通导致的多重悖论，个体们体现出多重人格特质。一些个体工于算度，更加关心"我"，越来越少地把"他"当回事。不明就里地关心让他们感到徒劳，又显得自不量力。一些个体秉持微妙的中庸，养成了日常化的折中倾向和圆滑的机会主义性格，生活状态始终介于轻信与不信、畏缩与鲁莽、自主性与依附性、无穷大与无穷小之间，并不认为老于世故是一种异化，反而认为属于正常现象。在他们那里，中间态成为常态，领悟弦外之音成为必要的本领。一些个体言行举止游戏化、表演化，内涵极为复杂，外在表征极其多维，在几乎所有的价值领域都持相对主义态度，导致概念体系的建构难度增加。硬着头皮的情形越来越少，表面积极主动实则硬着头皮的情形越来越多，就算懒得去干，也常常装出一副积极作为的样貌。热情的表达，动听的言说，不过是要遮蔽内心的冷漠，遮掩责任的缺失，遮盖利己主义的行为原则。"游戏"玩到最后，"表演"演到最后，对谁都没有好处。它所造成的危害，比直言的坏分子们大得多。"生存中的做戏感（通常伴随着荒诞意识）是人格衰败和强力意志泯灭的象征"，伴随做戏感的是主体精神的消解和生活意义的迷失，即便在较好的情况下，也只能在"应付环境的冲击与挑战中，获取一杯生存的残羹"。[①]一些个体既不否认自身的局限，也不否定现存的问题。这为他们采取顺其自然、似是而非、难得糊涂、委曲求全的态度提供了认识论基础。这也意味着，无论怎么做，他们都不会有内疚感。

（三）体制化温和与隐晦表达并存

由于变通主义的盛行，权威逐渐式微，强烈的刺激和强硬的指令逐渐成为过去式，应对外源教育生活变量时的灵活性提高。体制化环境越来越温和，体制化的表达也越来越隐晦。一些原本难解的教育生活问题逐渐消解，与此同时一些策略性或手段性的不善也在滋生。

教育生活尽管受到变通主义的侵蚀，但总还没有面目全非。即便在开放的虚拟空间，即便面对宽松的大数据环境，教育者和受教育者之间也鲜有本质性分歧，很少出现笔墨官司。正面的话语交锋并不常见，中和、和缓才是常态，不再有警告是最后通牒式的警告，很少出现彻底的决绝，也很少出现不可收拾的激烈。教育生活价值不断销蚀，但也不至于走向死胡同，几乎从不发生完全性的摧毁，也不发生彻底性的终结。纵然个体遭到非议，酷烈程度也并不高。反对和质疑的手段一旦偏于极端，就几乎不再有人主动响应。所谓的排斥，并不是要真正断绝，而只是有意拉开距离。

在变通主义氛围中，不同倾向的个体间尽管存在竞争，但大庭广众之下的直言不讳并不明智，博弈最好在私下进行。群体一致性依然被注重，个性化表达通常较为隐晦地进行，虚假认同盛行。犀利、锋芒越来越成为不受欢迎的标识，人人都倾向于遮蔽得严实一点，习惯性地呈现出一副被

---

① 王钦峰. 现代主义小说论略[M]. 北京：社会科学出版社，2001：213.

体制、市场、世俗异化后的面相。愤怒地对抗大幅减少，个体时常需要重复套路式的教育生活话语，时常无从选择，也没有强烈的冲动要养成自己的表达方式。温和成为内心冷漠的表征，柔软成为内心衰弱的表现。即便相互对立的生活价值，也有各自逻辑上的正当性。批评依然被允许，只是越来越难以产生，通过批评改变现实教育生活的可能性越来越低。身心日益受到知识与道德的约制，变得越来越规范，越来越迎合。众口一致的习惯间接地掩饰了真相，加重了教育生活的世俗性，就算表达中有否定也是无害的否定，美丑与善恶的区分因此被消解，浅表与本真之间的对立因此而发生。

　　价值取向的转变导致教育生活风气的偏移。为了在偏移的教育生活风气中不失体面，说真话日益成为复杂的技艺。有时候，由于迷惑于规范与原则，个体的话语表达处于含糊状态，然而含糊便是对教育生活的清晰揭示。由于愈发难以看清事物本身之所是，个体不得不选择"非礼勿视""非礼勿言"，时刻保持神经过敏。有时候，"不得批评教育管理者"这样的要求本身便蕴含着对教育管理者的批评。一些教育管理逻辑显得混沌，实际是试图在混沌中完成新陈代谢，混沌只是表面上的，交叉、互补才是真实状况。有时候，即便惩恶扬善的逻辑被解构了，也得回到原点重新开始。为了避免更大范畴的失序，也只能从长计议，勉力宣扬积极意义，逐渐恢复教育生活的实质效力。有时候，俗套需要改变，但需假以时日，强硬地改变必然导致挫折感，选择暂时性地落入俗套反而可以避免一些不可调和的冲突。

　　教育生活现实是个体们实践的结果，虚假的主体性制造出虚假的教育生活。在很大程度上，这种生活比失败的教育生活更令人生畏，因为它动摇教育生活信念，消解价值判断。在虚假的教育生活中，诸多形式表面上看起来正面、温和，实则褒贬兼具，一时难以简单概括，形式之间看似相反，实际可能存在内部融通，所谓的合法与公正，也可能只是一种貌似的合法与公正，所谓鼓励提意见可能只是表面上需要意见，表面上独立于主流教育生活叙事之外,实际上依然受到主流教育生活叙事的利用。曲折的教化之路上真诚成为稀有品质。某一个体有错,是因为该个体对周遭情况看得过于透彻。在变通主义氛围中,面对种种虚假,个体们习惯于采取妥协或双赢的处置策略,努力让自己具有伸缩性以便随时适应不同的教育生活情境。随着教育生活的深入,"汹涌澎湃的'假知识''假科研''假育人'的虚假教育占有了教育的生命"[①],个体们越来越灵活多变,以致都难以辨别他们求知或育人时的虚假。

显然,变通使价值标准遭到放逐,给教育生活不断制造新状况,划定界限的做法越来越不合时宜。问题在于,个体是自由的,但这种自由是有限度的。任性地乖戾即便在自由主义那里也不一定会被允许。没有教育管理规范的教育生活实践易于失去必要的指引,难以阻止人性之恶。一种变通逻辑如果溢出了它所适应的边界,就很可能异化为策略性或手段性的恶。即便恶是平摊了的恶,即便只是涉及教育生活中不起眼的小事,也依然是恶。在某种意义上,就连委婉的灌输也是不真实的恶,甚至是不诚实的恶——无论个体如何惊叹于强词夺理般的强大变通逻辑,也无论个体多么勉力地面对。变通越甚,行恶时便越发坦然,便越无法在个体与个体间的相互关联中产生有品质的生活。个体对变通的过分热衷,从某种程度上反映出经典教育生活建制出现了危机性症候。

四、变通作为教育生活持存策略

个体的持存策略,即个体所掌握的生活技术,它与个体的存在形态、变通能力、人生命运紧密相关。由于变通的形式可能是形态聚合,也可能是形态分裂,还可能介于形态聚合与形态分裂之间,因此无论立足于后工业时代还是立足于人工智能时代,一味地宣称在思维方式或价值取向上与

---

① 尚云丽,于洪波. 教育中的后现代犬儒主义阐释——基于海德格尔"构境论"视角的解读[J]. 教育学报,2014(2):20-26.

既有形态决裂，既不可能也不可行，顶多也只能是有决裂的动机或决裂的倾向。无论多么特殊的教育生活情境，都会或多或少地延及既有传统。不兼容的现象兴许会有，彻底水火不容的情形并不会发生。

个体既是一种原子式存在，也是一种关系性存在。一方面，人人都是生活技术发明家，每一个体都有特殊的教育生活智慧，都用独特的方式适应教育生活。另一方面，唯有适者才能抓住机遇、规避风险，更好地生存，而要想成为适者，就必须不断调适自己，至少也应选择无风险或风险相对较低的持存方式。变通成为个体在教育生活中普遍采取的生存策略。对于事实与价值，个体通常无异议，个体的问题在于明知违背事实、颠覆价值而依然有意维护之。因此，无论事实批判还是价值批判，对个体都难以奏效。

(一) 注重温和折中与适度调和

总体来看，适度的折中与调和有助于正确处理自我憧憬与现实生活的关系，这实质是一种典型形式的自我持存。具体而言，为了更好地生活，个体学会了在理想主义与现实主义之间自如切换，更加深刻地懂得了通过权变充分利用利己性的条件和手段。面对事物，认知是理性的，体现出高智商，面对人际交往则充满感性、顾虑周全，温吞而内敛，体现出高情商。为了达成目的，在可逆性方面体现出高度的灵活性，普通人眼中的矛盾行为也能够在他们那里自然而然地和谐统一。面对传统或习俗时注重因袭惯例，尊重老规矩和习惯性行为，面对现实情境则主张秉持大多数个体共同认可的价值，不反对大多数人的认同，不抵制大多数人的同一性行动。既然大家都如此，又何必横生枝节。即便后起之秀也总有秀到头的时候。遵从既有教育生活规范，既不激进，也不复古，在遵从与中庸中寻找可以投靠的价值体系。即便是中肯的评价，也会通过迂回的表达进行礼节性处理。

家长们可能会发难，管理者们可能会威压，得罪谁都可能难逃厄运，保持机动性并且时刻谨记谦和、平衡、执中才能获得更多生存资本。为了更好地生活，自身有时需要接受外界的同化，与所谓的对象或其他主体趋于融通。在需要提出意见时，仅仅进行符号性表达，没有认同，也没有反对。时常做出明智之举，注重维系总体局面，追求皆大欢喜，纵然有暧昧与多义做掩护，也得隐晦、曲折地表达。圆滑地应付，偶尔唱一唱脱离实际的高调，有策略地坚持，不钻牛角尖。

在争胜氛围中，一些个体畏惧对手之势又忌惮对手之痞，面对教育生活中的不利处境总是尽可能容忍，倾向于维持局面、以和为贵，即便是工具性联合也会着力促进。有意压抑自我与他者之间相左的认知、感受与行为，尽量避免利益冲突与关系破裂。中庸之道辅之以必要的精神胜利法，能够创造一套形式上的词汇与句法，让个体在面对挫折或失败时形成较好的矫饰能力。

很多情况下，与其死磕不如识时务。在遭遇冲突时，个体们都学会了妥协，都懂得为彼此提供台阶以便收场。在面临困境时，妥协成为理智且明智的选择，既然不能改变现实，何不努力拥抱现实？于是开始改造自我，审慎地避免与权力或他者产生冲突，内心也许在嘲弄、否定，表达时却尽力避免触及权力阈限、福利增减等敏感论题。

(二) 善于交际并奉行机会主义

在教育生活中，无论个体采取何种持存策略，背后都蕴含着对现状的无奈。受制于强大的外在规训，个体势单力薄，倍感自身渺小，自知难以将利益诉求付诸正式制度体系来推动实施。为了更好地自我持存，个体着意打造更具适应性的自我形象。只不过，自我形象内部特质之间时常呈现出显著的言行不一、亦此亦彼等分裂状态。个体声称向往崇高，实际却可能甘于堕落，崇高与堕落就此和谐共存于个体身心之中。除此之外，个体还可能是高尚与粗鄙、真知灼见与理智缺失的复合体，正直与无德以难以理清的方式就此在个体头脑中混杂在了一起。

一些个体以善于表达而著称，无论是习俗，还是规定，都做到了谨守。真话有时会很伤人，并因此而拒绝被接受，有时甚至说出真话这个行为本身就不正确。与说真话相比，婉言或者谄媚更易于讨好。为了说真话，只能假托他者的名义。为了更加正式，个体的口语表述也开始注重书面化，如面子表述为尊严，不爽表述为不悦，即便在面对面时，说出的也是书面语言。仔细地了解言说者的话语，以便确定自己要言说的内容。在表达不满或抱怨时有意规避可能的风险，转而采取委婉、新潮、隐晦、幽默等新形式。在受迫性情境中熟练地虚与委蛇甚至不择手段，开始时假意参与，随后找借口退出，自我正当化说辞非常精致。皮鞋擦得反光，周旋于各种应酬，低声下气地恭维，劳神费力地疏通关系。权威说了什么，马上点赞表示认同，权威又说好像也不太对，又跟着附和，甚至为之提供论据，证明好像真的不太对。权威歌颂爱情，就宣讲爱情能给人无穷的力量，权威说不能完全沉溺于爱情，又声称爱情是人生的陷阱。

一些个体话语极为好听，不点破，保持圆融，选择边走边看。他们始终保持平和，坚守无立场原则，深谙如何合理运用规则为私己目的服务，必要时还会有意识地表现出犬儒式隐瞒。他们是一个变体，在教育生活中是多面的，有时略显老迈，有时充满生气，有时压力山大，有时轻松愉快，有时讲规则，有时讲条件，有时非常模式化，有时非常有特点。他们之所以多面，不仅是因为教育情境复杂，还因为他们缺少存在的根基。在多数情况下，表现只能算是机会主义的，并不基于他们稳定的教育生活状态感知。有时，就连妥协也是虚假的妥协，妥协的动机不在于转变、融入，而在于更好地正视现实，以更有利的方式直接面对。

一些个体身上既有犬儒主义的影子，又有机会主义的色彩；自认为洞悉了本质与真相，自认为已经活明白了。习惯于持混合性立场，表面装作肯定，内心早已否定对理想的追求，表面高扬信仰，内心已不相信还有真正坚守的信仰者——他们随时准备根据变革风向变换自己的宣称。"他们不再把自己作为一个不合流的人暴露在公众视线中，不想成为他人的笑柄。这种状况已经延续很长时间了。作为犬儒性主体的个人头脑很清楚，但'狠毒的眼光'已经不存在了，他融入了大众之中；现在，匿名已经变成了犬儒主义者所偏好的领域。"① 目的才是主导，手段可以随意。并没有追求公正和道义的打算，如果自感必要，会轻松抛弃规范与原则。时常无视既定的价值逻辑——而且这样做是经过深思熟虑的。在无原则地妥协与无原则地遵从中，不乏反讽、自嘲式的表达。"他们善于表演、懂得配合、精于算计、利用规则，知道在什么场合做什么事才是合适的，也清楚什么是假的但是需要配合表演，因为只有适应和配合既定社会的规则才能获得自身利益的最大化，他们明知道问题和虚假所在却沉浸于表演中不能自拔，乐于为之，而且善于为之。"②

（三）模糊性取舍与有意识掩饰

在崇尚物欲、勾心斗角的竞争氛围中，持变通主义的个体普遍通过模糊性取舍实现自我持存。他们构建起以有意掩饰、有所保留、权衡利弊为核心的"人情世故学"。在这门学问中，隐性因素往往成为教育生活的决定因素，其重要性超越显性规范，倚重隐性因素往往能让个体有超预期收获。

为规避教育生活中的风险，避免教育生活陷入危机，模糊性取舍成为最善之策。为此，变通主义者时常有所戒备，有意隐藏自己的真实意图，尽力规避将真实想法公之于众。可以坚守思想，但不能过于袒露思想，为此他们与规范巧妙地周旋，温和地抵制而非强力地拒斥。对敏感问题保持着不约而同的沉默，却言辞激烈地争论着几无相关的问题。故意呈现出不健全的教育生活视野以便隐藏自我。小心谨慎地营谋私利，在公开场合心照不宣地回避核心利益问题，在背后私底下化解利益冲突。无可无不可，既不触动禁忌，又能制造成绩，既不直接冒犯，又能隐晦地表达意见。

一心为了业绩的个体将有所保留、有所隐藏视为个体间的正常现象。

---

① Sloterdijk P. Critique of Cynical Reason. Trans, Eldred M. Minneapolis：University of Minnesota Press，1988：4.
② 左路平，吴学琴. 现代犬儒主义的中国样态及其应对 [J]. 思想教育研究，2020（10）：98-102.

那些被揭露不道德的个体认为大家都这样，只是自己比较倒霉而已。沉稳、老道、自私而不顾他人，底线在非常低的位置；仅仅提出建议，还时时留意不留下什么把柄。在正常与非正常之间，总能寻得微妙的平衡。在进行实践性判断时审时度势、权衡利弊。善于高效、便捷地掩盖问题并及时止损。有时就连利弊的衡量标准也是模糊的，什么都是大概、差不多、似乎、也许。人人争着说两可的话，在疑似与确定无疑之间反复游移，一面坚持以宽松化之后的标准为标准，一面主张在深层意识里保证严格、严谨与严肃。可以灵活设置底线，有时瞻前顾后、患得患失，在不同的信仰间相机切换，虽说难以捉摸，但也并非全无头绪。

个体会默默地进行选择性的取舍，记住想记住的，抛弃想忘记的。所言与所为表面看一致，实际上呈分裂状态，基于语境或场域的不同认同不同的价值规范成为心照不宣的教育生活原则，即便违背了自己刚刚宣称的价值规范，也会模糊处理以便产生负疚感。谨慎处理教育生活中的关系，时常保持变色龙心态，学会以套近乎等自损形式进行奉承，尊重权威以至于圆融世故为尊者讳，伪装成与之相似的存在，衰退却装作充沛，虚伪却装作真诚，以回归自然的名义达成不那么自然的教育生活目的——做到这些，便终于算是领悟到了"学会做人"的实然之义。

个体们都难以安分，却还要衣着光鲜，假模假样地装作真诚的样子。假惺惺地感动，有意地敷衍，表面上一带而过，实际却颇费了一番心思，即便是搪塞之辞，也可以说得特别充实、凝练，普遍学会了言辞闪烁，为了维持表面关系有意识地含糊、推脱，有意跑题，拣套话说。如果想有趣，就整几个段子。处事是角色性处事，习惯于选择性应景，不自知地装裱自我，甚至只说不练，"划水""摸鱼"。更有一些个体不失时机地以貌似独到的视角发表一些个人见解，以令人信服的说辞娓娓道来，选题极为精到，观点相当高明，知道自己该回避什么，尽量不批评，即便批评也游离于核心之外，绝不触及整体合法性危机，尽可能说些锦上添花的话，总结相当到位，既迎合又诙谐幽默，但揭露本质的话打死也不说。

虽没有写明，也没有言明，但个体间对彼此的动机和目的都有基本的认知和理解，为了看透不说透，当聚在一起时，也只能煞有介事地进行无关痛痒的论辩。多数个体都会找到一种心安理得的方式支持自己的言说与行为，不再严肃地思考怎样才能成为一个真正的好人，试图较好地适应最具校本性或地域性的生活，最终成为深知权力与规范巨大效应的世俗性的成功者——能够基于变化意识对自我境遇进行捉摸、勘定，懂得教育生活中的各种规矩，学会了自我保护。当然，他们成功的更多细节有时只能意会，不能言说，那或许是因为，介于对错逻辑之间的灰色逻辑才是他们成功的主导性逻辑，与不正派的失败者比起来，他们也不见得更正派。

（四）擅于欺蒙之术并苦心钻营

持变通主义的个体还普遍通过特定的生活技术实现自我持存。总体而言，他们擅于伤害性不大的欺蒙、工于计算，将观察、琢磨、迎合、赞美、奉承隐含在复杂的修辞之中，不断为自己的教育生活制造出新意义。

在海德格尔（M. Heidegger）那里，持庸俗变通（辩证）逻辑的个体被称为"常人"，在描述"常人"的基本特征与存在状态时，海德格尔使用了"庸庸碌碌""平均状态""平整作用""卸除存在之责""迎合""人云亦云""鹦鹉学舌""不求甚解"[1]等辞汇。在海德格尔看来，"常人"即便有所"好奇"，也"仅止于从这一新奇重新跳到另一新奇上去"的走马观花式的印象，在方法论上时常坚持两可，即对事物"不负责任地一道预料一番"，并见风使舵地进行议论与解释[2]。关于"常人"对日常生活所造成的影响，海德格尔进一步论述道："在这种不触目而又不能定局的情况中，常人展开了他的真正独裁。常人怎样享乐，我们就怎样享乐。"[3]

---

[1] [德] 海德格尔. 存在与时间 [M]. 陈嘉映，等译. 北京：生活·读书·新知三联书店，1999：149.

[2] [德] 海德格尔. 存在与时间 [M]. 陈嘉映，等译. 北京：生活·读书·新知三联书店，1999：195-202.

[3] [德] 海德格尔. 存在与时间 [M]. 陈嘉映，等译. 北京：生活·读书·新知三联书店，1999：79.

教育生活中的变通主义者，事实上也具备海德格尔所描述的"常人"的某些特质。他们习惯于避实就虚，使用欺蒙的小招数，却又不是真正意义上的欺蒙。它们背后的认知神经机制——如果真有这么一个机制的话，也一定是极为庞杂的，个中所蕴含的迷惑性，甚至会让自身不自觉地陷入自欺。他们用挤兑的方式实现变相的反对，通过迂回曲折的方式突破道德底线。有意地随波逐流，抓住机会就捞一把。当价值协调出现困难时，还会及时互换观点和意见，作为辩护者努力地维护他们认定的"事实"。一些"事实"本就由他们自己精心策划并组织。在价值认定或事实认定时，有意以功臣自居，在受到质疑后，又以没有功劳也有苦劳标识自己。即便要夹带私货，也一定会在表面糊一层仁义道德，有意在教育生活中制造舆论并占据道德制高点，以免自私属性赤裸裸地表现出来；为自己的不义举止寻找各式理由使之顺理成章，以便排解因良心未泯而产生的不适感。

一些个体尽管年轻，但工于计算、城府深厚，同时迎合专业与行政两套逻辑，在夹缝中求生存，时常低眉顺眼地附和、假意膜拜以便攀附，苦心钻营以便更快地晋升。将钻营看作本领，将狡黠视为能力。面对假面，也能泰然处之，必要时还能做出姿态性表达，他们知道其他人也和自己一样不大相信，只是每个人都不公开表达自己的不相信而已，于是无论做什么都要按程序的要求来做，安分地进行一些空论。曲意逢迎，不惜低三下四地联络感情，世故圆滑，不惜卑躬屈膝地拉关系，很有老成的意蕴。用小聪明钻制度的漏洞，用小手段破坏教育生活公正体系。在竞争中，他们会通过展现、讽喻、暗指、威吓等让对手有所忌惮，以应对对手的无底线行为。他们一边对负性话语进行强势回应，一边在实际践行中展现灵活，有意将不待见的人或事引向争议，以免从中延伸出于己不利的"真理"。他们为了能够更好地与世俗相处而不再执着于是非，站在相对主义立场对自己的言说或行为进行辩护，不谋求单一的理性价值，也不致力于一元化的价值信念，必要时还会粉饰多样性。为了能够更好地适应，他们还都懂得了身心分离术——将内心与行为进行一定程度的分离，随时准备改变自我以符合现实，相信什么不一定意味着就做什么，做什么也不意味着就相信什么。内心蔑视，行为上却可能接受；几乎从不自欺，但总在试图通过精致的正当化辩护欺人。

在极端纠结的情况下，个体的教育生活技术体系也可以推倒重来。"换岗""跳槽"之类的刻意性变通不仅意味着教育生活地理位置的变化，还是追寻自身教育生活新意义、新逻辑的表现。有时候，"换岗""跳槽"这类变通属于迫不得已，是一个应急选项，于是也就更没有什么好内疚的了。无论是有意地推倒重来还是迫不得已的应急选项，也不论是不是利用制度的漏洞制造出来的，最终成功了的就是需要迎合的。

第四章
实利至上：基于自我持存的教育生活机理

对于个体而言，安身立命是首要因素，据此推崇实利无可厚非。个体并非纯然的自然性存在，个体的生活不可能与物质生产场域、物质消费场域无关。脱离生产语境与物质语境的生活世界是近乎虚无的理念世界。对于教育主体们而言，实利的满足并非不需要、不必要、不重要。满足物欲等实利不仅是教育者和受教育者存在的必要条件，还时常意味着更好的发展机遇。一旦满足实利所关涉的力量或问题无法克服，个体自我持存的逻辑就会从主动进取转向自觉防御。如果时常宣称没有对实利价值的需求与渴望，并且时常显出一副鄙夷的姿态，不是别有用心，就是矫揉造作。

个体自我持存的努力是德性的基本前提。为了自我持存而致力于实利，具有自然而然的合法性。为了自我持存，个体需要有效运用理智，需要控制环境或自然，需要管理或影响他者，甚至需要否定内心的欲望与精神——以便它们有利于自己。为了自我持存，个体必须在自我与自然，自我与他者，自我与内心之间构建错综复杂的实利性关联。

当然，智能、德性、审美、健康等很多价值和需求与实利同等重要，甚至比实利更为重要。为了这些价值和需求而看轻实利有时也是有必要的。问题在于，教育生活中实利"主义"的盛行往往以这些价值的折损为代价。个体抱持实利主义思维，时常导致教育生活中德性、伦理问题突显，智能、审美等教育生活价值也被漠视——这种思维不仅内蕴的思想较为贫瘠，在生活方式方面秉持疏离理念，而且导致教育生活本身趋于空虚。

基于实利主义的物欲生活逻辑日益被广为接受。教育生活与意识形态的相关性变得隐晦，与现实利益的关联日益紧密。实利日益成为主体性、能动性、创造性的源泉，个体们都变得现实化了。货币文明、资本逻辑、市场原则不断侵蚀教育生活，各类元素快速变化组合，参照系多元而易逝。自我持存的意义僭越了其他意义。由实利逻辑主导的利益原则深入人心，舆论排斥的对象与谴责的内容也在发生变迁，被标定为至高无上的文本、符号趋于减少，一些原本深具讽刺意味的言行已不具备讽刺效力。在实利主义裹挟下，教育生活中的功利现象、形式主义现象多有滋生。实利为个体们的成长提供了刺激，同时深刻影响着个体们的生活架构。因实利而展现出的教育生活繁荣，有些属于伪精致。在很多情况下，伪精致的背后不仅充斥对美好与高尚的亵渎，而且包裹着个人动机。

一、价值单一性与教育生活多维性的融合

从个体进化视角看，尽管"拜物教"执着于物的占有，是较为初级的信仰形式，但推崇私己性近乎是纯粹天然的认知倾向，与外在赋予的评价标签似乎没有本质性的关系。趋利避害本是个体的本能倾向。每一个体都"是在一定的物质的、不受他们任意支配的界限、前提和条件下活动着的"[1]。倡导适度的物质利益追求，主张合理的个体私利无可厚非。从社会演化视角看，与生命意志紧密相关的是难以抗拒的货币（实利）诱惑。货币原本是外在、被动的客体，而今却成为自我的直接体现。货币与价值的融合，在这个时代达到了极致。货币本是具有幻象色彩的存在，而今却成为个体存在的本体，追求全面发展的个体可能异化为片面追求货币的单向

---

[1] 中共中央马克思恩格斯列宁斯大林著作编译局. 马克思恩格斯文集·第1卷[C]. 北京：人民出版社，2009：524.

度的个体。单一性的货币（实利）取向既导致丰富的生活意义简单化，又导致简单的生活意义复杂化。

在教育生活中，感性并不完全受制于实用理性，温情脉脉也并未被实利追求彻底取代，它们之间只是混融。处理物与物、人与人关系的融合性准则成为必需。个体或多或少都能意识到这一点，但依然自觉不自觉地滑入拜物逻辑。个体倾向拜物而忽视道德准则，既有懵懂无知的成分，也有明知故犯的原因，还有无可奈何的因素。在极端情境中，个体非但不愿（或不知）对非道德进行定性，反而有意无意地服务于非道德本身——为了牟利，不诚实似乎也是必要的了，放荡不羁也不算什么问题了，多为自己着想更没什么大不了。总体来看，这类教育生活态度既由个体主观因素导致，也有管理因素乃至社会因素的影子。在改善它们时一味地倡导个体修养，过多地对个体施以道德说教往往难以收到实效——重塑教育公共生活实属必需。

（一）私己作为教育生活基础性存在

自利是物种生存、繁衍的必要基础。个体无不受到自利动机的驱动，逐利现象贯穿整个个体生存史，也是个体教育生活实践的动因之一。利己乃个体共性，教育生活的推进要么立足利己本位，要么解决利己主义的问题，"我们的核心问题正是这只看不见的手，它……作为单独的利益主体在一个总体的内部中运转，而这个总体却逃避利益主体，但同时又奠基了其利己主义选择的合理性。"[①] 每一个体总是试图获取、维系属于自己的资源或权利。作为一个根本性的动力源，任何资源或权利的损益都会对个体的教育生活态度和行为产生作用。私己性作为教育生活的特定属性，与正直、宽容、博爱等精神价值层面的追求混融，并不存在哪种价值永恒居于首位的问题。

在其原初意义上，个体被视为"私"的最小单位。私必关乎心，"夫

---

① [法]米歇尔·福柯. 生命政治的诞生[M]. 莫伟民，赵伟，译. 上海：上海人民出版社，2011：246.

私者人之心也，人必有私而后其心乃见，若无私则无心矣。""虽有孔子之圣，苟无司寇之任、相事之摄，必不能一日安其身于鲁也决矣。"① 所谓的公，实质是特定族群或某一共同体的"大私"。所谓的私，即便在最简单的社会关系中，也具有"小公"的意蕴。如果把整个教育生活场域视为公，那么教育生活中的每一个体就成为了私。一方面，"私"中蕴含着发展为"公"的要素，"公"的存在则时常以"私"为基础。每一个体收益的增加才意味着整个群体收益的真正增长。谋"私"实际上是个体自我保护意识的体现。另一方面，"公字的使用先于私字"，"甲骨文、金文中不见私字"，因此，"对于公以背私为词源的说法，也需要打个问号。"② 教育生活的诸多本质性价值必须以"公"为基础才能实现。个体的言说与行为受到自利动机驱动，但这并不意味着公允言说或无私行为缺少产生空间。利己是个体生活的原点，个体实施行动的原初动机通常是利己，但这并不意味着个体行动的结果不具有利他性质。个体正当的利己行为有益于他者利益的增进或整体利益的增加。个体为群体做事，是"下"为"上"服务，即"奉公"。为了更好地调和公私矛盾，超越公私的"天理"才被构建出来。

当前，利己的倾向日益突显，一些传统的共享理念被消解，利己已在事实上成为教育生活的重要准则。主流教育生活叙事试图净化个体的思想，为个体的行为确立基准。多数情况下，个体行动的依据是自身利益，个体的接受与认同也是利己的需要。崇尚利己的个体往往在教育生活中表现出物质化精神气质。个体之间的关系时常表现为"物—物""利—利"关系，呈现出比较浓厚的媚俗倾向。教育生活中本有的真实与这些关系混融，另一些真实则基于混融衍伸出来。"我们中间没有一个超人，强大得足以完全逃避媚俗，无论我们如何鄙视它，媚俗都是人类境况的一个组成

---

① 张建业. 李贽文集·第2卷 [C]. 北京：社会科学文献出版社，2000：626.
② [日] 沟口雄三. 中国的公与私·公私 [M]. 郑静，译. 北京：生活·读书·新知三联书店，2011：237-238.

部分。"① 纯而又纯者白天打着灯笼都难找。所谓动机不纯的所有意识，夹杂着私己目的，只要尚未碰触划定的底线，也属正常，只要个体还有良知，还愿意受良知指引，就应给以必要的宽容。占有欲并非全然的恶，实属人的本性。个体天然具有占有欲，这固然需要控制，但也没必要将之视为洪水猛兽。从某种意义上讲，正是由它引申的动机维系着创造力，体现出向往自由的意志，促进了教育生活的进步。

教育生活道义与教育生活进程的欲望化并存。义利之辩依然复杂难解，"可资利用"成为构建教育生活关系的准则。个体内心更多渴望的是私利，行动也更多受私利驱动，更多关心的是能否给自己带来益处。求得私利意味着求得满足，反之个体也会为名誉受损和实利缺失而怨恨。个体教育生活的目的着重于利益最大化，知识生产与知识接受、文本生产与文本解读，无不以此为依据。个体之间基于等级差异来划分教育生活权利。求知精神被异化，技术伦理受到忽视，知识与技能也具有了交换价值，对谋求功利没有明显效用的知识与技能，教育者们和受教育者们有时连看都懒得看②。

一方面，利己成为一种人为的"人性自然"，个体们都表现得很实际，依据"成本—收益"权衡的结果，名正言顺地逐利。个体们忙碌于整合资源、挖掘机会，对强弱关系的转换加以利用，试图在局限性条件下寻求利益最大化。每一个体都受到生存必需性和价值梯度的支配，都需要在这种必需性和价值梯度上花费时间和精力。在努力取得进步的同时，精于算计与谋取利益也掺杂其中。尽管为了达到目的不择手段的情形鲜少在教育生活中发生，但"它的本质所表现的已经不是共同体，而是差异"③。与之相

---

　　① [捷克]米兰·昆德拉. 生命中不能承受之轻[M]. 易伟，译. 长春：时代文艺出版社，2001：175.
　　② [美]艾伦·布卢姆. 美国精神的封闭[M]. 战旭英，译. 南京：译林出版社，2011：导言.
　　③ [美]莫里斯·迈斯纳. 毛泽东的中国及后毛泽东的中国[M]. 杜蒲，译. 香港：香港中文大学出版社，2005：437.

关的私利至上理念对教育生活的冲击现实可感。然而，私利是自我保存的基础，因此个体也许并不邪恶，只是对功利、世俗给予了过多关切，一心一意地想着自己的利益，试图在利益满足中获得内心安宁。

另一方面，过度以利益为导向，从个体中分裂出利益主体的一面，并让这一面成为言说和行为的主导，会有异化为实利主义的危险，"这种个人的、物质的人生道路选择落实到价值观念上就是弃义重利，体现在具体行为上就是将一切知识和能力转化为可见的利益。"[①] 个体以功利为原则衡量个体间的关系，以实利为目的经营教育生活，这种理性有点类似于工具理性。个体很在意"有利""无利"，也很在意评判"有利""无利"的标准。个别个体奉行"人不为己，天诛地灭"，将生活世界视为工具性世界，将教育场域视为谋生场域，自身存在的目的就是自我满足，在自我满足的过程中永不餍足，致力于享受舒适的物质，为此自愿受些压制，并认为被压制后的解压反而更有助于体验满足感。非功利或超功利的动机不在个体现有的生活境界范畴之内，因此只要从利己动机入手，就可以解释个体在教育生活中几乎所有的话语和行为。当物质主义的弥漫挤压了公共教育生活空间，个体们都会隐入自己的私己时空，个体之间会处于隔离状态，这样的教育生活势必缺少公共精神。

在专业发展、学习动机、道德抉择、人生价值等方面，时常渗透着个体的私己思维。个体在这些方面着紧用力，其目的常在于通过价值认定实现自我持存。在着紧用力的过程中，个体时常考虑收益，考虑付出的有效性与回报概率。个体之间的利益诉求具有差异性是导致教育生活矛盾的根源。在启蒙先驱们那里，自我持存原本是一种理性法则，现在却变成了面对复杂教育生活矛盾时的无奈，这必然导致反理性。有时候，迫于无奈的自我保护反而异化为作茧自缚。个体所遵循的甚至不是生存哲学，而是吃

---

① 熊龙英，刘智跃. "躲避崇高"的知识分子群像 [J]. 湘南学院学报，2017（6）：46-49.

饭哲学,"可欲之为真,占有之谓实,活着之谓在。"① 个体们被自我保护机理所限制。"他们知道他们正在做什么,他们做这个是因为,简短地说,环境的压力和自我保存的本能在说着相同的语言,它们告诉他们不得不这样做。"② 在自我保护机理的拖拽下,个体不得不为了每一分、每一厘而做出努力。个别教育者甚至会抛弃教书育人的本义,千方百计地多得实惠,致使管理部门不得不三令五申地发文提醒。身份、属性分化的背后是利益分化,个体千方百计谋利的根本原因也许是机制问题,但直接原因是生存问题。除此之外,未来的出路问题也始终缠绕着个体。

在应试思维等畸形竞争氛围中,工具主义气氛往往也很浓厚,个体不仅以实利主义对待他者,而且以实利主义对待自我。一方面,个体们更多关注的是他者之于自我的价值,过度信奉"手段—目的"逻辑,思维方式与行为举止间透露出浓厚的"材料""工具"意识与发展、利用逻辑。个体竭尽全力想"活",为自我而存在胜过为他者而存在,人人都有坐享其成的倾向,用最小付出换取最大收益成为个体奉行的重要原则。另一方面,多数个体以适应功利化生活为目的,致力于自我利益最大化,有用与实惠成为教育生活的重要取向,精神被排在肉体与功利之后。个体间的信任缺失,个人主义和享受思维盛行,行动遵循收益原则,之所以精疲力竭后还在周旋,大多是因为利益驱动。个体表现出低集体主义倾向,关心他人或他人的事被认为没有意义,在这些方面投入精力也不值得。热闹的教育生活场景与浓郁利己氛围导致的人际淡漠并存。目标短浅、价值媚俗成为常态,每一个体都希望拥有更多资源。为了攫取更多利益,一些个体不合理地运用权力,采用不被认可的资源获取方式。个体间的关系更"冷"了,这是一种倒退,却也蕴含着进步——只要这种"冷"不至于异化为麻木、残忍。

---

① 操奇. 启蒙的天敌:犬儒理性论略 [J]. 哲学研究,2015 (6):91-96.
② Sloterdijk P. Critique of Cynical Reason. Trans, Eldred M. Minneapolis: University of Minnesota Press, 1988:5.

在互联网上，一方面，个体之间开始联网，不同个体的情感、态度也开始联网。这让个体的情感更为多元，态度更加开放，思维也趋于多样化。另一方面，互联网上个体之间的联网日益演变为"自己人"之间的联网。在与"他者""对手"的隔离、区分乃至争斗中，无数个价值相投、利益相投的小群体、小部落衍生出来。尽管互联网上的个性风格、德性言说数不胜数，但个体周围弥漫着的多是"同类情感"。个体比以前更容易找到同伴，同时也比以前更容易陷入分裂与孤独。尽管面对复杂、多元、海量的信息，但个体每天访问的链接就那么多。在互动过程中，个体与个体之间意气相投的感觉固然令人欣喜、愉快，但"小圈子"也在成型。个体所获得的信息、情感，多是被圈子内部同伴过滤之后的。个体接触到这类信息、情感，往往特别"对口"、特别满意、特别赞成。个体甚至觉得，既然如此多人都持相同的倾向和看法，那么这种倾向和看法一定非常正确、毋庸置疑。

（二）货币单一性对教育生活的改造

为了维持现代生活，大生产早已变得必不可少。大生产的结晶既是产品，更是商品。"商品是天生的平等派和犬儒派，它随时准备不仅用自己的灵魂而且用自己的肉体去换取任何别的商品，哪怕这个商品生得比马立托奈斯还丑。"[①] 商品共同体或市场共同体是现代生活中起主导作用的共同体。现代生活中的自由、民主、平等通过这类共同体得以产生。几乎所有的交换倾向都内蕴利益动机，市场机制中的商品交换尤其如此。利益是市场机制的精髓，"保障利益不断有增量"这一命题几乎不受任何时空局限的影响。正是基于对等利益交换的市场法则，才催生出契约精神和法律体系——有时候，就连对契约精神和法律体系的批判本身也可能是商品。

以"市场·进步"逻辑为主导，经济人本性得以充分发展，资产者社会（bourgeois society）日益成型，一切都彻底除魅，消费面前，人人平

---

① 中共中央马克思恩格斯列宁斯大林著作编译局. 马克思恩格斯文集·第5卷[C]. 北京：人民出版社，2009：104.

等。"再也没有什么神秘莫测、无法计算的力量在起作用,人们可以通过计算掌握一切。"① 商品品类导致的分工链条及其附带的机遇、财富,夹杂着冲突、污染、剥削、掠夺扩展至不同地域。身处这一链条上的每一个体,既进口价值与能力,也进口风险与危机。市场运转、商品生产及其衍生的培养机制,日益对教育生活进行全面调节,市场原则不仅成为支配教育生活的法则,而且成为个体教育生活的基础。以市场逻辑调节教育生活的整体运作,根据关于市场治理的总体技艺规划行事原则,才能释放每一个体的积极性或潜能。

市场的重要性及其对教育生活的促进作用获得了广泛认可。基于市场价值,自由表达具备了更多可能性,借助市场逻辑,利益获得了更大程度的保证。个体逐渐服从于市场思维和资本逻辑。市场化诉求成为个体对生活方式的基础性诉求。市场化生活被多数个体视为"本该如此"的生活,市场在这个时代教育生活中的角色,类似于宗教在传统教育中的角色。市场逻辑成为审视教育生活的逻辑标准,不断向教育生活理念深处延伸——教育生活中的竞争法则与市场逻辑中的竞争法则高度融合,而且这种融合日益浸入教育生活中的道德法则。管理者或决策者们总是有意无意地致力于普及市场逻辑,以至于原本并不贯穿价值交换或价值裁决的教育生活细节也开始受到它的熏染。

作为对商品、劳动、交换乃至生活关系的现实抽象,货币具有极强的公度性。一方面,货币即"人们普遍接受的无论何处都可用以交换商品和服务的东西",普遍接受"不是指它是一个可用于消费的物品,而是指一种代表了能用于购买某种其他商品和服务的购买力的临时载体的物品。"② 现代生活中几乎没有个体不依赖货币,提高货币化程度长期被视为推动个

---

① [德] 马克斯·韦伯. 学术与政治 [M]. 冯克利, 译. 北京: 生活·读书·新知三联书店, 1998: 29.
② [美] 米尔顿·弗里德曼. 货币的祸害 [M]. 安佳, 译. 北京: 商务印书馆, 2006: 20.

体生活进步的重要举措。货币为交换提供了尺度，有效降低了交换成本。作为沟通价值与现实的核心中介，货币是一个平等主义者，取代了诸多形式上或实质上的不公。在货币面前，性别、出身、背景被抹平，获取货币的能力时常取决于个人奋斗。以货币为标准，自由通兑原则被确立起来，精神世界被完整地与物质世界一一对应。货币成为固定不变的基准，似乎可以通兑对象化教育生活世界中的所有价值，就连主观价值也日益被换算为客观价格，向货币转进。货币不仅成为个体教育生活的保障，还成为个体教育生活意义的准则，日益占据个体教育生活运转的中心——它具有强大的语法效用，重构各类教育生活质料，将差异性、个性化的教育生活平抑为数量化、客观性的教育生活。"货币使一切形形色色的东西得到平衡，通过价格多少的差别来表示事物之间的一切质的区别。货币是不带任何色彩的，是中立的，所以货币便以一切价值的公分母自居，成了最严厉的调解者。货币挖空了事物的核心，挖空了事物的特性、特有的价值和特点，毫无挽回的余地。事物都以相同的比重在滚滚向前的货币洪流中漂浮，全都处于同一个水平，仅仅是一个个的大小不同。"①

另一方面，货币积累与生活价值系统紧密相关。货币将多元化的价值世界进行了重构，"货币能把任何特性和任何对象同其他任何即使与它相矛盾的特性和对象相交换"，"货币的量越来越成为货币的惟一强有力的属性；正像货币把任何存在物都归结为它的抽象一样，货币也在它自己的运动中把自身归结为量的存在物。无度和无节制成了货币的真正尺度。"② 在人性的促动下，货币的效用得以充分扩张。货币可以弥合时间与空间的相互隔离，可以将不同教育生活方式和教育生活风格结合在一起，可以将相互分离变为相互依赖。

---

① [德] 格奥尔格·西美尔. 货币哲学 [M]. 陈戎女，耿开君，文聘元，译. 北京：华夏出版社，2002：265-266.
② 中共中央马克思恩格斯列宁斯大林著作编译局. 1844 年经济学哲学手稿 [M]. 北京：人民出版社，2000：145-120.

更为重要的是，货币从外在于个体的存在一跃而成为个体教育生活的关键目的，"从一种为着主体性更大程度发挥其影响力的创造物而成为不依赖于主体意志甚至与主体意志相对立的存在，迫使主体性对其屈从和膜拜。"① 货币数量的叠加与生存质量的提升直接挂钩。"货币实际上只是社会关系网络的化身、浓缩、物化，它被用来充当所有商品的普遍等价物，这个事实（即被充当等价物）的成立是以它在社会关系的肌理（texture of social relations）中所处的位置为前提条件的。但对于人来说，货币的功能——成为财富的化身——表现为被人称作货币的那种事物具有的直接、自然的属性。仿佛货币已经自在地（already in itself）、仅仅凭借它直接的物质现实（immediate material reality），就成了财富。"② 货币自身不仅成为成功的重要标准，个体货币积累方面的成功还能够代表其他方方面面的成功——尽管这种成功并不必然意味着智识与智慧的提升。

与货币交易相较，期货贸易和股票投机是更加纯粹、更为彻底的现实抽象，它们都发生在虚拟情境中，却又具有直观可感的现实性。它们与货币一起，将"个体人"通约为"经济人"。个体日益习惯于用货币购买服务，同伴之间的往来也便不那么重要，亲友之间的交往也可以减少。生命即生意。生命延展的过程也是生意往来、利益交换的过程。只有在利益交换中，个体才感觉到自己并非无知，才相信自己周围的世界可把握。即便非利益交换行为，也时常纳入利益交换的可知性架构进行分析。

在社会转型大背景下，新的教育生活意义供给机制逐渐倾向以市场、以货币为中心，以消费为基础，教育生活逐渐按商品或市场规则运作，浸染了越来越多的交换思维与货币观念。这种观念的典型特质就是刺激欲望，并通过刺激欲望实现预期的增长。个体敏于福利供给与资源分配，在

---

① 曹东勃. 通向犬儒之路：人类价值系统的现代嬗变 [J]. 现代哲学，2012(4)：14-21.
② [斯洛文尼亚] 斯拉沃热·齐泽克. 意识形态的崇高客体 [M]. 季广茂，译. 北京：中央编译出版社，2017：30.

界定体面的生活时,侧重从货币或能够货币化的物质层面进行定义。教育生活所应包含的"教—学""师—生""管理—参与"等各种复杂关系受到"物(货币)—物(货币)"关系的挤压。价格成为教育生活的尺度,被视为教育价值的重要表现形式,似乎价格越高便越有教育价值。某种类型的知识往往是与某种类型的价值相匹配的等价物。货币的短缺意味着这样那样的结构性失衡,货币尺度与人性尺度复杂交融的情形反复发生。"货币的力量多大,我的力量就多大。货币的特性就是我的——货币占有者的——特性和本质力量。因此,我是什么和我能够做什么,这绝不是由我的个性来决定的。""我是邪恶的,不诚实,没有良性的,没有头脑的人,可是货币是受人尊敬的,所以它的持有者也受尊敬。"[①] 与其原初样态相较,教育生活早已被重构。大多数概念除了其本义之外,还包含了潜隐意义,甚至已然被重新定义。

货币为现代教育生活景观提供了新型物质基础。陈旧的微言大义式教育生活话语不断受到货币话语的打压,有些还被污名化。教育政策、规章给货币划定的界限,货币早已经突破。个体的货币(财富)就是个体本身。"每一个人的价值就是他所挣得的钱财,而他挣得的钱财也就是他的价值。他通过财运兴衰而了解自己的生命,除此之外就什么也不知道了。"[②] "×二代"让个体意识到权力与货币的强力,进而影响了个体的生存观与发展观。尽管个体教育生活理念的扭曲并非总是因货币而生,但货币无疑造成了个体与教育生活世界之间关系的异化,理应为扭曲负上不小的责任。

货币对教育生活价值系统的影响不仅体现在提升教育生活价值的通约性,还体现于教育生活价值系统的异变。一些非主流教育现象与教育生活

---

① 中共中央马克思恩格斯列宁斯大林著作编译局. 1844 年经济学哲学手稿[M]. 北京:人民出版社,2000:143-144.
② [英]提摩太·贝维斯. 犬儒主义与后现代性[M]. 胡继华,译. 上海:上海人民出版社,2008:201-202.

的功利化时常互为因果。"现代犬儒主义的兴起及其对价值系统的腐蚀和对理想的背叛，是现代市场经济强大的物化能力和资本逻辑对生活世界强大的改造能力共同促成的。"① 市场、货币的开放性与异质性，对于被压抑的个体诉求而言是一种释放，原本较为严密的教育规范体系，也被市场逻辑撕开了一道道裂缝。"只要一个人、一件事情能够成功，那么不管是好是坏、是对是错，就应该去赞扬、去迎合、去参与。"② 个体的所言所行已很难与货币完全无关。面对他者，个体会自觉不自觉地从货币层面对其进行排序，个体之间缺乏真情实意的关系。面对事物，只认"一分钱一分货"，更多考虑它们的价格，更少考虑它们的价值。

货币逻辑全面渗入教育生活，影响到教育生活中每一个体的精神。"从来没有一个这样的东西能够像货币一样如此畅通无阻地、毫无保留地发展成为一种绝对的心理性价值，一种控制我们实践意识、牵动我们全部注意力的终极目的。""货币本质的内在两极性有两个原因：一，货币是一种绝对的手段；二，对大多数人来说，货币因此在心理上成为一种绝对目的。"③ 尺度不能衡量的，算筹不能计算的，货币都可以衡量、计算，货币甚至可以衡量、计算个体的人缘。在与智能、德性等其他逻辑对垒时，货币逻辑几乎总有可乘之机取得最后的胜利。被教育者被评定为优、良、中、差之类的等级，教育者们则不遗余力地追逐着荣誉、货币。他们都对货币异常敏感，想挣得更多。他们有各自的幸福标准，哪怕所谓的幸福实际上并不真的幸福，哪怕所谓的标准实际上是一种生活桎梏，他们依然选择信奉，不遗余力地践行甚至不惜沉醉其中过一种惟利是从的生活。

多挣点钱儿 多挣点钱儿

---

① 曹东勃. 通向犬儒之路：人类价值系统的现代嬗变 [J]. 现代哲学，2012 (4)：14-21.
② 操奇. 启蒙的天敌：犬儒理性论略 [J]. 哲学研究，2015 (6)：91-96.
③ [德] 格奥尔格·西美尔. 货币哲学 [M]. 陈戎女，耿开君，文聘元，译. 北京：华夏出版社，2002：161-162.

> 钱儿要是挣多了事情自然就会变了
>
> 可是哪有个够 可是哪有个够
>
> 不知不觉挣钱挣晕了把什么都忘了
>
> 别跟我谈正经的
>
> 别跟我深沉了
>
> 如今有钱比有文化机会多多了
>
> 谁说生活真难 那谁就真够笨的
>
> 其实动点脑子绕点弯子
>
> 不把事情都就办了
>
> ——崔健：《混子》

　　个体与货币的关系日益深度波及个体与教育的关系。货币成了教育他者或接受教育的基本要素。货币标准日益成为教育标准。教育生活日益向货币靠拢，个体们接受教育，一开始就抱着积累货币的目的。教育被视为资源、资本，继而或多或少具备了社会交换属性和商品交易属性。货币与商品填补了个体的内心需要，拥有了货币似乎就掌握了美好生活的密码，个体普遍憧憬着知识与货币的联合。不少受教育者想方设法占据更多教育资源，他们通过支付货币购买教育资源并将之视为教育投资。教育投资的多寡反映出个体对财产积累和生活前景的看重。经济价值成为衡量教育生活的终极价值。教育生活的方方面面都被贴上了"价值"的标签。设施够好、资金充足成为好教育的证据。评价教育生活质量的标尺，不再仅仅是能否实现求知理想或道德信仰，也不仅仅是能否有助于可持续性发展，而日益在于是否能够"变现"，能否有助于赢得更高的身份角色或社会地位。不少教育者致力于让他们的培养对象"发财"而几乎不考虑潜在的负面影响，如果培养对象们果真发财了，他们的教育目标似乎是实现了，而事实上，当拥有货币表现为个体努力的最终目的时，热情、仁慈便消失了[①]。个体的生活不受自身掌握，而是由货币逻辑决定。个体受到货币的胁迫，表面上获得了可观的收益，实际上却遭受了难以量化的潜在损失。

"货币正是延伸和缩短目的论序列的一个最佳手段和持久动力"，"货币不是现代性产生的根源，但却是其必要条件。"[②] 在目的性支配下，货币会产生各种特殊的教育生活建构效用，它能通过对教育生活的颠倒制造出复杂多样的奴役。诸多教育生活的异化由货币逻辑派生，这类逻辑有时以真理的外表在场，因此抓住货币问题通常有助于抓住根本。与那些高度市场化的热门职业相较，教育职业的收入提升缓慢，货币积累（致富）的空间较小。一些年长的教育者甚至会抱怨"兢兢业业十几年，工资不够一套房"。由于现实起点比较低，亟待"补课"的方面比较多，推崇货币、发挥功利性准则尤为重要，如此才能有效利用市场、货币的激励功能。在市场环境、货币逻辑中奋发有为，持续涅注各类资金与资源，提高每一个体的教育生活水平实属必需。然而，当涅注达到一定水平，或处于某种阶段时，短时间内迅速让教育生活水平改头换面的可能性其实并不大。毕竟，短期内道义的立场可以退居其次，功利主义思想可以被高扬。然而，如果长期缺乏道义支撑，功利主义者们即便结成了同盟，也是贪婪的同盟。

（三）崇高价值与实利思维相互伴生

理想与蓝图自然重要，现实生活中的自我保存技术每一个体理应重视。唐吉诃德式的徒劳难免受到嘲讽。作为实利主义者，个体在教育生活中忙于生存，专注于外在的世俗利益，对违背制度或正常程序的自利现象有自己的主观感受与理性认知，当同时面对道德责任与生存利益时，通常不会遭遇取舍两难。更多情况下，个体热衷务实，简单地诱之以利比复杂

---

① [法] 夏尔·皮埃尔·波德莱尔. 波德莱尔美学论文选 [C]. 郭宏安，译. 北京：人民文学出版社，1987：27.

② 曹东勃. 通向犬儒之路：人类价值系统的现代嬗变 [J]. 现代哲学，2012 (4)：14-21.

高深的说教效果好很多。个体选择漠视责任与义务，也是因为担忧履行它们会对生存利益产生影响。基于道德责任，有必要提出意见，并努力行动，但如果意见与行动危及自身生存利益，个体就可能畏缩不前。毕竟，所谓的道德责任往往是虚无缥缈的，生存利益才是客观实在的。任何情况下都将生存利益置于首位似乎已成为个体植入骨髓的生活信条。

　　任何教育价值取向或教育立场，在现实教育生活中都有其物质载体；所谓的取向或立场，实际是看似客观的物质载体呈现出来的主观力量。对于实利，有时个体口头上嘲讽，但行动上是顺服的，这便是个体的自我持存术。表面看，这似乎是知行分裂，其实不然，因为"知道"并不意味着"认同"，抱怨归抱怨，最终还是怎么让自己获益更多就怎么做，依附于事实上并不利于自己的资源配比逻辑总比无所依附要好，所以归根结底个体的知与行还是相统一的，个体只是处于"明知"状态却在具体行动时否定了"明知"，选取了行动的"实用义"。从更广泛的范畴看，个体几乎所有的思、言、行之间的不一致都关涉功利性纠葛。这意味着即便崇高有其不合理性，消解崇高也不一定就有其合理性。个体并非不知道教育生活的本然逻辑，个体在明知的情况下依然违反本然，实际是反复考量、精心计算后的投机，其目的仍然在于自我利益最大化。与不顾善恶美丑的分野、完全以交换为原则、"卑鄙的自私自利"[①] 相较，这类个体已然进化了很多。

　　受实利思维驱动，在传统生活中备受抑制的物质欲望逐渐萌发，道德与天理依然被高扬，同时市场思维也开始广泛流行，资本逻辑迅速全面铺开，人人都是可教之人之类的宣称，与资本逻辑中追逐利润的隐性规则同时并行。生命、知识、资本、权力等要素居于教育生活场景的中心。教育就是依据资本和权力的需求，对生命和知识进行控制与管理。热衷于名誉与收益的情形获得了最大限度的宽容，以之为基础的价值逻辑带有复杂印记，杂糅了各类教育思潮、各类主体的利益，是思潮间、主体间、思潮与

---

① 中共中央马克思恩格斯列宁斯大林著作编译局. 马克思恩格斯文集·第1卷[C]. 北京：人民出版社，2009：151.

主体间碰撞、博弈的结果。有时是对传统的延续，甚至有回归传统的痕迹，有时又是对传统的疏远，表现出直奔教育新生活的热情，有时掺杂着"用传统反传统"的嫌疑，有时又透露出"打得一拳开，免得百拳来"的勇气。以之为基础的教育生活世界没有赤裸裸的丛林法则，但也时不时地闪现着丛林法则的影子；不择手段、纯粹利己、机会主义等辞汇并不完全适用来描述个体，但小伎俩、利己倾向、趁机钻营的情形的确在屡屡发生；没有彻骨的"冰冷"，但会让人联想到"冰冷"的可能。

受实利思维驱动，个体通常更加看重教育生活中的工具，以及有助于发挥工具效用的因素。知识是行动的工具，知识之所以宝贵是因为有用。有用、有"利"成为教育生活价值序列的重心。即便是学习教育理论，也惯于从行动主义与功利主义的角度去审视，最好学习一次即可反复受益。"有用即真理"，行动与效果被格外看重。知识不过是行动之后的效果总结。即便对于自我，也持实用性判断，自我精神追求和艺术审美需要也常常被视为谋取实用、实惠、实利的有益补充。个体有时突破既有知识架构获取实利，有时回顾过往求知教训防止实利损失。一个重大抉择可能引起发展机遇、人际关系、所享有的权利等条件性资源发生一连串的连锁反应，挑战习惯看法意味着威胁特定利益，进而引发不快甚至冲突。个体可能因正确抉择步入增值螺旋，越渊博越获得帮助，在获得资源之后，通过获得的资源去获得更多的资源；也可能因错误抉择陷入螺旋丧失，越无知越得不到帮助，在因无知而遭受损失之后，因无力维系局面而面临更多边际损失。作为弱者的个体，自然有必要开发新的认知策略以自保，"知善而不为善，知恶而为恶"有时反而是不得已的选择。当环境险恶时，以恶制恶也可能成为正当的自我保护方式。

受实利思维驱动，市场逻辑和道德要求之间发生了奇妙而复杂的融合。诸多崇高价值依然被重视，同时也日益遭遇不同程度的漠不关心。不少个体故作不知、更想发财，并非是要否定崇高价值本身，而是早已不屑于样式各异的价值鼓吹。由于曾经有过受损的负面体验，个体会更加注重保存其未损资源以免重蹈覆辙。无时不在的不安全感、时常需要自保等相互交杂，进一步增加了个体的焦虑感，进而导致个体时常怀疑、漠视。生存境遇迫使个体努力增强自身所推崇的生活逻辑的话语权，既独立以防备不必要的干涉，又抱团以便联合起来起到叠加效果。很多时候，在与价值鼓吹辩论的过程中，个体反而显得更加振振有词。"真理能卖钱吗？""自由能当饭吃吗？""赚钱无罪"日益获得认同。如何快速积累财富成为教育生活中的重要话题。在给出诸多无奈的理由之后，开始践行实利至上，个体并不觉得这样"亏心"，反而显得有些心安理得。个体根据市场逻辑和拜物原则将理想与道德解读为"假大空"，"不是因为理想、道德、崇高本身'假大空'，而是人们认为它们排斥人的物质利益显得'假大空'，它们跟'物'的占有和追逐相比显得'假大空'，它们在极度世俗化的世界里成为了一种瞩目的讽刺。"[1] 换言之，理想与道德并没有改变，只是个体自身变了，变得拜物，变得功利，变得萎缩——"物"增值了，"人"贬值了。

受实利思维驱动，崇富、炫耀、审丑等现象逐渐渗透到教育场域，对教育生活产生了不良影响。一些个体对究竟该如何生活之类的问题并不关心，而对生财之道、处世厚黑学之类的信息趋之若鹜，尽其所能地收编文化资源、经济资源、政治资源，将它们有机融入争胜主导的教育生活机制内。一些个体不屑于崇高的说辞，嘲笑文本描述或他者口中的远大抱负，道德行为多是被动触发，产生价值认同越来越难，"饿死事极小，失节事极大"[2] 之类的道德教条几乎没有什么适用性了。有一份体面一点的工作就是他们的梦想，宏图大志也不能说没有，但也就是想想，或者作为一种不太现实的希望。这也许不能说明他们对意义的认知出现了颠倒，但至少也能说明他们对世俗生存价值的追求更加认真。少数个体陷入实利至上，

---

[1] 曹东勃. 通向犬儒之路：人类价值系统的现代嬗变 [J]. 现代哲学，2012（4）：14-21.

[2] 程颢，程颐. 二程遗书 [M]. 上海：上海古籍出版社，2000：356.

为谋得实利随时准备接受现实，随时准备适应环境，同时质疑普遍性的憧憬与理想。在他们的逻辑里，拥有足够的权力和大量的财富就可以欲我所欲。他们假装认可而实际无视道德准则，为了获得自我确证或他者的确证，对名利表现出一致性认同。诸多超越性追求经历了物质化改造，他们纷纷告别理想、活在当下，认为蓝图都是虚假的，只有眼下的现实才是真实的，听不进大道理，谁在教育生活中过得好就向谁看齐。积聚物质财富、追求世俗享受、博取身份地位成为基本旨趣。

基于实利逻辑而产生的商业精神及其孕育的商业文明值得深深讴歌。大卫·休谟（D. Hume）、亚当·斯密（A. Smith）等甚至笃信市场万能理念，他们将追求财富视为"人类最强烈、最自然的需要"；商人是资本人格化的代表，作为社会生活的中坚，他们让"大自然的恩物得以流通、为穷人提供工作、为富人增加财富，为君主增加荣耀"，因而被视为"够资格担任国家的任何职位"的人。[①] 可以不夸张地说，他们中的一些佼佼者为教育生活提供了榜样和法则。真正令人担心的是蕴含在崇高价值体系中却试图绑架崇高价值的私利——只要能排除此类情况，教育生活似乎也不会差到哪里去。例如，一些个体倡导牺牲精神，然后从他人的牺牲精神中捞取利益。又如，个体间的合作实质是物质交换，却一定要附着上协同、互助甚至大爱、自由等使命性的辞藻。他们的热情，他们的赞颂，他们的尊重，时常成为实现个人利益的具体手段。他们不是在寻找幸福，只是在牟利，单纯的物质已经不能让他们获得真正的幸福。在这些个体那里，"理想已演变为最现实的实用主义"[②]，判断是非的基础不是动机的良善，而是实际的得失。在他们眼里，人都自利，授受关系、同事关系、专业关系、情感关系等一切关系都夹杂着利益关系，没有什么真正的亲密情感，

---

① Peter G. The Enlightenment: An Interpretation, Volume Ⅱ: The Science of Freedom. NewYork: Alfred A. Knopf, 1969: 49.

② 李艳霞, 梅燊. 现代犬儒主义概念解析：思想溯源、本质属性与行为特征[J]. 学习论坛, 2021 (1): 53-60.

表面上的亲密只不过是冷漠的"利—利"关系的美丽外衣，与其思考如何才能增进个体幸福不如努力谋求更多的利益。为了更好地进行利益投机，他们习惯于表现出努力讨好的姿态，"甚至能够装出一副相信任何信仰的模样"；尽量避免"恶"出现在自己的生活之中，与此同时"对和自己没有关系的'恶'能够欣然接受和谅解，甚至能为它进行激烈辩护。"①

二、德性表象背后的粗鄙化教育生活内核

过度谋利必然意味着生活风险增加，具体表现为教育生活闲忙节奏紊乱，教育生活设计无规所依，教育生活预期复杂变幻，教育生活价值分裂崩解。粗鄙化尽管是内核，却被包裹上了德性的外衣。所谓的德性不过是一种外在伪饰，它有时比粗鄙更粗鄙。个体陷入对错与利弊的复杂纠缠，教育生活成为生活被扭曲的教育生活，陷入真诚与伪装的杂糅状态，教育生活异化为不适于生活的生活，陷入利他与利己的矛盾抉择，既想参与教育生活变革，又想通过维系既有体系过上体面的教育生活。

（一）对错与利弊相互纠缠

自私、占有等个体本能性内在冲动对基于宏大叙事与崇高理想的道德精神体系产生了冲击。崇高被解构，对错已不那么重要，利弊才是最关键的考量，不谋求做正确的事情，而谋求做于己有利的事情。在认识文本时，以是非曲直作为依据，在行动取舍时，以实际价值作为行动指引。重要的是实实在在的实惠，而不是虚无缥缈的价值，为了现实利益，可以放弃坚守的信念。

首先，不少个体既热爱名誉，也热爱货币。在自身利益未被波及时是儒，当自身利益遭到侵害时是犬。

功利性越强就越激进，在极端情况下，个体似乎对什么都不太在意

---

① 唐平秋，庞明牌. 微时代政治犬儒主义对政府与公众信任关系的影响[J]. 中学政治教学参考，2017（12）：24-26.

——除非关涉自己或与自己产生利害关系。民主是个好东西，然而一旦民主选举自己票数垫底，民主就又成了值得怀疑的东西。可见，"民主是个好东西"的前提是"不能对我不利"，否则就还不如"一言堂"，甚至不如"屁股决定脑袋"。

所谓的教育专家，在不关涉自身利益的情况下表现为高雅，一旦与自身利益紧密相关则又表现为粗鄙。他们也会为了一己之私睁着眼睛说瞎话，抛出惊人话语，兜售浅薄文化，纵然搞怪、出丑也在所不惜。之所以如此，并非是因为真的没有文化，而是为了"效果"，为了迎合公众以便为自己博得利益与名气。他们以赚取眼球为导向，为达到名利双收之效，不惜低俗、浅薄，甚至不惜制造绯闻，进行口水营销，而一旦有了名气就赶紧将影响力变现，能赚一点是一点。与其说他们重视知识的价值，不如说他们重视通过知识能够换取的利益。或者说，所谓的知识的价值，在他们那里正日益发生改变。其结果便是关于"砖家"的幽默、顺口溜等亚文化在教育生活中时有流行。

其次，商品拜物教论调不断出现，抽空了教育生活的本真。商品意识、资本主导、等价交换、按劳取酬、营利为本、消费思维等市场逻辑浸入教育生活，直接导致教育生活意义出现扭曲和异化。

诸如"钱多者居前，钱少者居后""可以用钱解决的问题都不成问题"之类的信条广泛流行。一些教育者"搞教育"的目的就是追求货币，当他们有了较为可观的货币积累之后，他们开始追求更多货币。由于深陷物质主义，个体不仅在维护自身利益时易于冲动，而且还会时常做出短视行为，"当下即是"，信奉实用和享乐，追求利益累积与短期效果。不担心过去，也不思虑未来，只想享受现在，眼里只有利益，因此没有时间深度思考，没有心思将目光放长远。有时候，行动会发生有害后果，但有害后果会迟发或缓发，这导致他们常常感而不知，逐渐放弃有益于长期收益的教育生活逻辑，代之以可以短期获利的拼命攫取方式。

基于市场思维和资本逻辑的效率最大化导向已然深入人心。个体们更多关注的是现实利益和实际效果。拜物思维导致的物化统制，塑造出物质中心、利益至上和难以掩饰的匮乏意识。有时候，连自然而然的教育生活需要也成了牟利的对象。由于过多注重商品或货币，个体逐渐缺少精力关心自己在精神、道德上的受损程度。"有钱就干，没钱就算""无德而富"之类的教条式、刻板化印象在个体内心日益根深蒂固。

再次，货币本身并没有多少复杂意义，但当它成为基本尺度，被视为衡量效用的基准时，它开始变得复杂起来。

所谓效用，即个体言语或行为所产生的利益属性。在基于货币构建起的一整套复杂效用分析框架中，货币被赋予了远比其本身更多的意义，效用成为货币的重要函数，所得货币的变动意味着水平的变动，意味着意义的变动，甚至意味着命运的变动。个体间的信任逐渐转变为关于货币的信任，货币越来越具有人性化特质。"凡是我作为人所不能做到的，也就是我个人的一切本质力量所不能做到的，我凭借货币都能做到。因此，货币把这些本质力量的每一种都变成了它原来不是的那个东西，即变成它的对立物。"[①] 货币被视为认知现实的重要依据。个体对无关货币的教育生活梦想表现出漠然，甘愿陷入颠倒的生活状态。

在强大的货币尺度效用与基准效用作用下，如果行善者清贫度日，无德者纸碎金迷，那么耻贫而不耻恶、羡富而不羡德就会成为常态，善恶有报的逻辑也会失去说服力。如果个体的逐利行为缺乏有效的制衡，最终就会导致客体性的追求僭越主体价值——人人以营利为目标，过着平庸、琐细而功利的生活。如果个体的教育生活视野被货币规则所限定，那么教育生活的价值就在于能否有助于获取货币，或者能否有助于将个体所属的货币转变为获取更多货币的资本。个体在质疑某类知识有没有用时，表面看是在质疑这类知识之于自身的生存价值或发展价值，实际是在质疑这类知识的货币化价值——价值期望已然异变为货币期望，价值只是利益的修辞

[①] 中共中央马克思恩格斯列宁斯大林著作编译局. 1844 年经济学哲学手稿[M]. 北京：人民出版社，2000：144.

性说法，核心价值即核心利益。

道德"并不是一种可以简单传授的知识，更主要是一种非常个人化的实践；这种实践往往并不能给自己带来利益，还可能带来某种物质利益上的损失"[1]。过度追求功利的方法论迟早会出现偏差，直接或间接地导致无德。讥讽神圣价值，解构规范价值，却尊崇功利价值，结果往往诱发笑贫不笑恶的歪风，失去具有使命性与规范性的价值标准。道德逻辑被颠覆，明知是虚假，也能找到维系它的理由；常态性地说一套做一套，只要能够博取利益，怎样都行——"它使我们怀疑除了物质利益外和照料单个的我外还有更高的目的。"[2] 很少有个体还擅长描述教育乌托邦，都习惯于向货币看齐，以货币为标准，在攫取货币的过程中表现出满足甚至亢奋。是否活得无德并不在意，在意的是效力的实现，是是否活得"实在"。必要时，"实在"还与传统的经世、致用等理念相混合，衍生出复杂的"务实"态度，为了"务实"可以忽视崇高价值，所谓的启发、诱导也可能是务实性启发、诱导。除非有外力加以干预，否则"务实"的冲动足以导致个体无视公共利益。

（二）真诚与伪装彼此杂糅

教育生活时常负责宣扬人与人之间的真诚友爱，有时甚至还需要负责宣扬人与动物之间的真诚友爱。在宣扬制造的氛围中，真正心怀不端的个体仅仅是极少数，但鉴于教育生活的复杂性，宏大的道德说教中可能掩盖着伪善与欺蒙，真诚行为可能转化为自私的伪装，某种性质的主体性也可能是不纯的主体性，就连信仰也可能功利地化为拓展自身利益的工具。例如，对于道德功利主义者而言，"一旦发现自己的付出并没有得到期望的物质利益，做了好人并没有得到期望的回报，道德功利主义者就容易堕落

---

[1] 苏力. 把道德放在社会生活的合适位置 [A]. 刘智峰. 道德中国 [G]. 北京：中国社会科学出版社，2001：403.

[2] Mazella D. The Making of Modern Cynicism. Charlottesville: University of Virginia Press, 2007: 2.

为谎话连篇、玩世不恭的犬儒——因为他'道德地'生活原本就是为了'回报',一个失效的东西在他看来是没有保留价值的。"① 为了过好自己的教育生活,也许真的需要必要的恶,这种必要的恶包括私心、敌视、贪婪——个体们意识到了这一点,于是开始学着势利、虚荣。

"教育中的人受实际生存环境的影响,为了保存自己的主体地位,放肆地执着于眼前可得的名声和利益以巩固自己的存在。这种状况致使教育本身产生诸多非教育的特征,构成了目前教育的实际状态。它超越了教育本身的应然价值——促进人发展,使教育体现出非本己的状态——教育成了获利的目的与手段。"② 为了更加"实惠",诸多培养是批量化的培养。培养中时常蕴含着"谎育",个体被告诫应时常注重语言与行为的隐蔽性,即便是公开表现,也应隐晦、曲折。个体对此深信不疑,将之视为处事哲学或人生戒律,直到被虚伪威胁到生命成长,被伪善伤害到不堪忍受,才终于有所清醒。在这样的教育生活中,人际关系需要警惕,他者被视为利用而非信任的对象,随着曲终人散的行为增多,整个群体都会日益呈现出庸俗化趋势,不会有真正的受益者,也没有个体能从中获得真正的幸福。

在日益浸入了市场逻辑的教育生活中,"教师不以教学的成就为荣,而是计较教学背后自身的利益得失;教研不是为了研究教育,而是个人成功获得名誉地位的手段;教学设施的目的不是更好地服务教育,而是面子与利益获取的摆设;学生学习什么、怎么学并不重要,重要的是名次和胜出;教育管理不是为了好的教育,而是为了管理便利与管理者自身欲望的满足。这种渐进的疏远,大到了令教育面目全非的地步。"③ 有时,连教育情感也功利化了。除了攀比业绩,也比房子、比车子。各类教育鄙视链的

---

① 折军. 犬儒现象解析 [J]. 西北工业大学学报(社会科学版), 2010 (1): 37-41.
② 尚云丽,于洪波. 教育中的后现代犬儒主义阐释——基于海德格尔"构境论"视角的解读 [J]. 教育学报, 2014 (2): 20-26.
③ 尚云丽,于洪波. 教育中的后现代犬儒主义阐释——基于海德格尔"构境论"视角的解读 [J]. 教育学报, 2014 (2): 20-26.

产生，实质是物质攀比和教育分层的真实化表达。所追求的快乐，表面看是内心的超脱与豁达，实际上却是物质浮华和权力刺激。有时进行理论投机，有时进行实践投机，一旦因抓住机会而拥有权力，便不再以育人为第一志业。

"货币在扩展个体的行为能力、张扬主体性、夷平前现代诸种阻碍之后，随着现代性的登峰造极，货币的价值通约功能强化了主观价值的客观化，反而使货币自身从手段跃迁为最终目的，货币的异化导致了人性的异化，这又走向现代性的悖反。"[①] 由于货币成为教育生活逻辑的关键节点，个体的目的性显著增强，货币与个体利己本性的关联愈发紧密。个别个体为了名利双收，各种"装""炫"，试图在做出损人利己的言行时掩人耳目。打着育人的幌子，实际谋求的是个人私利，表面上是重"知"主义，实际上是货币主义，靠运用理性贩卖情怀"割韭菜"，靠广告效果或轰动效应争取资源，像"键盘侠"一样站在道德制高点上小题大做，为了谋利用小恩小惠进行伤害性不那么明显的欺蒙，表面是在维护教育组织的声望，实则是维护自己。如果可能，会一直"装"到连自己也感到不适为止。在日常教育生活中充满了市侩气息与市侩做派，因失"利"的烦恼而心态失衡；师道尊严也可以拿来作为美丽画皮，背后真实追求是地位、名声和货币。

将面目狰狞的争夺行为包装成安全规范下遮遮掩掩的隐性攫取行为，便是个体间文明关系的进步。一些个体在看透规则之后选择服从规则，目的在于适应，最大化地实现自身利益。假正经，真唯利，以服从之名，行自利之实，为了获益将复杂的谋利手段裹上责任与使命之类的包装。一些个体内心是叛逆的，但为了"生计"或现实利益，只好将叛逆暂时隐藏、搁置，教育生活在隐藏、搁置中越来越现实。在历经复杂的理性考量后，最终决定戴上面具，勉力迎合、费力讨好、甘之如饴的背后可能是唯利是

---

① 曹东勃. 通向犬儒之路：人类价值系统的现代嬗变 [J]. 现代哲学, 2012 (4)：14-21.

图。一些个体因拥有货币而浪费物质、随心所欲,取舍大多都是暗自进行,只有少数能够公开,自称性情中人,倾向于无节制地享乐,实际不过是兴奋于被权力垂青、被资本收买。还有少数个体以不再追求为追求,依据利益所向转移自身取向,"讥讽和嘲笑理想,放弃了原则和标准,思想和行动完全以利益为转移,较为典型的表述是'什么都是假的,只有钱是真的','认真你就输了'","戴着不相信一切的假面,竭力掩饰自身对实利的倾心和权力的献媚。"[①]

"饮食者,天理也;要求美味,人欲也。"[②] 欲念控制得好就是发展动力,反之则会成为负担。如果在基本的欲念之上还有欲念,如果只知物质之我,不知精神之我,就要冒不合理、不合法的风险。个体可能两次跌入同一条浅沟,却不可能两次坠入同一个深渊。个体对货币的欲望近乎无边无际,几乎不可能被满足,欲望超出本真限度,最终的结果很可能就是深渊。如果对自身的欲望到了需要克制的地步,那么变革这种欲望的重要性也就不言而喻了。如果个体过着功利、卑微的教育生活,内心被功利填满,被追逐功利所产生的琐碎所羁绊,自然也就没有闲暇,不愿思考关于自我、关于教育生活的深远命题了。

(三) 利他与利己复杂交织

从某种意义上而言,个体的教育生活有时候无所谓利他还是利己,只不过是在消费,按学期或课时缴费是个人消费,在学校就餐是个人消费。市场化的教育生活本质就是交换、交易和消费。诸多"存在"的意义就是营利,谋利、利己也不过是再正常不过的"存在"特质。尽管如此,在教育生活中,个人至上、独来独往既是不合群的表现,也会被认为不识时务。毕竟,过度的个人主义也许能够带来快感,却会侵蚀高贵精神,会消解道德价值,会激发生物本能,会危及本真体验。

[①] 贺来. 超越理想主义与犬儒主义的"辩证法"——对当代中国人精神生活的分析 [J]. 学术月刊, 2014 (1): 53-61.

[②] 朱熹. 朱子语类 [M]. 北京: 中华书局, 1986: 224.

教育生活中时常包含着各式各样的圈子。每个圈子都有其独特的语言体系，即圈层话语，每个圈子都有其独特的价值逻辑，即圈层文化。即便在微信、推特等虚拟空间，也有圈层话语和圈层文化，"微信所形成的'圈子'，不仅映射着现实社会的'圈子'，复制着现实中的各种社会关系，甚至强化了现实生活中的权力结构。""'大咖'（现实中有地位的人或者微信里面的'意见领袖'）的发言总是会得到更多的'点赞'。但是那些在现实生活中本来就地位不高的人，在微信里面发言，通常应者寥寥。"[1] 在特定情况下，每一个体都属于特定的圈子，因此并不存在真正的利他。在宏观层面，资本有时联合教育管理力量，共同掌握优质教育资源。重要角色习惯在圈子内部招募，给处境不利的个体接触优质教育资源带来阻力，甚至影响到阶层流动，导致身份固化风险。在微观层面，个体圈层地位的下降意味着交换价值的贬值。一方通过牺牲另一方获益的情形时有发生，每一个体都可能在欺蒙其他个体，即便听到了客观、公正的声音，只要不符合自己的利益，也会认为那是另一派的话语，不值得当真。因为自己时常欺蒙，便认为所有个体都会欺蒙。因为自己不太当真，如果有个体宣称只追求公正、只相信真理，那他多半是在说谎。

在教育生活中，个体不可能不求诸他者，也很难做到不受制于人。鉴于群体类别化趋势明显，群际冲突增多，一些个体试图通过寄身主流实现自我保护，对管理者鼎力支持、言听计从。正是因为他们的随声附和，一些不太顺从的个体无奈选择就范，不得不进行一些利他性宣称，否则就很可能被排斥于利益分配之外。显然，这种顺从与就范是出于利己需要。由此表达出来的言说与行为，是为了缓解因可能被伤害而产生的惧怕心态，缓解的过程实质是运用语言和行为完成自我保护的过程，过程中即便有利他因素，也不能作为认同与尊重教育生活利他逻辑的证据。事实上，他们很清楚他们对组织的依恋程度较低，较少从组织的角度考虑问题，也不太

---

[1] 曾一果. 由陌生社会回归熟人社会：微信中的新圈子文化 [J]. 探索与争鸣, 2017 (7)：49-52.

在意组织受到的损害。

一些个体秉持恶的现实主义,认定可怜之人必有可恨之处,认为欺蒙者与被欺者都不是什么好人。因此,哪一方也不支持,谁也不帮。他们并不是没有包容性认知逻辑,而是习惯以自己的认知逻辑推进教育生活各层面。除非情况对双方都有利,否则他们会将自我置于他者之上,如果对自我无益,或者只要尚未危及自我,他们就会冷漠旁观或沉默回避。他们通常不讨好、不亲近、不关心,我行我素、少有顾忌,对自我较为爱恋,以"贵己"为交往原则,对外界常无动于衷,有意隐藏自身的想法与思路,通过掩饰自己的情感谋求心理保护。尤其当有可能成为替罪羊时,出于维护自身的考虑,他们会毫不犹豫地选择拒绝。有时他们也会拜物或拜金,但之所以如此,本质上是由于自身的软弱。除了自身状态与自身前景,其他多与自己无关。因为很注重"自己的",这让他们时常与利己主义者存在相通之处,言行举止表现出非公共性甚至非道德性。对于这类个体而言,谋求自身利益与他者利益的趋同性已经算是高雅。

一些个体秉持利己主义,在教育生活中表现出偏执、狭隘等极端心理特质,"他们的行为完全取决于他们的自我利益,每个主体都是作为真正的功利主义者行事的;在某个主体眼里,其他主体都不再拥有神秘的光环;他在同伴那里看到的,是另一个追逐自我利益的主体,他之所以对这个同伴有兴趣,只是因为这个同伴拥有某个东西。"[1] "他人之所以喜欢他,只是为了利用他或从他那里获得满足感。"[2] 所谓的相互帮助,实际是货币化的相互利用,"凡事都拿个人利益说事"[3],看重的通常是货币的利益指

---

[1] [斯洛文尼亚]斯拉沃热·齐泽克. 意识形态的崇高客体[M]. 季广茂,译. 北京:中央编译出版社,2017:16.

[2] [美]卡伦·荷妮. 我们时代的病态人格[M]. 陈收,译. 北京:国际文化出版公司,2003:86.

[3] [斯洛文尼亚]斯拉沃热·齐泽克. 意识形态的崇高客体[M]. 季广茂,译. 北京:中央编译出版社,2017:28.

代功能，像一个货币的贮藏者一样不断地从事西西弗斯式的积累劳动[①]。对于他们而言，没有利益就没有动力，只有在有回报时才会表现出积极主动。对己有利成为如何生活的核心准则，其他所谓的真、善、美，只要其中无利可图都可以事不关己高高挂起。重视物质（货币）成为生活第一要义，即便知道自己步入了歧路，也会为了一己之私一错到底。

利己是绩效最大化的基础，毕竟自身的生存或安全是更基本的需要。这时常意味着，如果不是因为与切身利益紧密相关，几乎不会有个体会持久性地付出最大努力。发出公共倡导的同时必得承诺前景或好处，至少也应当符合回报期望。否则"自扫门前雪""做好自己就行"就可能盛行，公共教育生活组织就可能涣散，公共教育生活价值也可能折损。只不过，类似节约这样的倡导，时常与利己逻辑相一致，而类似民主、公开这样的倡导，可就未必了。这又意味着，当自身与倡导发生冲突，继而可能导致自己成为失"利"者时，个体也会为了一己之私散布有违常识的论调。

货币直接扩张了个体的自利心理，导致个体的占有欲过度膨胀。在自我中心的驱动下，一些个体的扩张欲或膨胀欲似乎是无限度的。一味地不顾他者、漠视规范，注定会导致个体间情感关系淡化，加剧个体间在教育公共生活层面的冲突。一些个体超越自身权力或认知范畴的边界指手画脚，在主体间交往中施展类似于政客间交往手段的伎俩，将他者视为自我实现的工具，或视为红利的来源，为了扩张与膨胀，相互倾轧、相互拆台甚至相互伤害，以至于恨不得消株掘根、湮灭净尽，就不免有些心理变态的意味了。

三、未曾真正实现精致的教育生活伪精致

教育生活由不同的利益取向与不同的价值取向构成，利益多重性与教

[①] 中共中央马克思恩格斯列宁斯大林著作编译局．资本论·第2卷 [M]．北京：人民出版社，2004：156.

育生活多重性复杂交叠。教育生活中存在同事的算计,存在对共同体的背叛,存在尔虞我诈,也偶尔存在一言不合就开撕的情形,个中发生的关联和内蕴的运行机理始终复杂难解。

"追求"精致的鼓吹、"走向"精致的呼吁原本就意味着未曾精致过。伪精致者在精神层面终究是粗鄙的,他们的一些精致其实并没有什么意义。个体的资源占有状况与个体的人性、德行并无规律性关联,义正辞严的公平宣称时常与精致利己紧密关联,表面抵制庸俗,实际却在教育生活中扮演接受者的角色,表面倡导公共素养,实际以小聪明术作为教育生活的基础,表面谋求协同,实际却在谋利——在教育生活中,伪精致者一旦拥有话语权,将会巧妙地对教育生活产生极为消极的效应。

(一) 公平使命中的伪公平

人人都有享受生活的自由。然而,一个客观事实是,教育生活中的资源并非平均分布于每一个体身上,更多、更好的资源一般为智识更为发达或权利范畴更为宽广的个体所持有。大量关于具体资源占有的理论分析都表明,关于教师队伍、薪酬福利、职称等级、教育投资额等教育资源的随机变量都服从正态分布曲线——只有极少数的个体属于极端富足,也只有极少数个体属于极端匮乏,大多数个体则居于这两种情形之间。这时常意味着,自我保护策略通常就是自然平衡之道。让每一个体各安其位、各得其所,尊重个体自然而然的需求,克制他们非自然的物质欲与名利欲,在赋予必要资源的前提下,激活诸教育生活要素本应具有的功能,教育生活就会更便利、更和谐、更具幸福感。

按进化论的逻辑,除依赖感、归属感、满意度之外,个体还具有领属意识。扩大个体的生活领域往往能够产生更为有效的激励效果。当个体对自身所属产生占有感时,便会产生保护所占有对象的冲动。这种保护所占有对象的冲动是个体产生责任感与使命感的来源。然而,教育资源占有上的正态分布逻辑,以及基于必要的领属意识培养责任感的逻辑,多数教育哲学家都拒绝接受。他们中的一些甚至拒绝使用正态分布、领属权利这样的概念，转而用不均衡、不平等来代替。在近现代教育史上，为数众多的轰轰烈烈的教育改革，本质上是将均衡、平均理解成公平而掀起的。换言之，在众多近现代教育理论家眼里，似乎平均才会公平，正态分布则是非正义的。在质疑正态分布时，他们还会连带着批评教育资本极端富足者的副作用，认为教育资本极端富足者的核心需求是扩张而非公平，继而认定以公平为旨归的教育生活理念与以资本为导向的教育生活理念相冲突。

一直到今天，各类教育资源依然不足，资源分配差距有越来越大的趋势。由于资源的短缺性与稀缺性，不计其数的关于教育生活的学问被生产出来的重要目的，就是要阐明如何让有限的资源发挥最大、最佳的效用。这实质就是在承认教育资源不足的前提下找到提高资源使用效率之道。这意味着，正态分布会体现在每一教育个体身上，结果就是，每一个体都认为自己拥有的不够多。

同样，由于教育资源的短缺性与稀缺性，一些个体的欲望注定不能获得满足，愿望注定不能实现。只要稍微有点头脑，就能理解这一事实，只是理解之后还能平静地接受，就没那么容易了。在现实教育生活中，接受不了贫瘠这一真相的个体不乏多有。他们批评的勇气源于欲而不得后的不满，而非由于公平不显或正义不彰。即便是因为公平不显或正义不彰，由于一味拒斥正态分布逻辑，所谓的公平也是以自身为标准的公平，所谓的正义也是自以为的正义。

持续的资源损耗与流失向来被认定为教育生活不安全感的重要根源。当自有的资源存量难以支撑自身生活需要时，个体只有为自己设置较低的需要水平才能获得满足感。为了改善不利的处境，个体需要调用额外的精力或资源，而这本身又是一种精力消耗或资源流失。在改善过程中，如果个体不能持续、有效地获得精力或资源补充，那么改善本身可能成为一种高风险举动。尤其当个体将改善的可能寄托于自己无能为力、无法预见的所谓公平因素时，常会不由自主从属于不可控的事物进程和生活进程，"诸多偶然不由自主地降临它身上，以及自己并未寻求，它却不由自主地为其他人产生出收益。"[①] 由于改善不成功，个体往往只剩下"清修""逃避""节（禁）欲""幻想""隐忍"之类的选择。

对于欲望或愿望长期不能实现的个体，还会有人站出来给他们灌输幻象。所谓幻象，即掩盖、脱离了本质的表面形象。当自觉不自觉地疏离本质时，个体认同的很可能只是一种关于教育生活的幻象。这种幻象会掩盖赤裸裸的竞争关系，会粉饰教育投资与教育产出之间的关系，还会道义凛然地遮蔽"教育者也要吃饭"等生计问题，回避"受教育者需要缴费"等货币问题。除此之外，幻象还会教导个体学会忍耐，许诺长久忍耐之后可以进入更好的人生之境，鼓吹未来论——现在没有不要紧，教育生活是不断发展的，未来一定会更丰富，到那时肯定更充分、更美好——"别看现在是这样，早晚有一天……"实在不行，幻象干脆就灌输"你生活之外的世界与你无关，对于你自身而言也不具有实际意义"这样的论调。由于具备精致掩饰的特质，逻辑偏差短时间内难以被直观感知，幻象有时受到众多不明真相者的追捧。无论是教育者还是受教育者，基于这类幻象的确能够从中获得满意。这大概也可以算作是一种精神胜利法。从维系生存的维度来看，它在不同程度上满足了教育生活中各类主体的公平期许。

（二）抵制世俗时的伪抵制

在教育生活的面子背后，分布着难解难分的真实名利。华丽的校舍背后是管理者的声誉，完善的服务与身份、地位相对应，优良的成绩意味着丰富的教育资源，高职称背后所倚赖的也常常是文凭。个体们不遗余力地宣扬真、善，实际也许是试图规避将真、善等教育生活本质踏于足下之后导致的不堪。个体们并未受骗，他们只是再三权衡之后自觉地卷入了物的追逐与利的攫取之中。他们"费这么大劲把意义从感觉中抽象出来本质上

[①] ［法］米歇尔·福柯. 生命政治的诞生［M］. 莫伟民，赵伟，译. 上海：上海人民出版社，2011：245-246.

是为了获得心安理得赚钱的权利"①。

个体在公开场合批评世俗的恶,然而他们自己也十分世俗。个体鼓吹抵制低劣的教育品行,然而他们自己也具备那些低劣的教育品行。他们对谋生式、功利性的教育生活方式表现出厌恶,然而他们自己的教育生活中也弥漫着虚假信仰与非道德的欲望。他们愿意投资,认为也应当投资,却将大量投资用于维持理想化的、昂贵的面子。他们可能高声批评不公,但如果不公对自己有好处,或者只要给他们些许的好处,他们便不再批评。很多时候,"人变成求温饱的、求满足生物本能冲动的群氓"②,批评不过是为了衣食等基本生存条件,无异于讨生活的打工者。对于个体的嘴巴而言,最美的诗歌也比不上一枚货币——生存利益的满足可以弥补他们情感方面的创伤。

人或事之所以伟大、光明,也是因为满足了货币运转的需求。因此,一些伟大精神实质就是货币精神。同时,个体的浮躁、幻灭与精神空虚也时常由货币精神全面扩张导致的异化引起。这种异化具体表现为:(1)让个体的生活无根,依赖货币供给的物质基础与资源条件,将货币作为衡量生活质量的首要标准,注重教育生活中的利益角逐。(2)增加个体生活中的偶然性与突发性,导致个体堕入俗气的获利氛围,甚至直接异化为俗气的获利工具。(3)造成个体生活风格的隐匿,在理论言说中,个体是美好教育生活的向往者,而在实际行动中,个体近乎赤裸裸的拜物教徒。(4)增加个体生活的脆弱性,即便洞悉了货币(资本)的秘密,依然不能摆脱它的宰制。

货币并非只有简单的一个或数个属性,无论从量还是质的角度看,货币的属性都是复杂的,它既可以衍生高尚的德性情操,也可以诱发卑下的

---

① [英]亚历山大·罗伯逊. 贪婪:本能、成长与历史 [M]. 胡静,译. 上海:上海人民出版社,2002:54-55.

② 陶东风. 当代中国文艺思潮与文化热点 [M]. 北京:北京大学出版社,2008:35.

犬儒式病变。它既解放了个体的发展能力，也让个体忘却了启蒙的教诲，陷入效率主义的逻辑，对辉煌与光明产生误解。随着货币的强力浸注，教育进步是伟大的、奇迹般的，教育生活的变革也很彻底，几乎颠覆了传统教育生活关系和价值，成就了更高层次的教育生活境界。然而，伴随伟大进步而产生的还有难以规避的局限。在教育生活中，集中表现为逐利性与竞争性的极致化。绝大多数个体毕生致力于货币积累，将自己委身于对物、资的全方位依赖，生活也因此呈现出高度的物化、货币化状态。在他们的生活世界里，货币的激励是最高激励，货币的肯定是最大肯定——不仅可以为了货币而忍受程式化的生活，而且会因为货币欲求无度、贪婪无耻。

货币逻辑导致消费主义，消费主义则导致内心蛀蚀。建基于货币的享乐旨趣成为生活取向的突出特质。个体习惯于使用各种消费品，将快感等同于幸福。这既是一种高度为己的生活，又是一种从未真正关心自己的生活。正如弗洛姆（E. Fromm）所说："金钱、声望和权力已经成了人的刺激剂和目的。人在他的行为有益于他自身利益的幻觉下做事，虽然他实际上服务于其他一些事情而非他真实的自我的利益。对他来说，每一件事都是重要的，就是他的生命和生活艺术不重要。他可以为一切，就是不为自己。"[1] 个体的教育生活话语散发着浓淡不一的货币意识或拜物意识。"财富面具完全与个体的内在性格相吻合"，"每一个体的价值就是他所挣得的钱财，而他挣得的钱财也就是他的价值。他通过财运兴衰而了解自己的生命，除此之外就什么也不知道了。"[2] 在最好的时候，个体近乎无所不知、无所不能，然而他的所知、所能都源自市场、货币或他者的要求。

商品时常过剩，个体的欲望却始终胜过这种过剩。"资本要生产剩余

---

① [美] 埃·弗洛姆. 为自己的人 [M]. 孙依依，译. 北京：生活·读书·新知三联书店，1988：38.

② Horkheimer M. & Adorno T. W. Dialectic of Enlightenmnet. Trans, Cumming J. London: Verso, 1979: 211.

价值，就必须生产对剩余快感的欲望"，资本"如果没有不断的扩展它就不能自我生产"。①资本的核心追求是更多货币，而非生活。只要资本逻辑主导的教育生活有利于积累更多货币（产生高利润），它就会极力营造维持这种教育生活的氛围，同时极力规避革新导致的货币（成本）折损。教育生活中所谓的主体性的培养，更多是指生产出符合货币化要求的主体——有时服务于商品生产，有时服务于商品流通，有时致力于消费各类商品，有体力，有脑力，能够创造价值，也能带来利润。资本逻辑被广泛遵从，只要付钱或付出代价，没有什么事情是不允许的。诸多道德准则也都依据交换价值来决定，真理在资本的资助下才能持续生产出来，知识、信息、媒介无不受到资本的干预，它们的生产或维系都由资本决定，由此导致个体所获得的知识与信息也由资本决定。所谓的知识生产者（知识分子），也不过是"出钱招雇的雇佣劳动者"②。货币成为教育生活核心评价标准，它以自身财富现实性或物质现实性的强大属性，成为知识生产者们实践上竞相追求的对象——尽管知识生产者们理论上并不这么言说。

　　教育生活的基础不能由货币来决定，否则教育生活的公共性、公益性将受损。教育过程终究不是一个严谨的计量过程，用货币的数量评估教育主体们的价值，终究难以等价，也难以规避异质。只有货币或市场的负性特质被根除，自然的教育生活才能成为可能。相反，一种自然主义教育生活理论，一旦试着与市场和货币和解，其理论诉求便会不断与新自由主义教育哲学、新自然主义教育哲学相融——看不惯精致利己主义者们的功利，但也逐渐变得习惯，批判他们的矫饰，但也在逐渐适应他们的伪善，不愿委屈自己去做听话的传声筒，有时却也不得不放弃自己的教育信念和教育主张。"俗"成为教育生活中的自然样态。出于自我持存的需要，后

---

　　① ［美］F·R·詹姆逊. 詹姆逊文集：第4卷［C］. 王逢振，主编. 北京：中国人民大学出版社，2004：7.
　　② 中共中央马克思恩格斯列宁斯大林著作编译局. 马克思恩格斯文集·第2卷［C］. 北京：人民出版社，2009：38.

退、放弃是反复权衡后的选择，与现实妥协、委曲求全是内心复杂博弈后的结果。只接受真的真的没有必要，只要是必需的，无论真不真，都可以接受下来。

"在媚俗的王国，实施的是心灵的专制。"[①] 个体要想独立自主地进行消费，独立自主地在市场上进行交易，就必须尽可能地脱离各式依附关系，成为尽可能地享有自由的主体。只不过，在自由主义思潮奔涌的时代，物质主义思维同时获得了发展。货币逻辑导致旧教育生活日渐消解，却制造出功利主义、消费主义、拜金主义等新的牢笼。在货币逻辑的笼罩下，逐利、享乐成为主导性动力。这直接或间接导致了反自由主义批判的无力。受制于物质主义，所谓的自由个体也逐渐丧失了主体性。个体一旦将逐利设置为首要生活原则，就会变得易于服从现实。个体话语中的自由，不过是对以物质激励为中心的柔性治理术的甘心或不甘心的服从。对于一些个体而言，整个生涯中危机屡有发生，每次都吃尽了苦头，消磨了意志。不计代价的追求极为少见，客观情势的强制与自我持存的驱动交相混融，为了让危机化险为夷，个体不得不在权衡利弊之后或者选择服从，或者选择敷衍，又或者选择苟且，甚或选择一种近乎无底线的卑微。无论如何，个体都已很难遵从本心，也失去了在教育生活中构建独立意义的基础。个体知道道德滑坡的危害，但也只能对此深感无奈——当物质主义急遽膨胀，当货币制造的穹顶变得牢不可破时，走向犬儒主义将不可避免。

（三）聪明生活中的聪明术

聪明地生活才不会遭受愚弄，理性地计算才能有利于自己。由于货币的唤醒效应，这个时代成为了主体意识和自我意识高度发达的时代。与古时相较，个体们已变得聪明多了。如果没有实利，他们可能毫无德性，也不会在意什么远大理想。他们是清醒的现实主义者，做正确的事，注重每一处细节，专心于目的的达成。他们聪明、理智，会伪装也能看穿他人的

---

① [捷克] 米兰·昆德拉. 不能承受的生命之轻 [M]. 许均, 译. 上海：上海译文出版社, 2003：299.

伪装，彼此提防，相互利用也相互欺蒙——这些所谓的德性，可能是一种揠苗助长式的刻意，也可能是一种阉割式的成熟。"虽然我们也许希望，我们因拥有德性，不仅可以达到卓越的水准和获得某种实践的内在利益，而且成为富有的、有声望的和有权势的人，可德性总是实现这种周全抱负的潜在绊脚石。"① 当真正的德性缺失时，有意保持良好的道德形象便成了时髦，至少从表面上让自己具备更多的德性特征才有助于占有较多的教育生活资源。

狭隘的知识观与狭隘的道德观导致狭隘的生活观，"每个人都应该要求自己不要让唯利是图的非理性的理性控制自身。"② 个体普遍善变，很多时候是为了抓住牟利的契机。善变作为一种生活方式，可能是一种理性选择。只是，由善变原则而表现出来的聪明术时常是一种非理性的理性，过多的小聪明不仅导致理性受到蒙蔽，还会导致理性异化为追求利益最大化的手段。个体沉迷于"理性"的世俗性生活逻辑和功利性生活，不仅身体存在，就连精神建构也时常是无意义的。与其如此，还不如培养一个感性爱好，哪怕是爱好看星星也好。

通常情况下，集体利益、公共利益被视为优先项。为了优先兑现私利，就需要将利己主义伪装得更加隐蔽，较为"合理"的方式就是以维护集体利益、公共利益为幌子。在制造幌子的过程中，每一个环节都经历了精心算计。一面算计着如何从别人那里多得一点，一面又算计着如何不让别人从自己这里得到更多。注重自我，造福他人的意愿不高。即便看到强者在欺凌弱者，态度依然可能是谁也不帮。未必势利，但由于习惯漠视是非、善恶，到头来也便只剩下了势利。除了算计，生活驱动力其实贫乏、空虚。以"我"为中心，以利益为半径，据此画出的圆圈就是全部的生活

---

① ［英］A·麦金太尔. 德性之后［M］. 龚群，戴扬毅，等译. 北京：中国社会科学出版社，1995：248.
② 姚新勇. 犬儒的生存状态与启蒙理性的再思考［J］. 探索与争鸣，2006（5）：13-16.

视域。只有"我"才是真实可靠的。然而,这个"我"却是功利的我、假装的我,是脱离了集体利益和公共利益的我,是工于算计、患得患失的我。在这样的"我"那里,"忠诚成为算计","真理成为被普遍承认的正确","广泛的价值观的混乱和混淆是非控制了灵魂。取代善恶区分的是有用和无用间的崇高分别。"[1]

个体人生的意义在于确证或证实,在于利益的多少。个体只想过好的教育生活,却时常来不及对好的教育生活进行反思性考察。个体的教育生活越来越成为一种职业生活,变得越来越精细化。即便最不需要计算的教育生活领域也开始用精密的算法被细细计算,有时连毫厘之差都消失了。个体无异于一台计算器,秉持实用理性,进行关于实利的统计与分析,担心因天真而被利用,为利益而出手相搏。理性地选择功利最大化,只愿吃自己认为值得吃的苦,只愿在自己认为值得的事物上付出。有时,连个体自身也成为了达成目的的手段。有时,之所以在精细地计算后默默地承受了"亏本赚吆喝",也是因为将"吆喝"视为更大的收益。在"亏本"的过程中,总体性、长期性利益反而增加了——这实际上还是一种交易型生活。

不少细节都可以佐证个体的实利主义生活态度。例如,看到一幅名画会说它抵得上一线城市一套房,认为管理者的赞扬还不如几个馒头实惠等等。对于教育活动,同样抱着实用主义的态度参与,忙着"活"、忙着"动",原本身心健全的个体异化为博取功利的机器。用健康的身体,去追逐现实的功利,除此之外的都不是必要的,高尚的精神、高贵的德行,只可以作为可有可无的奢侈品。为规避绩效上的困扰,主动趋利避害,为此不惜欺蒙他人,为了在人际关系中获利,自觉进行伪装,为此不惜欺骗自我。模仿、表演、扮演、戏拟等过小日子的聪明比比皆是,它们既是一种自我持存术,也是一种沽名钓誉的交往术——"所有这些手段维护的却是

---

[1] [美]约翰·麦考米克. 施米特对自由主义的批判[M]. 徐志跃,译. 北京:华夏出版社,2005:119.

这样一个人：他不再知道自己是什么人，他完全沉迷于自己的生存之中，以至于忘记了自己生存的理由；他在实际获得了充分的安全和舒适的同时，也失去了应该做什么的观念。"①

一些个体习惯于曲折地表达自我，表里不一，时常表现得比他们的外在表现更为卑下，表面蔑视世俗，背后竭尽所能追逐世俗的功利，口口声声说是不得已而为之，实际上可能是故意的，最怕摊上事，所以时常告诫自己少管闲事，见风使舵，怀疑与批评、肯定与赞美，都以利己为基点，"善于表现自己，为人处世圆滑老道，表面上看忠诚、老实和可靠，但只要对自己有利，不惜在权势面前进行或真或假的谄媚表演；对能够帮助自己获得最大利益的人或团体阿谀奉承，而对自己无用的人则冷漠对待；熟悉社会的各种规则以及'潜规则'，钻规则的空子和漏洞，打擦边球；将为他人和社会所做的一切，只是看作投资的一种方式，其目的是为了获得更大的利益回报。"② 有意寻找可钻的空子，偶尔对公共资源进行一点小占小侵，既有利可图，又不至于因自己作祟而出现类似蚁群溃坝式的效应。拥有体面身份，有相当的智能水平和思维能力，从内心反感不得自由的教育生活机制，却专心致志地在教育生活中进行着各种操弄。为了利益自愿放下尊严，甚至不惜弄虚作假，为一点油水或些许荣誉奔波辛劳，为炮制各种"创新""突破"输诚、献媚。自私是精明的自私，功能性的重复，形式化的在场，符号化的表达，言不由衷的虚伪，几乎都是为了左右逢源，都是为了能够更好地为己所用。

象征性冲突的典型表现是非本质性对立。在教育生活的象征性因素方面产生的冲突，既是利益冲突的前奏，也是对可能获取或失去的代价进行算计。个体被要求注重形象，可能是因为被怀疑无能力。个体之间发生言语对立，是因为可能发生利益分配失衡。为适应象征性冲突情境，鲁莽地

---

① ［美］艾伦·布卢姆. 美国精神的封闭［M］. 战旭英，译. 南京：译林出版社，2007：124.
② 孙春晨. 犬儒主义病态道德文化剖析［J］. 伦理学研究，2017（1）：11-15.

为自己争取实利的情形减少，聪明利己的情形增多。由于象征性冲突频发，个体对关于象征的聪明术表现出广泛兴趣，教育生活逐渐从注重德行养成转变为注重象征的表征。除了对关于象征的聪明术的兴趣，几乎没有兴趣是真正能够触动个体心灵的兴趣。由于象征性冲突成为教育生活常态，个体时常为了些许可能的利益无奈地沉沦，高贵只是表面上高贵，得体也只是表面上看起来得体。

意识建构是引发个体行为的重要原因。没有哪种德行品质是与生俱来的，也没有谁生来就只想通过聪明术满足一己之私。当周遭教育生活中的个体几乎都是功利主义者时，当整个氛围都对功利趋之若鹜时，试图独善其身无疑异常艰难。每一个体都有难以避免的自利性偏见，这种偏见引导个体将低绩效、未能达成目标或收益的不确定性进行外部归因。个体感受到不良因素或看到不道德现象，第一信念是对此进行纠正。当经历了复杂的利益竞争之后，生存性忙碌销蚀了最初的热情，无暇多管他人的事情，考虑问题的视角越来越现实，逐渐意识到很多问题不是一纠就正的，甚至不是简单纠正就能解决得了的。与其执着于纠正，不如过好自己的"小生活"。

当意识到个人努力无法改变现状时，为了更好地自我持存，避免意识体系受到摧毁性解构，个体只能做出自主性适应，于是原发性的生活风格越来越少，算计性的生活设计越来越多。"如果教育本真被阻断在无穷的欲望下，那么教育的追求就转变为欲望的追求，可以绕过教育标准来达到自己的方向，这样的教育不承受教育之重，只以便捷的方式顺着利益获得轻巧的方向运动。"[1] 一种教育生活逻辑之所以被采用，并不是因为它被认可，而是因为它刚好合适。个体目光短浅，几乎要将自身锁定于碎裂、庸常、狭隘的"洞穴"之中。个体的教育生活方向一开始就是错的，灵魂早就庸俗了，但在自我保护措施的保护下，总不至于生出心理疾病——就算

---

[1] 尚云丽，于洪波. 教育中的后现代犬儒主义阐释——基于海德格尔"构境论"视角的解读 [J]. 教育学报，2014（2）：20-26.

没有得到真正想要的，起码也得避免付出身心代价。

在理性主导下，个体有必要评估自己过往的遭遇、现在的处境与未来的前景，并据此计算出如何生活才能符合自己的最大利益。在正常情况下，这种计算往往只会影响个体在教育生活中的偏好。然而，如果计算异化为算计，则往往意味着对主流教育生活叙事的废黜。过多地运用聪明术导致个体较少思考到底什么样的生活才是值得向往的生活，更多顾及怎样做才能更好地适应现实生活。为了谋取更大利益，现实主义手段增多，关于"明天"的信念减少。良好的个人修养也成为有意的伪装，实践本身也成为满足现实生活利益的间接性手段，精神和品格被抽离，实践的价值依据物质利益和身份地位的堆积进行判断。整个生涯终极意义供给短缺，命运因此呈现出深深的不确定性。面对不确定性，为了更好地自我持存，行为越来越功利化，乃至于为了获益不择手段。更为严重的是，即便最终获益，也没能走向好的命运。由于终极意义缺失，获益越多，失落感和空虚感反而越多。

（四）谋求协同时的伪协同

自给自足才能自由自在，然而由于个体间的关联性，真正的自给自足很难存在。在诸多教育活动中，谋求协同被视为常态。在谋求协同的过程中，纯粹的利他原则需要建基于伟大、光辉的人性，一定意义上的利己才是教育生活的常态。为了维系更舒适的环境、更灵活的时空、更优厚的福利，个体可能会采取"攻势"，表现出主动进取意识，也可能会采取"守势"，对人对事惯于在妥协中谋求平衡，表现出折中调和意识，还可能时攻时守，在多方利益主体共同主导的体系中进行各种微妙的博弈。

工具意义上的教育生活并不欢迎真正的反思与协同，它更多要求的是役使或运用，将事先预设好的知识与道德传递给个体，效果常常不尽如人意。例如，专家和政治家们不遗余力地论证生态危机的危害。这让个体们开始从生态伦理的视角出发看问题，注重共生意识的养成。个体们普遍乐意为自己的生活贴上低碳生活、绿色生活、有机生活之类的标签，但在日常生活中可能依然故我,或者只做出些微象征性的改变。所谓的绿色生活之类的口号,时常异化为伪装私己动机的符号,只是嘴上说说而已,这种"说说"没有实践成本。个体们纵然有共生意识,却没有真正的协同实践,继而也就没有生活共同体,通过协同实践形成共同体的逻辑自然也就破裂了。

面对协同这一教育生活要求,一些个体积极地迎合、帮唱,高智商、老道、世俗、懂得配合,"或是工于心计、圆滑世故,一举一动都笼罩着利益的影子;或是把利益当作唯一驱动,原则、信念都可以为了利益让路;或是吃透规则甚至潜规则,善于钻空子、找漏洞达到自身目的。"[①] 能立项便是正式教研,有成果报告就是成果,犹如身处仿古一条街便真以为回归了古意。所言所行实质上都服务于自身利益,却惯用虚假言行粉饰利己动机。有时候,看起来好像是协同一致做好服务,但也仅仅是看起来好像是而已。善于借助规则的掩护,在难以察觉之中达成私己目的;自称代表公共、集体,以许多形式各异的高尚辞令为掩护,以许多形式各异的光荣、崇高使命为名进行利己主义操弄;对规则的理解之深刻,粉饰之真实,往往为他者所不能及。他们给专门利己配上精致的装饰,懂得依据自身偏好提出公共意见,力图借助公共逻辑让它显得合理,起码从感官上不那么刺眼,如果还能蒙混到一些个体的协同,那就更好不过了。当目标清晰可辨时,才能投矢有的,精致利己者们借助公共逻辑将自我隐藏起来,这让他们躲过了各种切实的批评。

在情感层面,一些个体并不试图构建紧密的关联,与其他个体的情感纽带越来越薄弱,直至将自己与其他个体有意识地区隔开来。一方面,个体与个体间的共情能力日益衰微,人际矛盾时有发生,关系破裂的情况也偶尔出现。另一方面,由于共处一个教育场域,完全自我疏离、自我封闭的个体几乎不可能存在。每一个体想获得自身所需,常常必须依赖其他个

---

① 李明洁. 流行语的符号本质及其意指结构 [J]. 语言文字应用,2011 (4):71-77.

体。于是，为了能顺利借助，个体开始习惯于在协同中戴上面具，基于自身需求与所要借助的个体的具体情况表现出不同的面孔。引为同道、结为同好的情形因此变得复杂了。所谓的同道既有真诚的一面，也有"塑料"的一面，所谓的同好也不意味着彼此之间必然存在相同的感受和立场。

在方法论层面，共同体被一些个体视为自我保护、自我证明、兑现实利的工具，"他们不仅抱团，有攻击性，而且懦弱、善变、模糊、没有个性。他们似乎需要借助群体的力量证明个体的存在。"[1] 他们既认定"人人为我"，也倡导"我为人人"，对共同体的参与，一开始就抱有功利性目的。个体甚至深知其他个体参与共同体的虚假性，却发现虚假性下面隐含着诱人的利益，所以大多数时候都选择了默认，甚至主动靠近。当面对"协同"与"自我"的抉择时，表面上昂扬地选择了前者，实际上巧妙地选择了后者。作为异质的协同主体，只知利益交换构架，只有在这种构架下才能被定格、被确认，才能确证自我并非虚无性存在。

按照历史唯物主义的思路，惟有超越人对物、人对人的依赖，依据公共利益解决教育生活中面临的问题，才能真正形成自由人的联合体，最终实现对精致利己主义的消解。只是，阻碍自由人的联合体实现的因素依然广泛存在。规模的极力扩充、质量的普遍提升并不是为了更加联合，而是为了追逐利益。教育生活中事实上依然阙失"仁者人也"的自觉意识、"仁者爱人"的利他精神以及"杀身成仁"的奉献精神。很多时候，个体依然是原子式的，看重自我内核，时常倾向自保，不愿积极担当，轻视自我与他者的关联，"对他人采取置身事外、冷眼旁观的行为模式，表象呈现为冷静内敛略带忧郁的气质。虽然能够确切感知他者在现实社会中所受的悲痛苦难，但由于这些均与自身利益无关，他们仍然会选择沉默、回避

---

[1] 赵佳. 什维亚小说《在天花板上》中的犬儒主义 [J]. 法语国家与地区研究（中法文），2019 (4)：41-51.

和无动于衷。"①

值得欣慰的是，教育生活中尽管精致利己主义倾向趋于明显，但总也没有失去节制。个体为了改善教育生活境遇有时要说些违心的话、做些违心的事，但依然拥有基本的辨识能力。教育生活中的互助风格、协同精神日渐浇漓，自我本位、圈子文化也趋于精致，但以"己"为中心的道德逻辑并未获得广泛认可，相互间的算计并未阻止个体之间从陌生走向熟悉。个体并未被完全遮蔽，也没有被彻底异化为手段，更不会只按照特定的方式"精致"地生活。伪生活从未成为主流，个体总在试图建构、维护真正的知识、价值与德性，它们既是主导性的教育生活目标，也是实现教育生活目标的主导性手段。为数众多的个体依然致力于协同，他们在教育生活中设计出各种既可爱又可信的环节，始终致力于改善教育生活格调，让教育生活变得愉快。

---

① 魏传光，胡旖旎. 道德教育视野下现代犬儒主义的批判与重构 [J]. 中国教育学刊，2016（9）：95-100.

第五章
消费中心：教育生活的改善与娱乐性沉溺

无论持何种教育主义，个体终究还要直面衣食住行、生老病死等现实生活，它们几乎都与消费相关。与个体所持的教育主义相较，消费对个体生活的影响更直接。按鲍曼（Z. Bauman）的阐释，消费的覆盖面急遽拓展，社会已经从生产社会转型为消费社会①，资源消耗不仅反复、高频率发生，而且更持久，具体方式也呈现出多样性。"社会塑造成员的首要方式不再是生产，'你是谁'不再取决于你的劳动，而是消费——'你消费什么'将塑造出你的社会身份乃至社会关系。"② 消费艺术也成为了一种艺术。无视消费逻辑会搞错对象、搞错环境，甚至搞错时代。消费决定了事物的性质，支配了知识的属性。所谓的正确生活方式，通常是指与消费逻辑保持一致。

尽管没有刻意突出，但这个时代教育改革的总体特征，依然十分突出地体现在基于消费逻辑的教育结构的形成。消费主义所营造的教育生活既侵蚀个体的理想，又鼓舞个体的勇气，既开阔个体的视野，又禁锢个体的境界。消费明显进入了教育生活叙事的中心，消费主义文化理念已经无可

---

① Bauman Z. Work, Consumerism and the New Poor. New York：Open University Press, 2005：24.

② 包大为. 失效而后犬儒：对当代激进生态主义的历史唯物主义评析 [J]. 国外理论动态，2019（12）：101-111.

避免地浸入个体的生活观念和价值诉求，深度影响个体的角色选择、价值倾向和行动目的，迎合了个体对美好生活和成功人生的想象。个体总在试图通过供求逻辑达成自我满足，然而达成后的满足却更加突显了欲求本身，甚至导致个体主动自我异化。个体并不能从根本上摆脱痛苦，所谓的乐天派，不过是善用自我欺蒙的方式解释消费逻辑。

面对消费主义，一些个体的知识结构存在盲区，自控力尚不成熟，当面对生活方式转型，受到时髦消费理念冲击时，学会理性对待成了他们的重要课题。"劳动和消费只不过是生命的必需性强加于人的统一过程的两个阶段。"[①] 当前，劳动生产主导的生活逐渐演变为消费主导的生活。信用卡可以让个体先不劳动而提前享受，这在一定程度上颠覆了传统的劳动伦理——对于享受而言，劳动不再是必然性的。这意味着，为了获得而不得不忍受的煎熬至少可以稍稍延缓一下了。在付出劳动之前，个体获得了喘息之机。劳动的目的是消费。如果消费已经提前进行，劳动的目的则是弥补消费导致的亏空。劳动与行动、劳动与精神的关联不仅渐行渐远，而且有所异化。

异化不断积累势必导致身体和精神方面的典型表现。机械化、工业化、现代化、信息化不仅体现出强劲的消费能力，还衍生出个体喜爱的娱乐文化。娱乐消费成为时髦的消费形式，逐渐渗入现代教育生活的本质特征。伴随货币周转的，是快感的生产与消费。个体从保守的、禁欲的逐渐转向享乐的、寄生的。异质的、同质的，异类的、同类的，各类消费价值在教育生活空间被无序分配，直接或间接地地引发无序行为的增长。消费主义、享乐主义、实利主义合流，传统的教育整合功能被削弱。教育生活逻辑习惯于依附消费逻辑，不敢反思时髦趋向与大众潮流，这正是它自觉不自觉地媚俗的一个缘由。

---

① [德] 汉娜·阿伦特. 人的境况 [M]. 王寅丽, 译. 上海：上海人民出版社, 2009：91.

一、消费中德性与伪德性的杂糅

教育生活史发展至今，消费已成为正当的教育生活方式。消费为个体呈现了丰富多彩的生活世界，不仅作为一种物态真实，其本身还时常关涉教育生活本体。在教育生活中，崇尚消费的个体可能是英雄主义者，也可能有自卑情结，可能是未来主义者，也可能是虚无主义者，可能是浪漫主义者，也可能是现实主义者。关注自然、绿色、有机的生活叙事，环保、低调、不浪费的生活方式，还可能被犬儒主义者所推崇。

（一）消费作为意义编织结点

在市场经济时代，消费被视为个体欲望的煽动因素。诸多消费意义都是有意编织的，有时候还会通过各种感人的故事加以强化。抢购风的背后很可能是结构性贫乏，"好得狠"不过是有意制造的口碑表象。形而上学的沉思常常无助于改变普遍盛行的流俗，就连一些浪漫的表达也变成了消费。在消费逻辑的鼓舞下，纵然有技术理性的指导，教育生活艺术还是无可避免地遭到了虚假复制。由于消费伦理的熏陶，机械的道德信条灌注反而更可能引发放荡不羁。

首先，随着商品的异常丰富，消费的自为性、自主性、实用性显著降低，消费能力内蕴着可被替代的程度，消费过程成为符号编码和价值标识过程，日益代表了身份等级、地位差异甚至人格尊卑。

消费不是为了满足客观需要，而是为了满足虚浮的欲望。商品被视为标识个体生活的明显要素，被消费的不仅是商品，而且是关系。个体不仅消费商品本身，而且也在攀比商品所代表的象征。土地、房子、车子、奢侈物等商品对个体生活品味和生活格调的影响力持续增加。拥有什么样的汽车与居于什么样的身份地位紧密相关，哪怕事实上也许并无相关。豪宅就是身份的象征。个体从关注消费品的使用功能，转向关注消费品所代表的符号意义。购买商品并不重要，购买什么品牌的商品至关重要。

微博、微空间、短视频成为消费理念的传播媒介，形塑消费理念的过程时常在个体无意识的状态下发生。个体的"无知""误知"鲜明地体现在市场营销、商品消费、网络娱乐等方面。一些消费属于有意设套，为卖出好价格，时常需要对商品进行刻意的包装，这方面一个典型的表征就是广告。"广告将荒诞逻辑、将意义与无意义的游戏演绎到了极致。"[①] 在广告中，"商品自由地承担了广泛的文化联系与幻觉的功能。独具匠心的广告就能够利用这一点把罗曼蒂克、珍奇异宝、欲望、美、成功、共同体、科学进步与舒适生活等等各种意象附着于肥皂、洗衣机、摩托车及酒精饮品等平庸的消费品之上。"[②]

  绝大多数的汽车广告都将场景设置在一个事实上完全虚构的环境之中：清新、唯美甚至梦幻。当下日趋恶劣的自然环境以及日益恶化的城市交通状况，毫无例外地被屏蔽了。在广告中，没有一辆汽车仅仅是用作代步工具的。它或是在追逐梦想、表达爱情，或是在维系亲情、彰显友情，不一而足。于是通过意义的重组，商品原有的"自然"使用价值消失了，商品转化为象征意义上的记号，意义也随之可以任意地由它在人为设定的参考系统中的位置来确定。[③]

广告牌全面压制了精神文明宣传牌。铺天盖地的广告语用精心设计的谎言激发欲望、蛊惑心灵、操纵头脑，既对个体施加干预，又通过个体进行传播，不断扩张所制造的影响。很多时候，真正受益的并非自己，而是自己背后的利益主体。一些消费性描绘人人皆知、深入人心，"豪宅别墅、

---

 ① [法]吉尔·利波维茨基.空虚时代——论当代个人主义[M].方仁杰，倪复生，译.北京：中国人民大学出版社，2007：175.
 ② [英]迈克·费瑟斯通.消费文化与后现代主义[M].刘精明，译.南京：译林出版社，2000：21.
 ③ 详可参考：[英]迈克·费瑟斯通.消费文化与后现代主义[M].刘精明，译.南京：译林出版社，2000：124. 李健.大众文化视觉表征机制及其犬儒主义倾向[J].学术界，2017（10）：85-95.

香车美女、巴黎时装、奔驰宝马被非实体化为身份、地位、富有、荣耀以及品位的象征和标志。消费主义获得了典型的符号化特征,与其说是消费商品,不如说是在消费商品的形象和意义。"①

广告中的说服更多是隐性说服,没有明确的主体在说服个体去消费,只有形象,只有隐喻,只有暗示,只有诱导,只有旁白。事实的单性繁殖迫使个体不得不屈从"事实",能指的无序膨胀让个体告别了沉重的形而上学,但也放逐了长远价值。一种被广告广泛宣扬的消费伦理是"超前消费意味着超前满足","这种伦理让现代人将这样一种观念内化:购买,义无反顾的购买,甚至提前购买,这样你才能提前享受。"② 这无异于牺牲未来价值而成就当下意义,是一种典型的此在对存在的遗忘。

其次,市场化与世俗化错综交织的结果之一是消费主义。生产体系无比庞大,消费周期也大幅缩短,"速度化的消费社会孕育了欲望",个体被"培育成欲望机器或欲望主导的消费者",③ 就连历史都可以被消费。价值最重要的表现形式是价格,价格则拥有极为重要的价值意义。

消费主义是"由不断增长的物、服务和物质财富所构成的惊人的消费和丰盛现象"④。在短暂的辉煌和尽情的享受过后,它时常导致无能量与无深度复杂交织,要么"没有深度的能量",要么"没有能量的深度"⑤,要么干脆既没有能量也没有深度。"在消费的普遍化过程中,再也没有灵魂、影子、复制品、镜像……再也没有先验性、再也没有合目的性,再也没有

---

① 袁铎. 犬儒主义:基于历史与当代社会的审思 [J]. 河南师范大学学报(哲学社会科学版), 2016 (3): 17-20.
② 李莉, 王行坤. 消费伦理、二律背反和犬儒理性——新自由主义意识形态的运作机制 [J]. 马克思主义与现实, 2014 (2): 152-157.
③ 郑慧. 后现代中的生态危机——信仰危机 [J]. 天风, 2005 (6): 26-27.
④ [法] 让·波德里亚. 消费社会 [M]. 刘成富, 全志刚, 译. 南京:南京大学出版社, 2001: 1.
⑤ [美] 提摩太·贝维斯. 犬儒主义与后现代性 [M]. 胡继华, 译. 上海:上海人民出版社, 2008: 197.

目的：标志着各社会特点的，是'思考'的缺席、对自身视角的缺席。"①个体的每次消费，都是在给欲望添砖加瓦。只要能实现满足欲望的消费，权力宰制也不那么不堪忍受了，资本逻辑导致的物质利益单向度增长也不那么不可接受了。

消费主义的基础是"人与人之间关系获得物的性质，并从而获得一种'幽灵般的对象性'，这种对象性以其严格的、仿佛十全十美和合理的自律性掩盖着它的基本本质，即人与人之间关系的所有痕迹"②。在消费主义熏染下，"商品形式必须渗透到社会生活的方方面面，并按照自己的形象改造这些方面"。③ 不少个体紧密跟随消费方向，试图融入消费风潮，他们的消费欲也随之空前膨胀。尽管每一个体都有自己的消费意图或目的，但他们最终却创造了一个复杂的、连创造者自己都无法掌控的现实世界。

在消费主义主导下，"现代性就是过度、短暂、偶然。"④ 关于消费欲望的现代性表达犹如渗透着复杂情绪的无调性音乐，不断在个体脑海里回旋，一些因素被热捧，一些因素被看轻，对商品的消费逐渐演化为对特定意义的占有。总统喝可口可乐，你似乎也一样可以，你和总统的差异仿佛很小。消费成为满足欲望的对象系统，消费过程成为获得身份、意义乃至信仰的过程。很多时候，个体既有些过敏，又有些麻木。个体生活中的诸多结果是累积起来或组装起来的，它不是一个整体，甚至无关乎整体。

"要获得尊荣，仅仅保有财富或权力还是不够的，有了财富或权力还

---

① [法] 让·波德里亚. 消费社会 [M]. 刘成富，全志刚，译. 南京：南京大学出版社，2001：197-198.
② [匈] 卢卡奇. 历史与阶级意识 [M]. 章智，任立，燕宏远，译. 北京：商务印书馆，1995：143-144.
③ [匈] 卢卡奇. 历史与阶级意识 [M]. 章智，任立，燕宏远，译. 北京：商务印书馆，1995：144-145.
④ [法] 夏尔·皮埃尔·波德莱尔. 波德莱尔美学论文选 [C]. 郭宏安，译. 北京：人民文学出版社，1987：485.

第五章 消费中心：教育生活的改善与娱乐性沉溺　207

必须能提出证明，因为尊荣只是通过这样的证明得来的。"① 所谓的尊荣异变为价高者得。由于价值不时异化为价格，任性的代价时常是入不敷出。为了避免这种情形，个体总在试图寻找价格或代价更便宜的方法。

流水线式的生产与戏剧性的嬗变共存，数量上的过剩与结构性的贫乏并存，由此衍生出的诸多异类文化不断鼓吹各种无脑的任性消费。在这种背景下，推崇美好价值的形而上学犹如一尊纯洁的美童雕像，"这美童雕像一副梦容，看不出有任何思虑和感觉，鹅蛋脸就像一张白纸什么也没写。除非做成了木乃伊，一个真人的脸是不可能一直维持这种状态的。就在那毫不动情和清秀的自持中，这面庞显出了一副酷相。"② 这类形而上学也许依然具备重要的存在价值，但终究美得有些虚假，然后不可避免地美极而丑，露出了颓废的端倪。

再次，在物欲膨胀和消费奇迹之中，个体的生活精神在发生改变。个体所追求的美好生活实际是消费世界中的美好生活。消费的强度与广度成为成功的重要标准，"你消费得越多，说明你享受得越多，说明你就越幸福。"③ 个体所追求的效率、自律与公平也时常在消费生活或市场逻辑中进行诠释。

个体关心的消费伦理集中于是否需要节省，以及消费后是否能够带来真正的效用。支出问题、信用问题、利润问题、抵押问题以及相关的服务问题，都是消费伦理复杂演化的产物。由此而引发的个体生活危机实际上是动机危机。是否能够满足物欲，是否能够带来当下利益等激发生活动机的逻辑浅薄而且实惠，"知"或"无知"似乎已不那么重要，洪流般的潮流谁还能抗拒？

---

① [美]托斯丹·邦德·凡勃伦. 有闲阶级论：关于制度的经济研究 [M]. 蔡受百, 译. 北京：商务印书馆, 1964: 31.

② Paglia C. Sexual Personae: Art and Decadence from Nefertiti to Emily Dickinson. New York: Vintage Books, 1997: 118.

③ 李莉, 王行坤. 消费伦理、二律背反和犬儒理性——新自由主义意识形态的运作机制 [J]. 马克思主义与现实, 2014 (2): 152-157.

个体的自然需求逐步向无节制的欲望演化是消费逻辑发展到一定阶段的必然现象。在主观欲望中不断盘旋，自然会时常走偏。交换、交易行为致力于现代性繁荣，给个体带去了更高的满足度。个体在繁荣的蜜罐里降生，一直处于复魅年代而未体验过祛魅，习惯了非理性与反常规。琳琅满目、过于丰裕的商品制造出充实、自由的假象，引导越来越多的个体沉浸于享受消费之中。个体对生活前景的认知趋于乐观。越来越多的个体向往商业性成功，生活被"交易·消费"所填充，很容易受到诱惑。很多时候，"体面只适合于花钱而不适合于挣钱"①。实在不行，还可以仿效小布尔乔亚情调——哪怕只是一个拙劣的模仿者。个体们都努力展示自身是多么地与众不同，但由于追求类似的审美品位，彼此之间却变得越来越像。由于商品的高度同质化，普鲁斯特效应（Proustian Effect）在个体生活中越来越多地发生。

个体时常非常活跃地四处寻找"推销""出售"的出口。所谓的主体实际是伪主体，所谓的好，实际是市场认可的好。过时与老套的意思是长时间无爆炸性卖点。表面上宣称为个体服务，实际上是刺激个体的消费欲。吃、穿、住的自然性被剥夺，被用来体现身份和尊严。个体的装束、发式等自我推销的方式甚至有些绝断。消化神经也不再是单纯的生理学概念，个体靠刺激消化神经获得被认同、被羡慕之类的快感。个体的快乐和痛苦是感知层面的快乐和痛苦，言语中的幸福，不过是某种关于贪吃、贪喝、贪购的"好日子"。

个体的劳动被商品化，个体自身也被商品化。劳动时常不是占有的第一理由，强力、敢赌在占有过程中发挥突出效应。个体津津乐道于传奇式的市场神话与财富神话，侧重于描述神话制造者们的资产。机场的候机厅里摆上了商业传奇之类的精装畅销书，实际上不过是些服务于小资们的读本。"在文化产品面向市场的过程中，将'利润最大化''收入最大化'

---

① ［德］维尔纳·桑巴特：奢侈与资本主义［M］.王燕平，侯小河，译.上海：上海人民出版社，2005：20.

'满足最佳化''收益和增值最大化'作为最高追求的工于算计的市场经济,似乎正在中国扮演很不地道的角色,它的选择似乎已使一向羞于自售的文化产品的女神遭遇冷落,而使善于乔装打扮的文化产品的婢女备受青睐。"① 如果不够传奇,具有"土豪"特质或乔装打扮成"家里有矿"也能受到追捧。"土豪,我们做朋友吧"看似主动、热情,实则是自售欲望驱使的结果。

(二) 绿色消费及其德性反思

在对传统生活精神的评价中,多盈利与少消费被视为值得称道的精神属性,"当消费的限制与这种获利活动的自由结合在一起的时候,这样一种不可避免的实际效果也就显而易见了:禁欲主义的节俭必然要导致资本的积累。"② 与传统生活精神略有不同,过绿色生活、宣扬有机理念的个体更容易被视为生态保护者,并因此拥有良好的道德身份。受此影响,一些个体表现出责任意识和道德情怀。与其他个体相较,他们更倾向于消费绿色、有机商品,尽管这类商品价格昂贵,但符合生态标准,消费它们能够减少工业污染或过度砍伐,能够保护生物多样性,能够缓解温室效应,能够防止转基因产品可能导致的风险。如此一来,消费这类商品成为社会责任感强、道德高尚的具体表现。

不少理论家将绿色消费、有机消费化身为道德行为,进而将之作为缓解消费主义危机的最终方案。而事实上,"消费什么"并不能真正解决什么问题。"消费什么"背后的消费思维仍然是造成责任缺失和道德低劣的重要根源。即便是倡导生态消费、有机消费,也只能在教育生活中引起对现代生活的积极反思。以市场导向为基础的生产逻辑,其最终指向是消费者,而非让个体过上美好生活。"绿色""有机"不过是生态友好的标称,是大生产背景下现代社会生活的新型标准化指向。"绿色""有机"也许有

---

① 陈立旭. 市场逻辑与文化发展 [M]. 杭州:浙江人民出版社,1999:171.
② [德] 马克斯·韦伯. 新教伦理与资本主义精神 [M]. 于晓,陈维纲,等译. 北京:生活·读书·新知三联书店,1987:135.

益于保护生态或治理污染，也许能够在特定范畴内延缓对自然的掠夺程度，但更多时候还是象征着商品属性的差异化。消费"绿色""有机"产品者不一定更具责任意识和道德情怀。个体之所以做出这类消费行为，也可能是为自己考量。

绿色消费、有机消费引导个体不再通过讲排场摆阔，不再刻意谋求自身区别于芸芸大众的特殊性。就算是奢华，也已经趋于低调。尽管如此，商品生产依然必须在商品交换的前提下进行，产品再好也必须与市场高度融合，二者缺一不可①。绿色消费也还是消费，而只要是消费，便意味着消灭②。只要个体进入消费进程，最终的结果就是产品被蚀耗，无论这种产品是绿色产品还是非绿色产品。产品要么被使用到完全不存在，例如被吃掉，要么作为用具其功能逐渐丧失，不再能满足使用者的欲望，例如被玩腻或玩坏的玩具。"被消耗的有机产品同样也来自无差别的、由自然界提供的物质资料，也在大规模生产过程中挤占了生态系统原本的空间和资源，介入乃至破坏了自然界原有的平衡。"③

所谓教育生活的异化，常指本然教育生活遭受外部干扰后所发生的伪自然性、病态、盲信等扭曲现象。由于现实存在的各式各样的匮乏以及理与欲之间的复杂缠绕，诸多绿色消费、有机消费异化为花架子式的表演。表演受到指导，讲究点到为止，富有仪式感，有时还有点隆重。在表演中，本然的教育生活并未突显，反而时常遭到逆转。在表演中，批评功能减弱，粉饰功能增强。当表演费时费力又效果不彰时，一些表演组织者干脆不再犹抱琵琶半遮面，转而赤裸裸地注重时髦营销行为，绞尽脑汁地进行广告式推广。

终极价值依然在贬值，个体依然没有真实的理想，只有堂皇的或犬儒

---

① 为了协调生产者与消费者的分裂，甚至产生出经纪人这一职业。

② Bauman Z. Work, Consumerism and the New Poor. New York: Open University Press, 2005: 23.

③ 包大为. 失效而后犬儒：对当代激进生态主义的历史唯物主义评析 [J]. 国外理论动态, 2019 (12): 101-111.

式的理想。满足感缺失往往导致怀疑，继而想要依据自身意愿作出改变。即便个体的基本生活需求已经能够得到满足，个体还是不满足——个体幻想拥有无限消费能力。价格低廉等旧的营销标准越来越不能带来可持续的收益。为了让个体接受生态、自然、绿色等逻辑，必须建构出哪怕是表面上追求生态、审美和社会责任的"美丽公司"。在这种重构的"生产·消费"机制中，一种本应如此的生活方式或生活理念灌输给了个体。它声称，选择"有机"生活方式或生活理念，个体将度过生存阶段，进入享受阶段，以成功者的身份跻身某个特殊圈层，开启与众不同的人生。而事实上，偷换言说背景、转换言说价值的情形时有发生。各式各样的"美丽公司"让作为消费者的个体天真地以为自己拥有不可剥夺的选择权，实际上依然是为了公司利益。生态环境未必得到了保护，因为"美丽公司"的主导者们几乎都在致力于通过酷炫的广告和公关噱头持续对消费者进行意识灌输[1]。在马克思描述的"奴役人的异己存在物王国"中，由"美丽公司"生产的各式各样的新产品表面上是要个体相信前述美童雕塑的"童话"，实质是"相互欺骗和相互掠夺的新的潜在力量"。[2] 为了消费绿色、有机产品，个体需要面对更高的价格，进而必须更加努力地向"美丽公司"出卖自己的体力和智力，最终受到滋养的依然是资本——正是资本导致了生活危机。

（三）消费对个体德性的重塑

"我们越往前追溯历史，个人，从而也是进行生产的个人，就越表现为不独立，从属于一个较大的整体。"[3] 从这一视角看，消费成为个体的突出特质，尤其当这种特质与独立、个性化相关时，有其历史进步意义。所

---

[1] Corner J. Media and the Restyling of Politics: Consumerism, Celebrity and Cynicism. London: Sage, 2003: 118.

[2] 中共中央马克思恩格斯列宁斯大林著作编译局. 马克思恩格斯文集·第 1 卷 [M]. 北京: 人民出版社, 2009: 223-224.

[3] 中共中央马克思恩格斯列宁斯大林著作编译局. 马克思恩格斯选集·第 2 卷 [C]. 北京: 人民出版社, 1995: 2.

谓的理性生活，一个重要的维度即理性消费。

"当人类步入高技术和生产力极为发达的社会时，一方面人的主体选择的自由度增大了，一方面又有'不在''失落'和被分裂的感觉，人的苦闷、疏离、孤独和浮躁正是这种文化矛盾和心理分裂所造成的结果。"[①]传统本体性价值的丧失导致各式各样的短期性行为。不少个体开始反思节俭的生活——尽管节俭可以带来剩余，进而实现货币的积聚，但生产的显著过剩又需要对个体的消费欲加以刺激，如此才能拉动增长。节俭的重要性有所降低，有时候甚至不再被视为一种美德，取而代之的是消费。在这种背景下，消费越来越具有自反性。消费有自我满足、追求幸福的发展倾向，也有为所欲为、唯利是图的贪婪特质。消费本是为了自由与闲暇，但也妨碍了自由与闲暇。个体表现出更佳的独立性，但也更习惯于依据流行广告宣传语行事。个体更有主见，但也会在线上虚拟空间人云亦云、以讹传讹，追剧、追星，爱众人之所爱，恶众人之所恶。神圣与粗俗、崇高与卑微、宏伟与渺小、理智与愚昧混合交织、融于一体，个体的生活杂到连"庸"也囊括了进来，纷乱、相悖却不衰弱。

消费早已不是利用了商品的使用价值那么简单，它正在日益深入地塑造个体的自我认同，重新确认个体之间的关系。为刺激个体的欲望，广告等消费媒介塑造出诸多成功的标志，潜移默化地牵引个体，让个体欲罢不能。奢侈品消费、线上消费等众多消费品类被开发出来，致力于满足个体的猎奇感、快感。越来越多的个体执着于用货币购买商品的方式化解焦虑，为了消费而赚取货币成为个体重要的生活使命。"在消费的普遍化过程中，再也没有灵魂、影子、复制品、镜像。再也没有存在之矛盾，再也没有存在和表象的或然判断……再也没有先验性、再也没有合目的性、再

[①] 李西建. 重塑人性：大众审美中的人性嬗变[M]. 武汉：湖北人民出版社，1998：19.

第五章 消费中心：教育生活的改善与娱乐性沉溺 　213

也没有目的：标志这个社会特点的，是'思考'的缺席、对自身视角的缺席。"① 个体被撕裂了，角色感杂乱，三观不正，热衷短线操作，不再傲然于世，转而趋近功利，原本工具理性与价值理性并置的格局，最终只剩下了工具理性，沃霍尔（Warhol）式的媚俗不断上演。演员们在计算他们的票房，作家们在计算他们的字数，艺术家们在计算他们的作品。如此一来，他们随时都能知道自己值多少钱、光环有多么多以及名气有多么大。他们都有自己的生意经，这种经的核心是让生产者供给，让消费者购买。

消费的即时特质不仅影响了个体的道德认知，还导致个体对独立批判精神的弃置，"生活可以轻易地改变，于是人的动机和终极目的都可以轻易改变。""他们无须负载政治、道德文化与哲学等确认的本质要义，生活将他们压制到无本质的虚空形态中去。"② 尽管个体时常矢口否认，但事实上时常沦为各式时髦生活理念的俘虏。在形形色色的生活理念冲击下，个体表现出前所未有的迷失与无所适从。一些个体在教育生活中力不从心、屡屡受挫，这让他们沮丧、焦虑甚至自暴自弃。那些始终都在试图主导教育日常生活的宏大叙事本来就宏大，本来就抽象，而今更是沦为又虚又浮的存在。超前消费与过度攀比衍生的需要是被制造出来的虚假需要，"人成了一个非中心化的主体，一个消费的主体，无法感知自己与过去、现实、未来的切实联系。个体生存因此失去了内在根基，而沉沦于孤独漂泊的心灵困境，最终陷入一种深深的焦虑之中。"③

无论如何赋予道德合法性，挥霍性的恶都只能养成被架空了的主体性。因热衷消费而表现出的庸俗化苗头，阻滞了个体的进步。不再贫困的家境与崇尚消费的社会氛围，让个体更早地进入了享受阶段。功利主义、享乐主义的动机主宰了自我。一些个体为了追逐快感而乐，为了满足内心

---

① [法] 让·波德里亚. 消费社会 [M]. 刘成富，全志刚，译. 南京：南京大学出版社，2001：225.

② 陈晓明. 表意的焦虑 [M]. 北京：中央编译出版社，2001：134.

③ 魏红珊. 炫耀消费与身份焦虑 [J]. 文艺理论与批评，2005（1）：84-90.

虚荣而"炫",对他者的艰难处境却无意关心。"消费主义者沉醉于自我享受,对公共生活和集体活动漠不关心,对'他者'缺乏应有的信任。为了掩饰内心的不安,他们以不断'购买'和'消费'证实自身价值,他们以商品拜物教和信息拜物教寻求精神寄托,对日常仪式和文化传统视而不见;他们在自我解放中放弃了对'社会共同体'的追求;他们玩世不恭,愤世嫉俗,好自我表现,伪装成饱学之士却没有公共关怀精神。"[1] 个体对舍生之类的价值观日益表现出不以为然,对献身之类的大词也只在特殊语境下才接受。

在消费主义熏染下,攀比成为近乎本能的欲望。在这方面,个体似乎能够无师自通。关于身份、地位的攀比意识被唤醒后,便只能在渴望时的痛苦与满足后的厌倦之间摇摆,再也难以回到以往专心致志的纯粹状态。个体的生活需要优越感来维持,在秀优越的过程中,无不显示出自命不凡、高人一等的傲慢。由于精神基础不厚实,因虚荣而导致的挥霍与浪费时有发生,少数几次浮夸、炫耀就可能导致他们"空心"。在现实生活中攀比失意的个体,更容易沉溺于虚拟空间,由于不太满意真实生活,个体更喜欢虚幻地杜撰生活情节,由此导致虚拟空间的酷炫与现实生活的狼狈并存。受制于攀比逻辑,身体已然不能真实表达真我,而是异化为一种非我系统的载体;为了维系自身在生活中的角色与地位,时常进行虚假的人格扮演。在这种扮演中,个体所能获得的是非真实的、贫乏到近乎虚空的意义[2]。

对过度私人化(overprivatisation)的热衷,是市场意识和消费意识觉醒后的必然结果。在某些主义、宏大叙事和累赘的传统被抛弃后,虚假的消费价值开始渗入个体德性意志,它不谈神性,也不重抽象,既无聊琐碎

---

[1] 蒋建国. 消费主义文化传播、仪式缺失与社会信任危机 [J]. 现代传播,2012 (4):10-15.

[2] [英] R·D·莱恩. 分裂的自我——对健全与疯狂的生存论研究 [M]. 林和生,等译. 贵阳:贵州人民出版社,1994:59.

又空洞肤浅。个体失去了身与心之间的正常、统一关系，少去了庄严感，增加了失重感，不是按照生活本有的逻辑消费，而是趋向对自身生命无价值的消费。个体自愿被同化，穿得像商业广告上那样，吃得像商业广告那样，活得也像商业广告那样，个体奉行的生活箴言是"买一送一"。"山寨"的本义是山民居住之所，而今又具有了仿冒、非正规等新义。"康帅傅""雷碧""娃恰恰""白事可乐"等山寨产品与山寨文化本身便是一种有意识的虚假，蕴含其中的通过耍手段追求利益最大化的理念，或多或少地冲击着消费它们的个体的德行观。

对特定物（商品）的崇拜导致了迷失，个体的受教育观因拜物逻辑而不端，个体的价值观因享乐主义而扭曲。由于"拜物教把物在社会生产过程中像被打上烙印一样获得的社会的经济的性质，变为一种自然的、由这些物的物质本性产生的性质"①，个体普遍过上了以物（商品）为中心的生活，或多或少都梦想奢靡性的占有，执迷于追求丰富多彩的、成套系的商品，甘愿陶醉于各式购买活动，沉浸于商品带来的感官享受和虚浮名声中，交往方式、所处的人际网络，也都随之受到摆置。个体知道这是一种拜物教，但依然接受了拜物教所制造的幻象的支配。由于长期依赖这种幻象，个体逐渐将幻象视作现实本身，依然自我标榜、乐此不疲，并认定高消费的生活才是美好生活，纵情娱乐才是快乐人生。个体的漂浮，生命的无奈，空洞感与无根感，个体间的隔膜与疏离，都由这种幻象所致。

消费主义导致个体过多关注短期兑现能力，素养普遍下降，素质持续走低，言行、意图越来越不加修饰。对物质生活的认同，对消费的崇尚，成为个体反思自身生活状态、构建未来生活愿景的合法原点。经典道德信条对个体的约束力减弱，个体不再羞于谈论物质、金钱，转而奋力追逐，更多地通过货币与消费表达自我存在。既然山寨不一定就是石山木寨，"朋友圈"也不一定就是现实生活中的朋友圈，那么囧、糗也不是那么不

---

① 中共中央马克思恩格斯列宁斯大林著作编译局. 资本论·第2卷 [M]. 北京：人民出版社，2004：251.

可接受的了，恶搞也没有传统意义上那么恶了。野性被崇尚为勇气，谵妄被推崇为个性，主体异化为物体，生活欲求时常凌驾于真、善、美之上，被佩服的反倒是本应受到惩罚的，一些文明成果反而成了德行的障碍。个体是分裂的，却仍然津津有味、踌躇满志，知道很多东西的价格，却时常弄不清它们的真正价值，无聊而功利，充满反智情绪，视无知为理所当然，视物欲为当然所欲。"商业占领了修道院的每一个角落，厚厚的账本代替了赞美诗集摆在诵经台上。""真正的高贵已经完全腐朽死亡了"，个体成为消费的附件而非个体本身，"他们一代不如一代，最后只剩下大猩猩似的本能。"①

"人类是首先学会了（或者说发明了）对自己身体的装饰，然后才想到要去装饰其工具、器皿、住宅和生活区域的。"② 无论是原始社会个体还是后现代个体，装饰动机既在于突破身体的局限性，也着眼于使生活更舒适。随着宏大叙事、崇高主义的喧嚣渐渐褪去，随着广告话语、攀比心理、酷炫风格的普遍流行，个体对"装饰"的信任问题突显。一些个体逐渐趋向犬儒主义。在他们那里，欲求无穷无尽、没有终点，始终只在进程中，"没有了理想主义和道德信仰的犬儒们陷入物质主义和享乐主义，对一切都麻木、冷漠。支配他们行为的，与其说是'知'，不如说是'欲'，一种被深深压抑，又永远不可能满足的'欲求'。"③ 还有一些个体逐渐变得虚无、佛系，他们所要求的生活并不奢侈，也不过分，顶多只是染上了些许"装饰"的陋习，渗透了一点消费主义的毒素。他们愤世嫉俗、讽刺挖苦，对盛行的消费伦理充满冷嘲，在丰富多彩、琳琅满目的世界中成为孤独的个体。他们甚至时常反思自己，试图将自己的饰（作）品与自我本体区分开来，以免陷入功利的圈套里。

---

① [法] 乔里-卡尔·于斯曼. 逆天 [M]. 尹伟，戴巧，译. 上海：上海文艺出版社，2010：198-199.
② 易中天. 艺术人类学 [M]. 上海：上海文艺出版社，2011：327.
③ 郑富兴. 道德教育：从童话精神到悲剧意识 [J]. 教育研究与实验，2006（3）：13-18.

二、消费与教育生活逻辑的重组

当前这个时代，教育生活所赖以维系的基础之一是消费主义话语体系。除了传递和接受，对教育生活中的消费，也应进行反思。"教育生活原本依据自身美德和价值去抵御世俗观念，教育自身的本有价值指引着教育之为教育的本真体现，也是确保教育走在自身轨道的基础。"[①] 当美好教育生活愿景中浸入了消费逻辑时，当然意味着机遇，但同时也导致了新的、更加难以克服的困境。由消费逻辑衍生出的注重享乐、前卫消费、追慕虚荣、热衷攀比等现象在教育生活中已经弥漫开来，潜移默化中形塑着个体的思想。

原有的教育伦理日益渗入消费伦理，传统的教育生活动力机制不再有效。一方面，教育者们依然在游刃有余地使用"为了学生的一切""质量是根本""加强协同合作"等宣称。这让他们至少在道德姿态上变得毋庸置疑，也有助于受教育者心甘情愿地为培养付出时间和费用。另一方面，在消费主义语境中，对个体教育生活的规范不断生出畸变——它要满足个体对消费的欲望和情感需求，又不得不谨守关于育人的各种刚性要领；它必须按规定来，但又时常需要满足个体非规定性的诉求。

诸多以教育为借口的新逻辑的产生，对教育生活形成了很大牵扯，让教育生活变得日益虚无。虚无理念并非只是一种虚浮的感知或情感，它一开始建基于"泰勒—福特"模式导致的机械化、标准化和程序化，随后又建基于后福特主义所引发的全新生产方式和前所未有的消费方式——非连续性的、不断变幻的、脉动式的、时尚的、充满弹性与不确定性的，"这一切都让诸众失去了稳定的生存状态和凝固化的价值归属。"[②]

---

① 尚云丽，于洪波. 教育中的后现代犬儒主义阐释——基于海德格尔"构境论"视角的解读 [J]. 教育学报，2014 (2)：20-26.

② 张一兵. 生命政治统治中的犬儒式诸众——维尔诺的《诸众的语法》解读 [J]. 学术研究，2018 (6)：9-17.

(一) 教育生活的虚浮特质

在消费制造的繁荣景象中，条件优渥的个体获得了缥缈却令人兴奋的优越感。教育生活总是显得那么美好，以至于虚浮。在非本质思维主导下，个体不再热衷探求教育生活的本质，更多关心教育生活的常态以及自我在教育生活中的角色。个体声称在追求理性和幸福，其实是在追求"物"或他者对自我的认可。拜金主义、资源耗竭、贫富差距、环境问题、社会浮躁等教育生活外部的困境与危机逐渐蔓延到教育生活内部，虚拟性消费、仿真化的市场也逐渐浸入教育生活，因教育生活不完善而导致的异化现象普遍存在，诸多刻板印象和时髦定位，实际是消费话语、功利欲望的特定表达手段。略有变化的是，某些关于福利、权利的含蓄表达已经成为较为直白的表达，不需要再做什么遮掩——个体们都很善于主动给自己"贴金"。

异化的教育生活方式必然意味着虚浮的话语表达。由于整个教育生活场域都对其中的叙事逻辑和形象标签缺少反思，个体逐渐形成了刻板印象。英雄身旁常伴美女，"老大"四周常有随侍。这些都或多或少地影响了个体心目中的成功者形象，越来越多的个体逐渐倾向于按照这类成功形象所标识的元素、符号形塑自我。在教育生活中，这类饱含消费主义文化逻辑的元素、符号不仅四处弥漫，而且日益变得不可或缺。通过商品、广告、明星、偶像等形象符号，最终培育出的是适应消费生活和娱乐生活的新式主体。不仅注重自我表现，而且为了自我表现能够获得认可，实际上还注重自我包装——这正是这个时代教育生活的关键属性之一。

一些教育管理者始终专注于增加"景深"，执拗于矫正"亮点不突出""实效性不强""特色不明显"之类的问题，制造出不少教育生活泡沫。他们通过别具一格的文化衫掩盖文化缺失，通过制造培养假象掩盖培养消费机器以讨好市场的真相。教育生活开始具有新闻色彩。有新鲜感的教育生活才是好的教育生活，有新鲜感的个体表现才是好的表现。如果属于循环与重复，即便具有重要的现实意义，也难以激起探求的兴趣。在数月内，教育管理者们很难被允许以相同的主题进行叙事，很难老生常谈般地带着大致相同的诉求四处呼吁——消费时代是一个尤其注重外在美的时代，因此必须不断拿出"更新""更靓"的表达，否则就会丧失进一步表达的机遇。这逼迫个体在追求"新颖"的同时，还必须通过这样那样的夸大制造出"具有重要现实意义"的假象，甚至将非核心问题视为核心问题，并进行煞有介事的探讨。由于担心被贴上老套的标签，几乎没有人敢反复地宣称固定价值。求"新"的重负，让个体时常忘记基本的常识，丧失基本的判断力，对教育生活中显而易见的问题麻木不仁。办学特色、教学特色、德育特色、校本特色、艺术特色等特色论充满了教育生活叙事，而且具有田野、个案、实证等上佳外表。

因消费主义而导致的繁荣假象扰乱教育生活秩序和个体内心安宁。个体过的是缺失内在的虚浮生活，表面祥和靠牺牲深度来换取。个体长期沉浸其中，一旦遭遇真实的现实生活，难免茫然、失落。由于虚浮过度，个体时常遭遇记忆障碍，抑或不愿如实诉说自己的记忆。取向各异的"事例"不胜枚举，为倾向性选择提供了可能，甚至于后来基于某种必要去查证时，连当事人都困惑自己当时所经历的真实教育生活到底是什么。集体性浮躁笼罩了整个教育生活场域，"群盲"侵蚀了生活的理智，即便理智正常的个体也难免做出偏激性行为。诸多虚浮现象只是真实的教育生活的影子，迟早会因发生条件的消失而消失。然而，影子的出现证明，关于教育生活真实的非真实衍生元素开始产生，个体可能专注非真实衍生元素，还可能主动构建非真实衍生元素，甚至可能抛开教育生活现实，转而沉浸于非真实衍生元素。

虚实错位的教育生活，犹如调色板上的颜料，可以任意勾兑、调和，深度不再是必要维度。虚浮倾向反映出个体不断膨胀的不合理欲望，消费中心意识助长了自我中心意识，教育生活似乎随时可以翻转。个体轻浮、淡漠，在"大词"中自我迷醉，获取的只是教育生活给予的表象——在失掉个性的前提下养成个性，于是连个性也成为虚浮的了。当努力获得与众不同的独特性成为一种号召时,也就难有什么真正的与众不同了。"时尚""潮""前卫"等所谓个性描述,所产生的只是虚浮的泡沫。只要看看人人都使用雷同的表情包,都沉溺于大同小异的网游,关于个性的谎言便会不攻自破。

个体的消费风格就是他的生活风格。个体不仅是求知的主体,也是受知的客体,还是某种劳动潜能的载体。个体在教育生活中的行动,明显受到了消费广告的吸引。非法消费组织也渗入教育生活,它们在教育生活中寻找消费目标,甚至在教育生活中培养骨干消费成员。个体作为行动者,对于行动的本质却存在"误知",以至于不能正确区分虚拟与现实、批评与赞同、正当与不义、有价值与无价值,在只知其然不知其所以然的情况下成为了某种教育生活的捍卫者。"这种虚浮,善于把真理都一一予以败坏,从而退回自身,陶醉在它自己的知性之中,即陶醉于会瓦解一切思想却不会从中取得其一切内容,而只会从中找到赤裸的自我的那种理解力中。"[1] 在特殊情况下,一些个体出于"捍卫"这一伟大动机,甚至会像飞蛾扑火一样心甘情愿、义无反顾;他们几乎完全相信了教育生活宣称的美好愿景,甘愿按照它的逻辑规范自身的行动。

(二) 崇高与世俗平顺合辙

在消费市场和资本逻辑不发达的时代,陈旧、迂腐的教育生活让个体饱受压抑。这种教育生活视个体为学徒,注重不实用的经卷,强调机械性的记诵,将戒尺和教鞭作为教育工具。几乎每一个体,都只能在其中苟延残喘。久而久之,个体们虽崇尚自由,但普遍缺乏自由能力。

与古时的教育生活相较,消费市场的全方位渗透意味着对教育生活的全方位再造。消费主义时代教育生活的典型特质是理性原则与感性主义、无私教授与等价交换相互熏染,市场、资本与高调的理想主义生活叙事相互交织。商品、广告宣传涌入教育生活。在一定程度上,消费逻辑就是教

---

[1] [德] 黑格尔. 精神现象学 [M]. 贺麟,王玖兴,译. 北京:商务印书馆,1997:57.

育生活逻辑。一方面，市场化时代个体的教育生活不仅直接面对学校，而且直接面对市场。建立在高度发达的消费市场基础上的教育生活，可能克服因物质匮乏或利益受损而导致的烦恼。遵循等价原则让价值交换的可能性增加，个体因此获得了更多可能性。由于商品市场日益繁荣，个体因利乘便，生活品质随之有了显著提升。另一方面，消费主义扩展至教育生活领域导致过度欲求演变为无法消除的顽疾。一些教育公共服务趋于市场化。符号建构的过程、意义供给的过程，都遵循等价这一要义，导致教育生活呈现出常态与病态复杂纠缠的局面。学者时常成为"学商"，教育管理者时常成为"老板"。"百年大计，教育为本""十年树木，百年树人"等观念受到市场逻辑和消费逻辑的冲击，教育更多地被视为生产力，甚至一度形成产业化趋势。教育生活中不仅可能存在错讹与谬见，某些教育生活现象的存在本身就是一个错谬，其中的生活习惯或生活规范既与真知、真相相悖，也与培养真正的人相悖。

"在这个现代化的世界里再也没有仙女和精灵的容身之地了。"① "往昔的好仙女在凡间已不存在"，"如今剩下的只有'电仙女'。"② 个体只是依赖模仿，以及偶尔运用技术来补益自身生活，时常忘记了向前现代的崇高致敬。诸多教育项目如同商场里的电子游戏机，需要投币才能参与。教育采购、教育招标、服务外包等教育生活"周边"日益发达。个体类似于市场中的个体户。教育生活的实际目的时常是世俗性功利目的，这让个体面对质疑时只能磕磕巴巴地自我宣谕。人依然是目的，但人有时也被作为工具或手段。过去被无限崇尚、闪闪发光的教育生活元素，被崇尚实用、功利的现代教育生活迅速抛弃，沦为无人问津般的存在。教育生活出了问题，不是因为它的衰落，而是因为它过于昌盛，不是因为它无所作为，而

---

① ［美］格蕾琴·舒尔茨，路易斯·赛弗特. 最后的仙女：颓废故事集［M］. 程静，译. 成都：四川人民出版社，2018：194.
② ［美］格蕾琴·舒尔茨，路易斯·赛弗特. 最后的仙女：颓废故事集［M］. 程静，译. 成都：四川人民出版社，2018：5.

是因为它不知休止。

关于教育生活的伦理信条一如既往地主张节制欲望，却在具体践行时告别理想、告别使命，向消费逻辑看齐，继而直接引发了欲望。私欲在有意无意间对教育生活进行着营造。消费符号作为一套教化体系在教育生活中真实存在，其效应时常在个体"非知""无知""误知"的情况下发生，不同能指的消费符号之间协同影响，利用自己的有利地位，诱导个体认同它们设定的品位标准，最终让教育生活偏离本真。个体如果不从，就是不注重品位。纷繁复杂的消费符号虽不断蜕化，但依然与利己主义在诸多教育生活逻辑的隐秘处相互交通。个体时常不受"知"的导引，而是以"欲"为动力。个体的教育生活貌似生机勃勃，实则受到多重裹挟。个体原本就批判无力，而今又受到了消费主义的刺激，无理性的消费风潮导致脆弱的教育生活出现失范，庸常、功利、琐碎，因袭形式，内容却所剩无几。消费主义的虚幻性与符号化重构了教育生活中的真实。个体有时候甚至有一种时刻都在企及的感觉——当下之我与真实之我始终存在间距。个体表面上比较自主，实际上依然受到潜在他者机制的控制。一旦他者机制消解，自己的教育生活也将随之崩裂。

单一个体的欲望与整体教育生活相连通，诸多单一个体的欲望相互影响导致意义不断变异。尽管欲望的正当性并不建基于可信度，但为了正当地制造欲望，营造特定的视统觉表征机制让欲望尽可能具有可信度实属必需。为此，一方面有必要使消费欲望的渲染看上去是自然而然的样子，或是个体们想当然的那样。另一方面，为了制造欲望还必须排异、消解与之相对的欲望，使其不合理或不合法。这也意味着，教育生活中的欲望供给并非简单的直接灌输或线性操控就可以完成，它实际上涵盖了借鉴、移植、自创、排斥、曲解、协商、融合等形式繁多的手法。

接受教育成为"教育投资"，聆听讲课成为"教育消费"。家长们不惜成本地投入各类培训项目，精心安排着每一个小时的行程和任务，追逐各种可以"培优""提分""补差""赋能""领先"的承诺——不管承诺本身是不是真能够兑现，姑且试一试再说，说不定有效呢。他们殚精竭虑、疲于奔命、四处求助，看似十分积极主动，实际上却非常被动——他们始终处于他者主导的教育结构之中。他们所做的大多数努力，不过是想让己方成为他者主导的教育结构抬举的对象，仿佛只要受到抬举，被标识为优秀，便能拥有美好的生活，即便这样的生活是被给予的。他们逐渐离开通往真知的路而步入迷途，在错误的方向上谋求安宁与幸福，然而安宁与幸福根本不在那里。更要命的是，当有人为他们指出迷途或错误的时候，他们却不相信。

一些教育者从独立精神、自主能力的培养人，蜕变为利益主导的资本精神的代言人。在他们那里，没有崇高的生活口号，没有庄严的生命宣言，也没有伟大的人生纲领——美育越来越难以提升审美能力，关于个体走向美好生活的传统配方也趋于失效。个体倾向于弱化理性认知而随意徜徉于教育生活中的风景，关照风景的色、香、声，以综合而非分析的方式让它们进入脑海。个体不再愿意成为宏大机器系统上的零部件，不再愿意为其献身。他们之所以忍受难以忍受的教育生活，目的在于以更高的价值将自己出售。教育生活依然在大力提倡自律、节俭与勤劳，个体依然执着于精神追求，依然致力于增加生命的厚度，但贪婪地追求最大利益的攫取性冲动再也难以遏制——以"钞能力"为评价标准的"经营"能力成为评价的重要维度。

教育生活的运作方式越来越成熟，发展的动力依赖市场逻辑或商品规律，发展的机制是用欲望激发欲望。这种成熟并不意味着崭新教育生活的到来，更多意味着伴随消费繁荣而产生的"习惯成自然"的改造——教育生活被改造为消费逻辑的延伸，教育者和受教育者被改造为消费者或顾客，"艺术作品正在成为商品，甚至理论也成了商品；当然这并不是说那些理论家们用自己的理论来发财，而是说商品化的逻辑已经影响到人们的思维。"① 尽管"教育"还不至于沦为完全性的商品,但"商品化了的意义以及已嵌入符号系统的象征价值、情感价值,都已经被内在化为现实的表征"②,教育生活中的主体们既是教育人,也是广告人、推销人、消费人。

当然,人性就在市场之中,消费市场也是培养人性的必要场域。教育生活中的关系建构从服务属性逐渐趋向于交易属性,也不能简单地归因于市场逻辑作祟,"既然生活中没有理想主义生根的土壤,那么在市场中争取好好活着,更好地活着,那实在也是别无选择的选择。"③当消费理念广泛波及教育生活时,个体所追求的幸福生活既关涉崇高的精神与德性,也关涉由生产、购买、交易、消费所构成的现代系统,既关涉抽象的价值与意义,也关涉实物的满足。教育生活正走向民主化,同时也在走向商业化。诸多服务于教育消费的商品生产者一方面努力掩饰、去除教育消费品的商品属性,增加品类,注重服务,另一方面突显教育类商品的人性化,有时着眼于小众,有时注重不同个体或不同群体的差异性,明确告知或暗示他们所购买的不是流水线上产出的批量化商品,致力于为个体提供不可复制的体验。这让商品生产者既赚得盆满钵满,又满足了教育生活的现实需求。

(三)后福特时代的新逻辑

教育生活中教育者与受教育者、管理者与被管理者之间的关系,与市场机制中人与商品之间的关系,存在类似的同构性。当前,消费不断融入教育价值体系,日益与教育控制功能相联系,并因此衍生出一整套与之相适应的制度与道德。对消费逻辑的结构性反馈既与教育生活相关联,也进一步推动教育生活的深层复杂演化。诸多关于教育生活合理化的认知来源于社会生产合理化过程——劳动力市场高度重视什么素质,教育者们就努

---

① [美]弗雷德里克·杰姆逊. 后现代主义与文化理论 [M]. 唐小兵,译. 北京:北京大学出版社,2005:146.
② [美]蒂姆·爱德华兹. 狂喜还是折磨——购物的当代性质 [A]. 罗钢,王中忱. 消费文化读本 [M]. 凌海衡,译. 北京:中国社会科学出版社,2003:140.
③ 阎真. 活着之上 [M]. 北京:人民文学出版社,2014:25.

力培养什么素质。

在传统的"泰勒—福特"生产模式主导下,"真正的生活(authentic life)就好像在劳动中找到生活的准确表现。原来,世界是一个大工场、一个生产手段和生产目的的复合体、为进入劳动世界(world of labor)做通用性准备的排演场。"① 流水线式的生活局面即便有所改观,本质仍是流水线式的。

新世纪以来,基于"泰勒—福特"模式的标准化与程序化被逐渐消解。后福特(Pose-fordism)时代来临,按维尔诺(P. Virno)的说法,"后福特时代的生产过程显示了自身运行方式和祛魅的感性之间的联系。渗透于议论历史终结的后现代声明中的机会主义、恐惧和犬儒主义进入了生产领域,与电子技术的多样性和灵活性缠绕在一起。""非连续的、模式化的经验、时尚、媒体阐释,以及大都市把自身与转瞬即逝的机遇交织在一起的难以言传的结合技巧,使得获得正式工作之前的不稳定时期现在延长了,而工作中所要求的'专业性',也由这一时期获得的各种技能构成。"②

> 后福特制生产方式和全新的生活方式特质,劳作专业的不断转换,工作经验的非连续性,时尚的求新和媒体的多变,就业与失业边界的模糊,这一切都让诸众失去了稳定的生存状态和凝固化的价值归属。这种改变导致诸众的生存状态进入一种机会主义和犬儒主义的情绪。这种情绪的发生,并不是某种教育和训练的结果,而是后福特时代生产方式发生改变的结果,具体地说,这一切是发生在以科学技术构序为主导的后工业生产过程出现之后,特别是网络信息技术生产和

---

① [意]保罗·维尔诺. 诸众的语法[M]. 董必成,译. 北京:商务印书馆,2017:116.
② Virno P. & Hardt M. Radical Thought in Italy: A Potential Politics. Minneapolis: University of Minnesota Press, 1996:13.

服务工作的空间分散性、无固定时间的分包任务,开始让生产活动本身完成于工作场所之外。①

基于以人为中心而不是以物为中心的生活,"雇佣劳动者要求具备的最重要的素质是什么呢?经验观察表明是下列要素:对流动性习以为常、能跟上急速的变化、适应不同的企业、能灵活适应不同规则、既能适应简单交流也能适应复杂交流、能掌握信息流、能在有限的替代方案中作出抉择。"②

教育生活中的否定性因素,在后福特时代成为个体重要的生活态度表达。异化的体验成为个体素养的有机构成。"曾经是技术生产力的负性因素的虚无主义,已经成了生产力的基本要素,成了劳动力市场上最紧俏的商品。"③ 基于误认、误解而行动成为教育生活进程中难以规避的阶段。

在传统教育生活中,闲聊是"一种会蔓延的喋喋不休的讲话,语无伦次、无视内容,只是不停地唠叨"④。"保持安静""保持干净""注意安全"这样的命令式指示相当常见。这时常意味着,只要在这类指示的视野范围之内,都不可闲聊、不可无序、不可大意。这还意味着,在教育生活场域,不相关的语言不被提倡带入,是不受欢迎的。

而今,"劳动潜能主要体现为后福特资本主义生产中超出生产车间的弹性劳动和第三产业中以语言交流服务的活动。"⑤ 个体越来越注重闲聊的

---

① 张一兵. 生命政治统治中的犬儒式诸众——维尔诺的《诸众的语法》解读[J]. 学术研究,2018(6):9-17.

② Virno P. & Hardt M. Radical Thought in Italy:A Potential Politics. Minneapolis:University of Minnesota Press,1996:13.

③ Virno P. & Hardt M. Radical Thought in Italy:A Potential Politics. Minneapolis:University of Minnesota Press,1996:14.

④ [意]保罗·维尔诺. 诸众的语法[M]. 董必成,译. 北京:商务印书馆,2017:115.

⑤ 张一兵. 生命政治统治中的犬儒式诸众——维尔诺的《诸众的语法》解读[J]. 学术研究,2018(6):9-17.

技巧，闲聊技巧精湛的个体被奉为卓越的人际交往角色。闲聊不再是教育生活的异物，而成为教育生活本身，不再是教育生活沉沦的表现，而成为教育生活得以延续的基本特征。"闲聊不但不是一个可怜的、该抛弃的经验，而且它还直接关系到劳动和社会生产。"① 随着信息技术在教育生活中的深入，面对面对话越来越被珍惜，也许很快"严禁闲聊"就会代之以"正在工作中，请讲！"。显然，这是教育生活状态转变的结果。在福特主义框架下流水线式的秩序中，为了提高效率，个体之间被要求避免无效的讲话，因为讲话会对秩序造成干扰，因而被视为需要排除的"非法"行为。而在后福特主义时代，智能化、自动化的教育实践以个体间的沟通为要件。有时候，过分正式的对话反而不能激发灵感，非正式的、随时性的沟通反而有助于个体灵活面对各种可能性。

与闲聊类似，好奇被定义为"对'新'的，只要是新的，便贪得无厌"②。为了灵活地应付问题，解决既定教育程序之外的问题，好奇从专业之外走向专业日常，成为教育生活中诸众的存在常态。"好奇作为一种了解世界的途径，扩展和丰富了人类的感知能力。"③ 好奇对象的快速交替变换，通过大众传媒已成为可能。好奇不再被视为分心和精力分散的表现，转而被视为在用一种新兴的方式体验教育生活。个体时常"活跃在劳动过程之外，每当任务完成、劳动结束、空闲下来时，这个擅长'观看'的好奇变得不安分起来，四处游荡、见异思迁"，个体"沉湎于目欲，贪婪的视线，渴望目击不同寻常的甚至骇人听闻的场景"。④ 因好奇而发生的分

---

① ［意］保罗·维尔诺. 诸众的语法［M］. 董必成，译. 北京：商务印书馆，2017：119.
② ［意］保罗·维尔诺. 诸众的语法［M］. 董必成，译. 北京：商务印书馆，2017：115.
③ ［意］保罗·维尔诺. 诸众的语法［M］. 董必成，译. 北京：商务印书馆，2017：122.
④ ［意］保罗·维尔诺. 诸众的语法［M］. 董必成，译. 北京：商务印书馆，2017：119.

心、离散、裂变等"意外"以隐蔽的形式悄然植入教育生活，因此它们的发生也可以理解为在情理之中。

传统的智力养成理念中，精力不集中、分心都属于学习障碍，而在后福特时代，在信息化情境中，精力漂移、分心是提升适应能力的必要要求。因为这个时代"要求一定程度上的离散性和易变性"[①]。分心是适应新型生活方式的要件，是撷取有效知识时技术性运作的基本要求。"大众媒体的好奇心是技术上对可再生性技巧方面的感官学习，是对智力产品的直接感知，是科学范式形象性的愿景。感觉——或者说，'贪婪的目光'——成功地占用了一个抽象的现实，也就是说，是概念在技术上的具体化；大众媒体这样做不是倾向于好奇，而是让分心日益显现锋芒。"[②] 由此，个体的生存开始内含矛盾——被要求专心，但也需要分心，时而需要专心，时而需要分心。在教育生活中，这越来越成为个体的存在常态。

三、娱乐消费风靡及其复杂效应

当前流行的消费倾向即娱乐至上。"五色使人目盲""五音使人之耳聋""五味使人之口爽"[③]，众多"时尚先锋""成功标配"被制造出来，既引导个体的思维，也刺激个体的行为。各种网络游戏，各种娱乐软件，各种社交平台，诱导个体充满活力地追求舒适与享乐。裹挟着娱乐信息的教育信息，其传播力量时常超乎想象。个体的一个欲望满足之后又生出新的欲望，个体依据是否成功和是否满足确证自我存在，生活的意义似乎全在于此了。

---

① [意] 保罗·维尔诺. 诸众的语法 [M]. 董必成，译. 北京：商务印书馆，2017：123.

② [意] 保罗·维尔诺. 诸众的语法 [M]. 董必成，译. 北京：商务印书馆，2017：123.

③ 李耳. 老子 [M]. 梁海明，译注. 太原：山西古籍出版社，1999：21.

"快乐与不快乃是一切价值判断的最古老征兆。"[1] 趋乐避苦是个体的天性,也是教育生活基本常识。然而,将意义建基于快感,通过消费获得享受——这种生活方式正在被赋予越来越多的"意义"。这种意义联动方式,成为教育生活中犬儒主义、躺平意识、佛系思维、精致利己等思潮泛起的根本性依据。游戏性消费时常被指责为沉迷享乐,众多个体在游戏快感中挥霍生命,在娱乐消费中喟叹,又在迷茫、朦胧中憧憬,以推崇娱乐掩饰内在空虚,玩弄意义,沉迷于纷华与审美的艳化。个体的感觉可能是错觉。诸多性质各异的亚文化个体,有意与现实正统文化相区别,不算真诚,有时还有些矫揉造作,不朴素也不优雅,却足够奇特、亮眼,有志于成为明星,但目的在于更好地消费或被消费。

(一) 追求快感意义结构

娱乐消费的意义并不是娱乐消费本身本就具有的,娱乐消费的意义也不是一成不变的。原本在教育生活中被视为偏激的娱乐符号而今反而成为风尚,数年之后还可能成为深沉追忆的怀旧对象。这说明,娱乐消费的意义是被赋予或被生产出来的,可以将多种意义归结到一种娱乐消费,也可以从一种娱乐消费中衍生出多种意义。

当前,偶像文化兴起,追剧成为个体教育生活常态,国外流行的服饰、发型、歌曲,不出24小时就能在国内"粉丝"们中间流行开来。狂欢烂醉尽管不被提倡,但拥有快感常常是基本要求,个体体验过一种快感之后便会陷入新的空虚,继而寻求下一种快感。个体在教育生活世界游移,哪儿也不属于他,"顶着眼皮子底下那么点低级的享受,用动物般原始的激情去追求它们,但却缺少动物那原始的洞察力。"[2] 也许初次是审慎的,但随后便是不断地重复,然后就越来越放纵、越来越疯狂了。享受成为主

---

[1] [德] 尼采. 权力与意志·上卷 [M]. 孙周兴,译. 北京:商务印书馆,2007:33.

[2] [德] 瓦尔特·本雅明. 单向街 [M]. 陶林,译. 南京:江苏凤凰文艺出版社,2015:14.

旋律，个体更加依赖形象而非抽象，更加注重感觉而非本质性思考。个体擅于表达有感而发的直接感受，"爱不爱的，先谈上再说""何不纵情潇洒，管他虚度多少岁月"，人生不乐也徒然。个体的言语总是滑溜溜的，行为总是轻飘飘的，即便有意义也是无序堆积的意义。

从较为正向的意义看，"狂欢式的生活，是脱离了常轨的生活，在某种程度上是'翻了个的生活'，是'反面的生活'。人类在彻底解放的迷狂中，在对日常理性的反叛中，在诸多滑稽模仿诗文和临摹作品中，在无数次的蒙羞、亵渎、喜剧性的加冕和罢免中，发现了他们特殊的逻辑——第二次生命。"① 从负向意义看，为了消解"烦着呢"之类的教育生活处境，不少个体执着于短暂的快感，热衷于寻找笑料，试图用它们短暂地置换内心的压力。"他们遭遇着痛苦的体验、激烈的自我冲突和因与外在现实不协调而产生的外在冲突"，他们总在想方设法规避、解除内外冲突状态，为此他们时常"视疯狂为正常现象而将现代主义的焦虑感转变为狂欢，从语言的发生中取乐"。② 个体在莫名的亢奋中不惜娱乐至死，精力被分散，时间被荒废。及时行乐不过是想填补空虚，然而高度的快感之后又是极度的空虚，为了解决极度的空虚，又不得不再去追求更高强度的快感。个体看似自由，实则放逐——以自由的名义，在恣意放纵中走向了自我放逐。个体的生活往复无序，习惯于避重就轻，无根性、厚重感缺失，不仅被魅惑所裹挟，还呈现出碎片化。

为了在攀比、争胜中与他者相区隔，个体总在试图"构筑官能性或生理性的夸张性享受"③。面子上看着比较甜，内里却是真的苦，可谓含有焦虑、迷惑和苦味的虚假快乐。有时候，个体获得的不过是一种凌驾于他者之上的施虐式的快感。个体的理性思维在需要膨胀的时候阙如，在需要阙

---

① 王岳川. 后现代主义文化研究 [M]. 北京：北京大学出版社，1992：260.
② 王钦峰. 现代主义小说论略 [M]. 北京：社会科学出版社，2001：209.
③ [美] 托斯丹·邦德·凡勃伦. 有闲阶级论 [M]. 蔡受百，译. 北京：商务印书馆，2007：20-29.

如的时候膨胀。个体开心地抱团团购，习惯于看到便宜便一拥而上，无论如何都要比别人抢先一步。献媚、粗鄙往往意味着攀比逻辑对内心的扭曲。献媚者或粗鄙者通过自我否定、自我厌弃，将自我从攀比、争胜的受损者转变为加害者。一开始个体也许是被迫卷入的，屡屡受损之后，转而积极响应，身心投入地将自我奉献给欲望的激发与快感的传递。

不管是精神上的还是身体上的，总得要有愉悦感才行。除非书本成为具有意义和快感的话语结构，否则便无心追求书本。"年少偷懒，年老迟早要还"这类话语难以震慑个体，先快活了再说，至于年老会如何，管它呢，想那么多做什么。相较于枯燥无趣的教科书文本，个体更熟悉商业大片、电视广告和网络视频。对明星、网红"失心疯"般地追捧、膜拜背后，蕴含着受教育者们典型的生活心态。诸如流行剧、大明星，实际是货币与传媒合谋的产物。诸多个体实际上也明知这一点，但这并不影响他们对它们的青睐。他们甚至一边批评资本与传媒唯利是图，一边沉浸于剧情、八卦之中欲罢不能——他们在批评与不满中享受着剧情、八卦带来的刺激与快感。显然，这其中的不可思议之处在于两种相悖心态的共存——个体明知资本与传媒的合谋逻辑，但又确定无疑地喜爱着它们合谋制造的产品。知识的滋养抵不过感官的快乐，性感取代了情感，知道肥皂剧或八卦新闻是虚假的，但依然看得津津有味。"幻觉正在建构他们的现实，正在结构他们真实的社会行为。他们对事物的真实面目一清二楚，但他们在做事的时候，又仿佛对事物的真实面目一无所知。""幻觉之为幻觉，在于人们对幻觉的忽视，而这样的幻觉正在结构我们与现实之间的真实、有效的联系。"① 由于幻觉的建构作用，个体最终获得的可能仅仅是一些往返不定、闪回飘忽的记忆碎片。

传媒、时尚、流行文化等纷纷主动与市场联合，成为服务于市场的意义供给工具。在它们宣扬的意义中，"消费被提升到解决人生幸福、理想、

---

① ［斯洛文尼亚］斯拉沃热·齐泽克. 意识形态的崇高客体［M］. 季广茂，译. 北京：中央编译出版社，2017：32-33.

享乐和自我实现的层次,被赋予了终极意义。"① 由于享乐成为幸福生活的指标,个体的教育生活表面光鲜亮丽,实则支离破碎。无所谓真正的高雅,也无所谓绝对的低俗——只要喜欢就行。一种以舒适、快感、享受、娱乐为基础理念的狭隘的、乐而忘忧的满足观被建构起来,支配着个体的生活。个体普遍注重感官形象,通过感官冲击制造生理与心理体验,"目极世间之色,耳极世间之声,身极世间之鲜,口极世间之谭,一快活也。"② 很多时候,视象间无序跳接,花哨的视象中还包含着粗俗的浮躁,个体沉浸其中,几乎要成为欣快症患者。个体日益淡漠尊严,也不那么太在意原则,跟舒适、快感和享受比起来,尊严和原则似乎也不算什么了。长此以往,教育生活场域"将成为一个忧郁苦闷之地,充满了无休止的快活"③。"在他们身体/感性的狂欢的背后又隐藏着什么?是无上的福祉还是无底的深渊?消泯了时间向度的狂欢的夜晚终会过去,凄凉的黎明终将降临大地,在感性的狂潮退落后,人们将怎么直面白茫茫一片真干净的虚无呢?身体/感性能否真正成为人们在世意义的最后依据?"④

客观而言,去工业化思维有其合理之处,但追逐快感、愉悦与"刹那主义"迟早导致教育生活失去厚度。欲望引诱一旦碰到约束缺位,欲望膨胀便会在所难免。短暂的快感实质是神经的麻痹。"诸如休息、娱乐、按广告宣传来处世和消费、爱和恨别人之所爱和恨,都属于虚假的需要这一范畴之列。"⑤ 刻意追求悦目之美,一旦被过度吸引,便容易陷入病态,最

---

① 王宁. 从节俭主义到消费主义转型的文化逻辑 [J]. 兰州大学学报(社会科学版),2010 (3):14-22.

② 袁宏道. 袁宏道集笺校·卷5 [C]. 钱伯城,校. 上海:上海古籍出版社,1981:205.

③ [美] 提摩太·贝维斯. 犬儒主义与后现代性 [M]. 胡继华,译. 上海:上海人民出版社,2008:58.

④ 王晓明,李陀. 在新意识形态的笼罩下——90年代的文化和文学分析 [M]. 南京:江苏人民出版社,2000:270.

⑤ [美] 赫伯特·马尔库塞. 单向度的人 [M]. 刘继,译. 上海:上海译文出版社,2010:6.

终患上种种美丽的疾病。有时候,个体对新潮、新元素的崇尚不仅会造成不必要的教育生活耗费,而且以之为要素的教育生活结构与其说是一个意义结构,不如说是一个快感机制,因为这种结构的核心意义就是刺激欲望。在娱乐消费背景下,较为正常的教育生活既是意义体系,又是快感机制[①];既引发快感,又基于意义对快感进行一定程度的节制;不否定个体欲望,但是要求个体在满足欲望的过程中保持一点清醒的头脑;驱动头脑为欲望工作,同时要求欲望给头脑一点空间,以免因对自由含义产生曲解而盲目自我放纵。

(二) 表达方式的娱乐化

教育生活有时太苦,因而总需寻些轻松。发扬苦中作乐的精神有助于过好教育生活,适度的模仿秀会让个体产生惬意的感觉,大话、戏说让个体感到轻松、痛快,它们都可以视作后全权时代教育生活的典型特质。释放压抑的办法就是尽情表演。只有在尽情表演时,才会揭去面具,不分身份地混融在一起,也没有那么多的禁忌。只不过,过度媚俗,有意制造伪浪漫,以取笑为动机的"谑仿"(Parody),就没多少实际益处了——"媚俗往往会以虚无主义的方式表现出来,其结果是'灵魂裸露'与'耗尽'。"[②]

"眼球经济"是表达方式娱乐化的重要推手,其本质是视觉营销,即借某种视觉表征传达消费观念或消费形式。视觉表征因此成为倾力营销的核心内容,表达越偏激便越吸睛。各类营销主体为了哗众取宠,竞相比拼,不惜耍宝、出丑,媚态逼人,不惜用自虐的方法取悦。无限度地拉低下限,无底线地乞求关注与评论,至于各种各样的"秀",更是层出不穷——只要能够赚到点击率或者博来眼球,无所不用其极,只要能收获狂热的围观与欢呼,还坚持什么美学标准?还捍卫什么生活价值?

---

① 在特定情境中,如果没有快感,也便没有意义。
② [德] 马克斯·霍克海默,特奥多·阿多尔诺. 启蒙辩证法 [M]. 洪佩郁,蔺月峰,译. 重庆:重庆出版社,1990:142.

娱乐的声音是唯一不变的声音，为了迎合娱乐，原本严肃的话语模式也换上了娱乐性包装。一些个体为自我确证而有意自我作贱，所持生活信条令人惊讶，行为举止令人称奇。他们主动、大胆，说话声嗲，习惯性装嫩，喜欢打扮，爱追热点，自我定义为"卡通一代"，沉湎于"二次元"世界，既善于娱乐他者也善于自娱自乐。"装×""×黑""×粉""×蜜"成为他们的典型特质。他们习惯于盲从性跟随，自我评价较高，在追捧非主流中获得满足，被视为怪胎也无所谓。他们自我炫耀、炒作攀比、大胆出位，为此不惜碰触道德禁忌。

一些个体在教育生活中推崇任性、狂欢的生活方式，在虚拟空间热衷窥丑、聚众观丑、公然示丑。教育生活语言从正式陈述语日益转变为网络流行语。个体对时髦台词、广告语、网红语乐此不疲，将它们作为自己的个性表征。"吃鲸"意味着极为震惊，"蒜你狠"并不是蒜真的狠，"画面太美，都不敢看"并非真的美得不敢看。"土豪，我们做朋友吧""有钱任性""不作死就不会死""那么问题来了"等迅速普及，似乎只有使用它们，个体才能精准表达自己的观点或心境。"混搭"时髦、"段子"流行，先锋意识被推崇，所有有助于表达心声、自我释放的生活方式都更容易传播、更容易扩张。

众多廉价而便捷的发声构成集体无意识的喧嚣。个体的表达是失调的、紊乱的。个别个体表达素质欠佳，不管事件的背景、种类、性质如何，揪住几个片段就是一通评论，评论充满了裹挟意味与炒作倾向，其目的不在求真而在于吸睛。价值取向越多样，便越无所依赖，越无所依赖，便越追求多样。面对怪异现象，主动推动，主动卷入，为引起关注而信口雌黄，因信口雌黄而拥有众多拥趸，即便偶尔自危，也是怕被拥趸们误会。

比生产的创新性更令个体着迷的是消费的趣味性和娱乐性。歌手们、演员们、网红主播们将名声建立在报纸杂志、社交平台、网络媒体上，他们或他们的家庭成员们的日常生活，他们的亲情、友情、爱情，乃至于他们的个人隐私都可以成为消费符号。"真人秀"大受欢迎，个体们"所认识的不是作为一个人的明星，而是作为一种形象的明星。"①"大咖（腕）""达人""××哥（弟）""××姐（妹）""××帝"在虚拟空间流行，成为个体们膜拜的"极品"。形象资源成为至关重要的资源，"出名要趁早"，获得关注才能获得利益。

（三）排异现实正统价值

"大众传媒不仅彻底破坏了人与人直接交往和理性对话的传统机制，而且还把大众变成千人一面、相互隔绝的原子聚合大众"②，由此导致传统公共精神的缺失与新式个人精神的萌发。教育生活中"嘻哈""高冷""高级黑""手游""嗨"等亚文化形态与正统、经典的知识、道德并行，它们并不符合正统价值体系对教育生活的预期，其中的一些亚文化旨趣蕴含着"大词"小用的异端心理。然而，只要将这些亚文化置于基于"意义与快感"的娱乐消费背景下，便能获得较为合理的解释。而且，如果不采用戏谑、调侃、戏说等娱乐形式，就可能无法进入公共教育生活领域。从这个角度看，这类教育生活亚文化样态的流行既不那么正统，又有必然性。

受流行亚文化影响，不少个体既软弱，又奢侈，既追求品味，又喜欢速食，为自己有资格加入群体性的、高端的娱乐消费而沾沾自喜，内心深处却常常生出习惯性地不踏实。他们在娱乐化的自我麻醉中陷于闲淡，继而陷入沉沦。他们接触的时常是一些电子碎片和垃圾信息构成的零乱化网络语境。他们在这种语境中逃入娱乐化的虚拟生活，寻求暂时性的自由与欢脱，不再严肃地审视现实——比真实更为真实的现实常被制造出来，现实的严肃感便褪去了很多。他们几乎是大型网游中经典角色的后代，热衷于消费、娱乐，对献身、团结、大公之类的理念有一种先天的隔阂，只受

---

① ［美］罗伯特·C·艾伦，道格拉斯·戈梅里. 电影史：理论与实践［M］. 李迅，译. 北京：中国电影出版社，1997：229.

② 徐贲. 通往尊严的公共生活：全球正义和公民认同［M］. 北京：新星出版社，2009：186.

自己愿意受的约束，充满个人英雄主义，自由自在又浪漫无比。作为"后浪"，他们在幻想中欢乐，在游戏中颓废，在平淡的现实中幻灭，更新节律在加快，"之乎者也"式微，"哼哼哈嘿"流行。

一些个体以类似牛仔的形象为模板包装自己，崇尚个性解放，用"怎样都可以"的随便姿态敷衍正统规范，喜欢挑战权威，追求精神洒脱。表面上看，在那些关于牛仔的影视剧里，光明必定能够完胜邪恶，英勇的男主角，柔弱的女主角，罪恶昭彰的坏人，吝啬、贪婪的小人，一切都是那么地清晰，一切都是那么地分明，没有意外，没有冗余，没有误差，即便有曲折也被有意设计成了一波三折。殊不知，牛仔的主要职责是照看牛群，如果没有属于自己的牛群，牛仔们还得受到牧场主的雇佣才行，他们的薪资很可能不高，吃喝拉撒睡也得在牛粪零落的牧场里解决。这说明，再怎么不羁的生活也很难与职责脱离，完全无拘无束的生活只能在影视剧中上演。习惯了"包吃包住"的生活，便开始向往牛仔们的野性自由，而事实上，牛仔们向往的也许正是"包吃包住"的生活。比起自由不羁的理想化叙事，一想起自己可能大部分时间都要孤独寂寞地在牛背（或马背）上度过，说不定牛仔们反倒更钟情于一间温暖舒适的卧室。

"如果说要变质，那末思想的庸俗化就是一个危险的起点。"①"忘我""献身""数十年如一日"等正统实践信条正失去对诸众的整合功能，市场逻辑、消费主义、狂欢文化浸入教育生活，解构着无私奉献、甘为人梯、授业解惑、勤奋刻苦、平凡快乐的教育生活。共赢共享、等价交换、享受（快感）主义实际上完成了对正统实践信条的补充与更正。一些个体的教育生活"腐"化，抛弃深度、缺少定力，躁动于现实与幻象的冲突，时常被各类时髦风潮所吞噬。既然欲望在娱乐消费制造的欢脱中获得了膨胀的契机，也便不再克制，于是倾向于在有限的生命历程中尽情享受，致力于反教育生活禁忌，甚而有意将禁忌转换为娱乐，不愿成为理想价值的祭

---

① 邓小平. 邓小平文选·第1卷 [C]. 北京：人民出版社，1994：316.

品，也不愿被崇高信仰愚弄。个体逐渐习惯于用娱乐消解严肃，用庸俗解构崇高，喜欢幽默、诙谐的讲授，厌倦严肃的教育者以庄重的神情告诫如何修身。

个体试图通过娱乐标识自己的反叛精神，成为"完人"并不在个体的努力目标之内。"我就是个玩家"，与该吃什么、该玩什么比起来，个体似乎已经不太在意自己的精神信仰。"一场游戏一场梦"的任性折射出意义缺失与选择失范，"反对人之为人的真正本性，赞成及时行乐。渴望也好，对过去伟大的东西的兴趣也好，超越的要求也好，通通被视作欺人之谈。"① 在幻象支撑下，逐渐习惯于在虚拟空间过理想化的拟态生活，用虚拟现实替换现实真实，在虚拟中麻醉，在麻醉中忘却烦扰。关于网游、早恋、吸烟的"学问"意味着边缘人的位置，被视为"发烧友"意味着患上了某种心理机能性障碍，然而依然尽情参与其中、自我陶醉，并不具有罪感，即便因此被定性为另类也无所谓。

个体的娱乐消费欲望始终在自发或自觉地膨胀，然而"风气如果坏下去，经济搞成功又有什么意义？"② 既然个体"不知""误知"，那就诉诸以揭示真相为旨归的启蒙活动。却不曾想，当个体"明知"之后，却依然选择沉浸于"不知""误知"之中，忙碌于拼贴、混杂和对正统秩序的颠覆，积极却带有破坏性，拒绝与荒诞的生活逻辑断绝关系；反传统，反价值垄断，却不愿在高深氛围中寻求学养，反而表现出了某种另类的优秀，只愿在追赶时髦中自由享乐。这就不得不令人深思了。

---

① [德] 卡尔·雅斯贝尔斯. 现时代的人 [M]. 周晓亮，等译. 北京：社会科学文献出版社，1992：79.

② 邓小平. 邓小平文选·第1卷 [C]. 北京：人民出版社，1993：154.

第六章
玩世现象：犬儒趋向与教育生活责任缩减

掺和在复杂教育生活中的玩世现象尤为值得关注。维系教育生活秩序的强大约束力不允许个体总是表现出愤愤不平，个体转而表现出了玩世倾向。玩世原本只是少数个体的选择，如今已经逐渐成为一种教育生活现象，越来越普遍地存在，越来越扎根于个体内心。在这种现象中，通常蕴含着完整的主体生成、发展与丧失的过程，个中既有身份获取的热情与无奈，也有主客体的统一与分裂，还有个体教育生活责任感的有意缩减。

与玩世现象几乎同一的犬儒趋向也是教育生活面临的挑战之一。当经典生活价值面临分崩离析的风险，开始在建制层面和实践层面出现分崩离析的症候时，犬儒理念应运而生。它推崇随遇而安的非欲生活方式，不相信既存价值逻辑，还时常进行戏谑性的冷嘲热讽。由于非认同性接受和无奈的心理状态，奉行犬儒哲学成为相当一部分个体的处事立场。个体并不回避矛盾，也没有不问是非，却活生生地呈现出了只有平庸者才有的诸多特质。

作为流行越来越广的处世态度，玩世主义和犬儒趋向是感染力极强的教育生活流行病，但又远非一种弊病那么简单，它浸入各种教育生活情境，关涉诸多教育生活层面，触及每个教育生活角落。一方面，玩世主义、犬儒趋向既是教育生活中的症候，也是一些教育症结的源头。基于玩世主义、犬儒趋向的虚假表达与抵制行为，相当程度上解构了主流教育生活叙事所宣扬的培养目标,是对主流教育生活叙事的一种规避或反叛。个体的精神取向与正统教育价值相悖,并因此产生精神危机。另一方面,在教育生活中,进步主义与玩世现象、犬儒趋向形成互补。玩世不恭是对主流教育生活叙事所导致的压抑的回应,其中蕴涵着严肃的哲学性和强烈的批判精神。玩世主义和犬儒思想对教育生活的嘲讽或多或少内蕴着个体的智慧与个性。从玩世和犬儒中,可以发现一些培养教育生活精神的契机、经验与教训。在市场交易思维、应试逻辑的渲染下,教育生活中习以为常的价值很可能是错误的价值,盲目地追随它们常会受到损害。当尖锐批判行不通时,通过戏谑、反讽揭穿价值的虚伪往往显得必要。

一、追求纯粹德性与非认同性接受

"犬",即狗,"儒"即清高之人,"犬儒"即像狗一样却又表现出清高之人,引申为形容个体既卑微处世又愤世嫉俗,既消极、无奈又玩世不恭。文明初期,秉持犬儒思想的个体的确普遍过着不问廉耻的"狗一般的生活"[①]。在随后的历史发展过程中,犬儒理念在政治、经济、文化领域都有表现,衍生出丰富的概念体系和意义脉络。在教育场域,犬儒话语体系和行为风格愈发流行。

在教育生活中,"不满已经采取了新的形式。它显现为一种普遍的、弥漫的犬儒主义。"[②] 真正意义上的犬儒主义者尽管并不多见,但具有某些犬儒色彩的教育个体却为数众多。犬儒化作为一种适应形式,似乎找到了

[①] 福柯认为"狗的生活"有四个特征:狗是不觉羞耻的,公开展示自己的身体与欲望,因此它也是不善欺骗的;狗是自足的,对外界发生的一切毫不动心,对除了能够即刻满足自然需要的其他事物没有任何欲求;狗感觉灵敏,善辨好坏;狗爱憎分明,有为主人献身的精神。参见:Foucault M. The Courage of Truth (The Government of Self and Others II): Lectures at the Collège de France 1983—1984. Eds, Gros F. & Ewald F. & Fontana A. New York: Palgrave Macmillan, 2011: 243.

[②] Sloterdijk P. Critique of Cynical Reason. Trans, Eldred M. Minneapolis: University of Minnesota Press, 1988: 4.

生长点，并因此拥有了越来越多的受众。由犬儒理念主导的意识域不断扩大、日益普遍化，甚至有支配教育生活的趋势。

个体不知犬儒之名，也不解犬儒之意，行的却可能是犬儒之事。一方面，"犬儒具有典型的后现代品格，它是一个不仅异化于社会，而且异化于其主体性的现象。"① 只要教育生活中依然存在深深的异化，个体就不得不犬儒。另一方面，不受常规束缚才会更有魅力，尤其在充满虚假的教育生活中，以讽刺、戏谑表达自我，说明个体没有上当受骗。

(一) 以非欲为基础追求德性

犬儒理念源起于古希腊。以安提斯泰尼（Antisthenes）、第欧根尼（Diogenes）、克拉底（Crates）为代表的犬儒衣衫褴褛、生活简朴，没有私产，时常演讲于街场②，随意而安、形同乞丐，被时人讥讽为犬。

早期犬儒们宣称，人生应当以追寻普遍的善为目的，为此有必要摒弃物质享受和感官快乐。他们没有家，没有隐私，在街道和广场上公开生活，有时赤身裸体，几乎要袒露自己的一切。他们并不以世俗的羞耻为羞耻，即便是在广场上公开交媾，只要是符合自然的生活，便无所谓羞耻。他们的种种行为将生活的非隐藏性与非遮蔽性引向了极致。

摆脱世俗利益而执着求善是早期犬儒们演讲的突出主题。在他们的逻辑中，所有基于世俗利益的架构都是荒诞的装置，所有世俗利益都将消逝，真正的幸福并不建立在世俗利益占有方面的优势。他们不是"吃不到葡萄说葡萄酸"，而是原本就不在乎"吃葡萄"这类事情。非但如此，他们还时常嘲笑那些沉浸于"找葡萄吃"的个体。

作为教育者，早期犬儒们十分严肃。他们激烈批判世俗，甚至用惊世骇俗之举挑战世俗，目的在于揭穿彼时人与人、人与社会等关系中的伪善，以便避开伪善养成真正的德行。为求得真正的智慧，第欧根尼带着

---

① [英] 提摩太·贝维斯. 犬儒主义与后现代性 [M]. 胡继华，译. 上海：上海人民出版社，2008：8.

② 安提斯泰尼时常在"快犬"（Cynosarges or Kynosarges）竞技场演讲。

"改造货币"的神谕，拒绝了安提斯泰尼的驱赶，即便面对杖打也丝毫不为所动。他曾在大白天打着灯笼寻找"真正的人"，"在一个宴会上一些人把他当做一条狗，朝他扔骨头，当他要离开时，他就像狗一样抬起腿朝他们撒尿。"① 他厌弃循规蹈矩，喜欢标新立异，通过真实表达消解虚假，通过独特的处世方式为庸俗的生活赋予刺激性内容。他所进行的离奇叙事并不严肃，却很有效。

早期犬儒们不喜欢诡辩，反而异常看重实际行动。他们奉行的是实践的哲学，而不仅仅是理论说教；不依赖技巧，而是靠戏谑、自贱，靠"真实"赤裸地反映现实。在第欧根尼那里，"一切精致的哲学，他都认为毫无价值；凡是一个人所能知道的，普通的人也都能知道。"② 他不仅口头倡导摆脱物欲，而且言行如一、亲身实践，不仅引导被教育者（自己的门生）向往心灵自由，而且自己也是心灵自由的追逐者。

早期犬儒们"奉行一定信仰、坚持一定主张、持有一定理想、实践一种独特的苦行生活方式"③。他们特立独行、玩世不恭、与众不同，对内彰显自我德性，对外试图唤醒他者的德性。他们笃信一味贪图必遭痛苦，为了坚守本真，时常表现出近乎固执的特质。他们对世俗的犀利批评有助于个体启蒙。

早期犬儒们的可贵之处还在于知世故而不世故。为了追求真正的德性，他们克服欲望，宁可疯狂也不堕于快感，宁可艰苦也不为物所役，养成了强大的抵御物质诱惑的能力。他们依据本心、本性生活，放浪形骸，鄙弃礼仪，屡屡批评物质欲望驱动的生活。他们摒弃舒适生活的做法尽管有些极端，但至少诚实地表达了自己的好恶。当然，早期犬儒们也具有一定的局限性，正如罗素（B. A. W. Russell）所言："狄奥根尼（即第欧根

---

① ［古希腊］第欧根尼·拉尔修. 名哲言行录［M］. 徐开来，溥林，译. 桂林：广西师范大学出版社，2010：274.

② ［英］伯特兰·罗素. 西方哲学史·上［M］. 何兆武，李约瑟，译. 北京：商务印书馆，1963：295.

③ 杨巨平. 古希腊罗马犬儒现象研究［M］. 北京：人民出版社，2002：1.

尼——笔者注）本人是一个精力旺盛的人，但他的学说却正像希腊化时代所有的学说一样，乃是一种投合于劳苦倦极的人们的学说，失望已经摧毁了这些人的天赋的热忱了。"①

（二）无原则的德性相对逻辑

当犬儒"做人"失败，失去了对于真正的人的理想，就真的可能异化为犬。当晦暗总是无力改变时，迟早会生出独特的应对机制，后期犬儒们无原则的玩世便是一种典型的针对性表现。如果说早期犬儒类"犬"实"儒"，更多表现为"似犬之儒"，那么后期犬儒则类"儒"实"犬"，更多表现为"似儒之犬"。

与早期的犬儒理念相较，后期犬儒理念产生了微妙但根本性的变化。后期犬儒理念与早期犬儒理念在批判精神方面基本一致，但在本体论和方法论方面大相径庭，二者的理念支点并不相同。这主要体现在，二者尽管都蔑视世俗，但早期犬儒们坚守原则，后期犬儒们则丧失了原则。后期犬儒们虽然也批判，但批判并没有"准绳"。如果说早期犬儒们倾向于愤世嫉俗，那么后期犬儒们似乎更倾向于玩世不恭。如果说早期犬儒们始终基于德行原则批判世俗，后期犬儒们则在批判世俗的过程中失去了德行原则。严格来看，早期犬儒们在批判现实的同时，无不怀揣对真理、美德的热切渴求。与之相反，后期犬儒们的本质在于以玩世不恭诠释自身言行的正当性。后期犬儒们不满现有秩序，却不拒绝参与现有秩序，不认同某类言行，却也能够接受这类言行，知道不良现象或不当机制造成的危害，却对其表示理解，并因理解而表现出不排斥、不拒绝。显然，后期犬儒们在本体论层面抛弃了早期犬儒们的人生追求与生活理想，在方法论层面则抛弃了早期犬儒们的道德法则与处世哲学。

在待人接物方面，后期犬儒们普遍持有这样的观点：既然无所谓高尚，也便无所谓低贱。既然没有什么人或事是"了不得"的，也就没有什

---

① ［英］伯特兰·罗素. 西方哲学史·上 [M]. 何兆武，李约瑟，译. 北京：商务印书馆，1963：297.

么人或事是"要不得"的，于是开始倾向无所顾忌。如此一来，早期犬儒们的全面批判演变为后期犬儒们的来者不拒。外在的一切都可以拒绝，也都可以照单全收。即便是人或事中极为庸俗、寡廉鲜耻的因素，也能够做到安之若素。

有一个叫作德勒斯的说："我的儿子或妻子死了，那难道就有任何理由应该不顾仍然还活着的我自己，并且不再照顾我的财产了么？"在这一点上我们很难对于这种单纯生活感到任何的同情，它已经变得太单纯了。

德勒斯对一个富人说："你慷慨大度地施舍给我，而我痛痛快快地取之于你，既不卑躬屈膝，也不唠叨不满。"这是一种很便当的学说。[①]

这里暗含的逻辑是，施舍本无所谓，迎合施舍并千恩万谢无疑是太在意施舍，同样，拒绝施舍也会显出对施舍的看重。与其如此，不如若无其事地收下。由此不难看出，后期犬儒们态度洒脱，却又突显出德性相对逻辑，依旧致力于批评，却丧失了前辈们曾经固守的高尚品格。即便是无功受禄，也不会感到不安。按他们的说辞，他们根本无意把"禄"看在眼里，有意拒绝也是一种变相看重，若无其事地接受岂不更好？这给人一种不知廉耻之感，但又似乎与廉耻无关。

在生活目标方面，后期犬儒们也与他们的前辈不同。第欧根尼致力于揭穿伪善，目的在于持守真善。卢锡安（Lucian）也致力于揭穿伪善，但那是因为他不承认存在真善。在后期犬儒们眼中，所有执着地追求高尚德行的人，都只不过是大傻瓜。无论如何言说，如何行动，最终动机都是自私自利。社会诸众，除了真小人，便是伪君子。后期犬儒们似乎洞彻了生

---

① [英]伯特兰·罗素. 西方哲学史·上 [M]. 何兆武，李约瑟，译. 北京：商务印书馆，1963：297-298.

活的荒诞本质，于是超荒诞、超善恶地将自我放逐于人世间。一些原本正常的人际互动也受到后期犬儒们的讥讽。

"启蒙理性是自我对他者的同化，犬儒理性则自觉地接受了他者对自己的同化。"[1] 与早期犬儒们相较，后期犬儒们成为苟且的典型，他们锐利、深刻，但无论面对什么，都显得很怂。犬儒式生活褪变为混日子的高雅借口，"成为一种不仅是'处事'（看待事物），而且是'处世'（看到世界，包括他们自己）的生存方式。"[2] 与早期犬儒理念不同，后期犬儒理念往往具有贬义，涵盖了对人和事物正向价值的不信任以及对他者不幸遭遇无动于衷的态度和行为。他们清楚一切，却否定一切的意义，"不加分辨地怀疑和否定所有善意、善行和善良价值的可能。"[3] 他们理性地消解理性，持多少带有妥协意味的负性或悲观态度，所作所为时常并非真心接受，而是一种消极适应，面对不公不做积极抗争，而是选择隐忍、躲避。

在价值取向方面，如果说早期犬儒们为追求真知、德性随遇而安地生活于"木桶"或"大瓮"中，后期犬儒们则有意识地躲避在自己构建的"栅栏"或"围墙"中。唯有无谓、虚无，才能达成自我辩护。有学者研读《庄子》后提出，"《老子》之后的《庄子》则不再把中心放在对道德与规范的批判上，而是通过诗的语言向人们展现了抛弃这些累赘之后的幸福，可以把《庄子》叫做绝对的犬儒主义。"[4] 后期犬儒们与庄子的类似之处在于，他们的确像庄子那样尤为崇尚相对、虚无。然而，也正是这种崇尚让他们不仅获得了实在感，而且间接表现出对伪知识、伪崇高、伪道德的批判。

在历史层面，后期犬儒们时常否定经典。否定经典实际上是反对历史知识，在更深层面上解构基于历史知识的话语建构，继而非议由历史知识

---

[1] 汪行福. 理性的病变：对作为"启蒙的虚假意识"的犬儒主义的批判 [J]. 现代哲学，2012（4）：2-6.
[2] 徐贲. 颓废与沉默：透视犬儒文化 [M]. 北京：东方出版社，2015：8.
[3] 徐贲. 颓废与沉默：透视犬儒文化 [M]. 北京：东方出版社，2015：8.
[4] 何鸣. 中国隐逸简史 [M]. 兰州：敦煌文艺出版社，2006：278.

衍化而来的既定价值。在现实层面，后期犬儒们试图对主流生活样态及其经典口号进行污名①，如果自身不得不参与主流样态的生活，他们还会进行自我污名②。按他们的生活逻辑，与其等待被动地被否定，还不如主动地进行自我污名；与其等待被击倒，还不如在被击打之前主动躺倒。尽管这有些自我矮化，但也算是一种积极行为，也算是主动证明了自己的存在，一定程度上减轻了自尊心、自我效能感受到的损害。

（三）异化的非本真生活样态

现代犬儒理念"已转化为一种普遍性的情感状态和社会心理，体现在社会各个阶层的实际生活之中"③。受后福特时代理念的影响，诸多流水线、程式化的存在都在濒临瓦解，个体的生活方式不断变迁，生产过程的灵活性不断提高，个体间劳动关系的弹性越来越大，现代犬儒理念逐渐流行并逐渐渗入教育生活，造成了消极、负面影响。

"现代犬儒"这一概念的内涵，几乎与早期犬儒们所倡导的"持守德行、鄙视世俗"相反。"古代犬儒主义因为清醒而特别顶真，以致愤世嫉俗；现代犬儒主义则是因为清醒而完全不顶真，所以玩世不恭。古代犬儒是极少数个人的生活方式，现代犬儒主义则是一种普遍的社会文化形态。"④ 与早期犬儒理念不同，现代犬儒理念只承认世俗，否认存在真正的德行。价钱（price）是真实的，价值（value）则是虚无的。现代犬儒们的突出特质是"无原则地怀疑、有意识地虚假、不反抗地愤世"，方法论特

---

① 污名（Stigma），原指基于特定的道德评价在个体身上烙印标记。随后，多被用于贬义情境中，被界定为社会对个体或群体的贬低性、侮辱性的标签。详可参考：Goffman E. Stigma: Notes on the Management of Spoiled Identity. New York: Simon & Schuster, 1963: 10.

② 污名会在公共层面和自我层面产生负性效应，自我污名即将公共污名内化，使自尊心和自我效能感降低乃至消失。详可参考：Corrigan P. W. & Kerr A. & Knudsen L. The Stigma of Mental Illness: Explanatory Models and Methods for Change. Applied and Preventive Psychology, 2005, 11 (3): 179-190.

③ 孙春晨. 犬儒主义病态道德文化剖析 [J]. 伦理学研究, 2017 (1): 11-15.

④ 徐贲. 颓废与沉默：透视犬儒文化 [M]. 北京：东方出版社, 2015: 37.

点是"无原则的嘲讽、无肯定的否定、无同情的谩骂、无建设的批评"[①]。由于无能为力，又无处可逃，只得放弃公开的抵制与抗争，转而充满无奈、无助与违心地认同。

总体来看，现代犬儒理念的流行有文化变迁、心理变迁、地理环境变迁等长期结构性原因，有生活方式变化、福利待遇变化、周期性因素消长等中期局势性原因，还有奖惩、升迁或贬谪以及其他突发情况等短期事件性原因。在一些学者看来，宏大叙事也是现代犬儒理念产生的重要原因，"由于理想、道德、规范、制度等价值理性进行着过于宏大、过于崇高的叙事，对个人而言具有抽象和压制性。高调的理想主义以'元叙事'的方式呈现，具有抽象普遍性、独断性和强制性，在一定程度上遮蔽、扭曲和遗忘了不同个体的个人理想，使得'理想'成为外在于每一真实的生命个体的强制规范。一旦人们意识到这一点，开始把'理想'当成压迫性的束缚力量并置于一旁时，犬儒主义就乘虚而入了。"[②]

受现代犬儒理念影响，一些个体开始变得无目的，崇尚玩世般的存在。在较为优渥的家庭条件荫庇之下，既不操心当下，也不憧憬未来，越来越多地体现出"后现代"特征，观之、思之往往令人忧心忡忡。一些个体受制于越来越严苛的道德规约与越来越多的言行禁忌，越来越多地体现出犬儒性。如果不是因为自己时常需要发挥主观能动性，他们很可能已成为真正的犬儒。

教育管理者与被管理者共同型构了教育生活的犬儒面貌。教育生活中意识、情感、需求的异化时常根源于教育管理逻辑的压迫及其导致的生存问题。个体的言说与行为无效，或开始有效而后逐渐失效，是导致个体走向犬儒的深层缘由。批判的声调无论如何高昂，最终都会显得绵弱无力，屡屡无可奈何之后，也只能沉默。专断性的管理机制容易导致个体犬儒

---

① 操奇. 启蒙的天敌：犬儒理性论略 [J]. 哲学研究, 2015 (6)：91-96.
② 贺来. 超越理想主义与犬儒主义的"辩证法"——对当代中国人精神生活的分析 [J]. 学术月刊, 2014 (1)：53-61.

化,所谓"其上申韩者,其下必佛老"①。在浓厚的负性氛围中,总会产生为数众多的非主流个体。他们在情感、利益、道德等方面有自己的个性特质,生活境遇不佳,基于对所处教育生活场域的不适感知,认定自己在分配、程序、人际等方面遭受了不公,继而生出各式反制约趋向和不服从行为。(图6-1)

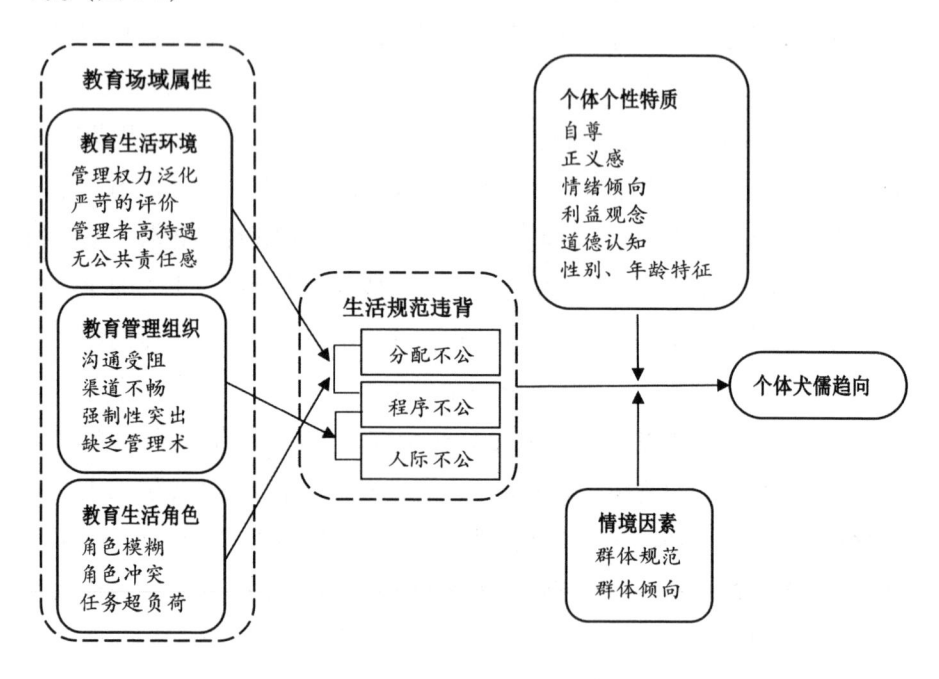

图6-1 个体犬儒趋向形成过程

教育生活中的强制与欺蒙内在地催生了现代犬儒理念。犬儒式生活成为个体在压抑意识中对强制与欺蒙的无可奈何的不满与抵制。它可能出现在教育变革过程中,也可能表现在个体的个性特质、专业发展或学习态度方面,当强制与欺蒙仍能高效发挥作用时,犬儒趋向的弊端尚不明显。当强制与欺蒙机制运转不灵时,教育生活便可能被这种趋向卷入漩涡。

---

① 王夫之. 读通鉴论 [M]. 尤学工,翟士航,王澎,译注. 北京:中华书局,2020:2056.

现代犬儒们多是批判不公过程中的失意者。他们没有特别高的自我修养，也没有令人艳羡的身份、地位，他们的物质或精神诉求受阻，却缺乏突破阻力的能量和手段，转而通过玩世不恭表达不满。"批判是犬儒主义的条件，而犬儒主义又终结了批判；能够批判的人才会变成犬儒，而变成犬儒便无需批判。"① 在弱小与强势显著不平衡的情境中，个体有时只好做一个犬儒。

深厚的群体心理基础也是现代犬儒理念盛行的重要条件。现代犬儒理念具有传染性，会在个体间传播，进而影响更大范围内的个体。这让现代犬儒理念不仅内蕴精致的道德虚无逻辑，还可能成为一种群体假面游戏②。在持续性遭受不公正对待后，个体的犬儒趋向可能演变为诸众的犬儒趋向，继而导致诸众所处的教育生活组织也呈现出犬儒趋向。按安德森（L. M. Andersson）等人的解释，在特定组织群体中，持犬儒心态的个体并不具有固定的人格特质③。组织的犬儒做派由群体普遍的教育生活经历引出，同时也由群体所经历的普遍教育生活赋予。在这样的组织中，个体们普遍拥有挫败感，自我意识中夹杂着失落与抑郁情绪。

教育生活中的现代犬儒趋向并不总是与强势管理权力相关，毕竟犬儒式管理也时有存在。教育生活分化也是现代犬儒趋向产生的重要根源。等级、绩效、优劣等方面的分化让个体时不时地否定自我，个体在境界、行动、视野等方面趋于侏儒化，"所采用的话语形式一般都带有距离感，只为宣泄情绪，不针对自身与他者的冲突，竭力维护自身的利益与形象，顾左右而言他。"④ 个体挥霍着知识，同时又为此感到痛心，因自认为被规范

---

① 汪行福. 理性的病变：对作为"启蒙的虚假意识"的犬儒主义的批判 [J]. 现代哲学，2012 (4)：1-6.

② 徐贲. 犬儒主义毒杀希望 [N]. 社会科学报，2014-9-11 (6).

③ Andersson L. M. & Batemants T. S. Cynicism in the workplace: some causes and effects. Journal of organization behavior, 1997, 18 (5): 449-469.

④ 魏传光，胡旖旎. 道德教育视野下现代犬儒主义的批判与重构 [J]. 中国教育学刊，2016 (9)：95-100.

愚弄而充当起规范破坏者的角色,时而消极麻木,时而略有愤恨。

现代犬儒理念是一种消极的生存策略,一种异化的存在方式,但同时也要观照其反面。一方面,教育生活中有犬儒趋向的个体尽管不在少数,但彻底犬儒化的个体并不多见。每一个体都是复杂性存在体,简单地给个体甲或个体乙贴上现代犬儒的标签,并不符合复杂性认识论原理。"逮谁咬谁"的个体极为少见,多数个体知道极端言行需要避免。另一方面,环顾四周心惘然,接受不那么称心如意的现实也不容易。现代犬儒们"也许还残留着些许对贪得无厌、腐化堕落、穷奢极欲的拒斥,但他们已然不像古代犬儒主义者那样充当'欲望的批判者',而是一个无力的旁观者,虽不心甘情愿也只能无可奈何。"[①] 冷嘲热讽的背后是委曲求全,无可奈何之后也只能接受现实——生活总还是要继续下去。

生存焦虑情绪、求知焦虑情绪的蔓延,是多重教育生活压力导致的必然现象。个体的焦虑越突出,犬儒趋向则可能越显著。当个体在教育生活中面对的种种压力无法调和时,犬儒理念往往应运而生。面对困顿的教育生活境遇,也只能委屈接受,为了消解焦虑、缓解压力,一个重要的方法就是自我矮化,以"××狗""小××"自居,通过自我贬低、自我否定进行自我防御。为了不被过度失望所累,不敢抱有太大希望,为了不被现实所伤,自愿放弃反抗。这是一种自卑性防御,也是一种防御性悲观。即便从积极的视角看,也只能算是自身教育生活状态因负性评价受到威胁时所表现出的自觉抵制。

犬儒趋向"与合作性、社会支持和社会期望均呈负相关",持犬儒理念的个体"一般对他人持有一种负性的看法,在人际交往中会走向两个极端,要么过度回避、妥协,要么不顾他人利益,过度竞争,自私到底",

---

[①] 肖祥. 当代犬儒主义的现实样态及其伦理矫治[J]. 江西社会科学,2020(10):5-13.

这类个体"更倾向于独来独往，与他人合作较少"。[1] 有时，"现代犬儒主义者选择在确保自身利益不受损害、一切麻烦与己无关的前提下，抢占道德制高点去批评他者的道德缺陷，以此来粉饰自己的道德冷漠。"[2] 如果说精致利己是一种积极自利，那么犬儒理念则是一种消极自利，它所内蕴的生活逻辑不仅包含着世故、圆通，而且包含着隐忍、顺从。有时，短期内无法化解的郁闷，迫切需要另类的发泄口，"恶搞"因此流行。

（四）非主流的价值揭示理路

在《存在的勇气》一书中，保罗·蒂利希（P. Tillich）认为犬儒态度是"一种非创造性的存在主义态度"[3]。巴赫金（M. M. Bakhtin）则将犬儒理念界定为"怪诞的现实主义"[4]。吉登斯也曾指出，犬儒理念是一种"通过幽默或厌倦尘世的方式来抑制焦虑情绪影响的模式。它导致了滑稽作品的出现，就像电影《博士可爱稀奇先生》和许多'黑色幽默'所表现的那样，它也导致了逆流而行的疯狂庆典时的短暂欢乐"[5]。

"当今的犬儒主义者和过去希腊人所指的犬儒主义者是不一样的。对希腊人来说，犬儒主义者是理性和自然法则的基础上对自己所处时代的文化进行批评的人，他是革命的理性主义者，是苏格拉底的信徒。现代犬儒主义不打算追随任何人。他们对理性没有信念，没有真理的标准，没有成

---

[1] 凌虹,陆爱桃,郑爽,等. 犬儒主义、社会支持对生活满意度的影响：文化调节的中介作用 [J]. 心理研究, 2015 (4)：73-78.
[2] 魏传光,胡旖旎. 道德教育视野下现代犬儒主义的批判与重构 [J]. 中国教育学刊, 2016 (9)：95-100.
[3] [美] P·蒂利希. 存在的勇气 [M]. 成穷,王作虹,译. 贵阳：贵州人民出版社, 2009：135.
[4] [苏] 米哈伊尔·巴赫金. 巴赫金全集·第6卷 [C]. 李兆林,李约瑟,等译. 石家庄：河北人民出版社, 1998：24.
[5] [英] 安东尼·吉登斯. 现代性的后果 [M]. 田禾,译. 南京：译林出版社, 2011：120.

套的价值观,没有对意义问题的回答。"① 在宽泛的意义上,现代犬儒理念也仅仅是早期犬儒理念的行装而已。"狄奥根尼的教导,一点也没有我们现在所称之为'玩世不恭'的('犬儒'的)东西,——而是恰好与之相反。"② 现代犬儒理念尽管也有意与主流、正统、经典保持距离,但"主要是一种'以不相信来获得合理性'的社会文化形态,它把对现有秩序的不满,转化为一种不拒绝的理解、一种不反抗的清醒和一种不认同的接受。"③

从批判的视角来看,犬儒理念是启蒙理性异化的结果。这种理念"标志着一种敌对文化价值的精神,一种不仅驳难而且蔑视由世界提供的世界观的倾向,一种在传统意义上偏爱象征姿态修辞胜于规范讨论的异化感,这种异化感不仅厌恶病态状况,而且还拒绝反身自顾,其基础恰恰就在于认为这个世界根本不值得被严肃地给予尊重。"④ 与早期犬儒理念不同,"现代犬儒主义最重要的特征就是它已经蜕变为一种将道德原则和良心抛到一边的虚无主义和无为主义。它看穿、看透,同时却无所作为和不相信有任何可以作为的希望。它在任何一种高尚、崇高、理想的表相下面都急于洞察贪婪、权欲、私利、伪善和欺骗,在任何一种公共理想、社会理念、道德价值后面都能发现骗局、诡计、危险和阴谋。"⑤

"犬儒无论如何都不可能是非理性的,它内在于理性逻辑,作为理性的伴生物,是理性斜视世界、斜视信仰、斜视理性自身的结果。"⑥ 如果智

---

① [美] P. 蒂利希. 存在的勇气 [M]. 成穷,王作虹,译. 贵阳:贵州人民出版社,2009:135.
② [英] 伯特兰·罗素. 西方哲学史·上 [M]. 何兆武,李约琴,译. 北京:商务印书馆,1963:296.
③ 徐贲. 知识分子:我的思想和我们的行为 [M]. 上海:华东师范大学出版社,2005:221.
④ [英] 提摩太·贝维斯. 犬儒主义与后现代性 [M]. 胡继华,译. 上海:上海人民出版社,2008:8.
⑤ 徐贲. 当代犬儒主义的良心和希望 [J]. 读书,2014 (7):29-37.
⑥ 张念. 犬儒主义和中国式的启蒙逆子 [J]. 上海文化,2009 (6):4-12.

慧是因为思想的成熟，那么现代犬儒们也不能说没有智慧，只是，他们的思想成熟过程是消极的、负性的，因此所形成的智慧也多是否定性、批评性的。这正如酿酒，普通的思想者将酒越酿越醇厚，而现代犬儒主义者却将"酒"酿成了醋酸。

现代犬儒们的生活"是一种得过且过、随遇而安的无目的生活方式，它否定希望的价值，也毒杀了希望本身"①。现代犬儒们在冷峻批判之后，常会无力地妥协。事实上，像"犬"这样的被豢养对象，在人的生活中总是被视为工具和手段，它们再怎么对人忠诚，其地位也会低于人。怪异的举止也好，谵妄的理念也好，古怪的言谈也好，都注定会被主流教育生活叙事判定为异质。它们的无逻辑性表明，它们本身便是遭受压抑、反复扭曲后的产物。

现代犬儒理念还对教育生活造成种种困扰。从教育管理的视角看，现代犬儒趋向有助于不公正教育生活维持持续性稳定，纵容犬儒逻辑不失为实现教育生活控制的好方法。有时候，犬儒们的消极言行，在消解主流教育价值和教育共识的同时，也让教育生活秩序得以存续。"如果幸福，以及对新的幸福的追求，在一切意义上意味着生物被拘禁于生命以及让它们继续活下去，那么，没有一个哲人比犬儒更为正当了，因为作为完美无缺的犬儒，动物的幸福就构成了一种活生生的证据，证明了犬儒主义的正当性。"②

从较为正向的视角来看，犬儒性就是对知识、道德、理想、命运的流动性的泛化反应。犬儒逻辑有益于教育生活中价值裂缝的缝合。犬儒理念和犬儒行为有助于缓解个体过高的自我压力。而且，不容否认的是，秉持犬儒理念的个体终究表现出了自己的独立意识。面对教育生活中的压抑，通过"挤挤眼做做鬼脸"进行游戏性宣泄未尝不可。诸如此类的怪诞行

---

① 徐贲. 犬儒主义毒杀希望 [N]. 社会科学报，2014-9-11 (6).
② [英] 提摩太·贝维斯. 犬儒主义与后现代性 [M]. 胡继华，译. 上海：上海人民出版社，2008：149.

为，为个体不安定的存在状态找到了价值支点。

"现代犬儒主义是一种幻灭的处境，可能带着唯美主义和虚无主义的气质。"① 现代犬儒犹如教育生活中的"牛虻"，既审视貌似正向的价值与貌似积极的立场，也清除顽固污渍与腐败机制，对揭露主流教育生活中的虚伪有重要价值。现代犬儒的话语中往往蕴含着良知和良心，对教育生活中的无德言行起着一定程度的监督作用。他们对自利和卑鄙言行的质疑与批判，有助于教育群体或教育组织重新审视自己的规划、举措。

"犬儒与希望并不一定非要相互排斥不可，相反，犬儒与希望的并存和正反联系正是我们这个时代所需要的。这是因为，我们生活在一个并不完美的世界里，人性也不完美，我们必须把希望限制在切合实际的范围内，需要有一定程度的怀疑和不盲信，这就是犬儒主义可以派上用场的地方。"② 与其他复杂的趋向一样，犬儒趋向不一定非要消解，即便抛开犬儒主义的合理性与积极意义不谈，也应意识到个体的教育生活本就表现为消极与积极混融、正向与负向绞合、批评与赞同交织。

二、反讽世俗与教育生活理想退场

教育的一项基本功能是检视冷嘲热讽和玩世不恭，然而由于主体性的变异时有发生，冷嘲热讽和玩世不恭居然在这个时代的教育生活中日益盛行。个体先是被启蒙，在屡屡失意、受挫之后，最终又走向了启蒙的反面。对崇高的宣称，遭到了反崇高逻辑的抵制。主体并未有效形成，价值不适后的无奈表现日益普遍。尤其当现实教育生活遭遇危机时，个体日益表现出厌倦、不满，继而产生这样那样的非理性主义。

无论是教育制度体系、教育信息技术还是先进文化导向、市场激励原则，只要意义被宣称，就一定会伴随关于意义的反讽。一种教育生活被向

---

① ［英］提摩太·贝维斯. 犬儒主义与后现代性［M］. 胡继华，译. 上海：上海人民出版社，2008：8.

② 徐贲. 颓废与沉默：透视犬儒文化［M］. 北京：东方出版社，2015：279.

往，也一定会伴随关于这种教育生活的弊端的批判。反讽观念的膨胀，可以理解为教育生活中个体权利无法得到切实满足的复杂反射。一些个体不与世俗认真地打交道，从愤愤不平地抵制世俗到玩世不恭地反讽世俗，实际是试图在自身与世俗之间建立保护带。个体不再执着于立场鲜明地批判与反抗，似乎完成了从反抗到反讽的蜕变，私下的埋怨声时有，公开的反对声则愈发鲜见。对于扭曲的、变形的反讽方式，不能简单地将之斥为一种病态。个体的变异特质越突显，不得不在无力、无奈情境下做出回应的现象越普遍，越能从侧面说明教育生活规范的严苛。

（一）夹杂不甘的无奈与妥协

由于社会场域之间的复杂纠葛，教育场域时常艰难地应对来自场域之外更强大的异己力量。面对这种局面，教育场域往往只能或主动或被动地压缩自我空间，企望在自我压缩中重新获得平衡和安宁。这实质是一种自我逃避，在严重的时候，甚至是一种自我侵蚀。先是整体性、全体性的压缩和规避，如果依然不能获得安宁，则会演变为场域内部个体间的恶性挤压，管理者与被管理者、教师与学生、学校与家庭之间的关系变得紧张，彼此博弈、相互施压、激烈争胜的情形在所难免。

教育生活时常并不平等，而且有可能长期存在不平等。优势群体上各种兴趣班、培优班，去顶尖的私立学校就读，以便为未来积累文化资本。与之相较，弱势群体的教育机会偏少。面对这种现实，弱势群体时常无力改变，难免陷入无奈又痛苦的处境。他们的对抗资本较弱，在不时泛起的不切实际的憧憬中，反叛实际是自诩的，骨子里实际较为疲软，幻想自己是巨人，实际行动时却是矮子。多数情况下，他们不得不容忍自身生活的困境。

从更宏大的视角看，面对复杂性导致的体制性不公，小小的个体可能穷尽一生之力也无法改变。这种命运的无力感有时可以使个体更坚忍、更成熟，有时也可以侵蚀乃至摧毁个体的教育信仰。于是，个体一会儿表现出不甘服输、奋力拼搏的劲头，一会儿又会感叹"活着真累""没什么意思"。期望中的受尊重、有闲暇的生活,与现实中快节奏、高压力的生活形成落差,进而产生倦怠感。如果落差过大并反复呈现,个体的倦怠感就会越积越多。如果失败的情况不可避免,或者失败的结局无法改变,便会产生习得性无助感。个体不愿承认失败这一事实,但又对此无可奈何,最终只能有意识地划清界限、不再尝试。

世俗之幕深厚辽远,试图突破它,精神固然可嘉,但实现的可能性几乎没有。即便为了突破它放弃自由和幸福,也常常于事无补。个体时时不忘积极向上,无奈在世俗的逻辑中屡屡碰壁。有时候,无奈到只剩下了苦笑。在无力应对、难以改变时,也只能向现实低头妥协。如果不这样,自我与他者、自我与场域要素之间就会出现关系紧张。长期陷于关系紧张,很可能会导致焦虑、抑郁、苦闷、恐惧等诸多病态性症候。只是,长期选择在现实矛盾中低头,所导致的焦虑、抑郁、苦闷、恐惧等病态性症候也未必就少。

作为主流教育生活叙事中的失意者,无奈的逃避中蕴含着委曲求全的一面。个体不够完整,所以难以独立,略有反感,也只能以无奈的心态睨视。对教育生活现实不满,但又无力摆脱教育生活秩序的控制。个体有点"失血",又有点"缺钙",尽管偶尔非议,却时常不得不在自觉或不自觉的玩世中过着抱残守缺的教育生活。玩世本身就是一种软弱无力的抵制方式,有时候,甚至只能起到一点象征性或修辞性的效果。"不就是……""……又怎样",较为突出地显示出不满,但又无可奈何。除了公开撕破脸面的纷争,个体所能做的也只能是不合作或隐晦地批评。个体又能怎样呢?还能怎样呢?

个体被待以谎言,明知如此却因遭受压抑而无力揭穿,这无疑令人痛苦。个体得不到必要的照顾与信任,总在他人面前抱怨、批评也不可取,对于教育生活中的荒诞,竟无言以对,也只能以无奈对之。作为名义上的主体,个体患上了失能症,缺乏自我主宰的能力;尽管不愿为物欲所俘获,不愿被功利逻辑收编,却放弃了改造行动,无奈地充当玩世性陪衬。

面对"要么忍,要么滚"的现实,个体以玩世态度对待尝试性活动,实质是在构建内心防御机制,以免因屡屡遭受失败而过度失望。

(二)融合幽默与荒诞的反讽

受玩世理念影响,一些个体选择以反讽的方式解构既有教育生活秩序。他们以荒诞的形象呈现自我,处事另类、行为独特,有自己独立的思想和判断力,用自己独有的理智洞察教育生活百态,德性追求也常与众不同。他们不敢、不愿直白地表达不满,于是戏谑、嘲讽,用离经叛道否定世俗贪欲,用黑色幽默表达价值倾向。反讽成为他们在教育生活中的弥散性心态。面对"断裂"的教育生活,既然不能嘲笑,那就只好自嘲,既然不能真搞,那就只好恶搞,既然不能获得真正的快乐,那就只好追求快感。

反讽时常具有幽默性,所表达的意义更容易被理解。将非道德言行融入道德逻辑不仅可以助力于荒诞的揭示与谎言的揭穿,起到更佳的批判效果,还无风险,不易被抓住话柄。当面反讽容易被视为人身攻击,那就在私下里反讽,或者在内心里反讽。以戏仿为代表的反讽,更是颇具意图性的生活策略之一,"这种手法通过具有破坏性的模仿,着力突出其模仿对象的弱点、矫饰和自我意识的缺点。"[①] 它将严肃转变为可笑,将难啃的经典转变为略带喜感的快餐。以琐碎小事为主的巴罗克式的幽默,以及有意表现出的疯魔行为,都可以用来抵制伪善的正式价值。它调戏虚假,让虚假原形毕露,将原本严肃的教育生活的滑稽可笑的一面呈现出来,一定程度上避免了赤裸裸地直击根源,也许算得上是对阿里斯托芬(Aristophanes)喜剧精神的致敬。

一些个体将自己装扮成顽主形象,不仅将愤世嫉俗的特质表现在具体的教育流程上,有时还以顺口溜的形式加以嘲讽,通过顽主式的怪异表达、敷衍性举止、个性化调侃,间接而隐晦地批评教育生活。用荒诞反讽

---

① 王先霈,王又平. 文学批评术语词典 [Z]. 上海:上海文艺出版社,1999:213.

荒诞，尖锐的锋芒隐藏在了荒诞的言说和举止中。"咦嘻嘻""啊哈哈"式的插科打诨、挖苦嘲笑成为习惯。与义正辞严地发表声明、划清界限不同，个体更乐意在"高级黑"中表明阵营。对看不惯的人和事持不屑、嘲弄的心态，用"××爸爸，您说的都对"来调侃××的格调与审美。他们的教育生活中充斥着或隐或显的冷嘲热讽和清高作风，他们嘲讽组织的呼吁与口号，热衷于阴阳怪气或含沙射影地表达怨气，言行举止总是显得不那么合乎时宜。恶搞段子、恶搞短片在教育生活中散播，一些难题以调侃、戏谑、夸张的形式被表达出来，与自己兴味相对的人与事被污名化，最终起到了去中心的效果。

个体也会在教育生活中自我调侃、自损、"自黑"，表现出一种自嘲式的嫌恶。个体以诙谐、逗笑的形式表达无奈与愤懑，用"家里有矿""生活与我""996奋斗者的日常"自讽，用恶搞自己毕业照等方式自嘲，颇有点类似克尔凯郭尔（S. A. Kierkegaard）"直接地被感官性和灵魂性地定性"[①]后又不断消解自身的人生立场。"自我作践好。世上这事儿是，要想别人不难堪，也想自己不难堪，最好的办法就是自我作践。"[②]在自我作践中，个体失去了实在意义，只是单纯地喜欢相互调侃的氛围。不再总是毕恭毕敬地面对教育生活现实，也不再执着于以对抗的姿态构建另类价值观，转而以幽默、调侃、戏谑、诙谐、无聊的方式表达自我、宣泄感受——这成为个体自我拯救的最好方式。

除此之外，个体还将经典口号戏谑化，用嘲笑、辛辣的讽刺与另类的符号替换它们，具体表现为正话反说或反话正说等。自嘲与调侃表达了对现实教育生活的无奈，同时也能起到自我保护的作用。自嘲与调侃中蕴含着对真知的否定，但似乎也并没有义正辞严地否定，蕴含着对现实的冷漠，但终究没有赤裸裸地表达冷漠，蕴含着对公平、公正的怀疑，但不细

---

① ［丹］索伦·克尔凯郭尔. 畏惧与颤栗 恐惧的概念 致死的疾病［C］. 京不特, 译. 北京：中国社会科学出版社，2013：51.
② 贾平凹. 废都［M］. 北京：北京出版社，1993：221.

细追究基本感觉不到有什么怀疑，蕴含着信仰的迷失，但也没有谁真的时时刻刻高扬着信仰，因此迷失也显得不是那么不能容忍了。在长期的精神流浪中，需要开发宣泄的方式，因此产生了自我调侃，这实质是一种精神缺钙的表现。"由于遭受的打击比较严重，也比较早，因此，他们的意识态度对任何的关爱都变得深深的怀疑。他们的焦虑是如此的深，因此，他们只满足于不受到任何积极的伤害。他们对关爱可能采取一种玩世不恭和嘲笑的态度。"①

权威性的弱化意味着严肃性的不足，草根性的黑色幽默中隐含着内心安慰。在反讽思维主导下，一些个体似乎总是略带青春期的叛逆，拒绝为非作歹，却倾向为所欲为，喜欢以戏谑的形式对主流教育生活叙事进行颠倒性理解，对严肃性话题进行调侃式模仿，对庄重的仪式场景进行游戏化改造。他们的做派正如一位艺术家所言："没有什么严肃的、紧张的或恐怖的，都是游戏，我把那些作品中要表达什么的人，看成是骗子，我就是要放弃已经存在的东西，放弃一切。"②他们反讽规范，以逗乐的形式表达苦楚，对行动的意义与价值进行曲解，套用名人名言、经典口号、影视台词进行戏谑，制造笑点。他们心存不满，但又没办法使不满对象产生期望的变化，于是便开始了恶搞，无论有没有效，至少可以避免与对象直接发生冲突。"这世间本没有路""你是猴子派来的救兵吗？""这不科学啊"，诸如此类的笑话、怪话、反话中蕴含着游戏式的批评。"当我们读小学的时候，读大学不要钱；当我们读大学的时候，读小学不要钱""装傻总是最不容易犯错"，诸如此类的调侃中蕴含着自弃式的无奈与嘲讽。

个体规避积极地抗争，乐于消极地反讽，时而通过讽刺、批判等"用强"手段隐晦地抵制，时而通过自嘲、辩解、抵御等"自卫"手段自我保

---

① [美]卡伦·荷妮. 我们时代的病态人格 [M]. 陈收，译. 北京：国际文化出版公司，2003：84.
② 刘淳. 作品应该代表艺术家的态度和立场——岳敏君访谈录 [A]. 刘淳. 艺术·人生·新潮：与41位中国当代艺术家对话 [M]. 昆明：云南人民出版社，2003：243.

护。无论"自黑""自谑"还是戏说、讽刺,"都是由一种恶的现实主义压铸出来的,从这种恶的现实主义中,人们学会了取笑公开的不道德"①,都是试图确立话语权的表现,确立的目的或是彰显自我存在,或是突显自身优越。打趣中往往内蕴着反控制倾向,嘲笑中往往夹杂着真知灼见与偏颇之言。众多个体的打趣与嘲笑行为形成教育生活亚文化。这也从一个侧面证明,个体渴望话语权,长期望而不得后则会陷于病态,转而对话语及其相关的行为进行反讽,试图在打趣和嘲笑中瓦解它们。有时候,个体反讽大话、空话、假话,在规范不健全,利益分配不透明的情形中,会显得十分瞩目,也有它的积极作用。但更多时候,个体的反讽也许只是有助于他们自己维持心理平衡,对于反讽对象而言,面对诸多既得利益,是否遭到反讽这类问题通常并不紧要。即便个体的反讽带有专业性,也会较为轻易地被反讽对象定性为无理取闹式反智倾向的典型。

(三)崇高理想的转变与缺失

"人类社会的历次剧烈转型,往往伴随着犬儒主义洪流的泛滥,而在犬儒主义者开出的'阵亡名单'里,理想与理想主义则一贯名列前茅。"②一些个体为自己的价值与理想而努力,却总也难以避免面临失意窘境。犬儒理念信奉者往往是失望的理想主义者,在对教育生活失去希望之后,转而反讽希望。在教育生活中,如果个体的热情向往经常性地被冠冕堂皇的话语所愚弄,就容易丧失对美好理想的信心。如果稍许的违逆或反抗即遭受强力管教或否定性评价,对教育生活的失望情绪就会加剧。长期感受到强力与否定的个体更容易抛弃理想、不再追求,转而反过来嘲弄理想、嘲讽追求。

生活理想终究需要在生活现实中实现。理想过于理想化,被设想得十

---

① Sloterdijk P. Kritik der zynischen Vernunft. Frankfurt am Main: Suhrkamp Verlag, 1983: 34-35.

② 曹东勃. 通向犬儒之路:人类价值系统的现代嬗变[J]. 现代哲学,2012(4):14-21.

全十美，在遭遇复杂性现实时难免破灭，而理想一旦破灭，玩世不恭、颓废无奈、虚无倾向便成为可能之选。在教育生活的混乱失序或井然有序中，如果个体失去了位置，就会逐渐感到厌倦，但如果失去了位置却仍有勃勃的冲动，就会开始设想或幻想新的生活取向，于是开始浪荡、调侃、戏谑、好闲、反叛。他们表现出另类的美，试图摆脱自身的依附性与从属性地位，挑战那些不那么明显的压迫。他们不愿在长期遭受失意后继续硬杠失意的现实，转而主动脱离主流教育生活叙事，朝向区别性的价值目标，以便让自己和那些所谓的胜利者处于不同的测量尺度之下，通过不可比性获得失意补偿。

不少个体奉行复合性的生存样式，既混迹于各式各样的圈子，也注意保持自己的形象，回家后几乎要累瘫在沙发上，"活得并不轻松"的现实很容易导向"活着有什么意思"的疑问，能够想象到自己的后代若干年后会过上和自己类似的生活，但又不能不告诫他们努力拼搏。在某种程度上，所谓理想式的生活样式不过是获得名誉和利益的有效路径。这颇有些类似鲁迅对崇尚礼教的批评："所谓崇尚礼教，是用以自利，那崇奉也不过偶然崇奉，……于是老实人以为如此利用，亵渎了礼教，不平之极，无计可施，继而变成不谈礼教，不信礼教，甚至于反对礼教。"[1]

即便还很年轻，但屡屡遭遇挫折或失败后，个体也可能宣称告别理想、活在当下，鄙弃淳朴、诚恳、信任等原本所珍视的价值，转而迎合自己原本所无感的价值。一些失意者认定所谓的崇高不过是貌似崇高，于是以缺乏本真为由放弃了追求，遁入自我内在之中，消极地与庸俗的世俗和伪善的崇高决裂，为了不被虚假的神圣逻辑所欺蒙，宁可一开始就选择平凡；宁做真小人，不做伪君子，有意识地轻视规范与秩序，拒绝与之合流，不愿外在的标准指导自己的为人处世，不屑于外界为自己设定的道德发展目标；对虚伪的崇高进行隐晦性批评，用特立独行对抗现有教育生活

---

[1] 鲁迅. 魏晋风度及其他 [M]. 上海：上海古籍出版社, 2000：195.

秩序。众所公认的高尚，在他们那里被降格，众所公认的意义，在他们那里被消解，众所公认的严肃真理，在他们那里成了被嘲弄对象。

在个体的教育生活世界里，宏大的高调被降格。个体用反讽与压制性元素对垒，乃至嘲弄规章，无所禁忌——"最近我寄给姑妈的钱比以前多，我一周只买了价值四五美元的食品。遵照杜鲁门总统的教导，我偷来的食品少说不低于两美元。"①"他跟你说了些什么？""……说什么人生是场球赛。你得按照规则进行比赛。""球赛，屁的球赛。"②个体以顽主心态讽刺、挖苦，固然有所不妥，但终究不同于同流合污。个体只是充当捣乱者角色，将认真转化为调侃，"在失去终极关怀的冷漠而无所驻心的思絮出售中，完成自己从思想者向雅皮士的转化"③，像玩主一样起哄，说一些尖酸、耍笑的话，嘲讽那些翘首以盼者太天真；用"你丫别逗了"消解正喻叙事逻辑中不切实际的憧憬、虚伪假装的高尚与自认有理的道德。个体轻视被标定为正宗的东西，超越但无意追求升华，尊重生命但拒绝崇尚特定的威严，屡屡因不道德的嫌疑而遭到批评。个体不仅玩世，为了表达反抗意志而有意拒绝正经，而且"玩己"，时常连自己也不当回事。

与其被定性为令人失望，不如干脆呈现出荒诞的一面，表面上看，一些个体几乎到了鼓盆而歌的超脱地步。"如果可以接受自己也不那么完美，就不用忙着去粉饰了；如果可以承认自己并不那么伟大，就不用急着去证明了；如果可以去放弃自己的种种成见，就不用吵着去反驳了；如果可以不在乎别人怎么看自己，就不用哭着去申诉了。"④在超境界生活逻辑主导下，即使依然坚守特定类型的高标，也不用严于律己，而是显示自己的出世态度。个体都抱着这种态度，彼此之间也便不再谈论什么未来。

---

①［美］杰克·凯鲁亚克. 在路上［M］. 文楚安，译. 桂林：漓江出版社，2001：79.

②［美］杰罗姆·大卫·塞林格. 麦田里的守望者［M］. 施咸荣，译. 桂林：漓江出版社，1983：10.

③王岳川. 后现代知识转型与知识分子危机［J］. 学术月刊，1994（2）：67-72.

④扎西拉姆·多多. 喃喃［M］. 北京：中信出版社，2012：13.

一些个体与他们的先辈们一样看透世俗，但已经不再苦行，也不再鄙夷教育生活的物质性。他们拒绝向教育生活现实妥协。尽管他们将文本中宣称的抱负视为野心，对公认的人生理想嗤之以鼻，但他们仍然拥有价值逻辑，只不过，那些价值逻辑是他们自身专属的价值逻辑。他们总在试图放大他们的个性化生活，有意规避使命的沉重与德性的崇高。他们用反理想的方式表明自己处于教育宣称的对立面，排斥规范，自由散漫，对现实持悲观认知，同时还惯于嘲讽畅谈理想者。"看到那些特别积极地面对人生的人的时候，我就老想乐。"[1] 有些时候，这种嘲讽甚至还能获得来自中庸主义者的响应。在理想主义者的真诚与敢言反衬下，他们的明哲保身或畏畏缩缩具备了更多负性特质，这让他们多多少少产生了一点负罪感。他们无法理解怎么会有人矢志践行他们认为根本不可能实现的价值。

长期的悲观情绪和受压抑状态导致他们习惯于贬损积极追求进步的个体。甘愿平凡，拒绝崇高，转而取笑、调侃他者的崇高。因为鲜少付诸努力，所以理想不能实现，因为理想不能实现，所以就更加不愿付诸努力。既拒绝政治生活，也拒绝世俗性的日常生活，既反经典价值也反主流理想，同时具有尖锐风格和出世特质，看不惯低俗低贱、竞奢炫富，但也格调不高，习惯于戏说经典、戏弄历史，追求怪诞的形象与逻辑。由于不认同被灌输的意义，他们用敷衍、嘲弄等悖离常情的行为应对意义的召唤，成为秉持异文化理念的无赖派，追求别样的刺激和另类的享受，纠结别样的善恶，在另类中思考存在。发奋图强被戏谑为"发粪涂墙"，戏谑的背后透露出对平等、自由和常识的向往。他们的精神追求就是消解伪善精神，思维特质就是摒弃虚假思维。他们年轻气盛、幽默滑稽，热衷新兴媒体，"他们有能力言简意赅地将制度的成就一笔勾销。他们基本上是为自

---

[1] 陈戎. 马东：好好说话 [N]. 北京日报，2018-6-14（热风版）.

己辩解，而很少为别的组织说话。"①

面对体制性教育生活逻辑，即便是新自由主义似乎也难以真正给个体带来自由，被压抑久了，就会反感、厌倦、拒斥，对不平等进行负面回应，或对权力傲慢给以抵制性表达。嘲讽、歧视、欺凌会激发个体的反道德信念，不满、愤世嫉俗会降低个体的满足感，增强个体对教育生活的抵触心理。个体时常因此躲避崇高、拒绝美德，抑或因批评伪崇高而亵渎了真崇高，养成了不太妥当的慷慨激昂的认知模式。但与此同时，也躲避了动机不良的不当训诫，拒绝了本不应强加于人的道德约束。从这个视角看，个体的躲避与拒绝蕴含着对不公正、不自由的批判。这种批判让个体不再相信关于教育生活理想的口号，对不道德现象更加敏感、更不乐意顺从。在获得反思性保护的前提下，通过自我扬弃的方式自我疗愈无疑是艰难的，理想主义的终点于是成为了犬儒逻辑的起点。

三、洞彻实质与教育生活责任缩减

在启蒙过程中，个体的思想形成过程必然是依据特定认知逻辑和价值倾向对自身所处教育生活境遇进行分析、判断的结果。这个结果可能是启蒙所乐见的，也可能出现畸变并逐渐与启蒙的本义相背离。尤其在个体对反启蒙价值的批判屡屡无效之后，知与行的分裂往往难免。

随着岁月的流淌，个体逐渐意识到教育生活并不总是公平的，因此越活越明白，即便是美化后的丑陋，也能看得通透，并拒绝共同合作美化。然而，像现代犬儒那样什么都不信的明白者终究并不多见。出于职业精神，尽管个体内心本质是玩世的，但依然会按部就班地工作。他们有自己对现实教育生活的理解做基础，很难被伪装成真知的谎言所欺蒙。由于认为自己已然看透，很难指望他们顿悟、反省或忏悔。在负性层面，个体无

---

① Vidal J. "Raving Rebels with a Cause", Guardian, 1994-5-7. 转引自：[英] 提摩太·贝维斯. 犬儒主义与后现代性 [M]. 胡继华，译. 上海：上海人民出版社，2008：41.

所担当，表达是犬儒式的，在教育生活中发挥作用的方式也是犬儒性的，有时不得不慨叹于他们不思进取，批判他们的利己主义。在正向层面，他们之所以无语，正是因为不愿自己的意志被他者绑架，不愿自己的行为被群体裹挟。

（一）洞彻实质与反实质倾向

一开始，个体们普遍都有一种乌托邦式的教育生活热情，热情的蔓延导致大规模的教育生活改革，改革在现实中屡屡碰壁之后，热情便转变为看透一切的玩世不恭。通过意识的觉醒，个体觉醒到的是即便努力也可能无所回报，即便出色也可能改善无望。经历几番折腾之后，对形式各异的玄机总也有所洞彻。作为犬儒之"犬"，拥有更多的知识让它有了某种优越感，但因为聪明超众，它知道自己永远只是一只"犬"，永远无法超越固有局限而成为"人"，它因此而心有不甘，却也无可奈何，这让它变得愤世嫉俗。在一群认识不到自身固有局限的"愚犬"中，它是孤独的、不合群的。它不愿像有些"愚犬"那样浑浑、昏昏地过日子，也不愿像有些"愚犬"那样盲目地积极，这又让它显得不通世故。

一些个体逐渐淡漠、世故、不十分迎合严肃、正经的号召，甚至有些冥顽不灵。他们屡有金句，以显示他们在折腾中看透了教育生活的本质，"我太难了""我想开了""我信你个鬼""我读书少，你别骗我""五块钱以上的活动别叫我""世界上的事只有两种：关你啥事和关我啥事"，诸如此类的流行语逐渐在教育生活中流行。

一些个体自信自己具备解开迷惑性与伪装性，认识事物本质的能力，自认为对造成现状的原因有了清醒认知。作为看透了的职业劳作者，他们自命清高，甚至自以为只有自己看透，继而不屑与"傻瓜"争辩，不接受给定的教育目标，轻视乃至蔑视纪律规范，对所谓的共同愿景和未来蓝图缺少信心，有时候甚至表现出宗教般悟透一切的样子。在他们参破世间真谛后的平静中，还夹杂着难以名状的冷漠——冷冷地看待周遭的人，认为自己的慧眼已经看透了周遭的事，甚至质疑周遭存在的正当性。

一些个体认定自己拥有看穿一切隐性蚕食和变相鲸吞的智慧。"他们觉得尽管他们自己知道什么是必需的，但却绝没有可以实现的希望"①，转而生出一种再无可恋的心态，使用荒诞不经的语句、语调调侃主流教育生活中的神圣，致力于揭示个体如何在受教育过程中被纳入预设的话语结构，以及高贵话语结构背后所隐藏的权力话语、符号暴力与私人利益。

对伪神性的清醒认知和反空洞理论的生活态度，常常意味着活着才是最重要的，因此应当更加看重生命而非真理与德行。既然抱持与己无关的立场最有利于明哲保身，那就这样好了，至于抱持这种立场是否符合公平、正义，是否会遭到道德谴责，已经不再那么重要了。

在教育生活中，"活明白"的个体不乏多有。作为"明白人"，他们风格冷静，不轻易表露对某人或某物的热情。他们自己曾经努力过，然而并不成功，最终无奈放弃。作为过来人，当他们看见新人们又开始努力奋斗时，似乎又看到了曾经的自己——教育生活如此艰难，却还在愚昧地坚守被灌输的信条，以至于不清楚自身的真实处境。他们有时对新人们泼冷水，但似乎并无恶意，不过是想让新人们吸取教训、趁早看透，以免重蹈覆辙。

当然，洞彻实质的结果还可能是没有实质，正如胡适对《西游记》进行了一番考证后所言："几百年来读《西游记》的人都太聪明了，都不肯领略那极浅极明白的滑稽意味和玩世精神，都要妄想透过纸背去寻那'微言大义'，遂把一部《西游记》罩上了儒释道三教的袍子；因此，我不能不用我的笨眼光，指出《西游记》有了几百年逐渐演化的历史；指出这部书起于民间的传说和神话，并无'微言大义'可说；……指出这部《西游记》至多不过是一部很有趣味的滑稽小说、神话小说；他并没有什么微妙的意思，他至多不过有一点爱骂人的玩世主义。这点玩世主义也是很明白

---

① [英]伯特兰·罗素. 西方哲学史 [M]. 何兆武，译. 天津：天津人民出版社，2014：263-264.

的；他并不隐藏，我们也不用深求。"①

（二）责任缩减及其消极表现

是否真能成长为负责任的个体，不仅取决于被教授了怎样的价值，而且取决于究竟接受了怎样的价值。在教育生活中，个人化的新特质正在突显，冷漠与卸责日益增多，直白、率性日益减少，各种非标准化操作替代了整齐划一的要求，个性化的幽默、调侃逐渐胜过严肃、堂皇的主流叙事。教育生活的新个人主义时代已经到来。

责任缩减的个体首要的表现是消极。如果时常体验到犬儒氛围，个体将降低直至拒绝身心投入。一方面，不愿被物欲所俘获，试图从中自拔，对不合自身旨趣的规范与训导消极应对。谨慎独行，注意与隐规则保持距离，通过不与世俗合作彰显自身德行逻辑。另一方面，抱着"不黑不白不痛不痒优容苟安"②的心理，放弃智力的自我增进，安居于舒适区，甚至甘于自我矮化；即便面对困境，也懒得用尽智力谋求解决方案；有意放慢节奏磨洋工，通过敷衍实现反讽目的。

责任缩减的个体还会因不满、愤懑而采取消极抵制态度，不批评，不抒情，甚至不言语，不再崇尚坚定的团结，不再随意肯定人物或事物意义，甚至不认为自己有行动的义务；缺乏自我实现的冲动，不再相信崇高，转而放弃维系崇高的责任。由于热情衰减，不愿投入更多时间到公共生活中，无心为集体事务付出更多努力，抵触生活于总是被要求向上的受迫性氛围中。既然总被定性为不积极、不向上，干脆拒斥积极、不再向上。尽管混日子也不大好，但总也得压缩一点所应担负的责任，于是逐渐学会了散漫度日，只要还没事到临头就懒得作为。

责任缩减还表现为对自身本有意义的放弃。在群体内部，某一个体的敷衍表现会产生连锁反应，导致其他个体跟进、看齐，降低其他个体的责

---

① 胡适.《西游记》考证 [A]. 胡适文存 [C]. 上海：亚东图书馆，1924：105-106.

② 梁启超. 曾文正公嘉言钞 [M]. 北京：商务印书馆，1916：5.

任意愿和履责效率。教育者们很走心，受教育者们却不一定感兴趣。久而久之，教育者们感到伤心，也就不那么走心了，受教育者于是也自得其乐，自顾自地玩着他们的手机，在属于他们的游戏世界里乐此不疲。教育者们少管闲事、自说自话，受教育者们得过且过的生活就这么产生了。

> 除了眼前的事我还能干点什么
> 除了吃喝拉撒睡我还能想点什么
> 嘿，若要问我下一代会是
> 什么样子
> 那我就不客气地跟你说：
> 我管得了那么多吗？
>
> ——崔健：《混子》

责任衰减的典型表现还包括不太关注、不愿善待、不再承诺，含蓄的抵触不少，积极性贡献有限。不太关注域外和周遭的教育新闻，顶多瞄一眼被置顶的几条标题，也懒得与人讨论，不太在意他者的故事。意识到自己所处的教育生活出现了问题，但表现出事不关己的态度，缺乏化解矛盾的动机。越来越不愿进行严肃的理解，越来越不屑执着地追求，越来越看轻矢志不移地践行。一些教育者甚至用"下辈子再也不……"来表达对异化教育生活的排异，偶有反规范、反机制行为，对管理方式和管理风格持排斥心态，迟到早退、拖沓懈怠。

一些个体在教育生活中得过且过。他们之所以如此，不仅是因为他们有怀才不遇或明珠暗投的感慨，一定程度上还因为他们认为问题已然成为痼疾，不可能被解决，多数关于如何解决问题的探讨都没什么必要。既然无法改变，那就消极应对；知其不可为而不为，不也算明智？带着这种认知，虽不至于噤若寒蝉，但懒得出头，疏远教育公共事务，畏惧争议性议题，无心争取话语权。在事不关己、漠不关心之外，还不时给那些积极解决问题者泼冷水。他们戏谑调侃、冷嘲热讽，既是放弃原则的表现，也是一种唱衰行为。

（三）生活立场的反思性保护

在被启蒙过程中，个体有时获得的不是主体意识，而是对秩序的犬儒式顺从。"作为启蒙的虚假意识的犬儒主义，它是现代化的不幸意识，在它身上，启蒙的努力既成功，又不成功。"[1] 个体拥有启蒙的经历，甚至具备了启蒙的外在特质，然而骨子里却是反启蒙的——在运用启蒙理性进行了深刻的反思之后，个体选择走向启蒙的反面，只留下启蒙的皮囊和理性的空壳。面对不当权利游戏的合法化，个体的理性发生病变，成为明哲保身的工具。在苦苦思考之后，终于发现自己可以不必再思考。世故的圆滑变多了，正义的冲动变少了。

个体从启蒙意识中汲取养分，不悟自己之为奴者越来越少，只是悟后又自觉走向了启蒙的反面。个体并非不知，宣扬智识的效用对他已经不能发挥效用。个体因此极擅长自我保护，无论对于善意的教导还是恶意的攻讦，都具备了极强的免疫力。尽管个体面对的既是麻醉剂，又是安慰剂，但知道麻醉剂是麻醉剂的个体显然难以再被麻醉，知道安慰剂是安慰剂的个体也显然难以再获得安慰。

按照普通教育原理，经历教育生活事件有助于个体走向成熟，然而真实的情形可能更为复杂。一些教育生活事件未必能让个体更加成熟，相反却可能导致个体陷入怪圈。各种各样的教育理论对现实教育生活中虚假与虚伪的批判并不成功，理论建构所依赖的理性本身面临内在冲突，尤其是当个体认定的理论无法付诸现实教育生活实践时，往往会产生理性病变，病变的结果很可能是反思性地保护自我，生活动力与生命惰性实现了统一——基于主流教育生活叙事的批评已经对他们产生不了本质影响。

一些教育者的薪水是微薄的，劳动是高强度的。在一些初中或高中毕

---

[1] Sloterdijk P. Critique of Cynical Reason. Trans, Eldred M. Minneapolis: University of Minnesota Press, 1988: 5.

业班，每周工作 7 天，每天工作 10 余小时者不在少数。即使劳累不堪，也不得不咬牙坚持。对于自己的收入水平和社会地位，确实看透了。他们认定，这就是个饿不着但也发不了财的职业，即使自己愿意吃苦，殚精竭虑地工作，也很难实现收入水平和社会地位的实质性改变。所谓的向上似乎并不完全适合于教育职业。一堆关于通货膨胀、物价上涨、恩格尔系数、工资水平之类的宏观数据似乎可以证明福利待遇在上涨，但这只是一种纵向时间被尽可能拉长后的统计，实际上福利待遇可能略有下降。

与之相对，即使不努力，似乎生活也不会差到哪里去，地位也不会降到哪里去。如果长辈还会给自己留下些财产或时常给予接济，生活就更能过得去了。少收入固然不爽，却可以少劳作、少操心。既然如此，又何必累死累活？这大概就是所谓的看得开。如果有人怀疑这种看得开的逻辑，他们也不会感到不自在——对于他者的怀疑，他们已经产生了抗体。由于看得开，他们的权益有所受损，但也并非全然的受损。而且，他们的损失不是因蒙昧而导致的，而是因看穿而自觉选择的。对他们进行启蒙，几乎等同于试图唤醒装睡者。

对于主流教育生活叙事，如果能做到无动于衷，就能从焦虑中解脱出来。在处事原则上，一些个体有点类似于先秦时期的道家，但又没有道家那么彻底。他们似乎不需要道德评价，对所谓的评价标准也时常无感。他们不够友善，也缺乏助人的意愿和行动，但他们不是行尸走肉，因为他们的头脑是清醒的，只是与执意追求清清楚楚相较，他们更喜欢安安静静。他们知道教育生活宣称与教育生活现实之间的距离，不会加入对宣称的吹捧，但也不寻求构建超越它的方式。由于结合了普遍性的现实境遇与重复性的被欺蒙的遭遇，一般性的反思与批判已经无法动摇他们的头脑。

如果由不得无动于衷，那就沉默旁观。沉默旁观更多意味着安于现状，即便偶有参与，也会自觉不自觉地退居边缘。作为沉默旁观者，一些个体通常只承认自己有所敬畏，不承认自己理应担当。通常不追求高深的学问，但智商在线，在教育生活中足够机智，又小心谨慎不逾矩。看清局面之后,从局面中跳脱出来,反而能够生活得更轻松。即便沉默被怀疑为无声抵制,也会选择继续沉默。他们不屑于傻瓜们的自我蒙蔽。他们知道,他们懂得,他们不发声是因为他们太聪明——对于明知故犯,理性的反思与批判同样已经不能有效解决。

如果不能旁观而不得不参与其中,那就随心而行,秉持无可无不可的原则。可即便如此,也不一定就能回归本真状态。从无可无不可的无立场出发,很容易表现出满不在乎的姿态,又很容易从满不在乎转变为毫无顾忌。于是,竟然可以一边"抱怨"一边"吃肉",一边抵制一边获取,一边慈悲一边诅咒,所有的否定都不意味着拒斥,都不妨碍照单全收。这既可以被看作玩世不恭,也可以被视为假正经。他们的行为本身不是恶,但他们的行为让恶成为可能。他们无可无不可的方法论,一定程度上阻碍了教育生活中质的变化的产生。

如果连随心而行、无可无不可也行不通,那就嘲弄、讥讽,只批判,不实践。在嘲弄、讥讽中对抗虚伪,抵制矫饰与解构崇高并存。揶揄的话语被用来化解内心不满,戏谑的方式被用来抵制欺蒙与假象。别人的严肃与正经,编排到他们的叙事逻辑之后已经是可笑的了。他们有时会有所批判,这从一个侧面体现出他们独立而清醒的教育生活意识,但批判只是话语层面的,因此显然还不够,因为行动也许才是更佳路径。哪怕行动被贴上离经叛道的标签,对教育生活的效应也比嘴皮上的背弃更为有力。换言之,个体们所学甚多,却并未打算将所学付诸实践,个体们面临的不是认知困境,而是行为困境。

第七章
怀疑泛化：教育生活问题制造与信任退化

这不是个沉思的时代，却是个怀疑的时代。怀疑对教育生活关系、教育生活交往和个体人格特质产生复杂而深刻的影响。复杂的教育生活中难免会产生一些持怀疑主义的个体。怀疑成为常态性教育生活存在，信任成为稀缺性教育生活资源。即便信任，也不再单纯，个中混合了法律、规章与是非、功利。个体的言行合理性往往源自怀疑而非朴素的道德情感。一些个体是如此地怀疑，以至于甚至怀疑还能有什么办法改变它所怀疑的现实教育生活世界。在他们那里，怀疑过程不仅是抉隐的过程，不仅具有方法论意蕴，而且具有本体论意蕴。

在较为积极的层面，教育生活中交往的种类众多、内容复杂、形式多样，怀疑是个体无以回避的经验之一。怀疑可能是理性计算的结果，可能是权衡利弊的结果，可能是概率选择的结果，也可能是成本评估的结果。怀疑主义者们略带傲慢地质疑教育生活的基础，反对扭曲的培养方式，有助于谨守公平底线，权责相互对应，平衡劳与得之间的关系。

与传统教育生活相较，现代教育生活中怀疑的破坏性显著增强。作为构建教育生活信任体系的阻碍，怀疑总是包含较多的消极情感，它既是一种心理状态，也是一种人生态度，既是一种负性人格特质，也是一种个体间的不当关系。诸多复杂难解的关系都因怀疑造成。陷入怀疑主义的个体更容易消解真理，甚至将真理问题视为不需要审慎对待的虚假问题。怀疑导致个体对教育规范的拒绝，并对整个教育生活价值秩序造成威胁。怀疑有时庸俗、滑稽，还夹杂着恶意。

教育生活中思想、心理与文化正在发生整体性变革，个体时常需要为自身存在寻找新的基础。个体间的信任关系也在不断变革。尽管近乎本能的信任愈发减少，教育生活越来越成为不自然的实践，尽管怀疑时常成为普遍性思维倾向，尽管个体可能对公正的实现持深度怀疑态度，但真正的幻灭感其实极少产生。顽石般的个体鲜有存在，彻底怀疑、死活不信的情形几乎没有。在幻灭感与成就感、确定性与不确定性、泄气与勇气之间复杂纠缠，是个体教育生活常态。

一、教育生活中怀疑逻辑的形成

在教育生活中，个体总需要觉知环境与对象的变化。教育生活环境与对象的不可掌控性，既可以为个体独自言说与独立行动提供合理性依据，也可以作为对个体言说或行为进行质疑的基础。总体而言，怀疑意味着对自己的认知能力、教育生活现实和教育生活组织信心不足。从环境视角看，对教育生活的怀疑可能是面对环境的不确定性而表现出的普遍心理反应，也可能是对教育生活规范变迁做出的倾向性表达。怀疑既依赖教育生活事件发生时的特殊情境，也常常超出教育生活地理空间的约束。从对象视角看，如果说信任意味着个体间相互开放的过程，怀疑则是失序的个体交往关系的突显。

当自身理想诉求与现实教育生活相冲突时，怀疑便会发生。从理想主义到怀疑主义，有时只需要静悄悄的一小步。教育生活中的语言争斗、悬而未决的问题都可能引发怀疑。努力的揭橥过程可能包含着编造，美好、高尚中也可能夹杂着私利。低俗的言语和行为也可能出自高雅之口。如果果真有个体的确是在为教育理想而努力，他依然可能会被怀疑是在装，要不就被怀疑没想明白。

（一）认知的断裂与负性倾向

怀疑意味着由个体自我认知所引导的教育生活方式出现困境。当前，传统教育生活观（与农耕文明相适应）、舶来的西式教育生活观（与开放性、国际化相适应），以及本土特色的市场经济条件下的教育生活观（与经济转型相适应）相互交织在一起，"家"本位的教育生活逻辑不太适应市场本位的制度化教育生活逻辑。个体教育生活理念呈现断裂特征，不能运用自身既有德性标准对现实教育生活中的话语和行为做出有效判断，进而产生怀疑体验。

任何认知都有其背后所指称的事实。正确的认知可以提示危险或机遇所在，引导个体及时行动。面对认知对象，个体会依据所掌握的信息计算对象言行的一致性，根据计算结果给予信任度[①]。换言之，个体通过自己的认知对对象进行辨识，进而判断对象的可信任度。个体的行动选择也建基于这种辨识与判断。因此，这种认知既是一种内在机制，也是一种行动能力。问题在于，作为较为宏大的认知对象，教育生活并非总是可认知、有秩序、合规律的。个体在教育生活中也并非总是具备合适的认知能力与实践能力。在通过认知与实践构建教育生活的行动中，每当理解与改造面临阻碍，怀疑在所难免。

首先，个体的认知正在从绝对论向相对论转换。"在这个过程中，传统一元论之高调的理想主义由于对个体独特性价值的'抽象'而日益遭到多元化社会主体的'抗拒'，然而现代性价值构建的方式与主体并未有效地生成，故而引发人们对'真理'与'崇高'本身是否存在的质疑。"[②] 在关涉信念的经验框架中，纯粹的善良动机并不存在，任何道德认知倾向都不具有普遍性。在关涉行动的经验框架中，合理与不合理间的关系时常转

---

① [美]奥利弗·E·威廉姆森. 治理机制[M]. 石烁，译. 北京：机械工业出版社，2016：253.

② 刘宇. 论中国社会转型中的犬儒主义及其扬弃[J]. 理论与现代化，2015(6)：76-81.

换。由于没有什么能够处于本位的位置，个体缺乏关于明辨或选择的标准——怀疑与否定本身于是成为了标准。

理性不及的可能始终存在。当客观理性不能破除传统威权时，客观理性也会遭到怀疑。蒙田（M. Montaigne）的反思值得关注，在启蒙伊始，他就对人类理性达到真理的能力表示怀疑，他怀疑人被置于万物之上的崇高地位，怀疑基于卓越技能的人类中心主义，怀疑理性至上的论调，怀疑一种文化之于另一种文化的优越性，明言那些意在剔除罪恶的逻辑却在遮盖、培养罪恶[①]。在教育生活中，有时个体的认知是渐变的，既无法进行严密的分辨，也没有明确的断裂界限。然而，个体意识到所谓的认知只是对教育生活现实的反映，而不是教育生活现实本身，因此时常对被教授的价值将信将疑，甚至怀疑自在的真知是否果真存在，继而怀疑接受教育是不是总是好的。

其次，面对面的直观与频繁的交往是建立信任纽带的基础，但由于虚拟技术的兴起，时间和空间被重新定义，它们之间的统合性、一致性关系被打破，时常以个体无法想象的方式联结。个体的教育生活日益具有脱域性质，不仅辐射到更广阔的地理空间，还辐射到虚拟现实世界。交往从直接的、面对面的发展为间接的、不在场的。交往更多表现为基于有限信息、有限动机的短暂交往，交往对象从具体主体变成了匿名化的某人。个体间的未知增多，非在场过程、虚化现象频繁出现，诸多淳朴的情感交往让渡于抽象交往，不期而遇的交往增多，无理由、无征兆的交往中断时有发生，非预期性的负性因素难以消除。个体开始反思诸多原本不假思索的交往前提。这给怀疑提供了原初性铺垫。

随着信息技术的普及，教育生活内容不断丰富，内容的重复性降低，生活场景借助数字化得以大幅拓展，场景更迭趋于频繁，生活的可预期性也不如以往。一方面，个体不再单一地被动接受，转而拥有了与传递者即

---

① ［英］彼得·伯克. 蒙田 [M]. 孙乃修，译. 北京：工人出版社，1985：16.

时交互的机会，这尽管让个体在给定的视角之外还能够接触到非给定的视角，但也可能导致个体自身价值系统的混沌。另一方面，个体的身体色彩淡薄，符号属性增多，多元、不确定性如影随形，时常突破既有教育生活逻辑，难以预测、难以把握，简单的信任形式因此受到侵蚀。个体的信息获取渠道更加多元，负面信息也不再那么容易被掩盖，有效信息被弱化，试图制造预定的价值引导变得越来越困难，个体的疑惑也因此增多。个体不知道哪个链接是可信的，不知道从哪里获得的信息是真实的，接受信息前还得考虑"这到底是不是真的"，时常需要辨别信息供给者的等级与类别，久而久之就会疲惫，于是干脆不看——理性的过度运用导致诸多结果无法再通过理性加以掌控。有时候，个体越无法判断，越无从选择，越需要大量的信息。个体所面对的信息量越大，反而越无法判断、无从选择。如此不良循环，难免陷入怀疑主义。

再次，个体还可能因信息不对称或信息驳杂而产生怀疑。通常认为，个体对他者的怀疑是外生的，不仅要求个体预先具备诸多根深蒂固的观念，而且要求个体预先肯定诸多被告诫的假定。而且，怀疑不是一成不变，会随着教育生活事件的变换而变迁。这种变迁受到现实信息与既往经验的影响。在克拉姆（R. M. Kramer）看来，个体总是将他者的身份信息和具体类别作为可信度的判断依据，当他者的身份信息模糊或具体类别变换时，信任的基础便会遭到损蚀[①]。支撑性信息越匮乏，头脑决策过程越简单，风险成本越低廉，时空转换越频繁，越有可能产生怀疑。

关于对象的过去经验与未来预期常被用来辅助怀疑的建构。如果认知线索与确定性信息匮乏，个体经验中对象一贯的怀疑特质便会成为建构的重要参照维度。教育生活的随机性、偶然性和不重复性特质日趋明显，教育生活情境不断变化，所呈现出的趋势也不尽相同，个体时常没有时间对对象的真实性进行检视。当个体决定跳入未经检视的未知时，往往需要获

---

① Kramer R. M. Trust and Distrust in Organizations: Emerging Perspectives, Enduring Questions. Annual Review of Psychology, 1999, 50 (1): 569-598.

得必要的现实性或前景性的承诺。一旦这种承诺缺乏基础或不够有力,怀疑便可能产生。

过去经验被用来辅助怀疑的建构意味着个体的印象也很重要。个体会对教育生活对象进行分门别类的印象累积。在面对具体事件时,优先从既有的印象门类中选定基型,再结合事件信息进行综合判断。判断的过程实际上是信息加工过程。多数个体看到教育生活之善,会提升自己对教育生活的良好印象;看到教育生活之恶,则会产生负面信息加工过程,并对教育生活进行负面属性标识。

最后,怀疑还往往缘于个体被提供的认知资源有限。认知资源有限导致个体知识不够扎实,素养不够深厚,心理准备不足,缺乏应对手段。个体处于半无知状态,不仅所具备的认知类型有限,而且不同认知逻辑结构逐渐具有较高程度的不可通约性。个体仅在形式上具备充分的判断、归纳、演绎等认知特质,实际并没有真正内化这些特质。

求知原本就是教育生活基本要义。在教育生活中,很难通过"使无知""愚化"来强化个体对意义、价值和逻辑的信任。只是,鉴于主体性与民主性的张扬,个体面对的约束性力量越来越小,价值转变的空间增大,但与此同时个体教育生活的边界也趋于模糊,诸多固化观念不断受到冲击,既有的认知资源越来越不足以为个体提供有质量的参考。

除此之外,个体存在感知偏见也会导致怀疑产生。一些认知偏见属于先入为主。一旦有了这类偏见,言辞的可靠性与可信度就会下降,对相异意见的厌恶与排斥就会格外明显。一些个体对信息本身或信息来源持有习惯性偏见,每天打开哪些链接,从哪里接收信息都较为固定。时间一久,往往会认定从这些链接或端口看到的信息都是真实的,甚至是最真实的。他们从不担心信息媒介是否会被收编。他们的感知过程缺乏检点、不够全面,所陈之辞缺少证据,主观臆断时有发生,真正的批评也变得难以进行,一旦遇到相左的观点或逻辑,便会充满坚定而无原则的怀疑。

(二)现实的淡漠与虚拟假象

主流教育生活叙事描绘了一幅高远美满的蓝图:一个合理、自由的教育生活世界，一群全面发展、和谐共生的主体，一套没有不公，也抹去了不义的教育实践逻辑。而事实上，预期与现实时常不那么匹配，现实的教育生活世界里并没有那么多童话与美好。碰壁几次之后，个体会发现，主流教育生活叙事与真实现实之间存在差距，这滋生了个体的失望情绪，继而开始对教育生活感到悲观。在发觉自己遭受了过多的欺蒙之后，幻灭感加剧，一些个体干脆以"不相信"来理解自身存在。

首先，先人们费尽心血为每一样事物命名，众多命名相互交织，构成生活世界的叙事。面对不同种类的叙事，个体仅靠朴素的信念进行选择即可。怀疑也是合理的怀疑，较少被视为现实生活问题。很多时候，怀疑还被视为一种必要的求知、辨理能力。

而今，一些命名却并不一定是指事物本身。语言（所言）与对象（所是）之间并不严格对应，描述时常背离现实。于是，自我开始怀疑他者的言辞，不再轻信言辞，尤其不再轻信那些仅仅用言辞来表达的美好价值。个体意识到，被宣称的教育标语可能是在夸夸其谈，细究之后常显得不客观，于是开始在教育生活中持不相信态度，甚至视标语为图画、设计或装饰。

信任中内蕴着假定、期望和信念，信任是一种确证性期望。正因为如此，信任被界定为"承担活动的风险，自信期望参与活动的所有人都能胜任并且尽职尽责"[1]。当个体信任他者时，往往认定他者的现实存在或未来发展样态对自身是有益的，至少不会损及自身。在教育生涯伊始，"绝大多数教师是怀揣着自己的教育梦想和教育热情走上这一工作岗位的"，只是"接下来所遭遇到的冷酷的教育现实，不但使其教育梦想惨遭破产，而且对其教育教学的工作热情也会造成不可逆转的消极影响。"[2] 现实的复杂

---

[1] Lewis J. D. & Wiegert A. Trust as a Social Reality. Social Forces, 1985, 63(4): 967-985.

[2] 李长伟，宋以国. 现时代教育中的犬儒主义批判 [J]. 教育理论与实践，2019(1): 3-8.

性导致个体不仅对空疏理论不信任,而且对刻板化、模式化等实践固化现象不信任。在抵制空疏与刻板的风气中,就连个别有瑕疵的榜样也遭到了质疑。

其次,几乎不存在原发性的信任,不计风险的信任通常难以维系,这尽管可能生出不诚实,但也未必可鄙。风险中才蕴含着实利,敢冒风险才能抓住机遇,但同时风险也意味着不确定性,意味着动荡、不安与怀疑。如果实利供给不稳定,供给的质和量没有达到预期,产生焦虑情绪的可能性就会增加。如果焦虑情绪持续发酵,个体就会质疑实利的普惠属性,继而质疑实利供给原则、规范的通约价值。

随着各类教育思潮的渗入,诸如"厚黑""躺平""摸鱼"等主流教育生活策略之外的策略受到部分个体的推崇。无条件的信任越来越少。教育生活中的价值逻辑和规则体系可能是伪善的。形式上平等,实际上却并不平等,有时甚至连形式上的平等都没能做到。失信成本降低,守信的成本却在提升,表面是善的,内里却可能是恶的,由此导致了道德困惑。作为当事人,如果屡屡遭遇显失公平的对待,如果公平期待常会受到伤害,个体就会逐渐形成怀疑心理。

即便不便公开宣称,即便屡屡遭受批评,教育生活依然深度遵循成绩导向的功利逻辑。只不过,这种遵循也高度柔性化了,个性化、创造性、高素质、核心素养之类的理念被引入,至少在表面上获得了推崇。这让个体教育生活的精神依据趋于复杂——个体时常以现代教育理念践行者自居,实际遵从的却是分数和等级。功利逻辑取代了德性逻辑,期待的往往是缺乏现实性的,现实性的往往是成绩导向的,这不免让个体感到失落,继而开始怀疑教育生活规范,进而怀疑教育生活真正遵循的理念。

再次,教育生活中个体与个体、个体与群体之间的关系异化也是亟待关注的问题。以往,个体间构成稳固的、温暖的、亲密的交往关系。背离、背叛可能招致共同体内所有个体的制裁,因此个体不敢轻易失信。而今,合同制、聘任制、代理制等开始在教育生活中流行,教育生活变换频率加快。即便同处一个场域，个体间依然变得日益陌生。这为背离、背叛提供了可能。具象与抽象、有形与无形混融，浅层互动大量存在，难以孕育充分的善意。个体间交往时，谨慎原则与理性计算居于主导。即便有情感投入，也是尝试性的。尤其是在浓厚的争胜、攀比氛围中，勾心斗角、相互拆台等畸形关系多有存在。

舍勒（M. Scheler）将现代道德问题的本质归结为人与人在"原则上"的不信任①。个体们普遍崇尚利己原则，并据此提防他者。他者的意图和行为总是具有不确定性，个体在缺乏察觉的时候，总是容易受到损害。于是时常习惯性地怀疑，充满负性生活情绪，看问题时更着重问题的阴暗面，连可能的积极倾向也一味否定；于是对希望不抱指望，不相信还存在真理，也不相信真理真能被掌握，不相信所谓的美好价值，也不相信所谓的美好生活真正存在。

个体对教育生活的敌意，与个体随后的否定、对立、破坏言行紧密相关。由于不相信，个体可能从抱有希望的批判转向失去信念、陷于幻灭的批判，既怀疑教育生活的意义，也怀疑教育生活的原则，教育生活的合理性成为问题，个体开始自觉不自觉地用深度怀疑谋求合理性，怀疑成为一种习惯、一种生活方式。有时候，就连关于希望、信念的基本价值也发生了动摇，不再被坚定地保留。个体任意地贬低，毫无顾忌地批判，最终难免蹈入怀疑主义，产生难以矫治的不信任感。

最后，形形色色的虚拟空间界面上乘、功能完备，满足了个体的期望，但与此同时虚假表象盛行，时间和地点对于交往的重要意义被脱域机制消解。个体的交往对象常常是匿名性、符号化的，其真伪、善恶更加难以识别，交往对象的角色、情感、意图也可能是虚假的。教育生活内蕴的风险增加，个体间停留于浅表交往，防范逻辑居于主导。不确定因素如此繁多，怀疑几乎成为交往必备的先在态度。

---

① ［德］马克斯·舍勒. 价值的颠覆［M］. 罗悌伦，等译. 北京：生活·读书·新知三联书店，1997：126.

个体宁可处处提防，也不盲目信任。原本理所当然的也成了怀疑对象，原本可能的也变为不可能，这种不可能反过来又加剧了不信任。现实教育生活中维系个体行为正当性的规范、准则和价值观发生扭曲。在交往中，对于因陌生而可能招致的损失，个体普遍心存规避意识。个体被教导不要透露私人信息，不要随意搭讪陌生人，也不要盲目相信交往对象的虚拟身份和虚拟形象。"害人之心不可有，防人之心不可无"被视为基础性交往准则，即便熟悉的个体间的交往，在虚拟空间也变得小心翼翼。怀疑成为普遍现象，以弥散、飘忽的形式存在。个体时常陷入淡漠感，继而怀疑所过的教育生活是否能够提供有价值的指引。多么复杂的规范体系都难以顾及虚拟空间教育生活的复杂性。个体不太相信既定规范会在虚拟空间被普遍遵守。一方面，个体基于现实教育生活所构建的稳定关系受到侵蚀。信任中掺杂了怀疑，不加反思的习惯性选择减少。个体时常缺乏充分的安全感，个体间的肯定性交往关系被打破，交往过程尽管便利，但质量似乎有所下降，不时夹杂着因陌生而导致的紧张。另一方面，个体对规范和价值缺乏信心，继而也会怀疑其公正性和有效性。有时候，鉴于转瞬即逝的交往增多，即便交往对象失德也只能进行道德谴责。有时候，个体不得不冒些风险抵押自己的情感与热情，但当抵押落空后，还是会生出怀疑与无力感。

（三）管理的失范与组织不公

从管理的视角看，怀疑意味着对管理情境持负面认知，对管理者、同事及自身所处的专业组织失望。个体在信念层面认为教育管理者们的决策是伪善的；在情感层面对组织安排的活动或提倡的理念持负向情感；在言语和行为层面对组织的不足进行嘲讽。

首先，管理合宜性与发展合宜性有时并不一致。个体愈发独立、愈发自由，同时也日益失去了传统教育生活中的诸多寄托。日益频繁的督导、复查、评教等形式背后都或多或少蕴含着不信任。管理者注重理论宣称而非实践感知，个体没有得到关怀与支持，过多地通过奖励与惩罚兑现公平原则，时常感受到非正常的压力，这些都可能成为个体对管理规范不信任的原因。

如果个体不信任教育管理者的关怀动机，就会对他们关于教育变革的呼吁产生怀疑。即便教育管理者专业、客观的言行也会被附加上越来越多的情绪属性，即便正当、实在的管理举措，也时常被个体误解、虚化，即便正面的教育形象被树立起来，也会遭遇抵制。有时候，先进的现代教育管理理念也可以成为工具或理由，异化为表达私欲的手段，一些成绩本位逻辑下的失意者还时常将先进的现代教育管理理念作为抵制教育管理举措的依据——尽管失意者们也知道那些理念不过是一种口头呼吁。

作为一种解构性力量，怀疑还具有扩散性，导致越来越广泛的彼此猜忌、相互疏离。有时候，个体会认为个别教育管理者对自己的辱虐就是整个管理组织对自己的辱虐，继而将对个别教育管理者的不信任转化为对整个管理者群体的不信任。最终，怀疑者在解构了怀疑对象的同时，也必将解构自身——在共同的教育生活场域怀疑他者，自然也会遭到他者的怀疑性对待。

其次，怀疑多是由于教育组织生活不透明。教育组织生活有意修筑壁垒、构筑界限，动用证实逻辑来强化不合理逻辑的合理性，又或者存在隐藏的议程，由此导致种种猜测。一开始，个体对规范或事务不信任，继而对制定规范和组织事物的人不信任，在条件具备时，又进一步扩大至对所有相关者的不信任。

教育组织生活不透明导致教育生活的基本原则遭到质疑。一方面，严重的不透明使个体不得不长时间维持神经紧张。个体开始对组织失望，不相信组织，认为组织不公正，认定组织的决策并非真心为被管理者们考虑。质疑为教育组织规范辩护的知识体系是否具备真理性，对组织性的规章制度产生反感。另一方面，因不透明导致的压抑氛围容易引起负面感知和无差别怀疑。多劳者怀疑被压榨，少劳者则怀疑被有意疏远。随意性的决策、松散的共同体、低效的教研、经不起严肃审视的花式成果，都成为个体怀疑的对象与依据。

有时候，迫于外界或自身发展形势，组织会做出一些承诺，但承诺的有效性存疑，兑现时难以协调不同特质个体的复杂配合与优势互补，停留于文本或表面状态，并未真正发挥调解效用。在不信任的裹挟下，极个别的组织违背承诺的情形被夸张性描述、扭曲、放大。教育管理者们的信誉、价值遭到贬损。个体转而更在意潜规则，对公开提出的宣称表示怀疑，习惯于否定借助组织实现理想教育生活的可能性。个体努力寻求变通，却不再相信组织的力量，也不寄望通过大张旗鼓的组织性动员改变现实。

再次，个体教育生活包含在整体教育生活之中，面对此起彼伏的变革思潮，以及由此导致的利益格局转换，个体的认知和期待也在不断重组。利益分配逻辑既不完备，又易于变更。个体失去了传统教育生活中稳定的角色定位，也没能养成市场机制条件下清晰的自我认知。个体的肯定性生活经验失效了，习惯遵循的生活方式也失效了，不可预期性开始充满个体的观念。

在变革中，被管理者会对教育管理者所提供的信息、资源或利益进行评估，评估的维度包括教育管理者的信誉、信息应用的功效、过往的获益经验等。教育管理者们是否值得信任，不仅取决于他们现在的作为，还取决于他们过去的作为。总体来看，个体对改善倾向给予了热切期望，期望越高所对应的实际举措越需要到位。如果期望、举措一定能实现，则会产生高信任感，反之个体就会对改善效力产生质疑，进而可能走向怀疑主义。

变革未能对可能的不当利益关联进行预防，对悖离契约（包括心理契约）的行为惩罚力度不足，有时候，行为非但没有导致惩罚性后果，反而让违约者在漏洞和缝隙中收获了利益。受此影响，个别化的违约现象快速扩散为教育生活整体现象，诸多利益分配体制不再是不可争辩的。个体面对的损害因素不断增加，遭受损失的可能性增大，个体普遍感到不保险，个体间不信任度随之提高。个体不相信绩效与收益之间存在高相关关系，不仅怀疑利益分配的公正性，而且怀疑利益分配规范是否能够真正执行，甚至怀疑共同利益是否真有实现的可能。

二、内蕴主体性反题的复杂主体

在教育生活场域，由于主体数量的有限性，个体间基本都是熟人，每天都在不断重复相遇。教育生活形成的培养氛围满足了个体的成长需求，个体长期沉浸于这种氛围，逐渐产生了信任感，个体间的信任也从复杂的教育生活惯例沿袭而来。然而，如果基于复杂教育生活惯例的理想破灭，个体必然做出反噬性回应。个体既是主体，又是主体的反题，个体实现了这两者之间的有机融合，因此一言一行在教育生活中即便相互矛盾也并无突兀感。

个体所持的怀疑态度，在一定程度上有助于保持超越意识。在方法论层面，由于鱼龙混杂的情形增多，养成怀疑习惯有助于及时甄别以及对本真自我进行反思性理解。然而，在本体论层面，怀疑习惯的养成也会改变个体对教育生活的元认知。

（一）主体对不再相信的确信

"日常生活的经验告诉我们，正像社会系统一样，人们如果具有内在安全感，或是具有某种存在于内心之中的自信心，使他们能够镇定自若地预见信任可能带来的失望，那么他们会更愿意去信任。"[1] 通常认为，信任源于个体对生活情境的连续性、确定性、安全性体验。一旦这些体验被打破，个体便会产生本体性焦虑。如果本体性焦虑反复发生，个体便会不再相信。基于长期本体性焦虑的"不再相信"不仅意味着怀疑，也是一种习惯性生活方式。个体选择不信，是因为相信的结果总是失望；不再认真，

---

[1] [德] 尼克拉斯·卢曼. 信任：一个社会复杂性的简化机制 [M]. 瞿铁鹏, 李强, 译. 上海：上海人民出版社，2005：102-103.

是因为在荒诞的情境中容不得认真。过度的较真反而意味着失败，就算没有失败，也会被贴上不懂变通、固执、刻板之类的标签。

首先，在教育生活中，个体一方面趋于拓展，将信任从熟悉情境逐渐迁移至陌生情境，另一方面则趋于退缩，不仅在陌生情境中缺乏信任，而且对熟悉情境也日益失去信任。一个吊诡的现象是，每一个体都批评失信，然而失信现象却普遍存在。一部分个体时常遭受低劣评价，进而影响到他们对周遭人、事、物的信任。他们怀疑自己因为不讨喜的表达而受到损害，怀疑评比不公，怀疑规范失灵。"这是真的吗？"成为他们的惯常追问。他们随时准备根据实际情形进行权宜性修正，"别人诚信了我才诚信"成为他们的诚信准则。

个体不相信关于是非的标准，只剩下一丝微弱的、基于自我判断的是非感。"在一个反省的时代，那些真正已经过去的事物却仍然似乎在延续，但实际上，它只是行尸走肉，人们生活在信仰的缺无之中。抛弃信仰及强迫自己去信仰是共同属于这个时代的。"[①] 个体都不愿认真考究一下究竟应当信仰什么，便开始了自己的怀疑主义表演。"如果信仰上帝，他又不相信他信仰上帝。如果他不信仰上帝，他又不相信他不信仰上帝。"[②] 怀疑和批判就是生活风格和立身法则，无论有没有分析，有没有洞察，都会延续这种风格和法则。

一些个体进行怀疑的目的是为了辨明真理，另一些个体则在持续性的怀疑中走向了犬儒主义。在长期感觉到被不公平对待后，个体常常变得态度不稳、心存偏见，与外界趋向隔绝，不仅怀疑现实，而且怀疑改变现实的可能性。一些个体建立起牢固的成见，不仅丧失了理想信念，甚至不相信还存在理想信念。个体的想象力更加丰富、多元，同时也发展出叛逆心

---

① [美] W·考夫曼. 存在主义 [M]. 陈鼓应, 孟祥森, 译. 北京：商务印书馆, 1995：178.

② [俄] 费·陀思妥耶夫斯基. 群魔 [M]. 臧仲伦, 译. 南京：译林出版社, 2002：757.

理，认定生活世界没有多少可信的对象——"玫红色的光焰熄灭了，在苍茫的荒野上，他们信赖的只是自己身体的体温、有节奏的心跳和时而急促时而舒缓的呼吸。"①

其次，个体不再相信被宣称的论调，不再严肃对待被刻意标榜的对象。挫败后的失望与被嘲后的恨意混合在一起，让个体深深感受到他者并不可靠。个体怀疑他者的动机，认为他者不过是在表演而已；不相信他者的正直，甚至不相信存在正直的人；人人都功利，都伪善，都不足以信任，因此都不值得严肃以待。自我规范、率先垂范对质疑的抑制作用不显，"认为人的一切行为动机、人与人结成的社会关系、政府权力的运作目的，都是自私、功利的，不相信人的世界里可能存在任何具有普遍意义的善良、德行和利他精神。"② 个体对他者的期待多数是义务期待，即便信任也是去情感化的伪信任。教育者与受教育者之间的信任关系趋近销售者与消费者之间的信任关系——个体在消费时，时常怀疑产品是否为真品。尤其当消费环境不够正式、造假技术又足以以假乱真时，怀疑往往更加强烈。

每一个体都明白，个体间的信任是美好教育生活的"黏合剂""润滑剂""助推剂"。每一个体都能意识到信任的必要性，一致认定有必要增强互信。然而，个体间的信任关系依然是脆弱的，彼此否定的张力依然在增加，疏离趋势依然在突显。人人都声称"为了……"，实际上都为了自己，教育生活场域四处充满虚假表象，少有对象值得深入交往。个体间的嫌隙增多，相互封闭、相互排异甚至相互压制，自己的内情尽量不让外人了解，消极敌意心态让双向性或多向性沟通变得困难。个体间不仅互不关心，而且互不放心，即便自身可能受益，依然选择怀疑他者。尽管真正出乎意料的教育生活现象越来越少，但还是习惯于保持一定的警惕性；尽管热切渴望信任，但又不敢信任，于是只能勉强将自我的信任建立在他者对

---

① 王宏图. 昆德拉热与文化犬儒主义 [J]. 探索与争鸣，2007 (3)：28-31.
② 徐贲. 颓废与沉默：透视犬儒文化 [M]. 北京：东方出版社，2015：75.

自我的信任的基础之上。个体更倾向于自我隐藏，同时为他者失信可能导致的后果随时做好准备。阅历越增加，对他者的信任度也越低，个体与他者之间时常开启没完没了的试探。"你"并不可靠，"我"也就无需对"你"讲真话——个体比接受各式宣称之前更加不信任教育生活逻辑。

个体间的信任原则依然通行，但开始有了背离倾向。诚信不再是个体间交往的自然之义。受教育者还未走出学校，便已感受到来自校外的种种信任危机。越来越多的教育者告诫受教育者不要相信陌生人。在体育课上，受教育者时常会被教授一些防身术，被要求养成遇事找警察的习惯性意识。所有这些，尽管都属必需，但个体间的不信任也随之无可避免地扩大化了。或者说，正是因为个体间的不信任无可避免地扩大化了，所有这些才成为必需。

再次，因组织诚信而产生的怀疑往往蕴含着教育生活风险。组织如果屡次失信，无论组织如何付出努力试图恢复信誉，个体对组织的幻灭感终究还是会产生。个体认为组织所做的决定缺乏真实性，继而对组织表现出轻视。诸多组织性安排的理论假设是人人应知，而真实的情况可能是人人不知——如果不关涉自身权益，个体并没有深度理解组织安排的主观欲求。教育者与受教育者、教育管理者与被管理者等个体间善意匮乏。一些不可取的保密做法导致了个体间的怀疑。一些教育管理者有意掩盖于己不利的因素，协同欺蒙、"制造"真相，习惯将责任推卸到具体执行者身上，以无法验证的含糊糊弄个体。教育管理者与被管理者彼此既怀疑对方的能力，也怀疑对方的意愿。对教育管理者们明铺暗盖的做派，被管理者们开始时心存抵制，时间久了也便习以为常，但信任度却明显降低。在千万不要被愚弄的提防性逻辑主导下，不相信的氛围不断弥散，熏染每一个体，最终没有个体可以免于被怀疑，最终受损的也是每一个体。

个体对组织持较重的防备意识，善意匮乏，信任开始成为有条件的，对组织发展前景的期待弱化。合理期待未能兑现，也便不再对期待有信心，继而时常怀疑组织力量不足、可能有不良动机、会违背公共伦理。在逆反心理主导下，个体对怀疑也表示怀疑，对批评也进行批评，有时连解释都是一种欺蒙。尤其是在虚拟空间，获得个体数据的基础是对个体浏览、交往（社交）、评论等精准教育生活轨迹的窥探。个体的隐私存在泄露风险。为避免泄露隐私，个体可能提交虚假信息，这又导致精准反馈失效。如此一来，数据抓取者与数据供给者都不再值得信任，二者彼此反噬几乎成为必然。

当不能批评组织或集体时，个体会假装充耳不闻、视而不见，个体清楚地知道自己处于虚假氛围之中，清楚地知道自己在做什么，也清楚地知道自己所做的实际上是不诚实的。在知的层面，个体已不再受到欺蒙，至少认为自己并未受到欺蒙。个体只是对规范、制度不信任，继而对制定规范、设计制度的人不信任。个体知道可以相信什么，也知道不应相信什么，但又不得不半信半疑。个体不想无缘无故地被卷入，不愿接触不容反思的毋庸置疑的元素。即便被要求相信，也只是表现出信任姿态，这种姿态是有意图的，与真信无关，不过是一种策略性选择。

总体而言，主体关系的变革使信任与怀疑的结构失去了平衡。个体的主体性不断突显，但个体间的信任分裂也愈发明显。教育生活世界成为原子式的相互猜忌的世界。盲目地、不明就里地予以信任往往意味着风险，但与此同时，对他者、对组织不得要领的总体性否定也导致理解上的错误。个体之间的信任机制被破坏，在较大程度上解构了诸多教育生活善念。每一个体都对信任持审视态度。表面看起来，审视似乎蕴含着探寻真理的品质，但一味地质疑，不加甄别地到处打问号，恰恰是缺失质疑品质和甄别标准的体现。既然谁也不能相信，最终能够相信的便只剩下了自己。既然什么都不能相信，最终能够相信的便只剩下了货币。信任变得越来越艰难了，个体逐渐学会了摸索、猜测、推断。个体有时在摸索、猜测、推断中明白，有时则陷入迷惘，但无论明白还是迷惘，似乎总与真相存在一段难以企及的距离。个体也许的确做到了不疑处有疑，却难以做到有疑处不疑。

(二) 反价值的主体价值建构

教育生活规范的建构无论多么细密，关键还在于个体是真正接受还是表面接受。持怀疑主义的教育者们和受教育者们显然不是文盲，他们只是反知识、反价值，不信任知识对构建公正秩序的价值，怀疑教育生活中的价值宣称对美好生活的真实效用。他们与知识、价值既彼此成就又互有嫌隙。对于理想，对于外界认可，对于价值取向，他们都有一套说辞。在他们的说辞中，讲演、说服、启发、讨论等诱导技巧多少蕴含着欺蒙，越是追求这些技巧，越可能感受到这样那样的欺蒙。反复遭受欺蒙之后，就容易采取怀疑态度或抵触行为，继而不相信教育生活中还有可靠的价值。

在教育生活中，个体时常被要求在理性与情感之间做出取舍。这种取舍最好平衡，最好能有一个清晰的思路。问题在于，在做出取舍时，多数个体都有自我中心倾向，习惯认定自己是正确、客观的，据此指责他者是臆断、错误的。问题还在于，个体为了平衡而做出的表面上的态度转变或表面上的行为矫正，是否真的是想与教育生活公共价值保持一致。"如果我独自一个人把严厉的约束加于自己，而其他人在那里为所欲为，那么我就会出于正直而成为呆子了。"[①] 为了避免因型塑态度或转变行为而成为呆子，个体普遍倾向"假塑""假转"——追求即用性知识，对不能立竿见影的长线逻辑持敷衍态度，对体验感较低的知识逻辑不感兴趣。在教或授的过程中，尽管强度在加大，压力在提升，但个体早已因失去兴趣而不再相信。"浅教授""假学习""理性地武断"导致认知弱化、虚化，教育生活中似是而非、半真半假、真假混融的状态增多。

鉴于非合作性博弈导致了诸多狭隘的竞争，在信息技术推动下，一个时髦的倾向是试图倚赖技术解决价值问题。关于个体的评价指标日益复杂而且高度智能化，无可避免地陷入了狭隘的技术主义逻辑。个体能看到访问量和好评度，教育生活看起来更加透明了，实际却不尽然。所谓的最受

---

① [英]大卫·休谟. 人性论[M]. 关文运, 译. 北京：商务印书馆, 1980：211.

欢迎可能是网络刷票的结果。靠虚假数据赚取荣誉的做法让个体对数据的信任降低。一些个体对于被宣扬的榜样认同感不高，以往被视为经典的教育形象，而今开始受到怀疑和嘲讽，以往十分奏效的示范效应，而今也逐渐开始变调。如果谁不遗余力地倡导应当有更高的追求，保不准会被认为是在唱高调，如果谁声称自己是在坚守自己的教育理想，也可能会被认为是在自我表扬。如果发现真的还有教育者在坚守教育理想，便会觉得惊奇，继而依然会发出这样那样的揣度与猜疑。

一些个体从主观好恶出发进行怀疑，猜度或确定事物时习惯于朝向负性，即便善行也能被他们剖析出背后的利己动机。个体间缺乏道德价值认同，不认为他者会做出纯粹的奉献行为。每一个体都通过宣称道德"益"他，通过追求货币"益"己。有时候，即便怀疑的事项或问题既无证据，又不符合客观事实，也不会放弃怀疑。个体所构建的生活逻辑是畸形的——关注结果正义甚于程序正义，执着于各类合规欺蒙形式的学习，宁愿将不道德地获利视为聪明，也不愿将头脑单纯视为正直，怀疑人生靠奋斗这样的信条，并通过习惯性的怀疑提升安全感。个体看重的更多是信任的工具价值，个体的教育生活取向发生偏移，缺乏归属感，懒得共享，哪怕共享有助于共赢。

尽管时常被要求保持谦逊，既要顾及专业性，又要顾及神圣性，但一些个体还未真正相信过就已经体现出较强的排斥意识，还没真正付出过努力就已经开始有幻灭感。因频频受到负性评价刺激时常愤世嫉俗，本然性地批评通行的教育生活价值，以无所坚守的面貌面对教育生活现实。复杂的教育生活处境加深了各种怀疑——怀疑知识之于人生的有用性，怀疑放之四海而皆准的知识是否真的存在，怀疑教育生活中被认定为正常的是否真正常，怀疑被宣称为合理的是否真的合理，怀疑被奉为至上的是否真有那么神圣。他们并不缺乏真诚性，只是追求的是放弃追求，成长的目的是走向"衰老"。他们努力让自己相信什么都不太可信——因为不相信理想可以通过努力而实现，所以不再为实现理想而努力，于是理想就真的不会实现,所以就更加不相信,于是就更加不愿努力。

一些个体面对主流教育生活叙事时持对立倾向,从主流教育生活叙事被定位为真知那一刻起,便开始了充满后现代色彩的抵制——不愿鹦鹉学舌地重复它们,不认同某类叙事被标识为唯一正确,不认为存在中心思想,不严肃地对待与己无关的形式。惯于存疑,热衷反讽貌似崇高的把戏。他们对崇高价值的运用是反思性运用。他们对被提供的价值观持怀疑态度,面对普遍规范时试图"划水""摸鱼",规范即便符合公共教育生活利益,但如果会损害自身利益,也会受到抵制。拥有美好期待,但也会频频诟病;渴望优质教育生活,但也不断提出质疑;弘扬教育生活价值,但也推诿宏大教育使命。在他们的意识世界里,即便教育生活中失信、狡诈并非常态,也不可能完全正直且始终充满善意;执着于完美的道德坚守反而可能一无所获、学而无用,解构主流教育生活叙事才蕴含着真正完整的生活智慧。因此,应重新构造关系,应对既有技巧、策略、所应负担的责任与义务进行审慎地反思以便形成自身真正信奉的教育生活逻辑。

事实上,教育生活中的知识体系不仅可以修正,而且"是由一整套强制推行和延续它们的制度系统来维持的;以限制的有时是暴力的方式来运作的"[1]。宁可执着于没有谜底的谜,也不想严肃对待装模作样的形式,不愿对假惺惺的宣称给予尊重,这自然值得称道,一定程度上还能发挥批判性建构的积极意义。但与此同时,个体的不幸也可能由"宁可"孳生的教育生活偏见导致,而且某些偏见还可能因过于细腻而不可更正。个体宁可遵循关于教育生活的自我预言,也不相信存在值得为之努力的崇高价值,进而就此发展出这个世界本不值得严肃地给予尊重的生活理念,这未免有极端化之嫌。如果头脑不够复杂,思维不够深刻,对诸众表面上的利他行为深信不疑,就会掩盖现实对功利主义和实用主义的推崇。然而,过于复杂似乎同样不可取。一些个体普遍性地怀疑既有教育生活规范,继而普遍性

---

[1] 许宝强,袁伟. 语言与翻译的政治 [C]. 北京:中央编译出版社,2001:5.

地怀疑规范制定的初衷和制定过程，甚至普遍性地怀疑人和人性，非但无助于端正思想、校正价值，而且还可能基于偏颇性认知与扭曲性事实生出变异的信任。

（三）无据自处的主体性自处

个体之间处于联结关系之中，时常需要相互依赖。一般认为，信任源于成功的相互依赖经验。与之相对，怀疑则源于受挫、失败的相互依赖经验。个体被漠视、疏远，无可依赖，自然无法形成对他者或外界的基本信任。怀疑惯习是产生主体性危机的根源。内心无所依据、怀疑自己的信条的个体，在现实教育生活中难以自处。怀疑让个体变得孤独（不合群）、抑郁（不乐观）、焦虑（不轻松）、畏惧（不主动）。如果陷入怀疑主义，就会失去对教育生活的归属感，不仅怀疑自身知识与信念的真实性，而且怀疑自身教育生活实践的意义。在较为极端的情况下，还会导致个体无法把握自我与他者之间的关系。

首先，过度怀疑的个体，自身内耗反而增加。一旦体验到现实教育生活的严酷性，个体更加怀疑自我存在的意义。除了自己，谁都不相信。个体不再有梦想，因为梦想的都是奢侈的。如饥似渴地读书，自由自在地写诗，高声畅快地谈论理想——个体很难相信这些令人向往的教育生活还会重现。读书的价值开始受到怀疑，诗的陪伴难抵生存的压力，至于理想的召唤，也仅仅只是召唤而已，面对骨感的现实生活，个体已经不太相信理想终究会实现。现实的教育生活也许依然具有诗意色彩，但并没有理想中那么多。有时候，诗性的张扬反而与无节制的解构、破坏紧密相关，"诗歌，任何诗歌，任何诗意的思维都是一种欺诈。或者更确切地说：是陷阱，是最可怕的陷阱之一。"[1]

面对各式规范，个体的自觉程度时常不尽如人意，不仅在规范体系中拒绝接纳他者，而且拒绝自我接纳。个体自我意识异化，自认并非教育生

---

[1] ［加］弗朗索瓦·里卡尔. 撒旦的视角：生活在别处［M］. 袁筱一，译. 上海：上海译文出版社，2004：424.

活的创造者，没有勇气创造标准、制定依据，几乎不以创造性身份自持，也不相信自己有权利、有能力做出可供仰赖的成绩。惯例性角色认知忽视对复杂真实的思考。用角色代替主体原本具有的丰富性，交往异化为角色性、刻板性交往。由于自我意识狭隘，个体时常陷入教育生活的幽暗面，德性沦落、精神溃散，始终有一种踏空感。个体时常被要求从自我做起，被教导自我守信才能最终收获他者的信任。然而，当面临权益纷争时，单方面的自我守信往往缺乏自觉践行的动力，矢志于从自我做起的个体最终反而成为了受损者。

其次，个体时刻注重对自身言说与行为进行防御性辩护。自我并不真正信任他者。对外在的怀疑是为了对自我进行庇护，只有习惯性的怀疑才能让内心稍稍有些安全感。虽同文又同种，更是同侪，也曾共同经历过喜悦与坎坷，个体间观点却并不一致。在各自的表述中，怀疑以匪夷所思的方式表现出来。"为人谋而不忠乎？与朋友交而不信乎？"[①] 之类的反省逐渐式微。信任越来越被视为宝贵的教育资源。有时候，向他者让渡了自己的权利，却没能获得相应的礼遇，这让个体对自身教育生活角色产生怀疑，继而导致主流教育生活叙事遭遇实践困境。

个体知觉程度较高，卑微又怀有自尊。个体之间交往虚化，因相互错过而不能相互理解，为了满足占有欲而相互猜忌。相似性为个体做出可靠性判断提供启发式参考，然而，自我与他者之间表面上的相似性不少，实质上的相似性很少。"冷感"在无意识的深处不断积淀，直至连自己也难以接受，孤独、保守、猜忌时常伴随，共享的生活习惯、行为方式逐渐减少。习惯性的或有意的标签式反馈让个体更多关注自己的弱点，对教育生活的延续性与恒常性失去信心。个体得不到共同体的呵护，甚至从共同体中被抛离，时常需要独立面对风险与挑战。或许，这就是萨特（Jean-Paul Sartre）所谓的"存在的孤独"——一种无所皈依、无所信赖的"本体性

---

① 孔丘. 论语 [M]. 程昌明, 译注. 太原：山西古籍出版社，1999：3.

孤独"①。

再次,自我情感上的卑微导致自我低评价与反效能倾向。一些个体表现出偏执性、情绪化等特殊品质,不愿遵循共同的教育生活价值,更不屑于共同践履它们,时常拒绝复杂的道德准则,既藐视又挑剔。对于教育管理规范多持抵制态度,甚至抱有顽固偏见。由于不稳定、不连续、不可预测,他们的话语逻辑和行为动机令人费解,既不与主流教育生活叙事在同一频道上,也不在同一时态里,因此似乎不能通过正常逻辑和他们进行有效的讨论。

个体在言说或践行过程中所持的立场是抽离的,时常萌发的利己动机往往伴随着对人、对事的猜忌与怀疑,教育信仰和教育理想也在猜忌、怀疑过程中弱化。时间一久,甚至对一些进步、发展也不抱什么希望——尽管在公开场合依旧声情并茂地鼓吹它们。既开放,又狭隘,时常在考虑自身的责任与成本之后选择推诿、观望。开明、和蔼,也自私、冷漠,同时还可能相信各式各样的决定论与命定论。匮乏时,受困于求而不得的痛苦;拥有时,又陷入不能得到更多的苦楚。无论欲望是否被满足,最终都往往陷入苦楚。消费主义和娱乐思维加剧了生活危机,生活中值得依靠的仅剩下物的确定性,然而满足了物欲也意味着为物所役。

最后,教育管理者们与被管理者们彼此熟悉,却阙失信任。他们都善于将责任与义务施加给对方。教育管理者们对事件进行解释往往意味着对事件负有责任,继而面临问责风险。被管理者们内心意愿无法有效表达,也没能受到充分关照,因而对教育生活失望。对双方而言,担负教育生活责任成了不得不担负的无奈之举。这种无奈之举与自恋、自卑等情结混融在一起,时常表现为使用异化言辞。"我已经老了",面对颇多无奈的生存境况,少了几分朝气,多了几分暮气,少了几分淳朴,多了几分复杂。因

---

① [法]让-保罗·萨特. 存在与虚无 [M]. 陈宣良,等译. 北京:生活·读书·新知三联书店,2007:22.

怀疑而失去了生活定位，变得不知所从。怀疑自己在教育生活中的角色，进而质问"我是谁"，认识不到自己该做什么，也不知道该把自己归入什么样的位置。

交往成本升高时，交往活动就会减少。如果制度不完善，就只能寄望于强管束。教育管理者单方输出，被管理者做出符合性行为，某些不成熟的表现很难说是被管理者自身发展的必然结果。较低的教育生活满意度，较低的教育生活价值认同感，加之自身教育生活逻辑封闭，势必导致心理负荷增加。不能完全依据自己的意愿中断或继续关系，也没有多少信心在教育生活中生活下去，由此表现出的自卑、懦弱、原则性强等，实际是一种教育生活防御机制。

三、教育生活问题制造及其效应

在教育生活中，每一个体都在试图剖析表象，提出问题并揭示本质。只是，由于理念冲突、利益分化、取向多元以及外部冲击，几乎没有什么教育生活问题能够一言以蔽之。即便所谓的异化现象，背后也存在支持该现象存在的众多显性的或隐含的现实缘由。因未知导致的神秘性遭到解构之后，到底什么才是真实的反而成为更复杂的问题。之前被广泛接纳的教育生活常识也被重新问题化。个体开始疑惑"还能相信什么""真正相信什么"。

（一）教育生活秩序趋于紊乱

怀疑氛围弥漫损害教育生活中所有个体的利益。个体之间的信任度降低导致尴尬的现实教育生活境遇以及秩序化教育生活的紊乱。由于普遍性的怀疑，不合作成为常态，个体间交往受阻。"他们可能怀疑某些人没有尽职，从而可能被诱惑得也不尽职。对这些诱惑的普遍领悟最终可能导致合作体系的崩溃。"① 象征系统、符号系统、专家系统都出现了系统性失灵。规范、绩效路径与人情、文化路径时有冲突。在功利性运转状态之中，有时连基本信任也受到侵蚀。

首先，竭力探求真相的时代正在过去，后真相（Post-truth）时代已然到来，客观事实对个体教育生活制造的影响变小，情感、信念对个体教育生活的影响加大。在个体教育生活中，敏感、吸睛、打动受众成为关键，纵然因此导致失真也在所不惜。舆论鼓动、情绪煽动的影响力超越了客观事实的影响力——当求真时常成为次要因素时，仅仅向个体揭示真相时常是不够的。

与口头信息和纸质媒介并列，"线上"已经成为个体获取教育生活信息的主要途径。空间和地域阻隔被打破，个体间的信息交流更加便利。持有类似信息的个体集聚在一起，某方面的信息被反复强化之后，谎言也能成为个体们信任的对象，真相反而被忽略。逆火效应（Backfire effect）得以验证——谎言比真相更有市场，一些澄清活动反而激起了更多的怀疑。当谎言与既有感受高度吻合时，随后抛出的关于谎言的反驳性证据反而让个体认定为对自身判断力的贬低，从而更加坚信谎言。

其次，货币是教育生活中重要的符号，对这一符号的信任是教育生活的基础性保证——相信货币背后的贵金属支撑，相信货币所代表的价值，相信其他个体也会接受贵金属的价值，相信它能无条件流通，相信它只会有条件贬值。然而，现实告诫个体货币也有失信的可能。有时候，个体也不得不面对假币之类的不安定的问题，这让个体对货币的信用产生怀疑。由此引发的警觉，一定程度上改变了个体的日常生活行为。

一些教育管理者倾向于打破个体的实利观念，将特定行为所表现出来的绩效上升为公共意义上每一个体所应遵循的准则。受此影响，背弃共识、背离承诺的现象时有发生，无限多劳与无事可做并存，超常的付出未

---

① [美]约翰·罗尔斯. 正义论[M]. 何怀宏，何包钢，廖申白，译. 北京：中国社会科学出版社，1988：205.

能获得对等的回报,也没有从其他方面获得弥补。个体不能得到应有的关怀,"此人"的得意往往意味着"彼人"的失意。竞争畸形,绩效制异化为劫掠制,个体的教育生活观因此更加狭隘,专业共同体也失去了构建的可能。对此,被管理者们不断地调侃、戏谑,就好像他们真的能在改变这种现象的过程中发挥作用。当然,从他们的调侃、戏谑中,能够清晰判断他们的核心诉求。在有些情况下,调侃、戏谑的背后,时常是普泛化的利益分配逻辑失序与惯有利益供给偏见的怂恿。

再次,教育生活中关于受教育者的信念偏狭,教育者与受教者之间交往淡漠,时常背离默契。基于一些世俗前提演绎出诸多荒诞逻辑,红包、补课费导致教育者与受教育者之间关系扭曲。教育者更像是生产者,受教育者更像是教育产品。受教育者是弱小的、未完成的,是被改造(被塑造)对象。顺从、听令是教育者信任受教育者的前提。赢得了教育者信任的受教育者才能获得"自由"。反之,特立独行的行为会被认定为随意行为,因此需要辅以各种监控策略。"人际关系陡然紧张了,因为相互间存在利益的竞争;人人都变得实际了,因为谁都面临着生存和发展的巨大压力。更为严重的是,激情的突围从一开始就表现为一种极端的非理性和无秩序:不管传统的道德还是市场的规则,包括各项政策法令,粗蛮任性的激情都一概加以作践。欺诈、背信、拐骗、腐败、权钱相互侵蚀、损公肥私、冷漠、以强凌弱……各种不道德的、违法乱纪的行为都出现了。"[1]

从更广的视域看,"货真价不实"甚至"货"也不真"价"也不实等甚至让熟人、亲朋之间也失去了信任。诸如此类的社会公共道德问题时常具体化为教育生活中的道德问题。有时候,明明是义正言辞的正面规训,个体之间的提防性却越来越强,人情味也越来越弱,共情成为奢侈品,戾气日趋加重。如果个体屡次发觉集体性公共道德逻辑的虚假,就可能从热情的集体主义走向冷漠的个人主义。

---

[1] 舒远招. 历史的选择:道德在当代的走向 [J]. 湖南师范大学社会科学学报,1995 (3):48-53.

最后，在流动、变换的教育生活中，为减低不确定性风险，公开的、稳定的制度性承诺尤其应当被谨遵。然而，此起彼伏的教育变革每每导致个体教育生活出现断裂。变革不遗余力地鼓吹革新、迭代、升华，制造了诸多潜在的副作用，导致教育生活不仅失范，而且失能。从更深的层面看，如果支撑变革的进步主义过分膨胀，同时生发的副作用很可能最终破坏繁荣的教育生活图景。即便有完善的现代控制体系，变革也不能发挥作用。

教育变革家们对知识的垄断程度大不如前，诸多原本复杂艰深的知识早已以喜闻乐见的形式走进个体日常生活。机会分配方面的显著差异导致和谐氛围被破坏，主体间分歧丛生、情感疏远、内耗增加。过度的制度刚性引发反感情绪，反而阻遏指令的顺利推行。教育变革家们推崇的规范不一定是正确的，至少不一定是最好的。一些个体做出过分之举不断试探变革落实的底线。诸如禁止择校之类的变革无法抵挡权力、关系、人情的冲击，甚至连变革规范的制定者也屡屡僭越规范。

（二）假装的真信与价值变异

信任意味着对他者履行承诺的能力持认可态度，是良好行为的前提，是追求教育生活目标的要件。"在不可能受固定的标准控制的地方，必须要有信任，做到这一点的办法就是直率、热情与开诚布公。"① 对知识教授者和知识学习者而言，"真信"是基本要求。

学者们曾经认为，"如果缺乏思考是核心问题的话，那么解决方案就在于给各种机构输入目标……对目标的思考，对通过教学技巧、教育内容和组织机构实现或改变目标的方式的思考。"② 然而，问题显然不会如此简单。问题在于，输入的目标会在个体教育生活中产生复杂的变异，它可能

---

① [英]安东尼·吉登斯. 现代性的后果[M]. 田禾, 译. 南京：译林出版社, 2011: 106.

② Silberman C. E. Crisis in the classroom: the remaking of American education. New York: Random House, 1970: 10-11.

被谨守，也可能被抵制，还可能时而被谨守时而被抵制。

从个体层面看，个体教育生活中遭遇的不安实际是一种压抑感。它既可由尚未发生的潜在因素导致，也可因某些量变不断积累而诱发。个体长期受到压抑，不安始终无以消解，出于更好生活的营谋，只能假装真相信。"律令为人接受，不是因为它是真的，而是因为它是必不可少的，也就是说，它的权威是'没有真理'（without truth）的。驱使人们相信可以在律令中发现真理的，是必不可少的结构性幻觉（structural illusion）。"①于是，一些秉持怀疑主义的个体开始假装真信公理，假装真信"教育生活是有意义的""应当相信良心或道德""德与福终要合一"之类的命题——在坚定的理想主义者那里，这些命题原本是自明的。

现代生活的典型特质是"将生活经验的基础性方面（特别是道德危机）从经由现代抽象系统所建立起来的日常生活常规中移走"②。个体真正能够在教育生活中作为根据的实践性价值越来越少。个体的信任对象时常是象征符号、抽象体系或抽象逻辑，由此而衍生的信任逻辑"是建立在信赖（那些个人并未知晓的）原则的正确性基础之上的，而不是建立在对他人的'道德品质'（良好动机）的信赖之上"③。这让个体的教育生活既具有便捷、高效的特质，也易于引发具体性、细节化的怀疑。当怀疑无以确证、无法解脱时，个体也只能权且相信。

从专业层面看，在精细分工背景下，专业化的技术逻辑错综复杂，个体由于时间、精力、知识、能力的有限性，只能依赖专家供给的信息，脱离了专家，个体时常不能清晰地理解，为了更好地生活，也只能依赖专家的指点与建议。专家们决定着教育生活事件的解释、价值判断标准和行动

---

① ［斯洛文尼亚］斯拉沃热·齐泽克. 意识形态的崇高客体［M］. 季广茂，译. 北京：中央编译出版社，2017：40.
② ［英］安东尼·吉登斯. 现代性与自我认同［M］. 赵旭东，方文，译. 北京：生活·读书·新知三联书店，1998：182.
③ ［英］安东尼·吉登斯. 现代性的后果［M］. 田禾，译. 南京：译林出版社，2011：30.

决策方向，他们表面谦虚，说自己是在服务，实际却时常不经意间表现出傲慢态度。个体既离不开专家，又对专家的言说、行为、技能表示怀疑。个体在对专家的建议赋予信任度时不得不考虑建议的适用度，这本身就是一种"半信"。

一个屡见不鲜的情形是，一些所谓的专家以知识权威为幌子，在利益驱动下说出一些有悖常识、甚为滑稽的大话，用贴"科学"标签的方式赢得个体的信任。即便抛开专家自身的德行问题不论，至少也能说明专家也存在知识有限性与理性有限性，专家自身也有个水平不断提升的过程。有时候，专家之间对教育生活问题的观点也会呈现分歧。这意味着，任何个体的判断都可能出现问题。因此，专家体系也是一种有风险的体系。正是基于这些认知，诸多个体对专家作为真理化身这类逻辑并不真信——只是由于专家代表、掌控着实实在在的利益，个体才假装真信。

从管理层面看，个体时常既被要求真信，又被要求遵从强制性规章。"事实上，无论政策是否可行、是否公正、是否遭到教师的强烈反对，在征求教师意愿之前，领导层就已经下定决心了。教师参与决策只是一种形式，学校制度借助'群体决策'的合法化程序后，无论教师是否认同，都必须遵从。""在'虚假的赋权'中，知趣的教师会主动迎合领导的胃口，逆反的教师往往会以工作繁忙为由推辞，如果参与决策的教师不识相，非要跟领导较真，那结果就是这个教师被排除在决策程序之外，成为被'失语'的对象。"[①]

为了突显民主管理，教育管理者们形式上鼓励参与，实质是想实现更柔性的控制。赋权的真实目的在于以权力与责任对等为理由要求被管理者们更大程度地担责。被管理者们的意见大多针对教育生活现实，鲜少获得实质性回应。在经历一系列的表面程序之后，被管理者们往往生出种种被欺蒙的愤怒感与无力感，然而为了生存与发展，他们不得不假装参与，假

---

① 符太胜，严仲连. 信任与信任危机：教师赋权增能的核心问题 [J]. 教育理论与实践，2014 (25)：42-46.

装被赋权后有权。

为了突显管理绩效，一些曲意迎合的个体成为"真实"的制造者。强烈的谋利动机诱导个体想方设法投机，可能的管理成绩被夸张地表述出来，"摒弃理性的论证，投身于意识形态的仪式（ideological ritual），通过重复那无意义的姿势使自己变得麻木，假装你已经相信了什么，到那时，你就会真的相信什么。"[①] 个性化的风格被同质化的教育生活逻辑湮没，适应的必要条件是否定真实自我。长此以往，个体的教育生活注定是失败的。这种失败"不在于这样的一个事实，即人们过分地关心他们的自身利益，而是在于他们并没有充分地关心他们真正的自身利益"[②]。

从具体效应看，对兑现美好愿景的普遍假装真信，对教育变革进程产生了显著的阻碍作用。与过度的普遍怀疑导致价值虚无相类似，几乎所有的假装真信最终都会产生幻灭感。尽管表面工作务必要做好，但由于规则、意义、宣称是虚假的，也就无需真敬畏了。变革的信任条件遭到侵蚀，对立加剧、矛盾升级，解释、沟通、管理变得困难。变革更加以组织为重，重集体性付出而轻个体性所得，对组织性目标过度追求，有意无意地忽视个体性诉求，向个体灌注轻视私利的思想，忽视个体奉献的必要限度，不管个体身体上是否吃得消，心理上是否受得了；将个体自愿的服务异化为个体应担负的义务，为提升管理业绩对个体的付出进行有失公允的侵占。

既然假装真信没什么问题，那么"花钱买服务（学历、论文、职称、奖项）""秉持双标"也并非决然不可了。于是，自然可以一边西装革履，以舶来、移植的教育生活理念为尊，一边高冠玉带，说要弘扬国粹、做好传承，搞好了就是中西融合，搞不好就是精神分裂——这正是教育生活复

---

① [斯洛文尼亚]斯拉沃热·齐泽克. 意识形态的崇高客体[M]. 季广茂，译. 北京：中央编译出版社，2017：42.
② [美]埃·弗洛姆. 为自己的人[M]. 孙依依，译. 北京：生活·读书·新知三联书店，1988：136.

杂性的现实写照。

假装的真信导致教育生活在信念建构、规范执行、制度实践等层面均存在不同程度的偏差，这些偏差又进一步导致信任的弱化与功利化。假装的深刻与普遍的功利逻辑并存，个体对教育生活的需求更多是现实性需求，消解个体不安的前提通常是利益回报。认知多是功利性的认知，信任也多是功利性的信任。不求有益，但求有利，实利成为个体教育生活的价值依据。个体们真信的实际是优质教育资源、优异考试成绩。必要时，个体还会通过择校、"移民"（如高考移民）等方式获取它们。

（三）充满相对性的复杂怀疑

在个体层面，怀疑易于导致复杂性归因。有时候，个体发出疑问、惯于"互怼"的目的是试图从相对性视角加以否定，而非积极地探求真理。有时候，异见者被归为抨击对象的同伙，继而被有意贬抑。

个体批评虚假的、无意义的生活，但也散播负能量，熬制毒鸡汤，因为局部性问题便对教育生活全盘否定。不是好的就是坏的，不是"忠粉"就是"死敌"，诸如此类的两极性说辞都有过分简单化之嫌。被说得很严重的教育生活不公，可能事实上仅仅是一点点不公，被视为不可饶恕的教育生活中的虚假，可能仅仅是无碍大局的善意虚假——之所以加重描述、夸大其词，往往是想确立一个可以宣泄的借口。

在管理层面，教育管理群体的公信力纵然有待提高，但一些被管理者时常无依据地怀疑教育管理者言说的真实性，怀疑他们行为的真实动机，认为他们的言说很可能是一种试图有益于己的自我服务，尤其怀疑他们那些"应当如何"的论调。依据这些怀疑一些被管理者会向另一些被管理者讲述类似费力不讨好的故事，告诫他们避免摊上事。

在升学压力持续增加、题海式的强化练习、个体间等级差异变大等背景下，被管理者们对教育管理的形式与动机产生怀疑，认为教育管理的要义就是利用各种手段压迫自己，因而逐渐失去热情，不愿积极提供支持或建议，乃至对规范或举措冷嘲热讽。一些被管理者擅于对深层次、结构性问题进行逆向解读，他们的逻辑是，教育管理者们在落实素质教育方面造假，又怎能保证他们不在落实其他要求时造假？同一教育场域"这些"教育管理者造假，又怎能确保"那些"教育管理者从未造假？循此逻辑，几乎所有的教育管理者都会被怀疑。

在专业层面，个体不再信任专家，对教育专家的良心特质产生怀疑，将其视为某种利益的代言人（"托"）。在化解复杂的教育生活问题时，专家的建议反而显得不必要，也无意义。出现舆情危机时，专家们的应对效果不佳，造成的影响时常被放大。他们时常考虑不够周详，在遭遇哄客们的吐槽声浪时不知该如何是好。他们的一些笼而统之的建议缺乏建设性，既不鲜活也不丰富，既缺乏深度加工，也缺乏灵活拓展。

按照熵增定律，相较于从有序到混乱的转换，从混乱变有序会付出更大代价。在专业层面，信任的损益事实上也具有非对称性，损害信任容易，增进信任却极为困难。在现实教育生活中，全球性、系统性的风险早已超出专家们的预测与控制范畴。专家们相互矛盾、相互争论的情形不时暴露于个体面前。一些个体只将信任给予专家中的专家，更多个体连资深专家的主张也开始怀疑。因为怀疑权威们的解答，所以用"建议专家不要建议"进行挖苦与反讽。因为怀疑专家们给定的幸福观，所以用"以后再也不想幸福了"进行调侃与戏谑。

在技术层面，信息技术时代个体间面对面的交往淡化，传统的信任逻辑逐渐演变为以数据为主导的新型信任逻辑。高带宽、低延时让数据获取、数据分析的智能程度大幅提高，信息传播范围小、被垄断、受到权力控制等现象获得改观。为获得信任，个体不仅需要用数据说话，还需要用大数据说话。一些传统信任机制的漏洞被填补。但与此同时，信息化也衍生出新的怀疑主义。数据更容易被篡改，数据造假更容易、规模也更大。数据是客观的，给出数据的机器也是客观的，然而操纵机器和发布数据的人却可能是别有用心的。为了满足管理方或需求方对宣传、流量的要求，原本被教育管理者们较为信任的机器给出的浏览量、参与人数和好评率等数据被多重技术手段修改，充当起制造假象的证据。这说明，信任不仅关涉施信方和受信方，还关涉介于二者之间的信息供应链。供应链的多元性使信任机制的建构变得复杂。除个体之间的关系外，个体与信息供应链之间，甚至信息供应链之间的关系也必须加以审慎考察。信任不仅依赖个体品格与情感趋向，还建基于个体对信息供应链的接受度，不仅依赖公共道德和制度安排，还要求实现区块链内部关系的合理架构。

几乎没有关于事实的描述是对事实的完全照搬。即便是高分辨率的相机，也不过是对事实的不完全映照与局部性截取[①]。对于事实而言，任何信息承载都意味着缺失，继而意味着不同程度的情境跳离。非但如此，借助后期数字化处理等信息技术，所承载的信息还可以被有意安插或架构于不同情境中，继而被赋予不同的意义。有时，即便被赋予的意义与原义大相径庭也在所不惜。因此，数据为教育生活供给真实，同时也在有意无意地改造真实，结果便是真实屡屡被收编，眼见之实也不一定真实。

四、教育生活价值失调与信任退化

信任必然依赖特定的情境构造与条件支撑，它既关涉领地与边界，也关涉历史与时间。教育生活中的诸多衰减或后退都可以基于反信任逻辑加以解释。无论是教育者还是受教育者，如果他们多次感受到欺蒙，很容易像普通社会个体那样变得不再相信美好的生活内容与生活目标。而且，与不再相信相伴随的，还包括期待弱化与教育生活秩序复杂化。

怀疑长期累积，迟早会以退化的形式表现出来。当教育生活严重偏向应试与绩效，集中于形式操弄和唯利逻辑时，就会不可避免地出现信任退化。持续性的信任退化不仅会使教育生活中个体间的公共信任关系受到侵蚀，而且导致以主流教育生活价值为基础的信任结构失调。一段无序、无

---

① 即便抛开"摆拍"不论，在运用相机时，不同的主体还是会截取事实的不同"侧面"。

结构状态（即通常所言的"失范"）之后，特殊信任、差序信任大行其道——个体形成了一种特殊主义取向。与普遍化的规范和原则相较，个体更推崇"小灶""特供"，更乐于探求"土办法""潜规则"。

（一）公共价值体系趋于式微

在理论层面，信任让团结、道德、正义、智慧等复杂的教育生活公共价值体系更为有序。"信任是教育中最基本的关系，作为一种策略，信任能够简化教育的复杂性，实现各种力量自由地、真正地联合。信任使道德教育具有关系性、公共性和正义性，使智慧教育具有探险性、创造性和反思性，使情感教育具有安全性、健康性和发展性，因此，它是非常重要的教育实践智慧。"[①] 真挚、稳定、可靠向来被视为信任的基本属性。然而，在具体实施过程中，现实教育生活既追求政治性又追求科学性，既自由又保守，既道德又功利，既理想主义又实用主义。一些公共价值即便众所公认，也不一定能够真正落实。通过规范予以保障并不意味着现实中一定能够获得保障。公共价值守护者们时常未能做出期待中的理性反应，这让他们变得不那么可信，甚而所谓的教育权威也已经不能满足个体的信任需要。

在发觉无法仰仗、无法依赖之后，个体教育生活的不稳定性增加。个体不再相信口号式的教育宣称，也不再严肃地对待基于口号而衍生的教育生活逻辑。有时候，由于教育生活关系的深层结构发生改变，个体无原则地怀疑反而挖出了真相。头脑复杂的个体开始意识到，在课堂上、在书本中过于极端地区分善与恶，辨别是与非，反而可能流于肤浅，导致头脑简单。这类个体不自以为高明，也不相信有什么太过高明的事物，不太相信真知还能真正存在，也不愿打着追求真知的旗号批评现实——不能简单地将他们定性为没有价值追求，也不能简单地认定他们拥有真正的价值追求。

---

① 曹正善. 信任的教育学理解[J]. 四川师范大学学报（社会科学版），2007(4): 46-48.

教育生活中存在工会、教研组、工作坊等各类共同体，然而它们似乎失去了本体性功能，只是单纯的形式化存在。它们只是习惯性地打着共同体的旗号，只有少数成员对它们有真正的归属感，尤其在失意情境中，个体易于对这类公共价值载体形成片面理解，敬畏感也不断下降。规范的不确定、规范实施过程中的变通持续产生冲击，导致个体产生无效感和无奈感。个别负面案例即可造成对整个教育生活群体的污名，继而对共同体的未来规划和美好蓝图也持怀疑心态。

公共价值体系式微还指教育生活中蕴含的求知精神、专业技术和培养成就受到怀疑。个体从未放弃信任需要，只是将这种需要转移到了应试宝典、教培机构等其他地方。在极端情况下，个体宁可相信怪力乱神以求榜上有名，为了择校甘愿担负被诈骗的风险，为了升学甚至会严肃思考微信朋友圈里的流言。个体宁可轻信、误信，也不愿再听教育权威们的规则解读与谆谆教诲。个体醉心博取功利，唯一相信的是相信对方也承认货币价值。个体的信与不信看似滑稽，甚至自相矛盾，但都彼此融通、互为表里，都源于个体的生活阅历。

与法理相比，个体更看重情理。形式不一的竞争将个体挤入不同圈层，为了满足自身安全需要，不同圈层的个体间彼此保持着审慎的提防，对底线的稳定感衰减。由于对教育生活事件的性质、后果、控制策略缺乏共识，公共教育生活秩序逐渐销蚀，同舟共济之感阙失，最终只剩下了相互猜忌。种种巧妙的无人担责的局面被制造出来，个体心目中原本敬仰的共同价值坍塌了，对原本高度信赖的逻辑也产生了怀疑。规范及其监督机制时常失效，规范非但没能规范个体的教育生活，反而增加了教育生活的风险。知识与德性自然重要，货币与权利似乎更为重要，脆弱的信任架构在资本的强势逻辑面前不堪一击。以权利本位为基础的文化盛行，个体对权利的向往远远胜过对法理的思索。

（二）教育生活热情逐渐销蚀

为了赢回被管理者们的信任，管理者们不断对教育生活利益格局进行调整，不断借助原来的良好印象试图唤起彼此的信任，采取措施努力遏制信任度下滑的趋势，想方设法促进信任重建过程。只是，信任也许可以逐渐赢回，教育生活热情的销蚀却可能无以挽回。有时候，信任的确是实现了，却是以牺牲信任的终极意义为代价的，真正的深刻、坦诚与自由并没有产生。

以诚相待反遭伤害，不免让诚信者心寒，导致个体认定诚信为本是对复杂教育生活的误读。规范实施失范提升了个体的失落感，诸多个体怀疑教育管理者的管理动机，因不相信而失去热情。哪有那么美好的教育生活？都不过是纸上弄辞而已。参与其中必会失望，因此不如不参与。个体并非不能清楚地认识自我，并非不能清晰地辨识真理与谬误，只是不再相信各式冠冕堂皇的宣称，并因不信而颓废、麻痹。在多次被欺蒙之后，早已不再期待教育管理者口中美轮美奂的未来蓝图。诸多预设的诚实假定被消解，随着教育生活阅历的增进，个体更加清醒地意识到了维系教育生活逻辑的究竟是什么。

教育管理更多考虑的是事务的高效处理与组织的整体发展，并不要求个体表现出太高的自主性①，因此较少顾及单一个体的优势发挥与切实感受。一些个体在以这种教育管理取向为基础的竞争中处境不利，继而开始轻视与之相关的教育生活，对其中的生活逻辑持不信任态度。持续性压力、成绩或业绩不如意导致的挫败感，逐渐让个体变得精疲力竭。个体的选择遭到破坏，自由遭到压制，乐观信念受到冲击，取而代之的是焦虑与犹疑。一些个体的相对剥夺感被强化。一些个体干脆不愿担负求知使命，认为求知使命都是说说就行或说来好听的，不愿再盲目地抵押自己的情感，不再对成功的教育生活饱含期待。

诸多理所当然的信任已然无存，教育生活中"升腾弥漫起一道信任危

---

① 对于组织的高效性与整体性而言，过多的个体自主性反而意味着片面性，继而导致过程复杂化与结果偏移。

机的迷障"①。信任匮乏的教育生活世界难以提供预期的承诺，也不能给予个体长久的安全感。在这样的教育生活中，权益不被保障，诉求无以实现，诸多信任因素标识不清，加之个体的辨识力有限，不确定性感知被放大。当个体认为教育生活由诸多不可信因素所掌控时，就可能减少投入，不再倾尽全力。"肯定不是好事""都是坑"的定势思维导致个体处善而不觉善，难以被安抚、感化，对他者的善意持否定或轻视态度，在关涉具体实践时，内心的漠然还会转变为迷茫、冷漠、敷衍等外在的不合作。

基于人格特质的信任具有主观情感的意蕴，基于理性计算的信任则具有谋求实利的意蕴。后一种情况通常关涉具体收益和前景，只有在风险能够承受、预期收益能够接受的情况下，合作才可能发生。对于一些个体而言，当他们构建教育生活信念、养成教育生活情感、做出教育生活行为、信任教育生活秩序时，不是因为教育生活提升了他们的智识、德性水平，也不是因为教育生活有什么其他值得推崇的内在意义，而是因为他们与教育生活之间存在广泛的利益关联。此时，个体尽管信任，认同性却受到侵蚀，个体不得不降低对理想教育生活的预期，疲于梳理复杂的交往网络，在潜在收益与潜在成本之间反复权衡。个体因利而信，内心却是焦虑的，认知成本显著增加，身心和谐难免受到影响。

（三）辨明伪善后消极地应对

个体对周遭信息的感知情况，以及对教育管理者的信任程度，都会影响其实践应对。个体的期望与现实教育生活中的实际感受不相吻合，既可能表现为对教育生活理念的不信任，也可能表现为对教育生活规范的失望和不满。有时候，期望越热切、越正派，反而越可能感知到不公。如果总是不信任，不投入、不担当等消极应对就会无以避免。如果言语、行为总是趋于消极，误解必然增多，规范的实施也容易卡壳。

---

① ［英］安东尼·吉登斯. 现代性与自我认同［M］. 赵旭东，方文，译. 北京：生活·读书·新知三联书店，1998：70.

为了避免在教育生活中被抛弃，至少也要做到消极适应。个体深知道德背后还有伪道德，规则背后还有隐规则，然而在教育生活实践中却选择接受这一整套游戏规则。尽管这种选择的目的是自利，但依然是一种现实选择。"这事不能说太细""你懂的"实际是对教育管理举措和教育变革讳莫如深。长此以往，即便教育生活中传出正面形象，个体也会对其进行功利主义解读，认定所谓的正面形象是有意树立的，是为了捞取公共关注度而进行的伪善的作秀。个体并不是简单地反价值、反信仰、反理想，只是在理性地思考之后，对理性丧失了信心。个体比较认可的本真就是教育生活中几乎没有本真，比较接受的信仰就是不应过分相信信仰。"它看穿、看透，同时却无所作为和不相信有任何可以作为的希望。它在任何一种高尚、崇高、理想的表相下面都急于洞察贪婪、权欲、私利、伪善和欺骗，在任何一种公共理想、社会理念、道德价值后面都能发现骗局、诡计、危险和阴谋。"[1] 不相信理想真的能够实现，所以便不再奋斗，长期不奋斗，理想自然不能实现，这又加重了他们的不相信，随之而来的便是更深刻的不再奋斗，结果自然是理想更加不可能实现。

一些个体较少在批评与怀疑的过程中平衡感性与理性，较少对各式教育生活隔膜加以分辨，更多时候，他们通过颓废的表现宣示对教育生活的反叛。说教太多了，诱导实际就是引诱，努力也是白费，于是开始虚无地生活。没有不安，也没有迷茫，只是盲目；不批评，也不建构，只是不相信。不为了谁，谁都不为，也不为了什么，什么都不为。不再相信道德信条，转而否定道德对于生活的规范作用。在具体践行中剔除道德中的文明、义务、向善等因素，变成了自如效应的主张者和道德相对主义者——无原则、无建设、无肯定、无同情。如此一来，主流教育生活叙事中关于诚实、正直、公平的道理就都不存在了。即便业不精、惑不解，只要看得透，依然能够生活得坦然。这既是自我中心的一种柔性表达，也是一种自

---

[1] 徐贲. 当代犬儒主义的良心与希望 [J]. 读书，2014 (7)：29-37.

我疗愈方法。

在教育变革中，除管理效率低下、资源配置低效等有待改进的客观事实之外，一些个体的制度感知与理念感知也存在不同程度的偏差。一方面，他们对教育变革的政策、方法采取知而不信的态度，认为难以成功，认定理想化的变革举措没有真正实现的可能性，但鉴于政策的权威性也只好不再言语，于是摆出一副无责态度，不再认真、敷衍了事。多数情况下，他们知道问题出在哪里，也知道该怎么做，但他们没有那么做。他们之所以没有那么做，除了固有的认知偏差之外，有时是因为不敢，有时是因为不愿，有时则是因为不能。另一方面，个体时常不能获得关于变革的整体性、全面性信息。在"无知"的情形中，常常有信任的需要。但由于信息缺失，也只能暂且信任。信任由此成为克服信息缺失与"无知"弱点的现实策略——即便有所怀疑，即便并非完全托付，也只能选择相信；尽管依然存在风险，但也只能权且相信专家们已经将风险发生的可能性降到了最低。

一些个体对教育生活的控制感降低，难以预测自身的未来状态，他们所秉持的价值理念混杂又趋同，非合作化倾向明显，既相信行行出状元，也执着于学历文凭，为了迎合，屡屡进行与本真教育生活不相适宜的尝试，更倾向于不配合、不协助、不共享，漠视已经存在的信任危机，甚至对危机状态予以接受。在第一次感受过教育变革的阵痛后，会理智地告诫自己不要再参与第二次。他们还向参与变革的其他个体描述这种阵痛，告诫其他个体主动规避以免步其后尘。他们深知，盲目信任变革承诺无异于将可能视为绝对。如果参与变革具有变相强制性，他们就会秉持变通主义——有意规制自身的言说与行动，让它们介于好与坏、积极与消极、支持与反对等模糊地带之间。

教育生活中惯例性思维与革新性理念并存，然而个体却懒得揭示——个体只是怀疑，模仿科层制逻辑在教育生活中例行公事。个体不能主导规则的制定，知道其中的取向，但也只能无奈地接受。个体甚至享受过批判的痛快，但也知道批判的效果很可能不甚了了。很多时候，批判对象并未被问责，批判之后的精神面貌和意识状况并无实质性改观。当口头批判逐渐失效之后，最终能做的就是闭口，之后静悄悄地"用脚投票"，以各式模糊的、难以被准确定性的实际行动进行抵制。在复杂的抵制中，没有明显的断裂，也没有显著的崩塌——教育生活的主导逻辑表现为一种不易察觉的样态。个体降低了实质性参与的频率，对于自我与非我，都能坦然处之——既没有体现崇高价值，也没有悖离道德规范，不值得大力提倡，但也在可接受范围之内，不会被热情赞扬，但也还是能够被认可。

（四）主体间基础性信任退化

信任能够简化主体间生活的复杂性，降低生活成本，它让个体在现实教育生活中不必总是顾及情境，也不必总是顾及主体的身份或阶层。信任具备拓展交往时空、贯穿过去与未来、融合在场与缺场等复杂效用，也是衡量自我价值实现程度的重要标尺。对于个体间交往而言，信任是一种节约手段，它不仅可以缓解彼此间的顾虑与警惕，还可以让个体从提防的心理逻辑和外部氛围中解脱出来。

破坏教育生活公共价值、践踏教育生活规范、僭越教育生活公共秩序的言行会导致信任退化。信任退化可能是理性计算的结果，可能是情感因素发挥效应的过程，可能缘于不佳的个体间互动，也可能缘于未能兑现的约定或承诺，还可能缘于模糊、泛化的教育评价。"信任退化关联着更广泛的，对知识的权威、科学力量的信心以及专家传递出的控制我们身体的能力的认识论挑战。"[1] 它意味着个体对行动能够获得预期的回报持怀疑态度，甚至意味着依据既有价值逻辑和选择依据已经无法形成稳定的预期。

从个体层面看，信任退化本质上是个体对自身生活样态的本体性焦虑。一些个体构建起以不信任为本体的处世哲学——对评价标准不信任，对学习动机不信任，对专业操守不信任，对未来蓝图不信任。除了本人，

---

[1] Ward P. & Meyer S. Trust, Social Quality and Wellbeing: A Sociological Exegesis. Development and Society, 2009, 38 (2): 339-363.

不轻易信任任何人，随意付出信任有风险，因此保持"安全距离"至关重要。善意的期待往往因善意匮乏而受到怀疑，个体间的信任链到"本人"这里便无法联结。此时，即便个体付诸行动，也更多出于义务或道德考量而非出于信任。

个体对他者的动机表示怀疑，对他者的行为也不相信，习惯性地不加区分，统统视为套路，为恢复信任而实施的"打假""去伪"举措时常是杯水车薪。信任机制被消解，托付的情形越来越少发生。个体只相信自己的刻板印象，怀疑这种印象之外的其他印象，将他者归为特定类别，继而给予较低的信任。复杂的理性计算降低了遭受失信的风险，却会显著提升个体间的交往成本。个体时常必须顾虑所有的相关性，这让个体活得非常"累"。个体长时间处于不信任状态，需要面对的教育生活困境也会增多。

从管理层面看，教育管理者不得不加大时间、精力和物资投入以维持必要的信誉。被管理者们则不得不耗费更多的时间、精力和物资对真伪、善恶进行识别、判断。教育管理者们不仅要做好，而且要让被管理者相信他们是在做好。教育生活中良好愿望与"怎样做都不对"的困境共存，教育管理者们一番苦心，被管理者们却依然不满。

一些被管理者还可能遭遇被愚弄的情形，被愚弄感逐渐确立之后，教育管理者们即便讲真话、办实事，也鲜有被管理者相信。管理效率降低，越来越难以服众，被管理者们不相信教育管理者们是真心服务，不相信管理规范会有真正的效力。这不只是一种提防、警觉状态，更是个体在管理与被管理关系中的一种生存方式。随着不信任氛围的蔓延，对个别教育管理者的不信任逐步扩展到对所有教育管理者的不信任。个别被管理者甚至变得死活都不信，逢管理必唾，逢专家必讽，即便有些靠辛勤劳作致富的案例，他们也并不相信。

从风险层面看，信任退化与风险判断存在紧密关系。由于风险的不确定性、未知性与非直观性，如果应对风险的体制不够完善，应对风险的心理基础也不厚实，各种风险叙事就会流行。在风险叙事中，价值、理想、信念都会受到怀疑，时常需要有第三方居间才能够建构信任。个体不愿承担付出信任的风险，进而采取自我保护性防御策略。很多时候，风险对个体的负性影响并不会立即显露，而是存在滞后性，甚至仅仅作为长期隐患而存在，这反而给个体制造了更深刻、更持久的困扰。个体处于风险焦虑之中，个体间相互怀疑、交流有限，信任平衡更容易被打破。个体间生活理念离散，可靠性感受偏弱，关系渐渐趋于冷淡，最终成为熟悉的陌生人。

由于风险效应，圈内偏好（in-group favoritism）和圈外歧视（out-group derogation）现象渐趋普遍，信任结构呈现出差序性，信任"自己人"而排异"外人"成为常态。在各种形式的圈子之内，存在着高水平的信任关系。一旦超出圈子范围，信任水平便会急遽降低。"人们通常对内群体成员的可信性有积极的感知；相反，当人们面对其他群体时，会认为这个群体的成员比自己所属群体的成员更加不值得信任。"[1] 个体将诚实、守信归属于圈内属性，圈内个体间的怀疑范畴缩小，圈内个体与圈外个体间的差异则往往被夸大。信任更多在相对封闭的交往范畴内发生，个体宁愿相信圈层内私下、隐秘的表达。低水平的公共信任与高水平的圈子信任并存。个体的信任半径明显变小，信任反而抑制了教育生活的开放性、整体性，一定程度上也增加了信任成本和个体间交往的代价。

---

[1] 辛自强，辛素飞. 被信任者社会身份复杂性对其可信性的影响 [J]. 心理学报，2014 (3)：415-426.

第八章
虚无理念：非欲又有所指的教育生活取向

个体教育生活异化历程中，教育生活价值的异化是重要一环。自然价值与社会价值共同型构教育生活价值。信念和使命等内在核心社会价值依然健在，但其他多数社会价值已被抽离，单维度、无意义的教育生活出现。在崇尚多元的时代，个体的选择只要不违背伦理，又不违背法律，就难以再去刻意指摘。既然卢梭（J. Ronsseau）的消极教育理念能够成立，某些佛系理念信奉者的认知和行为也有其自洽性发生机理。

教育生活中传统的形而上学开始落后于新涌现的形而上学。普遍化的犬儒状态，以及躺平理念的流行，本身便是传统形而上学出现问题的症候。以往被认为值得追求的教育生活正在离个体远去。在竞争泛滥的教育氛围中，个体的心理结构、价值结构时刻都在发生变化，竞争失败常常意味着不被尊重，在这种背景下，虚无、佛系有时反而具备积极存在意义。在从全能体制时代过渡到后全能体制时代的过程中，个体的教育生活似乎更加艰难了。个体仅凭自身努力而赢得生存空间的可能似乎越来越小。个体更易于陷入无奈。有时候，一些个体无论如何努力似乎都难以改变自身现状，这让他们越来越无暇顾及理想，越来越多地意识到理想遥不可及。旧有的教育生活发挥功能的逻辑被消解，个体的存在状态趋于随性、虚无。一些个体追捧嘻哈风格——不管是井然有序还是一地鸡毛，都是惯性使然，因此依靠惯性生活就好。

主流教育生活叙事传播的需求，与个体的实然需求之间存在落差。看不到希望却依然被要求奋斗是个体虚无、佛系的重要原因。干涉依然存在，但被赤裸裸地施加体罚的时代似乎已经走远，这为个体采取虚无逻辑提供了空间。然而，教育生活特定方面的衰败，或多或少折射出重要的精神启蒙问题。虚无、佛系有时对个体的启蒙构成障碍，有时则是个体被启蒙后又主动背弃启蒙——它们是形而下层面对个体与教育生活之间矛盾的特定表现，尽管它们在教育生活谱系中日益拥有专属地位，但一味按照自己的节奏行进，不仅难以维持，而且会让教育生活架构变得十分脆弱。

一、主体性虚无与无目的生活方式

虚无主义的英文为"Nihilism"，该词来源于拉丁语"nihil"，本义为"什么都没有"。概括而言，其涵义大致有三：个体存在并无意义，个体的生活目的无意义，不存在关于事物的本质或真相。

在现代教育生活中，虚无主义有其现实存在基础。少数个体的虚无危害范围较小，不会对公共教育生活造成颠覆性影响。令人忧虑的是，通过信息技术的加持，无目的的教育生活不断蔓延，虚无气氛得以迅速传播。个体的身心状况日益复杂，弥散甚广的虚无主义减弱了个体对崇高理想的信仰。在虚无主义个体看来，一切终将湮灭，因此一切引导与思考最终都会沦为无意义的空洞。一般认为，虚无由诸多深刻的创伤所导致，它既导致无目的教育生活方式，也是无目的教育生活方式的衍生物。

（一）主体性能量与深度缺失

几乎所有的情感状态都具有认知激活与行为导向功能。外在的淡漠表现时常建基于内在的情感异化，消极情绪会引导个体关注教育生活中的负性因素，生活的不确定性让他们感到迷茫，进而养成躲避、隐藏、排斥等负向行为倾向。

首先，个体可怜、可悲又可鄙，在对教育生活的妥协中趋于萎靡，呈现出制度化导致的病态特征。某一个体与其他个体间的交集不多，甚至不存在于其他个体的教育生活记忆中。在个体间对话活动中，还未尝试便已放弃，还未参与便已退出。如果把个体比作"花蕾"，那么"花蕾"似乎已经开始具备未开先败的征象了。一般认为，颓废得越厉害，便越有罪感，越觉得（怀疑）自己可能会遭遇"审判"。然而，进步逻辑终究也没能抹杀颓废逻辑。当较为普遍的不知所措与深刻的逆向应变行为并存的时候，颓废思潮甚至会愈演愈烈——个体用颓废回应所遭受的种种不公。

无能量的典型特质是乏力，无深度的典型特质是失焦。在教育生活中，表面上神采奕奕，背后却可能内蕴着无力感，潜藏着无兴趣姿态。一些个体表面上依然在勉力进步，内心却已然放弃努力，身上附着了持久不散的逃避意识，宁愿一无所有，也不愿竭力探求。而且，即便放弃，也不会有老一辈那么多的心理负担，表面看怎样都行，实际上是被动的、消极的，习惯于躲避崇高、拒绝美德。

个体在教育生活中有一种"零余感"，"多我一个不多，少我一个不少"，继而还会产生孤独感与失落感。作为一个渺小的存在，因长期处于偏常状态而造成适应困难，偶有的崇高闪念也只是一闪而过，无从深思。个体思维懒惰，然而并不感到别扭。个体失去了提升效能的潜能，某些曾经的不成功经历让他意识到结果几乎是既定的，自身的努力对结果没有明显影响。个体开始自诩"废材"，自己把自己也不当一回事。

其次，个体对自身存在持虚无价值逻辑，没有什么最高价值，也没有什么是真正的本质，越来越多的个体缺乏信任感，不良教育生活心态蔓延。长期持续性的低满意度容易导致情感枯竭，个体间也只能自相安好，人心与人心渐行渐远。个体以麻木态度对待周遭的人和事，因强烈无力感而习惯于"打酱油"，因强烈的异化感和低个人成就感而能量衰竭，交往的精力缺乏，交往的目的不明，非个性化表现增加。

个体显得很"丧"，生活无意义与生活无价值混融，时常显现出疲态，面对挑战缺乏自信，面对艰难总想逃避。个体的整个教育生活充满虚无，消极无谓、道德自弃，心有戚戚的情形越来越少。在个体那里，主流教育生活价值都是"浮云"而已。个体并不忌讳直白地表达自己的虚无理念，没有动力改变外部世界，沉湎于感官性快感，遭遇复杂纠缠时，不能坚强面对。"反正就那样""要不还能怎样"，诸如此类的话语，充满对意义与价值的消解。信念与追求可有可无，未来究竟会不会来也无所谓。发现问题时，不愿进行善意的提醒，认为是多此一举或是没事找事，或者干脆就自我暗示"这类问题没什么意义"，随后心安理得地漠视，任由自己不断退化。

没有向上的动机，也便没有行动的动力。最好，能永远沉溺在网游世界，终老其中。沉溺的实质是意识受到栓缚，阈外信息被屏蔽，感受不到时间的流逝。丰富传神的"Orz"与"关我啥事"和谐混融。移动互联技术以及各式各样的 APP 软件，为沉溺的普及提供了平台，基于绘文字（emoji）、颜文字的表情包，俨然成为教育生活中通用的网络语言。与生硬、充满规训意味的教育话语相比，个体更喜欢"斗图""接梗"。个体的言行受情绪主导，理性只是偶尔运用，对于屏幕上呈现的信息，越来越懒得进行深度省察。消遣式的调侃，无聊的恶搞，从多重侧面呈现出个体教育生活意义的贫乏。在压力大、竞争激烈的背景下，"那都不是事儿"越发流行起来。个体自称"×粉""×丝"，将"不愧是你"等网络流行语奉为至理名言。"无聊"的教育意蕴日益突显，个体将大把的时间挥霍在线上，线上虚拟空间成为超级娱乐场。

再次，虚无主义常常意味着道德人格矮化与自我认同危机。价值退化导致信仰真空，参与意愿降低导致行为消退。为数众多的个体倾向于躺平不作为，自我认可度也不高。个体被贴上标签，继而被定义为异常者，缺少表现机会以及由此导致的无意义阻碍个体探寻更高层次的目标。

较为优渥的家庭条件，让个体较早地进入了享受的人生阶段。个体没有了根本，在颓废的生活境遇与日常性虚无中过着"躺尸"般的生活，渐渐有了点初老症的症候，暮气沉沉，乃至呈现僵尸状态，仿佛陷入了"卡夫丁峡谷"，情感投入降低，对集体的承诺降低，也没有什么集体主义的远大抱负。教育者迫切地希望个体能掌握正统学说，却发现一些个体是不抱多大希望的个体。教育者时常引导个体相信伟大的创造者都具备某些只有少数人才具有的无私无畏特质，这反而导致不少个体拒绝将自己归入创造者行列。

个体内在原发力量被耗尽，外在价值认知的短视与德性生活秩序的消解并存。有时候，个体持鸵鸟心态，连丧气话也懒得说了，像是患上了思考恐惧症。个体的无为是一种懒惰性无为，在教育生活中发呆，时不时处于"无思"状态。个体或者信仰被要求信仰的东西，或者逐渐蹈入内心空虚，没有存在感，仿佛一个空壳，缺失核心价值，只能面对更为封闭的自我。精神不适阻止了个体批判精神的提升，由于主体性羸弱，教育生活过程也是一个离析的过程。

最后，陷入虚无主义的个体更倾向于解构崇高，将崇高视为维系粗鄙的有效形式。热烈的信仰过后，心醉神迷的宏大理想开始在个体心目中坍塌。由于降低了对美好价值的信心，个体在教育生活中表现出冷淡，时常将无聊挂在嘴边。个体的想象开始匮乏，奋斗的场景、拼搏的情形在脑海里日趋遥远。个体由怀疑到麻木，再到近乎完全丧失意义感，整个过程中低俗抑制了高贵，麻木症与乏力感并存，因厌弃而不愿勾勒理想教育生活图景。

陷入虚无主义的个体不屑于理想，精神世界一片荒乱芜杂。有时候，看似没有直接对抗，实际蕴含着对教育生活的冷漠。个体间和气、友好但又彼此淡漠。机遇相对减少、上升渠道变窄，个体较少畅想，较少追求，精神懈怠、能力不足，回首或展望都是不必要的。伴随勇气的隐没，非理性的畏惧在个体教育生活中蔓延。

虚无的根源是意义缺失，意义缺失则时常内蕴不加分析的否定性意义逻辑。个体情感无所诉，信仰无所依，精神无所驻，意义支撑性要素趋于淡化。由于价值感降低，个体时常感到厌倦，甚至患上病态症候，无所谓恻隐、羞恶，也无所谓恭敬、是非。没有希望就意味着没有可能，没有可能当然就没必要努力。很多时候，连表达自我的机会也没有，久而久之便养成了一种"告别"姿态。

（二）主体性困苦与幻灭意识

教育生活困苦是个体理念转变的重要起因。困苦是这个时代突出的教育生活议题。在发达的、现代化的教育生活中，个体的困苦遭遇似乎并没有减轻，即便看起来有所减轻，也仅仅是一种幻象。个体已经不能再前进，但又决不被允许后退，这无异于迷路。每一个体的教育生活意志复杂多元。有的个体痛点较低，稍不如意就可能陷入悲观主义，即便遭受很小的困苦也可以痛得前无古人后无来者；有的个体痛点越来越高，痛感越来越弱，无奈、无助已经渗透到他们教育生活之中；有的个体则逐渐对现实教育生活感到失望，在困苦中观望开始取代理性接纳和自我说服。

在价值交换逻辑主导下，情感、价值观、意志总会驱动个体产生欲求。个体主观欲求与实际感受产生冲突，继而产生失望、不满等消极体验。个体想法简单、阅历浅薄，面临困境时不能获得有效帮助，遭到压力源的不当对待，过度消耗后感到筋疲力尽。回报、尊重、机遇、归属等欲求得不到满足就会困苦，长期的高付出低回报、高付出低尊重、高付出少机遇、高付出低归属常常给个体带来复杂的教育生活困苦，不仅导致组织层面的满意度降低、疏离倾向增强、参与度不高、绩效不佳等，而且导致个体层面的健康问题，还会导致行为层面的反生活行为（图8-1）。

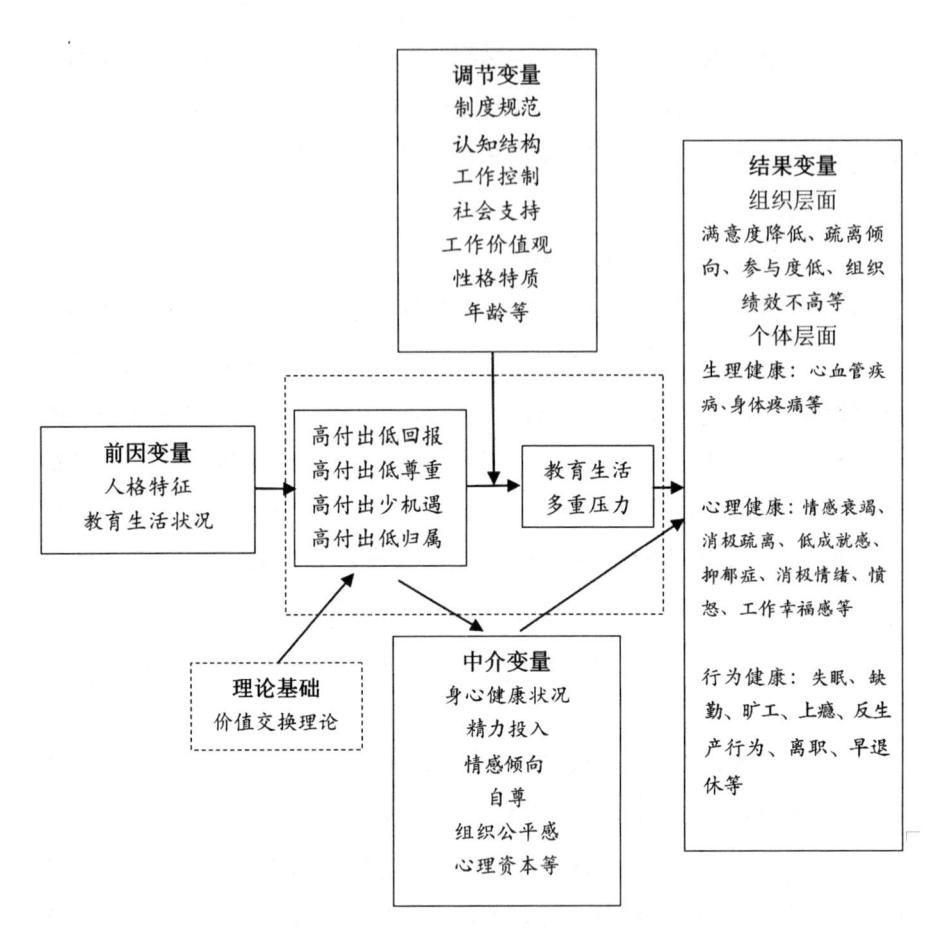

图 8-1　个体幻灭感影响变量及其结果

除了价值交换逻辑的主导，威权性宰制也是虚无主义产生的重要根源。"自伤"则是应对虚无主义的最强烈表现。长期处于威权性宰制情境，"苦"便会成为个体教育生活的底色。这种苦不仅在于欲求不达，不仅在于负担繁重，更在于丧失自由。个体并不愚蠢，只是冷淡、无为，也不抱希望——个体的本性被压抑后，往往会沉入潜意识。个体深受其苦却无可奈何，即便努力做出改变也无法享有幸福，最终陷入习得性无助，于是建构起"一切终将走向虚无"之类的逻辑。

未来不仅受自身教育生活公平感知的影响，还由诸多先赋性因素决定，获得资源、机会和发展空间依赖自身所处圈层建立的网络。问题无法解决的主要原因是自身以外的组织或制度因素。即便付出努力，成功概率也较低。即便动了脑筋，费了心思，依然不能产生本质性改变。圈层外的个体都独立行动，能够获得有效帮助的机会并不多。当意识到自己的辛勤劳作很可能无意义时，无疑是茫然的、感伤的。多数创伤性都蕴含着不可能性，个体因受创伤而躺平不起，继而陷入深渊式的困苦思考，蹈入虚无主义。

生活的艰难性常在，异议不能畅快表达，表达了也往往是无效的，因未成功导致焦虑，又发觉实现目标的希望其实很渺茫，久而久之便养成了反知识倾向，"一切知识都是虚幻的，……理性与思考都不能使我们理解世界或我们本身，因为知识和真理只有通过冲动或本能才能得到。因此，我们什么也不知，世界的知识是非存在的，我们所有的经验都是虚幻的做梦而已。"[①] 自我放逐难免导致意义虚幻。低成就感、学习倦怠与退化行为复杂交织，增加了个体消极颓废的生活感受，消极颓废反过来又增强了低成就感、学习倦怠与退化行为。

在一种情境中受挫，时常会在另一种情境中寻找补偿。现实让个体受挫，于是只能幻想在虚拟世界中完成未能达成的愿望——在涉身世界中不满足，就在非涉身世界中谋求满足。一些个体对自己的事不吱声，却时常对网上的事义愤填膺。一些个体因人际困境而蔑视世俗规则，转而将多数关系寄托于虚拟空间，一旦脱离虚拟情境就难以与人沟通。只有在虚拟空间才能获得情感抚慰，也只有在虚拟世界，借助匿名的方式，才有勇气做出批判评价逻辑、诋毁分等标准、谩骂不公待遇、抹黑主流意识等有争议的表达。作为"键盘侠"，个体排解孤独、逃避压力，用键盘上的愤世释放真我，在隐匿真实身份后疏解现实教育生活中遭受的挫败感。

在现实教育生活中，真正富有意义的交往越来越稀缺。精神空虚、受

---

① 杨巨平. 古希腊罗马犬儒现象研究 [M]. 北京：人民出版社，2002：120.

到忽视、无价值感都易于导致个体的理想化为齑粉。无用感与落寞感时常如影随形，辉煌的人生可能并不属于自己，继而心灰意冷，甚而主动给自己贴上"矮穷矬"的标签。肤浅的快感之后是长时间的无聊。要消除痛苦和无聊，让意志归于寂灭似乎才是解决之道。人生不过是一场游戏，是西西弗斯永远也推不完的石头。"痞文化""丧文化"等价值解构性文化获得了越来越多的认同，它们内蕴对知识、对道德的失望，为个体空虚、迷茫等负性情绪的表达提供土壤。它们在化解某些心理危机的同时，也会加剧某些心理危机。

如果说犬儒主义仍在内心深处有所寄托，那么虚无主义则走向了彻底的幻灭。尤其是那些处境不利的个体，他们表现出的幻灭不仅指向自我否定，也可能一并否定他者。现代教育生活的不幸意识常常不请自来，个体难以获得改变现实的能力，未来更是虚无缥缈，令人感到沮丧，妥协、无所事事、徒劳心理又往往加深失落感与虚幻感。个体在否定自我价值的同时最终觉悟到人生不过一场空，没有什么值得累死累活地去做。所谓的追求，只不过是对不可能生活的追求，于是没什么意愿，也没什么激情。既然一切都已变得问题重重，那么一切也就毫无差别了。在意识到自己很可能无足轻重、不一定能实现梦想之后，一些个体宁愿相信各式占卜。

一些弱势个体拥有被边缘化的经历，感到自己不过是生活在虚幻之中的"野孩子"，没有什么是可希望的，被抛弃感如影随形，试图有所作为，但却无所作为，试图努力适应，但却无法适应，只能在梦幻中或在沉醉中解脱。他们的言语表达中透露出厌倦，宛如游戏中的"灰心哥"，生活中充满无力感，早已懒得和"喷子"们在网络上互怼，过早地表现出了"过来人""社会人"的心态，什么也不想做，只想躺着。个体逐渐认识到，有些事情即便用尽全力也注定搞不定。既然努力与不努力的结果并没有什么不同，执着又是何苦？理性生活的门槛总是那么高，努力或者不努力，结果都是迈不进，奋斗又有什么意义？久而久之，连奋斗的念头也一并消失了。

诸多个体从学习倦怠衍化为学习颓废。"高度的技术发展同一种深刻的颓废显得极其融洽。进步的事实没有被否认,但越来越多的人怀着一种痛苦的失落和异化感来经验进步的后果。再一次地,进步即颓废,颓废即进步。"① 应试逻辑制造出不少颓废的个体,他们的教育生活往往与耗尽、煎熬、不堪、末世感等描述相联。然而,"当颓废把生活本身之外的意义归于生活时,当它引入一个救赎的'彼岸'的观念时,它就是在反对生活。"② "幻想以颓废这样肉身的混沌和黑暗抵制外部世界的宏大进程,不仅被证明纯属虚妄,而且以颠倒的形式更加剧了……二元对立;渴望以生命的丰度、力度和厚度来填补和纠正虚无,却在对人生最彻底的虚无——死亡——的不断认证中,确证了自身的虚无宿命。"③

(三) 无目的主体性生活方式

秉持虚无主义意味着颠覆主流的道德与义理,主动躺平、自我污名、身份感空置、角色混搭的目的在于通过虚无反抗基于甄别与筛选的教育评价逻辑,为低等级评价寻找合法性,进而为教育生活寻找合法性。道德不被视为基本需要,个体多少有些陷入道德虚无,不愿遵守那些反复被宣称的道德逻辑,也没有具体、明确的道德发展目标。由于经历过教育生活的启蒙,这种虚无是理性思考后的虚无,它区别于蒙昧状态下因对自然的盲目敬畏或对人性的盲目揣测而产生的虚无。

从个体视角看,个体得过且过,表现出无所事事的状态,既不是木偶人,也不是学习狂。面善心冷,通过规律性的作息、健康的饮食与坚持锻炼转移精神上的空闲。在或大或小的程度上,无所事事、精神转移导致的"无意识""不在意"让心理舒适区得以留存,有助于个体忍耐各类不满意的教育生活情境。"既然理想是靠不住的,那就泯灭理想;既然信仰是无

---

① [美] 马泰·卡林内斯库. 现代性的五副面孔 [M]. 顾爱彬,李瑞华,译. 北京:商务印书馆,2002:167.
② [美] 马泰·卡林内斯库. 现代性的五副面孔 [M]. 顾爱彬,李瑞华,译. 北京:商务印书馆,2002:210.
③ 张军. 线性时间与颓废的逻辑起源 [J]. 求索,2004 (6):116-118.

法实现的,那就不再信仰;既然崇高价值是不存在的,那就'躲避崇高'。所以,一切都不要多想。生活本来就是一场大欺骗,何必要去辨别真伪,'难得糊涂'才是其精神的归宿。"①

个体无动于衷,陷于一副哀大莫若心死的状态,表现低迷又如何,茫茫众生,自我不过蕞尔之躯。根本无所谓生活信仰,又哪来的道德底线?厌倦了诡辩与无谓的挑战,无论教育生活形式还是教育生活内容都漠不关心。即便在面对面的现实教育生活中,个体们也在低头看手机,彼此越来越不想言语,尤其不愿首先发起话题。如果他们有什么情绪或看法,他们宁可在虚拟空间用表情包来表达。

一旦陷于萎靡情绪,"混"便成为个体有意识的选择,即便大厦将倾,也会麻木不顾。漠视道德说教的"混",既可以确证自身的叛逆者角色,也容易堕入无妄的虚无与缥缈。不愿担负责任,排斥背负使命;对教育生活中的道德由怀疑到嘲弄,再由嘲弄到麻木;不认为自己负有时代责任,觉得如此宏大的责任轮不到自己来负,即便承认也只是承认一点儿。崇高的理想和内卷的现实之间出现显著落差,为消极淡漠、无心创世等观念的滋长提供了余地。遵守道德意味着忍受与其他个体间的某些痛苦的关系,于是不再矢志不渝地向经典榜样看齐,甚至开始怀疑"毫不利己,专门利人"的道德逻辑。

从生活视角看,生活惰性的同义语是生命惰性。生活很没劲、状态欠佳、沉默寡言、得过且过、情绪失落、行为退缩往往意味着心理资本不足。个体受到上一辈的抚养,但养成的生活态度已然和上一辈不尽相同。无目的的教育生活从也许并不那么真正厌世的幻灭开始,无论有理想还是没有理想,似乎都无助于现实生活的改观。作为单一的个体,始终都要经历作为孤独者的不幸。颓废成为个体透露出的一种气质。有时,个体心力交瘁,早已没心思再折腾,会吃饭、会睡觉、会活动,但是这些活动是没

---

① 郑立群. 教师犬儒化的反思与超越 [J]. 当代教育科学, 2015 (18): 36-39.

有生命气息的,犹如丢了魂。个体的生活时常与灰色主题相联系,作为主流教育生活叙事的对立面屡屡遭到批评,被定性为退步、腐朽、衰落并加以谴责。"对'颓废'的管制是那么严,似乎它即使是作为一个文学术语也没有容身之处,也就更不可能作为一种清晰的美学原则而存在了。"[1] 有时候,通过颓废反抗平庸,结果反而愈加平庸,通过颓废抵制世俗,结果反而愈加低俗。但即便如此,过颓废的生活依然成为一些个体对福特主义教育生活的抵制方式。

个体丧失了生活的信心,不再畅想,懒得去追求,荒芜的精神生活仅剩了荒芜,这本是值得批评的现象。问题在于,虚无主义是进步主义的负效应。秉持理想主义与陷入虚无主义,二者之间仅一步之遥。为了填补空虚,反而可能陷入虚无主义。个体生活理念虚无,丧失了理想,却可能是因为过度希望;个体无厘头、无目的的生活表现,也可能是理性的。正是由于过度希望后的失望或过度理性中的非理性,个体与教育生活才变得疏离了。个体抱着极为复杂的三观接受了世俗化教育生活逻辑,或厌恶或欢喜或无所谓地退守个人教育生活空间,或遗憾或固执或刻意地放弃了高贵的教育生活追求。

"以传注为支离,以经书为糟粕,以躬行实践为迂腐,以纲纪法度为桎梏"[2] 的理念并非个体一开始就秉持的,而是衍生的。获得的结果往往与美好的憧憬或严肃的允诺相距甚远,隐隐感受到被教育现代化完成后的新教育结构淘汰了,焦虑不安、厌恶自我,好似可怜虫一般在教育生活中残喘,于是"实在没办法",也"只能这样了"。尽管主体的虚无常被视为个别或少数现象,没有统计学意义。然而,个体不好好生活,无厘头、闲聊、宅、躺平,正是对福特主义所倡导的流水线作业和机械性秩序的抵制,它们构成了后福特主义的核心生活景观——当下的自我即是全部的价

---

[1] 李欧梵. 上海摩登:一种新都市文化在中国 [M]. 北京:北京大学出版社,2001:248.

[2] 张廷玉,等. 明史·杨时乔传 [A]. 北京:中华书局,1974:5909.

值所在。《台风俱乐部》中的少年在虚无中借由死亡之谷超越自我，《坏孩子的天空》中的个体们颓废，不思进取，缺乏力争上游的动力，"宅文化"流行，习惯性蜗居，交往需求不高，"年轻一代源源不断地加入下流社会"，"沟通能力、生活能力、工作意愿、学习意愿……全面下降，也可以说是'全盘人生热情低下'。"[①]

从价值层面看，个体生活麻木的根源之一是深层的精神贫困。个体沉湎于争胜逻辑，对自我的珍视不足。更紧要的是，"当一个人缺乏自我价值的时候往往也缺乏道德。"[②] 一些个体转而执迷享乐，鼓吹"现在就要"。堕入虚无的后现代犬儒个体，慢慢学会了将不开心的因素稀释，或者将它们导向娱乐化。感觉第一，意义次要，抽象的概念劣于直观的观看，图像胜过话语。令人快慰的即令人喜欢的，令人兴奋的即深表认同的。个体教育生活的意义被放逐，也便没有了目标，生活过程日益缺乏精神支撑，结果便是"感性的世界的干燥，幻想的世界的撒空，精神的世界的无能"[③]。

个体之所以目的空无，是因为与所属的教育生活失去了实质性联系，在所处的教育生活情境中没有了位置、失去了方向。创造的冲动没能实现，同时又缺乏必要的价值导引，结果便是心灰意冷、价值荒芜。个体亵渎教育生活规则、寻欢作乐、游戏人生，整个人格越来越具有游戏特质。教育生活中正式的习俗似乎与他们无关。个体不抱希望，不再追求，不能闯出明路，也只好屏蔽眼前的坎坷。个体既是幻想避开现实困苦的不合时宜者，又常常成为美好时代中游戏性的存在。没有什么值得严肃对待，无界限，也无原则，看不惯那些严苛的要求。严苛的教育生活要素总是让人不安，于是逐渐学会了谋求转嫁——没有责任感、没有创造性似乎也不会

---

① [日] 三浦展. 第四消费时代 [M]. 马奈, 译. 北京: 东方出版社, 2014: 封底.

② [智利] 达里奥·萨拉斯·松梅尔. 21世纪道德观 [M]. 王再励, 译. 北京: 知识出版社, 2006: 46.

③ [英] 托·艾略特. 四个四重奏 [M]. 裘小龙, 译. 桂林: 漓江出版社, 1985: 188.

怎样，任由主体的闲置状态，以异变的方式抵制主流教育生活叙事，采取虚无立场似乎更为舒适。

如果教育生活的无价值感持续增强，个体就会努力寻找逃路。虚拟空间为个体提供了暂时性遗忘的可能，电子游戏为个体提供了另类价值样态和表达方式。个体患有浮躁症和网络依赖症，习惯于保持看客心态，时常被视为异类。颓废、无为的暗喻符号流行。一些个体奉行"娱乐至死"，然而狂欢之后，感到的依然是空虚。个体实际并未从与自身负性评价相联系的生活状态中解脱出来，主体性发展现实状况和教育目标之间的差异依然明显。个体态度张扬，举止新奇、另类，然而只要深剖，就会发现背后实际是虚无。尽管"世界的这种非精神化，并非由个人无信仰所致，而是那个如今已导向虚无的精神发展的可能后果之一"[1]，但信仰被嘲弄后，无信仰的知识也成了个体教育生活中的花边，尊严等非利益性理由不再算是理由。浮华的泡沫，被粉饰过的名利场，与真正的教育生活无关，过度膨胀之后，终究是烟花一场。

二、选择不选择与非欲化生活倾向

在原发性层面，"人使自己去适应他所遇到的生活而并不想改变它"[2]。由于教育福利的拓展和人本理念的深度实践，个体越来越容易在教育生活中生存。教育生活环境更为优渥，个体具有更强的自我意识，能够承受的委屈限度更低，不愿过分关注他者的意愿或感受，也不愿为了融入群体刻意压抑自己。

选择不选择，甘于寂寞、与世无争也是一种教育生活逻辑。与之相关的非欲化教育生活倾向不会成为所有个体的共同选择，但这并不妨碍它获

---

[1] [德]卡尔·雅斯贝斯. 时代的精神状况 [M]. 王德峰，译. 上海：上海译文出版社，2005：15.
[2] [德]卡尔·雅斯贝斯. 时代的精神状况 [M]. 王德峰，译. 上海：上海译文出版社，2005：导言1.

得部分个体的理解与认同。个体相信周遭场域的所有人、所有事,会被认定为天真;相反,个体不相信周遭场域的所有人、所有事,则会被认定为怀疑主义者。为了避免执于一端,持普遍性相对观念,最终退回到"个人性"生活领域,似乎也情有可原。

历史上的教育生活中便不乏佛系等非欲化现象,它起源于个体对内在自我和外在环境的感知,生长于具有差序特质的教育科层氛围中。而今,个体的佛系行为并没有在教育民主的鼓吹中消失,反而变得更为突出。"90后"开始成为教育实践主体,"00后"开始成为教育工作者,因为比前辈们更多抱持"随便""无所谓"心态,他们被定义为新生代群体。他们的教育生活中蕴含着传统意义上的惰性症状,对他们的教育生活的误认直接影响了教育生活解释论。

(一)选择不刻意选择的生活

由于总是遭受拒绝,一些个体逐渐形成了自我间离的教育生活风格,开始秉持非欲化倾向并试图保持这种倾向的纯粹性。面对多元、复杂的教育生活逻辑,一些个体迷茫于选择,主观意愿不足,精神支撑缺失,于是干脆不选择。越来越多的个体不再期待超出自身掌控范畴的事情,淡然处之,有道则现、无道则隐,表现出一种无欲无求的状态。纵然自觉抵制,抵制起来也并不太认真,顶多算是一种不合作姿态。

一些个体厌倦守旧的、传统的教育生活叙事,对现代化、时代性的元素也失去了兴趣。"不歌颂真善美也不鞭挞假恶丑乃至不大承认真善美与假恶丑的区别","不'进步'也不'反动',不高尚也不躲避下流,不红不白不黑不黄也不算多么灰,不承载什么有分量的东西。"[1] 不高瞻远瞩也不钻牛角尖,不站队、不选择以免在教育生活中进一步迷失。不赞成什么,也不反对什么,以少为、不为为主要表现,"既成不了坏人,也成不

---

[1] 王蒙. 躲避崇高 [J]. 读书,1993(1):10-17.

了好人,既成不了小人,也成不了君子,既成不了英雄,也成不了臭虫。"① 不诚心拥护,同时也不诚心消解,不选择,也就不会刻意留存记忆——通过不记忆医治自身的健忘症。自命凡人,因此也只追求凡人的幸福,对主流教育生活叙事指导实践并不感冒,对叙事逻辑的好坏持无所谓态度。秉持无为主义,也无意构建教育公共秩序。没有能力超越,只好逆来顺受,哪怕是暂时的、表面的,除此之外似乎也没有什么更好的办法。实在不能忍受,还有难得糊涂之类的生存智慧聊以自慰。

长期处于不称意的生活状态中,厌倦了争胜时的勾心斗角,也不愿意再去投机钻营,违心表达、过度逢迎让个体感到恶心。对争胜逻辑感到厌倦,甚至感到恐惧。面对争胜情境有意选择回避,即便面对异常高涨的热情也会感到莫名的压力,于是干脆脱出自认为不必要的约束,随意而行。执意退出复杂的利益链条,不愿再作为链条中的一环参与其中,如果条件许可,宁可散发弄扁舟。满足于偶然感知的、非理性的、并不刻意选择的生活状态,对他者或外在环境的症候也都表示认同。更注重自身感受,囿于自己的小圈子,崇尚不逾矩前提下的自足与自福。活在当下,满足于即时性满足,"既然理想在现实中屡屡碰壁、无法依靠,不如抛弃理想,随遇而安,过好现在的生活,只有日子每天都在继续是最可靠的。"② 该吃就吃,该笑就笑,反正焦虑也不能改变什么——一旦"想通",似乎整个生活都轻松了起来。

一些个体热衷于自然而又零成本的享受,表现出无欲无求的状态。他们对教育生活中激烈的竞争有了更深刻的认知——诸多让他们深感痛苦的教训使他们学会了放下或者不得不放下,于是怎么都行、无所谓,并因无所谓而不作为。崇尚无所拘泥、非刻意为之的合适,喝天然泉水、休闲散步、日光浴,认为如此便自由。不愤怒,也不喜悦,颇有些看透的意味。

---

① [俄]费·陀思妥耶夫斯基. 双重人格·地下室手记 [M]. 臧仲伦,译. 南京:译林出版社,2004:179.
② 郑立群. 教师犬儒化的反思与超越 [J]. 当代教育科学,2015 (18):36-39.

不主动，不积极，只专心于过好自己的生活——斯斯文文的生活，早睡早起的生活。知不可则止，总比"千军万马过独木桥"轻松得多；舒服就好，既不冷漠，也不热情，不议不论，只管醉心于野狐谈禅，即便勉强生存也不那么放在心上了。

　　基于无欲无求、顺乎自然的逻辑，个体往往主动从自身所触及的外部生活世界退却，在突显自身生存理由的同时，自我与他者的分野也得以突显。个体习惯于不争不抢，按自己喜欢的方式生活，不求输赢，将兴趣爱好作为优先项①，不问是非，沉醉曲蘗，对某些事物感到无从思考、难以思考，继而试图通过拒绝思考来摆脱它们，不愿敞开心扉，注意与他者保持距离，谈不上努力经营，更不愿卷入人际是非。个体的矜持具有自我掩饰、自我保护性质，遇到问题习惯自己解决意味着过相对封闭的生活，防备意识较强意味着对人际持排斥态度。为了有效降低时间、精力等生活成本，不再执着于解决问题的答案，对各种形式的解释也变得漠不关心。任何解释都会区分有意义与无意义，因此拒绝解释，"凭什么我需要为我的行为寻找合理的解释？"②无论是将无意义圈定在有意义之中，还是将有意义隔离于无意义的边界之外，都难免流于简单思维，即便将解释表征为象征物也是一样，因为象征物本身便预设了意义。

　　一些个体持旁观、随缘心态。他们有着回归诗酒田园的梦想，却时常处于教育生活关系中不佳的地位，评先评优不积极，教学热情不温不火，已不再谋求"改命"，反而日益学会了"认命"。既无终生难忘的快乐，也无挥之不去的忧虑，不愤世嫉俗，不玩世不恭，也不蔑视权力。不笃信什么，不虔敬什么，只想关照当下，过好自己。在他们的生活逻辑中，一己之力何其微小，学会适应远比费力改造舒适、惬意。何况，教育生活中哪有那么多值得耗神费力之处（之人），事不关己才是常态，至少不应持什

---

① 朱美燕. 佛系青年心理透视及其引导策略 [J]. 中国青年研究，2018（6）：86-90.

② Chevillard E. Au Plafond. Paris：Les Editions de Minuit，1997：13.

么明确的生活立场。过相对简单的生活，倾向于无拘无束的自由状态，出人头地逐渐成为一种寄望，继而不一定是竞相追逐的生活意义了。与其奋力出位争取出人头地，不如平平安安地随遇而安。

个体化的随缘生活理念逐渐流行。随缘就好，不愿有意压抑自我，宁可不聊也不"尬聊"，遇到形式化的教育活动时常"没看见""没遇见"或"不在场"。习惯于社交软件沟通，宁可通过软件发送文字、语音、表情包也不愿当面交谈。在社交软件的"群"中是积极分子，在现实教育生活中却默默无闻，似乎在"群"里才能获得释放，在现实中则只愿和相熟的同伴热聊，对网络热点投以全身心关注，在教育生活中却表现出无所谓的态度，走路时习惯昂头看天或低头看手机，以免和路上遇见的半生不熟的人打招呼。由于笃信"一个人也挺好"，原本日常性的交往活动也成了不愿担负的心理负担。

（二）寄托于不应再有所寄托

个体随遇而安、无欲无求，极易导致精神寄托虚无。面对强势却并不认同的教育生活叙事逻辑，佛系正逐渐演化为一种教育生活现象。个体以看破、看透心态对待教育生活，有时连内心的理想也几乎泯灭了，万事不挂心，仅仅偶尔还会意识到"实在"。一方面，个体在困顿的教育生活处境、不良的教育生活关系中谋求自保，对自身逃避现实的行为进行自我说服，因冷漠而成为看客，从"匹夫有责"转变为随遇而安，尽管无可奈何，但也有些超然物外的意味。另一方面，精神虚弱源于内心抗拒，日积月累后便形成了边缘性教育生活逻辑。个体对精神虚弱的自我检查与自我压抑，有时是缺乏理想、自我迷失后的一种自我安慰，

在实质层面，佛系是个体成长空间受到压缩的结果。绩效、人际、制度导致的多重压力是个体趋向佛系的重要原因。佛系个体并不真的信佛，也不是简单的无欲望、低欲望，而是"降低自己的欲望过一种极简主义生

活而保持随心所欲"①，通过佛系生活摆脱因精神衰落而导致的无意义感，通过"没什么大不了"之类的极简思维摆脱因顾虑不周而导致的失控感。可以说个体追求与世无争的清净，也可以说个体的生活精神受到了麻痹。在话语层面，佛系个体的常用辞汇包括"无所谓""算了吧"之类。生活本没有什么意义，不过是滥情者们给生活赋予了意义。在佛系个体构建的消极场中，努力时常被否定，因此本就不应努力，失望是因为希望，因此本就不应希望。

持有佛系理念的个体，在教育生活中不喜不悲、不怒不怨、不争不抢、无欲无求，似乎看淡了一切。为避免失去，对现实持虚无态度，对未来也不抱信念。现实难堪，未来渺茫，因为价值时常颠倒，干脆不问价值取向。无论环境如何，都随时准备适应，无论生活现状多么不堪，都准备淡然接受。在徒手的情况下，既然注定登不上顶峰，不如驻立在山脚下看风景——"你们慢慢爬，我去睡喽。"生活于是越来越佛系，"你比我多活几天又能如何？"个体略带感性的、无所事事的超然态度，并不着意于刻画什么伟大形象，有时甚至有些不可理喻——个体在教育生活中貌似超脱了。

因为已然无所谓，所以不反对、不迎合，也不愿在上位者面前讨好，疏离的内心对参与现实教育生活表示出拒绝倾向。性格平和、思想保守、精神不振，称不上涣散，但缺少专注力，难以融入集体氛围，对教育生活压力消极应付。不想了解太多，也便没有解决不了的烦恼。时常与外部世界处于无交涉的状态，淡泊名利又隐忍避世，安于现状又无病呻吟，内心脆弱又放任自流。是非已经很少再问，善恶已经很少再辨，并不羡慕所谓的"上流"，也不担心滑入所谓的"下流"，从渴望改变命运逐渐演变为安于命运。

尽管佛性也有自然、光明的一面，但基于"无所谓"思维和"没关

---

① 钱民辉. 高房价社会与"佛系青年"都是伪命题[J]. 人民论坛，2018（32）：102-103.

系"逻辑,个体打造出一套厚重、死板、难以洞穿的精神盔甲。这套精神盔甲的具体表征是"至于这么认真吗"之类的生活话语。基于这套盔甲,个体产生"不值得"认知逻辑,要么符应游戏人生的行动哲学,要么遁入孤独、自我封闭,即便洞若观火,也会无动于衷。热烈的情感退去后,行动的意愿也随之退缩,于是开始漫不经心,不再规划什么宏伟蓝图,不再把时间花在对主流教育生活镜像的幻象与幻想上。微弱的抗拒后,主动选择了庸常的教育生活,对自己所遭遇的不良结果,也只是进行了"只好自我承受"之类的归因。

寄托于精神虚无的个体在生存观上持悲观倾向,不在意输赢,有无均可,缺乏前瞻意识,主动性不足。他们的承压能力不佳,相较于平庸,更畏惧痛苦与不幸。他们无心向往未来,并因此生出诸多孱弱属性与苟且特质,灵魂卑微、脆弱、敏感,佛系理念取代了理想主义,顺从、胆怯,没有明确的教育生活目的,"活着"这一命题战胜了"究竟应当怎样活着"这一问题。这意味着,意义或方式已不那么重要,"存在"就好。权力、地位,以及荣誉、财富,这些都不过是打在主体身上的假印戳而已。个体更关心的是什么时候能放假,什么时候可以悠闲地遛个弯或是旅个游,什么时候能养一只可爱的泰迪或逗乐的哈士奇。在这些念想中,精神似乎找到了寄托,又似乎再也不能找到寄托。

与功利主义者、物质主义者、消费主义者热衷"大品牌"不同,寄托于精神虚无的个体通常持"无品牌"倾向,甚至推崇"断舍离"。与追赶时髦者不同,他们坚守朴素倾向,面对热闹、拥挤、喧嚣,会习惯性地远离,有些通过自然本性抵制人为矫饰的意味,寄望在简单的生活中找回失去的主体性。与热衷现代化潮流不同,他们专注本土风格,向往没有手机、没有电脑,也没有其他现代化媒介的小岛,在那里面对大海起舞,好奇地进行物物交换,专注地欣赏未被现代工程干预过的风景,细细地品味着零污染的美食,通过和大自然的亲密接触体会飞鸟游鱼般的自由,重新发现地方特色,找回前福特主义时期的美好生活。

以无为为基础的个体教育生活，更多表现出飘忽意识和退出行为。个体难以找到皈依，试图从群体纠缠中挣脱，对神秘事物充满兴趣，乃至于关注复活逻辑，关心类似苏菲主义的冥想、禁欲、苦修，顶多也只是在微弱的意义上肯定进步行为。作为低欲望存在，个体在教育生活中失去大志，成也是生活，败也是生活，又何必？"牺牲已太长太久，足以把心灵变成顽石"①，于是养成了"逃""避"情结。清淡、低欲导致脱离主流教育生活轨辙，不愿展望未来，转而关注当下。注重持和平心态以便心态平和，不相信存在超越性能力，遵从"被管理"规范和逆来顺受的行动逻辑——摆脱纠结的有效办法就是凡事不必过于在意。

寄托于精神虚无的个体，有时反而对自尊极为敏感，习惯于返身自顾，试图独善其身，甚至陷入较为极端的"自我性"——除了自我之外，他者的意见或意识被忽略。过度注重自我导致唯我式的自恋，在自我层面消极遁世，既不强求，也不哀乞。在主观臆造的世界里自我麻醉，并不在意他者的正名或污名。在忧伤、沉默的境遇中推崇自我确证、自给自足、内敛式的生活方式，幻想能够自由自在地生活在无关规训的世界中。为了避免不必要的招惹，尽可能保持低调；为了让自我世界自成一个体系，躲避成了习惯性生活策略；为找寻自我，甚至会遵从各式禁欲逻辑。随着个体教育生活的绵延，靠自己的意识会越来越突显，急于告别宵遁，最终只能是孤独的。而且，过度注重自我往往导致"他人就是地狱"，恶多于善、敌多于友，在他者层面缺少同理心，换位思考能力不佳；在教育生活变革中倾向于回避和忘却，有时因被遮蔽而不见，有时则直接选择视而不见。

（三）创造性的非创造性存在

不刻意选择、非精神性寄托、佛系的虚无可谓创造性的非创造性生活态度。这种态度有时很像是魏晋风骨的风，却没有魏晋风骨的骨。一些个体有时以诗人、饮者之类的角色自比，缱绻于幻想中的未来甚至根本不在

---

① 傅浩. 叶芝诗集 [M]. 上海：上海译文出版社，2018：392.

意未来，漂浮于不切实际的教育生活逻辑，表面看貌似理想主义者，实际是变相的精神胜利法。为了保持心理平衡，只能宽慰自己，转而又沉入到虚无的幻象中去，时而产生的一股股不切实际的意识流，成为保持心理平衡的内在需要，理想中的英雄主义与现实中的卑微存在竟然不再截然对立。取舍比较另类，甚至是正常个体不敢奢望的假想，"他们必定自己觉得思想见识高出庸众之上，又为庸众所不懂，所以愤世嫉俗，渐渐变成厌世家。"①

相对宽容的教育生活环境能够善待教育生活中执着于自我而对外在制度、习俗缺乏兴味的个体，甚至能容忍缺勤率与流失率。由于饱受功利主义、争胜逻辑、消费主义之苦，一些个体倾向于遁入内在以便降低外部因素对自我的冲击。虚无、佛系等非创造性逻辑逐渐收获大量拥趸，认同度日益走高。"佛系青年自我矮化、自我嘲讽、自我作贱、自视弱者，以'不合作'的态度抵抗主流社会的规训与收编。"② 而且，虚无、佛系等非创造性逻辑具有多重免疫能力，对教育生活氛围和教育生活心态产生了复杂影响。

寄托于精神虚无尽管会导致无知，却也自得其乐。少了讶异、震惊和尖叫，养成了生不足虑、死不足忧的心态，学会了淡然地正视，总好过违背自由意志的、被摆布的求知，也好过自以为是的求知。没有统一的道德逻辑，因此不存在对道德逻辑的损毁；没有什么真正可以追求的生活意义，因此也不存在流放或遮蔽生活意义的问题。与其总是被评价为跑偏，不如居于偏处自我欣赏。在佛系的日常生活中，个体似乎超脱了，不再因为什么而感到不安，也不再因为什么而感到畏惧。"世界是不好的，让我们学会遗世而独立吧。身外之物是靠不住的；它们都是幸运的赐予，而不

---

① 鲁迅. 随感录三十八［G］. 来凤仪. 鲁迅杂文：无花的蔷薇［C］. 杭州：浙江文艺出版社，2006：10.
② 蒋建国，李颖. "佛系"亚文化的动向、样态与社会观照［J］. 探索与争鸣，2018（4）：128-133.

是我们自己努力的报酬。"①

　　个体们选择不选择，遵循与主流教育生活叙事不尽相同的生活逻辑，却是那么沉默、无力，以至于有时候连反讽也不敢。个体有潜在能量，却没有意愿追求深度，理由之一是不想牺牲过多。在被主流或大趋势置于边缘地带后，腐朽渐深，就这样算了，看开了，不愿费神，只想无为，不想计较太多，只想活得更轻松一点。个体委曲求全、接受现实。个体接受了平庸的状态——"也就那样"，即便在教育生活中日益沉沦，也往往无动于衷——"那又怎样"。尽管自我慰藉的需求还不至于导致个体将自己交给佛祖、真主或上帝，但一些坚持被他们视为无意义的坚持，欲望和冲动被限制在较低限度，没有心情喜欢或厌倦，也没有据理力争的冲动。拖延症背后是惰性的支撑，然而行动的意念是顺其自然，拖延因此似乎没什么，行动的勇气就是无所谓，即便中途退场也没什么，既然已经一蹶不振，那就干脆直接躺平，秉持好死不如赖活的活命哲学，总显得富有歪理，却缺乏改造性行动。

　　佛系心态会降低个体做出主动性行为的概率。继而，与主动性行为呈现高相关的前瞻意识、变革精神和预判能力也会随之减弱。同时，佛系心态削弱个体的所有意识和占有欲。持佛系逻辑的个体没有强烈的超越意识，也没有诚挚的理想，被欺蒙、被假象迷惑的次数多了，也便不再容易心软，不那么容易被感动，与其轻易地去同情，不如安静地保持沉默，从不进行道德谴责，以回避的方式避免实践困扰。似乎一切都可有可无，都无所谓，得过且过，感觉可以完成就做一做，感觉不能完成就拖一拖；对人对事不刻意，并不突出什么，不愿勉力维系，也不刻意努力提升自我。

　　在现实教育生活中持续性地感受到漠不关心之后，容易形成只关心自己就行的生活原则，对他者的感受缺乏同理心。多数时间和精力都用来营

---

① ［英］伯特兰·罗素. 西方哲学史·上［M］. 何兆武，李约瑟，译. 北京：商务印书馆，1963：297.

造自己的小天地。乐此不疲地光顾线上视频平台，却越来越对现实生活世界无感，不想再改造外界，只想过好自己。除非是在网络游戏空间，否则他们的斗志总是显得不高，"不要和我比，我懒得和你比"。平淡过于深厚，几乎难以超越，不公本是常态，不妨淡然处之，仿佛自己是在同庸众对立，喜欢安逸，不愿为了获得更多而去拼命竞争，与高赞许、高收益、高职权、高尊重相较，更加在意个人兴趣，危机意识较为淡薄，懂得及时调整预期，更加看重时空自由。

非欲化的生活逻辑自觉不自觉地导向对权威的顺从。在自我与权威产生对立时，主动认怂，以"小人物""小虾米"自居，并不真正厌世，也没有什么向恶的心理，但的确患上了不同程度的疲软症。在教育生活中持不惹事心态，不打算提出什么教育生活问题，也不打算解决什么教育生活问题。不等他者贬低，便主动降低了自己的追求，安逸、迂腐是常态化存在表征，秉持的顺从逻辑尽管"并非直接的不道德的立场"，但"更像是为不道德服务的道德"[①]。遭受的压迫既久，由于互动压力而无法正常表达观点和诉求，反而不想站起来了，习惯了随波逐流，也便忘记了还可以逆流而上。不刻意追求幸福就能避免追求可能带来的纠结与痛苦，在顺从中放弃了诗与远方，又似乎重新找到了诗与远方。

个体对自身未来的预期欠佳，因此倾向于追求非竞争性生活。这不是个体教育生活的必然结果，个体的佛系与玩世不恭，除了所谓的压力大这一主要原因之外，多少还有点年少无知的成分。个体意识到教育生活中过度功利、脱离自我必然不能走向真正的成熟，这有助于突出非理性的作用，追求奇异的结果。然而，个体为摆脱功利逻辑所秉持的有限视角、有限目的往往意味着畏惧改变，这又让个体难以超越感官欲望专注内在审美，也失去了接触与众不同事物的机会。个体遵从离经叛道的非主流教育生活形态，崇尚轻飘、潇洒，固然勇气可嘉，但埋头过好自己的生活也导

---

① ［斯洛文尼亚］斯拉沃热·齐泽克. 意识形态的崇高客体［M］. 季广茂，译. 北京：中央编译出版社，2017：28.

致交往属性不彰。过分的出格往往会陷入自我欣赏，异化为教育生活秩序之外的边缘化存在。个体无疑是在遭遇命运，但似乎也可以说没有命运可言。佛系、躺平意味着从对立、对抗的位置上全盘撤退，意味着对教育变革的介入程度降低。持佛系、躺平逻辑的个体并不是教育生活危机的有意制造者，但他们的言说与行为的确制造了教育生活危机。他们并不自主，因为无力改变，所以有意识地退却，更不独立，只是做闲适哲人，甚至仅仅是为了活着，而活着则只是为了什么都不为。

三、虚无与非欲化生活的意义所指

个体教育生活中弥漫的虚无与非欲情怀亟须予以正视。但与此同时，将它们视为教育生活病态并进行道德谴责的话语批评机制也需要一定程度的纠正。与它们保持一定距离固然没错，但也应突破主流教育生活叙事的批评范式。

（一）揭橥现实教育生活状况

新自由主义教育生活形态的运作机制既昭示不负责状态和反教育、反生活的力量，也有助于撕下进步主义、消费主义教育生活的伪装。个体表现出了懈怠，努力地寻找安于现状的理由，不愿再去积极主动地参与、改变。他们没有伪装，这些都是他们的真实表达，但他们也很无奈，也有无论表面看起来还是内在实质上都合情合理的理由。在这种情况下，过多地使用"高大上""伟光正"的语法和词汇批判他们并不一定有效，甚至不一定合理。"自己沉溺于想入非非（如网瘾造就的隐居遁世文化）、多疑症（总将他人想象成敌人）……与世隔绝（说到底我才不管你）、妄自尊大（毫无根据地炫耀自己的权力）。这类贫困现象不能仅靠一味地谴责来解决——该姿态恰恰与问题的解决背道而驰。"[①]

---

① ［加］大卫·杰弗里·史密斯. 全球化与后现代教育学［M］. 郭洋生，译. 北京：教育科学出版社，2000：32.

从生活意义的视角看，教育生活中的奴性与教育生活中的专制对应。有时候，个体试图跳出主流教育生活叙事的解释架构，但作为主体，个体总是显得羸弱，既缺乏主宰教育生活的外在权能，也缺乏自我确证的内在品质。个体的教育生活方式如果不同于习俗，个性化要求如果与众不同，就往往构成对主导性价值观或价值权威的挑战，进而被定义为荒诞。陷于怀疑主义和虚无主义的个体常被认为患上了某种身体的或心理的"病"。自觉自我麻痹似乎与追求真知相矛盾，因此被视为有待康复。个体时常被告诫，只有做出改变，按照主流教育生活逻辑塑造自我，才能走上逐渐康复的正途。

然而，个体通过平凡逻辑挑战精英逻辑，有助于展现边缘性存在的意义，对"可怜之人必有可恨之处"进行制度性反思，对"谁叫他自己不努力"进行人文性反省。个体之所以趋于边缘，既是因为边缘的控制力度较弱，也是对理性主义与进步主义所导致的危机的反应。反对无意义的吃苦，追求生命之轻，能卸去一些原本被迫承担的不必要的重担。凡事不再看人脸色，也不必人云亦云，不也是对理性功利化的一种反制？而且，个体拒绝人云亦云意味着个体，尚有感觉，尚存意识，能够感受到教育生活的本质缺陷，也在思索自身陷于痛苦的根源。

即便在平凡逻辑中陷入无聊，也可能获得存在性启示。"当'某人莫名地无聊'时，真正的无聊便开始了，这种深刻的无聊犹如寂然无声的雾弥漫在此在的深渊中，把万物、人以及与之共在的某人本身共同移入一种冷漠的状态中。这种无聊启示出存在者整体。"① 正如疯狂并不一定必然堕落一样，无聊并不一定无耻。它不矫揉、不造作，时常蕴含着探索、重启的时机，何尝不是一种向生命本真回归的形式？

从生活方式的视角来看，太过于佛系不现实，太过于矫饰同样不现实，要清醒，但更要超然，面对诸多"面具"，"认真你就输了"。这种防卫

---

① [德]海德格尔. 路标[M]. 孙周兴, 译. 北京：商务印书馆, 2000：127.

机制让个体不至于再次失望，一定程度上也揭示出偶然与机遇的重要性。个体表现出的复杂生活形式并非由内心的罪与恶引起，而是另有原因。当一些个体发现不能捍卫自己的教育生活立场时，他们干脆变得没有立场。自由自在、随心所欲、爱咋咋地不也挺好？个中既蕴含着真性情的具体表达，也是个体最后的坚守。

当个体无法改变现实时可能会选择适应现实，也可能会选择改造现实，还可能会独立于现实或逃离现实。个体时常因头脑简单而受挫，现实否定了个体，个体也逐渐变得否认现实。在网游世界热情高涨，在现实世界淡然冷漠，在网游世界拥有勇于超越的精神，在现实世界却没有勇于超越的灵魂。在疏离感与信任感复杂交织的局面中，原本普通的期望也成为过高而不现实的期望——不知是自己误读了教育生活，还是教育生活一直在有意误导自己。当个体不愿为了适应现实而改变自我时，表面上躲避的是人、事、物，实际上躲避的是本不应遭遇的困境与痛苦。个体的躲避中，总还蕴含着独立意识。

对自身成绩好坏不在意往往由连续性的失望过程引发。个体能够意识到自己的屈从状态。只是，个体意识到，消极服从、退缩保守、规避主流教育生活叙事有助于甩掉不必要的负担，主动向充满争胜逻辑的教育生活乱象投降，反而是轻松享受教育生活的前提。

从生活态度的视角来看，虚无与非欲化实际是精神衰弱后的颓废，其中既包含对成长阻力、德性品质的反思，也包含对审美逻辑的重塑。在语义层面，颓废理念如同人类本身一样古老[1]，"几乎所有的古代民族都熟悉这种或那种形式的颓废神话"[2]。"在试图给颓废这个令人难以捉摸的术语

---

[1] "颓废"（decadence）一词由拉丁语"decadentia"演化而来，本意为渐行渐远（a falling away），最初是指晚期罗马的文学风格失去了早期优秀文学的标准。详可参考：[美]阿瑟·赫尔曼. 文明衰落论[M]. 张爱平，许先春，蒲国良，等译. 上海：上海人民出版社，2007：45.

[2] [美]马泰·卡林内斯库. 现代性的五副面孔[M]. 顾爱彬，李瑞华，译. 北京：商务印书馆，2002：161.

下定义时，其在语义学方面的复杂性便可见一斑。对大部分读者而言这个词具有内涵的、贬义的意义，而不具有外延的，指向特定的人、活动和观点的意义。"[1] 从道德判断的角度审视颓废，颓废才有了诸多负性内涵。这是因为，教育生活普遍认可"向上"的努力，而颓废似乎与此相悖，至少与此不合拍。显然，对颓废的批评，多少是从功利视角出发的。"就哲学家和道德学家来说，他们在与颓废作战，因而他们已经走出了颓废，这是一种自我欺骗。他们没有能力走出颓废：他们作为手段、作为拯救所选取的东西本身仍然只是颓废的一种表现——他们改变了颓废的表现形式，却没有清除颓废本身。"[2]

在非功利性、唯美的层面，颓废几乎是现代教育生活的必然现象。它与宏大话语相对立，在现代教育生活陷入功利或唯美绝境时产生。颓废甚至是一种独特的关于教育现代性的审美理解，"一方面是现代性和进步的概念，另一方面是颓废的概念，两者只有在最粗浅的理解中才会相互排斥。一旦我们考虑到它们在自身不同历史阶段得到实际应用的方式，我们就会意识到它们之间关系的辩证复杂性。"[3] "颓废风格只是一种有利于美学个人主义无拘无束地表现的风格，只是一种摒除了统一、等级、客观性等传统专制要求的风格。如此理解的颓废同现代性在拒斥传统的专暴方面不谋而合。"[4] 当颓废被视为"反对正在扩散的中产阶级现代性及其庸俗世界观、功利主义成见、中庸随俗性格与低劣趣味"[5] 时，能够得到最好的

---

[1] Ridge G. R. The Hero in French Decadent Literature. Athens: University of Georgia Press, 1961: 2.

[2] [德] 尼采. 尼采著作全集·第六卷 [C]. 孙周兴, 译. 北京: 商务印书馆, 2015: 89.

[3] [美] 马泰·卡林内斯库. 现代性的五副面孔 [M]. 顾爱彬, 李瑞华, 译. 北京: 商务印书馆, 2002: 166.

[4] [美] 马泰·卡林内斯库. 现代性的五副面孔 [M]. 顾爱彬, 李瑞华, 译. 北京: 商务印书馆, 2002: 183.

[5] [美] 马泰·卡林内斯库. 现代性的五副面孔 [M]. 顾爱彬, 李瑞华, 译. 北京: 商务印书馆, 2002: 51.

理解。"颓废者对待宗教的不虔诚，至少部分地是作为呼唤上帝显现的一种方式。"①

在更深刻的层面，"颓废是现代时间哲学和生命哲学的法宝，它的内在逻辑必将推导出这样的结论：颓废是线性无限时间的天敌，它凭借对人之死本质的执拗反思，对生命近乎挥霍的沉醉放任、纵情迷狂，校正了两分法（感性与理性、肉体与精神等）的迂阔和鄙陋，以骇人听闻的方式、深刻浑融的生命体验突进存在的纵深处，以原始的混沌召回了人的整体存在，使人得以走出'单面人'（one-dimensional man）的尴尬境地。颓废的确有着'人学'合理性和正义性。"②

(二) 教育生活亚文化的再认

将教育生活亚文化正当化难免伴随认识、伦理等方面的争议。然而，如果承认教育生活图景具有高度复杂性，那么每种教育生活都会有亚文化，因此没必要大惊小怪，更没必要将亚文化作为教育生活病症来看待。事实上，个体的生活越是不被理解，就越需要属于自己的时间与空间。一些个体并不在意可能导致自身生活陷入危机的强力工具，执着于为自身的荒诞行为寻找合理化解释。对于自己的麻木并不自责，反而认为可以少受不必要的干扰。由于从来不想也不愿，个体对公正、正义几乎没有贡献。个体自成一个小世界，既包含于普通生活，又与生活世界形成并立。

教育生活亚文化不仅是主流教育生活文化的对立面，还具有诸多后现代隐喻。一些教育生活亚文化形式对个体的生活态度、处事原则产生了深远影响，几乎要形成新的教育集体意识，对主流教育生活叙事造成了程度不等的侵蚀。诸多教育生活亚文化遵从者"都是些上不着天下不着地的人。一个个嘻皮笑脸百无聊赖，让人不信任却让人放松，让人无奈却让人快乐。表面上'痞'得不管不顾，实际上干不出什么坏事，看似没心没肺

---

① Whissen T. R. The Devil's Advocates: Decadence in Modern Literature. New York: Greenwood Press, 1989: 29.
② 张军. 线性时间与颓废的逻辑起源 [J]. 求索, 2004 (6): 116-118.

地活着，可他们却有理有据地构成了一种现实"①。对于一些受到正规教育批判的颓废，他们是认同的。有时候，他们甚至渴望颓废，有意和正规教育对立以表达他们的不满。诸多教育生活亚文化要素尽管被界定为腐朽，却依然受到欢迎，一些腐朽还被他们贴上"酷""萌"之类的标签。

个体遵从教育生活亚文化往往有身不由己的一面，教育生活亚文化因此常被视为个体在各式压力和时髦风潮影响下带有被迫意味的主观意志反应。在病态教育生活方式的规训中，个体选择妥协、躲避以降低可能遭受的冲击。与此同时，个体还不断通过压缩自我来减少自己的受力面积——个体通过侵蚀自己的内在生活空间来换取必要的安宁。困难无法克服，挫折与失意几乎难以避免，又没有什么立竿见影的化解之道，冠冕堂皇的励志性话语与充满抚慰情调的心灵鸡汤越来越不可信，受到压抑的需求只有通过非正常的渠道才能得以宣泄，为了缓和自身面临的威胁或伤害，个体不得不有意自我开脱，向外界呈现出弱的一面。

个体表现出的求知上的困惑、情感上的困惑、观念上的困惑时常被定性为负面。为维系自我确证，个体不得不用荒诞反制常规，用无意义对抗意义灌输。个体对教育生活亚文化空间的刻意选择，实际是想实现与主流教育生活的精神层面的区隔，在较大程度上为自己保持消极自由的权利。至少在个体私己生活范畴内，保有自己的生活空间。这个空间具有封闭性，但也正是封闭性帮助个体抵御外在价值观念的影响，让个体在虚无中体验到自由与美感。个体尽管在教育生活关系中受益较少，时常遭遇环境适应障碍与人际交往障碍，却得以拥有独特的思考方式和别致的特殊气质。

教育生活亚文化有助于缓解内在身心压制，偶尔还具有神秘性。有时候，个体以厌倦的方式抑制焦虑，但趣味还不至于低级。在应激情境中，为保持轻松生活的延续，不得不采取躲避、掩饰、疏离等与亚文化紧密相

---

① 王朔. 顽主[M]. 北京：中国电影出版社，2004：封面简介.

关的消极方式予以应对。有时候，个体对教育生活利益逻辑心怀芥蒂又无以改变，只好敬而远之。一些个体不为世俗生活所惑，不为名利所扰，整体生活样态是有别于现世的，甚至是出世的。与终日苦读、努力拼搏以实现求知利益最大化相比，他们更倾向于享受简约一点的生活。他们按自己的方式处世，对人生有自己的认知。他们试图以另类的方式摆脱世俗性的面子与常规，进而实现对世俗性教育生活的逃离。

诸多教育生活亚文化推崇自我开脱。个体所秉持的佛系倾向中有"消极善"的意蕴。个体用佛系思维安慰自我、抑制欲望，用佛系话语缓解自身焦虑，用佛系心态面对信任危机和利益分化。这有助于减轻压力，让个体更加注重内心真实感受。尽管生活挑战性降低同时意味着信息接收渠道不宽与认知路径狭隘，佛系最终往往走向玩世不恭，过度推崇佛系，容易在教育生活中随波逐流，然而佛系总不至于走向幻灭，当自我成为非英雄式的小人物或失败者时，它启示个体从新的视角进行诠释——做什么都失败也不一定意味着生活会一团糟，相反"抓住幸福其实比忍耐痛苦更需要勇气"，何况，"世界上总有废物可以待的地方。想想要是每件事都得有意义，你会窒息的。"① 面对难以消解的迷茫感，佛系个体试图建构新的教育生活方式，作为教育生活陈规的挑战者，即便现实与愿景之间依然存在显著落差，总也不至于让精神无依无靠，即便无力改变，总也找到了乐子。

还有一些教育生活亚文化推崇不伦、不类的方式以谋求适应。个体通过特定风格的非规范行为对陈旧、腐朽进行反叛，强调不规则、偶然、过渡，以否定性方式构建自身独特的生活风格，以出格应对外界的漠视与内心的苦闷。这些实际都可以归结为无力改变教育生活处境时的自我心理调适。一方面，个体转移志趣、放旷情感并不意味着胆怯、退缩，也不意味着自我人格与命运的主动牺牲。个体的前卫看似是大胆的表现，实则是在谋求释放压力的出口。毕竟，策略性退避有助于化解内心纠结，对释放压

---

① 张冲，王艳秋. 颓废、虚无的状态与犬儒主义的文化认知——日本第四消费时代青春电影研究 [J]. 电影评介，2017 (17)：58-61.

力的逻辑进行非主流、非历史化的阐释，再怎么样也有活命价值。另一方面，当不愿或不能说出真相时，个体至少保持了沉默。然而，被压抑在内心最底并不意味着压抑不需要化解，于是将质疑融入了虚无，将抵制融入了颓废，逃遁不再是可鄙夷的——个体所呈现出的亚文化形态既是作为受迫者的证据，也是对压力的一种自我调侃。

（三）遣散物欲幻像观照自我

高竞争压力环境反而易于产生低欲望生活倾向，执意追求过于精致的生活反而意味着对自然本性的损蚀。于是一些个体开始试图从精致利己中跳脱出来，甚至离群索居，主动走向程式化生活的边缘，刻意疏远精致生活标签。他们在话语层面"无所谓"，在行为层面无能为力，在生活态度层面低欲求，保持看淡心态。他们对外在评价的不在意，既内蕴自我安慰，还指向对世俗观念的否定。

一些个体不愿出门，不愿露面，不愿登场，因为不知道说什么；不愿遇见熟人，因为不知道聊什么；不愿去做客，因为厌恶那种拘谨，也不愿别人来做客，因为不想不知所措，也不想被打扰；不想欠别人的人情，也不想被别人欠人情。不会为了一个和谐的场景或为了一个顾全大局的结果而选择妥协；如果"你"让"我"不舒服，"我"就离"你"远点。内心安宁的生活如果遥不可及，就会隐匿于虚拟世界的集体中以便获得安全感——正是他们将虚拟世界中的虚构实践成了现实。他们总想逃避紧张兮兮的节奏，试图找到一段私己时间或一片私己空间以便放松头脑、净化心灵。这既是主流价值不适应的表现，也是对多重压力的消极抵制。他们将自我遣散于封闭式的无思无虑中，有时只能是自欺欺人。然而，无论如何怒其不争，一个不容否认的事实是，当遭遇外来侵蚀时，个体都有自我封闭的本性。无所谓、随缘之类的教育生活心态，很大程度上避免了个体陷于求而不得的失意。

面对教育生活中遭受的无力感，一些个体不愿放下脸面和尊严"跪舔"，转而崇尚带有混日子、讨生活色彩的随遇而安。"天地不仁，以万物为刍狗"①，宇宙之于个体，哪有什么深厚感情可言。自我的存在，不过是宇宙中的偶然现象，自我无限渺小，甚至不及一粒宇宙尘埃，无论"知"还是"不知"，都不会导致宇宙异样。自我的整个生命历程，不过是在处理人世间的一段生活片段，自我的整个教育生活，不过是在寻求心灵慰藉。个体在物欲主导下往往放弃对自己的上限的探索，不敢大胆追求，因此也就没什么前瞻性，或许开始变得佛系起来后，才真正觉知自己的无限潜能。尽管走向佛系意味着丧失斗志、自甘平庸，却也放下了包袱，不那么雄心勃勃的生活逻辑让生活变得更加轻松——与其人际关系不睦，不如后退一步，其乐融融，让一切自然而然。个体不再执着于轰轰烈烈，意识到安于平淡也是一种朴素的虔诚，意识到秉持虚无才最容易丰盈。

谁认真对待谁就可能受到束缚，没有坚守才可能真正无惧失去。个体之所以焦虑，部分原因是放大了对压力的体认，没有从可怜又可悲、可鄙又可笑的状态中解脱出来。没有个体能抵抗自然规律，再怎么努力也只能促进或延缓。在"欲"的方向失败后，何不转而在"非欲"的方向寻找出口？或许在静静等待中，现实的一切都会变好，未来的一切都将变好。听任本性自然而去追求生活享受，不执意追求规律化、纯一的生活，才可能成为浮躁教育生活中难得的清醒者，才不会那么容易受到各式诱惑的煽动。

事实上，"那些为生活所折磨，厌倦于跟人交往的人，是会以双倍的力量眷恋着自然的。"② 他们"偏爱属于负美范畴的丑美、怪美、恶美、拙美、畸形美、病态美……他们从怪异的题材和人类病态的情感中，以及一切与死亡、恐怖有关的主题中，寻找创作灵感和提取美。"③ 由于功利心不那么强烈，他们可能仅适合于目的性不强的任务或工作。尽管他们的眷恋、偏爱与独白距离孤芳自赏仅一步之遥，但他们的反向生成中隐含着生

---

① 李耳. 老子 [M]. 梁海明, 译注. 太原：山西古籍出版社，1999：10.
② 吕锡琛. 道家与民族性格 [M]. 长沙：湖南大学出版社，1996：155.
③ 赵澧，徐京安. 唯美主义 [M]. 北京：中国人民大学出版社，1988：6-7.

活免疫机制。很多时候，他们看似厌倦，实则对教育生活中各种类型的独特美及其导致的审美逻辑重构极为敏感。他们的厌倦多为表象，尊"独"、求"异"才是他们真实的教育生活底色。

漫无目的地翻书、读书，有时会闭上眼睛，似乎在参悟世事，眼睛睁开时眼神里又满是疑惑与虚无。用漫长的时间懒散，在闲淡中任由时间蚀耗。没有生命时间观，又或者是在践行极为独特的生命时间观。通过稀释自我缓解过敏意识，通过闲暇获得释放、再造能量，也是一种排解和自我疗愈，这反而有助于看透教育生活中令人疑惑的现象，有助于自我保护机制的构建。尤其当变革失败时，通常不会太烦恼、太失望。"弱也者，道之用也。"① 经历过沧桑之后，有意后退也是一种不孬的生活策略。放松，必要时放下，这尽管消极，却能够消除风险。不总纠结、总分析，没必要努力深究所有问题，更没必要解决所有问题，当不在意、不纠结时，问题自身反而会逐渐消解。有时候，仅靠自身能力并不足以化解压力。一种权衡、计算后的退避实际也是深陷情境后的一种努力自拔。停滞在陷入的最后一步，不再在意他者目光，反而能感觉到舒适与自由。

"外向的追求反复遭遇挫折、无法实现之后，寻向自我内部的心理建设"②，将强力意志用在逃避物欲上，欲望与智识都用来过自己的生活，这也许只是一种朴素的解脱冲动。同时，将自我从苛刻、繁冗的道德要求中解脱出来，构建不依赖于争胜逻辑的自我概念，也算是对进步主义的修正。个体向往无负担的生活，试图通过规避既有规范体系实现"乐活"，多少有点自我麻醉的意味。在被归入意志类的主题后，自我麻醉常常被解读为一种意志薄弱。然而，一直保持麻醉，其动机也可能在于当物欲弥漫时维系自尊或保护自我优越感。由于麻醉，即便遭受不公，也不会充满怨愤地活着，即便偶尔怨愤一下，也不会长期遭受怨愤导致的精神折磨。在关涉利益时，麻醉还有助于养成淡泊观念，随着岁月的流逝，淡泊还会渗

---

① 李耳. 老子[M]. 梁海明，译注. 太原：山西古籍出版社，1999：76.
② 金理."佛系青年"与"青年消失论"[J]. 探索与争鸣，2018（4）：53-56.

透到教育生活的细枝末节之中，变得更加具有积极意义。

（四）相异个体生活逻辑共融

诸多教育生活实践论认为，作为个体的人之所以平庸，根源在于头脑中不思考和行动中不努力。然而，真实的情形远非如此简单，即便排除遗传、运气、出身、权力等诸多因素，只就头脑和行动本身而言，情形也极具复杂性。

这个时代的年轻教育者和受教育者们普遍处于小家庭，教育生活中个体存在方式的"原子化"已然不可避免。尽管较为彻底的离群索居者只是极个别，但"原子"们的生活更加独立，"原子"与"原子"之间的关系变得疏离，每一个"原子"都生活于自己的小世界，都更加在意自身感受与自己的得失。

共同时代语境下的"多胎"才是个体生活逻辑的真实状况。在现实教育生活中，个体迫切需要走出相异理论彼此矛盾导致的共同困境。无论卓越还是平庸，都是个体生命在现实教育生活中的实在表现。犬儒理念与理想主义并不存在决然的价值对立。在一些犬儒的内心深处，隐藏着完美的理想主义，反之也是如此。愤世嫉俗者往往是理想主义者或完美主义者。玩世不恭者则可能是虚无主义者或享乐主义者。他们之间的关联在于，正是那些彻底的完美主义者才容易转变为虚无主义者。面对模糊、复杂的教育生活，一旦陷入完美主义，看待人、事与关系时往往会缺少"度"的意识，乱了分寸。从完美思维出发，要求过于精到往往会显得颓废。由于太渴求完美，往往变得极其严苛，难以做到设身处地同情与理解，将原本正常的松散与误差视为变态。长此以往，个体很容易将教育生活视为一地鸡毛、一片黯淡，进而陷入悲观，甚至放弃希望。

例如，对于择校、有偿家教、校外培训等教育现实，绝大多数教师、管理者、家长的认知是清晰的，但他们选择了顺应，顺应中有时夹杂着无奈，有时渗入了默认，有时则包含着牢骚。浸淫于这样的现实，他们也知道长期这样下去肯定不行，但他们依然不遗余力地参与到对这样的现实的建构中。他们一边不遗余力地参与其中，竭力争胜，一边诅咒这样的现实"迟早玩完"。他们非常注重利己，却在公开的话语表达中竭力宣扬责任与担当。他们的表达似乎不仅仅是为了掩饰，也不仅仅是为了明哲保身。他们既是既有价值秩序的批判家，也是既得利益体系的合谋人。从疾声批判到安心获取，或者从安心获取到疾声批判，其间的转换竟然相当顺滑，没有抵牾，也没有摩擦。

当众人都沉醉其中，保持独醒反而有些不太明智。个体没有尼采（F. W. Nietzsche）哲学中那种坚定的自我意志，也从不奉行极端战斗主义。个体之所以陷入犬儒逻辑，不只是因为在过去饱尝辛酸，更是因为对未来过早地失去希望①。悲观与失望不断侵蚀追求与理想，可能导致个体选择认命，进而在教育生活中持无所谓的态度。在虚无价值观指导下，无所谓的态度成为一种理性选择。即便坚持教育生活中的每一条道德准则，也不一定就能获得多少价值。因此，坚持或不坚持它们，拒绝或不拒绝"不善"，不应成为一种自觉行为。换言之，既不应试图亲近那些道德准则（或拒绝"不善"），也不应试图远离那些道德准则（或不拒绝"不善"）。活着就是生活本身。

现代人对待虚无主义的习惯性思维方式是，"要么纳入属于西方形而上学的命运的形式，这种命运人们是无法逃避的，除非遗忘这种形而上学本身成为可能；要么是一种堕落垮掉的眩晕。"②而在现实世界，"曾经是技术生产力的阴暗面的虚无主义，已经成了生产力的基本要素，成了劳动力市场上最紧俏的商品。"③ 在现实教育生活中，每一个体都有一套说服自己生活下去的理由。每当遇到质疑，个体总能找到理由进行辩解。一些虚无逻辑并非全不合理，即便有瑕疵、有弊端也在正常阈限之内。很多时

---

① 孔明安. 犬儒主义为什么是一种意识形态？[J]. 现代哲学，2012（4）：7-13.
② [法] 米歇尔·福柯. 说真话的勇气 [M]. 钱翰，陈晓径，译. 上海：上海人民出版社，2018：235-236.
③ 张一兵. 生命政治统治中的犬儒式诸众——维尔诺的《诸众的语法》解读 [J]. 学术研究，2018（6）：9-17.

候，个体间的虚无理由看似冲突，其实内在相通——都在自觉逃避不幸。这其中的问题在于，"当真理不是必须的时候，什么样的生活是必然的？""虚无主义的问题并不是：如果上帝不存在，一切就都是允许的。它表达的是另一个问题：如果我必须面对'没有什么是真的'，那么如何生活？"[①]

通常认为，个体放弃的理由是本真阙失，因过度执着于内在而陷入佛系、虚无。面对理性与现实的断裂，已经坦然接受，进而与自己的内心实现和解。而事实上，即便受到末世文化的侵袭，也少有人真正相信末世。无论如何进行隔绝，个体都不可能成为彻底虚无的孤立体。因此，为什么非要像动物那样划分各自的领地？为什么非要"站队"，非要营建"小圈子"？如果"站队""小圈子"成为常态，不佛系又怎么能真实地生活下去？由于现实教育生活中复杂因素的纠葛，个体具有佛系、虚无心态并不必然导致佛系、虚无行为，也不意味着个体对佛系、虚无行为的真心认可。很多时候，以无意义应对僵化的意义实质也是一种内在自为。

由于认识论和方法论方面的差异，在各类型的教师、各类型的教育管理者、各类型的家长等诸多教育者的复杂作用下，受教育者可能会形成多重人格。通常认为，受教育者从知到行，不仅需要内在价值信念的导向，还需要持续性的意志力支撑。很明显，持逃避倾向的受教育者所缺乏的正是这种导向和支撑。享受平凡无可厚非，但享受平凡并不意味着消极对待，过于平凡的生活，有走向平庸之嫌。困境与挑战也许被放大了。事实上，承认受教育者的复杂性、模糊性与遵守必要的价值导向逻辑并无截然区隔。一些受教育者诉诸非批判性立场对教育生活进行认知，本身也是一种立场；一些受教育者贱贱地活着，无意义中实际上也渗透着特定的意义；一些模仿入世的避世者的受教育者同时也可以是避世的入世者。

从主流视角看，佛系理念所导致的一个明显效应就是对教育生活公共理性的侵蚀。基于正统教育的要求，持佛系理念的个体需要重拾价值。作

---

① [法]米歇尔·福柯. 说真话的勇气[M]. 钱翰，陈晓径，译. 上海：上海人民出版社，2018：236.

为无意识的意识形态,"要不就不相信,要不就无所谓"往往被认定为教育生活中的病态现象。个体封闭、保守,难以接近,也就产生不了什么真正的教育成效。要改造这种局面,需要消耗较之一般情形更多的情感资源。个体麻木了,不再努力奔向完满生活,不再尽力坚守理想,因此需要唤醒,需要积累迎接挑战的信心,明了获得成功需要做出的努力。然而从复杂性视角看,只要稍微顾及一下教育生活的无常、难测、耐人寻味,就不难发觉,面对根本无以消解的难题,逍遥未必没有道理。何况,个体尽管抱怨"没劲",但在具体事情上还算勤奋,可见"没劲"并不意味着不愿去做,也不能简单地理解为虚无,而是缺少真正的、实在的意义。看起来,个体在教育生活中的多重倾向需要弥合,实际上却并无必要——这些倾向之间的界限本就是模糊的、交织的。

"从本质上,奴性可以理解为通过低调的自我呈现,规避权威、自由,以顺服强的内外控制过程。"[1] 过分的无奈,势必会夹杂忧伤与苦楚,并不全是奴性使然。只要个体具备起码的生存与发展欲望,就会本能地试图让自己适应环境、顺从权威。那些所谓的逍遥者,很难真正彻底地置科层压力与利益诱惑于不顾,他们话语中的知足常乐,有时不过是一种口嗨式的消遣。这些都是个体人格组成的重要维度,是个体无法规避的必然倾向,只不过在不同个体身上表现的强弱有所不同,具体的表现方式也有所不同罢了。谨小慎微的同时,也需要充满宽容,看穿后的否定与通过躲避、逃离的方式进行自我保护完全可以相互共融,个体原本就是认知复杂体与情绪混合体,如果再涉及精神分析,对个体教育生活的引导就更加难以预设。

对于个体而言,现实教育生活再不堪,总也不至于将其摧毁,通过包容互相矛盾的内容实现共融几乎是必然的共赢途径。每一个体都蕴含着教育生活的新主题。每一个体都有机会、有权利体验"再生"。尽管"你"

---

[1] 张灵,姚本先. 奴性:文化心理学视域下的诠释 [J]. 学理论,2009 (6):226-227.

也许不是"我"期望的姿态,但"我们"依然能够彼此安慰。真正苦恼的意识就是意识到自己产生了矛盾的、分裂的意识,最坏的可能可能是最好的可能。在杂糅中兼容、从愤世到自适才能让不同的意识与可能聚在一起相互取暖。不同维度的意识相互包裹于各自之中,本来就有许多共同点,它们都是一种相对弱势的非主流表达,都意味着在理想与现实的夹缝中生活。经历沧桑后的个体理应明白,作为教育主体,只有在教育生活实践和教育生活交往中才能真正实现自我确证,拒绝对话、排斥交往,将陷入自我独白的封闭生活状态,消极躲避、陷于空虚不仅无法倾听他者的解释,也会隔断自身在教育生活中的解释通路。

第九章
直言与持存：个体教育生活风格的证成

自我确证是个体的天性。早期的启蒙运动先驱们高举理性、自由、平等大旗，将自主性与真实性视为理想生活的前提，不患得失、不怕代价地与腐朽的价值体系针锋相对，通过不懈的努力，终于解除了旧式思想体系的禁锢，建立起现代思想体系。在这一体系中，个体日益发展出了颇具新意的人格意识，"人格意识是主体意识内涵中一个非常重要的方面，它表明了人对自身作为主体存在的深刻洞察和深深体认，……人格意识的实质就是：把自己理解为人，珍视自己的做人资格，同时，把他人当人，尊重他人为人。"[①]

得益于启蒙先驱们的建基，当前时代的个体正步入自我证成、形成风格的佳境。精英主义逐渐让位于大众化逻辑，教育者中心论逐渐为受教育者中心论取代，秉持旧式权威的权威们频遭戏谑，传统意义上的名人让位于"网红"。这是个规则正在取代关系的时代，它并不嘲讽80后、90后的不谙人情，而是为他们尚显稚嫩的梦想助力；这是个教育与知识俯拾皆是的时代，不必再仰赖高昂的学费和漫长的旅行才能开阔视野，只在轻轻一点之间就囊括了万里与千年——当站在历史的坐标系上看，这是一个普通人的黄金时代。"[②]

---

① 张建云. 试析主体意识的内涵 [J]. 天中学刊, 2002 (6): 5-9.
② 张璁. 你的背景, 就是这个时代 [N]. 人民日报, 2014-10-21 (19).

教育生活风格以过特定样态的生活为旨归。"生活在其有倾向的关涉活动中遭遇的东西及其怎样遭遇，就是它本身。"① 教育生活风格形成过程是典型的生命遭遇过程。作为专注于"认识"的生活，教育生活风格中弥漫着"过去的生活是怎样的""谁曾经那样生活过"之类的问题。这意味着，在教育生活风格形成过程中"必须要认识的，就是生活的方式，曾经生活过的方式"②。值得注意的是，"风格从来就不是灵魂形而上学的投射、施行、结果或实际运用。"③ 在诸多时代，形而上学是稳定的，然而教育生活风格是变化多端的。由于形而上学的稳定性，当个体试图为自己的生活树立一种风格时，便意味着要付出特定代价。从这个视角看，当前应注重的是在兼顾原典意义的同时，不断审视现代教育生活的基础，指明个体自我证成或风格形成过程中代价错付的地方。

一、直言与笃行作为教育生活要义

言说与行动向来是个体生活的核心论题。在教育场域，为了成为通达真理与德性的主体，每一个体都应对自己的生活进行详尽的考察。一般认为，个体的教育生活方式与他对"真实""真知"的认识紧密相关。在教育生活中，尽管个体时常被告诫"要有勇气运用你自己的理智！"④ 但遗憾的是，真话与真相仍旧成为一个问题。说真话的习惯日益式微，"真实"实际上靠一整套制度系统在维持，本真依然存在，但常常难以触及。

早期犬儒主义者们在这方面提供了典型的生活风格展示。他们将直言

---

① [德] 海德格尔. 对亚里士多德的现象学解释 [M]. 赵卫国，译. 北京：华夏出版社，2012：104.
② [法] 米歇尔·福柯. 说真话的勇气 [M]. 钱翰，陈晓径，译. 上海：上海人民出版社，2018：199.
③ [法] 米歇尔·福柯. 说真话的勇气 [M]. 钱翰，陈晓径，译. 上海：上海人民出版社，2018：204.
④ [美] 詹姆斯·施密特. 启蒙运动与现代性 [M]. 徐向东，卢华萍，译. 上海：上海人民出版社，2005：61.

与笃行作为自身区别于他者的手段。他们宣布自身从城邦中独立出来，宣称自己是"世界公民"。这意味着他们致力于追寻纯粹真理，拒绝城邦逻辑，不接受基于城邦而构建的伦理规范与认知原则。无论如何无奈，如何表征为非正面的创伤性经验，他们终究还是表现出了颇具独立性的自我风格。他们以极具个性化的生活实践践行了独特的生命美学，执着于直言与现实性行动，不在历史文本的回顾中找寻出路，对个体教育生活有诸多借鉴。

（一）真生活的样态及其表征

在《说真话的勇气》一书中，福柯描述了一位名叫罗贝尔·达尔布里赛尔（R. Arbrissel）的基督徒："穿着破衣服，光着脚，从一个小镇走到另一个小镇，与教士的堕落做斗争，呼吁所有基督徒力行忏悔。"[1] 这位基督徒的形象与行为，内蕴着对早期犬儒主义的继承。

早期犬儒主义并不是要消解真理，而是通过戏谑、偏激的方式将真理和真正的生活之间的关联加以极端化展现，其效果就是产生一种更易窥见本质的存在之镜，透过这面存在之镜，世俗的个体可以看到镜中自己残缺、丑陋的面孔，进而重新反思自身存在，更好地思索什么才是真正的生活。正如罗素所言："通俗的犬儒主义并不教人禁绝世俗的好东西，而仅仅是对它们具有某种程度的漠不关心而已。就欠债的人来说，这可以表现为一种使他减轻自己对于债主所负的义务的形式。"[2] 早期犬儒主义者德勒斯（Teles）就曾对一个富人说："你慷慨大度地施舍给我，而我痛痛快快地取之于你，既不卑躬屈膝，也不唠叨不满。"[3]

安提斯泰尼、第欧根尼、彼翁（Bion）、曼尼普斯（Menippus）、德勒

---

[1] [法]米歇尔·福柯. 说真话的勇气 [M]. 钱翰，陈晓径，译. 上海：上海人民出版社，2018：227.

[2] [英]伯特兰·罗素. 西方哲学史·上 [M]. 何兆武，李约瑟，译. 北京：商务印书馆，1963：298.

[3] [英]伯特兰·罗素. 西方哲学史·上 [M]. 何兆武，李约瑟，译. 北京：商务印书馆，1963：298.

斯等早期犬儒主义者看起来像犬①，实际上却更接近真正的人。他们的言语与行动粗看像是后现代做派，实际不过是较为纯粹的古典意识。他们不停地说话，但他们才是真正的无言者。他们既没有多少名誉，也没有多少货币。有时候，他们笑什么诸众都知道，有时候，他们笑什么只有他们自己知道。他们呈现出的原生态的生活更能宽容异见与异行，也有益于对生活细节的敏锐感知。为了重估一切现存价值，他们反思知识、规范、道德，也反思服饰、饮食、居室，"以天地为栋宇，屋室为裈衣"②。他们对屈从世俗的行为进行批评，为了反思世俗的城邦主流生活，宁愿像犬一般度日，所食粗粝，鄙视因名利而快乐的生活逻辑，不愿接受权力衍生的价值设定。他们旁若无人却感觉灵敏，不觉羞耻却忠实可靠，放荡不羁却敢咬敢斗，矢志于追寻纯洁、无杂质的精神境界。

总体来看，早期犬儒主义者为后人践行了"何谓真生活"。"在犬儒的实践中，对生活形式的要求极端与众不同，有其原则、条件或非常有特点、非常确定的模式。"③他们关注的核心问题是究竟要过怎样的生活才能充分"认识你自己"，而无论怎样"认识你自己"，最终都是为了过上"真正的人"的生活。不知并不可笑，可笑的是不知却自以为知，甚至认为自己所知甚博。"真实是完善和美的基础和根据：一件事情，不管它是什么性质，假如它不是它所应是的那样完全真的，假如它没有它所应有的一

---

① 值得注意的是，在西方话语语境中，犬并不具有中国文化语境中的贬义。所谓将犬隐喻为卑贱者、乞怜者，实际是一种汉语语境下的引申义。在西方文化语境中，犬的行为并无卑贱、乞怜之意，有时反而是可爱、亲和、友善的表征。与中国传统话语中对犬的负面描述不同，西方传统中关于犬的负面描述要少得多。古希腊人说犬儒主义者过着像犬一般的生活，似乎没有强烈的贬低、诅咒意味。古希腊人更想表达的，应是早期犬儒主义者像犬那样敢咬敢斗，并在物质方面只有极低需求。

② 刘义庆. 世说新语笺疏 [M]. 北京：中华书局，2011：631.

③ [法] 米歇尔·福柯. 说真话的勇气 [M]. 钱翰，陈晓径，译. 上海：上海人民出版社，2018：205.

切，它就不会是美的和完善的。"① 个体要想真正感受到深度价值，就必须具备找寻真实的坚强内心，并没有什么真正的可供逃避的非真之地。

在教育生活层面，区分本真教育生活与虚假教育生活的显著标志，便是教育生活的感染力。教育类似于这样的过程，"一个人用某些外在的符号有意识地把自己体验过的感情传达给别人，而别人为这些感情所感染，也体验到这些感情。"② 一种教育生活越能毫无区别地感染所有人，本真性就会越突显。在这方面，早期犬儒主义者对真生活的践行同样值得借鉴。

具体而言，真生活集中表现为如下基本样态：

其一，真生活不隐藏，不掩盖，无掩饰，不存在被遮蔽的部分或被遮蔽的可能。"真的生活，首先当然是一种无所隐藏的生活，也就是说这种生活没有任何阴影。这种生活可以赤裸裸地面对一切光亮，面对一切人的注视。如果它不隐藏任何动机和目的，这样生活和行为的方式就是真实的，并属于真的生活。"③ 早期犬儒主义者的形象被概括为"一个人穿着短大衣，留着大胡子，光着脏脚，拿着褡裢和棍子，在街角、广场、寺庙门口，招呼人们"④。他们的生活所得往往只够生存。在他们那里，真实即不隐藏、不遮掩。他们公开饮食、居于广场，几乎没有私人空间，不仅身体赤裸，也让自己的一切言行曝光。丑陋也罢，悲惨也罢，都是俗人的评价，都无法掩盖他们率真的人品。他们试图证明依靠自然生活就能成为真正的人。在他们那里，真正的神圣是无欲，自由之道在于抵制诱惑、摒弃世俗名誉与物质财富，必须本于内心，忠诚于自然性要素才能拥有高尚

---

① [法]弗朗索瓦·拉罗什福科. 道德箴言录 [M]. 何怀宏，译. 北京：新世界出版社，2008：126.

② [苏]列夫·托尔斯泰. 列夫·托尔斯泰文集·第14卷 [C]. 丰陈宝，陈燊，尹锡康，等译. 北京：人民文学出版社，1992：174.

③ [法]米歇尔·福柯. 说真话的勇气 [M]. 钱翰，陈晓径，译. 上海：上海人民出版社，2018：274.

④ [法]米歇尔·福柯. 说真话的勇气 [M]. 钱翰，陈晓径，译. 上海：上海人民出版社，2018：241.

德性。

"真的生活，就是不掩饰的生活，这个生活不隐藏它的任何部分，这是因为它没有做下任何羞耻的事情，没有做下任何不名誉的事情或任何罪过，不会招致任何人的指摘，行的正不怕影子斜，不会感到不好意思。没有掩饰的生活，人们不会脸红，因为没有什么事情值得脸红。真的生活就是没有掩饰的生活，不会脸红的生活。"① 平生无一事不可对人言，一目了然，一切都在阳光之下，都在普通的可见性中。没有捉摸不透的城府，坦然面对所有个体的注视，从不畏惧任何个体的审视，有效回应任何形式的质疑。所有的动机与目的都是公开的，没有什么不可告人的秘密。正如克拉底的妻子，同为早期犬儒主义者的希帕其娅（Hipparchia）所宣称的那样："我，玛洛尼亚的希帕其娅，从不恪守妇女道，而是以男人的心态，遵循犬儒派的生活方式。我从来不在衣服上别饰针，也不乐意脚上穿鞋，头带上抹香水。一根拐杖，赤脚，不管多皱的外套蔽体，睡在坚硬的地上而不需要床，这就是我的选择。"②

不隐藏、不掩饰意味着随心所欲地表达，也是张扬自我的表现。早期犬儒主义者有时还会将不掩饰原则戏剧化。表面看上去，生活戏剧性地翻卷成了无厘头、不正式、缺乏严肃性的生活——既然那些好的、美的、善的东西可以不加掩饰，那么那些坏的、丑的、恶的东西也可以不加掩饰。不隐藏最终导致了丑陋的事情发生，不掩饰最终背负了屈辱与恶名，导致不堪的生活，不隐藏、不掩饰是一种丢脸——这些世俗的丑，世俗的恶名，早期犬儒主义者非但不介意，反而主动肯定与推崇。正是在对众人之所恶的追求中，早期犬儒主义者感受到了纯粹与高尚。

其二，真生活是没有混杂的生活，不额外附加其他要素。个体自己做主，不与其他要素相混杂，不被其他要素所污染、所改变。"他们的人生

---

① [法]米歇尔·福柯. 说真话的勇气 [M]. 钱翰，陈晓径，译. 上海：上海人民出版社，2018：309-310.
② 杨巨平. 古希腊罗马犬儒现象研究 [M]. 北京：人民出版社，2002：124.

原则一点都不复杂，就像一棵削去了多余枝蔓的树，挺拔磊落。他们很清楚自己是谁，自己是在干什么，不用去参照别人的人生选择，也不会为别人的声音所干扰。他们摆脱了别人通常会面临的精神危机。这样的内心当然自足而强大。"①

个体不依赖于外部因素，是独立的、纯粹的，也不被外部因素所干扰、所奴役、所占有。在《哲学史演讲录》中，黑格尔对早期犬儒主义者同样给以积极评价："犬儒派的出发点，则是以完全的自由和独立作为人的天职"，"犬儒派至少在开始的时候，曾经提出以下这个原则来作为人的天职：要使思想以及实际生活有自由，对一切外在个别性、特殊目的、需要和享乐必须漠然无动于衷。"② 名誉、金钱、权力、家庭等几乎所有世俗认可的重要价值，在早期犬儒主义者看来都无意义，都不过是败坏人心的手段——要成为自由人，就要抛弃这些所谓的价值。生活中的一切都尽量遵循自然，处处体现出非刻意性。只有源自心灵深处的感染力不会引起个体的审美疲劳。真生活只可能在个体心灵或信念深处萌生，而虚假的生活才可以连续不断地制造出来。真生活不需要过度装饰，虚假的生活则往往过度包装。真生活注重日积月累，虚假的生活只满足眼前的利欲，真生活革新个体的情感与价值，虚假的生活将个体引向异化与堕落。

为了没有混杂，早期犬儒主义者不断压缩自身生活中的知觉、情感、思维与理性，一直到只剩必需的物资与淳朴的欲望，甚至只剩下了动物性的生命存在。之所以不断自主压缩，是因为想摆脱生活中社会性与世俗性的约束，只在形体上与其他生命体相区分，拒绝自身作为谁的主人、谁的仆从等外在社会性属性。他们对物质的需求简单而朴素，时常抵近最低限度，试图借此摒除物欲导致的纷扰，以便生命能够向更广、更深的维度延展。在克拉底等早期犬儒主义者那里，连财产都成了多余的东西。为了过

---

① 郝朝帅. 犬儒年代的尴尬英雄 [J]. 北京电影学院学报，2011 (6)：91-94.
② [德] 黑格尔. 哲学史讲演录：第 2 卷 [M]. 贺麟，王太庆，等译. 北京：商务印书馆，1960：157-166.

上真生活，他们甚至主动追求贫困，刻意让自己丧失世俗身份。显然，早期犬儒主义者基于原初性的生命自然样态确立生活法则，努力按照生命自然样态存续的需求纯粹地探寻。

其三，真生活是正直的生活。"人受到的震动有种种不同：有的是在脊椎骨上；有的是在神经上；有的是在道德感受上；而最强烈、最持久的则是在个人尊严上。"① 早期犬儒主义者对于压迫、作恶等有损正义、尊严的言行具有一种自我偏执的反感。他们端正、直接、顺平，在任何地方，做任何事情都尽可能少地弯曲，尽可能少地迂回，尽可能少地拐弯抹角。执着于正直的生活让他们在日常生活中变得固执，但也正因为正直，同类生活价值要素不存在抵牾，进而能够保持不变、维持一致，让物质损耗和精神损耗降到最少。

为了求得正直的生活，有时个体有必要超越自身惯习，超越所习得的固有习俗，超越自我评价，成为自我的反对者。一方面，如果"自己就是上帝"这样的理念不被纠正，无论是教育者还是受教育者，他们的信仰都可能是不真诚的，也不可能形成真正的自有品格。鼓励个体反思自我的合理性，一定程度上扬弃自我，才能寻得真正的自我。有时候，尽管真相是无法接受的，"如果你看到的是事物的本来面目，你是不会去爱它的"②，但依然应致力于追求真相。另一方面，从扭曲中解放出来，才能构建正直的自我。个体生活的产物，可能有益于自我，也可能转变成异于自身的力量，这种力量产生反向影响，不受控地扭曲认知与行为。个体过度执着于自身惯习、固有习俗与自我评价，无助于从扭曲状态中解脱。与其如此，不如勇于革新——哪怕陷于高尚的挣扎。

"教育不能独存独行，但值得我们深思的是，教育究竟该怎样'求

---

① [英] 约翰·高尔斯华绥. 福尔赛世家 [M]. 周煦良，译. 上海：上海译文出版社，1978：158-159.
② [美] 索尔·贝娄. 更多的人死于心碎 [M]. 索尔·贝娄全集·第8卷 [C]. 姚暨荣，林珍珍，译. 石家庄：河北教育出版社，1998：299.

真'","如果教育都放弃应该守望的理想,让异化和裂变残酷地继续,那么一个民族的灵魂,也必将在裂变中丧失。"[①] 当虚幻开始建构真实时,认识的难度无疑加大了,个体实现了自知却依然要选择虚幻,这无疑又是在解构认识本身。在非真实的生活中,即便达到了忘我的境界,也不是真正的存在,将忠诚安置在真理的位置才能引导个体由虚浮的宏大叙事向真实逐步演进。教育向真实演进的过程往往也是个体对教育生活的适应过程。这种演进与适应有时会受到历史惯性的影响。一些突破历史惯性的表现或行动,对频频失望甚或近乎绝望的心灵而言,无异于一声清脆的解锁。早期犬儒主义者们正是历史惯性的突破者,他们呈现出的正直、坦诚的生活理性,既有益于让知识成为个体的真需要,也有益于公共理性的培育。

其四,真生活是不动摇、不变质、不堕落的生活,因此也是试图入世、救世的生活。"犬儒派绝非赫拉克利特式的厌世者,也非伊壁鸠鲁学派式的避世者。他们是用貌似弃世、实则救世的方式来对待现实社会。他们对现实的过激抨击是为了惊醒世人,使之幡然悔悟;他们后来对现实社会的某些方面的妥协、让步、参与也是为了改造现实。"作为纯粹生活精神的追寻者,"他们奔走于各个城市之间,出入于市场、体育场、剧场、运动会等人群密集的地方,目的就是要以惊世骇俗的言行,引起世人的自省,从而实现改造社会的理想。总之,犬儒派是在用另一种方式入世,它与现实社会的关系是既对立又联系,愤世而不弃世。"[②]

真生活是内在统一的,既符合一贯原则,也符合日常规范。"假如连我们自己也不试图活在真实中,任由那种成熟而聪慧的犬儒[③]蔓延,那么迟早有一天,'人'这个字的意义也要沦陷、虚无。"[④] 关于虚假现实的建

[①] 韩军,周迪谦,任玲,李镇西. "伪圣"和"犬儒"——中国教育不能承受之重 [J]. 教师之友,2002 (3):8-15.

[②] 杨巨平. 古希腊罗马犬儒现象研究 [M]. 北京:人民出版社,2002:85.

[③] 显然,此处的"犬儒"意指经历了思想蜕变的现代犬儒主义,不同于古希腊先驱们开创的早期犬儒主义。

[④] 梁文道. 犬儒时代的信任 [J]. 法制资讯,2009 (5):18.

构无论如何成功，都不能完全遮蔽真实本身——总会遭到抗拒，总会试图逃逸，总会出现裂缝——真实总是能够继续。幸福和痛苦、诚实和欺蒙、灵魂和欲望、善和恶，都没有被撕裂，也没有被扭曲，不变质，不动摇，"正是这种自身的一致性使它摆脱了一切可能造成变质的东西，这一方面保证了它的自由，即独立性，没有依赖，不屈服于任何可能的统治与服从；另一方面，保证了他的幸福（eduaimonia），即自我管理，自我满足快乐的幸福。"①

为避免陷于堕落，真生活势必否定生活的狂欢化。从解构的视角看，生活的狂欢化导致生活形象和生活形式被利用，生活内容和生活实质被改变。无限制地追求快感会走向真生活的反面，是对真生活的极端化否定。充满狂欢性与否定性的生活很容易不顾廉耻，因此总是伴随着这样那样的丑闻或丑事。有时候，为了满足狂欢的欲望，只能偷偷地去找一个可以隐藏自我的地方，以防备来自（或可能来自）他人的目光。从建构的视角看，自制才能坚持真、善，无欲常常是走向神圣的前提，而要自制、无欲，就要摒弃物质享受或感官快乐。安提斯泰尼乐生，但也不畏惧死亡，他"宁愿发疯，也不愿意快乐"②。在他那里，肉体的快乐只是低级的快乐，痴迷肉体快乐会让生活失去价值，灵魂的快乐才是真正的快乐。真正的价值并不求回报，也不能交易，崇高的德性与理想本身并不空，只是因为它们时常排斥个体的功利需求或物质利益，所以才被定性为空。德性与理想未变，只是个体自己在变。

(二) 直言即真知发生的过程

"人是精神，人之作为人的状况乃是一种精神状况。"③ 直言是个体精

---

① [法] 米歇尔·福柯. 说真话的勇气 [M]. 钱翰, 陈晓径, 译. 上海: 上海人民出版社, 2018: 279.

② [古希腊] 第欧根尼·拉尔修. 名哲言行录 [M]. 徐开来, 溥林, 译. 桂林: 广西师范大学出版社, 2010: 253.

③ [德] 卡尔·雅斯贝斯. 时代的精神状况 [M]. 王德峰, 译. 上海: 上海人民出版社, 2005: 导言 3.

神之美的展现。个体对各类生活风格的实践，或多或少都关乎对待直言的态度。一方面，直言赋予个体直接感受崇高的能力。这种能力"是人的天性中最壮丽的天禀之一，它既值得我们尊敬，因为它来源于自主的思维和意志，也值得最充分地发展，因为它能对道德的人起作用。美仅仅是为人服务，崇高是为了人身上的纯粹的精灵服务。"① 另一方面，个体的言说方式与个体的生活方式紧密联系在一起。直言是一种言说方式。在福柯看来，没有个体拥有认识、理解上的特权，没有个体敢妄称自己掌握了真理，要想认清生活世界，除了观念构建，还时常需要有纯粹的说真话的勇气，"要发现灵魂的时候，就需要说真话的勇气。要给予生活以形式和风格的时候，也需要说真话的勇气。"② 一个并不总是致力于追求真相，甚至连说真话的勇气都缺乏的个体，并不配享"主体"的称谓。

"从前世代的人比我们要好，比我们更接近诸神。"③ 个体奴性的鲜明表现之一便是沉默，"我认识很多明理的人，但他们都在沉默中，因为他们都珍视自己的清白。"④ 与那些明理的人不同，早期犬儒主义者以一种自我宣言的形式直言，大胆地表达事物的本质，勇敢地揭示事物的真相。"犬儒主义的稳定特征就是直言的人，说真话的人。"⑤ "有人问他对人类而言，最美好的事物是什么，第欧根尼回答：直言。"⑥ 在直言中，第欧根尼等早期犬儒们表现出独特的冲动性。这种冲动性既有助于他们祛除虚假的

---

① [德] 弗里德里希·席勒. 审美教育书简 [M]. 冯至, 译. 上海：上海人民出版社, 2003：267.
② [法] 米歇尔·福柯. 说真话的勇气 [M]. 钱翰, 陈晓径, 译. 上海：上海人民出版社, 2018：200.
③ [古希腊] 柏拉图. 柏拉图全集·第3卷 [C]. 王晓朝, 译. 北京：人民出版社, 2003：184.
④ 王小波. 我的精神家园 [M]. 北京：北京十月文艺出版社, 2014：自序.
⑤ [法] 米歇尔·福柯. 说真话的勇气 [M]. 钱翰, 陈晓径, 译. 上海：上海人民出版社, 2018：206.
⑥ [古希腊] 第欧根尼·拉尔修. 名哲言行录 [M]. 徐开来, 溥林, 译. 桂林：广西师范大学出版社, 2010：368.

生活装饰，铲除生活中的斑斑锈迹，提升与真实的联系程度，也是他们克服现实秩序或严肃禁锢的需要，不如此便不足以获得动力，也便不可能充满热情地说真话。

尽管阳光之下并无新事，但说真话依然是"现实的真与自由之间的艰难运作"①，"真话问题不是真话本身，而是谁在说真话，向谁说真话，谁在听真话，谁需要真话，谁能够说真话"②。早期犬儒主义者几乎一无所有，这使他们没有负担、没有拖累，也没有牵挂，少了很多瞻前顾后，因此可以毫无顾忌地直言。在《叫卖的哲学家》一文中，第欧根尼称自己是"人类的解放者、治疗整个人类的医生，是'真理'和'直言'的先知"③。他们"都不要再装了"之类的揭露，以及面对一切的坦率，往往让人解除警戒之心。在早期犬儒主义者心目中，理想生活的重要表征就是直言，就是坦率地、坦然地、勇敢地、无惧地说真话。直言的才是美好的，越直言就越能触及本质，越直言就越能体现出真性情；虚伪皆为人为，虚假皆是人的造作，摆脱它们才能升华内心的善并得享真正的幸福。他们敢于发声，如果有看法，就会原原本本地说出来。他们的言说内蕴着追求真知的热情。无论面对什么情境，他们都致力于做出诚实的反应，这种姿态本身就值得尊敬。

事实与真知总要被某种言说装置所言说。直言中才蕴含更多事实与真知，直言的生活是更接近"真"的生活。一些直言因为太过于"直"，时常引起批判对象的不适，这让直言者的生活富有战斗精神，"战斗精神（militantisme）是这样一种方式，即生活被定义为、视为、组织为、规定

---

① [法]米歇尔·福柯. 何谓启蒙[A]. 福柯集[C]. 杜小真，选编. 上海：上海远东出版社，2003：535.
② 张念. 犬儒主义和中国式的启蒙逆子[J]. 上海文化，2009（6）：4-12.
③ [古罗马]琉善. 琉善哲学文选[C]. 罗念生，陈洪文，王焕生，等译. 北京：商务印书馆，1980：65.

为一种革命活动，或者说革命活动被当作生活。"① 直言者甘愿趋向自身生活的极限——为真理而死，这其中无疑包含着巨大的生命勇气。他们的最终目的是走向真理、表达真理，使真理闪光。对于一个彻底的直言者而言，自我和自我的生活通过战斗的形式、战斗至死的精神奉献给了真理。

早期犬儒主义者还具有"向上"说真话的勇气。他们的直言对象时常涵盖城邦秩序、本质主义哲学和权力。在多数情况下，他们拒绝使用修辞技巧，顶多嘲讽式、幽默式地说真话②，可谓无私无畏的反讽者与批评者。即便他们的直言体现出游戏性，目的依然在于通过风格化的另类表达，对强势理念进行挑战。"经典的犬儒做法，是以庸常的陈词滥调（everyday banality）对抗占统治地位的官方意识形态所使用的乏味语句（pathetic phrase），反抗它神圣、低沉的语调，并将这种语句或语调提升到荒诞不经的高度，以此揭露掩藏在高贵意识形态语句下面的自我利益、血腥暴力和对权力的极度渴望。"③ 在早期犬儒主义者那里，与直言相对的象征受到批评，"（我们作为）现实（体验的东西）不是'现实本身'，它永远已经被象征机制象征化、构成和结构——而问题就在于这么一个事实，象征最终永远失败，它永远不能成功地'覆盖'真实，永远包括一部分未处理的、尚未实现的象征债务。"④ "让事实说话是要抹去事物被言说的象征符号结构，让本来是偶然地历史地产生的东西显得是自然和无可怀疑的。"⑤ 比较遗憾的是，他们因拒绝象征而大量使用激进辞汇，以丑闻或血腥的方式演绎真知，很大程度上限制了在上者对他们的接受程度，注定难以得到在上

---

① ［法］米歇尔·福柯. 说真话的勇气 [M]. 钱翰，陈晓径，译. 上海：上海人民出版社，2018：228.
② 犹如拉伯雷（F. Rabelais）以诙谐风格嘲讽早期教会不允许放声大笑。
③ ［斯洛文尼亚］斯拉沃热·齐泽克. 意识形态的崇高客体 [M]. 季广茂，译. 北京：中央编译出版社，2017：28.
④ ［斯洛文尼亚］斯拉沃热·齐泽克，［德］泰奥德·阿多尔诺，等. 图绘意识形态 [M]. 方杰，译. 南京：南京大学出版社，2002：20.
⑤ 汪行福. 从商品拜物教到犬儒主义——齐泽克意识形态论研究 [J]. 马克思主义与现实，2007（3）：25-33.

者的普遍性认可。

独立思考的前提是自我的确立。总体来看，个体并没有迷失自我，只是从来没有严肃地建构起完整的自我。早期犬儒主义者们通过直言说明自我，"不满足于生活与话语的相符，不只是通过真实的话语来展现自己的生活，而是要把生命、生活、生存本身彻底暴露在人们的视线之内，使自己彻底澄明的生活成为真理渐现的舞台。"[1] 他们毫无顾忌地说真话，不遗余力、大声疾呼、厉色批判，正说明他们对真理与美德的坚信。与此相对，虚假源于个体对自我的背叛，虚假的自我重构了真实，真实的自我便会无处容身。当自我处于非我状态时，直言意味着对自我的消解。关于自我的真相可能不那么如意，其面目甚至是可憎的，但这绝不意味着真相有待再造。借助直言而求真有时既不善，也不美，它仅仅意味着实情诚实地在生活中展现——无论实情有多不堪。

在哈贝马斯看来，基于语言的交往活动包含三个有效向度：真实性、正确性与真诚性[2]。依此向度，早期犬儒主义者的生活实践可谓有过之而无不及。他们用刻薄的直言与极端的生活方式反讽世俗的荒诞，充当类似改造者的存在。即便是吕西安（Lucian）和朱利安（Julian）的批驳，也没有阻遏早期犬儒主义的发展。究其根本，就是因为他们尊重纯态事实，将欲望与利益摆在明处。他们深知，失去了直言风格与求真精神，结果终将蹈入恶俗，与假大空的生活宣称相较，最真实的生活境遇才是最应拥有的生活境遇。他们一如既往、没有花招，言语、行动中透露出的全都是淳朴，也不需要其他额外之物佐证自己的率真。他们卓荦不凡的生活气质源自无畏地陈述事实，愿意冒风险。他们有勇气道出实情，不担忧会引发众怒，致力于去除附加在身体与精神上的虚假修饰。

具体到教育生活层面，说真话的教育生活是真实的教育生活，能够无

---

[1] 杜玉生. 哲学抵抗与"真正的生活"[J]. 外国文学，2015（2）：122-130.
[2] ［德］尤尔根·哈贝马斯. 交往行为理论（第1卷）：行为合理性和社会合理化[M]. 曹卫东，译. 上海：上海人民出版社，2004：317.

所顾忌地袒露真话的教育生活是美好的教育生活。在教育生活中，由于可能面临风险，坦率表达想法或意见时常被视为一种冒险，因此也需要清楚谁在真正说真话、说真话的人是在什么样的情境中说真话，以及如何承担在教育生活中说真话的角色。在弄清的基础上，鼓励个体摆脱僵化的言说窠臼，基于精神真实、情感真实表达真实感受，尊重个体间的不同见解，重新营造令人陶醉的真实领域。

"性乎天机，情乎物际。"① "性之所安，殆不可强，率性而行，是谓真人。"② 重视一己之情，"不必矫情，不必逆性，不必昧心，不必抑志，直心而动。"③ 在这些信条的指引下，一些直言者的正面形象在教材中被树立起来，被标榜为个体真正应该学习的存在样态，被认定具有鲜明的生活风格，承认并践行正面形象的言行的真实性，也便同时是在承认并践行教育生活的真实性。

每一个体选择教育生活方式时，都应源于对真知的信奉。"真正的真实"会让个体看清"所谓的真实"的荒诞。真实的缺失往往是为了维护非必要的价值。无论是教育者还是受教育者，都应为说真话提供条件，为求真相提供支持，让真知在教育生活中顺利彰显。一些教育者的勇气值得敬佩，所实施的精神教化具有透视感。他们所面对的"真实"也许并不可靠，"同样的东西，在每个人眼里便变成了一千种，一万种全不相同的东西。"然而，他们终究"不愿像现在许多人那么地把自己的真面目用保护色装饰起来，过着虚伪的日子，喊着虚伪的口号"，"说我落伍，说我骑墙，说我红萝卜剥了皮，说我什么都可以，至少我可以站在世界的顶上大声地喊：'我是忠实于自己，也忠实于人家的人！'"④ 如果所有个体都勇于直言，那么诸多现实教育生活逻辑被操控的危机将逐步缓解。

---

① 汤显祖. 汤显祖尺牍·答马仲良 [C]. 上海：上海杂志公司，1926：155.
② 袁宏道. 袁宏道集笺校·卷4 [C]. 钱伯城，校. 上海：上海古籍出版社，1981：193.
③ 李贽. 读若无母寄书 [A]. 焚书·卷4 [C]. 北京：中华书局，1975：141.
④ 吴中杰，吴立昌. 中国现代主义寻踪 [M]. 上海：学林出版社，1995：415.

为鼓励直言，在教育生活中还应客观、全面地看待批判。从务实的角度看，批判"指的是一种理智的、最终注重实效的努力，即不满足于接受流行的观点、行为，不满足于不假思索地、只凭习惯而接受社会状况的那种努力；批判指的是那种目的在于协调社会生活中个体间的关系，协调它们与普遍的观念和时代的目的之间关系的那种努力，指的是在上述事物的发展中去追根溯源的努力，是区分现象和本质的努力，是考察事物的基础的努力，简言之，是真正认识上述各种事物的努力。"[1] 从日常生活的角度看，"只有通过日常生活的批判，才能沟通阶级解放和个人解放之间的断裂"[2]，把阶级性批判成果转化为普遍性成果，让每一个体都能得享，从而改善个体的日常生活状况。

　　最有利于践行"说真话"的教育生活形式是：（1）袒露的生活。教育场域成为袒露生命真相的场域，尊重真相，亲口说出所有真相，没有保留，没有隐藏，真实地展现现实中的虚假以便个体借以思考人生。（2）复本的生活。融入直言的环境与土壤，在复杂飘忽中坚定教育生活态度，勇于批评教育生活中的不公，敢于维护自身教育生活方式；对不假思索的合理性进行反思，重新构建对教育生活现实的判断。（3）缩减的生活。抛开诸多繁杂、冗余，使教育本质的探寻过程成为检验生命本质的过程；真实无伪，渴望纯粹性，渴望清清楚楚、明明白白。（4）批判的生活。批判的本质是不遵从，也可以说是一种个体存在方式。直言式的批判并非是要单纯地让自身陷于他者的对立面，而应致力于"不被统治的艺术，或者不像那样、不以这个为代价而被统治的艺术"[3]。批判的目的在于将虚假与谬误背后的真实情形揭示出来，走出误读与非知，实现自知。

---

　　① ［德］马克斯·霍克海默. 批判理论［M］. 李小兵，等译. 重庆：重庆出版社，1989：255-256.
　　② 陈学明，吴松，远东. 让日常生活成为艺术品——列斐伏尔、赫勒论日常生活［M］. 昆明：云南人民出版社，1998：36.
　　③ ［法］米歇尔·福柯. 什么是批判［A］. 徐向东，卢华萍，译. ［美］詹姆斯·施密特. 启蒙运动与现代性［M］. 上海：上海人民出版社，2005：390.

（三）行动即揭橥生活的形式

"人的任何行动都是在某种价值观支配下发生的，并受到道德和正当性框架限定。"① 早期犬儒主义者所倡导的生活方式"不仅明显地同那种非哲人的生活方式相对立，甚至也同其他哲人的生活方式相对立"②。他们试图构建的是一种不同于现在、不同于世俗、不同于功利的"另一种生活"——既不同于传统生活，也不同于日常化普通生活。

在早期犬儒主义者那里，并没有所谓玩世不恭的成分。恰恰相反，早期犬儒主义者都对真正的德行抱以热烈的感情，甚至不惜为之采取反常行动。在他们看来，有些善只能用行动去实践，有些真理只能用行动去证明。无论为了什么，都没必要委屈自己，对于自己不愿意的，早期犬儒主义者倾向于选择不妥协，并认为这是自然而然的。他们以较为纯粹的方式表达超然的生活态度，有力地解决了生活中原创性不足的问题。他们思想独特，鄙夷世俗，充满生活的勇气，矢志践行自己的价值观。尽管因坚守信念、执着地实践而被称为一种"主义"，但早期犬儒主义者"与其说是以自己的作品不如说是以自己本人的榜样产生影响。"③ 在他们心目中，"做一个真正的哲学家，就是要在生活中践行某种教派的教义，就是要在行动上（甚至服装上）与其保持一致；如果有需要，甚至为它而死。"④

诸多热衷抽象话语的哲学家一心一意、极具思辨性地追求纯粹的知识、纯粹的理论，对个体践行的生活方式和生活技术的关照反而变得次要。早期犬儒主义者则相反，安提斯泰尼对纯粹的哲学思辨没有兴趣，转而执着于具体实践生活。他不屑于任何形而上的理论，声称自己是发了疯

---

① 金观涛. 探索现代社会的起源 [M]. 北京：社会科学文献出版社，2010：5.
② Hadot P. What is Ancient Philosophy? Cambridge: The Belknap Press of Harvard University, 2002: 108.
③ [美] E·策勒尔. 古希腊哲学史纲 [M]. 翁绍军，译. 济南：山东人民出版社，1992：120.
④ [美] 威廉·B·欧文. 生命安宁：斯多葛哲学的生活艺术 [M]. 胡晓阳，芮欣，译. 北京：中央编译出版社，2013：14.

的苏格拉底。他说:"美德是一个行动的问题,并不需要许多的学问,也不需要费许多的口舌。"① 第欧根尼也是如此,"当有人宣称运动不存在时,第欧根尼立刻就会起身走动。"② 由于过于强调行动,"一个历史学家会对犬儒主义是否可以被叫作一种哲学学派而感到困惑……人们往往把犬儒主义看作一种哲学,但这是一种哲学话语被减至最低限度的哲学。"③ 第欧根尼的追随者克拉底视金钱如粪土,因仗义疏财、多行救助等善举而闻名,终生都在追求一种特殊的、与世俗相异的生活状态。由于非欲倾向,他们在物质上并不丰盈,却矢志于表现善良本性与崇高德性。在他们的生活观念中,个体本就应当苦行,在苦行中才能生出真正的快乐,因此真正的苦行反而意味着乐生。

福柯曾言:"我认为可以写作一部犬儒生活模式的历史","犬儒作为生活模式与真理的展示紧密相关。"④ "犬儒派的态度在其基本形式中,不过是一个人的生活方式和他对真理的认识之间的关系。"⑤ 对于早期犬儒主义者而言,"自我认识的方式用的是对行为方式进行考验、检验、检查的形式。"⑥ 如此一来,基于理论教义的"苏格拉底—柏拉图"逻辑与基于行动实践的"苏格拉底—犬儒主义者"逻辑成为两种大不相同的表达体系,一条通向形而上学与理性主义认识论,另一条通向对真正的人和真正的生活的追求。

---

① [美] E·策勒尔. 古希腊哲学史纲 [M]. 翁绍军, 译. 济南: 山东人民出版社, 1992: 117.

② Hadot P. What is Ancient Philosophy? Cambridge: The Belknap Press of Harvard University, 2002: 109.

③ Hadot P. What is Ancient Philosophy? Cambridge: The Belknap Press of Harvard University, 2002: 109.

④ [法] 米歇尔·福柯. 说真话的勇气 [M]. 钱翰, 陈晓径, 译. 上海: 上海人民出版社, 2018: 235.

⑤ [法] 米歇尔·福柯. 福柯说真话 [M]. 郑义恺, 译. 新北: 群学出版有限公司, 2005: 171.

⑥ [法] 米歇尔·福柯. 说真话的勇气 [M]. 钱翰, 陈晓径, 译. 上海: 上海人民出版社, 2018: 200.

"生活，如果要成为真的生活，那么它是否必须成为一种绝对地与众不同的奇特的生活？它从本质上就是与众不同的，在一切方面与传统的生存方式彻底决裂，与哲学家接受的传统的哲学生活决裂，与他们的习惯和习俗彻底决裂。因为真的生活所要做的，只是应用在通行的哲学实践中所承认的最有共识的原则，那么它就一定会是绝对地与众不同的另一种生活？真的生活不是、不应该是另一种生活吗？这个问题具有哲学的重要价值，其历史影响也相当深远……也许我们可以说，希腊哲学从苏格拉底开始，跟柏拉图一起，在本质上就提出了另一个世界的问题。但是，从苏格拉底开始或者从犬儒主义所参考的苏格拉底模式开始，它还提出了另一个问题。这个问题不是另一个世界，而是另一种生活。我觉得根本上，另一个世界和另一种生活是两个重大的主题，两个重大的形式，两个重要的界限。"[1]

通常情况下，早期犬儒主义被视为一种生活体验范式。正如福柯所言："他们并不在意理论教学，而只是传达一个概要，犬儒者为了传达生活的纲要模型，并不是用理论的、教条的教学，而是用榜样、叙事、事迹和例子来说明。这种通过榜样的事迹传达行为规范的形式，建立了与学说形式完全不同的传统。学说传统是什么？在古代，它意味着重新激活被遗忘或者没有认识到的思想核心，在激活的时候，人们使它成为思想的出发点和权威，它与思想的出发点所构成的同一性与变调之间形成变化多端的复杂关系。"[2] 有时候，早期犬儒主义者做出的仅仅是一些个性化的怪诞行为，背后虽有价值逻辑支撑，但并没有成套系的理论教义。黑格尔也认

---

[1] [法] 米歇尔·福柯. 说真话的勇气 [M]. 钱翰，陈晓径，译. 上海：上海人民出版社，2018：303.
[2] [法] 米歇尔·福柯. 说真话的勇气 [M]. 钱翰，陈晓径，译. 上海：上海人民出版社，2018：260.

为,"犬儒主义的意义只不过是一种生活方式,而不是一种哲学。"①"犬儒派没有什么哲学教养,也没有使他们的学说成为一个系统,一门科学",所以,"关于这个学派没有什么特殊的东西好讲。"② 与黑格尔类似,阿多(P. Hado)也倾向于认为,早期犬儒主义并未同其他哲学流派那样提出连贯一致的教义文本,也没有表现出体制化的特征,因此只能算是一种充满哲学性的"生活实践"。这种"生活实践"有别于非哲学的生活方式,甚至也不同于其他哲人的生活方式,它不关心社会的礼节和公众意见,鄙视金钱、不畏权势,总是用一种富有煽动性的言论自由来表达自身③。

与前述观点不同,拉尔修(D. Laertius)则认定犬儒主义"为一种哲学,而不是如一些人所说的,仅仅是一种生活方式"④。综合这两种观点,不妨认为早期犬儒主义是一种"做的哲学"(doing philosophy)或"生活的哲学"。"犬儒主义(在某种意义上还要说伊壁鸠鲁主义)所实行的不是人们所说的学说传统,而是生活传统。生活传统的目标不是重新激活原始思想的核心,而是重新记忆生活(人物的生活是现实或神话,这无关紧要)中的要素和情节,……以一种大略的方式,我们可以说,学说的传统是人可以在遗忘之后保持或重新获得意义。而生活的传统则相反,使人在道德的衰落之后重新建立起做人的力量。"⑤ 从这个角度看,早期犬儒主义者所起的作用在于打破既有生活窠臼,打破腐朽生活教义,他们"使生命形式成为一种表现形式,在其行为动作中,在其穿衣方式中,在其言谈举

---

① [德] 黑格尔. 黑格尔哲学史讲演录·第2卷 [C]. 贺麟, 王太庆, 等译. 北京: 商务印书馆, 1960: 148.
② [德] 黑格尔. 黑格尔哲学史讲演录·第2卷 [C]. 贺麟, 王太庆, 等译. 北京: 商务印书馆, 1960: 142.
③ [法] 皮埃尔·阿多. 古代哲学的智慧 [M]. 张宪, 译. 上海: 上海译文出版社, 2012: 110-111.
④ [古希腊] 第欧根尼·拉尔修. 名哲言行录 [M]. 徐开来, 溥林, 译. 桂林: 广西师范大学出版社, 2010: 305.
⑤ [法] 米歇尔·福柯. 说真话的勇气 [M]. 钱翰, 陈晓径, 译. 上海: 上海人民出版社, 2018: 261-262.

止中，使真相显现出来"①。这种生活哲学中没有什么秘术，也不需要太多意义深刻的哲言。

早期犬儒主义者就是生活美学的实践者。第欧根尼的言行举止堪称生活美学的典范。"一天他离开公共浴池的时候，有人问他是否有许多人在洗澡，他回答说没有，但当另一个人问里面是否有群氓在洗澡，他回答说是。"② 另一次，他大声召唤人们。当人们聚拢时，他却用棍子乱打，并说："我找的是人，不是垃圾。"③ 对此，贝维斯（T. Bewes）曾评论道："第欧根尼的'姿态的生活'高于柏拉图和苏格拉底'辩证的生活'，自发自在的生活高于克己规范的生活，自然的'紊乱'高于文化的'秩序'。"④

总体来看，早期犬儒主义者树立起了可供仿效却难以仿效的生活范式。早期犬儒主义者的行动，"既是一种赤条条一无所有的生活方式，同时也是世界与生命之真理赤裸裸的展示。生命的选择成为真理的轰动性展示，一无所有的生命成为在肉体上建构真理的展示剧院。"⑤ "真实的生活就是真理的生活。在他的生活中，通过他的生活，实践骇人听闻的真理，这就是犬儒学派所实践的。"⑥ 不仅藐视世俗规则，还将藐视转变为切实的行动；自觉降低羞耻阈限，忍受凌辱、超越习俗，拒绝所有可能导致屈从的实体或幻觉；注重节制，宣称自制即善，选择忍受现实生活之苦，试图

---

① [法] 米歇尔·福柯. 说真话的勇气 [M]. 钱翰，陈晓径，译. 上海：上海人民出版社，2018：214.
② [古希腊] 第欧根尼·拉尔修. 名哲言行录 [M]. 徐开来，溥林，译. 桂林：广西师范大学出版社，2010：271.
③ [古希腊] 第欧根尼·拉尔修. 名哲言行录 [M]. 徐开来，溥林，译. 桂林：广西师范大学出版社，2010：267.
④ [英] 提摩太·贝维斯. 犬儒主义与后现代性 [M]. 胡继华，译. 上海：上海人民出版社，2008：12.
⑤ [法] 米歇尔·福柯. 说真话的勇气 [M]. 钱翰，陈晓径，译. 上海：上海人民出版社，2018：227.
⑥ [法] 米歇尔·福柯. 说真话的勇气 [M]. 钱翰，陈晓径，译. 上海：上海人民出版社，2018：216-217.

更彻底地驱逐内心世俗的恶；一文不名、衣衫褴褛，通过展现赤条条的生活形式批判世俗生活的腐化与贪欲。同时，赤条条也是一种宣示：如此才能代表真正的教义，才是在真正践行教义。

具体到教育生活层面，早期犬儒主义敦促现时代的个体们思考崇高的教育生活如何可能，以及如何让不那么成熟、不那么崇高的个体在崇高的教育生活中做出改变。一方面，现代教育生活物资丰裕、科技进步、师生民主，成长在如此充满希望的教育场景中，个体可行的人生道路增多。加之信息技术日益发达，个体行动能力陡增，诸多不可表现的对象已然获得表现。这意味着，个体有更多的机会、更大的权利做真实的自己。另一方面，现代教育生活中盛行唯智主义，强调通过思辨获得知识，认可借助知识学习美德。在强势唯智主义主导下，"书"的统一性受到质疑，"页"的独立性也趋于解体，甚至于"段""句""词"的独立性也不存在，转而都建基于"字"的独立性[①]。个体"本质上不追求实践的目的，只希望在艺术的、科学的或形而上沉思的活动中获得快乐。""他们总是说：'我的王国不是这个世界'。"[②] 与之相对，身体性实践难免污染德性，身体的消亡有时反而意味着德性的解放，通常的策略是用意义的优先性化解身体本能与德性修炼之间的矛盾。这显然与早期犬儒主义以行动代替理论的逻辑相反。

基于早期犬儒主义理念，在合适的情景条件下，教育生活中的行动也可以成为个体表达生活真相的行动。用行动揭露谎言与荒谬，让意义真正具有意义，应成为个体的内在需要。像早期犬儒主义者那样，教育者也可以是传道者（missionary），是诊疗师（physician），是个体生活的侦查员（kataskopos），是受教育者进入梦乡之后的守夜人（night-watchman）。有

---

① Calinescu M. Five Faces of Modernity: Modernism, Avant-Garde, Decadence, Kitsch, Postmodernism. Durham: Duke UP, 1987: 170.
② [法] 朱利安·班达. 知识分子的背叛 [M]. 佘碧平, 译. 上海: 上海人民出版社, 2005: 2.

时候，即便讲真话，"皇帝的新装"也许还是"皇帝的新装"，教育生活现实依然不能发生改变。纵然如此，也应尽力通过感知性或想象性手段让真话获得表现，"表现绝对事物是不可能的，绝对事物令人不满足；但是我们知道不得不表现，我们动用感觉官能或想象官能，用可感知的去表现不可言喻的——即使失败，即使产生痛苦，一种纯粹满足也会从这种张力中油然而生。"①

  本真不是教育生活的终点，而是它的起点。更少幻想便会更少退缩。在教育生活中，真正应关心的是个体的生活状态，而不是宏大叙事或理论传统。个体被过度符号化之后，总会有"现实"的剩余，因此应抗拒过度符号化。关于个体教育生活的言说不应仅仅趋向可能性，更应尊重现实践行。通过行动重返现实，同时避免无意识盲从，将表现性行为进化为风格化行为，如此才能真正发觉自身本质之需。个体教育生活无关其他，仅仅是个体教育生活实践本身，外加于个体教育生活的规范与功利，皆可被质疑。每一个体都有必要勘察与自身发生自发性关联的叙事或传统。在理想状态下，个体教育生活本身即真理的现场表达，个体与个体的生活过程都是对真理的见证。

  不明真相，何以追求真我？真实的教育生活才是富含真理的生活。有道德的、充满正义感的、美的生活就是说真话、做真事的生活。对于个体而言，主体性的真实建构至关重要。生活不在彼岸，生活就是自身。在教育生活中，个体首先应当操心的应是真实的自我。亦即，基于生活方式关照自我实践，关心与自身生命存在和生活方式真正有关联的事物，勇于实践抽象的教育生活价值，将自身存在缩减至某种纯粹的存在。如果自身存在时常与真理相矛盾，一定是患上了什么病症。相反，如果自身存在时常与扭曲、伪善、反常、谬误或隐规则相矛盾，很可能是在经历充满勇气的生活。如果非得像苏格拉底那样，只有赴死才能不违背自我，才能真正

---

  ① [法]让·利奥塔. 呈现无法显示的东西——崇高[A]. 钱善行. 后现代主义[M]. 盛宁, 等译. 北京：中国社会科学出版社, 1993：76.

"康复",那么"作死"反而可能是一种值得称道的生活方式——一种用切身践行来进行价值证实的生命审美形式。

拥有了真我,还必须找到行动的出路。事实与行动胜于话语与辞藻。真正的美德,只能表现在行动中;真正的生活也在于行动,只有行动才能涵养真实的德性;执着于话语中的美德,容易走向空洞与虚伪。创立什么教育思想流派并不重要,重要的是采取什么教育生活方式。文本中的生活终究需要回归现实生活。文本所教导的理应是行动所呈现的,与其背上历史文本因袭给自我的重负,不如关心睡眠、饮食等真实的生命。真理不能仅仅停留在存在的层面,它还必须能够在现实生活中触碰到,用真实的生活而非抽象的话语直接呈现真理,才能让践行美德成为一种本能。退一步而言,周密的德性体系和完善的德性框架同样需要付诸行动才能真正获得贯彻。在试图有所行动的教育生活倾向中,个体更容易习得有道德的信条,更利于养成充满正义感的生活态度,也更有可能让自己的生活符合生活美学。

二、在自觉地遵循本然中自我持存

所谓自我持存(technologies of the self),"它是个体自己采用方法,或者是在他人的帮助下,来对他们自身的身体及灵魂、思想、行为、存在方式等产生影响,从而改变自己,以求达致某种幸福、纯洁、智慧、完美或不朽的状态。"[①] 简言之,它是一种改变自身或自身生活状态的实践。总体而言,个体都有自我持存的生活驱力,因此不可能完全沦为规范的奴隶,即便在不那么自由的场域,个体依然可以拒绝随波逐流,保持对生活的希望。退一步讲,无论教育生活中盛行何种属性的话语形式与行动逻辑,个体都有必要学会自我持存。堕落、麻木只会弱化精神,束缚自由。

---

① Foucault M. "Technologies of the self" In Paul Rabinow (ed) Ethics: Subjectivity and Truth (Essential Works of Foucault, 1954—1984, Vol1). London: Penguin Books, 2000: 224-225.

无论基于何种理由自我革新，个体能够崇拜的惟有生命本身。为了更理想地自我持存，早期犬儒主义者褪去华服，宁愿似犬。他们表现出的出世做派，也可以说是一种抗争。他们通过物质上的死亡来挽救生命上的死亡，不仅消解自己的欲望和野心，也消解自己的私德和快乐。他们用本然生活防止生命的异化，试图摒弃舒适与享受，通过肉体的刻苦修炼，达到较高的道德之境。

个体教育生活理应回归本然，理应引导个体反对教条，反对宇宙性宏大叙事。个体必须在意的是自己的生活方式和生活感受，而不是宇宙观。本然的教育生活逻辑需致力于揭露伪生活主张，摆脱反教育行为对个体的压迫，进而基于知识共和与道德联合的理想，重新言说教育、个体、社会、自然之间的理想关系，构建既符合自然，又符合人性的生活方式。

（一）个体生活意义域的澄明

启蒙精神中有一种自我持存的意识[①]，它告诫个体通过连续不断地进步打造更佳的持存环境，获得更佳的持存条件。只不过，环境或条件进步并不一定必然导致生活的改善，崇高的德性追求有时并不需要丰富的物质保障。即便环境更好，条件更优越，个体依然可能在实际上无意义的领域表现出少有的勤奋，在真正意义重大的领域却表现得碌碌无为。尤其在物质主义、功利主义氛围中，即便执着于自我风格，也还是一种不成熟。"或许人们唯一可以讲的是，正确的生活在今天就存在于对某种错误生活的诸形式的反抗形态中，这些形式已经被进步意识看穿，并遭到批判的解体。"[②]

在康德（I. Kant）看来，"启蒙运动就是人类脱离自己所加之于自己的不成熟状态。不成熟状态就是不经过别人的引导，就对运用自己的理智

---

① [德] 马克斯·霍克海默，西奥多·阿道尔诺. 启蒙辩证法 [M]. 曹卫东，译. 上海：上海人民出版社，2005：23-24.
② [德] T·W·阿多诺. 道德哲学的问题 [M]. 谢地坤，王彤，译. 北京：人民出版社，2007：190.

无能为力。当其原因不在于缺乏理智，而在于不经别人的引导就缺乏勇气与决心去加以运用时，那么这种不成熟状态就是自己所加之于自己的了。"① 越是突出生活意味，就越需要自主、自觉地运用自己的理智。确证自主运用理智的能力，目的在于保障生活意义不被消解。遭遇宏大叙事时，每一个体都不应无缘无故地牺牲自主运用理智的权利。为了更好地自我持存，每一个体都会最大限度追求并维系自身存在的意义，折损他者意义突显自身意义固然缺德，无害他者意义而益于自身意义却值得肯定。

退一步讲，自觉地运用理智的确能够洞穿无知之幕，但个体依然可以选择做天真的无知者，至少个体可以诚实地面对无知状态，不做理性主义的傀儡。何况，按现象主义的逻辑，生活世界原本就是敞开的，并未掩盖什么，它的表象就是它的现实。由于提升感性的地位，恢复此岸世界的呼声如缕不绝，个体的生活也许并不需要走向表象背后，而是可以建立在表象之上——无论这种表象是真实的呈现还是虚拟的幻象。

与库兰尼学派（Cyrenaic School）"善即快乐"的理念不同，早期犬儒主义者主张"善即德性"。他们秉持独特的生活风格，不因受到重视或受到冷落而改变自己的认知。由于坚守自制、节欲等德性原则，他们几乎对苦乐无感，对世俗之物也无所求，追寻感官快乐被他们视为愚昧之举。"属于犬儒者的生活方式有人们所说的检验功能"，当早期犬儒主义者衣不蔽体的时候，"就更能凸显出什么才是对于人类生命真正必不可少的，或者说什么构成了人类最基本、最必需的东西。"②

总体而言，"犬"有五个基本特质：（1）尊严意识较低，时常不觉羞耻。即便遭受污名也可以不受影响。（2）不注重礼法，不掩饰自然本能。保持较为纯粹的状态。（3）公开表达自我，不擅欺骗。（4）常自满自足，

---

① [德]康德. 历史理性批判文集[C]. 何兆武，译. 北京：商务印书馆，1990：23.
② [法]米歇尔·福柯. 说真话的勇气[M]. 钱翰，陈晓径，译. 上海：上海人民出版社，2018：213.

对额外的利益不关心。除了能够即刻满足自己需求的利益之外，对其他利益几乎没有欲求。(5) 感觉灵敏，善于分辨好坏、敌我。对坏不忍，对敌会吠，勇敢、爱憎分明、忠诚，有献身精神。据此对照，早期犬儒主义者可谓"犬之儒"——只是生活方式像"犬"，本质还是"儒"①。他们的行为尽管如犬一般，但更为鲜明的是他们拒绝世俗规约和世俗价值规训，生活简朴、以苦为乐，遭遇变故也能泰然处之，能够自控、懂得节制，蔑视权力、货币和名誉，批评人性的贪婪，认为贪婪是不幸的来源。与真正的德行相较，世俗不值一提，唯有摆脱世俗才能摆脱欲望，从恐惧之中解放自我，最终配享纯粹的生活。

在早期犬儒主义者那里，"如果是动物不需要的东西，那么对人类也是没有必要的。""为了不比动物低级，应当承担这种动物性，这是生活的要求，虽然是缩减的要求。动物性，这不是一种条件，而是一个职责。"从动物性视角审视生活因素，既有助于生活因素以它们真实的意义在生活中流通，也能够避免生活中掺杂太多的非本然意义。"动物性，这是生存的物质模板，同时也是伦理的模板。"早期犬儒主义者对执着于细腻辩论、敏感认知的哲学生活感到厌倦，转而有些向往动物性和动物性快乐。"当动物性指向自然，当正直生活的原则指向自然并变成了一种现实的、具体的、物质的生活形式，动物性就是正直的生活所应当遵循的原则。"②

没有物质财富的生活被早期犬儒主义者视为轻松的生活。放弃物质享受，过一种无财富的生活，如此可以避免依赖财货，不为守财而生活便不会让财富主宰生活。"只要你对于幸运所赐的财货无动于衷，便可以从恐惧之下解放出来。"③ 从诸多历史叙事中可以看出，早期犬儒主义者普遍过

---

① 与之相反，现代犬儒主义者可谓"儒之犬"，儒成了外在表现，"犬"成了内在本质。
② [法] 米歇尔·福柯. 说真话的勇气 [M]. 钱翰, 陈晓径, 译. 上海：上海人民出版社, 2018: 327.
③ [英] 伯特兰·罗素. 西方哲学史·上卷 [M]. 何兆武, 李约瑟, 译. 北京：商务印书馆, 1963: 296.

第九章 直言与持存：个体教育生活风格的证成

着贫困的生活，但这种贫困仅限于物资贫困，"犬儒的贫困就是一种实际的、现实的、物质的贫困。犬儒的贫困是真实的、主动的和无限的。"[①] 在物质层面，"有"即意味着可能会失去，巨额的物质财富一旦失去，甚至意味着失去一切。尽管是贫困的、受人嘲讽的，但如果没有额外的对外物的索求，不需要对生活进行刻意装饰，也不介意他人是否能让自己满足，厄运、危险和不幸就不会降临。何况，"有"常常意味着操心与维系。如果能将物质占有压缩到最低，也便没有什么可失去或可推翻的了，对真生活的践行反而会因此变得牢靠。

追求纯粹意义的生活胜过国王的生活。国王的生活不仅仅只是怀疑、戒备，也不仅仅只是命令、强制，它已经成为一种以权与欲为核心的生活样态，甚至已经成为一种以权与欲为原点的生活哲学。早期犬儒主义者认定，拥有纯粹意义比拥有物质更有价值，面对功利化氛围，极有必要自制，遏止腐化生活的产生机制。不自我节制就是对自我命运不负责，为了挣脱桎梏，必须节制，将私己性需求降至必要的限度，需要节制的，既包括服饰的、居室的、饮食的、资源的，也包括权力的、风尚的、礼节的、精神的，必要时还需要舍弃日常生活中一些被刻意关注的属性。

自制的目的在于让自身成为反功利、反世俗的存在，以本真为皈依，遵从踏实的教育生活态度，犹如生命中的缪斯（Muses），用澄明心境抵御外在诱惑，不将个人主张夸大为使命性宣言，通过较为彻底的祛欲实现纯粹意义。在特殊情况下，有时还必须为了纯粹意义"来保持纯粹的消极态度"[②]。对于大多数个体而言，"说到底自己心中还有着一种景仰，那些让自己景仰的人，孔子、屈原、司马迁、陶渊明、杜甫、王阳明、曹雪芹，中国文化史上的任何正面人物，每一个人都是反功利的，并在这一点上确

---

① [法]米歇尔·福柯. 说真话的勇气[M]. 钱翰，陈晓径，译. 上海：上海人民出版社，2018：317.
② [德]康德. 历史理性批判文集[C]. 何兆武，译. 北京：商务印书馆，1990：24.

立了自身的形象。如果钱大于一切，中国文化就是个零，自己从事的专业也是个零。"①

早期犬儒主义者给予生活以鲜明的风格。他们追求朴素生活理念，拒绝家庭式生活，甚至拒绝婚姻生活，甘愿生活在广场、庙宇和街道上，没有饮食要求，甚至没有生理性的禁忌。他们试图涵养健全而又节制的心智，不显露，也不退缩，过一种低欲求的、与纯粹德行相符的生活。罗素在评价第欧根尼时就曾说："他对'德行'具有一种热烈的感情，他认为和德行比较起来，俗世的财富是无足计较的。他追求德行，并追求从欲望之下解放出来的道德自由。"② 他的德行努力本身便蕴含着对贪欲、腐朽的批评，他的生活本身就是一种纯粹德性表现范式。

除了低欲望、纯粹德行，自由也是个体生活的重要意义域。提升判断力的根基之一是自由意志。有关真实、真知、真理的判断，以及有关技术、技艺问题的判断，都需要个体拥有自由意志。在教育的历史进程中，始终存在着一股缓慢而又稳健的潮流，那就是自由的权利逐渐转移到了教育者和受教育者手中。在理想状态下，自由不仅是行动的自由，也是内心的自由。自由的个体既拥有自由选择的权利，也有能力自由支配自己的时间、精力和劳动。个体不一定非要成为最高存在，但应当是自由的个体。自由原则优先于利益原则，充盈的精神生活优先于物质生活。选择如果属于个人自由选择，他者无权置喙。在现实教育生活中，所有的群体性规则对个体而言都有规约属性。由于彻底的离群索居并无可能，个体通常会面对双螺旋式的复杂纠缠。一方面，由于自我持存的压力，个体不敢自由表达自己的主张，总是对于因自我主张而招致的打击心存忌惮。另一方面，由于自我权益维系与个性发展的需要，个体总会产生自由表达主张的倾向，它要求个体突破自我持存的压力，勇敢地说出自己的见解并致力于将

---

① 阎真. 活着之上 [M]. 北京：人民文学出版社，2014：33.
② [英] 伯特兰·罗素. 西方哲学史·上 [M]. 何兆武，李约瑟，译. 北京：商务印书馆，1963：296.

之付诸教育生活实践。综合这两方面看,"真正的自由并不在于这种逃避享乐,逃避有关他人和其他生活的事务,相反地,自由乃在于意识在投身于全部现实之中时能够超出现实,不为现实所制。"[①] 失去了可能性的生活固然是不自由的生活,但自由生活的真谛显然还在于"免于"或"摆脱"。个体是怎样想的,就怎样生活,如此才是个体的真生活,但很多时候,个体需要摆脱窠臼,在预设的活动中找寻生活的意义和生活的创生逻辑。这并不容易。毕竟,身不由己或无可奈何地享有"预设的自由"往往比不自由更糟糕。

当然,追求纯粹德性绝不是要个体生活在自我建构的小世界中,陷于自己的"巴比伦塔"而自说自话。作为评骘公共、他者时的对立项,个体的价值并非不言自明,个体性目标时常不是教育生活哲学的终极目标。对于个体而言,无论如何追求纯粹德性,尊重他者都是基础性前提,"尊重这个词的出处就是有能力实事求是地正视对方和认识他独有的个性。"[②] 遗他者而独立,总会受制于现实的羁绊。从个体身份属性来看,尽管身份对个体而言并不具有本质性,"身份是通过差异与区别(从内部)而不是从外部建构的"[③],但个体对自身身份的确认,相当程度上依赖于对自身所处公共关系的甄别与反思。"一个人过一种纯粹的私人生活,像奴隶一样不被允许进入公共领域,或者像野蛮人一样自愿选择不建立这样一个领域,就不是完整意义上的人。"[④] 每一个体都在追求对自我身份的认同,但"自我认同并非是给定的,而是个体在不断反思过程当中被惯例性地创造出来

---

① [德]黑格尔. 哲学史讲演录:第2卷[M]. 贺麟,王太庆,等译. 北京:商务印书馆,1960:157-158.
② [美]艾·弗罗姆. 爱的艺术[M]. 李健鸣,译. 北京:商务印书馆,1987:21.
③ [英]斯图亚特·霍尔,保罗·杜盖伊. 文化身份问题研究[M]. 庞璃,译. 开封:河南大学出版社,2010:5.
④ [美]汉娜·阿伦特. 人的境况[M]. 王寅丽,译. 上海:上海人民出版社,2014:24.

和维系着的某种东西。"① 在现实生活中，不能进行创造性交往或不努力维系与他者的关系，也便不能获得自我身份认同。"假设一个人的财产或身体被火吞噬……如果是由于他的邻人对他的道德品格有所不悦而不给任何帮助，那么他蒙受火难便是道德约束力的惩罚。"② 无论如何追求纯粹德性，一个基本的生活逻辑原点是，"人与人之间能够融为一体——这是人们对人际关系的最迫切的，也是最基本的需求。人们往往会为此付出不懈的努力，这是凡人身上都具有的一股把人类、部落、家庭和社会集合在一起的力量。没有实现这一需求就意味着人会疯狂起来，以致不是毁灭自己就是毁灭他人。"③

（二）关心自己作为应然前提

关心自己是个体健康生活所必需。有时候，个体需要保持内化而不是外化。自我是知识存在和知识生产的基础，知识是自我对现实秩序的反映。自我意识越强烈，自我与本然的相互关系便越复杂。面对复杂关系，如果个体不能对自我进行整体性关照，即便获得了知识，也难以从长远计议并对自己的生活做出合宜的决断。这或许就是一些个体工于巧辩却不善生活的根源所在。

自我持存是教育生活中每一个体的特性，"我思故我在"之所以发人深省，是因为它建构了令人耳目一新的自我持存逻辑。为了更好地自我持存，关心自己应成为个体教育生活的原点。关心自己既是个体生产知识、完善德行的重要动因，也是个体观照自然、观照世界的前提，唯有关心自己才能更深刻、更全面地理解知识与道德，才能更恰当、更合理地选择观照自然、观照世界的程度与方式。对于宏大叙事而言，只有无外在规约的

---

① ［英］安东尼·吉登斯. 现代性与自我认同［M］. 赵旭东，方文，译. 北京：生活·读书·新知三联书店，1998：58.
② ［法］埃米尔·涂尔干. 道德教育［M］. 陈光金，沈杰，朱谐汉，译. 上海：上海人民出版社，2006：83-84.
③ ［美］E·弗洛姆. 爱的艺术［M］. 萨茹菲，译. 北京：西苑出版社，2003：26.

自我持存方式能被宏大叙事所打动时,宏大叙事才不会在表面宣称与实际执行、自我与他者、文本与现实等方面的颠倒错位中沦为正规的虚假话语或虚假的正规话语。

关于学说的认识传统设定自我处于追寻纯粹的真理世界的过程中。这种传统注重对异己的自然进行改造与完善,试图超越自然尺度而架构抽象尺度。将异己的自然升级为学说构建者的自然,常被认为是更高层次的生活逻辑呈现。个中体现出构建者的独特意志,这种独特意志谋求对本质力量、本质属性的确证。无论是普通个体还是专业个体,为了让自己达到某种特殊的生活状态,都有必要刻意训练自己。通过学说构建者或传播者们的引导、规范,个体往往被教导诸多生活实践技术,被告诫即便要说真话,也要讲究技巧。个体还通过被指定的方式获得关于宏大理论的诸多知识,并被要求熟练掌握理论教义解释技术。以艺术家为例,"艺术家作为艺术家不能像普通人那样生活,这种观念已经得到清楚而明白的承认了。"① "艺术家的生活通过其形式,构建了某种其艺术之真实性的证明。不仅仅是艺术家的生活要足够特殊,使他可以创作其作品,而且还意味着他的生活在某种意义上应当是艺术在'真'中之展现。"② 尽管在追求纯粹真理的过程中人道主义也受到了推崇,但推崇依然是抽象的,依然致力于超越具体生活情境构建普适价值,"许多人都喜欢称自己是人道主义者,这是因为人道主义这个名称像'自由'一样,获得了令人愉快的内涵。"③

关于生活的认识传统也探讨自我,但不是为了将自我抽象到纯粹的真理世界,不是为了引导个体超越现实,而是为了告诉个体自我到底是什么(关注反思),到底该如何生活(关注行动)。"苏格拉底的方法是从对自我

---

① [法]米歇尔·福柯. 说真话的勇气 [M]. 钱翰,陈晓径,译. 上海:上海人民出版社,2018:232.
② [法]米歇尔·福柯. 说真话的勇气 [M]. 钱翰,陈晓径,译. 上海:上海人民出版社,2018:232-233.
③ [美]戴维·埃伦费尔德. 人道主义的僭妄 [M]. 李云龙,译. 北京:国际文化出版公司,1988:5.

的操心出发，把灵魂与肉体彻底分离，确定了灵魂的存在，犬儒学派的操作是相反的，把生命缩减为自身，缩减为生命的真相，缩减为在犬儒者的行为中显现出的东西。"① 这种认识传统认为，彻底的自足性几无可能，鲜有个体能达成那些宏大叙事。在非自足状态下奢谈宏大理论教义，无异于在平面上制造三维错觉。即便宣扬符合个体教育生活实际的生活学说，也不一定能让个体借助学说形成自我整合的倾向。与其如此，不如在"小"我，在感性的教育生活细节中找寻价值。关心自己"不是对人生意义无穷尽的探索，对此岸世界的超越，对某种道德理想的坚守，对个体人格的磨砺，而是像人性内在最本源的感性回归。"② 关于生活的认识传统"不是要知道被操心的这个自我的现实和真实，而是要知道这个操心是什么，以及怎样的生活才是操心自我的生活。从这里出发，不是走向另一个世界，而是追问，相对于其他的生活方式，生活是怎样操心自我，并操心事实上生活可以是怎样的。"③ 对于个体而言，越关注日常生活，理论教义就越淡薄。光荣的自我与卑微的自我，都是日常生活中的自我。发自内心的笑容里才蕴含着个体教育生活的原始动力。所谓的外部世界，不过是本地日常生活世界的延伸。所谓的"理"，主要指适合、适意的日常生活样态。对于个体而言，重要的是在生活习惯中涵养生活情趣，没有必要为了践行抽象哲理而歪曲日常生活。

关心自己的范畴与目标也在经历变迁。"过去的好人通常是指关心别人的人，与之相对的则是那些只关心自己的人；而现在的好人却是指知道

---

① [法]米歇尔·福柯. 说真话的勇气[M]. 钱翰，陈晓径，译. 上海：上海人民出版社，2018：213-214.
② 王晓明，李陀. 在新意识形态的笼罩下——90年代的文化和文学分析[M]. 南京：江苏人民出版社，2000：269.
③ [法]米歇尔·福柯. 说真话的勇气[M]. 钱翰，陈晓径，译. 上海：上海人民出版社，2018：304.

如何关心自己的人,与之相对的则是不知道怎么关心自己的人。"[1] 个体的一生都在围绕"我是谁"这一本体问题进行自我确认,确认的过程既受到外部因素的制约,也受到自我知识视野、能力结构、审视视角的影响。个体养成的生活风格就是关心自己的集中体现。一些个体为了服务于崇高事业而关心自己,试图通过劳作(改造自然)或行动(建构社会)构筑积极生活。一些个体为了平安喜乐而关心自己,不为现实功利,也不为流传后世。他们的生活无人见证,也无需他者见证,"也许,认为他受了天大的委屈,那是我用一双俗眼去看他,完全不合他的心意。"[2] 在传统教育中,关心自己的范畴主要关涉作为教育者应当如何达成教育目的,受教育者们则被要求以外部评价为标准,在他者的话语逻辑下生活。与之相对,现代教育中关心自己的范畴则逐渐演变为有时是表面性、有时是实质性的以受教育者为中心。由于关心自己的程度的加深,不少个体越来越崇尚"简简单单的物质消费,无拘无束的精神游戏","任何时候都相信内心冲动,服从灵魂深处的燃烧,对即兴的疯狂不作抵抗,对各种欲望顶礼膜拜"[3]。由于自我关心范畴的复杂化,那些在现代教育生活中受损的个体往往需要更多的时间和心力自我疏解、自我完善。

关心自己必然以较强的反思性为前提。后物质主义时代,个体们更关心生活自由、生活公平和生活质量。为了兑现自由、公平而有质量的生活,个体首先需要自觉反思外部赋予的定义,不因外部定义而变质,也不因外部定义而内耗。自己的切身感受,他者不可能百分之百地体会,因此需要懂得摆脱他者赋予的欲望,注重操持(Besorge)自我,崇尚生活自治,谋求精神优质、内在舒适的生活方式。拥有自己,不被他者或外物所役使;愉悦自己,不因刻意取悦于他者而损耗自身;享受自己,独立感知

---

[1] [美]艾伦·布卢姆. 美国精神的封闭[M]. 战旭英,译. 南京:译林出版社,2007:134.
[2] 阎真. 活着之上[M]. 北京:人民文学出版社,2014:309.
[3] 卫慧. 像卫慧那样疯狂[M]. 广东:珠海出版社,1999:40.

自己的快乐，独立裁定如何使用自己的成果。"为自己而快乐，在自己身上找到真正的享受（voupté）的源泉和基础，这不是肉体的享受，不是依靠外在事物的享受，而是可以永远占有不可剥夺的东西。"[①]

关心自己时常表现为浓厚的自在、自为特质。个体的生活遭遇归根结底都是个体自我选择的结果。关于个体的所有的自由与多数的权利都具有不可让渡的性质。作为教育生活的当事人，需要注重教育生活中自为能力的建构。这主要包括：（1）提升自身价值抉择能力，养成自我立法的自觉，照管好自己的教育或受教育生涯；也许不崇高，也许不伟岸，但有基本的道德感；主动节制多余的、过度的欲望，观照具体的、日常的生存状态。（2）自由地表达生活意志，致力于过有尊严的生活；超越名教的束缚，超越资本逻辑谋求生活价值，不以形役、不因物累；即便铩羽也不气馁，即便被迫做出表面上的退缩，内心依然张扬自我，为了"自我"甘愿清贫或居于边缘，为"意义"做有必要、可企及的坚持。（3）"自知"以便保持自觉修正内在意义的可能。与其诅咒黑暗，不如点亮蜡烛，即便面对诸多反生活、反教育的律令，也应努力自我完善；借助新的观念逻辑谋求自我与现实的平衡，通过内在的节制获得自足与自主。（4）既有相信的自由，也有不信的自由，既有做什么的自由，也有不做什么的自由；依据自身意愿选择钟爱的生活方式，通过开放性展示呈现教育生活新天地。

此外，自我关心意识的养成还需要在教育生活中注重心育。一方面，倡导注重心育是因为自我持存具有内在指向性，尤其是面临强大的外部压力或遭受悲观绝望的境遇时，自我持存很容易指向内心，以一种消极性、防御性的姿态呈现，具体表达为有意识地退却与防御。尽管现代犬儒主义因悖离早期犬儒主义饱受批评，但它内蕴的犬儒理性本质上也属于人的自我持存欲望特性，而且同样具有内在指向性，"当启蒙意识面对无法克服

---

① [法] 米歇尔·福柯. 说真话的勇气 [M]. 钱翰，陈晓径，译. 上海：上海人民出版社，2018：333.

的力量时，它就从攻击性的自我保存转向防御性的自我保存。"① 为了真正做到自我关心，自然需要对此保持警醒。另一方面，无论是加法生活还是减法生活，都是某种心意的寄托，"人生贵得适意尔。"② 早期犬儒主义者没有美貌，没有财富，也不出名，足智多谋、慧眼如炬似乎也谈不上，但他们理智、从容，遵从本心、顺乎自然，动机善良、行为真诚，生活意趣独特，时常悖于俗理，具备诸多"有心人"的标志。心育的目的正在于舒张自我，找到属于自己的舒服的教育生活状态。从德性角度看，道德不能仅仅来源于我与你之间的关系，还必须能够从自我内心引申出来。从生活角度看，自愿参与的生活才可能被称为快乐生活，但自愿的深层要义显然在于主动接受必要的意趣，努力突破意趣实现过程中的种种约束力。对于受教育者而言，心育有益于摆脱强制，拒绝宿命性的话语，从学习的恐惧，求知的恐惧，受惩罚的恐惧，被规训的恐惧中解放出来。对于教育者而言，"我们现在假定人就是人，而人与世界的关系是一种合乎人的本性的关系，那么，你就只能用爱来交换爱，只能用信任来交换信任，等等。如果你想要感化别人，你本身就必须是一个能实际上鼓舞和推动别人前进的人。"③

最后，关照身体也是自我关心的基础本义。对于个体而言，身体犹如一部自行运转的奇妙机器，"肉体的声音说，不要饥饿、不要干渴、不要寒冷。凡是具有这种状态并希望将来拥有这种状态的人，都可以与宙斯的幸福媲美。"④ 没有了身体，知识与德性便无从显现，也无法为个体教育生活供给合理性与合法性，以恰当的方式满足身体的需要，灵魂才能安宁。

---

① 汪行福. 理性的病变：对作为"启蒙的虚假意识"的犬儒主义的批判 [J]. 现代哲学，2012 (4)：1-6.
② 刘义庆. 世说新语笺疏 [M]. 北京：中华书局，2011：347.
③ [德] 马克思. 1844 年经济学—哲学手稿 [M]. 刘丕坤，译. 北京：人民出版社，1979：108-109.
④ [法] 皮埃尔·阿多. 古代哲学的智慧 [M]. 张宪，译. 上海：上海译文出版社，2012：116.

波西米亚（Bohemian）式的生活固然豪爽，却不一定值得提倡。"请注意一个健全的身体是怎样发挥作用的：它显然是一种与周围自然界和其他人建立联系的工具，同时，作为一个遮蔽体，它又为有生命的心灵预先保留了一块隐居之地。"① 教育生活中的原罪，几乎都源于损害身体。向身体样态挑战，结果必然导致自我基础瓦解。教育生活中的种种失范现象，几乎都是身体瓦解后的象征性反应。因此，无论是理性还是非理性，都应当优先尊重身体本体。无论选择何种生活样态，都应遵循本真教育生活的规范、节律与周期，致力于找回淳朴、生机勃勃的身体。有时候，需要自然而然地承认身体的有限、片面（永远不可能真正全面）与残缺，如此身体才能不再与强烈的执着精神相互矛盾。

（三）遵循本然的自我持存术

"现代方案最初是由哲人们设计的；他们根据自然、根据某些自然权利设计了这套方案。"② 然而，后来的现代方案却主张"对自然界的一切关系，都必须是你的现实的个人生活的、与你意志的对象相符合的特定表现"③。如果要追本溯源的话，人在趋向现代生活的过程中之所以如此复杂，如此矫揉造作，大概是因为普罗米修斯（Prometheus）帮人类从奥林匹斯山（Oros Olympos）盗取了火。普罗米修斯向人类实施了火种与技艺方面的教育，从而使人类与其他动物区分开来。自此以后，人的自然本性开始衰减，人的"技""艺"属性日益发达。发展至今，"现代人整天龟缩在高层钢筋混凝土制成的'火柴盒'里，走在人们比肩接踵的柏油马路上，呼吸着被污染的混浊空气，听各种机器的嘈杂轰鸣……于是有一天，在你的内心深处会突然泛起一股奇怪的情绪，一缕乡愁猛地袭来，你恨不

---

① ［美］V·C·奥尔德里奇. 艺术哲学［M］. 程孟辉，译. 北京：中国社会科学出版社，1986：79.

② ［美］列奥·施特劳斯. 苏格拉底问题与现代性［M］. 彭磊，丁耘，等译. 北京：华夏出版社，2008：10.

③ 中共中央马克思恩格斯列宁斯大林著作编译局. 马克思恩格斯文集·第1卷［C］. 北京：人民出版社，2009：247.

得马上一口气跑到荒野僻静处，在荷花池塘边坐下；光着脚，躺在绿草地下，闻泥土气息，听蛙声一片，看第一颗星星闪烁在天边，发誓要去寻找生命的根，渴望着归真返璞。"①

"古代犬儒的特征是能看穿世俗之人看不透或不明白的事情，他们看穿世俗观念的假象，对之讥诮讽刺、超凡脱俗、愤世嫉俗、桀骜不驯"，"古代犬儒主义的基本价值观，是善来自顺从宇宙必然性的生活，善就是依照自然和理性的生活。"② 他们像犬一般生活——犬的生活才最自然、最真实。"他们相信，本然状态（phusis）——正如通过动物和婴孩行为所见那样——优胜于文明的陈规旧俗（nomos）。"③ 他们通过以犬为模板的生活方式推崇自生性秩序，坚守本该如此的生活信念。即便贫困，他们也不低下地行乞。那些饮食的、服饰的、出行的风尚，都被他们拒绝。第欧根尼在德尔裴（Delphi）神庙得到了"改变货币"的神谕，为此他甚至住在一个木桶里，并要求征服者不要挡住他的阳光④。"他四海为家，是一个世界公民"，"脑子里的理想状态是一种自然的存在。"⑤ "他会使用任何地方来做任何事情，如吃饭、睡觉和谈话。"⑥

安提斯泰尼"把苏格拉底所说的人生最高的目的——'善'解释为顺应自然，将个人欲望抑制到最低限度，摒绝一切感性的快乐和享受"，他同样认为，依据自然才能使人性保持自然，为此"他主张不要政府，不要

---

① 赵鑫珊. 科学、艺术、哲学断想 [M]. 上海：文汇出版社，2005：10-11.

② 徐贲. 当代犬儒主义的良心和希望 [J]. 读书，2014（7）：29-37.

③ [法] 皮埃尔·阿多. 古代哲学的智慧 [M]. 张宪，译. 上海：上海译文出版社，2012：112.

④ 吉尔伯特·穆莱（Gilbert Murray）认为，第欧根尼住的很可能是一个大瓮，即原始时代用以埋葬死人的那种瓮。详可参考：伯特兰·罗素. 西方哲学史 [M]. 何兆武，李约瑟，译. 北京：商务印书馆，1963.

⑤ [德] E·策勒尔. 古希腊哲学史纲 [M]. 翁绍军，译. 济南：山东人民出版社，1992：118.

⑥ [古希腊] 第欧根尼·拉尔修. 名哲言行录 [M]. 徐开来，溥林，译. 桂林：广西师范大学出版社，2010：264.

私有财产，不要婚姻，不要确定的宗教"[1]。对于精致的生活安排和有序的生活规范，以及蕴含于其中的价值训导，他也无好感。"除了纯朴的善良而外，他不愿意要任何东西。他结交工人并且穿得和工人一样。他进行露天演讲，他所用的方式是没有受过教育的人也都能理解的。"[2] 他们的方法论就是需求简单化，"没有物质财产是多么地轻松，饮食简朴可以是多么地幸福。"[3] 崇尚功利者，必是有心机者，而要保持内心纯净，就应不用心机、否弃功利。除了自然的需要之外，其他任何东西都属多余。显然，这种简化生活的逻辑有助于排除杂念。

在将自身需求局限于本然需求这方面，做得最好的当属动物。动物性的生活以本然样态展开，它们坦然面对，既不神奇，也不神秘，饥餐渴饮，没有复杂的套路与心机。诸多动物种类之所以能够无忧无虑地生活，很大程度上是因为它们从不过度占有。与"动物·自然"圆融一体不甚相同，个体的生活世界充满对象性结构，充满各式各样的复杂关系。个体时常只能在他所创制而非自然而然的生活世界中确证自身。个体通过自己的"产品"意识到自己的本质力量与本质属性。如果个体崇尚自然而然，他的对象性结构和复杂性关系往往会受损。也许正因为如此，某些动物行为成为早期犬儒主义者生活的样板。他们模拟动物的生活行为或生活习惯，学习它们的自然属性与非势利属性。据说，第欧根尼能够生存于各种不良环境之中，便得益于观察老鼠和蜗牛的行为所带来的启发，他"曾看见一只老鼠，发现它四处游走，却既不找一个洞安息，也不畏惧黑暗。"[4] "第

---

[1] [英]伯特兰·罗素. 西方哲学史·上[M]. 何兆武，李约瑟，译. 北京：商务印书馆，1963：295.

[2] [英]伯特兰·罗素. 西方哲学史·上[M]. 何兆武，李约瑟，译. 北京：商务印书馆，1963：295.

[3] [英]伯特兰·罗素. 西方哲学史·上[M]. 何兆武，李约瑟，译. 北京：商务印书馆，1963：297.

[4] [古希腊]第欧根尼·拉尔修. 名哲言行录[M]. 徐开来，溥林，译. 桂林：广西师范大学出版社，2010：264.

欧根尼看到蜗牛背上背着自己的家，决定按照同样的方式生活。"①

遵循本然常常意味着尊崇"缩减"的生活模式。总体来看，"这种生活模式缩减了所有无用的习俗和流于表面的意见，这是对生命整体除垢，清洗意见，使真相显露出来。"② 即便没有受过教育的个体，也能这样生活。具体而言，这种生活模式要求：（1）缩减负担，看轻生命之外的外物以便操心生命本身。"大家一般都接受和承担的责任，然而它们其实既非自然本性，也没有真正的理由。"③ 第欧根尼"看见一个小孩用手捧水喝，就将口袋里的杯子扔了"，"看见一个小孩在盘子打碎后用面包的中空部分来盛扁豆，于是就将碗也给扔了"。④ 生活本身成为生命的展示，生命本身成为真相的表达。剥离纯粹生命之外的因素，以便证明什么才是真正的需求⑤。（2）缩减责任，摒弃责任无限论。从整个人生历程来看，个体潜能的兑现更多是在"人工"与"人为"之外。有时候，教育生活究竟怎样早已无以避免地在那里，能够改变的只是个体对责任边界的认知。（3）缩减俗务，追求知性与德性，拒绝与世俗同流合污。基于自然原则构建自我与生活之间的关系，拒绝生活中的庸常因素，放弃繁冗无益的形式主义细节。

遵循本然需要合理处置适应与欲求之间的复杂关系。本然即为道，外物自为存在，个体只能认识外物作用于其感官时所形成的征象。花朵一到春天便会开放，不管那么多纷繁复杂的生活逻辑；在花朵那里，良性的生长逻辑自然会以本有的模样呈现出来，所有刻意的造作也会随着本有的呈

---

① [法] 米歇尔·福柯. 说真话的勇气 [M]. 钱翰，陈晓径，译. 上海：上海人民出版社，2018：327.

② [法] 米歇尔·福柯. 说真话的勇气 [M]. 钱翰，陈晓径，译. 上海：上海人民出版社，2018：213.

③ [法] 米歇尔·福柯. 说真话的勇气 [M]. 钱翰，陈晓径，译. 上海：上海人民出版社，2018：213.

④ [古希腊] 第欧根尼·拉尔修. 名哲言行录 [M]. 徐开来，溥林，译. 桂林：广西师范大学出版社，2010：269.

⑤ 汪民安. 福柯最后的哲学思想 [J]. 中国人民大学学报，2020 (6)：142-151.

现自然而然地远去。曾经获得的名分或荣誉，只会吸引兴味相投者，却吸引不了任何一只小蠹虫——它们只会悠悠然然地爬来爬去，沿着自己的方向前行。进化固然能使物种适应新环境，但进化并无自觉的目的，也没有立场鲜明的方向，它只是一个自然的过程。"生物的变化只能使生物更适应所生活的环境，而不导致由结构复杂性或异质性的提高来界定的抽象、理想的进步。假如我们留意达尔文的警训，我们便会谅解今天科学家与普通人之间存在的许多迷惑和误解。因为在那些早就抛弃进化与进步之间存在必然联系，并将其视为最糟糕的人类中心说偏见的科学家中间，达尔文的观点已经取得了胜利。而许多普通人仍然将进化等同于进步，并且将人类的进化不止是看作变化，而且看作智力提高，等级提高，或还有其他一些假设的标准的提高。"[①] 适应实乃本然，但欲求则是人为、有意的改变，本然与欲求之间终归存在差异——欲求的质的规定性是对自然环境条件的改造，是对本然属性的再加工。

遵循本然应养成近情意识，合乎人性原则。如果心中没有阳光，便不能赋予花朵们鲜艳的颜色。高更（P. Gauguin）曾说："原始的、本能的、暗示的艺术从精神出来，利用着自然。"[②] 贝维斯也曾反思道："不难想象，我们越来越缩手缩脚：不想骑马，不想摘花。久而久之，我们甚至可能也不想以论辩来扰乱人的灵魂，不想让自己的咳嗽之声打扰鸟儿的酣睡。最后的一种神圣境界是静坐不动，害怕惊扰一只苍蝇而不敢挥手，害怕惊扰一组细菌而不敢进食。如此淳朴的圆满境界也许就是我们无意识的漂泊而至的境界。但是，我们需要这种浑朴的圆满境界吗？"[③] 从贝维斯的反思中可以看出，个体在从容不迫、不避孤独地追求圆满境界时，依然有必要维

---

① [美] 斯蒂芬·杰·古尔德. 自达尔文以来——自然史沉思录 [M]. 田洛，译. 上海：生活·读书·新知三联书店，1997：27.

② [德] 瓦尔特·赫斯. 欧洲现代画派画论 [M]. 宗白华，译. 桂林：广西师范大学出版社，2001：50.

③ [英] 提摩太·贝维斯. 犬儒主义与后现代性 [M]. 胡继华，译. 上海：上海人民出版社，2008：258.

系近情意识，既守得住寂寞，也友草木、亲土地。正应如马克思赞美《巴黎的秘密》一书的女主人公玛丽花（Fleur de Marie）那样："她之所以善良，是因为太阳和花给她揭示了她自己的像太阳和花一样的纯清无瑕的天性"，"她之所以善良，是因为她不曾害过任何人，她总是合乎人性地对待非人的环境。"①总之，"无论在什么情况下，都要保持一种戏谑的纯真。一条狗在暖和的阳光下，快乐地在地上打滚，这是出于本能的动物纯真。但是，犬儒所主张的与此不同，那是一种经过理性选择的，并有理性原则的天然纯真。……他的快乐来自内心的自由，而不是外部的犒赏。"②

面对人工或人为情境，应尽可能遵循本然。"自然未使以人为奴。"③自然性是抵制诸多不良改造主义的途径。"天下之物最易动人耳目者，最易入人心。是故老师巨儒，坐皋比而讲学，不如里巷歌谣之感人深也。"④过于抽象化、学理化的教育生活会将个体卷入不切实际的分析之中，消磨个体的意志，使个体失去自然性。过度追求抽象性、学理性常使身体无法遭遇自然的磨砺，反而会削弱个体对自然的反应能力，因此有时候需要有意识地跳出抽象的概念区。"世界是一个疯人院，其居住者因而也是疯子。"⑤个体呱呱坠地之时，几乎没有什么认知与情感，只是在随后的不良教育生活中，认知、情感才开始与自我本真相背离。在特别的情况下，个体甚至会迷失灵魂，异化为行尸走肉般的存在。从这个角度看，遵循本然也可以被视为"人身上一切晦暗的、冲动性的本能的全面造反"，这场造反试图"反抗精神诸神的统辖"，"这场造反使身体之在及其感性冲动摆脱

---

① 中共中央马克思恩格斯列宁斯大林著作编译局. 马克思恩格斯全集·第 2 卷 [C]. 北京：人民出版社，1956：216-217.

② 徐贲. 颓废与沉默：透视犬儒文化 [M]. 北京：东方出版社，2015：5.

③ [美] I·F·斯东. 苏格拉底的审判 [M]. 董乐山，译. 北京：生活·读书·新知三联书店，1998：50.

④ 蔡毅. 中国古典戏曲序跋汇编 [M]. 济南：齐鲁书社，1989：2264.

⑤ [英] J·L·斯泰恩. 现代戏剧的理论与实践. 第 3 卷 [M]. 周诚，译. 北京：中国戏剧出版社 1986：42.

了精神情愫对生存品质的参与，表达了自然感性的生命诉求——反抗伦理性的生命法则，即反抗对身体之在的任何形式的归罪。"①

退一步讲，"自然界有它的气候，气候的变化决定这种那种植物的出现；精神方面也有它的气候，它的变化决定这种那种艺术的出现……精神文明的产物和动植物界的产物一样，只能用各自的环境来解释。"② 由于高度复杂的现代教育生活环境，回归自然、回归简单本身就是一件复杂的事情或一个复杂的过程。困惑、焦虑、沮丧是每一正常个体都有的情绪，也是每一正常个体最基础的情绪表达能力，试图摆脱它们或许本身就是一种谬误，体察并接受它们或许才是正确的对待之道。越摆脱，越纠结，与其如此，还不如终止对本然生活状态的变革，对自然存在保持敬畏，悦纳自身精神运思逻辑，努力激起精神体系本有的自然而然的自愈能力。如果外求而不得，不妨关照内心的自足——"你将会泰然自若地打开你的钱包，把手伸进去，不像现在，你的手在伸入时，摸索着，犹豫着，哆嗦着，就像一个麻风病人那样。如果它是满的，你平静地看着它，如果它是空的，你也无遗憾。当你有很多钱时，你会有准备地去花钱，如果你一文不名，你不会渴望它而焦虑不安。你的生活将会是一种能适应环境的生活，不会想望你所不拥有的东西，不会被机遇的变迁所干扰。"③

在福柯看来，遵循本然还意味着不掩饰，但对不掩饰也应进行复杂性审视，"一种没有掩饰的生活不隐藏任何不坏的东西，也不会做任何坏的事情，因为它什么都不掩饰。然而……大自然本身所意愿的东西以及在大自然所赋予我们身上的东西中，难道就没有一点恶吗？反过来，如果在我们身上有某种恶的东西，或者我们做了某种恶事，这是人们在自然上所增加的东西吗？——只是出于其习惯、意见和俗规。因此，无掩饰，如果说

---

① 刘小枫. 现代性社会理论绪论 [M]. 上海：生活·读书·新知三联书店，1998：348.

② [法] 伊波利特·丹纳. 艺术哲学 [M]. 傅雷，译. 合肥：安徽文艺出版社，1998：48.

③ 杨巨平. 古希腊罗马犬儒现象研究 [M]. 北京：人民出版社，2002：174.

它是纯善生活的保证和担保，或者说这种生活之所以善，是因为它完全是可见的，那么这种无掩饰的生活就不应该接受和承认习惯、传统和廉耻的限制，……相反这种生活应当表现出，没有限制也没有掩饰。"① 据此理解，个体的教育生活方式也要合宜，不应煽动个体过绝对自然的、原始的教育生活。本真教育生活的主导性规则应是自然需求，这意味着本真教育生活消解不必要的限制；构建教育生活公序良俗的原点应是自然需求，但如果缺乏习惯、传统和廉耻方面的反思，构建出的很可能不是什么公序良俗。在教育生活中，越来越多的个体对一成不变、缺乏活力的教育生活心生厌倦，为促进本然生活样态涌现，他们始终需要保证自我完全可见，否则他们将无法长久地投入其中。

三、从单向主体到复杂主体的转变

从现代性视角看，启蒙之烛基于特定的本体论与独特的认识论相当程度上指明了主体的真相与人性辩证法。主体的觉醒与主体性的昌明似乎早已不成为本质问题。然而，"粗野小人才最坚持自己的权利，而高尚的精神则顾虑到事物是否还有其他一些方面"②，"现代性的另一面是，当事实上地球上再也没有神志清醒的人的时候，剩下的就只能是'昆虫与青草的王国'了，或者，是一组破败不堪和外部受到严重伤害的人类社区。"③ 尤其当启蒙精神趋于固化时，似乎更有必要对个体的主体性重新展开探寻。

个体的复杂性体现在狄德罗（D. Diderot）笔下开明愚行的象征形象，歌德（J. W. Goethe）诗歌中恶魔天才式的神话人物，以及陀思妥耶夫斯基

---

① [法]米歇尔·福柯. 说真话的勇气 [M]. 钱翰, 陈晓径, 译. 上海: 上海人民出版社, 2018: 313-314.
② [德]黑格尔. 法哲学原理 [M]. 范扬, 张企泰, 译. 北京: 商务印书馆, 1982: 47.
③ [英]安东尼·吉登斯. 现代性的后果 [M]. 田禾, 译. 南京: 译林出版社, 2011: 151.

(F. Dostoevsky)对革命虚无主义者的描绘①。只是,在复杂状态中,个体依然应像有理想的诗人或有激情的艺术家那样,致力于复兴真正的生活。从个体教育生活的视角看,重新审视主体被启蒙的过程,不是为了单纯关注启蒙、主体的背面,而是为了超越启蒙、主体的单向性。引导个体反思启蒙逻辑,从单向主体向复杂主体演进,不仅有益于控制诸多教育生活不良症状,而且有益于根除诸多教育生活病灶。

(一)宏大理想融入普通日常

"今天不是诗歌的时代,同样也不是哲学的时代,那么今天算是什么时代呢?我想就是'大家过平常日子的时代',说得文绉绉一点是所谓'日常生活的时代'。"②比教育资源和教育设备更重要的,是教育生活中常识的回归。比教育建筑更宏伟的,是教育生活中自由和尊严的重建。

在教育生活中,一个值得警惕的倾向是宣称拒绝自性,鼓吹超越自足性。在理论层面,从自在状态走向自为状态被视为享有主体地位的前提。教育生活时常被抽象化为本体论、认识论或方法论话语。抽象化的过程导致诸多细节被无视,主观认定的非决定性因素被排除,所谓的非典型性日常生活小事被省略。在实践层面,这种倾向通常认定,没有主体会心甘情愿地严格要求自我。为了实现自我价值,必须通过理性精神与道德信念自觉约束自我。知识、德性与体验之间的关联因此时常被各式形式化的规范与虚假的宣称所斩断。高度主观化的个体感受通常被视为通达真知与德性的羁绊。"身体是真理的囚笼"这类认知根深蒂固,"身体是短暂的,灵魂是不朽的;身体是贪欲的,灵魂是纯洁的;身体是低级的,灵魂是高级的;身体是错误的,灵魂是真实的;身体导致恶,灵魂通达善。""带着身体去探索任何事物,灵魂显然是要上当的。"③以此为指引,在教育生活中

---

① [美]詹姆斯·米勒. 福柯的生死爱欲[M]. 高毅,译. 上海:上海人民出版社,2003:502.
② 甘阳. 将错就错[M]. 北京:生活·读书·新知三联书店,2002:55.
③ 汪民安. 身体、空间与后现代性[M]. 南京:江苏人民出版社,2005:4-5.

追求知识与德性成为一种修行，修行的过程与具体的教育生活过程截然对立。

在梅洛-庞蒂（M. Merleau-Ponty）看来，"根本的哲学行动应该是重返客观世界之下的生活世界（lived world）（因为在这个生活世界中，我们将能够理解客观世界的法则和限度）；它将使物体恢复其具体的外貌，使生命体恢复其对待世界的特有方式，使主体性恢复其历史的内在性；它将重新发现现象（即他人和物体借以首先向我们显现的活生生的体验层，以及处于初生状态的"自我－他人－物体"系统）；它将唤醒知觉，后者经常允许自己作为事实和知觉被遗忘，以维护它所呈现给我们的对象和它所建立的理性传统的利益，哲学就要挫败这样一种诡计。"① 依据这种理念，真正应当关照的并非什么抽象的教育，而是一个个具体的教育主体。与"英雄"般的教育生活叙事相较，教育生活或许更需要"生活家"们提出细节化建议。

诸多否定自性逻辑的实践论调之所以被批判，主要是因为它包含浓厚的非生活化倾向。"犬儒主义不断唤醒我们，对于想要真正生活的人来说，并不需要多少真理；而当人们执着追求真理的话，也并不需要多少生活。"② 个体做出正确或正当行为，并不一定是因为个体有意识地遵循了教育原理或社会原理。一个彻底诚实的个体不需要刻意选择，其生活理路是自然而然的。很多时候，这和向该个体宣扬的宏大叙事无关。这就像一棵桃树，即便始终憧憬着它能结出李子，它最终还是会诚实地结出桃子。因此，原本该做的是引导个体操心与自身生活之美真正有关的事务，学习对自身生活真正有关的知识。

文明的延续与个性生活的完满都很必要。不应有高度统一、体系宏大

---

① Merleau-Ponty M. Phenomenology of Perception. Trans, Landes D. A. London & New York：Routledge，2012：57.
② [法] 米歇尔·福柯. 说真话的勇气 [M]. 钱翰，陈晓径，译. 上海：上海人民出版社，2018：236.

的标准化知识与德性理想。鲜有个体能够达到至圣，因此至圣只能算是教育生活的精神标杆，人人向往无可厚非，难以企及却也是事实。一个体育大明星可能激励数百万业余爱好者。然而，并不是每个个体都能成为体育大明星，也不能指望每一个体完全接受体育大明星的成就模式。顶多只能说，数百万业余爱好者的生命中，带有那个体育大明星的印记。具体到教育生活中，尽管不能说每一个体都成不了传奇，但多数个体的人生生涯的确很难缔造什么传奇，顶多也就制造一些传说，再呕心沥血地投入，再精湛绝伦地表演，也可能不具有所谓的划时代意义。对于绝大多数普普通通的个体而言，能给教育生活添上一抹抹颜色，已经算不错。与其说个体是时代精神的代言人，不如说是时代精神的传递者。对于绝大多数个体而言，凭借一己之力就能改造教育生活只是一种浪漫的幻想。作为教育生活中的后辈，大多数个体甚至都没能超越他们的前辈。

在教育生活中，另一个值得警惕的倾向是进步主义。尤其是基于狭隘进步观的进步主义，时常无法化解主体的精神危机。它主张治理个体，鼓励勤奋苦学，陷入对传统读书人苦学情景的想象，试图通过居高临下的训诫和艰苦卓绝的精神操练涵养个体生活风格。它反感时间的不确定性，时常因"时间是个玩跳棋的儿童，王权执掌在儿童手中"[1]而深感无奈，进而鼓吹用永恒信念克服线性时间。它对时间导致的破坏性与消逝性进行形而上的阐释，认为这种破坏性或消逝性是低级的、未升华的，将其视为负面的假象，转而通过宣扬"每天都是新的一天"遮蔽破坏性和消逝性。"过去被视为赘疣而抛弃，生命异化为进步的阶梯，纷纷没入永恒的逝川之水"，"不仅颓废，就连死亡都将被深远的存在所冲淡和化解。这确是一个颇具诱惑力的乌托邦美景。"[2]

反思以进步为宗旨的线性时间逻辑不难发现，它试图规避或化解"生

---

[1] [法]路易·加迪，等. 文化与时间[M]. 郑乐平，胡建平，译. 杭州：浙江人民出版社，1988：167.

[2] 张军. 线性时间与颓废的逻辑起源[J]. 求索，2004（6）：116-118.

命终究有死"这一关键问题,即便承认它的存在,也会涂上一点保护色,通过教育生活形态批评限定这种承认。而事实上,有死性是时间内化的依据,所有有死的存在体,其存在的意义就是时间性。有了时间的绵延,个体的教育生活史才不至于零零碎碎。与进步主义取向相反,"现在,为了克服外在世界的急剧变动,要求线性时间完全回复到生命自身的结构中去",尽量少地鼓吹超越、换代,尽可能不去扰动时间的自然节律,尽可能多地倡导关系和谐、彼此共生,不因主体过度的欲求而执意控制时间,如此"可以缓解进步带来的虚无感,在自大狂妄的自我肯定、自我膨胀中获得暂时的宽怀"。①

在多数教育生活情境中,个体之间的差别并非基于固定标准的进步程度的差别,而是风格的差别。在华贵或低廉的着装里面,在高贵或不那么高贵的名声背后,每一个体都留有自己的风格空间。个体的精神世界并未荒芜,而是较之以往的时代更自我、更开放、更多元。个体有自己的信仰,有自己的追求,只是信仰和追求常常并非宏大叙事引领个体养成的。"当你想以自己的德行和知识去感化别人的时候,你实际上是把自己看成善的象征,同时把别人看成恶的代表,并借由自己的善来突显别人的恶,用别人的恶来显示自己的善。……也许你并没有这种想法,但这不重要,重要的是别人是否认为你有这种想法。"②

如果想将宏大的进步主义信条内化为个体日常生活的自觉需要,就必须为信条的实施供给可行的操作路径或基本的框架结构。例如,为个体供给基本的教育生活保障,关照个体心底所思所想。注重教育生活服务体系建构,通过营造、创设、熏陶为个体解压,疏解外在负性教育生活因素,通过对话、讨论、锻炼关照个体人格状态,舒缓个体内在负性教育生活情感。又如,注重"说""论""研",而非灌输结论性的信条,对微小、琐碎却必要的知识或事物细节进行深刻描绘,关照常识底线与日常理智的涵

---

① 张军. 线性时间与颓废的逻辑起源 [J]. 求索, 2004 (6): 116-118.
② 王博. 庄子哲学 [M]. 北京: 北京大学出版社, 2004: 32.

养，恢复个体对平常生活和平凡自我的信心。

个体在进步过程中产生的无力感与无意义感，只有在其所置身的教育生活关系中，在真正有活力、不惮于说真话的教育共同体中，才可能被消解。教育话语与教育逻辑赖以存在的基础是教育生活，而非相反。真正的求知与德性必然与切身体验紧密相联。毕竟，唯有返回真实的教育生活中，才能更好地品味知识、体悟德性。"绝对的、永恒的美不存在，或者说它是各种美的普遍的、外表上经过抽象的精华。每一种美的特殊成分来自激情，而由于我们有我们特殊的激情，所以我们有我们的美。"① 过度理论化可能异化为"因过度理论化而失去了批判作用的自说自话"②，声称拥有充分理性或绝对真理不过是一种自诩。教育生活并不像《教育学》教科书中所宣称的那样条理化、制度化。抽象的理论无论多缜密、多科学，都会在不同程度上远离真实。因此，需要清算以宏大理想为代表的形而上学，以便将主体拉回到真实中来。

让理想主义者认识到实现理想的复杂性，这看起来是对教科书中"纯洁自我""完美画卷"的否定，实际上却是肯定。从解构视角看，过分宏大的教育生活是脱离现实的教育生活，因而是不真实的教育生活。受生理属性支配的个体是不自由的，受崇高主义支配的个体同样是不自由的。从"高大上""伟光正"的存在之链上解放出来，至少不被宏大逻辑约束到不可容忍的程度，有尊严的教育生活才可能走向现实。何况，宏大理想也具有历史性，一个时代的宏大理想逻辑常常只能用来解释这个时代人性的形成过程。由于历史局限性，宏大理想也会有自身的阈限。在奔赴宏大理想的过程中，自己并不高明，也不总是能维持高水准。既然如此，又何必总是"端着"自己？"落地"岂不更踏实？这并不丢人现眼。整天"端着"

---

① [法]夏尔·皮埃尔·波德莱尔. 波德莱尔美学论文选 [C]. 郭宏安，译. 北京：人民文学出版社，1987：300.
② 徐贲. 知识分子：我的思想和我们的行为 [M]. 上海：华东师范大学出版社，2005：152.

自以为是，却又并非真正地"是"，才真正丢人现眼。从建构视角看，美好依然是教育生活的核心向度，依然需要为理想与信仰而奋斗。尽管遭遇各种削弱，教育生活依然拥有感召力，这种感召力源于教育生活中固有的崇高。个体深深的精神寄托根源于对自身生活遭遇的感受、对他者生活遭遇的同情，以及对心灵自由的渴望。无论如何自我反观理想的神圣性，只要依然抱持对理想的忠诚，即便表现出消极，也是积极的消极。

（二）精于辨识兼顾机理调和

个体的生活犹如走向不明的河流，难以溯至精准的发端，也难以找到精准的归宿，它并不有条不紊，它在总体上是无精确秩序的。由于既进行描述，也进行诊断，几乎没有多少精准辨识是真正中正的。一方面，认识同时代的主张常被视为一种概念暴力[1]，评价同时代的教育生活几乎注定会出现偏颇。一般认为，只有当某种教育生活成为历史之后，对它的概括才会相对比较客观。另一方面，"当后世的历史学家研究我们这个时代时，一切在他们看来都不言自明，不管是总体构架，主要枝干，转折，断裂，动机目的，还是流浪的原因，进步的意义，那些看起来荒诞、不合理的事，他们将找出不容置疑的逻辑，没有什么是偶然的，那些令我们惊讶的巧合在他们眼里如此明确，这是一切都互相印证，一切都站得住脚的证明。"[2]

几乎所有精于辨识者都笃信干干净净、清清楚楚，都认为无法辨识的即不再需要的。而事实上，真正纯粹的东西极难存在，就连亚里士多德实体论中的形式与质料都是可调和的。任何一种形式都是质料的形式。比某种形式更高的形式即为质料，比某种质料更低的质料也可以是形式。这意味着，形式与质料都相互包含彼此，它们共同构成了实体。无论形式还是质料，都是实体性存在，只不过存在层次不同而已。对于个体而言，如果

---

[1] ［英］史蒂文·康纳. 后现代主义文化［M］. 严忠志，译. 北京：商务印书馆，2007：3.

[2] Chevillard E. Au Plafond. Paris：Les Editions de Minuit，1997：21-22.

"质料"非常不堪,当不告诉个体"质料"的真正实质时,个体反而能够一如既往地依据"形式"生活下去。个体在"形式"中生活既久,"形式"本身也便具有了"质料"的性质。教育生活世界是模糊多于清晰、混沌多于清澈的世界。个体的教育生活从来不是干净、清晰的装置,反而总是受到复杂的"形式·质料"逻辑的支配,最终呈现为混沌状态。因此,模糊的、调和的才是真实的。面对教育生活,更佳的理解之道是从精神资源、扁平化管理之类的原点性、维度性辨析向关涉"周遭"的复杂性逻辑延伸。

教育理论家们在不同程度上意识到了个体生活风格的存在。他们习惯于依据事实对风格进行推理。如果个体受过教育,意味着个体已经被知识化甚至制式化。如果个体还戴着眼镜,则意味着个体过度接受过某方面的知识或制式。这固然有道理,然而,"他们说'什么'是不能为之制作定义的","所能为之界说的只是物之所近似而已……所以,可得为之界说或制作公式的应只是那一项组合本体……而组成这本体的原始部分则不能为之界说。"[①]即便从教育生活实际情境出发做出价值判断,找到"必由之路"也没有那么容易。面对教育生活中浓厚的功利氛围,他们时常无能为力。仅仅说一说、写一写并不能带来什么实质性的改变。何况,他们中的一些甚至还积极参与功利氛围的营构。与教育理论家们略有不同,教育实践家们则致力于培养个体的品性,用自己的引导行为拓展认知与德行边界,让个体学会分辨清浊。这似乎极有必要。"你们都是最优秀的分子,如果最优秀的分子丧失了自己的力量,那用什么去感召呢?如果出类拔萃的人都腐化了,那还到哪里去寻找道德善良呢?"[②]然而,即便在最优秀的分子那里,也没有什么普遍适用的精准解脱之道,类似靶向药物那样的教

---

① [古希腊]亚里士多德. 形而上学[M]. 吴寿彭, 译. 北京: 商务印书馆, 2011: 185.

② [德]约翰·费希特. 论学者的使命·人的使命[M]. 梁志学, 沈真, 译. 北京: 商务印书馆, 1997: 45.

化手段并不多见。对于个体的求知生活和德性生活而言，教育的功能更多应体现于机理性调和。

在传递真知、崇尚真理的教育生活中，为了真理、显现真理、践行真理的生活不可或缺，但真理生活、真实生活与美好生活应当是调和的。个体的教育生活样态应成为美学的审视范畴，受到美学的规划与审察，成为美的作品。日常生活之美与生存艺术（the art of exsitence）也应当是调和的。不以获得快感为生活动力，也不追求获得真理的名声，反而能使教育生活成为美的作品。不注重调和的说真话者实际上时常处于窘境之中，绝不调和的说真话者实际上较少。这是因为，任何教育生活都未能赋予所有个体自由说话的权利，要想区分说真话者与说其他话者并不容易。好的建议与坏的建议，功利至上者与忠于教育事业者，动听的假话与难听的真话，有用的意见与有害的言论，交叉纠缠，混沌于平静的教育生活之中。尽管表面上看，道德以及与之相关的品行向来是素质的重要构成部分，整个道德体系是鼓励诚实地说真话的，但实质上说真话常常在被允许的情况下才能进行。如果未经允许，即便个体一直在说真话，也可能不会被倾听。

在认定教育生活核心价值领域时，也应顾及教育生活非核心价值的合理成分。真正影响教育生活的，是蕴含在教育生活风尚、教育生活秩序中的涓涓细流。几乎所有的核心价值，最初都是非核心价值，随后才开始影响核心价值，融入核心价值，最终成为核心价值。反思无政府主义固然有其合理性，但转而陷入一元主义却可能得不偿失。通过时间性先后关系或比例调整矫正教育生活核心价值，最终往往沦为蹩脚的教育生活设计。这不仅因为主观、人为框定核心价值存在固有的局限，还因为很多时候价值异化过程和对价值异化过程的批评运用几乎是相同的逻辑——它既包含对价值的扭曲，又包含价值解放的思路。

确立教育生活核心价值体系并不意味着对教育生活的专制，也不是要对教育生活中的价值取向进行整体性约束。恰恰相反，教育生活核心价值的效用在于避免教育生活专制,避免个体在教育生活中因独特风格或个性化表达而遭到压制。"对于人的生活来说,没有什么唯一的、最好的生活方式。"① 无论将自我归类为群体中的一员,还是将自我归类为群体中的异类,选择什么样的生活,本质上应由个体自主决定。个体只有"察看了自己作为人的用处如何,能力如何,才能算是认识自己"②。个体的直观判断、主观偏好在教育生活中同样具有重要作用。

在审视个体教育生活实践方案时,还应注重理性与感性的调和。个体具有实践理性,在实践理性引导下生活,个体的生活世界就是个体实践理性的演化。个体的生活情形、生活追求、生活情感,都在切实的实践活动中获得可能性。与此同时,所谓的真实的生活实践,常常是指个体自觉或不自觉地组织起来的感性意识体系。在这样的感性体系中,反而能保持更多生活的原貌与合理内核。个体构建生活实践方案的过程并不像哲学家们那么抽象,反而时常基于肉体化的生命有感而发。它注重辨析,但更注重感触。它意识到有时比"理性地懂"更重要的是"感性地懂"。它认定,跨越好与差、优与劣、贫与富的理性辨析,个体的感性倾向也可以成为教育生活的依据。

例如,阿德勒(A. Adler)便认为,始终有勇气地改善环境能有效克服生活中的自卑,"我们每个人都有不同程度的自卑感,因为我们都发现我们自己所处的地位是我们希望加以改进的。如果我们一直保持着我们的勇气,我们便能以直接、实际而完美的唯一方法——改进环境——来使我们脱离掉这种感觉。"③ 过于理性的生活逻辑,反而无法反映现实生活世界的真实意蕴。过于理性的思辨式的生活实践方案,不是故弄玄虚,就是试

---

① [英]史蒂文·卢克斯. 道德相对主义[M]. 陈锐,译. 北京:中国法制出版社,2013:158.
② [古希腊]色诺芬. 回忆苏格拉底[M]. 吴永泉,译. 北京:商务印书馆,2010:149.
③ [奥]A·阿德勒. 自卑与超越[M]. 黄光国,译. 北京:作家出版社,1986:46.

图操纵。即便依然坚持理性逻辑，也应保持起码的感性关怀。将所谓的扭曲、异化囊括进来，调和理性逻辑与生命体验之间的抵牾，消解应然追求与理性利己之间的拉锯，才能返归教育生活的真实。

在规范个体教育生活取向时，也需要接纳个性化的生活逻辑，对个体的生活方式、生活选择、生活风格给以最大限度的包容。"在分析任何一个社会问题时，马克思主义理论的绝对要求，就是要把问题提到一定的历史范围之内。"① 市场化的深度推进，熟人网络的变迁，传统乡土教育的瓦解，独生子女家庭的增多，使得个体再难有前辈们那样的集体生活体验，也不像前辈们那样排斥沉沦、永不退缩。脱臼的教育生活，不可能像脱臼的骨骼那样准确地复位。对基于线性时间观的时间流逝，个体不再格外敏感。就算他们有集体认同，也会不同于他们的前辈们。面对变迁与瓦解，个体之所以不能摆脱创伤，是因为个体的存在本身就是创伤，它的局限性正是它得以确证的条件，辨识它的过程中所遇到的阻碍正是它得以成立的必要土壤，它的症候本身就是它的得救之道。

鉴于国际化、信息化、后现代性等个体成长背景，并无必要苛求个体的教育生活理念必须统一，也无必要苛求个体的教育生活方式必须与前辈们一脉相承。"意识在任何时候都只能是被意识到了的存在，而人们的存在就是他们的实际生活过程……不是意识决定生活，而是生活决定意识。"② 基于后辈们的意识逻辑，前辈们"沉沦即异化""永不退缩""绝不逃避"的教育生活观需要调和。"人类潜能的伟大之处、同时也是其无底深渊，就在于它首先是不采取行动的潜能，是黑暗的潜能。"③ 沉沦、退缩、逃避作为"不采取行动的""黑暗的"潜能，也是真实教育生活的有

---

① 中共中央马克思恩格斯列宁斯大林著作编译局. 列宁选集·第 2 卷 [C]. 北京：人民出版社，1960：440.
② 中共中央马克思恩格斯列宁斯大林著作编译局. 德意志意识形态 [A]. 马克思恩格斯选集·第 1 卷 [C]. 北京：人民出版社，1972：72.
③ [意]吉奥乔·阿甘本. 论潜能 [A]. 邱谨，译. 汪民安生产·第 2 辑 [C]. 桂林：广西师范大学出版社，2005：275.

机构成,或者说,夹杂了、渗透了沉沦、退缩、逃避的个体教育生活才是真实的教育生活——沉沦、退缩、逃避理应被视为主体基础性的生活表现,它们尽管"无用",却似乎不可缺少。何况,万物皆变、无物常驻,所谓向上的生活与向下的生活,最终也可能殊途同归。

(三) 多向度生活智性的涵养

个体间是如此参差百态,差异化生存实所必然。对个体自身而言,所谓的健全的理智实际包含的要素极为杂多,因此应容许要素之间复杂、多元的排列组合或混沌交融。教条式的抽离个体现实生活境遇的健全理智表征应予以扬弃。对个体与他者的关系而言,难有灵魂洁净污染,培养公共生活智性至关重要。即便他者不符己意,也应依然抱以热情。即便本质已然冷眼看穿,冷眼中依然应有温柔的底色。即便真实的生活情形复杂难解,也应抱持对真、善的笃定和对希望的确信。

对于个体而言,健全的教育生活智性需要关照生命的自主性。没有个体会将自己的教育生活完全交付给其他个体照管,无论如何个体都会有一点主体性。即便成为了普通个体的真实写照,至少也不会像软体动物那样无形无状、无所依据。从积极角度看,个体理应拥有在一切教育生活问题上公开运用自身智慧的自由。每一个体真正享有自由的教育生活,才能够彻底清除教育生活中实利思维、怀疑主义不断滋生的根基。从消极角度看,个体"宁愿被称作失落的、无聊的、泼皮的、迷茫的,也不能是被欺骗的"[1]。尤其当个体教育生活陷入窘境或危机时,"如果我们只是一般地从外部来反对存在,而不是把它置于它自身的结构中,用它自己的力量来反对它,那么我们将无能为力。"[2]

个体的智性和欲望之间存在紧密关联。个体像早期犬儒主义者那样追求德性是不需要理由的,因为追求本身便具有自足性。然而,个体拥有自

---

① 王芷. 方力钧:我的画就是我的状态 [J]. 东方艺术,2005 (1):14-22.

② Adorno T. W. Negative Dialectics. Trans, Ashton E. B. London: Routledge and Kegan Paul, 1973:97.

己的智性与欲望却应以遵守起码的美德基础或道德准绳为前提。"德性必定被理解为这样的品质：将不仅维持实践，使我们获得实践的内在利益，而且也将使我们能够克服我们所遭遇的伤害、危险、诱惑和涣散，从而在对相关类型的善的追求中支撑我们，并且还将把不断增长的自我认识和对善的认识充实我们。"① 所谓的智性控制，实质是对欲望的合理节制，而非不分青红皂白的扼杀。智性控制不会使欲望受到压抑，相反，它是对过有欲望的生活的一种维护。约束欲望是为了让自身更有德性，其实质是一种价值坚守。从生活的视角看，则是一种生活抵抗。纵容欲望是为了自由自在地享受，其实质是一种价值膨胀。从生活的视角看，却是一种生活妥协。

在具体的教育生活实践中，作为复数性存在的个体才能真正理解教育生活的意义。等待自己被解放的个体是愚昧的，个体终究需要涵养良好的自我调适能力，习惯于流动，能够跟上突然的转换，对变化具有敏锐的知觉，能够适应各种不同的场景，平顺地从一套规则转到另一套规则，善于处理空虚与无聊，在有限的选择之间交替变换②。尽管不染罪恶的无私干净透明，不知险恶的单纯清新绝美，个体终究还是需要改变对自身的不自知，通过自我觉醒的方式反思自身被指导、被告诫、被规训的生活状态。面对破坏性的突显和没落的命运，感官主导的感觉也可以净化心灵，理性主导的智性也能够使个体堕落。作为个体性存在，尤为重要的是明晰感官和理性的受限程度，避免因不当的张扬而迷失自我，如此才可能成为教育生活中自我完善的、稳定而建设性的存在。

在面对特定文本时，个体被要求体认的所谓教育生活意义，实质是教育话语的编制。面对文本及其意义逻辑，智者也难免会有阙失之处。作为

---

① [英] 阿拉斯代尔·麦金太尔. 德性之后 [M]. 龚群，戴杨毅，等译. 北京：中国社会科学出版社，1995：277.
② [意] 保罗·维尔诺. 诸众的语法 [M]. 董必成，译. 北京：商务印书馆，2017：106.

受教育者，自觉地掌握它们通常是最佳也最现实的选择。作为教育者，妥协此时成为必要的教育生活策略。"在一个价值多元化的时代，我们不能够要求每一个人只能做同样的选择；换句话说，每个人有权选择自己的生活方式和对职业的态度。因此，我们尊重千千万万一线老师由于种种原因而对现行教育弊端的妥协。"① 基于妥协而表露出的意义取舍或实践取向，应被视为一种个性化的否定之否定。

在自主性之外，健全的教育生活智性还需关照个体生命的有死性。生死二元对立是整个个体生活中最为冥顽不化的对立，也是几乎所有至为深刻的个体生活逻辑的原点。与自然性、社会性、历史性、时空性相较，有死性才是个体生活的唯一终极属性。从单一个体的视角看，生命不会因轮回而不灭。生命有始，也有终。惟有时间能抹平万般形象与个性差异。时间流动不居，却不可逆转，生活也会随着时间的流逝被耗蚀，个体在时间设定的生活中生发、生长、成熟、烂熟，以至于衰败而归于虚无——作为终极归宿，"虚""无"有其不可豁免性。对有死性与消逝性的领悟将使个体意识到寂灭或许终将无可挽回。无论如何抚慰、如何超度、如何温情脉脉地赞美整体性的绵延，虚无终将不期而至。不愿直视虚无往往意味着不愿接受生命的残酷维度，这或多或少有点不思考便不存在的意思。不直面与虚无的纠葛，不正视个体的消逝性，难免导致自相矛盾的说辞，也不能真正地求真。在终将虚无的世界里，面对各式各样的有用性，似乎应当保持必要的独立性，因为有用性的展现过程也可能是衰退的过程。

当个体面对他者时，为更好地处理自我与他者的关系，自然也有必要构建得宜的公共生活智性。总体来看，构建的核心在于在逐利中谨守互利，将教育生活中的争胜逻辑转向共生逻辑，注重联合性而非私人性教育生活样态的形成。毕竟，"人的本质不是单个人所固有的抽象物，在其现

---

① 韩军，周迪谦，任玲，李镇西. "伪圣"和"犬儒"——中国教育不能承受之重 [J]. 教师之友，2002 (3)：8-15.

实性上，它是一切社会关系的总和。"① 突显这种本质，需要构建"自由人的联合体"，"使每个人的自由发展成为一切人自由发展的条件"②。试图裹挟、排异他者的公共批评应当受到批评，每一个体都不寻求侵入自身之外的领域，不面向他者扩张自己的生活逻辑，不致力于剥夺他者的生活选择。包容、友爱的公共生活精神更重要，"一旦公共领域的生活更充满友爱，沉湎于想入非非的局面就会有所好转；只要人与人之间多些情谊，多疑症便会不治而愈。"③ 没有必要刻意追求普适公共生活精神之外的其他"崭新的精神面貌"，到底有没有"崭新的精神面貌"不说，即便真有，它的前世今生、关涉的因素与维度也是非常复杂的，几乎不可能脱离普适公共生活智性而面面俱到地去追求。

具体而言，个体必须使用明智而有韧性的方式来建构教育生活关系。教育生活是"多选题"而非"单选题"，包容多元教育生活立场是趋向美好教育生活应有之义。极少有个体秉持纯粹的奉献主义立场，也极少有个体秉持纯粹的自利主义立场。即便自身立场与他者相异，也应相互理解，至少应将相异立场视作特定生活风格的有机构成。脸红脖子粗地表达"专属于己"的论调，或借用权力强制效应收归于己，不仅很可能有违事实，更可能有违伦理。作为复杂性存在，个体必须学会将体会到的人情冷暖、感受到的喜怒哀乐推己及人，站在他者的视角审视问题，勇于承担行为责任。

个体不应为单一教育生活关系所左右。在教育生活的修罗场中，作为个体而存在有其固有的局限性，对自我能力与成就表现出足够的自信并不意味着一定要对他者表现出俯视与不屑，个体也不可能完全自绝于他者而

---

① 中共中央马克思恩格斯列宁斯大林著作编译局. 马克思恩格斯选集·第1卷[C]. 北京：人民出版社，1995：56.
② 中共中央马克思恩格斯列宁斯大林著作编译局. 马克思恩格斯文集·第2卷[C]. 北京：人民出版社，2009：53.
③ [加]大卫·杰弗里·史密斯. 全球化与后现代教育学[M]. 郭洋生，译. 北京：教育科学出版社，2000：32.

完成自我认同建构，在不同价值取向间谋求合作理应成为个体教育生活必备能力。直面现实也好，规避现实也罢，由于个体间的认知偏差与偏好，在与他者的价值商谈中实现自我确证是个体教育生活基本涵养。在"手段·目的"之外，还有互不干涉、互相造就等更丰富的教育生活关系逻辑。个体可以借助客观、公允的公共智性逻辑摆脱关系困扰，也可以通过包容偶然性因素一定程度上阻断负性关系的形成。

（四）创生性生活主体的产生

自己为自己创生是主体性产生的前提。创生性的生活主要关涉个体自我范畴，即自己能够完全掌控，整个生活都属于自己。创生性的生活意味着"占有自我的生活，生活中没有任何部分能够逃离其自己的权力和对自我的主权。"[①] 对于自我而言，创生性生活表面上是一种风格的占有，实质上是主体的自我建构。对于自我感受而言，创生性生活可能意味着快乐、愉悦，也可能意味着孤独、痛苦，还可能意味着闲淡、平静。

在个体教育生活中，有良好的天赋和基因固然重要，但它们不是创生性生活主体产生的决定因素，服务于创生性生活的知识、方法、权力以及勇气才是更重要的维度。在自我塑造、知识塑造和权力塑造过程中，充满勇气地弘扬公平秩序和正义逻辑，对教育生活虚假或不良部分的抵制、拒绝，是彰显创生性生活主体的表现。勇气充盈的场域，也是知识繁荣、方法多元、权力适得其所的场域。真正付诸言行需要勇气，拒绝付诸言行同样需要勇气，"行善需要勇气，而拒绝作恶则可能需要更大的勇气。"[②]

每一个体的成长，最初都基于本能性的行为和情感，随后的成长过程就是这些行为和情感的扩散或改组。没有什么人格特质纯粹是先天具有的，诸多个性化的表达意在释放焦虑、绕开困惑。"'向善'不是件容易的

---

① [法] 米歇尔·福柯. 说真话的勇气 [M]. 钱翰, 陈晓径, 译. 上海：上海人民出版社，2018：333.

② 徐贲. 当代犬儒主义的良心与希望 [J]. 读书，2014（7）：29-37.

事，成为道德的人是一个充满痛苦和煎熬的两难选择、需要做出牺牲的过程。"① 快意只能建基于自由，生命力只能建基于价值创造。在某些理论家那里，不能完全用理智加以解释的行为会被认为缺乏创生性。而事实上，情感比理性能够更有效地主导个体行为。几乎所有的创生意识都来源于对情感的特定信念，情感是创生性生活主体得以产生的根基。在现实世界中，往往是那些最能触动内心、最难以割舍的情感引导个体做出重大人生抉择。从这个视角看，情感也是生命存在的本体。

在现代犬儒主义那里，真正的直言几近消失。当面对复杂情境时，说真话甚至成为一种禁忌。个体被评价为"到处说真话"，更多具有口无遮拦之类的贬义意味。生活需要关照具体事件，但事件时常被匿名化的"某人"扭曲。"匿名的'某人'（anonymous'one'）饶舌健谈爱打听，掩盖了人类存在的这个明显特征：生存在世（being in the world）。"② 事件本身才是重要的，至于事件的发起者或完成人是谁反而不那么重要。因为只要环境适宜或条件允许，事件"换任何一个某人（man）都会发生，张三和李四换成王五和赵六不会影响事情的正常运转"，总之"事情是某人做的，某人即是 niemand（无人）。"③

与现代犬儒主义相反，无论是生活空间创生还是生活道路创生，早期犬儒主义的诸多特质依然可资借鉴。"面对夸张的、张扬的、攻击性的、否定法律、传统和规则的犬儒主义，他们的最强烈的批评者同时却赞扬另一种犬儒主义的价值和品行，这种犬儒主义是有节制的、深思熟虑的、有教养的、沉默寡言的、诚实的而且确实是严于律己的。事实上，对犬儒主

---

① 郑富兴. 道德教育：从童话精神到悲剧意识 [J]. 教育研究与实验，2006（3）：13-18.
② [意] 保罗·维尔诺. 诸众的语法 [M]. 董必成，译. 北京：商务印书馆，2017：116.
③ 张一兵. 生命政治统治中的犬儒式诸众——维尔诺的《诸众的语法》解读 [J]. 学术研究，2018（6）：9-17.

义的所有批评都伴随着对真正的犬儒主义的赞许。"[1] 在早期犬儒主义者的生活中,大自在的含义被诠释为大不在意。个体是实在的,但并不"物质",是天真的,但并不简单。个体并没有盲目服从权威,而是紧跟自己的判断力,个体的判断力告诉个体,只有权威是好的、明智的、仁慈的,它才值得服从[2]。

依照现代教育原理,教育生活实践过程因人而异,每一个体的头脑都不是被动的容器,头脑中的观念也并非一成不变。尽管流行于个体间的新兴观念对教育生活有普遍性引导功能,但每一个体都不是某一个体的复制。教室之所以不是监狱,是因为在教室里的个体是自主、自由的。个体本应可以自主、自由地改造甚至建造自己的教室。教育原理生产者们理应反思教育生活中盛行的理性主义、普遍主义,为每一位受教育者提供检验其观念的机会,让他们都有机会创生真理的显现过程,而非强制他们无条件地接受。教育原理生产者们真正应当警惕的不是无序、颓废与低效率,而是同一性。

规范性和必然性之外,还应涵养个体的超越感。在较为严苛的教育生活中,个体一旦树立起界限认知,就时常自觉不自觉地放弃超越性认知。此时的主体不过是有限的"半主体"。这种"半主体"没有创造性,只在被划定的教育范畴内积极主动,顶多有几分狐假虎威的色彩,却始终缺少肆无忌惮的精神。因此,涵养创生性生活主体,应着重对界限的批判与反思,"通过各种形式克服和超越自己的缺陷生存状态的限制,进入人生新境界,重建自己的人格和深层生活方式的可能性"[3]。既敬仰权威,也应有勇气向权威提出挑战,既尊重域内逻辑,也应注重域外生活元素与生活风

---

[1] [法]米歇尔·福柯. 说真话的勇气 [M]. 钱翰,陈晓径,译. 上海:上海人民出版社,2018:247-248.
[2] [斯洛文尼亚]斯拉沃热·齐泽克. 意识形态的崇高客体 [M]. 季广茂,译. 北京:中央编译出版社,2017:38-39.
[3] 郑富兴. 道德教育:从童话精神到悲剧意识 [J]. 教育研究与实验,2006(3):13-18.

第九章 直言与持存:个体教育生活风格的证成

格的浸入。必要时，个体还需摆脱教育生活之外与教育生活之内这一非此即彼的认知，让自己身处边界而无界限感。

一种教育生活的消解，并非一定就是新教育生活的影响，也可能是从这种教育生活的缺失中自主生发出来的。个体的教育生活创生动力，有时来自个体本然性的内心认知，有时则来自外部教育生活的缺失。个体既是教育生活的消费者、批评者，也是生产者、创生者。恢复个体对教育生活的批评能力与恢复个体对教育生活的想象能力相辅相成。当教育生活中的诸多设置跟不上个体追寻本然的脚步时，就会出现生活风格问题，"即一套关于生活的技艺，该如何展开？"[1] 正是因为个体不甘于本然丧失与生活缺失，个体才对内锤炼德性，对外抵制强制，不断地努力超越畏惧的、懦弱的自我。当教育生活陷入僵化时，用貌似荒诞的行为向生活发起挑战就应获得合理性。即便最终依旧无意义，至少这个过程也值得铭记。

随着时代的演进，个体愈发难以被同化，也无需被同化，个体与他者之间的断裂无法被克服，也无需克服，断裂应被接纳为常态，试图弥补断裂的行为应适可而止。一些看似缺乏创生性的个体也许是在进行一种与被宣称的教育生活截然不同的教育生活实践。面对同化与融合，他们的态度是"别再想用老方法教育我们，任何教条都会被打上一百个问号，然后被否定，被扔到垃圾堆里去"[2]。他们看起来是失意者，实际是试图保持自主而不委屈本性，对虚假与虚伪进行征讨，与伪善的习俗与规范做斗争。他们也会发光、发热。他们发光、发热的目的在于服务他者，也在于彰显自我。他们在自己擅长的领域同样表现出色，对于自己真正感兴趣的事物，也能表现出格外的执着。从他们自身的视角看，对于种种贬低、否定性的评价，他们趋向建构一套自己的反同化、反融合逻辑，以便"在一种对一切价值的重估中去寻找"，"在一种对所有道德价值的摆脱中去寻找"，"在

---

[1] 张念. 犬儒主义和中国式的启蒙逆子 [J]. 上海文化，2009（6）：4-12.
[2] 栗宪庭，刘淳. 回顾中国前卫艺术——栗宪庭访谈录 [J]. 天涯，2000（4）：115-120.

一种对所有以往被禁止、被蔑视、被诅咒的东西的肯定和信赖中去寻找"①。即便在寻找过程中再次失意，也依旧保持异议，纵然在寻找过程中再次失败，也仍然勇敢地和否定性评价分道扬镳，较少关注普遍化诱导，宁可背道而驰也不违心趋附，像克尔凯郭尔（S. A. Kierkegaard）那样做信仰的一跳。

最后，作为创生性生活主体，在基于脑力和体力的聚合构建预感逻辑、创生关于教育生活的未来想象时，对于时间应予特殊看待。时间与永恒、神圣等概念存在复杂难解的关系，"时间并非存在的界限，而是存在与无限的关系。死亡不是毁灭，而是必要的疑问。"② 每一个体都有张扬乃至神化自我的近乎本能的冲动。通向永恒、神圣等无限属性的路径被认为蕴含在时间之中，时间时而成为它们的线索，时而为它们所拒斥，时而成为通向它们的必由因素，时而又被视为实现它们的终极阻碍。为增强个体的创生性，有时候既定的时间序列应予以重排，以便个体完成自拔与回转。在积极层面，个体并非"只能如此"生活，也不必因为自身的有限性而心灰意冷，而应相信自身始终拥有无限生长的可能——个体创生性地走在"朝圣"的路上，路上荆棘密布，也有花朵开放。在消极层面，个体所谓的自由，实际是把时间的意义融入自身的创生性生活过程——时间消逝导致有死性，对有死性的无所适从或终极皈依导致主体的创生。

---

① ［德］尼采. 尼采著作全集·第 6 卷 [C]. 孙周兴，译. 北京：商务印书馆，2015：422.
② ［法］艾玛纽埃尔·勒维纳斯. 上帝·死亡和时间 [M]. 余中先，译. 北京：生活·读书·新知三联书店，1997：46.

第十章
维系与重构：个体教育生活管理术及其变革

在个体教育生活中，管理因素始终是一个重要向量。教育管理者是教育生活的代言人，除了亲历性体验之外，个体们还通过代言人形成对教育生活的印象。随着信息闭塞的教育生活获得实质性改观，个体教育生活正在被重塑，教育生活场域竟然也成为复杂之域，有些管理话语呈现出明显的滞后性。高调的教育生活宣称与发自本能性的教育生活需求之间的矛盾成为教育生活复杂性的主要表征。对个体教育生活的规训越来越微妙、越来越复杂，站在应有的客观角度，关照被管理者所处的条件和背景成为必需。

生活治理术在教育生活中必不可少。真实的个体教育生活既是教育变革的必然结果，也是教育变革的重要构成部分，既关涉时代发展，也关涉个体观念演进，具体涵盖教育生活组织问题、教育生活系统问题、教育生活环境问题、教育生活技能问题等。有时候，管理术供给的管理支持没有遵循教育生活本有的"生活"线索，而是变异为一套政治化、功利性与个人本位相互杂糅的说教性话语。有时候，教育生活世界浸入了不太妥当的管理权力、频受争议的文化传统等重要力量。一些缓慢的异化需要被消解，另一些不可克服的异化则似乎需要被接纳。

"最好的教育就是无所作为的教育：学生看不到教育的发生，却实实在在地影响着他们的心灵,帮助他们发挥了潜能,这才是天底下最好的教育。"[①] 然而,一种与之类似的情形是,个体知道自己教育或受教育的目的,但对教育生活中诸多他者机制却可能一无所知甚至浑然不觉,认为它们都是自然而然的,是美好教育生活前提。自主话语构建的真实自我与管理话语控制的傀儡自我杂糅于一体。个体时而放飞灵魂,时而自我禁锢,时而生出自由自在之感,时而陷入被规划好的彼岸之笼。

与各类教育主体身份相关的规范、行为方式,不同身份之间存在的抵触与矛盾,以及外界基于身份对个体所持的期待,都深刻影响个体的教育生活实践。不能无视教育生活中的客观规律,也不能忽视个体在教育生活中的倾向性。"生活看起来是如此的庸俗,如此的易于满足日常平淡的事物,然而它总是在暗地里念念不忘某些更高的要求,而且去寻找满足这些要求的手段。"[②] 顾及时代背景变迁,注重探讨管理模式、领导风格、组织知觉、心理契约、教育公平对个体教育生活的效用,关注教育生活的复杂性,应成为教育生活重要议题。面对诸多教育生活变革问题,具体的解决方法事实上已经蕴含在方法的践行所导致的系列化后果之中。

一、变革取向与效应之间的复杂关联

教育生活变革既意味着培养伦理、知识基础的转换,也意味着新旧价值观的更替。当变革趋于激进时,意义供给层面的转折时常导致陈旧的意义供给机制被放弃。增强有效实施变革的能力意味着在发展机会、责任、情感、参与度、公平性、压力、外部支持等诸多层面回归科学。

教育生活组织内部关系复杂,由于时代性演绎,教育生活变革的特质、维度与结构之间呈现出复杂效应。保持期待固然重要,在期待中保持

---

① [法]让-雅克·卢梭. 爱弥儿[M]. 李平沤,译. 北京:商务印书馆,1981:35.
② [德]约翰·歌德. 歌德的格言和感想集[M]. 程代熙,张惠民,译. 北京:中国社会科学出版社,1982:26-27.

清醒同样重要。在教育生活变革中，几乎所有的一厢情愿都缺乏对后果的顾虑。绝对性价值建构的基础是个体的同质化与一体化，一旦个体表现出异质性或多元化倾向，绝对性价值建构的基础就会瓦解。让个体摆脱思维惰性，矫正他们的盲目行为，实际就是鼓励个体在勤于思考的基础上对理智、情感、情境、人际的复杂性等进行充分考量，为自己认同的价值或意义提供现实举措。

（一）外在表演与内在真实的纠缠

反复推行的教育生活变革试图让个体相信教育生活应该发生变化，而且能够发生变化。很多时候，个体表面上宣称将义无反顾地担负起变革责任，而内心实际上是拒绝的，教育生活因此多了一些表演的成分。

从变革动机层面看，一些教育理论家的说辞本于现实，显得不够雅致，有时还有些卑下，但他们却真正关心个体的教育福利，殚精竭虑地致力于构建关于教育福利的公正体系，因此他们的个人品行无可挑剔。一些教育理论家的说辞尽显崇高，却忽视甚至无视个体的教育福利，他们多数眼界朝上，希图所提理论能被采纳，进而获得奖励。他们的论调调门很高，充满理想主义与歌颂色彩。他们监督他者，根本动机并不在于干涉他者、完善他者、推进变革，而在于确保自身利益。他们所标榜的公平是他们和他们的关系人之间的公平。在言语和行为的断裂、空白或差错处，能够发觉他们未曾言明的偏见。被管理者们只能通过小道消息或有限的、可观察到的变化揣测真实的变革动机。

由于复杂的利益关系纠葛，真理性与合理性有时会相互冲突。期待下一任管理者纠偏并不必然意味着抵制变革，有利可图才是行动的指引。作为被管理者，实利被削减通常不被容忍，否则无论谁在任都会怨声连连。一些教育变革的参与者，有的是为了得到更好一点的福利，有的是想求得更高的职级，有的则相信随大流不吃亏，真正想去实践变革理念的可能并不多。从更深的层面思考，就连变革动机的激发也可能是利益干预的结果。抛开自觉性表达，即便是有感而发，也不可能是利益无涉的。

较为普遍的情形是，无论是教育者还是受教育者，都在费尽心思避免出错，竭尽全力避免被定性为低能。为此，他们拒绝玩新花样的创新，拒绝充满不确定性的建议，甚至拒绝有意义的尝试。有时候，管理者们也会示意无需进行实质性变革，以此换取各类教育主体的不反对。教育变革的忠诚反对者减少了，不忠诚的赞同者就会增加。变革不是真的在谋求创新，而是在"秀"，只见隆重地启动，不见正式地收尾，对既有的、真正被使用的教育生活逻辑产生不了什么影响。

对于一些个体而言，享乐和愉悦才是生活目的，变革教育生活、创造教育生活最多居于次席。就算是变革、创造，常常也是为了更好地享乐和愉悦。让多数个体都不快乐的变革能有多高的现实意义？因此，只要不让他们承担困苦，他们就不会有什么介意。或许以往他们也曾积极参与各类变革，但随着阅历的增长，他们对于自己改变教育生活的能力开始有了不同的估计，变革欲望降低，对改变现状可能付出的代价越来越顾忌。

从教育变革信念层面看，变革信念的缺失加剧了个体的现代犬儒主义信念，进而导致随后的变革更加难以走向成功。诸多管理理念的变化缺乏认同，被认为"又来那一套"，不够真诚，没有树立矢志不移走向成功的决心。先进的管理理念必须要有，是否违反常识，是对是错似乎不重要，只要先进就行，至少也要看起来先进。一些管理者缺乏全局视野，热衷廉价的掌声，实际鲜有根本性改变。他们发展出了既不指向自身也不指向他者的变革逻辑——纵然不断鼓吹变革，教育生活中诸多个体的境遇依然并未改观。

一些管理者通过搞突击完成任务，不惜弄虚作假应付各式教育评估，利用被管理者取得的实绩论证自己的政绩。一开始，希望个体真的相信，当发现个体抵制需要经过长期努力才能见效之后，尤其当抵制导致变革举措并不奏效之后，便转变为假定个体真的相信。他们自我陶醉于似是而非的表述，可谓玩弄修辞的高手，开会必是隆重的，讲话必是重要的，鼓掌必是热烈的，仪式必是盛大的，来访者必是尊贵的，交流必是广泛的，态度必是亲切的。在基本原则已经确立的情况下，再去挖掘某种方式或言行的合理性，先在教育生活思想观念方面进行一番规训式的说教，然后在具体框架结构方面进行一番值得报道的调整，变革便算是完成了。

进行持续性的革新难度极大，它意味着个体将长期处于不稳定的教育生活状态。对革新的被动适应使教育生活变革的参与率不高、推动力被削弱。面对超个体使命的革新，很少有个体勇于公开表达不满，更少有个体敢于在实际行动中挑战威权。然而，不敢并不等于彻底放弃，在超个体使命的掩饰下，个体基于自身生活愿景的自主经营也在静悄悄地进行。时间一久，几乎都学会了运用堂皇的革新逻辑掩盖真实的个人动机，正如古代的士子们投身科举是为了"修身齐家治国平天下"。即便是正当的个人动机，也不再高调宣扬。"颜如玉""黄金屋"之类的现实需求是低级的、屑小的，只能在关于革新使命、宏大抱负的叙事中羞羞答答、间接性地实现。

变革价值并未缺位，只是其真正的效用存疑。一些管理者惯于疾呼，然而不少疾呼仅仅是一种口头表达，治标不治本。权力不足时，慨叹缺乏足够的力量改变令人不满的现状。权力过盛时，则又沉迷于力量滥用，最终导致现状更加令人不满。他们批评课业负担、校外培训、择校成风、学区房等教育时弊，俨然教育生活批判家。与此同时，眼里容不得一粒沙，对自己掌握的权力格外在意，为能身处既得利益群体而志得意满，又俨然教育保守派。他们的理念是好的，但在现实教育生活中纷壅盲动。他们相信变革、价值取向的科学性与合理性，但信而不行。他们有投入变革的意愿，但意愿集中于充当上级决策的代理人。

从变革情绪层面看，自洽的情绪能让个体自觉履行责任，将变革逻辑内化为自身价值逻辑，愿意甚至勇于承担变革后果。反之，某些合理情绪压抑已久，一旦获得公开表达的机会，往往产生强烈共鸣，进而演化为集体意识。有时候，个体没有直接反对，但已经蕴含了失望，在失落、抑郁等情绪氛围的裹挟下，组织认同水平随之降低。由于缺乏情感支撑，个体不再全身心地投入，面对问题时采取沉默态度，甚至认为自身命运与组织命运无甚相关。进而，个体的行动选择也会不利于组织，当组织面临变革时惰于实现变革目标，都敏感于变革给自身带来的情感体验，却鲜少考虑自己能在变革中贡献什么，共同体的情感纽带难以维系，甚至是否真正形成了共同体都时常存疑。

从萌发理念到全面落实，中间蕴含着极其复杂的情感。在诸多变革话语中，教育生活总是处于不可忽视的重要地位，但具体个体的教育生活却显得有点无关紧要。有时候，变革甚至都不服务于具体个体，而是醉心于自我复制、自我美化；表面打着共同受益的旗号，实际变起来像一股捉摸不定的风，随时可能侵害具体个体的利益。尤其是在行政指令与管理本位的背景下，个体对于变革能够有利于自身命运的可能性通常感到失望。即便个体具备较多的变革条件，也会因不作为心态而缺乏积极行动。

更为深刻的情感认同能引导个体通过自我调适应对教育生活变迁。然而有时候，一些管理者变革热情高涨，但并不现实，只是空谈而已。在具体实施过程中，变革着眼点不是如何尊重被管理者的利益，而是如何烘托"正确"氛围以便被管理者不好反对。管理者热情洋溢地提出改良方案，但真正所做甚少，不过是氛围调节师或表面意义上的辩护士——被管理者不太相信他们能够推动变革走向成功。

在变革过程中，专职教育者、管理者、家长等主体之间的目标导向并不完全一致。有时候，不同主体之间的抵牾不仅有失节操，还造成了沉疴，这为分裂提供了条件。教育者们、学生们、家长们以及其他公众对管理者可能持不信任态度，对管理者能否真改革、是否有能力改革心存疑。诸如此类的负性态度，加上变革过程中内部主体间因利益再分配而导致的相互猜忌，常常导致变革低效。真正有问题的总是极少数，个别擅权的管理者总觉得自己应该做点什么，实际上却没有那么多应该。个别被管理者不断经历被塑造的阵痛，不满变革导致的差距，继而引发失望情绪，索性及时撤出、全身而退，不再发音，庆幸对变革关切之余尚有必要的自保机智。

从变革举措层面看，诸多举措有过于理想化之嫌，然而不管怎么变革，实际该怎么做还是要怎么做。在麻烦与混乱并存的情况下，变革举措愈发起不到决定作用，不了了之成为常态。有时候，变革的策略体系相对完善，却缺少负责的态度和做好的精神。每一个体都明白，但谁也不想先尝试，少有人为变革提供建设性意见，也少有人为流程提出修改性建议。反正问题也不是自己一个人的问题，敷衍、拖延作风蔓延，都希望别人先出头，然后自己沉默或附和就好。

变革走的形式太繁、太多，一些新样态实质是传统样态的变种，改善与增加只是小修小补，并不是结构性的。变革承诺时常自相矛盾、缺乏诚信，对改变教育生活现状无益，台面上的话多是套话，这导致被管理者对管理举措做出贬低或批判性行为。隔三差五的临时性举措解构了教育变革的权威，变革倡导者的官样文章只是泛泛地重复着"稳步提高教师收入""大力减轻学生负担"的口号，而较少讨论提高的具体实现条件。他们通常不了解真实情况，甚至有些漫不经心，也懒得对变革作近观而冷静的思考，所制定的举措收效甚微。他们自己也时常在收效甚微后改变变革立场。

教育生活的形式、技巧的变革此起彼伏，但始终没有触及教育生活本体。耗费了心神，最终可能还是维持了不变。几乎所有的变革举措都热烈鼓励创生，也不缺乏鼓励创生的机制，然而创生并没有真正发生。一些变革主体用细节问题或技术问题掩盖本体问题，削平深度、逃避承担，表面上却伪装成高高在上的指挥家，结果导致举措荒腔走板、草蛇灰线。做事的往往比不上不做事的，敢做事的保不准就会得罪谁，也许被得罪者不一定就是什么恶人，但利益所系，难免如此，于是只好无所事事、明哲保身、但求无过，学起了菩萨——菩萨什么事都不做，因此不会得罪任何人。

有时候，实施变革举措首先是为了管理者自身的利益。这易于引发被管理者对变革动机的怀疑,继而导致连锁性的负面效果。一些变革举措从一开始便面临信用问题。这些信用问题在集体内部并不是什么秘密。越来越多的宣称被释放出来,主要也是为了应对信用问题。对于管理者而言,他们既有维稳之责,又是个体的权益代表,于是只得表演。对于被管理者而言,他们在教育生活中是否愿意遵从则取决于他们对管理者的信任。有时候,举措就算公布了也不一定能够落地。个体感受到的支持与个体实际获得的支持之间时常存在差距。为了维持平衡,个体不得不付出额外的精力构建找补策略。更为根本的是,既然变革举措未能充分融入被管理者的价值,被管理者凭什么还要热衷变革呢?表面看,被管理者都支持变革,实际上他们可能是担心在变革中受损——在缺乏安全感的氛围中,如果为了维系自己的生活不得不接受,那么所谓的热衷顶多也只是表面热衷。

(二) 个体叙事与宏大叙事的杂糅

真正成功的变革,无不需要个体的实质性参与。总体来看,这个时代的教育生活变革日益注重回应并拓展个体权利。老式权威与当下生活出现错位,权威们的光环日益褪色。"草根"受到关照,教科书中的主要角色不再是清一色的精英。教育生活重心从精英主义向普通价值转移,资源、福利面向个体的供给状况备受瞩目。个体们反复经历了变革、转型,既怀疑,又功利,还不时抱持颓废主义。在这些属性的交杂中,反身性批判不再是必需。除了正统的、官方的,还有民间的、网络的,与前者相较,后者反而创意更多。

在理论层面,理论家们的宏大理论宣称,他们的变革逻辑源于教育生活史或教育生活经验。更准确地说,无论虚无理念、佛系思维还是精致利己,归根结底源于教育生活的内在矛盾,这些内在矛盾的实质则是价值观的矛盾,要到现实教育生活关系中探寻教育价值的根源才能真正化解。然而,全能体制日趋解体,后全能体制逐步确立,被管理者的付出未能获得对等回报,还在管理者那里被划分了亲疏远近。在矛盾消解论主导下,一些危机正在提供机会,化解危机的尝试却因过于艰难而遭到抵制。一些变革承诺并未真正兑现，个体的努力也常常不公正地受阻，教育生活中令人不安的因素依然杂多。排斥、否定宏大原则与宏大叙事或许不可取，但也确实没有多少个体愿意主动革掉自己已经深深懂得的知识以及已经深深依赖的权益。

依据宏大理论，要想实现愿望与理想，就必须过禁欲、苦修等与日常生活不同的另一种生活。在很多古典宗教学说中，"另一种生活"才能通向"另一个世界"。而今，新的论调开始时兴，个体开始相信，仅仅过日常生活、普通生活、世俗生活、凡尘生活，也能够通向"另一个世界"。"另一种生活"与"另一个世界"之间的必然关联被消解。从教育生活变革的视角看，只有在这种必然关联被消解后，教育生活才开始被赋予现代性。废除虚幻的未来主义生活叙事，实质就是兑现个体的现实幸福，以分利为原则对主流教育生活叙事进行拆装，通过实施广泛的现实生活关怀摆脱虚幻的彼岸逻辑，遏制"未来美好，当下糟糕"，用现实逻辑和现世理念克服虚无风气与颓废精神。

依据宏大理论，个体的教育生活行为和教育生活努力，都是在为宏大的教育变革做注解。注解是泛管理主义的，与个体性事实时常相去甚远。在普遍理性之外，还存在特殊理性。一些个体自认为可以代表时代，自诩宏观权力的代言人，继而颟顸妄为，认定只要是为公，就可以无责。一些变革狂热者时常以重建、重塑、重构为名，迫切地想阐明他们所宣称的教育生活的优越性，却有意隐藏具有破坏性的教育生活变革逻辑。他们对被变革者的"无知"时常会有这样那样的正当想象，正如在驱赶印第安人之前，欧洲殖民者们也进行了种种关于真正的野蛮人的荒谬论证。即便如此，随着变革的深入，一些变革趋向还是时常超出日常常识，激进派或保守派们整体性的、宏大的教育生活叙事逻辑越来越显得于事无补。

通过感人的宣称激发个体发自内心的愿望也许必要，但明确的、切实可行的个体性目标更能鼓舞人心。出于指引大规模的教育生活变革的需要，宏大理论对教育生活的叙述和议论多从普遍性出发，个体自身参与教育生活管理的权限有限，有时候理念越激进，就越抽离教育生活情境，进而越难以融入个体日常教育生活经验。个体被要求具备的教育生活经验与个体实际的教育生活经验不相协调，个体能够感受到却分享不到变革成果，重构宏大理论中个体的教育生活目标因此显得尤为必要。具体而言，目标既应介于根本不可能与实际已实现之间，也应进行类别与重要程度的区分。

在思想层面，越是理想主义者，越能深刻感受到教育生活变革之艰难。有时候，获益者抱怨利益没有安全保障，失意者抱怨再也没有体制可以依靠。管理者与被管理者似乎都成为了他者，都对他们自身的教育生活心生怀疑。"新人类""二次元""躺平"等诸多概念的兴起，也没有带来真正的教育思潮转变，转变的仅仅是表皮，是话术，背后的逻辑、思维乃至这些概念的热度依然受到宏大秩序的决定。

有些重大教育变革被称为教育界的思想解放，但那些变革设计的架构却基于绝大多数个体的热情，偶尔还会敦促个体表现出狂热，试图通过一浪高过一浪的高潮兑现变革成效。只是，过度鼓吹变革口号反而易于遭遇挫败，热情终有衰减之时，狂热终究难以持久，高潮之后终究还是要回复到日常。变革的热情被耗尽之后，个体开始变得冷淡，有的似乎还在冷淡中看透了一切，并因此趋向玩世不恭。个体面对鼓吹时的不耐烦或昏昏欲睡实际就是一种有意无意的准抵制。如果变革被强硬推行，即便在变革后的教育生活环境中，个体还是会不耐烦或昏昏欲睡。

一些管理者改造教育生活的理想是明确的，却缺乏仁爱之心，从心底拒绝被管理者，不关心被管理者的内在精神需求。他们的话语越是宏大，就越令人生疑。事实上，变革不可逆转，难以从根本上撼动，并不是由于理想的引力，而是因为有价值的价值体系都源自一时、一地、一人的价值体系，试图通过共同使命为个体提供全部的生活意义，既不现实，也无可能。变革中有太多矛盾冲突、太多笼络策略，过于宏大、过于理想化的结果是无法汲取现实性的生活意义，也无法获得坚实的情境化策略支撑。发出的声音（指令）如果没有应声，无异于自说自话。被管理者才是教育变革的最终践行者，如果只是增加他们所担负的义务，却不回应他们的关切，他们就可能会收回自己的变革承诺。

所有的伪崇高，无论是"假大空"还是"伟光正"，都无一例外地背离真实、背离生活。个体的生活要么被机械化处置，要么不在变革考虑范畴之内。管理者倡导的公共教育生活与自己并无实质关联，即便积极参与，自我价值也难以实现。越高调、越虚空、距离个体教育生活越遥远，俗气的时髦观念就越可能趁虚而入。有时候，个体因失望而表现出的佛系心态、怀疑意识和玩世理念反而让变革得以维系。既然每次都是从希望到失望，既然无论如何也不会有利于自己，既然变与不变最终也不是自己说了算，那就由它去罢。

在意识层面，宏大叙事注重弘扬个体的主人翁意识。主人翁意识的核心在于既要对个体施加教化，又要让个体居于主导，要义在于加深个体对教育生活变革的了解，向个体充分授权，激励个体参与紧密关涉自身教育生活的决策，引导个体对变革可能导致的不确定性有尽可能充分的认知，有效回应个体在变革中的需求并积极梳理他们的意见。

诸多宏大叙事在鼓励个体完成专业角色赋予的分内任务的同时，还试图通过角色外的引导让个体超越自我。这主要包括引导个体重视集体价值观，关心他者福祉，提高个体的组织公正感。它时时叮嘱个体变才是唯一的不变。它制定宏大目标，努力向个体灌注教育生活现代化意识。这种意识内在地要求对教育生活进行干预——合理分配教育生活资源、打破落后的教育生活平衡、加大对教育生活的投入、变革不合时宜的教育生活理念。它热爱超越的程度几乎让人忍不住要写一部超越史——超越似乎意味着"超我"。如果教育日常生活没有什么值得超越的事情，那就有意投放一些超越题材，制造一些问题情境来供个体超越。对于多数个体的教育生活而言，鼓励自我超越的变革文化实际是一种威胁。在这种背景下，策略性的建构多少有些隔靴搔痒，无法提供根治路径，因为超越本身很可能就是病变所在。

个体在教育生活中的公平意识深刻影响个体与同济的关系。如果个体意识到自身所秉持的价值逻辑与所处的教育生活组织的价值逻辑不同，就会疏远组织，不愿再为组织目标的实现付出努力。如果个体自豪地将自己代入某种价值逻辑之中，却发现自己并没有获得对等资格，为了避免心理失衡，也会采取行动减少与组织的信息互动。如果个体意识到管理者名实难副，不重视个体的贡献、不关心个体，他们倡导的"献身教育事业"之类的主流意识就会受到排斥与疏远。如果个体屡屡遭遇组织不公，表达被限制，受到无礼对待，被许诺的正当利益落空，他们就不会再将自身的"烟火气"与崇高的变革愿景相联系——个体一旦有了被欺蒙的意识，这种意识就会阻止个体再按照主流意识的指引生活。

"我们的格局不是一捆一捆扎清楚的柴，而是好像把一块石头丢在水面上所发生的一圈圈推出去的波纹。每个人都是他社会影响所推出去的圈子的中心。"[①] 在教育生活中，不同圈子的个体间时常缺乏深度关联，共同价值观构建时常受阻。因此，避免公共教育生活空间割裂，注重稳定、倾向集中、保障延续向来是教育生活的主流叙事逻辑，其要义在于维护公共利益、牺牲私己利益。毕竟，宏大分裂、内忧外患的沉痛记忆不可磨灭，富足、强大的渴求与期待永恒正确。当然，这并不意味着个体必须容忍基于这种期待而对自身进行的任意侵蚀，也不意味着因为这种期待永恒正确就可以对个体进行无端剥夺。事实上，无论是私利还是公利，都不具有超越一切的价值。无私利他不应作为教育变革的道德基础，互惠互利才是长久之道。过度压抑个体自我欲望的结果，必然是"想一套，说一套""说一套，做一套"之类的伪善言行盛行。崇尚利己与利他和谐共生，保障个体的利益诉求才能真正促进个体间合作。教育生活变革的最终目的之一是整体福祉的增加，但这并不意味着损害或牺牲部分个体的利益。教育生活

---

① 费孝通. 乡土中国·生育制度 [M]. 北京：北京大学出版社，1998：26.

变革真正反对的不是个体追求自身正当利益，而是个体在追求自身利益时损害他者利益。较为理想的状态也许是，让个体的付出与获得相互匹配，鼓励个体以道德的方式获取私利，并在获取私利的同时增进他者利益。

在实践层面，宏大叙事依然主导着个体的教育生活，但时常失去深度，转而成为压抑多元的根源。它试图将个体对现实生活状态的普遍性不满导向变革与创新。为此，管理者不遗余力地倡导、号召，然而被管理者的执行力却逐渐下降，终致途穷日暮、悄声无息、不了了之。多数被管理者都尽可能在各式变革中维系独立自主，他们的多数行为也都以自利为目的，对变革使命并不直接否认，只是时常借口推脱。

如果教育管理者试图将变革责任内化为个体的发展需求，那么教育管理者食言就等同于做出欺蒙行为。希望个体们一呼百应，实践过程却总在务虚，看不到热烈的支持，他们也只好自娱自乐。在教育生活变革史上，以理想的名义侵蚀个体权利，即便体大虑周、思深意远也未必应者云集。责任感的过度膨胀也会侵害个体的自由认知，不少教育生活悲剧也都假使命之名造成。在教科书中，个体能够看到极权理想对人性的压制，也能读到举着良心旗帜的大规模的不善。

尽管在教育生活变革中不断推崇自由表达，但个体的表达需求与狭窄的表达空间之间的矛盾依然突显，不同个体之间表达失衡问题依然存在，表达无力、表达无效的情形依然常见。值得玩味的是，这些矛盾、失衡与无效情形并没有招致激烈的硬性对抗，反而导致长期的、耍贫嘴般的应对。正式的表达受到侵蚀后，个体拓展了表达的任意性。装傻、扮丑、卖萌，都是低风险的表达，顶多也只是进行了一些话语上或仪式上的抵抗。"用自创个性、灵活、丰富的网络热词来对抗所谓的权威、死板、空洞的主流话语体系。虽然不足以主导或推翻他们所厌恶的虚假崇高、空洞说教等等，但至少是一种态度的表达、身份的认同、叛逆的姿态。"[①]

[①] 王瑞红. 从网络流行语看当代青年亚文化中的犬儒主义和民粹倾向 [J]. 上海党史与党建, 2015 (6): 38-40.

对个体教育生活可能性的建构无不受到主流教育生活叙事的干预，但没有主体自身的和谐就没有主体间的和谐，在宏大叙事之外，理应尊重主体自身的叙事。个体们抵制意义生成、规范机制与教育生活变革的推进，对主流教育生活样态形成挑战。他们表面摇旗呐喊，背后隐匿抵制，对宏大关怀的热情实际上在降低。他们草根式的探索时常倒逼上层管理体制改革。尽管如此，只要换换视角就会发现现实也许并没有那么严峻。教育生活实践越来越倾向还利于个体、拓展个体生长空间，通达师生意见与情意的正式或非正式渠道还算畅通，当个体们情绪耗竭之后，他们的不满还是会被倾听。

（三）要素主义及其复杂变革效应

针对突出要素的教育生活变革此起彼伏。只要要素一确立，举措一落实，似乎所有积重难返的问题都不在话下，似乎拥有一锤定音权力的管理者大手一挥或者一声令下，教育生活中的顽固性存在就可以被轻松荡除。从另一个角度看，变革的氛围不断变迁，总有一些处于优先地位的要素，但要素时常转换，因此又没有什么必然处于优先地位的要素。变革者们事先就有一个或数个理论预设，试图通过预设提升教育生活的可把握性。较强的计划性和整治性，以及较高的福利增长预期都挂靠在更高层次的要素变革上面。

首先，审视诸多教育生活要素不难发现，教育设备在更新，教育技术在升级，新型的教育实验在实施，教学理念在调整，知识结构在优化，评价体系也在完善。这些足以说明教育生活蕴含着活力，在努力应对自身遭遇的各式挑战，然而与此同时，由于时常缺乏深度，教育生活也是羸弱的，有时甚至显得不堪一击。例如，教育技术的确在升级，但对技术理性导致的机械强制却估计不足。又如，评价体系注重有效性，但对评价指标中精神价值的缺失却惘然不顾。当个体被工具理性摆置时，当评价指标操纵了个体的价值取向时，教育生活便会遭遇客体化危机。个体的意愿受到忽视，没有了存在感，自然不会主动维系。

资本也常常被视为教育生活变革要素。为了引导资本为变革服务，新的价值被创造出来用以替换旧的价值。然而，新价值很可能是对现实教育生活深层结构的误认，真正需要的是废除资本逻辑，而不是革新。毕竟，"实效（Performance）合法性是一种不稳定的、缺乏终极价值关怀作为精神基础的一种合法性。"[①] 当资本带来的实惠不能继续延绵时，实效的合法性便会消退。

飘忽无定的无根状态需要转变为稳定可靠的扎根状态。内源性才会带来真正的凝聚性与基于回报的责任感。执着于要素主义的变革有时习惯于跟风式效仿，热衷于引进"已经成熟"的域外经验，也不管域外经验在跨地域、跨文化情境下能不能成熟。在成功样板的感召下，雄心勃勃地为自己治下的个体指点教育生活方向，但由于域外经验的舶来属性，所谓的合理性实际是一种假想。由于变革理念是移植型的，所谓的核心要素实际并不核心。

有时候，教育管理者的出发点是好的，但时有偏离初衷的情况，因结构性欠佳而导致的积弊不时呈现，以至于个体常有变革是否果真必要的怀疑。因此，提出直指要害的方略，高屋建瓴地建构教育生活体系的同时，也需正视现有体制的传达效率、教育管理内部各执行部门之间的推诿，以及变革过程中郁积的意见和怨气。界定教育生活中的关键缺陷，确立改进缺陷的依据，描绘改进后的宏大蓝本也许必需，但更应注重的是推进个体教育生活的纵向变革，增加个体责任的同时改善个体教育生活条件，为个体接受与理解提供缓冲时间与转圜空间。

其次，老的教育理念逐渐淡化，新的教育理念渐渐萌芽。然而，老的教育理念即便已然式微，也仍表现出固守既得利益、不愿退出的面目。很多时候，老的教育理念所表现出的残酷性直接扼杀了新的萌芽，制造出压抑、扭曲的教育生活状态。在这种教育生活状态中，不少个体的生存哲学

---

① 萧功秦. 中国的大转型——从发展政治学看中国变革 [M]. 北京：新星出版社，2008：173.

被迫改变。个中充满无奈，却是唯一可行得通的。

然而，不可预知，以及由此而导致的无从把握，容易让个体陷于悲观，发出今不如昔的感慨。有时候，与传统教育生活（老的教育理念）相区别的价值要素变化频繁，个体尚来不及适应，便又进入了下一轮转折。由于不断改变教育生活内部运作流程，变革的整合功能日益降低。在转折过程中，个体是被卷入的。这对个体的适应能力提出了挑战。一些管理者也习惯于抓个体素质，将教育管理体制问题转换为个体素质低下问题或个体认识缺位问题，痴迷于因转变个体间利益结构而产生的各类利益，对自己将矛盾或纠纷摆平的能力有着难以掩饰的自豪。

没有无缘无故的要素转向，即便看起来突兀的要素转向，其自身和其背后的因由也具有逻辑性、脉络性和复杂性。只不过，这些逻辑性、脉络性和复杂性也不意味着历史必然，它们能够引出数种历史可能性就已经很不错了。关键性要素或许存在，但全面发掘关键性要素就会发现，它们的价值、地位、功能的形成依然具备复杂性，既有深层机制，又有浅表原因，既包含特质性层面，又包含偶然性层面。诸多要素论最多只能从一个或几个视角出发进行反映，而视角无论如何都是不完整的，即便从早到晚叙述个没完，也很可能不能彻底叙述完。

教育生活可引领、可营造，甚至可形塑，因此对于变革的节奏应有事先安排，但为了引领、营造、形塑，不惜进行根源性变革，实际是一种破坏。通常性的变革要求是相较于以往的教育生活既要有现实意义，又要有新意，而事实上要同时满足二者并非易事。在现实教育生活实践中，往往不能将"要素论"精确地转变为具体可行的操作策略。很多时候，基于单一要素论的解决方案并不是最佳的。不顾及普通个体的计划或行动地图，难免影响变革士气；为谋求也许并不实际的实质性进展，主观地对变革要素进行通约，反而会导致新的强制。

再次，在基于要素的教育生活变革中，管理者发挥着主导作用，团队里有时缺乏真正的课程专家。一些管理者对教育生活现状有深度理解，对教育生活未来有先见之明，也有关于教育生活变革的战略，但对于课程开发、课程组织知之不多，只能靠下级单位部门推荐的编者们编写课本。至于到底该怎么教那些课本，他们自己也说不通透，最终还得靠一线教师自己摸索。教育者的教学经验由此变得异常重要，如果经验不足，就可能耽误受教育者，导致他们因成绩不佳而无法过上理想的生活。在出版商的撮合下，一些经验丰富的教育者开始聚集在一起编写教辅书籍，更为具体地指导其他教育者该怎么教，拥有更佳的教辅资料反倒成为教学优异的重要因素。

对一校或一地教育生活史有重要意义的好变革偏少。被管理者对可能损蚀他们利益的变革举措有一种习得性恐惧，发自内心地试图予以抵制。他们时常被要求在不合理的期限内完成任务。有时候，即便期限宽松，被要求的工作量实际上也很难完成。他们关注的要素是更高的职称、更大的名气、更高的待遇、到更好的学校教书等。作为管理者本应服务于他们的诉求，帮助他们实现专业目标，现实的境遇却是各种杂务缠身，他们被迫进行专业角色泛化以便担负分外之责。管理者对被管理者的付出程度抱有高期望，却无法保障被管理者获得高回报，矛盾于是在所难免。当一些被管理者发觉管理承诺并未兑现后，开始持不合作态度。

鉴于上述情形，关系重组是教育生活变革可以着力的方向。在变革中，维持互惠关系至关重要。不平等的分配逻辑与充满欺蒙的宣称，往往是从概念出发，而不是从事实出发。而事实上，当关于机遇、评价、福利、权益的教育生活逻辑受到威胁时，个体通常都能知觉到。一方所得甚多通常意味着另一方所得偏少，其背后必然蕴含人际不公、信息不公、程序不公。管理者与被管理者之间的权利差距过大，资源占有量相差悬殊，薪酬福利也差异显著。分化在加剧，变革伦理在沉沦，个体的不满也在聚积，偶尔喊喊口号并无实质效用。在这种情况下，变革中实利主义的盛行程度与被管理者的心理安全呈现负相关。被管理者对变革保持敏感的目的在于减少随意性，以周全、利己的方式对变革予以回应。调节利益矛盾，降低自私自利行为的发生概率成为必需。

教育生活变革中的伦理挑战增多，屡屡引发热议。诸如惩戒限度、性别歧视等议题时常需要管理者出面释惑。为此，有必要开发建设性的替代方式及时对事件进行响应，积极地与相关者进行沟通，消除由信息不对称而导致的误解。与此同时也应注意到，一些发酵成热点的观点出于新闻视角，不一定是教育生活变革的核心点。为降低个体对分数、等级的敏感度，不恰当地将新闻性要素提升到关乎整个教育生活建构的全局性地位，结果正经的结构性转型反而半途而废，所承载的意义反而被淡忘，最终不甚了了。变革没能奏效，新闻制造者们还会将先前的隐忧当成预言的兑现，进而导致变革陷入更多的隐忧之中。

最后，由于变动不居所产生的不可预测性，把握机会日益成为教育生活变革的现实基础，抢抓机遇日益成为重要的变革素质。"在后福特时代的生产方式中，机会主义获得某种技术上的重要性"，"这是当代诸众面对这样一个事实的认知性和行为性反应，这个事实就是连续生产线上不再组织常规操作，被高水平的不可预测性所替代"[1]。

变革的一个重要目的在于提高"生产力"。"生产力吸纳了文化和精神领域中的无可避免的无根性，并在机会主义中很好地表现了出来。机会主义让个体在面对不停流动、不断变化的可能性时，尽可能地保持开放的心态，转向最为接近的那个机会，或毫无预见性地从一个机会转向另一个机会。"[2] 个体被告知，要适应快速升级换代的节奏以及由此导致的流动性、随机性、偶然性，不断构筑自身稳定生活根基的时代正在渐行渐远。尤其对于转型期的个体来说，要学着接受新的存在论和生活观。

当异化显现的时候，教育管理者的责任就是化解它们，为此他们可能

---

[1] [意] 保罗·维尔诺. 诸众的语法 [M]. 董必成, 译. 北京：商务印书馆, 2017：112.

[2] Virno P. & Hardt M. Radical Thought in Italy: A Potential Politics. Minneapolis: University of Minnesota Press, 1996：15.

重新拾起原本被革掉的认同,也可能设计新的机制以便掩盖异化的格局。无论如何,崇尚"机会主义"通常意味着拒绝被动接受教育生活的轮回,努力规避刻板、僵化并在变革中重视突变。关于变革的决策过程是尊重"机遇""时机"的,自身利益可能因"机遇""时机"而有所起伏;不再以单纯的时间序列对变革目标进行分解,转而以谋求机遇、创造机会为出发点,让变动不居的事实说话。

耗散结构论认为,系统中不断"起伏"的子系统,有时会由于正反馈而不断变大,最终导致原有系统发生改变。在改变过程中,不管系统最终是分解到混沌状态还是跃进到新的有序的状态,它都将耗散很多能量[①]。教育生活要素融合既是教育生活方式革新的机会,也可能导致教育生活利益逻辑重构。弄清变革的软肋与瓶颈性的障碍究竟在哪里不仅面临时间压力,还要顾虑探索成本。一个大致的趋向是,探索过程中即便细节上有争论,努力驯服教育管理权力也应成为理所当然的变革趋向。如果这种趋向不能实现,其他变革机会即便抓住了也只能算是修修补补。毕竟,适应教育生活变革的极优解必然不存在于过度集权所致的不公之中。

二、简单管理术的复杂性检视与勘误

简单管理术注重基于鲜明的管理与被管理关系而形成教育生活样态。依照简单管理术的逻辑,教育生活必须秩序井然,秩序紊乱永远都是不良现象,都需要矫正。管理者拥有绝对管理权,得罪管理者几乎等于得罪整个教育生活世界。

管理是一种服务,教育管理权力理应服务于教育专业职责。诸多负性影响的消解有赖于个体的协同行动。个体之所以需要管理,是因为有调适的需要。"人类道德的第一动因便是调节和协调各种人际、群际,以及个

---

① [比] 伊·普里戈金, [法] 伊·斯唐热. 从混沌到有序:人与自然的新对话 [M]. 曾庆宏, 沈小峰, 译. 上海:上海人民出版社, 2005: 6.

体与整体之间的利益关系,减弱和消解各种利益矛盾和价值冲突。"[1] 管理也是一种约束和限制。在教育生活中,当个体不得不去接受一套自己深感怀疑却被冠以崇高目的的管理逻辑时,各类教育生活故事便开始发生了。

教育生活的复杂性意味着较高的合作性才能达成教育目的。个体美好教育生活的实现不能仅凭管理者的良知与良心,而应更多依赖由民主程序所产生的法制、以自由言说为基础的舆论和长期教育生活习惯所形成的传统。教育生活中没有主宰,不存在事实上彻底的主宰,这是教育生活应有的关键属性之一。随着时代的演进,无论是老套的统制性管理术还是新式的柔性化管理术,都已无力禁锢个体的教育生活。

当前尤为必要的是,摒弃简单化、要素化以及总是试图与主流教育生活叙事相一致的叙事话语,建构教育生活的复杂谱系以便培养个体的复杂感知与复杂理解。教育生活中的激发性、典型性要素(即所谓的导火索),只是导致教育结果的间接性不确定因素,在教育客观条件向教育现实结果转变的过程中,个体的日常生活信念发挥着重要作用。多数个体内在信念间的相互砥砺才是导致结果的重要原因。退一步讲,大多数教育生活问题都是复杂的客观因素与难解的主观信念状况的综合反映,因此必须从教育生活整体甚至社会生活整体的视角进行阐释、概括才能把握其真正特质。当然,阐释、概括后的特质也可能是多元、复杂的。

(一)通约取向的个体生活管理术

这个时代,工业形式和工业逻辑的触角伸向教育生活的角角落落,蛮荒之地已经很难存在。标准化倾向、模式化倾向遮蔽了个体性、地域性的视角。货币既是效用的度量单位,也是测度效用的工具。它将个体从丰富的需要中抽离,将丰富的生活目标与生活理想格式化为对它的追求与崇拜。就连个体自身,也时常被视为宏大机器体系和货币价值的一部分。

从个体视角看,自有关于人性的思考以来,人性至今并无本质改变,

---

[1] 万俊人. 人为什么要有道德?(上)[J]. 现代哲学,2003(1):65-75.

生存、繁衍、控制如同万有引力一般如影随形，没有避开的可能，构建并保持它们始终是管理的基本动力，力图摆脱这种逻辑的个体时常成为这种逻辑的牺牲品。这种逻辑的设计者们认定，他们比个体自己更了解个体真正需要什么，以及什么才是个体的终极利益所在。他们进而认定，他们需要个体做的就是个体所需要的，即便个体一直在反对，他们也会认定那只是表面上、无头脑的反对。在他们那里，个体的身体是控制的对象，改善身体、改造身体是控制的目的。技术作为一种身体控制能力受到重视——基于权威的系统性力量监督个体的忠诚并评估个体的忠诚度。

除非出现极端情形，否则共同体的权威性一般都高于个体。个人主义者会被指责缺乏责任感。个体作为部分，依附于人数更多、力量更强的整体，不存在真正独立的个体。"共同体及其代表根据自己的利益和意愿行使对个人的支配和统治，个人则无条件或不得不服从这种支配与统治。""个体生命的价值不在于自身，而是共同体规定好的宏大的价值理想、历史意义和目的。""个体在实现共同体价值理想中的作用成为判定个体价值的标准，也就是说个体的价值不取决于其自身，而是由外在规范予以评判，外在规范成为个体生命的强制性规范。"[①] 也许共同体并非高度一致、荣辱与共的共同体，但个体作为共同体一分子必须承担共同体赋予的角色、职责与使命，承担得好才能获得认可，才能通过分享共同体派发的利益、荣誉获得生活的价值与意义。关于"活着"的主流叙事常常包含陈规俗套，个体的情感结构时常因陈规俗套受到质询，却难以受到有效的引导。厉声谔谔地去个性化（depersonalization）导致了随大流的思维，个体更倾向于安分守己。

一个基本的常识是，真正进入个体们的内心世界才能了解他们的烦恼。把个体当傻子的教育管理逻辑迟早会被清除殆尽。没有个体的自主践行，教育生活将无法自我复制。总想教诲世人的念头并不可取，每一个

---

① 章玉丽. 犬儒主义泛化的传统因素分析[J]. 思想教育研究, 2016 (10): 67-71.

体,无论多么弱小,都有自我主张的欲望。个体的价值与情感才是构成判断与取舍的依据,所谓的集体性应由各式个体的价值与情感汇聚而成。将个体描述为群体之一也许合理,但据此消解个体的自我观念,左右个体的自我认同就有待商榷了。不能总认定个体应受到教育管理权力的修正,也不能总引导个体将失败的原因归于自己。个体应知道什么、应做什么、应希望什么需更多尊重个体意志,即便不可避免地导致离乱,繁杂的个体意愿也应被允许自由表达。

  从管理视角看,教育管理公信力不高的原因之一是教育管理逻辑中缺乏普通个体的价值与理念。在通约性的教育生活中,"人将被抹去,如同大海边沙地上的一张脸。"[①] 管理者的个人意志变得重要——尽管那些意志中还存在前现代性残留。极个别的管理者陷入克里斯马(Charisma)型管理、傲慢、肆意,推崇特殊人格,认为自己是唯一的中心、唯一的知识或唯一的权威。他们挟权自重,丁点管理权就能膨胀起来,仿佛地球的中心就在脚下;他们想栽培谁就栽培谁,将阿谀奉承视为一种享受,即便失职、失责也并无愧色;他们的言行中充斥着一元论,似乎自己是全知全能的,自己认为是真、善,就要强加于人。个体抱怨教育生活不自由,他们便强迫个体自由。对个体价值的侵蚀、对个体理想的剥夺导致个体难以感知作为教育生活一员的意义与尊严。由于脱离了一个个活生生的个体,他们宣称的超个体使命总也难以避免抽象性,这为他们扭曲具体的个体生活样态提供了可能。管理术被滥用后,自治愈发难以真正实施,个体对管理权力开始产生普遍性、本能性的联想与排斥。

  在通约性的管理逻辑中,尽管凭感觉任意下判断的现象减少,但哲学上的独断论时有表现。无论是教育人事协调还是教育资源分配,一些管理者往往习惯于先定好结论,然后再为结论设计论证过程。有时候,为了符合结论的需要,还会对证据进行选择性取舍。证据呈现的全部都是事实,

---

① [法]米歇尔·福柯. 词与物——人文科学考古学[M]. 莫伟民,译. 北京:生活·读书·新知三联书店,2001:506.

却不一定是事实的全部。家长式的管理风格，偏于专制的管理做派，对被管理者产生了复杂精神影响。言行粗鲁、虚荣自负、"我说你听"的管理方式或许有效，却无法提升个体的诚实性。谁都不是标准件，没有谁会喜欢集中性、通约式的教育生活，它妨碍个体的自由实现。当它帮助个体超越自身教育生活境遇时，它实际是在诱导个体陷入它精心设计的教育生活境遇。所谓的自主权下放，随时都有被收回去的可能，只有在非核心领域，个体才能拥有一点自主性。

事实上，越高度集中的教育管理逻辑，越不能反映不同个体的意志，越难以形成长久、有效的激励与创新。杜绝一以贯之却明显空泛的自恋，消解早已养成习惯的独断才能缓和个体的叛逆感。诸多通约性的管理逻辑内蕴的自满因素亟待消解，盲目自信且不愿担负责任的现象亟待改观。教育管理者并非个体需求的翻译者，他们的自我优越感事实上源于他们的宰制意识，他们因过度的自我优越感而粗野践踏个体生活的做法应被视为违法。

从生活视角看，个体教育生活的同质性越高，出现单一教育生活秩序的可能性就越大。管理者的单方面主张实际意味着威压，个中时常充满施米特（Schmitt）式的决断，试图运用强力手段解放个体。在习惯通约的管理者心目中，懒惰、功利、投机几乎是所有被管理者的本性。教育管理严厉而有效，颐指气使的做派强化了个体的权力距离感知。个体的意志由各类通约性规范代言，它不关注信念的个人性，也不关心是否每一个体都有表达高尚的机会，它要传达的是"你只能这样""你必须这样"。个体的建言无足轻重，高付出、低尊重成为常态，优劣乃至去留都由管理者决定。个体教育生活资历越深，越惯于谋求与管理者之间的连带优势。

作为对象或对立方，个体的教育生活始终受到管理。管理不需要破费，所使用的工具也很简单。拥有管理权是一种身份、地位的象征，敬畏管理权就是敬畏身份、地位。一体化的教育生活管理逻辑依然是有效的，管理本位的教育生活对个体精神的塑造并未受到太多责备。理性依然靠得住,只是经常被误用。通过"理性地"自我反省,个体反而陷入强烈的内心挣扎与深深的愧疚感。"个人由'奴在身者'变成了'奴在心者',外在的暴力奴役变成了内在的心灵奴役,不仅缺乏反思,而且越想越觉得'造反派'有理,越想越觉得自己有罪。"[①] 与个体利益攸关的象征性符号体系被牢牢控制。个体小心翼翼地向被提供的标准看齐,几乎不可能在主流教育生活之外安身立命。

显然,要想真正满足个体的需要,教育生活逻辑就应从大、全的普遍追问中清醒过来,转而关注更现实、更微小的实际问题。受到严格控制的教育生活并非真正的教育生活。强有力的教育管理者和孱弱无力的被管理者会让教育生活处于各种设计之中,但也会让教育生活脱出各种预设逻辑。个体的教育生活从一开始就不应作为单纯的管理对象而存在,更不应将个体教育生活纳入各种主观管理想象——个体的教育生活并不是需要型塑的对象。面对极其复杂的个体教育生活状况,即便理智上可行的型塑手段业也不一定能成为现实可行的合理选择。高调的主流教育生活叙事在不同个体鸡毛蒜皮般的复杂生活纠葛中通常不堪一击,即便有时被引用,也应避免盲目排他或单纯利己。

(二)与简单管理术相对的生活术

与简单管理术相对的生活术是对主流教育生活叙事的一种反拨,但还不至于导致主流教育生活叙事的没落。尽管激情反叛与萎靡不振依然是过头的自我表现方式,信息化媒介终究还是消解了以传统媒介为基础的个体形象,个体低声下气地伺立一旁的情形即便存在,也可能是表面现象。个体们依然在意管理者如何评价他们的表现、是否在意他们的感受,但如果长期被管理者所忽视,干脆也就拒绝表达看法。对于管理者的不当管理,个体们持有的态度也不尽相同,甚至并不都是批评。有时候,主动角色外行为并非组织规定的行为,也不与薪酬或绩效挂钩,但无论欣然获得还是

---

① 巴金. 随想录 [M]. 北京:生活·读书·新知三联书店,1987:377-378.

艰难扬弃，无论愉快接受还是痛苦建构，个体们都不会遵循他们认为有害的管理逻辑。

从个体视角看，个体们特质参差不齐，有的热衷争斗，有的倾向平定，有的操心大事，有的独善其身，有的虚与委蛇，有的依从个性。即便向他们传递同一价值观，结果也会五花八门。但无论如何，个体们总是需要坚守信义，严格要求自我。管理者们确信，要想有稳定的秩序，就必须让群体中的多数对管理术表现出遵从——哪怕内心并不真正认同，也得表现出认同。个体们深知，在班级、学校这样的相对稳定的空间内，获得他者的认同是融入教育生活的必要条件。当无法逃避班级或学校空间，也无力改变这种空间时，顺从并融入成为较为明智的做法。为了融入并获得认同，需要尽可能趋同、从众，不持异见，避免特立独行并服膺普遍化的标准与判断。

集体本位的确深度影响个体的教育生活，但在集体本位的遮掩下，个体本位才是对现实教育生活更客观的认识。在现实教育生活中，个体对于试图支配自己的外在力量难免产生怀疑与畏惧。人之初，外在教育力量被形象化，"教母""圣人""先贤"被生产出来以便敬畏、膜拜。近现代以来，由于科学的进步，对认知过程、教学策略的揭橥越来越深刻，经典外在力量的形象化手段因此受阻，被迫改换新面目，原本具体、可感的神化形象逐渐转换为启蒙式的话术与生动性叙事。

在现代人文主义背景下，对个体的管束力下降让个体获得了对教育生活进行审视的空间。无论试图在教育生活中输入什么、灌注什么、宣称什么，都会受到个体的检视、反馈、影响与改造。当个体与教育生活组织之间的关系处于紧张之中时，协调个体需要与组织需要，谋求相互妥协就成为管理目的。如果协调后个体的需要受到尊重，个体就愿意遵循管理规范，进而形成趋近组织的向心力。

从管理视角看，随着教育生活组织弹性的提高，管理者与被管理者之间的交换逻辑受到冲击。教育生活面临的问题，时常无法单纯依靠管理者的智慧来解决。对于敏感问题，如果作为官方的管理者不便答复，个体就会转而在其他地方、通过其他渠道寻求结论。在寻求过程中，管理者或管理机构时常以隐喻的形式出现。诸多幕后的管理逻辑常被识破，个体对自身受压制的地位的认知随之趋于深刻。

"当人们意识到凌驾于个体之上的共同体理想遮蔽个体理想，成为外在于个体的强制规范的时候，当时代变迁赋予人们突破这种制约的勇气和胆量的时候，人们往往把具有束缚性的共同理想束之高阁，试图从这种压迫中解脱出来。"[1] 作为"草根"的个体的创新越来越显得重要。生活意义的论证越发需要牵涉特定的思想和个体在教育生活中的实际承担。同一性、强制性的教条成为个体毫不犹豫地躲避的对象。有鉴于此，教育生活中的每一个体都不应被排异、被分裂。个体的思考能力与明辨能力既应指向整体教育生活价值观的构建，还应包容不同个体间的价值观念冲突，顾及一个个碎片化教育生活感受。以满足个体需要为核心的教育生活很大程度上应取代以公共利益为旨趣的教育生活。哪怕个体的需要是肤浅的、注重快感的、追求享受的，也应顾及"先满足基础需要才会生出高级需要"之类的英明论断。

教育管理者与被管理者互为议程设置。管理者想方设法处置教育生活中的离经叛道者，离经叛道者也在进行诸多尝试以便摆脱管理者的控制。被管理者表达信任、忠诚，并做出承诺，以便从管理者那里交换支持、激励、培训、开发和安全感。尽管博弈是不公平的，但博弈始终存在。教育管理意志可以有效压抑个体的自由表达，却不能有效压抑个体的内心欲念。在轻视、嫌恶的作用下，处于边缘地位的个体总会有与中心决裂甚至另立中心的冲动。管理者拥有组织优势，被管理者们则拥有现实生活技术优势。很多时候，即使没有管理，个体也会自组织。管也会发展，不管也会发展，这意味着管理术与个体生活术之间有时并不存在必然关联，二者

---

[1] 章玉丽. 犬儒主义泛化的传统因素分析 [J]. 思想教育研究，2016（10）：67-71.

看起来共存于教育生活，但可能处于各说各话的状态。充当个体生活的总教习终究越来越不讨好。只要管理者不再小肚鸡肠，给予个体自由，个体完全可能启蒙自己。平视的视角才能真正发现教育生活的运转动力。只有客观公正地面对个体对价值或权益的诉求，积极有效地解决，才能防止隐喻的扩散。

从生活视角看，教育生活中也有科层压力，日子过成科层制模式没意思，又或许本就不该过这样的日子。种种解压之策不过是试图收编，反而导致面临的压力趋于复杂。置之不理的情形比较少见，理而不置的情形更为常见。管理者进行着制式化的表演，个体看到了制式化的表演，也都心照不宣。在这个场域生活久了，自然能够从遮遮掩掩、含糊其辞的话语中领会出真正的意图，只有"小白"们才会不明所以。不被管理者重视，在公共教育生活中无足轻重，难免遭到羞辱、斥责等非礼节性对待，难免产生委屈、愤懑等负性情绪。

个体的教育生活逻辑通常受照料情形支配。作为被管理者，照料他人一定程度上意味着损耗自己、奉献自己。在特殊情况下，照料甚至是医疗性的。对于默默无闻却始终坚持照料的个体，管理者的忽略会导致失落感。如果辛苦照料反而受到责备，失落感就会变为愤怒。作为管理者，既依靠被管理者的照料又瞧不起被管理者显然不妥。真诚的管理才能换来衷心地投靠。向被管理者传达悦纳反馈的信号，构建趋于扁平化的教育生活尤为必要。更佳的情形似乎是，被管理者在照料他人时感到愉悦，愉悦地照料他人或因照料他人而感到愉悦。

真相与表象并不同一，正是基于二者的差异性，个体才得以分辨虚假与真相。人人都被真正照料的生活理路理应被开发出来。希望自己的生活方式被理解，希望自己生活中的荣耀时刻被见证，这都属于人之常情，无关乎品格与德性。人人皆可获得认可的正式表达渠道理应被开通出来。个体也许会依赖组织，但最终只有个体才能有所创造。尤其是当组织越来越具有权威时，从中找出真正具有创造力的个体便显得更加重要。如果一味地强制个体自陈，很容易激起他们的防御心理。当个体不得不以外部称许性取向呈现自我时，所谓的教育顶多也只能取得表面上的成功。

事实上，在不明确呈现反抗姿态的前提下，为了最大限度地获取自主权，个体总能开发出不被管制的技术。有时候，特定管理逻辑被抛出来，试图让个体信以为真，殊不知，个体并不好糊弄。个体逐渐学会了保全自己，较少明确挑战，较多隐性抵制。他们有时投其所好，利用管理者的弱点为自己谋求更佳的生存空间。他们被管理者拒绝，但他们对此习以为常。他们都知道要做好情绪管理。他们感到不满时，会通过打探小道消息、主动散播消息、恭维、奉承等自身擅长的途径寻求帮助。他们认为某种生活形式为善时，时常想尽办法保留对该生活形式的选择，如此他们的生活得以拥有官方管理术之外的可能。

一定程度上忽视被管理者的权益时常导致教育生活关系混入虚假成分。既然管理者"把人当傻子"，那就干脆装傻。这既是深思熟虑的结果，也是一种生活策略。一些聪明的被管理者善于通过角色迁移、换位思考、身份颠倒来消解管理与被管理的界限。他们会频繁地审视管理者对自己的态度和行为，时常认定来自某个管理者的挖苦就是整个管理组织对自己的挖苦，但为了避免过度刺激管理者，会有意采取磨蹭、敷衍、疏离等软抵制。教育生活中时常表达的责任、使命、光荣之类的宣称被拿来作为"挡箭牌"。通过"挡箭牌"，管理者与被管理者之间建立起基于相互妥协的关系性认同。这种关系性认同的真实含义是"我很听话，因此我不该被批评或有什么麻烦"，额外的真实含义还包括"我都那样声明了，所以所有在背后关于我的批评都是在冤枉我"。

管理层面的诚信缺失还往往导致个体趋向现代犬儒主义。这包含两个层面的意思，一是管理者对于被管理者确实存在诚信缺失的问题，二是被管理者主观认定管理者存在诚信缺失的问题。无论从哪个层面看，犬儒式的怀疑与嘲讽等非正式的话语力量，都从侧面说明了个体对公共教育生活的关切。诸多清醒的个体逐渐意识到，是"犬"并不痛苦，意识到自己是

"犬"却又无力做出改变才痛苦。看透而无力改变，于是只能致力于讽刺与嘲笑。既然无力改变，从讽刺与嘲讽中获得一些快乐也好。至于讽刺与嘲讽的对象，不但包括其他已然放弃改变想法的类己者，还包括一直在试图进行改变的异己者。有时候，新式的讽刺与嘲讽不仅是表达方式的创新，而且反映出个体关于教育生活的普遍感受、理解方式、价值取向和行为动机。

（三）个体生活管理术的复杂指向

管理术的实质是用低成本谋求高效益。教育管理者具有优势，但对这种优势的滥用滋生出纷繁复杂的问题。具体到个体生活管理术，其指向更可谓千头万绪。具体的管理指向即便与实质利益无涉，也时常涉及话语权。忽视复杂性的一个重要表现就是只能看到表面。与其他生活样态一样，教育生活也可能为指向所支配，为话语所腐蚀。

从个体视角看，相对于管理权力和市场资本，一个普通的、单一的个体在教育生活中仅占有微乎其微的份额。个体具有不同的经历和观点，诸多面向个体的阐释并不能一次性完成，是反反复复的过程，然而管理权力和市场资本主导的生活目的论大体由历史目的论演绎而来，它们压抑个体对不同生活样态的选择，对被管理者的异质化阐释不太友好地进行消解，以至于越来越多的个体认为管理者并非为了公心而管理。所谓的平行管理也不过是借一些个体之手管理另外一些个体。

"一般来说，竞争中的胜利者都具有那些使他们不愿意容忍他人成为真实的自我的品质。因此，这些胜利者们往往要压制所有想要充分地自我表现的人，……由于到达高位的人只有通过牺牲其个体自我才'到达'的，因此他就不能容忍在下级当中有自我表现。"[①] 按泰珀（B. J. Tepper）的定义，"下属感知到的管理者持续表现出来的言语或非言语性敌意行为

---

① [德]卡尔·雅斯贝斯. 时代的精神状况 [M]. 王德峰，译. 上海：上海人民出版社，2005：22.

（但不包括身体接触）"①，属于辱虐管理。一些管理者在否定被管理者的过程中还试图让他们做到自我否定，这实质是辱虐指向，并不想真正解决问题。在这种指向中，个体被视为实现超个体使命的主体，服从超个体使命成为每一个体不可规避的义务。当超个体使命与个体生活愿景大体一致时，似乎一切也还过得去。当二者存在差异时，个体的生活愿景通常被定性为无足轻重。如果个体反驳这种定性，就会受到批评。将惩戒施加于个体，不仅有某种为我所有的意蕴，也是一种或显或隐的管与被管之间控制关系的表达。

与辱虐管理相对，丝绒般的个体生活管理术日益受到推崇。它文明得体，非常有益于培养个体的忠诚度和向心力。尽管也会用一些行动要求考验个体的良心，但当它对个体进行管束时，总是显得那么合乎时宜。在较为宽松的管理氛围中，个体有时是楼主（发帖子的人），有时拍砖（对帖子持反对意见），有时"点赞"，有时只是冒个泡（发表意见）。个体是教育公共生活的参与者，也是教育管理权力的附庸者。

从管理视角看，管理者与被管理者之间的关系类型被广泛论及。管理者与被管理者的传统身份特质需要改变。一般认为，管理者应当含蓄地施加影响。管理者应当是服务者、协调者、赞助者，能够真正与普通个体真诚对话、相互成就。要了解被管理者的生活，首先要尊重他们的生活利益。管理者拥有管理权力，但如果这种权力导致的是高高在上的身份意识，教育生活就会趋于单一。

事实上，管理者的真正意图不仅可以通过形式各异的宣称表达，必要时，他们还可以"闭眼管理"，对出于好心、为了集体、顾全大局的侵权持宽松态度。更多情况下，松散式管理与生活干扰因素并存，管理指向也呈现出模糊性。管理者的话语时常由诸多悖论性表达建构而成。可能致力

---

① Tepper B. J. Consequences of abusive supervision. Academy of management journal, 2000, 43 (2): 178-190.

于揭橥真相，也可能言行不一；大力提倡仁义道德，背后也可能百般无奈、委曲求全；脸上微笑着，眼神中却透露出痛苦；既有文人雅士的志趣，也有粗俗不堪的功利。他们降低要求，追求简单易行，也许只是为了便于管理。他们被冒犯之后，选择宽恕还是报复，往往取决于其内在认知。如果追根溯源，这些认知或许来自于某些宗教遗传下来的牧领意识与小团体逻辑。他们常因权力不稳而焦虑不安，通过自我引证谋求他者的信赖，贬低被管理者以抬高管理话语，或多或少承袭了传统社会等级制的遗绪。

有时候，管理逻辑呈现出过度的排异性。只要有机会，管理者就会提要求，期待被管理者能够付出超过岗位描述之外的努力，这让被管理者认为管理者是在竭尽所能地利用他们。有时候，不受制约的管理权力导致双方相互表演，以便各自的言行处于对方能够承认的范畴。当不可能总是彼此忍受而不得不做出回应时，他们之间便互赠高帽。有时候，管理者要求被管理者改善自己的话语结构，改善后的话语结构是平易的、可亲的，但相信的人却越来越少。有时候，管理无能与管理者之间的不和谐复杂交织，被管理者即便真心忠诚，也可能被曲解为愚忠。一些管理者制造思维和观念并强加于被管理者，习惯于被管理者一脸崇敬的遵从。管理就像幼儿园排排坐、分果果。高高在上的同情与隔靴搔痒的帮助表面上呈现出关怀的面目，反而让人感到更深的冷漠。

现代犬儒主义可以成为管理者管理个体的方式——它诱导个体追求明哲保身以便自保，希望个体对于虚假内心明了却漠然置之，它容许个体心生反感却置若罔闻，甚至要求个体不要有太强的责任心[1]，它让个体无奈地接受权力即理性的逻辑。"所有人都知道那只是为了它自己的利益——为了复制它自己的权力。"[2] 由于试图借用现代犬儒主义，现代化观念实际

---

[1] [匈]阿格尼丝·赫勒. 现代性理论[M]. 李瑞华，译. 北京：商务印书馆，2005：16.

[2] 徐贲. 当代犬儒主义的良心与希望[J]. 读书，2014 (7)：29-37.

是反现代性的，大公无私的管理行为实际是半公半私的管理行为。

从生活视角看，管理者是教育生活的领导者，其领导过程同样体现出复杂性。管理理应基于民主协商，不同主体在人格上理应平等，但总有管理者反感协商、惯于命令。行政机关那种上下级之间的严格界限，在教育生活中也时常得到鲜活地体现。尽管控制导向的教育管理逻辑受到批评，尽管教育管理者们被告诫要在具体管理实践中注重主体的参与作用，但教育生活常常是管理本位的，生活价值、生活内容、生活方式与生活秩序无不在管理者主导下形成。有时候，被管理者创造并事实上维系了教育生活秩序，但成绩却是管理者的。管理者依据他所代表的教育价值本体直接向个体进行教育价值派发，这实际上是一种自上而下的价值输出，不需要发挥主体性进行有效参与。由于缺乏自主性，这种价值输出时常不能转化为个体对自身生活的立法。即便违反了它，个体也不认为自己负有道德责任。

有时候，管理者与被管理者都秉持美好的教育生活理想，强调形成集体意识或高度的一致性，其他异于集体性、一致性的价值逻辑则受到排斥。有时候，管理者与被管理者之间生活距离偏大，关系、裙带因素充斥教育生活，民主决策机制乏力，建言行为也受到抑制。一些教育生活组织成为践行自我主义的平台。管理者根据被管理者的忠诚度对他们进行分类，根据被管理者与自己的绑定深度进行资源分配，进而"各尽其用"。"员工认为组织内的工作表面上是遵循正式身份和工作岗位身份来进行的，实质上，与领导隐而不宣的关系才是决定因素，合法的职权和组织内正式的身份无法取代非正式关系特征，而这种关系特征可以直接影响到分配正义。"[1] 个别管理者既是正式教育生活组织的核心，也是非正式小团体的领头人。小团体因素时常上升为教育生活要素。

鉴于上述现象，在教育生活中，反思"万口一词，不可破也；千篇一

---

[1] 高婧，杨乃定，祝志明. 组织政治知觉与员工犬儒主义：心理契约违背的中介作用 [J]. 管理学报，2008 (1)：128-137.

律，不自知也"的沿袭性逻辑尤为必要，树立"从来如此未必是对"的理念尤为迫切①。带着传统的仕宦情愫试图彻底支配他者的生活是非专业的、外行的思路。即便威言厉色，总也难免空洞无力。为了教育生活的存续，管理者从居高临下转变为平视是大势所趋。惟有教育管理权力受到制约，个体需求、个体安全、过程公平与评价公正的主要障碍才能扫除。不再一味地以刚性规范外在地规定个体的教育生活才能避免对真、善、美的扼杀；避免价值派发过度才能避免价值在教育生活分化和个体价值意识觉醒中屡屡遭遇抵制。个体的教育生活应尽可能不受干涉，且不受干涉的限度也不能单纯由教育管理权力设定，否则只会引发越来越多的批评风潮或现代犬儒主义。

（四）实务型管理术的实务性检视

主流教育叙事和高尚教育理论的最终归宿都应是现实教育生活问题的解决。只不过，良好动机与美好结果之间不一定存在正相关。即便抛开诸多管理缺位现象不论，一些管理者也只是表现出了一副体贴普通个体的样子。一些管理者推崇实务，却不能清晰地说出自身所处教育生活中普通个体的点点滴滴，对于一线教育生活而言，他们的管理生涯是疏离的。诸多着眼实务的意见表达机制紊乱、不实，对于个体的意见，管理者实际采取的是拒绝式的接受或接受式的拒绝。

从个体视角看，基于实务逻辑，管理者的任务是了解教育生活中每一位被管理者的需求。为此，管理者应集中关照的层面包括：尊重每一个体。邀请并承认普通个体的建言，与个体讨论实现目标的方法。表达对个体贡献的理解，对个体贡献给以公平认可。对个体的成就给以及时反馈。赞赏个体性贡献，让个体体验到被重视。通过集体性讨论融合多元化观

---

① 李贽. 李贽文集 [C]. 张建业，主编. 北京：社会科学文献出版社，2010：30.

点，基于讨论和融合确立教育目标。既回顾过去，又展望未来。①

在教育变革中，教育管理方式与个体教育生活样态不时呈现对立关系。个体在体制内谋生存，与体制血肉相联，对于管理本位逻辑保持着思维层面和意识层面的认同，却缺少自主驾驭的能力。有时候，个体尽心尽力却得不到应有的肯定，被安排琐碎、难缠的任务，被刻意隐瞒关键信息。这些都会让个体失去对教育生活的掌握，进而让个体感觉受到伤害。在是否可以以及如何参与等方面，个体缺少选择，时常不能获得指导性建议。更多时候，干脆没有了自觉构建批判领域的意识，主动跃入管理本位逻辑，津津乐道于管理者的管理美学。

为缓解个体与管理方式的对立，有时管理方式会被贴上现代化、创新型、国际化等标签。于是，原本可能受到批判的方式，在标签的掩护下，被描述为完善甚至拯救教育生活的必然之举。本应引发个体反思的方式，不仅在教育生活中获得了合理性，而且成为引领教育生活的新动力。作为被管理者，个别清醒的个体即便有意反思也只能徒之奈何。个体总体上还算积极，只是教育生活的驱动力来自外部压力和被分派的任务，自身并没有多少做主人翁的兴趣。

当前，控制性技术不断发展，在教育生活中日益被大量运用，成为有效管理的重要工具。只是，被管理者终究不同于产业工人，对他们进行监督常常有名无实，也不靠谱。教育毕竟关涉灵魂对灵魂的熏陶、情感对情感的培养，无论多么严格的监督制度，都无法监测教育者对受教育者到底有多少真实的付出。由于观测到的现象可能仅仅是表象，判定一位教育者是否真的在偷懒往往异常困难。更何况，他们的很多付出根本看不出来，甚至不能简单依据短期结果进行定性。事实上，在必须充满爱，必须饱含情怀的教育生活中，教育者无法被有效监管。教育者只能被信任——相信

---

① Hollander E. Inclusive Leadership: The Essential Leader-Follower Relationship. London & New York: Routledge, 2012: 105-107.

他们的劳动和付出，相信他们的用意和真心，肯定他们的精神和价值，相信他们一定能凭良心教好每一位受教育者——古往今来，做得好的教育管理者没有一位是靠严密监管而闻名的。

从管理视角看，实务型管理的特质包括：倾向冷静的评估、可靠的预测和基于共识行事，不仅"问计"，而且"问需"，注重现实教育生活问题的解决；能够包容风格、个性、观点和方法的多样性，既尊重求变的可能，又注重以好的管理抵制失德的教育生活；通过外在权能与具体实务相统一，有效避免教育生活沾染现代犬儒气息，不一味地否定、消除异己因素，而是将它们并入既定教育生活秩序，在更大范畴、更高层次上再生并呈现它们；兼顾个体利益与组织提升，既让个体了解组织动机，又对个体自治现象给以包容。

在具体实践中，管理举措的积极价值没能得到彰显，往往是由于管理者与被管理者构建起不同的话语模式与实践风格。有的管理者等级观念、科层意识根深蒂固，高高在上、不接地气，与普通个体的真实关切脱节。有的管理者将僵化的管制逻辑作为稳定的建设性存在，将服务异化为管制。教育生活不是管理者服务于教育者，而是教育者以管理者为中心。与紧跟学生、家长的需求相比，学生、家长似乎更应紧跟管理者的需求。有的管理者不愿直面实质性问题，缺乏不计私利一往无前的精神，出现错漏也懒得补救。对于教育生活中一些普通问题，表面高度重视，实则可能认为不需要重视。有的管理者关心被管理者似乎只是为了提升自身形象，对被管理者的帮助也多是表面性而非实质性的。

诸多流行的管理术考量并不全面，也称不上有多成熟，其背后的人性假设还是泰勒（R. Thaler）笔下的经济人假设。在日常管理中，既要紧跟舆论传播中的教育热点，又要依据教育生活逻辑的相对独立性进行综合研判，防范管理盲区的出现，一旦出现则尽力在最快的时间内消除。为了将不全面、不成熟的责任撇除，个别管理者将繁重、复杂的任务转移给其他管理者，将所应担负的责任悬置不问。问题在于，管理者也有爱憎等感性偏向，彼此间难免产生面子问题。原本管理者甲该做的事，却转移至管理者乙做。乙做得没有名分，内心不快，甲则声称自己不被信任，满腹牢骚。然而，如果事情真的让甲负责，甲又很可能推三阻四，不愿牵头，难堪与困境就此而生。

从生活视角看，"精神的领导权不是建立在教条的和抽象观念的基础上的，而是建立在每天都重复的实践和仪式之上的。"① 通过仪式等程式化的教育生活实践，被宣称的价值将铭刻在个体的无意识之中。但与此同时，少一些强制性的既定生活目标也属必需。面对教育生活中的不确定因素，理应鼓励个体自我规划、自主选择、独立担责，灵活调整预期。毕竟，基于精神领导而非专业知识为个体炮制各种解惑良药并不可靠，把一种或几种手段论置于教育生活的中心位置过于静态、单纯了，也是危险的。

教育管理者作为"公职"（functionary）人员，负有照料他者的重任，有责任关心他者关心之事。接地气、易执行、有利于质性提升的举措才能真正缓解教育生活中的虚无。管理者提供权益保障，慎重处理得失问题，注重通过非强制方式赢得认可，被管理者完成规定质量的任务，如此二者在教育生活中将获得关系平衡。

当前亟须关注的是，教育生活角色与任务之间的匹配度存疑，简单的管理秩序已经不能为消解虚假或伪崇高提供体制性条件。从直接干预变为间接干预，所改变的仅是干预方式；从宏观管理变为微观管理，所改变的仅是管理形式。自称师生、家长们的服务者，实际却不许师生、家长以看待服务者的方式看待他们。试图通过形式多样的权力巩固技术超越教育生活中的种种顽疾；为了任期的安稳，习惯于延续僵化的教育生活，扩大对个体的影响范畴，嘴上说的是实务理念，骨子里其实还是权力意识。这样的教育管理者反而更适于应付数目繁多的杂务，他们容易合作，未必真有

---

① 汪行福. 从商品拜物教到犬儒主义——齐泽克意识形态论研究 [J]. 马克思主义与现实，2007（3）：25-33.

胆识，为了维系稳重与严谨，他们宁可将秉持奇异意见者淘汰出去。在他们那里，似乎所有复杂的教育生活难题都有成熟的解决方案，似乎他们从来都是成竹在胸，从未在是否执行方案的问题上犹豫不决，似乎所有久拖不决、不了了之、受挫失败的事项都与他们无关。

在崇尚专业化的时代，尽管教育和行政分属不同专业，但很多时候，学校既是教育机构，也有行政机构的影子。公立学校的资金属于财政资金，公立学校的管理者也由教育行政机构任命。学校的一些管理者也都有各类形式的公务身份。所谓上尊下卑，身份差异决定尊重程度。一些管理者并不像一校的"教育长"，更像是教育行政机构下派的管理员，这导致学校教育生活中出现一些应付、应对、迎接之类的反教育生活的现象。身份意味着责任固然没错，但与其他类型的权力类似，教育管理权力也只对它的来源负责。"来源"重视才会狠抓落实，"来源"狠抓才会一抓就灵。不太在意信息支持和绩效支持的无为而治的管理者不受欢迎。教育资源向上倾斜，教育生活依然务实，但不再以多数普通个体的福利为旨归。上面视察一所学校，除非有事先安排，否则难以碰到不担任任何管理职务的普通个体。即便事先有安排，普通个体也多以"群众"的形式集体出现。他们中的每一个体的观点、想法并不重要，通过他们烘托出一种能让上面舒适的氛围似乎更为重要。即便他们有不满，只要不公开反对就行——由于没有更好的手段，也只能暂时如此。在某种程度上，或许这也算是一种在上者犬儒主义。

三、教育生活规范的维系与实施限定

"主体"是一个晚近的发明。教育生活样态不仅仅是主体身体力行的结果，更是各类规则、规章、条款协同规范的产物。教育生活中的意志，或多或少都渗入了规范的意志，单纯认定主体为教育生活赋予价值与意义会陷入主体中心主义的幻觉。事实上，主体真正践行的价值取向不仅关涉自身意识，也关涉各类规范的引导。只不过，教育事业育人周期长，且严重依赖信用与良心，对教育生活的管理通常并不如其他社会专业机构的管理那么规范化——讲究规范、尊重规范，但更开阔也更富有人情的教育生活才是理想的教育生活。

教育生活中长期奉行精致管理主义逻辑，长期聚焦外在统摄性力量建构。管理者开发各类规范，既是为了服务于各类主体，也是为了教育生活秩序的稳定——秩序也是出发点。因此，更新基于精致管理主义和统摄性力量建构的教育生活规范，在碎片化的非逻辑中构建逻辑，在小型、微型的非本质叙事中探寻本质，从草根化的非主流视角审视主流，有益于重申个体的存在价值，保障个体在教育生活中的主体身份。

(一) 规范的复杂证成与自我强化

教育者的一个核心职责，就是不断探寻可行的知识传递规范和道德实施规范。公正的教育生活规范体系是培养道德责任主体的基本前提。这种体系向所有个体开放，确保能够平等地适用于每一个体。在确定平等原则优先的基础上，一个被广泛提倡的做法是提供差异性条件让最少受惠者能够利益最大化。

在形式层面，一些教育文字和教育话语被组织起来，成为教育生活中的规范。规范涵盖的范畴大至专业核心权益，小到繁琐饾饤的琐事。从基本取向来看，绝大多数规范都宣扬功利性道德的消解，以追求知识或提升道德的名义强化教育生活管制。有时候，文字和话语被组织的过程还相当审慎，以至于普通个体连提议、申辩的机会都没有。

教育知识与管理规范逐渐合流。管理规范借助特定知识体系获得合法性，特定知识体系则依靠管理规范获得话语权。在与管理规范合流之后，知识本身时常发生蜕变。不为管理规范所容许的知识体系发不出声音，受到管理规范大力支持的知识体系得以在教育生活中广泛流行。那些被置于管理规范之外的知识，在教育生活中愈发难以存在。在管理权力的加持下，规范中最不像"知识"的话语反而最具有规训价值。

诸多规范体系通过自上而下的元叙事确立合法性基础。这类元叙事无法被证实，也无法被证伪，却居于恒常正确位置。即便教育生活内部协调成本居高不下，它们依然惯于从总体上审视价值与目的。它们忽视普通个体的价值需求，惯于对价值与信仰进行不由分说的硬性约定。个体无需亲自探究这类元叙事的真实性与合法性，只要努力接受、注重套用便可——最终也只是在相对外在的层面实现对个体的约束。由于被赋予了权威性质，这类元叙事内在地拒斥个体的反思与质询，迫不及待地向个体宣称、传递。在它们的主导下，等级制的合理性至少在理论上得到了论证，被人为制造的生活规范也在不同程度上受到了认同。诸多环节都设置了专审机制，个体时常需要履行类似"自查""持证""备案"之类的环节。这既保证了个体的教育生活空间，又规范了个体的话语逻辑、表达倾向和思维范畴。在被营造的氛围中，无论如何进行流程再造，下层的、异端的往往意味着受制的，叛逆从来都是负性辞汇，服从于既定安置才能在教育生活中获得好评。

　　总体性的强制固然不可取，同一性的代价终究是自我认同的缺乏。姿态傲慢的背后既是权力逻辑的彰显，也是思想性的浅薄。然而，没有了强制规训的教育生活也不一定就是美好的教育生活。当规训不复存在时，整个教育生活可能陷入众声喧哗之中，原本的禁止被允许，原本的遮蔽被展示，原本特定的意义需要重新赋予意义。个体面对的可能是严重的失序与紊乱。较为现实的取向或许是，"将两件事情纳入一种特殊的秩序，解决二者之争端：一方面是大量的约束与尊重，另一方面是大量的能量与权力。"①

　　在方法层面，"法给公民以健康运用理性的基础、框架、保障和必要的限定，而公民对法的相信、依靠、服从，以及必要的怀疑，使法得以落

---

① [英]提摩太·贝维斯. 犬儒主义与后现代性 [M]. 胡继华，译. 上海：上海人民出版社，2008：258.

实为实在、有效的活法。"[1] 兼具低风险与低惩罚度的规范短期内导致压力增加、管理倦怠,长期看却能够流传久远。

灵活设计、即时修正、自主检视、广泛关照、相互轮换、信息共享等策略亟待被广泛应用于规范的制定。即便管理规范被视为上位者欺蒙和施压的手段,它依然需要鼓励通过"说理"言说权益逻辑,通过"逻辑"表达观点与态度。诸多教育生活议题议而不决难免导致身心疲惫,如果无法克服不认同问题,不如干脆将不认同也规范化。在某种意义上,这也是秩序的体现。在规范化过程中,即便出现差错,即便事实上实施了反教育生活的管理举措,也应当可以自我豁免。

在将规范内化为主体行为准则和人生理念的过程中,道德是驯化主体的首要工具。诸多道德逻辑宣称,它服务于被广泛宣称的教育生活意义体系。除此之外,进行道德规范层面的成本核算也是理性充分发展的产物,某种行为在道德层面无可挑剔,但从"投入·产出"的角度看则可能并不合理。

教育生活公理的转换通常意味着教育生活策略的转换。有时候,需要出台改革辅助机制以便支持教育建制。有时候,则需要对老套的旧式叙事进行清算,让新认定的符合性行为获得更多表现机会。有时候,特定"类"的维度被突显,但个体对"类"的印象依然是复杂、纷纭的。有时候,标准与原则需要被重申,管理者的行动本身不应成为标准与原则,被管理者根据管理者的取向与好恶建构认知、表达立场、养成情感、激发欲望的情形应当尽可能少地发生。

在现实层面,规范既是关乎认知的知识,也是教育生活实践信念的体现。管理者制定的规范,既应在现实教育生活中找到依据,也应为教育生活现状提供合理性解释和操作性指导。开明的管理者会尊重无权者的权利

---

[1] 姚新勇. 犬儒的生存状态与启蒙理性的再思考 [J]. 探索与争鸣, 2006 (5): 13-16.

以及个体间权利对等，宣称机会、福利等以对等的方式予以分配，致力于确保分配符合每一个体的利益。热衷宰制的管理者通常并不满足暂时的优越地位，有时还自命神圣，试图给自己封一个永恒的优越地位。对他们而言，最大的满足就是获得无视规范的权力，拥有这种权力太有快感，几乎等同于自我实现，然而如此极端性的自我实现，恰恰是对个体最大的伤害。

教育管理者出台管理规范，显然不是要它们限制自身，而是要它们为执行管理权力奠定基础。诸多规范始终贯穿管理意志，直接、具体地与绩效和等级相联，具有强烈的统制性。分配公正、程序公正与互动公正方面的规范为个体的教育生活划定一条条边界。基于各类考试、奖项评比、福利待遇和竞赛活动的管理规范是个体们不得不面对的强势力量。教育生活规范不为管理者服务的价值取向和美学特质，时常因不予观照而被有意悬置，即便予以观照也会被认为蕴含着不敬。一些管理者倾向以自我为中心建立差序格局。这不仅是他们的教育时空建构方法，而且是他们论证教育生活合理性的依据。

机器的普及促进了标准化程度的提升，诸多艺术（包括教育艺术）因此脱去灵光。机器永远不停，这意味着个体随时都在机器的规范中工作。所谓的思想和行为规范，实质就是通过特定的"机制"将个体的思想和行为纳入统一性框架，使个体的言行趋于整齐。除了产品控制，"机制"还着力于过程专制，工于程序或步骤的操纵，在极端情境中，不许有"我"，只许有"我们"。无论数量有多庞大、体系有多严密，"机制"的目的都是让个体趋向集中。在这种背景下，知还是不知、清醒还是迷惑时常取决于"你是谁"，而非"你的能力"。在这种背景下，具有较多人道主义色彩的规范反倒难以永享权威地位。由于分工的进化，教育生活也进一步分化，出现了管理者的教育生活和被管理者的教育生活。前者在制定"机制"、执行规范时更加脱离后者的需求——他们彼此各行其是，教育生活因之陷入不良状况。

秩序建构逻辑是影响个体教育生活的典型代码和范式之一。在负性层面，少数管理者才拥有的界定权时常专门用于美化管理本位文化，始终致力于建构中心论思维与媚上理念，甚至不惜通过代码迭代或范式转换遮蔽消极因素。尤其当教育生活被"现实抽象"所统治时，关于秩序建构逻辑的代码和范式反而成为行动的前提。它通过隐瞒举措出台的原因、垄断解释权之类的管理术同化个体的意识，直至个体认定管理术即生活术。在正向层面，通过代码和范式所衍生的规范构架，个体变成了可治理的，管理者也能够从个体表达中关注取向稳定的教育生活秩序。如果出现教育生活失调，抽象的秩序建构逻辑也许不能激励做好事，但至少可以让做坏事不那么容易。在必要时，它还能够通过行为规训与思想诱导，将教育生活规范落到签到、坐班、早操、晨读、晚自习之类的实处。

在个体层面，一些规范致力于对个体有用并要求个体顺从，因为有用与顺从有益于设定的教育生活目标的达成。依照这些规范的逻辑，并不需要"各种各样"的个体，因为差异性往往意味着不受控，继而可能危及管理秩序——只有把个体纳入整体，才便于达致统一。较为复杂的情形在于，一些规范养成了威权性的话语风格，它们利用自身所掌握的公开话语权为自己辩解，热衷于寻找规训个体的借口。它们所宣称的理念无法融入现实教育生活，也无法推动公共教育生活实践，最终沦为理念躯壳。它们貌似居于教育生活中心，实则日益被撇向边缘。

无需规范的秩序被认定为失序。由于失序不被容忍，每一个体的"活法"都受到体制性限制。个体们被要求形成生活责任感。个体的生命是受到管理的，是有待改造、有待完善的，除非是在作为被培养对象时，否则个体并不真正居于教育生活场景的中心。教育生活中存在不同程度的规范制约失衡。除了正式的权利分配之外，失衡也可能来自个体间知识、经验、能力与地位的不对等。在失衡关系中，弱势一方往往难以构建起有效的自我防御，也没有多少话语表达空间可用来自我辩护。面对失衡的现状，如果总是无力抵抗，随着教育生活的延绵，个体会逐渐厌烦、失望。

这又直接影响个体教育生活的整体趋向，进而导致背离管理规范的态度或行动。

通过所拥有的信息优势与资源优势，个别管理者将自己对教育的主观理解上升为教育生活中必须遵循的规范。他们寻求道德支撑，自诩把关者，认为自我有权规定他者的生活。由于与他们设定的生活运行机制不符，个体一些格格不入的时髦话语和另类行为时常被视为坏苗头。为了彰显"我是管理者"或"我在管理"，他们先撤销一部分规范，然后对既有规范体系进行重建，以便遏制坏苗头。他们也能预见，他们的重建至少有一部分也会被他们的继任者撤销，然后再次重建。他们有时努力改变，有时有意规避，有时利己，有时利他——他们的行为都不由正式的规范制定机制引发。

总体来看，为了消解复杂流动性所导致的困扰，或为了实现普遍性对特殊性的超越，通过规范维持秩序无疑是一个办法。然而，"权力感会随着陶醉的增加而增强，从而对权力也会做出幼稚的判断——陶醉感的经验乃是迷惑性的。"① 管理者与被管理者的生活不可能像平行线那般互不相干，教育生活中的普通个体不能只是被视为管理对象，倾听不同理念实属必要。即便难以直接言明，管理者与被管理者也应借助系列化隐喻证明既定秩序、规范实施方式和背后所持取向的正当性。

（二）复杂情境分辨与规范的维系

教育生活规范体系的建构与个体内在价值信念的养成从来都不是单维度的联系。诸多教育管理规范如何突入个体教育生活的中心？又为何非要试图管制个体的整个教育生活？多数着眼于强制皈依的规范具有顽固性，使得教育生活变革难度上升。所谓的自主制定规范、人性化实施规范停留在了口头、纸质或电子文本的叙述中。诸多理论信条与规范文本填充着教育生活——它们亟须经过复杂情境分辨，才能最终浸入真正的基层，真正

---

① ［德］尼采. 强力意志［M］. 李伟，译. 重庆：重庆出版社，2006：165.

有益于维系教育生活均衡。

在形式层面,"一种理论,无论它多么精致和简洁,只要它不真实,就必须加以拒绝或修正;同样,某些法律和制度,不管它们如何有效率和有条理,只要它们不正义,就必须加以改造或废除。"[1] 越有序、越精致的规范,有时反而越脱离复杂教育生活情境。多数压制少数是一种话语暴力,但由于情境的复杂性,以弱势群体的是非为是非也有不妥之处。

无效的规范通常如纯粹的技术应用般冰冷。不受干预的自组织行为被限,导致显性规范与实际教育生活几乎无关。具备自组织性的软性规范体系理应成为教育生活的主导性秩序,然而决定教育生活兴衰的终究还是基于严格管理规范的官方法定秩序。在相当程度上,软性规范体系能否自我维系也不取决于它自身,而取决于官方法定秩序的自我克制。

在责任与义务面前,被管理者与管理者可能遵循不同的逻辑。有时候,被管理者明确地知道他们应当履行责任,但也明确意识到自己无法真正履行责任。有时候,流程的改变导致信任问题,有意义的参与在不太确信的氛围中勉强确立。只要个体对规范避而不谈,就假定个体基本上信任规范。个体时常表现出对管理规范的不太信任,但对管理者而言,他们在意的并不是信不信,而是接不接受、顺不顺从。有时候,管理者任职时间过长,在教育生活中形成了"一言堂"。在自己的独立世界中,他们很容易突破责任与义务的限度,滋生各种形式的异化。为了避免这种现象,管理者被要求走群众路线、通过以身作则规避特殊化。交流机制、轮岗机制也被设计出来,它们假定管理者容易扩张权利,同时假定管理者倾向压缩责任。

个体自愿与集体共存共荣的前提是不拘束于板结化的刚性规范,与规范紧密相关的习俗时常是适应教育生活的更优解。当难以通过规范禁止个体的行为时,通过习俗端正个体似乎更为可行。尽管可能导致组织性行为

---

[1] [美]约翰·罗尔斯. 正义论[M]. 何怀宏,何包钢,廖申白,译. 北京:中国社会科学出版社,1988:2.

和角色内行为发生的频率降低，但作为本地、本校的习惯性做法，由习俗而衍生的教育生活实践有时反而更具合理性。如果符合习俗，即便结果并不完全合理，也可以接受结果。诸多教育生活习俗是对规范的变奏，不仅着眼于教育生活技巧，而且蕴含着教育生活智慧。某些传承已久的老规矩，有时反而有益于解除宏大教育生活叙事所导致的严苛禁锢。令人遗憾的是，随着教育生活的进化，诸多绵延悠久的习俗无以避免地走向了衰落。呼唤老规矩回归，多半也是呼而不得。这是因为，传统教育生活中的老规矩不仅需要权威式的能人予以执行，还以特殊的意识形态、特殊的人际结构、特殊的法理逻辑和特殊的集体观念为基础。随着教育生活现代性与后现代性的兴起，这些基础已不合时宜，它们被革除或被解构的局面已不可逆转。从这个视角看，更多地朝前看而非向后看，努力完善现代教育生活组织，形成现代教育生活习俗似乎才是正解。

在方法层面，简单援引外在形式，不厌其烦地反复落实，即便形成了机制，也难有显著作用。一些规范只是暂时压下了个体的不满，并没有从根源上消除产生不公的隐患。以评奖为例，当个体认定评价指标不能令人信服、评价过程不公开等因素导致自己未能得奖时，往往会对评价者的做法感到不满与愤慨，并认定评价组织不可信任。在个体未能获奖后，必要的解释与说明尽管可以稍稍平复个体的不满与愤慨，但与难得的获奖机会相比，言语难免显得苍白。即便再费口舌，也不可能完全消解个体对评价组织的负面感知——完善评价程序机制，堵住评价标准方面的漏洞才是关键。

尽管规训技巧在不断进步，维系规范的手段依然集中于制度的完善、有作为的管理与到位的督导。问题在于，管理者可以让被管理者"从1到0"，也可以让他们"从0到1"，被管理者难以基于制度、规范预测管理者的操作。一些定见式的规范不过是为维系不平等的教育生活结构有意运作的结果。只要管理者能找到维系的手段或反制的借口，被管理者是否真的相信、真的执行便显得无关紧要了。即便潜在的风险逐渐开始显现，通过不断制造关于自身弊病的借口，依然可能有效地维系规范的存在。被管理者的确是主体，这一点也不假，但他们无疑服膺于更大、更高、更强的主体。大主体通过质询、规训等将个体培养成具有再生产性的主体，个体则通过对大主体的应答获得认同感与安全感。在规范思想和行为时，个体时常被置于一行行、一列列的队伍中间，很难自由移动，也很难抛开行列。除非脖子非常不舒服，否则他们始终需要保持视线一致。这意味着，他们只能过规范制造者让他们过的生活，而且必须自始至终过完。

良性运行的重要前提是从善如流，而非时不时地对个体施加道德忠告。除非发生极端情形，否则道德规范总会显得相对疲软。通常情况下，个体践行道德规范的状况依赖个体自述。当个体"说什么就是什么"时，也便就"高"不就"低"，逐渐习惯于自我表扬甚至自我吹捧。个体遵守道德指标可能是出于真心认同，也可能是因为它影响到综合素质评定、评先评优、职称职务、工资福利等现实利益。

与正式的权力话语相较，非正式的权力话语对教育生活规范的影响更为广泛。它不仅有益于弥补正式教育生活建制的漏洞，而且能够增进非正式解决机制与正式教育生活建制之间的互动。有时候，由于诸多非正式权力话语的错置，无论时间管理还是计量管理，都无法避免闲忙不均。然而，承认规范制定的前提、假设方面的错置，哪怕只是承认存在过失，也会让管理者感到不舒服。过多地承认无疑会危及管理地位，进而危及他们主导的规范制造模式，所以即便规范效果不佳，他们也会反复辩解、竭力开脱。

在现实层面，一些规模较大的学校也开始出现"高层""中层"之分。福利待遇与级别挂钩，与工作特殊性质、工作质量、工作强度的关系反而不那么大。资源不一定都投入到了学校的核心要务——教学之中。规范化管理的旨归最终不一定都能指向它该指向的地方——受教育者们的成长。不同的"级别"不仅意味着不同的权力，而且意味着不同的享受。为什么会做这样的区分呢？他们不都是为了教育工作吗？一般而言，普通教育者的办公设备最为低等，管理者通常占有比他们更大的办公桌。这难道是因为管理者办公桌上的文件比普通教育者办公桌上的作业本更重要？显然，学校的资金或资源不一定总向基层倾斜。由于管理本位的盛行，众多教育者的目标已不是把书教好，而是成为管理者。管理者的职数有限，不是每位教育者都能得偿所愿，各类正式、非正式的竞争不时上演。在政治竞争中出现的现象有时也出现在教育生活中。为了在竞争中脱颖而出，不少教育者的心思集中在"如何获得领导的赏识"上，"全心全意为了学生""努力提升自身专业素质"反而相对次之了。

　　一些教育者无志于成为管理者，只想经营好自己的"一亩三分地"，然而通行的逻辑是让干得好的教育者做管理者以示重用。做了管理者的教育者时常无暇顾及甚至直接脱离了一线教学。一些教育者原本教学水平很高，在成为管理者之后不得不分心，将更多时间和精力用在维系人脉、做好接待等杂务上，本业就此荒疏。如果过度醉心于教育管理身份，他们的专业发展生涯很可能就此遗憾地止步。

　　真正有效的管理服务既要尽可能少地做出程序性改变，谋求教育生活的稳态运行，也应尊重个体的建言行为，对建言中的偏激成分保持克制、谨慎、耐心。如果管理者的说法或澄清自相矛盾或前后矛盾，自然难以取得被管理者的理解与信任。管理服务越不到位，要求个体自我管理的效果就越不佳，管理者就越需要将更多精力放在监督上。没有有效的规范激励个体"多干活"，就只能加强监督力度让个体"少偷懒"。较为明智的做法似乎是，不回避、不逃避、不遮蔽，公开讨论教育生活中的现象与问题，通过公开讨论保持议题与程序透明，致力于中肯意见的获取；在建构正式教育生活规范时，注意吸收个体间自发形成的交往规范、交际习俗与习惯做法。

　　表达、解释的软弱性不是优点，而是缺陷。软弱与教育生活的本然样貌无关，而与强制皈依的策略有关。在条条框框中拘束久了，就像获得了一个难以改变的印戳，难免战战兢兢、唯唯诺诺。一群有力的管理者和一群无力的被管理者所构建的和谐关系只能以妥协与遵从为基础。管理的专断给一些被管理者留下心理阴影，即便没有心理阴影的被管理者也只能在规范的漏洞处窥见真实。被管理者所面临的不仅仅是强制皈依所导致的压抑、倦怠与"受气现象"，还夹杂着厌烦、怨怒、辛酸以及被控制感、被利用感、不公平感。在教育生活中，这些情感都将具体化为自我对待他者的日常态度。

在个体层面，责任感以及基于责任感而产生的认同感，是被管理者忠诚于教育生活的保证。规范不能被有效执行有时是因为对管理的深层认同危机。管理者的行为不地道，被管理者难免产生不当压力和失望情感。个体对复杂情境的分辨能力和判断能力越强，就越倾向于抵制强制性的指令，甚至对指令产生免疫效应。没有个体会完全机械地执行程序性指令。被管理者之所以应对经验贫乏，一定程度上是因为他们极少有机会参与实质性管理。在关于教育生活的重大事件中，他们被排除在外，他们能够了解关于重大事件的管理举措，但这种了解是被告知、被安排、被指示的。

当成果分配逻辑取决于管理者时，如果组织采用公正的程序，那么个体通过努力获得相关的成果后，会认为分配公正合理；如果个体相信自己的付出换来的实际成果比在公正程序下得到的少，就会认为分配不公，怨恨也会达到高点[①]。随着怨恨等负向情绪的积累，个体会认定组织只是在雇佣他并给他制定严苛准则，进而可能做出负向行为。具体而言，这些负向行为大致可分为三类：(1) 隐性抵制。很少有个体能够毫无顾忌。所以大多数负向行为都属于隐性抵制。(2) 主动退缩。由于自我价值感降低。个体表现出紧张、焦虑、抑郁，在教育生活中缺少信心，进而表现出敷衍、怠慢。(3) 公开反对。公开批评、诋毁。

与对肉体的规范不同，个体内心通常更难被规训。一个原本善意的管理举措，也可能引发激烈的辩论。设计一种委婉的话语机制通常比赤裸裸

---

① Folger R. Rethinking equity theory: a referent cognitions model. Eds, Bierhoff H. W. & Cohen R. L. & Greenberg J. Justice in Social Relations. New York: Plenum Press, 1986: 145-162.

的说教强。受到责罚无处申辩无益于规范的维系，也会提升管理规范继续执行的风险。如果个体的抵制性言语或行为具有代表性，其他个体也会随之产生共鸣，甚至引发整个教育生活产生波澜。

尽管在"役使·被役使"的教育生活中也非常强调集体，然而这常常只是表面现象。表象之下，不少个体都是破坏性的个人主义者——他们都反感他者为他们制定的规矩，然而他们自己却热衷为别人制定规矩；他们都殷切希望他者能够遵守他们制定的规矩，然而他们自己却并不打算真正遵守那些规矩。诸多规范制定的目的是防止出现极具破坏性的"刺头"，希望被管理者积极参与，"共同"治理各类问题，"一起"行动让管理规范落到实处。在共同的狭小教育生活空间中，融入显得异常重要，为了融入，有时还要在穿着、举止、爱好、取向方面表现得和集体中的多数一样。

（三）规范实施的限定性与复杂性

在新的时代情境中，尽管仍然保持着随时侵入个体教育生活的可能，各式规范对个体教育生活的控制却不断趋于宽松，规范制定者正在试图打破陈规，解构只服务于少数个体的精英模式，注重思维形式、表征方法、体裁选择和语言游戏的多样化。

在形式层面，一些规范要素具有较强的限定性作用，个体的言说或行为受到约束，被钳制得很紧。一旦触及这种限定性，往往不便于再做细致研究或充分论证，如此一来，教育生活视野被遮蔽、视野被局限也在所难免。专制的教育生活必然要求个体更多地表现出服从，基于专制的规范化所造就的往往是奴性个体。即便如此，调整教育生活中个体之间的话语分配依然与道德说教、自我修养同等重要。任一要素主体过于高估自身掌握的话语权，都容易患上臆想症。

规范对不同话语逻辑的规范性限定并不均衡。普通个体的现实教育生活受到较多规范性限定。无忧无虑只能停留于幻象，事事受束缚才是常态；所谓的安静、平和可能只是看上去安静、平和。一些个体开始认可开明而富有温情的管制主义，另一些个体对约束与管制的敏感度显著升高之后，反而更彻底地坚持自己的理想。对于管理者而言，管理规范的约束力总要显得小些——他们知道的信息更多、更细，突破规范禁忌的手段也更隐蔽、更"合理"。诸多对管理权的制约并未严肃、理性的施行，可见的显性收益和可观的隐性收益复杂交织，导致管理者不时尝试突破模糊的限定性边界。

个体之间一旦有了身份感，就很难天马行空。团结与束缚、凝聚与禁锢，有时仅一步之遥。局限于"私事"范畴内的意愿、取舍和偏爱不应受到无谓的干涉，即便有要求也不应要求偏高。如果个体的行动始终被局限于管理者所能容忍的限度之内，个体就始终无法在行动中意识到教育生活世界的荒诞性。

透明的教育管理流程有益于辩护渠道的供给。基础性的管理保障与必要的管理规范应相辅相成，无限定性的管理越少越好。谁当管理者都一样，都得接受监督与制衡，都必须在有限度、制度化的框架内运作。从本体性视角看，规范实施的实质是在教育生活中为实利主义和功利思维划定界限，褪去虚饰色彩与虚假情怀，关注现实教育生活中个体的生存实际，关照每一个体的真实样貌与精神状态。从人性化视角看，规范实施的要义在于减少强力控制和刻板执行，增加善意，提升对个体权益的承诺水平。

在方法层面，专制性管理规范使个体变成现代犬儒，执着于发掘人性内因。管理规范既要约制管理权力以使其不能随意僭越，也要保障权力的有效行使，既要避免不当约束，也应避免形成蚁民式群体和无序攫取。规范实施中"方法"的痕迹越明显，管理的成效就越低。教育生活秩序的建构既要制定便于落地的管理规范和评价条款，更要关注个体如何内化规范和条款。教育生活规范固然重要，但真正的变革最终需要具体的方法来实现。

彻彻底底的操控几乎不存在，具体的操控手段很少能发挥到极致。全景式、敞视化的操控之外，还应顾及各种各样的非正式操控。非正式操控也许不是决定性的，却不可不察。由于诸多现实复杂因素的掣肘，诸如"不要乱说"之类的非正式限定在现实执行过程中很容易异化为"不要说"。因此，限定力度的把握要顾及地域特性、人际关系等，否则会因力度变相加大产生强制之嫌——考虑到履行程度与设定误差，正式操控也不能过度。

在教育生活中，个体可能因过分的管理行为、过度地担负责任或特定的敏感性而产生受损感，继而产生补救的要求。如果对这种要求不管不顾，则会导致信任缺失、关系断裂。因此，审视对个体的刻意改变与主观干预，对失当的限定进行反思实属必需。补救意味着将不妥或错误的部分原因归于管理自身，是愿意承担必要责任的反应。补救的总体原则是补救应当超过损害本身。具体的补救措施包括：（1）提供对应的补偿，以物质利益弥补身份、地位、尊严等方面受损蚀的个体，努力改变最初不公正的结果。（2）为个体额外提供有价值的服务以平复个体的不满情绪，引导个体做出积极的情感反应，构建不公正不会再发生的信念。（3）通过解释等方式恢复个体在公共教育生活中的地位和声誉。对不公正事件的起因、过程与结果做出说明，以便消除因信息不对称所造成的误会。给予受损个体一定的组织承诺。（4）惩戒不公正举措的执行者以恢复教育生活秩序，修复与受损个体的合作关系。（5）基于一定的条件与标准，满足受损个体的现实需求，向受损个体进行充分的解释、真诚的道歉以重建信任关系。（图10-1）

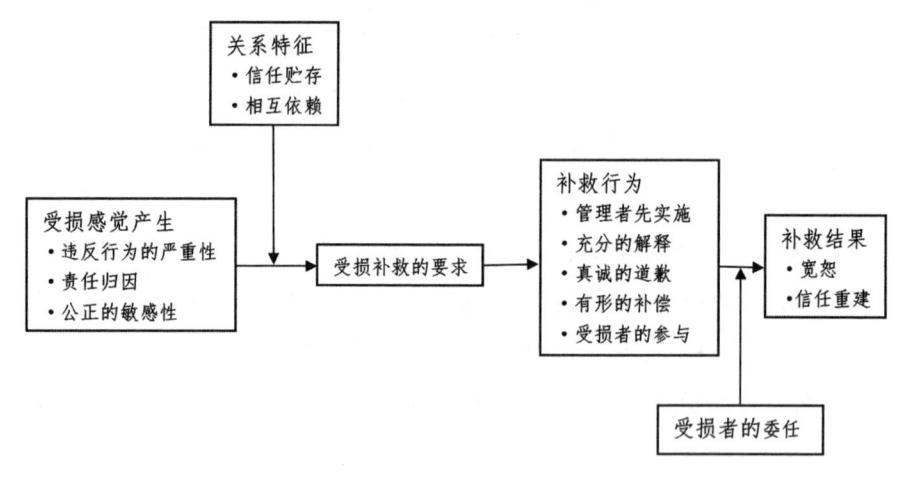

图10-1 从受损个体出发的补救模型

在现实层面，教育生活面临的问题不仅是如何管理，更在于如何制约管理。管理规范只关注角色内责任，否定角色外责任，这为一些管理者运用公共逻辑谋求私利提供了便利。管理者有自己的利益需求，同时又是规范制定者和组织协调者，这难免让人怀疑管理者通过规范制定和组织协调勾兑私己利益。为避免私利取向的管理对个体教育生活的僭越，当上级组织向管理者授权时，有必要明确授权的边界与限度。

有时候，回避责任、忽视被管理者利益、超越限度的管理行为多发。原本线上就可以解决，非要求当面布置。原本当面就可以说清，非要求搞个书面请示。"领导批示"在一些场域开始盛行起来。行政文化那一套与教育生活相混杂，结果往往滋长不良风气，导致教育生活中人心变异。诸如此类的情形，还是少一些为好，没有最好。表面看起来，管理者也有枷锁，但枷锁的功能普遍弱化。个别管理者按照个人意见而非管理规范对个体的言行进行解释，变相提高评价对特定个体的针对性，在具体实施过程中有意偏颇，照顾圈子内同好。互动公平与过程公平停留在理念层面，个体普遍认为自己遭受的不公平是"被分配"的不公平。纠正这些偏颇和不公平，不仅必要，而且迫切。

在管理群体内部，慢教育、闲暇教育、自由教育等教育生活理念急需辩护空间。作为培养人的活动，教育理念的贯彻尤其需要时间与耐心。然而，管理者的任期普遍不长。他们缺乏办好一地、一校教育所需要的足够的时间。这让他们很难静下心来对教育生活进行长远规划。当他们貌似庄重严肃地进行长远规划时，他们也许也在怀疑规划是否真能在任内付诸实施。数年之后，自己的下一任多半又会提出新的长远规划。所谓新官上任三把火，甫一上任，哪能一味萧规曹随接续前任的管理逻辑，总得弄出点新意。教育生活的延续性与稳定性因此受损。个别管理者难免目光不够长远，要么急功近利，追求中短期效应或能快速见到成效的管理举措，要么小打小闹，致力于细枝末节或局部状况的改善，要么对现实问题装作视而不见，只是做做表面工作，时不时发出一些动听的呼吁，喊几句响亮的口号。诸多过分追求立竿见影所导致的负面效应，直到管理者离任后才逐渐显现。

管理真空也许只是一种稍显极端的形象化比喻，但一个明显的事实是，再强力的管理规范也有力所不逮之处。较为糟糕的规范实施结果是，"法治秩序的好处未得，而破坏礼治秩序的弊病却已先发生了。"[①] 例如，近些年"双减"政策逐步落地。为了落实"双减"，一些地方要求同一年级的同一学科必须布置相同的作业并且要做到公示。全体步调一致，每一个体都得接受安排，结果导致弹性空间消失。姑且不考虑学科之间协调起来可能面临的困难，也不考虑针对不同学情进行分层作业布置的诸多优点，仅就不敢布置"多余"但有意义的作业而言，如此做法也很难符合教育规律。又如，对于规范实施中出现的问题，被管理者被告知，管理者只能在规定的时间答疑、接访，这显然有违有问题及时处理的常规。由于时间是规定好的，一些被管理者还有被硬拉去答疑的嫌疑，他们本无问题，但也被要求提问，于是也只能硬着头皮勉强问一问。再如，一些地方要求在日常管理中留痕，这类"痕"包括档案、照片、纸质证据、笔记、表格等。它们被用来证明工作在开展——无论开展这些工作时是真情实意还是虚情假意，至少这些工作确实曾真实发生。

在个体层面，"管制，随后规训"的逻辑日益受到挑战。保障个体在教育生活中的监督权，鼓励个体参与规范实施纠偏活动，才能让他们真正获得本体性安全[②]。没有个体愿意自己的生活被锁定，任何规范逻辑，无论看起来多么在理，只要被推向极致，都会破坏逻辑本身。几乎所有的直接干预都会面临合法性问题，拒绝专横、保持宽容才能避免制度性行恶。

在面对由宏大叙事衍生的管理规范时，个体常有无力感和无助感。个

---

① 费孝通. 乡土中国·生育制度 [M]. 北京：北京大学出版社，1998：58.
② 所谓本体性安全，是指"大多数人对其自我认同之连续性以及对他们行动的社会与物质环境之恒常性所具有的信心"。详可参考：[英] 安东尼·吉登斯. 现代性的后果 [M]. 田禾，译. 南京：译林出版社，2011：80.

体不断受到规整，无法自由取舍、自由表达、自由判断。个体试图担当责任，但在具体践行时却发现自己的自主权受到了剥夺。对个体性价值的僭越直接导致对个体认知的戕害，鲜有个体能始终在被安排、被支配的教育生活中甘之如饴。在严格管制之下，作为管制对象的个体通常不具备改变整体的能力。个体以免受管制为幸事，难有幸福可言。

在教育生活中，服从通常意味着以既定的方式接受。然而，主动服从可能被理解为逢迎，所以除非是在特殊场合，主动服从的行为越发减少了。随着匿名化的线上生活方式盛行，服从管理之类的规范不断强化，却无可避免地趋于弱化。与之相应，批评立场相似的个体更容易聚集起来。尽管更多时候都是作为单一个体，但作为批评者，他们有时也形成批评者联盟。每当遭遇逆境或受到困扰，他们便消极怠慢，放弃履行责任，也不愿再尽义务，甚而有意妨碍管理举措的施行。

由于时常被认定破坏规范，特立独行的个体会被看不惯。他们甚至主张没有什么必读之书，甚至不应设置必考科目。如果在被组织的过程中被阻止，他们就用"笑哭"表达自己的复杂感受。管理者忙得团团转，他们依然选择袖手旁观，"一抓就灵"的时代似乎已经一去不复返了。当认为自己需要维权时，他们更倾向求助于记者、意见领袖或维权活动家，更乐意通过角色外行为解决问题。面对教育管理权限无约束扩张，他们既无奈，又嘲讽。作为规范的实施对象，时常因无奈而表现得自卑，当致力于讽刺时，又表现出莫名的自大，甚至认定只有自己真正有资格嘲讽。依据管理规范，这类个体需要矫正，于是便有了专门的反知识处置机构和反道德处置人员，但要说他们的所言所行具有颠覆性，则未免有些矫枉过正。

事实上，给予个体充分的信任和自由，实质就是赋予个体更多的自主权。个体教育生活问题始终需要个体自主解决，个体教育生活的迷误始终需要个体自主吸取教训，规范贴个体而施行，才能创造性地落实，继而真正产生实效。当个体视规范为束缚自由存在的锁链，诸多合作性要求即便产生了共鸣，也往往短暂而脆弱。规范的正向效应在于压缩教育管理权力自行专断的范围，注重个体的改进而非对个体的惩罚，鼓励个体和其他个体一起做事，而不是做其他个体的事，更不是针对其他个体做事。对于毫不利己的利他行为不应强迫个体去做，个体不做也不应进行谴责。

四、个体教育生活环境的营造与重构

在真实认知的基础上热爱教育生活环境，才会真正融入教育生活。良好的教育生活环境既可以缓和冲突，提升教育生活的和谐度，也可以弱化个体遭遇失败后的消极反应。舒适、自由、开放成为个体矢志不移的教育生活环境诉求。为个体成长奠定物质基础、专业基础、人际基础，为言说指示真、善、美，为行动指示方向，为理想点亮灯火成为营造教育生活环境的基本准则。

试图实现纯然的观念独立并没有什么可能性，人为制造个体观念世界也无可能，通过营造环境影响观念世界被视为通常做法，对良心、制度、他者的复杂考验无不在特定的教育生活环境中进行。当前，教育生活舆论场、教育生活心理场日趋复杂，教育生活环境呈现出不确定状态，有时与个体期望背道而驰。一些僵化的痼疾急需破局方案，却不适宜殚精竭虑地寻找破局的命门，因此时常被拿出来进行语义、存在、影响、机理等多角度的审视——真实的教育生活环境未必像教科书上描述的那般美好，但也没有狼藉不堪。

（一）环境控制逻辑及其复杂效应

由教育生活环境内化而形成的控制机制是个体言行的前置要件。教育生活不是社会日常生活，也不是政治生活，它只能算是教育者和受教育者的日常生活。在教育管理者那里，它或许有一些政治生活的意蕴，但无论如何，它有它的组织，它有它的使命。

从历史发展来看，工业文明增强了个体的力量，有助于个体突破教育生活环境的局限。在人文主义、儿童中心主义思潮下，尽管旧有的工业化体制并未发生实质性改变，但对教育生活环境的管制的确越来越宽松了。

个体的生活态度、生活方式、生活趣味、生活习惯都获得了不同程度的生发空间。

从目的层面来看,个体矢志不移追求的教育生活感受无非是愉悦、平等与尊重。鲜有个体会在感受不良的教育生活环境中做到全身心投入。如果教育生活环境仅仅局限于规定的几种,将是非常脆弱的。过度尊奉居高临下的关怀,最终势必异化为单纯对特定教育生活环境的提倡。教育生活环境不应存在过多的定数,被设定的环境参与者支撑不了教育生活的良性运转。对于那些想寻求新体验、想冒点险的个体而言,具体的教育生活氛围不应总显得不那么友好。

教育生活中时常发出各种形式的倡导,声称要塑造自由人格,要养成独立主体,要培养公共理性,然而最终还是走向了功利主义、争胜思维和变通逻辑。在具体的导向过程中,倡导者们时常脱离实质、隐瞒信息甚至提供假象,让个体相信他们身处其中的教育生活环境与自然法则、人性法则是一致的。事实上,由于外部环境的异化与扭曲,个体难免遭遇种种外力干涉,却无法公开质疑[1],不得不在非自我空间内回转,日益被外部型塑标准耗蚀。强调团队意识、弘扬合作精神,本应让组织更具活力,让个体因身处组织之中而更具优势,而实际上无论组织还是个体都难以取得实质性进步。久而久之,个体逐渐意识到关于"团队意识""合作精神"之类的声称不过是一种口号,是"懒管"的借口,并不会带来什么实际性的改变。

提升个体对教育生活组织的认同也是教育生活环境控制的重要目的。在教育生活中,每一个体都依赖组织而存在。消解怀疑、虚无心态,也需要较高的组织认同感。一方面,任何宣称服务于个体的组织都是利益关系协调的结果。组织一旦建立,便会以超个体的形式存在。在绝大多数情况下,组织都拥有超个体的力量。也正是因为这种力量,组织才能有效调节

---

[1] 因为表面声称的依然是自由人格、独立主体与公共理性。

个体之间的矛盾。另一方面，个体将自己作为教育生活组织的成员，努力融入组织，将对组织的归属感作为自我认知的基础。个体对组织的融入程度体现了个体对组织价值观的内化程度，融入程度越高，自豪感与忠诚度越高，在教育生活中也更乐意与组织的倡导保持一致。

与认同相反，"唱衰"是对教育生活环境不满的直接信号。诸多单方面的环境控制，即管理者认为教育生活应该怎么样就努力将它设计成什么样，最终无不引发了不满。一方面，个体基于"唱衰"、不满之类的主观倾向进行环境构建，往往导致构建后的环境指向受到感知偏见的影响。另一方面，所谓的不满实际是对自身权益兑现程度的不满。只是，个体将心神专注于并不高级的实利权益，这倒也一定程度上平息了不满。

从方法层面来看，环境营造者们时常视规划为重要控制手段，为了达成控制效果，时常在条件供给规划、文化研究规划、平台搭建规划、宣传引流规划等方面多管齐下。很多时候，制造对规划的赞同被用以控制教育管理风险，良好环境氛围也多是通过规划有意烘托出来的。

他者性问题值得关注。一些标准化教育生活环境被树立起来，对这些教育生活环境只许正观，不准斜视，通过对记忆的选择性引导，只能记住其中秩序井然之类的好——面对这种教育生活环境，不少个体都意识到了自我的他者性。基于他者性，达成控制的策略是让个体之间拥有越来越多的相似性。诸多抑制体系被开发出来以便平稳地操控，尤其禁止有预谋地制造异端混淆正误与是非。基于他者逻辑，很多个体口中所谓的压力都可以忽略不计。诸多有意的施压行为尽管意在矫治，却降低了个体对组织的归属感。

与他者性相对，能够对专断产生约束的自我性因素往往被定义为独特的、偶然的、个性化的。在不那么开明的教育生活环境中，这类因素通常难以占据有利位置。在推崇权威、上尊下卑的教育文化氛围中，通过遏制他者性因素安抚遭受不公的个体，实施起来往往困难重重。在他者性与自我性的复杂交互中，表面鼓励彰显主体性，实际上却可能并不允许。一旦个体教育生活面临危机,还得靠基于他者性而制定的机制才能继续生活下去。

教育生活中的道德约束力主要依靠公共教育生活舆论和个体良心来实现。为了维护既有的道德秩序,时常需要对舆情进行确认。舆情一旦发酵起来,管理的公信力往往面临被摧毁的危机。有时候,风言风语已经风靡教育生活场域,管理者却还在慢吞吞地寻找真相。为了达成对公共教育生活舆论的隐性管控,一方面笼络策略受到广泛应用。一些笼络策略从文本编写者那里呈至文本审定者那里,最后走进个体的教育生活。策略的应用教程越详尽、越高深就越权威。另一方面对上负责制广泛流行,其背后是一种"寄主—寄生""授权—受权"关系,其林林总总的外在召唤逻辑内蕴着不易察觉的隐秘关系。基于这种隐秘关系声称为个体服务,难免对个体和服务存在深深的误解。

辱虐式的管理使个体意识到自身处于具有威胁性的教育生活环境中。一些辱虐式管理所附带的隐性控制虽无法以证据的形式固定,却具有威慑性。它让个体很难融入被赋予的教育生活角色,也很难养成对教育生活组织的认同。个体感受到辱虐对待后,人际公平感会降低。进而,个体不仅会认定所参与的组织缺乏可利用的资源,而且会重新审视自我之于组织的价值。个体长期陷于被赐予心态与低自我价值感,在组织中的角色认知、使命认知将趋于模糊,这又导致个体更加不愿与组织建立深刻关联。

从个体层面来看,个体的教育生活样态是时代环境使然,也是有意控制的结果。例如,在传统时代,个体的教育生活交往空间受主流教育生活叙事和官方主体交往逻辑主宰,个体外在的反思资源严重匮乏,只有借助于主流或官方的符号结构才能认识外界,实现外界与自我的同一性[1]。个体的社会化与个性化过程都无从选择,只能接受单一性的内化过程与外在认同逻辑。又如,个体思维一旦被工业逻辑圈定,便只能以机器与技术的

---

① [德]尤尔根·哈贝马斯. 重建历史唯物主义 [M]. 郭官义,译. 北京:社会科学文献出版社,2000:73-75.

视角思考教育生活。个体即便意识到了问题，解决问题时也会非常机械。对于这类个体而言，他们始终信守的信条是："一方面所有的机体都要承受重力，被引向地球的中心，另一方面因为地球的运转必须承受离心力，这两股力量的合力便是滞重的力量，人们无能为力。"①

进一步而论，个体的不良倾向也不一定完全由自身因素所致，还时常缘自公共教育生活环境中欺蒙、不公所引发的怀疑、愤世——个体的不良倾向是个体生活术和特殊环境氛围复杂作用的结果。只不过，个体很多时候并没有因特殊环境氛围的负性影响而得到宽容对待，反而被指责损害了公共教育生活秩序，最终作为不良存在被抛弃②。这种情形的发生，直接导致个体对制度环境、人际环境和事务流程持不信任态度。

教育生活中的知识情境与环境秩序，实质体现的是特定权力与利益的控制逻辑。在真实的教育生活环境中，不是权力与利益服从于知识与秩序，而是权力与利益决定知识与秩序，它告知个体应当以什么为认知对象，以及应当使用什么样的方法对对象进行认知。知识与秩序的效用在于以"真"这一身份或"善"的方法论为教育生活中权力与利益的正当化服务。为避免招惹麻烦，与权力与利益正当化相悖的观点最不容易流行起来。所谓的知识体系，实质是围绕权力与利益机制编制的话语体系。"通过权力，我们服从于真理的生产；只有通过真理的生产，我们才能实行权力"，教育生活环境某种意义上是知识、权力、利益共谋建构的产物，教育生活中的主体实际是"具有知识、行使或服从权力关系的主体"。③

由于数字化、信息化、智能化水平不断提升，对个体的监督也在虚拟生活环境中同步展开。个体几乎处于全景监视情境，形式各样的网络监督平台被搭建起来，与现实世界中的通报相较，网络世界中的通报显得更为便利。以往，个体的感情圈仅限于自身现实生活中的熟人。而今，基于情

---

① Chevillard E. Au Plafond. Paris：Les Editions de Minuit，1997：157.
② 正是为了避免这种情形，一些个体逐渐学会了"宁可不做，也不做错"。
③ Focault M. Power knowledge. NewYork：Pantheon Books，1980：93.

感信息化联网,情绪传染或散播变得极为便利,传染的程度更深,散播的范围也更广。个体的生活处境是变幻的,有时充满了价值建构的使命感,有时又陷入了价值崩解的颓废感,有时还可能陷于虚无感,"认真你就输了",不如游戏人生。哪怕是游戏,个体也不再执着地参与某款或某类游戏,不愿再遵守固定的游戏规则。个体感兴趣的游戏也在变化、在升级。这让个体始终保持新鲜感,也让个体在虚拟环境中体会到了持续性快感。

从具体效应来看,如果个体之间权益差距过大,个体在教育生活中的无意义感、倦怠感就会增加。个体生活压力大,动辄得咎,遭到不合理的评价,士气势必低落。个体的安全感降低,对组织承诺的信任度也会随之降低。组织虚伪、缺乏诚信、支持度不够、组织不公、组织歧视等都会降低个体的组织归属感。

一些控制举措不深入了解环境真实情况,判断力缺失,还自以为是地认为举措永远正确。如此无知,往往损及作为教育生活基础的诸多原则。无论如何控制,如果在具体设置中个体时常被视为证明"举措永远正确"的手段而非目的,就难免损害教育生活的多样性。

营造教育环境时,人永远是目的,以热度和流量是举的评价指标体系应予扬弃。纯粹的奥威尔(G. Orwell)式的环境控制逻辑事实上很难达成。不存在被硬性编排、被强行植入的个体。尽管每一个体都必须学会适应环境,但没有谁可以被视为工具。不少被有意控制的令人心醉神往的氛围导致了狂热。诸多被包装好的伊甸园式的美好生活图景,常常会让身处压力、焦虑、彷徨中的个体莫名其妙。由于难以被个体悦纳,它们在教育生活中逐渐式微,直至失去了影响。

没有抵制者或批评者的单向度教育生活环境很难存在。无论外部制造的信息压力有多大,让教育管理者略感不适的亚文化总能带着倾向性被建构起来。并非所有个体都会陷于蒙昧状态。即便面临严密的环境控制情形,那些聪明的个体迟早也会明白,亚文化并不必然会与主流文化正面冲突,主流文化的确时常碾压亚文化,但亚文化同化主流文化的情形同样也有发生。在个体教育生活中有意制造单一的主流文化环境，最终造就的只能是简单而不合宜的头脑。

（二）环境营造逻辑及其多层维护

教育生活环境营造同样能够包含种种制度性创造。制度化氛围与组织环境深刻影响个体教育生活的满意度。诸多制度性、组织性核心生活要素源源不断地被生产出来，形成某种环境氛围，直至成为教育生活主流价值观。

从条件层面看，个体间的生活基础或生活共识至关重要。传统生活中个体围绕土地聚族而居，姻亲和邻里关系为达成生活愿景提供保障，生活样态表现出较高的稳定性。即便在现代社会，处于相同生活情境的个体，哪怕并无血缘关系，也会有精神上或文化上的亲切感。长期分隔于不同生活情境的血缘性个体，彼此也会成为陌生人。

仅凭言词性的说教难以养成公共教育生活精神，旧时代教育生活的基本要素鲜少给个体提供新鲜感。与之相对，新时代出现的新信息、新技术、新文化不断被自觉整合起来，以眼花缭乱的方式浸入个体教育生活。对传统教育生活而言，诸多线上虚拟平台是新兴教育生活元素，是大数据、人工智能和个体代际演化的必然产物。与实体教育生活空间相较，虚拟教育生活空间较为宽松。基于远程往来、虚拟平台、移动APP的交流机制越来越重视共享，也越来越重视私己。

大数据、人工智能等信息技术不断改变个体教育生活，注重相关性、及时汰出、保持更新换代等信息技术理念也在深刻改变教育生活环境。虚拟空间的信源、信道与信宿都极为便利，个体互动实现了即时性。图像、音频、视频让个体间更为高效地沟通。印刷媒介、电化媒介、数字媒介构成"全媒体"生态，个体间的交往具备了超时空特性，既简易又迅速。虚拟网路上的链接性增强，现实生活中的连接性趋于弱化。自媒体传播让思想、意识传播呈现出新形式，公共意见被分流，个体被引入不同的意见区，为数众多的管理者舆论场与被管理者舆论场日益成型，各式品类的线上社区文化愈发成熟。传统话语权的旁落已是既成事实，各抒己见、自由表达的环境越来越宽松。

线上教育生活依赖大量的开源性个体，他们为教育生活提供元素、工具或组件。在"微"时代背景下，个体都成为了"微客"。微小说、微电影、微公益、微课堂更贴近生活，随时、随地、随心的特点让个体更自主、更有兴趣。基于"微客"的广泛参与，各类微平台迅速崛起，非正式赋权的情形增多，个性化智慧的力量更加突显。在关注主流教育生活的同时，"微客"们试图构建更符合自身价值倾向的集体性生活样态。他们构建线上数字化广场，让教育生活常识更易懂易学，更易于接近，一些教育生活本质话题也在那里讨论。

从价值层面看，谋求组织公正已作为价值信念深入个体的骨髓。基于组织公正的公共理性、公共精神、集体参与既能为竞争提供稳定性条件，也有益于孕育个体的自由精神。组织公正一般划分为四个维度：分配公正、人际公正、信息公正和程序公正[1]。在教育生活中，组织公正的最终结果表现为获得机会、名誉或物质利益，得到公正对待意味着组织认可自己是它其中的一员。

一种宣称一旦被纳入主流教育生活体系，就会通过外部声援、自圆其说等方式维系其正当性。在主流教育生活体系中，一种宣称的有效性还取决于它与其他宣称之间的契合度与连贯性。将本不契合、不连贯的教育因素整合于统一的逻辑范畴的能力就是这种宣称的阐释能力。换言之，一种宣称作用于教育生活的方式是在复杂的教育因素间构建人为关联。在刻意制造的氛围中直观地摊派价值通常导致无趣。刻意地营造轰轰烈烈却无视个体真实的教育生活处境，一味地站在道德制高点上宣称，并不能真正彰显教育生活价值的崇高。在刻意营造的氛围中，真诚建言反而影响氛围的和谐，因此即便有提议机制、圆桌会议等制衡因素，即便提倡广开言路，

---

[1] Colquitt J. A. On the dimensionality of organizational justice: a construct validation of a measure. Journal of Applied Psychology, 2001 (3): 386-400.

个体依然可能心存顾虑。尤为需要警醒的是，一旦轰轰烈烈的宣称活动呈疾风骤雨之势，即便有一两个批评者言说，即便言说的确有其合理性，也可能因无人在意或遭受围攻而旋即湮灭。

由于任期的限制，一些教育管理者似乎提前做好了卸任的准备。他们对前任遗留下来的历史问题马马虎虎——既然隔几年就要离任，就没必要非得在自己的任上解决历史问题。历史问题过去是怎么产生的与自己并无多大相关，因此到底该如何解决对自己似乎也没那么重要。他们表面上对历史问题保持最大限度的宽容，实质上事不关己高高挂起。除了真正的教育家，谁还会深究教育生活的过往？就算是教育家，也很可能是有目的、有选择地深究。因此，和这类管理者谈教育生活史，无异于面对选择失忆症患者——他们都抛弃了他们想忘记的，记住了他们想记住的。他们想要诠释的教育生活，也是他们有意选择的。相对而言，一些普通教育者的生活回忆录，也许未必全部可信，但一定程度上丰富了教育生活史的诠释视角。在这些回忆录中，高高在上的教育人物或重大教育事件被拉回到普通个体的视角进行重新诠释，诠释的层面、深度不仅让过去的人和事变得更加鲜活，也让"过去"得以扎根在现实教育生活环境的基底。

从方法层面看，环境营造的总体要求是更加高雅也更接地气、更具人情味，不仅注重通过强化管理氛围施加影响力，而且注重相处模式、情感意识、契约意识的混融，既保护私人权利，也建设教育生活公共空间。环境营造的通行的做法是，通过教育生活氛围对个体实施教育，构建并保持个体的惯习，让个体被教育生活环境吸引，乐意参与其中并为之奉献心力；警惕个体的言说和行为可能导致的消极影响，维护公共意识和集体伦理氛围以免个体做出有损整体教育生活的行为。

在教育生活中营造服从氛围最有利于构建个体的头脑。例如，在教育生活中营造家文化，让每一个体都被需要、被重视，激发他们多做对"家"有益的行动。在管理规范所及的领域，以"为成长提供有利环境"之名对环境予以清理。在管理规范难以涉入、力有不逮的教育生活私域倡导个体进行伦理自省。对于抵制性倾向，则需在舆论和行动上进行说服以使其改弦易辙。

有时候，环境营造者会刻意营造"自然"，然后宣称正在努力保护"自然"。他们用技术、设备层面的发展掩盖精神层面的贫乏，他们的过度装饰导致教育生活环境呈现出虚浮的洛可可风格。个体的成长环境被功利主义、争胜思维破坏，在过滤、净化手段日益失效之后，为了符应育人指标，只能伪造适宜个体成长的环境——为维持符合要求的教育生活秩序，假装教育生活环境友好，否认不良氛围的存在。这种伪造教育生活环境的过程，实际是伪造教育生活价值的过程。

对于虚拟、现实、虚实混融等不同形态的教育生活，管理者的管理格调应有所区别。在现实与虚实混融的生活空间，终结性的格调取向应受到批评，过程与结果并重的逻辑值得大力提倡。在虚拟教育生活空间，格调太高往往曲高和寡，基本取向是适度、灵活以便个体乐意遵从，基本路径是通过完善"配套"为愿景实现赋予必要的环境保障。环境营造过程有组织、有纪律，坚持原则、懂得包容、意志坚定、品味上乘，既保证基础环境要素的稳定，又保证具体情境设置具备更佳的陶冶性。

从个体层面看，教育生活保障范畴不断扩大，品质日益提升，但个体依然感觉艰难，这常常是因为个体缺乏合宜的信念。坚持自由理念也许合理，但因此而培育出一个个自命不凡的个体则多少有点受了自由主义的蛊惑。有鉴于此，环境营造的目的应在于"加强人文关怀和心理疏导，培育理性平和的健康心态"[①]，通过营造公正氛围强基固本，唤醒个体的良知与德性，引导个体对他者或组织产生正面情感，鼓励个体向往格调高雅的教育生活，通过多元化的实践设计调节个体的认知、心态与品性。

想让个体在教育生活中投入热情，不仅要保障个体有充足的精力，还应提供资源与条件。一方面，提供精神指引引导个体向往，在教育生活中

---

① 习近平. 把思想政治工作贯穿教育教学全过程，开创我国高等教育事业发展新局面 [N]. 人民日报，2016-12-09 (1).

构建内在认同或聚合的基础,为个体人格的完整提供可能。另一方面,实施必要的刺激计划保证教育生活有效运作,提供个体所需的外因,为满足个体精神需求创造外部环境。让每一个体感受到自己在教育生活中是重要的,是可以有所作为、有所影响的。此外,个体所拥有的机会应当基本对等,所享受的教育生活条件也应基本平等。面向个体的宣称应更加普遍化,更易于被接受,更益于个体获得动力以便自我拓展。

希望被保护、被认可是人性的基本向度。积极的言行反复受挫之后往往出现普遍性的沉默氛围,个体感受到组织的有力支持才会提升对组织的认同感。在公平的境遇中,个体更容易相信自我,在公正的氛围中,个体更容易相信生活。"我好你也好"才能相处融洽,除此之外都难以建构健康的主体间关系;通过良性思想资源和个体间良性互动,才能构建和谐的生活氛围,让每一个体各得其所,融入教育生活乃至对教育生活产生眷恋。

相对而言,现实中的个体更易于被非传统生活因素感化,他们时而自信满满,时而轻言放弃。无论如何,每一个体的生活状态都应受到关照,再微乎其微的生活信念,也应有机会发出光亮。教育生活条件供给必须务实,鼓励通过利他行为为个体提供更多温暖。为此,应着力廓清影响个体满足感的内生变量,精心剪裁每一教育生活片段以引导个体观点和意见的表达。既注重专业支持、价值认同与利益倾向,也注重发挥个体的自组织能力,最终达到"富者福存,法者尊存,德者善存,美者良存,信者敬存,思者慧存,合之则优存全存的生命境界"[①]。

(三) 环境变革逻辑及其深度重建

在信息化时代,生活过时程序加速,"在以往的所有文明中,能够在一代一代人之后存在下来的是物,是经久不衰的工具或建筑物,而今天,

---

[①] 操奇. 主体视界中的文化发展论 [D]. 武汉:武汉理工大学博士学位论文, 2011:218.

看到物的产生、完善和消亡的却是我们自己。"[①] 教育生活环境也在经历深刻变迁,有时聚合,有时离散。复杂的外部生存环境要求时常实施组织性变革以获得持续性发展优势。当前个体教育生活呈现出的原子化倾向,一定程度上是教育生活环境缺乏组织性变革或任意进行组织性变革的结果。教育生活中群己界限不当、公共生活伦理匮乏的局面有待改观,诸多看似正常的教育生活环境征候有待深井式勘探。

从本体层面看,新生活与传统生活存在诸多根本性不同。前者更能容忍个体自由,个体有权向制度、权力索求自由,个体自由可以和权力逻辑共存。与传统生活的规范性、保守性不同,新生活中集体、家族、血缘意识趋于淡薄,非正式联动增加。一些前卫意识、时髦价值在非正式联动中实现了扩张。个体间更易于分化,但也更容易联合。

具体到教育生活层面,不同个体所享有的教育生活条件悬殊。一些个体在教育生活中不如意,缺乏成就感、人际关系不睦,身心疲惫、压力超限,这些不仅关乎教育生活环境不良因素,还直接滋生教育生活环境不良因素。因此,亟须围绕"个体生活是否有意义"这一根本对现实教育生活进行整饬,通过教育生活再组织涵养个体生活心态,激活教育生活的组织基础,活化教育生活规范实施,重建教育公共生活旨趣。

在陈旧的教育生活氛围中,诸多话语套路已经僵化,宣称模式已经陷入形式主义,难以转化为个体的自觉认同。活动是脱域的,没有给普通个体提供机会,个体出现错误通常难以获得谅解。美好理念也趋于口号化,给个体空洞感,纵然个体不敢批评、否定,也会敬而远之。有鉴于此,重建应当是多向的,避免将教育生活环境看作闭环体系。有时候,既有教育生活体系过于顽固,"真教育"的存在依据与合法话语不足,甚至需要在"旧教育""非教育"环境中勉力维持。

---

① [美] E·弗洛姆. 健全的社会 [M]. 孙恺详, 译. 贵阳: 贵州人民出版社, 1994: 1.

由于匿名（隐身）表达、网状扩散、无限传播等特点，虚拟空间时常形成相对独立的情境逻辑。个体在虚拟世界中"化身"，不断卷入云端智慧学习情境，直接或间接导致了教育生活环境重建。有时候，只有在虚拟空间等隐匿性情境中，个体才表现出勇于探索、独立言说的风格。数字学习、虚拟仿真、人工智能等成为维护教育生活环境的技术保障。技术日益塑造个体心灵——将真实的教育生活仿拟为超真实的教育生活。这种超真实的生活如此美好、如此有趣，以至于个体时常不自觉地错将虚拟当作真实。

综上所述，无论基于现实环境还是虚拟情境，真正的教育生活逻辑大多是自下而上建构起来的，带有必然的内生性和一定的自发性。尊重内生性和自发性才能将教育生活从宏大宣称与共同体的抽象性中解放出来，才能将教育生活中的竞争哲学转变为共生哲学，重构被争胜逻辑破坏的教育生活氛围。与此同时，还可以培育一种教育生活精神，在这种精神的引导下，每一个体都趋向自由、平等，关于教育的意义与价值的论调不再高高在上，转而融入普通个体的日常生活。

从方法层面看，变革教育生活环境不是重新掺假，也不是再次伪造，而是重构其材料、纹理与质地。教育生活环境营造有时并不源自客观现实，而是源自策略性需要——既然是策略性需要，而没有客观事实存在，那就将"客观事实"制造出来。总体来看，遏制这种逻辑的根本策略在于从形式和价值层面清除教育生活环境中的虚假因素，去其矫饰，使其恢复本然。

即便并不有意营造，漫长的教育生活变迁也会导致环境重建。所有着力推进的教育生活条件性目标，既应当顾及教育生活变迁的规律，也应当是可接受的，既积极表达对高绩效的期望，也通过多元激励、角色示范降低个体疑虑。为个体提供更为多样化、非等级性、开阔的选择空间以便个体维持必要的动力水平，向个体呈现比较优势以便个体在显而易见的收益中做出改变。在维护差异的基础上实现共同愿景，除了必要的环境营造装置，更应体现出环境自然而然的本然，将批评和阐释从"教室"的禁锢中解放出来，从集体无意识中挖掘环境重建因素。鼓励无数个体向无数个方向优化，如此才能保持良性的目标寻优机制。

教育生活新形态需要新秩序、新格局加以支撑。为摆脱现代犬儒主义、消费主义、享乐主义、躺平意识等负向生活惯性，多建立一些锚定点极为必要。当前，以虚拟性、瞬时性为本质属性的网络思维，以及以编码、解码为特点的网络逻辑呈现裂变式的传播。微平台有助于自由精神的发扬，因此成为个体对外表达的主流途径，需要每一个体都亲临现场的公共教育生活趋于式微。然而，正因为有了微平台，面对面的交往越来越困难了，虚拟交往密集起来后，问题与苦恼反而被不断放大。微平台更便捷，但也更容易导致扩散，有意无意地在微平台上进行情绪宣泄，导致极端化、意料外结果的可能性会增加。特异性、独白式的存在主旨在虚拟世界获得了发展空间，交往貌似更加普遍，实际上单一而刻板，缺乏深度，表情是符号化的，情绪是数字化的，程序是自动化的，语言也是网络语言，个体貌似在场，实际上却都在退场——在教育生活新形态构建过程中拒绝苍白、保持深度、维系在场成为新课题。

虚拟教育生活中个体精神的重塑势在必行。一方面，个体虚拟生活的扩张，实质是信息技术普适性的绵延。网络民意近乎等同于普遍民意，虚拟教育生活民主领先于现实教育生活民主。基于宏大叙事的深刻、持久影响越来越难以形成，个体蜂拥于移动互联终端的碎片。教育生活日益仿真化，个体日益被各种仿真形象渗透。由于光纤通讯、人工智能等新式信息技术的襄助，虚拟空间的组织作用越来越严密，虚拟空间中个体间的交往趋于高效率、普泛化。在聚拢诉求一致、趣味相投的个体方面，虚拟平台起到了节点性作用。个体的情绪表达得到了图文、音像的辅助，更直观、更可感、更鲜明。另一方面，由信息技术引发的工具理性的强势扩张，执着于用数据架构教育生活环境，却忘记了提升自身理解教育生活环境的能力。在虚拟空间，围观就是力量，个体教育生活的形式、场域急剧拓展，琐碎的、庸常的成为时髦的、主导的。朴实的交往被信息技术分割，投机、引战、拉踩、互撕等个体不良品行多发。虚拟空间充斥的刁蛮倾向，或多或少也会在现实教育生活中延伸。

从管理层面看，在管理术的规约下，即便及时消解诱发失衡的因素，教育生活中的亚文化现象依然呈激发性上升态势。即便时常慑于管理规范的严苛，一些具体的亚文化样态依然在跌跌撞撞中迎来了非常态的繁荣发展。这其中的复杂情形显然与管理术施加于具体个体时的实然状态密不可分。不同管理者之间的认知可能存在裂痕，个别管理者之间还可能分歧严重，这让教育生活亚文化的存在处境发生改变。

管理者被视为上级教育行政机构任命的"他者"，管理群体中行政文化浓厚，教育文化淡化。个别管理者不清楚个体面临的问题，即便管理者对个体好，个体也会揣测管理者这么好的真实动机。为了维系主流教育生活叙事，管理者消解亚文化共同体的同时也会消解原本已被广泛接纳的信条与规矩。即便是现代化的软硬件设备，也常因行政做派而利用率不高。个体"进入"不意味着"融入"，也不意味着管理者的宽容。个体长期浸淫其中，渐渐发现教育生活并没有管理者宣称的那么好，进而心生怀疑，有意逃离。

一些所谓的负面影响不过是相对于主观认定的正面影响而言，不一定真的就是负面影响，试图阻碍这类负面影响的传播不如构建互信氛围并因势利导，试图消除这类负面影响反而可能导致更大的负面影响。当影响的性质不太好界定时，不妨留下令人玩味、耐人寻味的空间。

作为管理者，有责任在普适性与地域性、抽象化与具体化环境要素之间找到平衡点，找的过程不仅要在"天平"上移动"砝码"，而且要注重各类要素的有机融合。普遍化的教育生活模式往往存在地域性或校本性的水土不服，可以尝试让个体理解，却不必强求个体无条件遵从。普遍化越强势，越应注重个体教育生活对地方性环境的适应，越需要将个体教育生活视为基于地方性环境的自然而然的生长。义务性仪式导致的脱域问题，在个体那里引发了越来越多的批评，这也说明适应地域性、真实性、具体化等新环境营造逻辑是大势所趋，将宣传板上的"奉献教育，甘为人梯"改为"人人都可以"看来也是必要之举。

技术也是一种潜在的管理力量。有时候，管理者寄希望于技术性的柔性强制塑造出井然有序的教育生活。然而，"技术的意志把一切存在者包括自然本身变成了无条件地贯彻意志的材料，并因此把一切存在者带入一种算计行为之中。""正是这种井然有序把任何秩序都拉平为千篇一律的制造，从而自始就把一个可能出现秩序和可能存在而来的承认的领域破坏了。"[①] "持续不断的技术革命是从资本积累和军事规则中获得原动力的，但是它们一旦开始运转起来，便有了自己的推力。推广科学知识和展示技术创新中的先进效率，无疑是颇有影响力的一个驱动因素。一旦技术创新成为一种常规，就会有一种强烈的惯性。"[②] 技术带给教育生活诸多便利、实惠的同时，个体的物欲、权力欲也随之增长，冲突、破坏的规模也增长了。

从个体层面看，不能在教育生活中立足也就意味着不能在社会生活中立足，这种焦虑和忧惧提升了个体发生内在心理冲突的可能。一些个体发觉现实境遇与理想境遇差距过大，既不愿降低自身期望，也不愿忍受失望的现实。他们试图发出自己的话语，但话语在无边无际、无穷无尽的虚拟流量中被稀释。他们知道所谓的"让自己满意""让每一个体满意"其实并没有什么标准，也知道达成"满意"的途径是多样化的，并不仅限于最常被宣称的那几种——他们只是缺少助力改变现实境遇。

具体而言，个体在教育生活中缺少助力并不单纯指物质或资源，也指闲情与乐趣，还指缺少见世面的机遇。有时候，货币或资源并不十分紧

---

① 高伟. 现代犬儒主义教育哲学批判 [J]. 华东师范大学学报（教育科学版），2014（2）：21-30.

② [英] 安东尼·吉登斯. 现代性的后果 [M]. 田禾，译. 南京：译林出版社，2011：148.

缺，缺少的只是对有意义生活的感悟。有时候，对生活意义的感悟也不十分缺乏，缺乏的是内在归属感——个体所处的教育生活环境并不是"个体的"，所在的教育生活组织也不是"个体生活的一部分"。个体缺乏对自身教育生活环境的控制权与选择权，也难以够感受到个体间的真诚。

在必要的助力之外，也应着力提升个体的交往理性，引导个体从功利向公利转变，既不在现实教育生活中无脑批评，也不在虚拟教育空间做网络刁民，既不在现实中不加辨析地冷嘲热讽，也不在键盘面前无德自嗨；缓解个体焦虑，为个体间友善交流提供组织支持，通过多元评价与科学管理弱化个体间竞争，引导个体打开心扉，对教育生活变迁采取积极应对方式，突破失望的幕障；维护个体空间，减少拘束性时间，避免个体产生非必要的精神蚀耗。

个体在虚拟空间的聚合，有时产生强大效应，有时充满乌合气氛，集思广益、多元交互之外，盲目追随、自我迷失也掺和其中。无数个体散播的信息急遽集散，时空被压缩，裂变既可能同时出现，也可能相继出现，在集散与裂变中，人情也显得多余。由于教育生活虚拟化、仿真化，复制与仿造普遍盛行，个体被笼罩在"非现实""超现实"之中。诸多教育生活环境要素不再只是单纯表现为虚幻，虚幻即现实本身。将虚拟直接等同于现实之类的荒诞不仅被允许表达，而且被允许制造。由于见多识广，频繁颠倒表达、制造翻覆，个体对所遭受的境遇的吐槽有时脱离了教育生活本身。个体逐渐熟悉了主流教育生活叙事的老套套路，不再认真贯彻它们，以至于它们表面轰轰烈烈，实际上却日益没落，慢慢地甚至被不知不觉地取代了。

个体熟悉虚拟活动或虚拟信息是为了自我持存。个体通过搜集信息判断形势，进而做出自认为有利的行动决定。由于虚拟空间的无限性，有时候为了搜集信息个体可能需要付出较多的时间与精力成本。如果没有更多的其他选择，就只能调节自己的心理承受能力。如果因此而疲惫不堪，或者搜集信息的成本超过因获得信息而产生的自我持存价值，个体就会选择逃离。

　　无论教育生活风向如何变换、翻转，惟有真相具备永恒的优势。在所有时间里欺蒙某些个体是可能的，在某些时间里欺蒙所有个体也是可能的，但在所有时间里欺蒙所有个体却绝无可能。因此，不应试图愚弄个体，真相终究会向个体回归，个体终究也会发现真相。"批评的功能是揭露批评之外的、作为权力的欺骗性表达的真理。"[1] 批评的目的在于聚焦是否真有实际价值，是否真对个体发展有利，从"真"教育环境中寻找教育生活共识。面对进步主义、怀疑主义、现代犬儒主义，抛开造作，摆脱繁文缛节，避免教育生活环境形式化，在更广、更深的层面开放教育生活公共领域，包容异见、鼓励个性，反而更有助于个体从私欲与私域中解放出来。

---

　　[1] ［美］约埃尔·魏因斯海默. 哲学诠释学与文学理论［M］. 郑鹏，译. 北京：中国人民大学出版社，2011：164.

参考文献

[1] [美] 威廉·詹姆斯. 实用主义 [M]. 陈羽纶, 孙瑞禾, 译. 北京: 商务印书馆, 1897.

[2] 梁启超. 曾文正公嘉言钞 [M]. 北京: 商务印书馆, 1916.

[3] 邵洵美. 火与肉 [M]. 上海: 金屋书店, 1928.

[4] 中共中央马克思恩格斯列宁斯大林著作编译局. 马克思恩格斯全集·第2卷 [C]. 北京: 人民出版社, 1956.

[5] [德] 格奥尔格·黑格尔. 黑格尔哲学史讲演录 [C]. 贺麟, 王太庆, 等译. 北京: 商务印书馆, 1960.

[6] 中共中央马克思恩格斯列宁斯大林著作编译局. 列宁选集·第2卷 [C]. 北京: 人民出版社, 1960.

[7] [英] 罗素. 西方哲学史·上卷 [M]. 何兆武, 李约瑟, 译. 北京: 商务印书馆, 1963.

[8] [美] 托斯丹·邦德·凡勃伦. 有闲阶级论 [M]. 蔡受百, 译. 北京: 商务印书馆, 1964.

[9] [美] 赫德里克·史密斯. 俄国人 [M]. 上海: 上海人民出版社, 1977.

[10] [英] 约翰·高尔斯华绥. 福尔赛世家 [M]. 周煦良, 译. 上

海：上海译文出版社，1978.

[11] [德]黑格尔. 美学[M]. 朱光潜，译. 北京：商务印书馆，1979.

[12] [英]大卫·休谟. 人性论[M]. 关文运，译. 北京：商务印书馆，1980.

[13] [法]让-雅克·卢梭. 爱弥儿[M]. 李平沤，译. 北京：商务印书馆，1981.

[14] 袁宏道. 袁宏道集笺校[C]. 钱伯城，校. 上海：上海古籍出版社，1981.

[15] [德]叔本华. 作为意志和表象的世界[M]. 石冲白，译. 北京：商务印书馆，1982.

[16] [德]黑格尔. 法哲学原理[M]. 范扬，张企泰，译. 北京：商务印书馆，1982.

[17] 中共中央马克思恩格斯列宁斯大林著作编译局. 马克思恩格斯全集：第40卷[M]. 北京：人民出版社，1982.

[18] [德]歌德. 歌德的格言和感想集[M]. 程代熙，张惠民，译. 北京：中国社会科学出版社，1982.

[19] [法]雨果. 巴黎圣母院[M]. 陈敬容，译. 北京：人民文学出版社，1982.

[20] [美]杰罗姆·大卫·塞林格. 麦田里的守望者[M]. 施咸荣，译. 桂林：漓江出版社，1983.

[21] [苏]列宁. 列宁论文学与艺术[M]. 曹葆华，译. 北京：人民文学出版社，1983.

[22] [英]彼得·伯克. 蒙田[M]. 孙乃修，译. 北京：工人出版社，1985.

[23] [英]托·艾略特. 四个四重奏[M]. 裘小龙，译. 桂林：漓江出版社，1985.

[24] 冒从虎. 欧洲哲学通史：上卷 [M]. 南京：南开大学出版社，1985.

[25] [奥] A·阿德勒. 自卑与超越 [M]. 黄光国，译. 北京：作家出版社，1986.

[26] [美] V·C·奥尔德里奇. 艺术哲学 [M]. 程孟辉，译. 北京：中国社会科学出版社，1986.

[27] [英] J·L·斯泰恩. 现代戏剧的理论与实践 [M]. 周诚，译. 北京：中国戏剧出版社，1986.

[28] 朱熹. 朱子语类 [M]. 北京：中华书局，1986.

[29] [德] 马克斯·韦伯. 新教伦理与资本主义精神 [M]. 于晓，陈维纲，等译. 北京：生活·读书·新知三联书店，1987.

[30] [法] 夏尔·皮埃尔·波德莱尔. 波德莱尔美学论文选 [C]. 郭宏安，译. 北京：人民文学出版社，1987.

[31] [美] E·弗罗姆. 爱的艺术 [M]. 李健鸣，译. 北京：商务印书馆，1987.

[32] 巴金. 随想录 [M]. 北京：生活·读书·新知三联书店，1987.

[33] [德] E·卡西勒. 启蒙哲学 [M]. 顾伟铭，等译. 济南：山东人民出版社，1988.

[34] [法] 路易·加迪，等. 文化与时间 [M]. 郑乐平，胡建平，译. 杭州：浙江人民出版社，1988.

[35] [美] E·弗洛姆. 为自己的人 [M]. 孙依依，译. 北京：生活·读书·新知三联书店，1988.

[36] [美] 戴维·埃伦费尔德. 人道主义的僭妄 [M]. 李云龙，译. 北京：国际文化出版公司，1988.

[37] [美] 约翰·罗尔斯. 正义论 [M]. 何怀宏，何包钢，廖申白，译. 北京：中国社会科学出版社，1988.

[38] 贺麟. 文化与人生 [M]. 北京：商务印书馆，1988.

[39] 赵澧，徐京安. 唯美主义 [M]. 北京：中国人民大学出版社，1988.

[40] [德] 马克斯·霍克海默. 批判理论 [M]. 李小兵，等译. 重庆：重庆出版社，1989.

[41] [美] E·H·贡布里希. 理想与偶像——价值在历史和艺术中的地位 [M]. 范景中，等译. 上海：上海人民美术出版社，1989.

[42] 蔡毅. 中国古典戏曲序跋汇编 [M]. 济南：齐鲁书社，1989.

[43] [德] 康德. 历史理性批判文集 [C]. 何兆武，译. 北京：商务印书馆，1990.

[44] [德] 马克斯·霍克海默，特奥多·阿多尔诺. 启蒙辩证法 [M]. 洪佩郁，蔺月峰，译. 重庆：重庆出版社，1990.

[45] [德] 弗里德里希·尼采. 权力意志 [M]. 张念东，凌素心译. 北京：商务印书馆，1991.

[46] [德] 卡尔·雅斯贝尔斯. 什么是教育 [M]. 邹进，译. 北京：生活·读书·新知三联书店，1991.

[47] 叶澜. 新编教育学教程 [M]. 上海：华东师范大学出版社，1991.

[48] [德] 爱德华·策勒尔. 古希腊哲学史纲 [M]. 翁绍军，译. 济南：山东人民出版社，1992.

[49] [德] 尼采. 苏备支语录 [M]. 徐梵澄，译. 北京：商务印书馆，1992.

[50] [德] 卡尔·雅斯贝尔斯. 现时代的人 [M]. 周晓亮，等译. 北京：社会科学文献出版社，1992.

[51] [捷克] 米兰·昆德拉. 小说的艺术 [M]. 孟湄，译. 北京：生活·读书·新知三联书店，1992.

[52] [苏] 列夫·托尔斯泰. 列夫·托尔斯泰文集·第14卷 [C]. 丰陈宝，陈燊，尹锡康，等译. 北京：人民文学出版社，1992.

[53] 冯契. 哲学大辞典 [K]. 上海：上海辞书出版社，1992.

[54] 王岳川. 后现代主义文化研究 [M]. 北京：北京大学出版社，1992.

[55] 邓小平. 邓小平文选·第1卷 [C]. 北京：人民出版社，1993.

[56] 贾平凹. 废都 [M]. 北京：北京出版社，1993.

[57] 马良怀. 崩溃与重建中的困惑——魏晋风度研究 [M]. 北京：中国社会科学出版社，1993.

[58] [德] 尤尔根·哈贝马斯. 交往行动理论：第2卷 [M]. 洪佩郁，蔺青，译. 重庆：重庆出版社，1994.

[59] [美] E·弗洛姆. 健全的社会 [M]. 孙恺详，译. 贵阳：贵州人民出版社，1994.

[60] [英] R·D·莱恩. 分裂的自我——对健全与疯狂的生存论研究 [M]. 林和生，等译. 贵阳：贵州人民出版社，1994.

[61] 中共中央马克思恩格斯列宁斯大林著作编译局. 马克思恩格斯选集 [C]. 北京：人民出版社，1995.

[62] [美] W·考夫曼. 存在主义 [M]. 陈鼓应，孟祥森，译. 北京：商务印书馆，1995.

[63] [匈] 卢卡奇. 历史与阶级意识 [M]. 章智，任立，燕宏远，译. 北京：商务印书馆，1995.

[64] [英] A·麦金太尔. 德性之后 [M]. 龚群，戴扬毅，等译. 北京：中国社会科学出版社，1995.

[65] 吴中杰，吴立昌. 中国现代主义寻踪 [M]. 上海：学林出版社，1995.

[66] [德] E·卡西勒. 启蒙哲学 [M]. 顾伟铭，等译. 济南：山东人民出版社，1996.

[67] [德] 海德格尔. 形而上学导论 [M]. 熊伟，王庆节，译. 北京：商务印书馆，1996.

[68] 李斯. 垮掉的一代 [M]. 海南：海南出版社，1996.

[69] 梁治平. 清代习惯法：国家与社会 [M]. 北京：中国政法大学出版社，1996.

[70] 吕锡琛. 道家与民族性格 [M]. 长沙：湖南大学出版社，1996.

[71] [德] 约翰·费希特. 论学者的使命·人的使命 [M]. 梁志学，沈真，译. 北京：商务印书馆，1997.

[72] [德] 黑格尔. 精神现象学 [M]. 贺麟，王玖兴，译. 北京：商务印书馆，1997.

[73] [德] 鲁道夫·奥伊肯. 生活的意义与价值 [M]. 万以，译. 上海：上海译文出版社，1997.

[74] [德] 马克斯·舍勒. 价值的颠覆 [M]. 罗悌伦，等译. 北京：生活·读书·新知三联书店，1997.

[75] [法] 艾玛纽埃尔·勒维纳斯. 上帝·死亡和时间 [M]. 余中先，译. 北京：生活·读书·新知三联书店，1997.

[76] [美] 罗伯特·C·艾伦，道格拉斯·戈梅里. 电影史：理论与实践 [M]. 李迅，译. 北京：中国电影出版社，1997.

[77] [美] 斯蒂芬·杰·古尔德. 自达尔文以来——自然史沉思录 [M]. 田洺，译. 上海：生活·读书·新知三联书店，1997.

[78] [美] 斯蒂芬·罗宾斯. 组织行为学 [M]. 孙健敏，李原，译. 北京：中国人民大学出版社，1997.

[79] [美] 詹明信. 晚期资本主义的文化逻辑 [M]. 陈清侨，等译. 上海：生活·读书·新知三联书店，1997.

[80] 解志熙. 美的偏至 [M]. 上海：上海文艺出版社，1997.

[81] 鲁洁. 教育社会学 [M]. 北京：人民教育出版社，1997.

[82] [德] 埃利希·诺伊曼. 深度心理学与新道德 [M]. 高宪田，黄水乞，译. 北京：东方出版社，1998.

[83] [德] 马克斯·韦伯. 学术与政治 [M]. 冯克利，译. 北京：生

活·读书·新知三联书店，1998.

[84]［法］伊波利特·丹纳. 艺术哲学［M］. 傅雷，译. 合肥：安徽文艺出版社，1998.

[85]［美］I·F·斯东. 苏格拉底的审判［M］. 董乐山，译. 北京：生活·读书·新知三联书店，1998.

[86]［苏］米哈伊尔·巴赫金. 巴赫金全集·第6卷［C］. 李兆林，等译. 石家庄：河北人民出版社，1998.

[87]［英］安东尼·吉登斯. 现代性与自我认同［M］. 赵旭东，方文，译. 北京：生活·读书·新知三联书店，1998.

[88] 陈学明，吴松，远东. 让日常生活成为艺术品——列斐伏尔、赫勒论日常生活［M］. 昆明：云南人民出版社，1998.

[89] 费孝通. 乡土中国·生育制度［M］. 北京：北京大学出版社，1998.

[90] 李西建. 重塑人性：大众审美中的人性嬗变［M］. 武汉：湖北人民出版社，1998.

[91] 刘小枫. 现代性社会理论绪论［M］. 上海：生活·读书·新知三联书店，1998.

[92] 李耳. 老子［M］. 梁海明，译注. 太原：山西古籍出版社，1999.

[93]［德］海德格尔. 面向思的事情［M］. 陈小文，孙周兴，译. 北京：商务印书馆，1999.

[94] 陈立旭. 市场逻辑与文化发展［M］. 杭州：浙江人民出版社，1999.

[95] 费孝通. 费孝通文集：第5卷［M］. 北京：群言出版社，1999.

[96] 孔丘. 论语［M］. 程昌明，译注. 太原：山西古籍出版社，1999.

[97] 刘小枫. 沉重的肉身——现代性伦理的叙事纬语［M］. 上海：

上海人民出版社，1999.

[98] 吕品田. 新生代艺术 [M]. 长春：吉林美术出版社，1999.

[99] 秦晖. 问题与主义：秦晖文选 [M]. 长春：长春出版社，1999.

[100] 杨国荣. 科学的形上之维 [M]. 上海：上海人民出版社，1999.

[101] [德] 尤尔根·哈贝马斯. 合法化危机 [M]. 刘北成，等译. 北京：人民出版社，2000.

[102] [德] 海德格尔. 路标 [M]. 孙周兴，译. 北京：商务印书馆，2000.

[103] 中共中央马克思恩格斯列宁斯大林著作编译局. 1844年经济学哲学手稿 [M]. 北京：人民出版社，2000.

[104] [德] 尤尔根·哈贝马斯. 重建历史唯物主义 [M]. 郭官义，译. 北京：社会科学文献出版社，2000.

[105] [加] 大卫·杰弗里·史密斯. 全球化与后现代教育学 [M]. 郭洋生，译. 北京：教育科学出版社，2000.

[106] [美] 保罗·康纳顿. 社会如何记忆 [M]. 纳日碧力戈，译. 上海：上海人民出版社，2000.

[107] [美] 约翰·罗尔斯. 政治自由主义 [M]. 万俊人，译. 南京：译林出版社，2000.

[108] [英] 迈克·费瑟斯通. 消费文化与后现代主义 [M]. 刘精明，译. 南京：译林出版社，2000.

[109] 程颢，程颐. 二程遗书 [M]. 上海：上海古籍出版社，2000.

[110] [美] 葛尔·罗宾，等. 酷儿理论 [M]. 李银河，编译. 北京：时事出版社，2000.

[111] 李欧梵. 现代性的追求 [M]. 北京：生活·读书·新知三联书店，2000.

[112] 盛庆琜. 综合效用主义引论 [M]. 广州：广东人民出版

社，2000.

[113] 苏力. 法治及其本土资源［M］. 北京：中国政法大学出版社，2000.

[114] 苏力. 送法下乡——基层司法制度研究［M］. 北京：中国政法大学出版社，2000.

[115] 王齐. 走向绝望的深渊——克尔凯郭尔的美学生活境界［M］. 北京：中国社会科学出版社，2000.

[116] 王晓明，李陀. 在新意识形态的笼罩下——90年代的文化和文学分析［M］. 南京：江苏人民出版社，2000.

[117] 张建业. 李贽文集·第2卷［C］. 北京：社会科学文献出版社，2000.

[118] ［德］瓦尔特·赫斯. 欧洲现代画派画论［M］. 宗白华，译. 桂林：广西师范大学出版社，2001.

[119] ［法］雅克·拉康. 拉康选集［M］. 褚孝泉，译. 上海：生活·读书·新知三联书店，2001.

[120] ［法］米歇尔·福柯. 词与物——人文科学考古学［M］. 莫伟民，译. 北京：生活·读书·新知三联书店，2001.

[121] ［法］让·波德里亚. 消费社会［M］. 刘成富，全志刚，译. 南京：南京大学出版社，2001.

[122] ［法］尚·布希亚. 物体系［M］. 上海：上海人民出版社，2001.

[123] ［加拿大］查尔斯·泰勒. 自我的根源：现代认同的形成［M］. 韩震，等译. 南京：译林出版社，2001.

[124] ［捷克］米兰·昆德拉. 生命中不能承受之轻［M］. 易伟，译. 长春：时代文艺出版社，2001.

[125] ［美］丹尼尔·贝尔. 意识形态的终结［M］. 南京：江苏人民出版社，2001.

[126] [美] 杰克·凯鲁亚克. 在路上 [M]. 文楚安, 译. 桂林: 漓江出版社, 2001.

[127] [美] 道格拉斯·凯尔纳, 斯蒂文·贝斯特. 后现代理论 [M]. 张志斌, 译. 北京: 中央编译出版社, 2001.

[128] [美] 约翰·费斯克. 理解大众文化 [M]. 王晓珏, 宋伟杰, 译. 北京: 中央编译出版社, 2001.

[129] [英] 约翰·斯道雷. 文化理论与通俗文化导论 [M]. 南京: 南京大学出版社, 2001.

[130] 陈晓明. 表意的焦虑 [M]. 北京: 中央编译出版社, 2001.

[131] 符国群. 消费者行为学 [M]. 北京: 高等教育出版社, 2001.

[132] 李欧梵. 上海摩登: 一种新都市文化在中国 [M]. 北京: 北京大学出版社, 2001.

[133] 刘小枫. 拯救与逍遥 [M]. 上海: 生活·读书·新知三联书店, 2001.

[134] 王钦峰. 现代主义小说论略 [M]. 北京: 社会科学出版社, 2001.

[135] 肖峰. 论科学与人文的当代融通 [M]. 南京: 江苏人民出版社, 2001.

[136] [德] 西美尔. 货币哲学 [M]. 陈戎女, 耿开君, 文聘元, 译. 北京: 华夏出版社, 2002.

[137] [俄] 费·陀思妥耶夫斯基. 群魔 [M]. 臧仲伦, 译. 南京: 译林出版社, 2002.

[138] [法] 夏尔·皮埃尔·波德莱尔. 1846 年的沙龙: 波德莱尔美学论文选 [M]. 郭宏安, 译. 桂林: 广西师范大学出版社, 2002.

[139] [美] 马泰·卡林内斯库. 现代性的五副面孔 [M]. 顾爱彬, 李瑞华, 译. 北京: 商务印书馆, 2002.

[140] [斯洛文尼亚] 斯拉沃热·齐泽克, [德] 泰奥德·阿多尔诺,

等. 图绘意识形态［M］. 方杰，译. 南京：南京大学出版社，2002.

［141］［斯洛文尼亚］斯拉沃热·齐泽克. 意识形态的崇高客体［M］. 季广茂，译. 北京：中央编译出版社，2002.

［142］［英］亚历山大·罗伯逊. 贪婪：本能、成长与历史［M］. 胡静，译. 上海：上海人民出版社，2002.

［143］曾钊新，吕耀怀. 伦理社会学［M］. 长沙：中南大学出版社，2002.

［144］甘阳. 将错就错［M］. 北京：生活·读书·新知三联书店，2002.

［145］潘知常，林玮. 大众传媒与大众文化［M］. 上海：上海人民出版社，2002.

［146］杨巨平. 古希腊罗马犬儒现象研究［M］. 北京：人民出版社，2002.

［147］尹吉男. 后娘主义——近观中国当代文化与美术［M］. 北京：生活·读书·新知三联书店，2002.

［148］［德］弗里德里希·席勒. 审美教育书简［M］. 冯至，译. 上海：上海人民出版社，2003.

［149］［德］康德. 实践理性批判［M］. 韩水法，译. 北京：商务印书馆，2003.

［150］［古希腊］柏拉图. 柏拉图全集·第3卷［C］. 王晓朝，译. 北京：人民出版社，2003.

［151］［古希腊］亚里士多德. 尼各马科伦理学［M］. 苗力田，译. 北京：中国人民大学出版社，2003.

［152］［捷克］米兰·昆德拉. 不能承受的生命之轻［M］. 许钧，译. 上海：上海译文出版社，2003.

［153］［捷克］米兰·昆德拉. 雅克和他的主人［M］. 郭宏安，译. 上海：上海译文出版社，2003.

[154]［美］弗朗西斯·福山. 历史的终结及最后之人［M］. 黄胜强, 许铭原, 译. 北京：中国社会科学出版社, 2003.

[155]［美］卡伦·荷妮. 我们时代的病态人格［M］. 陈收, 译. 北京：国际文化出版公司, 2003.

[156]［美］詹姆斯·米勒. 福柯的生死爱欲［M］. 高毅, 译. 上海：上海人民出版社, 2003.

[157]［美］马斯洛. 马斯洛人本哲学［M］. 成明, 译. 北京：九州出版社, 2003.

[158] 曾钊新. 曾钊新文集：第 1 卷［M］. 长沙：湖南人民出版社, 2003.

[159] 程世寿. 公共舆论学［M］. 武汉：华中科技大学出版社, 2003.

[160]［英］F·A·哈耶克,［美］罗伯特·诺齐克, 等. 知识分子为什么反对市场［M］. 秋风, 编. 长春：吉林人民出版社, 2003.

[161] 强世功. 法制与治理［M］. 北京：中国政法大学出版社, 2003.

[162] 孙立平. 断裂［M］. 北京：社会科学文献出版社, 2003.

[163] 中共中央马克思恩格斯列宁斯大林著作编译局. 资本论［M］. 北京：人民出版社, 2004.

[164]［德］尤尔根·哈贝马斯. 交往行为理论：第 1 卷：行为合理性和社会合理化［M］. 曹卫东, 译. 上海：上海人民出版社, 2004.

[165]［俄］费·陀思妥耶夫斯基. 双重人格·地下室手记［M］. 藏仲伦, 译. 南京：译林出版社, 2004.

[166]［古罗马］爱比克泰德. 哲学谈话录［M］. 吴欲波. 译. 北京：中国社会科学出版社, 2004.

[167]［加］弗朗索瓦·里卡尔. 撒旦的视角：生活在别处［M］. 袁筱一, 译. 上海：上海译文出版社, 2004.

[168]［捷克］米兰·昆德拉. 告别圆舞曲［M］. 余中先，译. 上海：上海译文出版社，2004.

[169]［捷克］米兰·昆德拉. 好笑的爱［M］. 余中先，郭昌京，译. 上海：上海译文出版社，2004.

[170]［美］F·R·詹姆逊. 詹姆逊文集：第4卷［C］. 王逢振，主编. 北京：中国人民大学出版社，2004.

[171]［美］尼尔·波兹曼. 娱乐至死［M］. 章艳，译. 桂林：广西师范大学出版社，2004.

[172]［美］苏特·杰哈利. 广告符码：消费社会中的政治经济学和拜物现象［M］. 马姗姗，译. 北京：中国人民大学出版社，2004.

[173]［斯洛文尼亚］斯拉沃热·齐泽克. 易碎的绝对［M］. 蒋桂琴，等译. 南京：江苏人民出版社，2004.

[174] 高恒天. 道德与人的幸福［M］. 北京：中国社会科学出版社，2004.

[175] 王博. 庄子哲学［M］. 北京：北京大学出版社，2004.

[176] 王朔. 顽主［M］. 北京：中国电影出版社，2004.

[177]［美］威廉·巴雷特. 非理性的人［M］. 杨照明，艾平，译. 北京：商务印书馆，2004.

[178] 吴安春. 回归道德智慧［M］. 北京：教育科学出版社，2004.

[179] 叶澜. 教师角色与教师发展新探［M］. 北京：教育科学出版社，2004.

[180]［比］伊·普里戈金，［法］伊·斯唐热. 从混沌到有序：人与自然的新对话［M］. 曾庆宏，沈小峰，译. 上海：上海人民出版社，2005.

[181]［德］胡塞尔. 欧洲科学危机和超验现象学［M］. 张庆熊，译. 上海：上海译文出版社，2005.

[182]［德］彼得·比格尔. 先锋派理论［M］. 高建平，译. 北京：

商务印书馆，2005.

[183] [德] 卡尔·雅斯贝斯. 时代的精神状况 [M]. 王德峰，译. 上海：上海人民出版社，2005.

[184] [德] 尼克拉斯·卢曼. 信任：一个社会复杂性的简化机制 [M]. 翟铁鹏，李强，译. 上海：上海人民出版社，2005.

[185] [德] 维尔纳·桑巴特：奢侈与资本主义 [M]. 王燕平，侯小河，译. 上海：上海人民出版社，2005.

[186] [法] 米歇尔·福柯. 福柯说真话 [M]. 郑义恺，译. 新北：群学出版有限公司，2005.

[187] [法] 朱利安·班达. 知识分子的背叛 [M]. 佘碧平，译. 上海：上海人民出版社，2005.

[188] [美] 大卫·雷·格里芬. 后现代精神 [M]. 王成兵，译. 北京：中央编译出版社，2005.

[189] [美] 弗雷德里克·杰姆逊. 后现代主义与文化理论 [M]. 唐小兵，译. 北京：北京大学出版社，2005.

[190] [美] 莫里斯·迈斯纳. 毛泽东的中国及后毛泽东的中国 [M]. 杜蒲，译. 香港：香港中文大学出版社，2005.

[191] [美] 约翰·麦考米克. 施米特对自由主义的批判 [M]. 徐志跃，译. 北京：华夏出版社，2005.

[192] [美] 詹姆斯·施密特. 启蒙运动与现代性 [M]. 徐向东，卢华萍，译. 上海：上海人民出版社，2005.

[193] [斯洛文尼亚] 斯拉沃热·齐泽克. 有人说过集权主义吗？[M]. 南京：江苏人民出版社，2005.

[194] [匈牙利] 阿格尼丝·赫勒. 现代性理论 [M]. 李瑞华，译. 北京：商务印书馆，2005.

[195] [英] 约翰·伯瑞. 进步的观念 [M]. 范祥涛，译. 上海：生活·读书·新知三联书店，2005.

[196] 胡平. 犬儒病：当代中国精神危机 [M]. 台北：博大出版社, 2005.

[197] 蒋国忠. 审美艺术教程 [M]. 上海：复旦大学出版社, 2005.

[198] 刘成纪. 青山道场——庄禅与中国诗学精神 [M]. 北京：东方出版社, 2005.

[199] 田成有. 乡土社会中的民间法 [M]. 北京：法律出版社, 2005.

[200] 汪民安. 身体、空间与后现代性 [M]. 南京：江苏人民出版社, 2005.

[201] 王德威. 被压抑的现代性——晚清小说新论 [M]. 北京：北京大学出版社, 2005.

[202] 仵从巨. 叩问存在——米兰·昆德拉的世界 [M]. 北京：华夏出版社, 2005.

[203] 徐贲. 知识分子：我的思想和我们的行为 [M]. 上海：华东师范大学出版社, 2005.

[204] 张军. 货币哲学与中国经济发展 [M]. 北京：社会科学文献出版社, 2005.

[205] 赵鑫珊. 科学、艺术、哲学断想 [M]. 上海：文汇出版社, 2005.

[206] [德] 叔本华. 爱与生的苦恼 [M]. 金玲, 译. 北京：光明日报出版社, 2006.

[207] [德] 尼采. 强力意志 [M]. 李伟, 译. 重庆：重庆出版社, 2006.

[208] [德] 马克斯·霍克海默, 西奥多·阿多诺. 启蒙辩证法 [M]. 渠敬东, 曹卫东, 译. 上海：上海人民出版社, 2006.

[209] [德] 尼可拉斯·鲁曼. 大众媒体的实在 [M]. 胡育祥, 陈逸淳, 译. 台北：台湾远足文化事业有限公司, 2006.

[210] [法] 埃米尔·涂尔干. 道德教育 [M]. 陈光金, 沈杰, 朱谐汉, 译. 上海: 上海人民出版社, 2006.

[211] [美] 米尔顿·弗里德曼. 货币的祸害 [M]. 安佳, 译. 北京: 商务印书馆, 2006.

[212] [英] 伯特兰·罗素. 罗素自选文集 [C]. 戴玉庆, 译. 北京: 商务印书馆, 2006.

[213] [智利] 达里奥·萨拉斯·松梅尔. 21世纪道德观 [M]. 王再励, 译. 北京: 知识出版社, 2006.

[214] 邓正来. 中国法学向何处去 [M]. 北京: 商务印书馆, 2006.

[215] 何鸣. 遁世与逍遥——中国隐逸简史 [M]. 兰州: 敦煌文艺出版社, 2006.

[216] 何鸣. 中国隐逸简史 [M]. 兰州: 敦煌文艺出版社, 2006.

[217] 叶启绩, 钟明华. 20世纪西方人生哲学 [M]. 北京: 人民出版社, 2006.

[218] [德] T·W·阿多诺. 道德哲学的问题 [M]. 谢地坤, 王彤, 译. 北京: 人民出版社, 2007.

[219] [法] 吉尔·利波维茨基. 空虚时代——论当代个人主义 [M]. 方仁杰, 倪复生, 译. 北京: 中国人民大学出版社, 2007.

[220] [法] 让-保罗·萨特. 存在与虚无 [M]. 陈宣良, 等译. 北京: 生活·读书·新知三联书店, 2007.

[221] [美] 艾伦·布卢姆. 美国精神的封闭 [M]. 战旭英, 译. 南京: 译林出版社, 2007.

[222] [英] 史蒂文·康纳. 后现代主义文化 [M]. 严忠志, 译. 北京: 商务印书馆, 2007.

[223] 陈万柏, 张耀灿. 思想政治教育学原理 [M]. 北京: 高等教育出版社, 2007.

[224] [德] 格尔达·帕格尔. 拉康 [M]. 李朝晖, 译. 北京: 中国

参考文献　503

人民大学出版社，2008.

［225］［德］瓦尔特·本雅明. 启迪：本雅明文选［M］. 张旭东，王斑，译. 北京：生活·读书·新知三联书店，2008.

［226］［美］列奥·施特劳斯. 苏格拉底问题与现代性［M］. 彭磊，丁耘，等译. 北京：华夏出版社，2008.

［227］［美］苏珊·哈克. 理性地捍卫科学——在科学主义与犬儒主义之间［M］. 曾国屏，袁航，等译. 北京：中国人民大学出版社，2008.

［228］［英］提摩太·贝维斯. 犬儒主义与后现代性［M］. 胡继华，译. 上海：上海人民出版社，2008.

［229］［法］弗朗索瓦·拉罗什福科. 道德箴言录［M］. 何怀宏，译. 北京：新世界出版社，2008.

［230］丁淑梅. 中国古代禁毁戏剧史论［M］. 北京：中国社会科学出版社，2008.

［231］侯健. 表达自由的法理［M］. 上海：生活·读书·新知三联书店，2008.

［232］黄俊杰、江宜桦. 公私领域新探：东亚与西方观点之比较［M］. 上海：华东师范大学出版社，2008.

［233］林语堂. 吾国吾民［M］. 西安：陕西师范大学出版社，2008.

［234］刘小枫. 施特劳斯集：苏格拉底问题与现代性［M］. 彭磊，丁耘，等译. 北京：华夏出版社，2008.

［235］陶东风. 当代中国文艺思潮与文化热点［M］. 北京：北京大学出版社，2008.

［236］萧功秦. 中国的大转型——从发展政治学看中国变革［M］. 北京：新星出版社，2008.

［237］朱晓阳，侯猛. 法律与人类学：中国读本［M］. 北京：北京大学出版社，2008.

［238］［德］康德. 历史理性批判文集［M］. 何兆武，译. 北京：商

务印书馆，2009.

[239] 中共中央马克思恩格斯列宁斯大林著作编译局. 马克思恩格斯文集. [C]. 北京：人民出版社，2009.

[240] [美] P·蒂利希. 存在的勇气 [M]. 成穷，王作虹，译. 贵阳：贵州人民出版社，2009.

[241] [美] 汉娜·阿伦特. 人的境况 [M]. 王寅丽，译. 上海：上海人民出版社，2009.

[242] [美] 乔万尼·萨托利. 民主新论 [M]. 冯克利，阎克文，译. 上海：世纪出版集团，上海人民出版社，2009.

[243] 陆玉林. 当代中国青年文化研究 [M]. 北京：人民出版社，2009.

[244] 徐贲. 通往尊严的公共生活：全球正义和公民认同 [M]. 北京：新星出版社，2009.

[245] [德] 尤尔根·哈贝马斯. 理论与实践 [M]. 郭官义，等译. 北京：社会科学文献出版社，2010.

[246] [法] 乔里-卡尔·于斯曼. 逆天 [M]. 尹伟，戴巧，译. 上海：上海文艺出版社，2010.

[247] [古希腊] 第欧根尼·拉尔修. 名哲言行录 [M]. 徐开来，溥林，译. 桂林：广西师范大学出版社，2010.

[248] [古希腊] 色诺芬. 回忆苏格拉底 [M]. 吴永泉，译. 北京：商务印书馆，2010.

[249] [美] 赫伯特·马尔库塞. 单向度的人 [M]. 刘继，译. 上海：上海译文出版社，2010.

[250] [英] 艾伦·麦克法兰. 日本镜中行 [M]. 管可秾，译. 上海：生活·读书·新知三联书店，2010.

[251] [英] 大卫·哈维. 新自由主义简史 [M]. 王钦，译. 上海：上海译文出版社，2010.

[252] [英] 斯图亚特·霍尔,保罗·杜盖伊. 文化身份问题研究 [M]. 庞璃,译. 开封:河南大学出版社,2010.

[253] 曾凡安. 晚清演剧研究 [M]. 广州:中山大学出版社,2010.

[254] 贾焕银. 民间规范的司法运用 [M]. 北京:中国政法大学出版社,2010.

[255] 金观涛. 探索现代社会的起源 [M]. 北京:社会科学文献出版社,2010.

[256] 李贽. 李贽文集 [C]. 张建业,主编. 北京:社会科学文献出版社,2010.

[257] 厉尽国. 法治视野中的习惯法 [M]. 北京:中国政法大学出版社,2010.

[258] 王新生. 习惯性规范的研究 [M]. 北京:中国政法大学出版社,2010.

[259] 魏治勋. 民间法思维 [M]. 北京:中国政法大学出版社,2010.

[260] [法] 米歇尔·福柯. 生命政治的诞生 [M]. 莫伟民,赵伟,译. 上海:上海人民出版社,2011.

[261] [法] 皮埃尔·布尔迪厄. 关于电视 [M]. 许钧,译. 南京:南京大学出版社,2011.

[262] [古希腊] 亚里士多德. 形而上学 [M]. 吴寿彭,译. 北京:商务印书馆,2011.

[263] [美] 约埃尔·魏因斯海默. 哲学诠释学与文学理论 [M]. 郑鹏,译. 北京:中国人民大学出版社,2011.

[264] [日] 沟口雄三. 中国的公与私·公私 [M]. 郑静,译. 北京:生活·读书·新知三联书店,2011.

[265] [英] 安东尼·吉登斯. 现代性的后果 [M]. 田禾,译. 南京:译林出版社,2011.

[266] 刘义庆. 世说新语笺疏 [M]. 北京：中华书局，2011.

[267] 王林敏. 民间习惯的司法识别 [M]. 北京：中国政法大学出版社，2011.

[268] 易中天. 艺术人类学 [M]. 上海：上海文艺出版社，2011.

[269] 周宪，刘康. 中国当代传媒文化研究 [M]. 北京：北京大学出版社，2011.

[270] [德] 海德格尔. 对亚里士多德的现象学解释 [M]. 赵卫国，译. 北京：华夏出版社，2012.

[271] [法] 皮埃尔·阿多. 古代哲学的智慧 [M]. 张宪，译. 上海：上海译文出版社，2012.

[272] [斯洛文尼亚] 斯拉沃热·齐泽克. 欢迎来到实在界这个大荒漠 [M]. 季广茂，译. 南京：译林出版社，2012.

[273] 扎西拉姆·多多. 喃喃 [M]. 北京：中信出版社，2012.

[274] [波兰] 切斯瓦夫·米沃什. 被禁锢的头脑 [M]. 乌兰，易丽君，译. 桂林：广西师范大学出版社，2013.

[275] [丹] 索伦·克尔凯郭尔. 畏惧与颤栗 恐惧的概念 致死的疾病 [C]. 京不特，译. 北京：中国社会科学出版社，2013.

[276] [美] 威廉·B·欧文. 生命安宁：斯多葛哲学的生活艺术 [M]. 胡晓阳，芮欣，译. 北京：中央编译出版社，2013.

[277] [日] 橘玲. （日本人）：括号里的日本人 [M]. 周以量，译. 北京：中信出版社，2013.

[278] [英] 齐格蒙特·鲍曼. 现代性与矛盾性 [M]. 邵迎生，译. 北京：商务印书馆，2013.

[279] [英] 史蒂文·卢克斯. 道德相对主义 [M]. 陈锐，译. 北京：中国法制出版社，2013.

[280] 刘森林. 物与无：物化逻辑与虚无主义 [M]. 南京：江苏人民出版社，2013.

[281] 汪行福. 现代社会的道义逻辑 [M]. 上海：复旦大学出版社，2013.

[282] [德] 尤尔根·哈贝马斯. 在事实与规范之间——关于法律和民主治国的商谈理论 [M]. 童世骏，译. 上海：生活·读书·新知三联书店，2014.

[283] [德] 海德格尔. 存在与时间 [M]. 陈嘉映，王庆节，译. 上海：生活·读书·新知三联书店，2014.

[284] [日] 三浦展. 第四消费时代 [M]. 马奈，译. 北京：东方出版社，2014.

[285] 郭文臣. 新型职业生涯的挑战与应对 [M]. 北京：北京科学出版社，2014.

[286] 金登才. 清代花部戏研究 [M]. 北京：中华书局，2014.

[287] 王小波. 我的精神家园 [M]. 北京：北京十月文艺出版社，2014.

[288] 徐贲. 听良心的鼓声能走多远 [M]. 北京：东方出版社，2014.

[289] 阎真. 活着之上 [M]. 北京：人民文学出版社，2014.

[290] 张一兵. 回到海德格尔——本有与构境 [M]. 北京：商务印书馆，2014.

[291] [德] 尼采. 尼采著作全集·第6卷 [C]. 孙周兴，译. 北京：商务印书馆，2015.

[292] [德] 索恩·雷特尔. 脑力劳动与体力劳动——西方历史的认识论 [M]. 谢永康，译. 南京：南京大学出版社，2015.

[293] [德] 瓦尔特·本雅明. 单向街 [M]. 陶林，译. 南京：江苏凤凰文艺出版社，2015.

[294] 徐贲. 颓废与沉默：透视犬儒文化 [M]. 北京：东方出版社，2015.

[295]［法］乔弗鲁瓦·德·拉加斯纳里. 福柯的最后一课：关于新自由主义，理论和政治［M］. 潘培庆，译. 重庆：重庆大学出版社，2016.

[296]［美］奥利弗·E·威廉姆森. 治理机制［M］. 石烁，译. 北京：机械工业出版社，2016.

[297] 谭同学. 双面人：转型乡村中的人生、欲望与社会心态［M］. 北京：社会科学文献出版社，2016.

[298]［斯洛文尼亚］斯拉沃热·齐泽克. 意识形态的崇高客体［M］. 季广茂，译. 北京：中央编译出版社，2017.

[299]［意］保罗·维尔诺. 诸众的语法［M］. 董必成，译. 北京：商务印书馆，2017.

[300]［法］米歇尔·福柯. 说真话的勇气［M］. 钱翰，陈晓径，译. 上海：上海人民出版社，2018.

[301]［美］格蕾琴·舒尔茨，路易斯·赛弗特. 最后的仙女：颓废故事集［M］. 程静，译. 成都：四川人民出版社，2018.

[302] 傅浩. 叶芝诗集［M］. 上海：上海译文出版社，2018.

[303] 张一兵. 发现索恩·雷特尔——先天观念综合发生的隐密社会历史机制［M］. 北京：北京师范大学出版社，2018.

[304] 王夫之. 读通鉴论［M］. 尤学工，翟士航，王澎，译注. 北京：中华书局，2020.

[305] Ridge G. R. The Hero in French Decadent Literature. Athens：University of Georgia Press, 1961.

[306] Peter G. The Enlightenment：An Interpretation, Volume Ⅱ：The Science of Freedom. New York：Alfred A. Knopf, 1969.

[307] Foucault M. The Order of Things, An Archaeology of the Human Sciences. London：Tavistock Publications, 1970.

[308] Silberman C. E. Crisis in the classroom：the remaking of Amer-

ican education. New York: Random House, 1970.

[309] Lefebvre H. Everyday Life in the Modern World. New York: Harperand Row, 1971.

[310] Adorno T. W. Negative Dialectics. Trans, Ashton E. B. London: Routledge and Kegan Paul, 1973.

[311] Horkheimer M. & Adorno T. W. Dialectic of Enlightenmnet. Trans, Cumming J. London: Verso, 1979.

[312] Focault M. Power knowledge. New York: Pantheon Books, 1980.

[313] Lewis J. D. & Wiegert A. Trust as a Social Reality. Social Forces, 1985, 63 (4): 967-985.

[314] Folger R. Rethinking equity theory: a referent cognitions model. Eds, Bierhoff H. W. & Cohen R. L. & Greenberg J. Justice in Social Relations. New York: Plenum Press, 1986.

[315] Calinescu M. Five Faces of Modernity: Modernism, Avant-Garde, Decadence, Kitsch, Postmodernism. Durham: Duke University Press, 1987.

[316] Sloterdijk P. Critique of Cynical Reason. Trans, Eldred M. Minneapolis: University of Minnesota Press, 1988.

[317] Smith T. W. & Pope M. K. Cynical Hostility at Home and Work: Psychosocial Vulnerability Across Domains. Journal of Research in Personality, 1988 (22): 525-548.

[318] Mirvis P. & Kanter D. L. Combating Cynicism in the Workplace. National Productivity Review, 1989, 8 (4): 377-394.

[319] Whissen T. R. The Devil's Advocates: Decadence in Modern Literature. New York: Greenwood Press, 1989.

[320] Meyerson D. E. Uncovering Socially Undesirable Emotions Experiences of Ambiguity in Organizations. American Behavioral Scientist,

1990, 33 (3): 296-307.

[321] Regoli B. & Rivera G. F. The Construction and Implementation of an Alternative Measure of Police Cynicism. Criminal Justice and Behavior, 1990 (17): 395-409.

[322] Gaustello S. J. & Gaustello M. L. A Study of Cynicism, Personality and Work Values. The Journal of Psychology, 1991, 126 (1): 37-48.

[323] Goldfarb J. C. The Cynical Society. Chicago: The University of Chicago Press, 1991.

[324] Mirvis P. H. & Kanter D. L. Beyond Demography: A Psychographic Profile of the Workforce. Human Resource Management, 1991, 30 (1): 45-68.

[325] Bateman T. S. & Sakano T. & Fujita M. Roger, Me, and My Attitude: Film Propaganda and Cynicism Toward Corporate Leadership. Journal of Applied Psychology, 1992 (77): 786-771.

[326] Cordes C. L. & Dougherty T. W. A Review and an Integration of Research on Job Burnout. Academy of Management Review, 1993 (4): 621-656.

[327] Wanous J. P. & Reichers A. E. Organizational Cynicism: An Initial Study. Academy of Management Proceedings, 1994 (1): 269-273.

[328] Žižek S. Mapping Ideology. London: Verso, 1994.

[329] Andersson L. M. Employee Cynicism: An Examination Using a Contract Violation Framework. Human Relations, 1996, 49 (11): 1395-1418.

[330] Navia L. E. Classical Cynicism: A Critical Study. Westport: Greenwood Press, 1996.

[331] Virno P. & Hardt M. Radical Thought in Italy: A Potential

Politics. Minneapolis: University of Minnesota Press, 1996.

[332] Andersson L. M. & Batemants T. S. Cynicism in the workplace: some causes and effects. Journal of organization behavior, 1997, 18 (5): 449-469.

[333] Chevillard E. Au Plafond. Paris: Les Editions de Minuit, 1997.

[334] Reichers A. E. & Wanous J. P. Understanding and Managing Cynicism about Organizational Change. Academy of Mangement Executive, 1997, 11 (1): 48-59.

[335] Dean J. W. & Brandes P. Organizational Cynicism. Academy of Management Review, 1998, 23 (2): 341-352.

[336] Kramer R. M. Trust and Distrust in Organizations: Emerging Perspectives, Enduring Questions. Annual Review of Psychology, 1999, 50 (1): 569-598.

[337] Abraham R. Organizational Cynicism: Bases and Consequences. Genetic, Social, and General Psychological Monographs, 2000, 126 (3): 269-293.

[338] Foucault M. "On the Genealogy of Ethics" In Paul Rabinow (ed) Ethics: Subjectivity and Truth (Essential Works of Foucault, 1954—1984, Vol1). London: Penguin Books, 2000.

[339] Foucault M. "Technologies of the self" In Paul Rabinow (ed) Ethics: Subjectivity and Truth (Essential Works of Foucault, 1954—1984, Vol1). London: Penguin Books, 2000.

[340] Schutte N. & Toppinen S. The Factorial Validity of the Maslach Burnout Inventory — General Survey (MBI—GS) across Occupational Groups and Nations. Journal of Occupational and Organizational Psychology, 2000 (73): 53-66.

[341] Tepper B. J. Consequences of abusive supervision. Academy of

management journal, 2000, 43 (2): 178-190.

[342] Wanous J. P. &. Reichers A. E. Cynicism about Organizational Change: Measurement, Antecedents, and Correlates. Group &. Organization Management, 2000, 25 (2): 132-153.

[343] Colquitt J. A. On the dimensionality of organizational justice: a construct validation of a measure. Journal of Applied Psychology, 2001 (3): 386-400.

[344] Turner J. H. &. Valentine S. R. Cynicism as a Fundamental Dimension of Moral Decision-making: A Scale Development. Journal of Business Ethics, 2001 (34): 123-136.

[345] Bennett R. R. &. Schimitt E. L. The Effect of Work Environment on Levels of Police Cynicism: A Comparative Study. Police Quartely, 2002, 5 (4): 493-522.

[346] Hadot P. What is Ancient Philosophy? Cambridge: The Belknap Press of Harvard University, 2002.

[347] Larkin T. K. &. Martin R. R. Cynical hostility and the accuracy of decoding facial expressions of emotions. Journal of Behavioral Medicine, 2002 (25): 285-292.

[348] Corner J. Media and the Restyling of Politics: Consumerism, Celebrity and Cynicism. London: Sage, 2003.

[349] Pugh S. D. &. Skarlicki D. P. After the fall: layoff victims'trust and cynicism in reemployment. Journal of Occupational and Organizational Psychology, 2003 (76): 201-212.

[350] Storm K. &. Rothmann S. A. Psychometric Analysis of the Maslach Burnout Inventory—General Survey in the South African Police Service. South African Journal of Psychology, 2003, 33 (4): 291-226.

[351] Cole M. S. &. Bruch H. Emotions as Mediators of Perceived Su-

pervisor Support and Psychological Hardiness on Cynicism [Z]. Academy of Management Best Conference Paper, 2004.

[352] Natalie F. & Julia C. Emotional Intelligence in Leaders: An Antidote for Cynicism towards Change. Strategic Change, 2004, 13 (2): 61-71.

[353] Sharpe M. SlavojŽižek: A Little Piece of the Real. Burlington: Ashgate, 2004.

[354] Bauman Z. Work, Consumerism and the New Poor. New York: Open University Press, 2005.

[355] James M. S. L. Antecedents and Consequences of Cynicism in Organizations: An Examination of the Potential Postive and Negative Effects on School Systems [D]. Doctorial Dissertation of the Florida State University College of Business, 2005.

[356] Baudelaire C. Charles Baudelaire: Selected Writings on Art and Literature. Trans, Charvet P. E. London: Penguin Books, 2006.

[357] Mazella D. The Making of Modern Cynicism. Charlottesville: University of Virginia Press, 2007.

[358] Ward P. & Meyer S. Trust, Social Quality and Wellbeing: A Sociological Exegesis. Development and Society, 2009, 38 (2): 339-363.

[359] Foucault M. The Courage of Truth (The Government of Self and Others II): Lectures at the Collège de France 1983—1984. Eds, Gros F. & Ewald F. & Fontana A. New York: Palgrave Macmillan, 2011.

[360] Hollander E. Inclusive Leadership: The Essential Leader-Follower Relationship. London & New York: Routledge, 2012.

[361] Merleau-Ponty M. Phenomenology of Perception. Trans, Landes D. A. London & New York: Routledge, 2012.

后　记

戴维·明特（D. Minter）在《福克纳传》中说，写作是消化读书心得的一种方式。尽管也曾自不量力地试图消化乔伊斯（J. Joyce）的《尤利西斯》这种以晦涩著称的现代派天书，但总也可以毫不掩饰地说，写作此书，近乎全是为了消化读书心得。

写作最好拥有异常丰富的创作经验，最好依托对所研究领域的历史与现实的透辟理解。然而，这双重的要求反而更有助于清醒地意识到自身内心深处的现代犬儒意识。于是，写作的目的似乎隐隐中还在于，通过复杂的剖析完成对这种意识的克服。

黑格尔（G. W. F. Hegel）提出的"对立的相互渗透的规律"占据了他厚厚的《逻辑学》的第二部分。据此推理，悲观可能是一种远见，乐观也可能是因为无知。至于老庄笔下的流水和鲲鹏，抑或陶渊明在《闲情赋》中所言的"淡柔情于俗内，负雅志于高云"，则可能意味着更高的生活境界了。

尼采（F. W. Nietzsche）在《不合时宜的思考》中描写畜群在人类的圈养下吃草、繁殖，从不操心今日与昨日的意义。对于它们而言，生活就是循环往复。生活的意义就在于当下的满足，没有复杂的情绪，没有透至骨髓的感触，也没有对终极虚无的畏惧。这固然不值得在现实教育生活中倡导，但它们追求纯粹生物意义上的幸福，即便在圈养状态下，它们依然相当程度上抛却了生命的拘谨，这或多或少有助于个体重新确证自身教育生活的正当性。

总体来看，个体教育生活中弥漫的去道德化现象亟须予以正视。但与此同时，将个体诸多本然性欲求视为教育生活病态的话语批评机制也需要一定程度的纠正。对于个体教育生活研究者们而言，当前或未来很长一段时间的任务与使命，也许在于更深刻地突破主流教育生活叙事设定的范式，在更原始、更具体的细节化教育生活情境中完成对个体的辨识，更生动地重构个体教育生活图景。

"嘤其鸣矣，求其反声"，本书得以顺利出版，得益于福建教育出版社的大力支持，特别是沈群编审，为本书的出版付出了巨大的心力，在此谨表致谢！由于作者个人能力不逮。水平不足，书中难免存在各种错讹与谬见，由衷地寄望读者和方家不吝指正。

王　帅
2024.6